EU-Datenschutz-Grundverordnung (DSGVO)

Paul Voigt • Axel von dem Bussche

EU-Datenschutz-Grundverordnung (DSGVO)

Praktikerhandbuch

2. Auflage

Springer

Paul Voigt
Taylor Wessing
Berlin, Deutschland

Axel von dem Bussche
Taylor Wessing
Hamburg, Deutschland

ISBN 978-3-662-68819-9 ISBN 978-3-662-68820-5 (eBook)
https://doi.org/10.1007/978-3-662-68820-5

Die Deutsche Nationalbibliothek verzeichnet diese Publikation in der Deutschen Nationalbibliografie; detaillierte bibliografische Daten sind im Internet über https://portal.dnb.de abrufbar.

Planung/Lektorat: Brigitte Reschke
Springer ist ein Imprint der eingetragenen Gesellschaft Springer-Verlag GmbH, DE und ist ein Teil von Springer Nature.
Die Anschrift der Gesellschaft ist: Heidelberger Platz 3, 14197 Berlin, Germany

Vorwort

Sechs Jahre ist es her, seitdem die Erstauflage dieses Handbuchs erschienen ist. Seitdem hat sich viel getan. Waren datenschutzrechtliche EuGH-Urteile in Vor-DSGVO-Zeiten noch ein „Event“, auf das man sich monatelang „freuen“ und vorbereiten konnte, ist es inzwischen eine Herausforderung, der Masse an Datenschutzurteilen und Behördenentscheidungen Herr zu werden. Hinzu kommt eine deutlich zunehmende Digitalregulierung auf europäischer Ebene, die auch auf datenschutzrechtliche und IT-sicherheitsrechtliche Vorgaben Einfluss nimmt – NIS2, DORA, DSA, DMA, AI Act, CRA; die Liste ließe sich beliebig fortsetzen.

Kurzum, eine Neuauflage war angezeigt. Wie bereits in der Vorauflage gehen wir nicht nur auf die DSGVO, sondern auch auf das begleitende deutsche Recht ein, und wie bei der Vorauflage gibt es ein englischsprachiges „Schwesterbuch“, das parallel erscheint und die Befassung mit dem Datenschutz im internationalen Kontext erleichtern soll.

Auch in dieser Auflage ist dem Handbuch eine „Checkliste“ der wichtigsten Datenschutzpflichten vorangestellt, die maßgebliche Problemfelder in Kurzform darlegt und Verweise auf die entsprechenden Teile dieses Buches enthält.

Für die umfassende Unterstützung bei beiden Projekten möchten wir uns bei Frau Dr. Brigitte Reschke und Frau Julia Bieler vom Verlag Springer Nature, sowie unseren wissenschaftlichen Mitarbeitern Jin Fuhrken, Hannes Bastians, Albert Gutman und Alea Mostler bedanken.

Stets dankbar sind wir auch für Hinweise, Anregungen und Kritik zu diesem Buch, die Sie gerne per Email an p.voigt@taylorwessing.com oder a.bussche@taylorwessing.com richten können.

Berlin, Deutschland
Hamburg, Deutschland
Mai 2024

Paul Voigt
Axel Freiherr von dem Bussche

Inhaltsverzeichnis

Einleitung und „Checkliste" 1

Die rechtlichen Anforderungen an Datenverarbeitungen unterliegen stetem Wandel und für Unternehmen bleibt es eine Herausforderung festzustellen, ob ihre Datenverarbeitungstätigkeiten gesetzeskonform sind. Dies gilt vor allem im internationalen Kontext. Daten können naturgemäß ohne weiteres Landesgrenzen überwinden und spielen in der globalen digitalen Wirtschaft eine zentrale Rolle. Sie haben sich zu einem wertvollen Wirtschaftsgut entwickelt und werden bereits als „Währung der Zukunft" bezeichnet.[1] Die Verarbeitung personenbezogener Daten findet im Rahmen zahlloser wirtschaftlicher und sozialer Tätigkeiten statt, wobei Fortschritte in der Informationstechnik die Verarbeitung und den Austausch dieser Daten immer mehr erleichtern.[2] In diesem Zusammenhang hat der europäische Gesetzgeber die DSGVO verabschiedet, um eine weitergehende Harmonisierung der Datenschutzregeln innerhalb der EU-Mitgliedstaaten zu erreichen und das Datenschutzniveau zugunsten der von der Verarbeitung betroffenen Personen zu erhöhen. Aufgrund ihres äußerst weiten, transnationalen Anwendungsbereichs findet sie auch auf zahllose Unternehmen außerhalb der EU Anwendung.

1.1 Gesetzgeberischer Hintergrund und bisherige Rechtslage

1.1.1 Die EG-Datenschutzrichtlinie

Vor mehr als 20 Jahren erkannte die damals noch Europäische Gemeinschaft (jetzt: Europäische Union) die Notwendigkeit zur Angleichung der Datenschutzstandards in ihren Mitgliedstaaten, um grenzüberschreitende Datenübertragungen innerhalb

[1] Reiners, ZD 2015, 51, 55.

[2] ErwGr. 4 EG-Datenschutzrichtlinie.

P. Voigt, A. von dem Bussche, *EU-Datenschutz-Grundverordnung (DSGVO)*,
https://doi.org/10.1007/978-3-662-68820-5_1

der EG (jetzt: EU) zu erleichtern. Zur damaligen Zeit wichen die nationalen Bestimmungen zum Datenschutz stark voneinander ab und konnten keine Rechtssicherheit in Bezug auf grenzüberschreitende Verarbeitungsvorgänge bieten – weder für betroffene Personen noch für Verantwortliche oder Auftragsverarbeiter.[3]

1995 verabschiedete die Europäische Gemeinschaft deshalb die *Richtlinie 95/46/EG* des Europäischen Parlaments und des Rates vom 24. Oktober 1995 zum Schutz natürlicher Personen bei der Verarbeitung personenbezogener Daten und zum freien Datenverkehr (kurz: die *EG-Datenschutzrichtlinie*). Zielstellung war es, den Schutz für die Grundrechte und -freiheiten betroffener Personen im Hinblick auf Datenverarbeitungsvorgänge europaweit zu harmonisieren und den freien Datenverkehr zwischen den EU-Mitgliedstaaten zu gewährleisten.[4]

Richtlinien der Europäischen Union sind in den Mitgliedstaaten nicht direkt anwendbar, sondern bedürfen zunächst einer Umsetzung in das nationale Recht. Dafür muss jeder EU-Mitgliedstaat jeweils einen nationalen Umsetzungsrechtsakt erlassen. Aus diesem Grund verfehlte die EG-Datenschutzrichtlinie schließlich ihr Ziel der Angleichung des Datenschutzniveaus innerhalb der EU: auf Grundlage der nationalen Umsetzung bildeten sich zwischen den EU-Mitgliedstaaten unterschiedliche Datenschutz-Regime heraus, die mit den Jahren unterschiedliche Datenschutzniveaus innerhalb der Union zur Folge hatten. Datenverarbeitungstätigkeiten, die in einem EU-Mitgliedstaat rechtskonform waren, konnten in einem anderen Mitgliedstaat im Hinblick auf die spezifische nationale Interpretation der Datenverarbeitung rechtswidrig sein.

1.1.2 Die Datenschutz-Grundverordnung

Im Jahr 2016 verabschiedete der europäische Gesetzgeber die DSGVO, welche die EG-Datenschutzrichtlinie von 1995 ab Mai 2018 ersetzte. Sie ist das Ergebnis eines schwierigen und langen Verhandlungsprozesses, der aufgrund zahlloser Änderungsvorschläge zum Gesetzestext vier Jahre bis zur Verabschiedung der endgültigen Verordnung in Anspruch nahm.

Die aufgezeigte vormalige Fragmentierung des Datenschutzes innerhalb der EU-Mitgliedstaaten und die daraus resultierenden Rechtsunsicherheiten wurden als Hemmnis für die unionsweite Ausübung von Wirtschaftstätigkeiten angesehen und führten zu Wettbewerbsverzerrungen.[5] Im Gegensatz zur EG-Datenschutzrichtlinie ist die DSGVO *direkt anwendbar* – Umsetzungsrechtsakte seitens der EU-Mitgliedstaaten sind nicht mehr erforderlich. Durch die so erzeugte Angleichung der Datenschutzvorschriften sollte die DSGVO zu mehr Rechtssicherheit innerhalb der EU führen und Hindernisse für den grenzüberschreitenden Austausch personenbezogener Daten beseitigen.

---

[3] Polenz, in: Kilian/Heussen, Computerrechts-Handbuch, Teil 13. 131. Rechtsquellen und Grundbegriffe des allgemeinen Datenschutzes (2020), Rn. 3.

[4] ErwGr. 3 DSGVO.

[5] ErwGr. 9 DSGVO.

Die EU wollte mit der DSGVO das Vertrauen der Bürger zurückgewinnen. Mit Schaffung eines einheitlichen Rechtsrahmens sollte ein verantwortungsbewusster Umgang mit ihren personenbezogenen Daten sichergestellt werden. Auf dieser Grundlage wollte der europäische Gesetzgeber eine Förderung der digitalen Wirtschaft im europäischen Binnenmarkt erreichen.[6] Unternehmen treffen nach der DSGVO neue Datenschutzpflichten, gleichzeitig werden bereits bestehende datenschutzrechtliche Verpflichtungen verschärft. Der europäische Gesetzgeber hatte für die DSGVO unter Berücksichtigung der Herausforderungen der globalen Wirtschaft, neuer Technologien sowie neuer Geschäftsmodelle einen äußerst weiten Anwendungsbereich vorgesehen. Schließlich wurden nicht nur die datenschutzrechtlichen Pflichten, sondern auch der Bußgeldrahmen signifikant erhöht. Folglich müssen Unternehmen seitdem ihre datenschutzrelevanten Verarbeitungsprozesse einer sorgfältigen Prüfung unterziehen und gegebenenfalls Anpassungen vornehmen, um sie in Einklang mit den Vorgaben der DSGVO zu bringen.

1.1.3 Das Datenschutz-Anpassungs- und -Umsetzungsgesetz EU

Die DSGVO ist als Verordnung in allen ihren Teilen verbindlich und gilt ohne mitgliedstaatlichen Umsetzungsakt unmittelbar.[7] Damit verbleibt den nationalen Gesetzgebern im Anwendungsbereich der DSGVO grundsätzlich keine Regelungsmöglichkeit. Allerdings lässt die DSGVO über *zahlreiche Öffnungsklauseln* den EU-Mitgliedstaaten Raum zur Schaffung ergänzender nationaler Regelungen. Dadurch bestehen weiterhin nationale Besonderheiten im Datenschutzrecht, die hinsichtlich der Praxis jedoch weniger zu einer Fragmentierung des Rechts führen, als zunächst befürchtet.

Als erster EU-Mitgliedstaat hat Deutschland von diesem Gestaltungsspielraum Gebrauch gemacht und bereits im November 2016 – wenige Monate nach Verabschiedung der DSGVO – den ersten Entwurf für ein deutsches Gesetz zur Umsetzung der Verordnung vorgelegt. Das Gesetz dient nicht nur der Ausfüllung des gesetzgeberischen Spielraums gemäß der Öffnungsklauseln der DSGVO, sondern zugleich der Umsetzung der Richtlinie (EU) 2016/680 zum Datenschutz in Strafsachen.[8] Dabei nutzte der deutsche Gesetzgeber jede sich bietende Öffnungsklausel der DSGVO, um möglichst viele Besonderheiten des vorhergehenden deutschen Datenschutzrechts „zu retten". Dieser als wirtschaftsfreundlich gedachte Regelungs-

---

[6] ErwGr. 7, 9 DSGVO.

[7] Ruffert, in: Calliess/Ruffert, EUV AEUV, Art. 288 AEUV (2022) Rn. 19 f.; ständige Rspr. bspw. EuGH, Urteil vom 14. Dezember 1971, Politi/Finanzministerium Italien, C-43/71, Rn. 9; EuGH, Urteil vom 17. Mai 1972, Orsolina Leonesio/Ministero dell'agricoltura e foreste, C-93/71, Rn. 5 f.

[8] Richtlinie (EU) 2016/680 des Europäischen Parlaments und des Rates vom 27. April 2016 zum Schutz natürlicher Personen bei der Verarbeitung personenbezogener Daten durch die zuständigen Behörden zum Zweck der Verhütung, Ermittlung, Aufdeckung oder Verfolgung von Straftaten oder der Strafvollstreckung sowie zum freien Datenverkehr und zur Aufhebung des Rahmenbeschlusses 2008/977/JI des Rates.

ansatz bewirkte das Gegenteil, denn für die zunehmend international agierenden Unternehmen führen nationale Sonderwege stets zu Mehraufwand.

Das *Datenschutz-Anpassungs- und -Umsetzungsgesetz EU* ersetzt das alte BDSG und trat im Gleichlauf mit der DSGVO am 25. Mai 2018 in Kraft.[9] Infolge kritischer Stimmen zum Entwurf wurden entsprechende Änderungsvorschläge im Laufe des Gesetzgebungsverfahrens eingearbeitet.[10] Das BDSG wurde schließlich am 27. April 2017 vom Bundestag beschlossen und der Bundesrat stimmte dem Gesetz am 12. Mai 2017 zu. Inwieweit die Regelungen des neuen BDSG mit dem Europarecht, insbesondere der DSGVO, vereinbar sind, ist auch heute noch nicht abschließend geklärt.[11] Zu einem Vertragsverletzungsverfahren, das die Kommission nach Verabschiedung des BDSG angedroht hatte, ist es seit dessen Inkrafttreten allerdings noch nicht gekommen.[12]

1.2 Checkliste – Die wichtigsten datenschutzrechtlichen Pflichten

Für einen kursorischen Überblick über die datenschutzrechtlichen Pflichten nach der DSGVO fasst die nachfolgende „Checkliste" die *wichtigsten Pflichten* für datenverarbeitende Unternehmen zusammen. Zudem enthält die Liste Verweise auf die entsprechenden Kapitel und Abschnitte dieses Handbuchs.

1.2.1 Datenschutzorganisation

Unternehmen müssen erhebliche Anstrengungen unternehmen, um ihre interne Datenschutzorganisation in Einklang mit den Anforderungen der DSGVO zu bringen. Die DSGVO sieht diverse organisatorische Verpflichtungen vor, welche von Unternehmen zu erfüllen sind.

Verzeichnis von Verarbeitungstätigkeiten

Verantwortliche und Auftragsverarbeiter müssen Verzeichnisse über ihre Verarbeitungstätigkeiten führen. Diese sollen – soweit sie ordnungsgemäß umgesetzt und aufrechterhalten werden – den Nachweis der Umsetzung der Vorgaben der

---

[9] Gesetz vom 30.06.2017 – BGBl. I 2017, Nr. 44 vom 05.07.2017, S. 2097.

[10] Bundesrat (2017) Beschlussdrucksache 110/17(B); Deutscher Bundestag (2017) Beschlussempfehlung; kritisch ZD 2017, 51, 51 ff.; Helfrich, ZD 2017, 97, 98; Deutscher Bundestag Online-Dienste, Kritik von Sachverständigen an geplanter Datenschutz-Novelle, abrufbar unter: https://www.bundestag.de/dokumente/textarchiv/2017/kw13-pa-innen-datenschutz-499054, zuletzt aufgerufen am: 23.11.2023.

[11] Zu der Frage der Vereinbarkeit des § 26 BDSG mit der DSGVO siehe Abschn. 8.2.2.2.

[12] Krempl, Datenschutzreform: EU-Kommission droht Deutschland mit Vertragsverletzungsverfahren, abrufbar unter: https://www.heise.de/news/Datenschutzreform-EU-Kommission-droht-Deutschland-mit-Vertragsverletzungsverfahren-3689759.html, zuletzt aufgerufen am: 23.11.2023; ZD-Aktuell 2017, 05637; zu den damaligen Bedenken gegen das BDSG siehe Helfrich, ZD 2017, 97, 98.

DSGVO gegenüber den Aufsichtsbehörden ermöglichen und zudem bei der Erfüllung von Informationspflichten gegenüber den betroffenen Personen als Hilfsmittel dienen. Die Verzeichnisse müssen unter anderem Informationen zum Verarbeitungszweck, den Kategorien der verarbeiteten personenbezogenen Daten sowie eine Beschreibung der eingesetzten technischen und organisatorischen Schutzmaßnahmen enthalten. Abschn. 3.6 enthält detaillierte Informationen zu Inhalt und Zweck der Verzeichnisse sowie zu den – in der Praxis selten anwendbaren – Ausnahmen von dieser datenschutzrechtlichen Pflicht.

Benennung eines Datenschutzbeauftragten

Privatunternehmen sind zur Ernennung eines Datenschutzbeauftragten verpflichtet, soweit ihre Kerntätigkeit – also Tätigkeiten, die für die Umsetzung der Geschäftsstrategie maßgeblich sind – in der Durchführung von Verarbeitungstätigkeiten besteht, welche aufgrund ihrer Art, ihres Umfangs und/oder ihrer Zwecke eine umfangreiche regelmäßige und systematische Überwachung von betroffenen Personen erforderlich machen oder wenn die Kerntätigkeit in der umfangreichen Verarbeitung besonderer Kategorien personenbezogener Daten (bspw. Gesundheitsdaten) besteht. Hinzu kommen im nationalen Kontext nach dem BDSG weitere Fälle, die eine Benennungspflicht auslösen. Unternehmensgruppen steht es frei für alle oder mehrere Gruppenunternehmen einen gemeinsamen Datenschutzbeauftragten zu benennen. Der Datenschutzbeauftragte ist anhand seiner Expertise und beruflichen Qualifikation auszuwählen. Dadurch soll sichergestellt werden, dass er seine Pflichten ordnungsgemäß erfüllen kann, wie z. B. die Überwachung der Einhaltung der Vorschriften der DSGVO durch das Unternehmen. Nähere Ausführungen finden sich in Abschn. 3.10.

Datenschutz-Folgenabschätzung

Sollte eine geplante Verarbeitungstätigkeit, insbesondere unter Verwendung neuer Technologien, zu einem hohen Risiko für die Rechte und Freiheiten der betroffenen Personen führen, müssen Unternehmen eine präventive Datenschutz-Folgenabschätzung vornehmen, um geeignete Maßnahmen zur Minimierung des Datenschutzrisikos zu ermitteln. Das Unternehmen konsultiert vor der Verarbeitung die Aufsichtsbehörde, wenn aus dieser Datenschutz-Folgenabschätzung hervorgeht, dass die Verarbeitung ein hohes Risiko zur Folge hätte, sofern der Verantwortliche keine Maßnahmen zur Eindämmung des Risikos trifft. Zudem erstellen und veröffentlichen die Aufsichtsbehörden künftig Listen von Verarbeitungsvorgängen (sog. „black- and whitelists"), für die eine Datenschutz-Folgenabschätzung erforderlich oder nicht erforderlich ist. Für Details zum Umfang der Datenschutz-Folgenabschätzung sowie zu den betroffenen Verarbeitungstätigkeiten siehe Abschn. 3.9.

Datenschutz durch Technikgestaltung und durch datenschutzfreundliche Voreinstellungen

Die DSGVO legt einen Schwerpunkt auf präventive Datenschutzkonzepte. Da die Verpflichtung zur Berücksichtigung und Umsetzung der Prinzipien von Datenschutz durch Technikgestaltung und durch datenschutzfreundliche Voreinstellungen bußgeldbewährt ist, sollten sich Unternehmen dieser Themen ernsthaft annehmen, siehe Abschn. 3.5. Dies gilt insbesondere für solche Unternehmen, deren Kerntätigkeiten in der Verarbeitung großer Mengen personenbezogener Daten bestehen, siehe dazu Abschn. 9.1.

Technischer und organisatorischer Datenschutz
Unternehmen müssen technische und organisatorische Datenschutzmaßnahmen treffen, um die Sicherheit der von ihnen verarbeiteten personenbezogenen Daten zu gewährleisten. Das angemessene Datenschutzniveau ist im konkreten Fall anhand des Risikopotenzials der jeweiligen Datenverarbeitungstätigkeiten zu ermitteln. Einzelheiten zur Bestimmung des Risikopotenzials sowie zu den angemessenen Datenschutzmaßnahmen werden in Abschn. 3.7 dargelegt.

Rechte betroffener Personen
Betroffene Personen haben umfangreiche Informationsrechte gegenüber datenverarbeitenden Unternehmen. Letztere müssen proaktiv zahlreiche Pflichten gegenüber den betroffenen Personen erfüllen, wie etwa die Erteilung von Informationen über die Verarbeitung, das Löschen von personenbezogenen Daten oder die Berichtigung unvollständiger personenbezogener Daten. Vor allem das Recht auf Datenübertragbarkeit stellt Unternehmen vor Herausforderungen, da sie ihren Kunden auf Anfrage deren Datensätze in einem interoperablen Format zur Verfügung stellen müssen. Die Einzelheiten zu den verschiedenen Betroffenenrechten sind in Kap. 4 dargestellt.

Melde- und Benachrichtigungspflichten bei Datenschutzverletzungen
Die DSGVO sieht eine allgemeine Meldepflicht der Verantwortlichen gegenüber den Aufsichtsbehörden für Datenschutzverletzungen (sog. „data breach notifications") vor. Eine Datenschutzverletzung kann u. a. durch Vernichtung, Verlust oder unbefugten Offenlegung von personenbezogenen Daten verursacht werden. Die Meldung gegenüber den Aufsichtsbehörden muss regelmäßig innerhalb eines Zeitraums von 72 Stunden nach Bekanntwerden der Verletzung erfolgen. Im Falle einer Datenschutzverletzung mit hohem Risiko für die Rechte und Freiheiten der betroffenen Personen hat der Verantwortliche die Verletzung zusätzlich auch den betroffenen Personen mitzuteilen. In einem derartigen Fall werden die Aufsichtsbehörden den Verantwortlichen bei der Kommunikation unterstützen. Die Einzelheiten werden in Abschn. 3.8 dargestellt.

Datenschutzmanagement
Soweit auf Grundlage des Budgets und der Ressourcen eines Unternehmens möglich, kann die Einhaltung der Vorgaben der DSGVO mithilfe eines Datenschutz-Managementsystems sichergestellt und überwacht werden. Dabei handelt es sich um ein internes Compliance-System, welches die Erfüllung datenschutz- und sicherheitsbezogener Pflichten überprüft, siehe Abschn. 3.2.2.

Benennung eines Vertreters durch nicht in der EU niedergelassene Unternehmen
Unternehmen, auf die die DSGVO Anwendung findet, obwohl sie keine Niederlassung in der EU haben, müssen einen Vertreter in der EU benennen. Dieser soll als Anlaufstelle für betroffene Personen und Aufsichtsbehörden dienen.

Verhaltensregeln & Datenschutzzertifizierungen
Auch wenn deren Verwendung nicht verpflichtend ist, weist die DSGVO Selbstregulierungsinstrumenten, wie Verhaltensregeln und Datenschutzzertifizierungen, eine erhöhte praktische Relevanz zu. Während Verhaltensregeln die Verpflichtungen der DSGVO für einen bestimmten Sektor oder eine bestimmte Technologie präzisieren, dienen Datenschutzzertifizierungen dem Nachweis der Einhaltung der Vorgaben der DSGVO bzgl. der zertifizierten Verarbeitungstätigkeiten. Die Verwendung dieser Instrumente erleichtert den Nachweis der Einhaltung der DSGVO gegenüber den Aufsichtsbehörden, siehe Abschn. 3.12. Zudem können Unternehmen diese Instrumente als geeignete Datenschutz-Garantien für Datentransfers in Drittländer nutzen, siehe Abschn. 4.3.4.

1.2.2 Rechtmäßigkeit der Datenverarbeitung

Zusätzlich zu ihren organisatorischen Verpflichtungen nach der DSGVO müssen Unternehmen die materielle Rechtmäßigkeit ihrer Datenverarbeitungsvorgänge sicherstellen. Dies betrifft auch konzerninterne Datenverarbeitungen sowie Datentransfers in Drittländer und Verarbeitungstätigkeiten unter Einbeziehung eines Auftragsverarbeiters.

Rechtsgrundlagen für die Verarbeitung
Datenverarbeitungstätigkeiten unterliegen einem generellen Verbot mit Erlaubnisvorbehalt. Die wesentlichen der in der DSGVO vorgesehenen Rechtsgrundlagen für eine Verarbeitung waren bereits in der EG-Datenschutzrichtlinie enthalten. Die Voraussetzungen für die Einholung einer wirksamen Einwilligung der betroffenen Personen in die Datenverarbeitung wurden verschärft, wie in Abschn. 4.2.1 dargestellt. Weitere gesetzliche Erlaubnistatbestände sind, unter anderem, die Notwendigkeit der Verarbeitung zur Vertragserfüllung oder die überwiegenden berechtigten Interessen des Verantwortlichen an der Datenverarbeitung. Zudem sollten sich Unternehmen bewusst machen, dass eine Änderung des Verarbeitungszwecks nur in begrenzten Fällen zulässig ist. Einzelheiten werden in Abschn. 4.2.2.6 dargestellt.

Konzerninterne Datenverarbeitungen
Die DSGVO sieht kein Konzernprivileg vor, sodass jedes Konzernunternehmen selbst für die Einhaltung der datenschutzrechtlichen Standards im Rahmen seiner

Verarbeitungstätigkeiten verantwortlich ist. Deshalb müssen auch konzerninterne Datentransfers von einer Rechtsgrundlage gedeckt sein, grundsätzlich im gleichen Maß wie jeder Datentransfer an sonstige Dritte, siehe Abschn. 4.4.

Besondere Kategorien personenbezogener Daten
Besondere Kategorien von personenbezogenen Daten beziehen sich, unter anderem, auf politische Meinungen, religiöse oder weltanschauliche Überzeugungen oder die Gesundheit der betroffenen Personen. Diese Daten sind besonders schutzwürdig und ihre Verarbeitung kann nur unter Einsatz angemessener Schutzmaßnahmen erfolgen, die dem hohen Risikopotenzial der Verarbeitungssituation entsprechen. Da Beschäftigtendaten unter Umständen auch Informationen zur Gesundheit von Mitarbeitern enthalten, werden Unternehmen von diesen Einschränkungen regelmäßig betroffen sein. Dabei müssen sie beachten, dass die Verarbeitung besonderer Kategorien personenbezogener Daten verboten ist, soweit diese nicht durch die Einwilligung der betroffenen Personen oder durch die Notwendigkeit der Verarbeitung in einem Arbeits- oder Sozialversicherungskontext gerechtfertigt ist. Einzelheiten zu den verschiedenen Arten besonderer Kategorien personenbezogener Daten sowie zu den rechtlichen Grundlagen für ihre Verarbeitung sind Abschn. 4.2.3 zu entnehmen.

Auftragsverarbeitung
Die DSGVO qualifiziert den Auftragsverarbeiter nicht als Dritten. Deshalb liegt die Weitergabe personenbezogener Daten an einen Auftragsverarbeiter im freien Ermessen des Verantwortlichen und bedarf keines eigenen materiell-rechtlichen Erlaubnistatbestandes. Es ist zu beachten, dass dies auch für die Beteiligung von Auftragsverarbeitern außerhalb der EU gilt. Dabei ist der Verantwortliche zur Auswahl eines geeigneten Auftragsverarbeiters verpflichtet, welcher ein angemessenes Datenschutzniveau gewährleisten kann. In diesem Zusammenhang treffen den Auftragsverarbeiter auch eigene, bußgeldbewährte Pflichten nach der DSGVO. Einzelheiten werden in Abschn. 3.4 dargestellt.

Generelle Anforderungen an Datenübermittlungen in Drittländer
Werden personenbezogene Daten an Empfänger außerhalb der EU übermittelt, muss dieser Transfer bestimmten Garantien entsprechen, um ein angemessenes Datenschutzniveau beim Empfänger zu gewährleisten. Unternehmen müssen in zwei Stufen sicherstellen, dass die Verarbeitungstätigkeit **(i)** von einer Rechtsgrundlage gedeckt ist und **(ii)**, dass der Transfer vom Empfänger einzuhaltenden Garantien unterliegt. Die verschiedenen Garantiemechanismen sind in Abschn. 4.3 beschrieben. Aus Unternehmenssicht von hoher praktischer Relevanz sind:

EU-Standardvertragsklauseln Der unter dem Anwendungsbereich der DSGVO fallende Datenexporteur und der außerhalb der EU niedergelassene Datenimporteur können einen Vertrag auf der Grundlage von Standarddatenschutzklauseln (sog. EU-Standardvertragsklauseln) schließen. Dabei handelt es sich um Sets von Vertragsklauseln, die von der Europäischen Kommission oder einer der nationalen Aufsichtsbehörden verabschiedet werden. Werden die Klauseln vollständig und unverändert übernommen, dienen sie als ausreichende Garantiemaßnahme für internationale Datentransfers, siehe Abschn. 4.3.2 für Einzelheiten.

Binding Corporate Rules Konzerne oder Gruppen von Unternehmen, die eine gemeinsame Wirtschaftstätigkeit ausüben, können sich als geeignete Garantien Binding Corporate Rules auferlegen. Diese legen für die beteiligten Unternehmen eine weltweite Datenschutz-Policy im Hinblick auf Datentransfers zu Gruppenmitgliedern in Empfängerländern außerhalb der EU fest, die kein hinreichendes Datenschutzniveau vorweisen können. Ihre Wirkungsweise, ihr Mindestinhalt sowie das einzuhaltende Genehmigungsverfahren sind in Abschn. 4.3.3 beschrieben.

Transfer-Folgenabschätzung Eine umfangreiche neue Pflicht hat sich im Nachgang zum *Schrems-II*-Urteil des EuGH ergeben: die Pflicht zur Durchführung einer sog. Transfer-Folgenabschätzung (*Transfer Impact Assessment*, kurz: TIA). Datenexporteure müssen vor einer geplanten Datenübermittlung in unsichere Drittländer prüfen, ob ein vergleichbares Datenschutzniveau im Drittland besteht oder nicht. Die Transfer-Folgenabschätzung kann im Einzelfall eine große Herausforderung für Unternehmen darstellen. Wegen der Komplexität der Risikobewertung fordert eine Transfer-Folgenabschätzung einen oftmals hohen zeitlichen, finanziellen und organisatorischen Aufwand, siehe Abschn. 4.3.2. für Einzelheiten.

Referenzen

Bundesrat (2017) Beschlussdrucksache 110/17(B)

Deutscher Bundestag (2017) Beschlussempfehlung des Innenausschusses, Drucksache 18/12084

Helfrich M (2017) DSAnpUG-EU: Ist der sperrige Name hier schon Programm? ZD 7(3):97–98

Polenz S (2020) Rechtsquellen und Grundbegriffe des allgemeinen Datenschutzes. In: Taeger J, Pohle J (Hrsg) Computerrechts-Handbuch, Stand Juni 2020. C.H. Beck, München

Reiners W (2015) Datenschutz in der Personal Data Economy – Eine Chance für Europa. ZD 5(2):51–55

Ruffert M (2022) Art. 288 AEUV. In: Calliess C, Ruffert M (Hrsg) EUV/AEUV, 6. Aufl. C.H. Beck, München

Zeitschrift für Datenschutz (2017) Interview: BDSG-neu: BMI-Entwurf für ein Datenschutz-Anpassungs- und -Umsetzungsgesetz EU. ZD 7(2):51–54

2 Anwendungsbereich der DSGVO

Die DSGVO enthält eine Vielzahl datenschutzrechtlicher Vorgaben, deren Nichteinhaltung sowohl für die datenverarbeitenden Stellen als auch für die Rechte und Freiheiten der betroffenen Personen mit erheblichen Risiken verbunden sein können. Zudem ist der Anwendungsbereich der DSGVO weit gefasst. Die DSGVO weist daher auch außerhalb des europäischen Raumes eine beachtliche Relevanz auf. Vor diesem Hintergrund sollten Unternehmen stets prüfen, ob die DSGVO ggf. auf sie Anwendung findet.

2.1 In welchen Fällen ist die Verordnung anwendbar? – sachlicher Anwendungsbereich

Artikel 2 – Sachlicher Anwendungsbereich
1. Diese Verordnung gilt für die ganz oder teilweise automatisierte Verarbeitung personenbezogener Daten sowie für die nichtautomatisierte Verarbeitung personenbezogener Daten, die in einem Dateisystem gespeichert sind oder gespeichert werden sollen.

[…]

Vereinfacht gesagt umfasst der sachliche Anwendungsbereich der DSGVO *jegliche Verarbeitungen personenbezogener Daten*. Die Verordnung wird daher für Unternehmen relevant, sobald sie Verarbeitungstätigkeiten jedweder Art vornehmen. Der (sachliche) Anwendungsbereich ist *sehr weit zu interpretieren*, um ein hohes Schutzniveau zu gewährleisten.

P. Voigt, A. von dem Bussche, *EU-Datenschutz-Grundverordnung (DSGVO)*,
https://doi.org/10.1007/978-3-662-68820-5_1

2.1.1 „Verarbeitung"

„Verarbeitung" bezieht sich auf jeden mit oder ohne Hilfe automatisierter Verfahren ausgeführten *Vorgang oder jede solche Vorgangsreihe im Zusammenhang mit personenbezogenen Daten*, Art. 4 Nr. 2 DSGVO. Praktisch jeder Umgang mit Daten wird von dieser Definition erfasst. Beispiele sind das Erheben, das Erfassen, die Organisation, das Ordnen, die Speicherung, die Offenlegung,[1] das Löschen oder die Vernichtung von Daten. Der offene Wortlaut erklärt sich aus dem Ziel des europäischen Gesetzgebers, den Anwendungsbereich unabhängig von technologischen Veränderungen zu bestimmen.[2] Er umfasst Verarbeitungen, die *ganz oder auch nur teilweise mithilfe automatisierter Verfahren* durchgeführt werden, wobei sich letzteres auf Verarbeitungen bezieht, bei denen bestimmte Verarbeitungsschritte manuell ausgeführt werden, z. B. durch die manuelle Erfassung von Daten in einem Computersystem.[3]

Beispiel

- Personenbezogene Daten werden durch den Einsatz von Computern, Smartphones, Webcams, Dashcams oder Kameradrohnen verarbeitet.
- Personenbezogene Daten werden mittels *Wearables* oder anderer *Smart Devices* (z. B. Smart Cars) erhoben.[4] ◄

Die offene Definition der „Verarbeitung" umfasst auch kurzzeitige Nutzungen kleiner Datenmengen.[5]

Beispiel

- Personenbezogene Daten werden von einem IT-System zwischengespeichert, wie z. B. im Verlauf eines Browsers.
- Personenbezogene Daten werden auf einem Computerbildschirm angezeigt. ◄

Nichtautomatisierte Datenverarbeitung

Ausgehend von der Legaldefinition in Art. 4 Nr. 2 DSGVO ist auch die nichtautomatisierte bzw. manuelle Datenverarbeitung als „Verarbeitung" i. S. d. DSGVO anzusehen. Im Gegensatz zu automatisierten Verarbeitungsvorgängen unter Einsatz von

---

[1] EuGH, Urteil vom 7. März 2024, Endemol Shine Finland Oy, C-740/22, Rn. 25 ff., in dem der Gerichtshof feststellte, dass die mündliche Weitergabe von Informationen über noch laufende oder abgeschlossene Strafverfahren gegen betroffene Personen eine Verarbeitung im Sinne der DSGVO darstellt.

[2] ErwGr. 15 DSGVO.

[3] Ernst, in: Paal/Pauly, DSGVO BDSG, Art. 2 DSGVO (2021), Rn. 6.

[4] Beispiele aus Ernst, in: Paal/Pauly, DSGVO BDSG, Art. 2 DSGVO (2021), Rn. 5–6; siehe auch EDPB, Guidelines 01/2020 on processing personal data in the context of connected vehicles and mobility related applications, Version 2.0 (2021a), Rn. 20; ebenfalls EDPB, Guidelines 3/2019 on processing of personal data through video devices, Version 2.0 (2020), Rn. 2.

[5] Laue, in: Laue/Kremer, Das neue Datenschutzrecht in der betrieblichen Praxis, § 1 Einführung (2019), Rn. 9, siehe auch für die nachfolgenden Beispiele.

Technologie wird die manuelle Verarbeitung *vollständig von Menschen ausgeführt* – ohne Einsatz von EDV-Systemen. Naturgemäß verlaufen diese Tätigkeiten wesentlich langsamer als automatisierte Verarbeitungsvorgänge, sodass deutlich geringere Datenmengen verarbeitet werden können. Deshalb unterfallen rein manuelle Datenverarbeitungen der DSGVO nur, wenn personenbezogene Daten verarbeitet werden, die in einem Dateisystem gespeichert oder gespeichert werden sollen, Art. 2 Abs. 1 DSGVO. Unter Dateisystem ist jede strukturierte Sammlung von Daten zu verstehen, welche nach bestimmten Kriterien zugänglich sind, unabhängig davon, ob diese Sammlung zentral, dezentral oder nach funktionalen oder geografischen Gesichtspunkten geordnet geführt wird, Art. 4 Nr. 6 DSGVO. Damit ein Dateisystem im Sinne der DSGVO vorliegt müssen daher *zwei Bedingungen* erfüllt sein:

- Es muss eine strukturierte Sammlung von Daten vorliegen. Dies setzt voraus, dass mehrere Daten zusammengeführt werden. Diese Daten werden dann ausgehend von vorbestimmten Ordnungskriterien im Speichermedium in verschiedene Gruppen oder Kategorien eingeteilt und systematisch verwaltet.[6]
- Die verschiedenen Daten müssen *anhand vorbestimmter Kriterien zugänglich* sein.[7] Dies setzt voraus, dass der Zugang und die Auswertung der gespeicherten Daten nicht nur durch die Durchsicht der gesamten Datensammlung erfolgen kann, sondern der Zugang und die Auswertung von bestimmten Daten bereits durch eine Sortierung nach bestimmten Kategorien stattfinden kann.[8] Die Verordnung gibt keine Voraussetzungen bzgl. dieser Kriterien vor. Beispielsweise erfüllen chronologisch, alphabetisch oder anhand anderer Kriterien geordnete Akten diese Bedingungen.[9]

Beispiel

Eine Arztpraxis speichert ihre Patientendaten in Papierakten. Diese Akten sind alphabetisch anhand der Nachnamen der Patienten in mehreren Aktenschränken sortiert. Es gibt bspw. eine Schublade für alle Nachnamen, die mit „A“ beginnen, eine für alle Nachnamen die mit „B“ beginnen und so weiter.

In diesem Beispiel sind die Patientendaten alphabetisch sortiert. Dadurch sind die Daten in einem Dateisystem anhand festgelegter „Kriterien“ gespeichert und fallen somit in den sachlichen Anwendungsbereich der DSGVO. ◀

Nichtautomatisierte Verarbeitung im BDSG

Während die nichtautomatisierte Datenverarbeitung nur in Ausnahmefällen in den Anwendungsbereich der DSGVO fällt, differenziert das BDSG hierbei zwischen öffentlichen und nicht öffentlichen Stellen.[10] Gem. § 1 Abs. 1 S. 2 BDSG ist das Ge-

---

[6] Ennöckl, in: Sydow/Marsch, DSGVO BDSG, Art. 4 DSGVO (2022), Rn. 110.

[7] Vgl. ErwGr. 15 EG-Datenschutzrichtline.

[8] Vgl. Dammann, in: Simitis, Bundesdatenschutzgesetz, § 3 BDSG (2014), Rn. 90.

[9] Plath/Struck, in: Plath, DSGVO BDSG TTDSG, Art. 2 DSGVO (2023), Rn. 12–14.

[10] Vgl. Gola/Reif, in: Gola/Heckmann, DSGVO BDSG, § 1 BDSG (2022), Rn. 4; ebenfalls Ernst, in: Paal/Pauly, DSGVO BDSG, § 1 BDSG (2021), Rn. 2–3, 5.

setz bei nichtautomatisierter Verarbeitung auf nicht öffentliche Stellen – vergleichbar mit der DSGVO – grundsätzlich nur anwendbar, wenn diese die personenbezogenen Daten in einem Dateisystem speichern bzw. speichern werden. Auf öffentliche Stellen des Bundes findet das BDSG (sowie auf öffentliche Stellen der Länder die Landesdatenschutzgesetze) hingegen ohne die vorgenannte Einschränkung Anwendung, § 1 Abs. 1 S. 1 Nr. 1 BDSG. Dies hat zur Folge, dass sich diese Einschränkung gerade nicht auf öffentliche Stellen erstreckt und mithin betroffene Personen bei jedweder Form nichtautomatisierter Verarbeitung ihrer personenbezogenen Daten durch eine öffentliche Stelle, beispielsweise in Form loser Notizzettel oder Einzeldokumente, stets durch das BDSG geschützt sind.[11]

Auch bei nicht öffentlichen Stellen sieht das BDSG in Teilen – abweichend von der allgemeinen Regelung in § 1 Abs. 2 S. 2 BDSG – eine Geltung bei nichtautomatisierter Datenverarbeitung vor. So sollen Datenverarbeitungen zu Zwecken des Beschäftigungsverhältnisses auch dann dem BDSG unterfallen, wenn die Daten nicht in einem Dateisystem gespeichert werden, § 26 Abs. 7 BDSG. Mithin unterliegt auch hier jegliche nichtautomatisierte Datenverarbeitung dem Anwendungsbereich des BDSG,[12] um einen umfassenden Schutz der Daten von Beschäftigten zu gewährleisten.

Der genaue Umfang dieser BDSG-Vorgaben bleibt aber unklar: So sollen nur die Regelungen des BDSG auf manuelle Datenverarbeitungen zur Anwendung gelangen. Das BDSG ergänzt jedoch nur die deutlich wichtigeren und umfangreicheren Regelungen der DSGVO, die in den vorgenannten Fällen weiterhin nicht zur Anwendung gelangt. Die von der DSGVO losgelöste Anwendung des BDSG wird häufig nicht sinnvoll möglich sein.

2.1.2 „Personenbezogene Daten"

Wie soeben dargelegt, fällt jeder systematische Umgang mit Daten unter den Begriff der „Verarbeitung" i. S. d. DSGVO.[13] Der Begriff „Daten" bezieht sich auf Informationen bzw. Einzelangaben.[14] Außerdem müssen die Daten „personenbezogen" sein, um in den Anwendungsbereich der Verordnung zu fallen. Daten haben einen Personenbezug, soweit sie sich auf eine *identifizierte oder identifizierbare natürliche Person* beziehen, Art. 4 Nr. 1 DSGVO. Sie fallen also in den Anwendungsbereich der DSGVO, sobald die Identifizierung einer Person aufgrund der vorhandenen Daten möglich ist, was bedeutet, dass eine Person direkt oder indirekt

---

[11] Gola/Reif, in: Gola/Heckmann, DSGVO BDSG, § 1 BDSG (2022), Rn. 5; siehe auch Ernst, in: Paal/Pauly, DSGVO BDSG, § 1 BDSG (2021), Rn. 5.

[12] Gräber/Nolden, in: Paal/Pauly, DSGVO BDSG, § 26 BDSG (2021), Rn. 54; siehe auch Tiedemann, in: Sydow/Marsch, DSGVO BDSG, Art. 88 DSGVO (2022), Rn. 34.

[13] Barlag, in: Roßnagel, DSGVO, § 3 I. Anwendungsbereich der Datenschutz-Grundverordnung (2017), Rn. 7.

[14] Ernst, in: Paal/Pauly, DSGVO BDSG, Art. 4 DSGVO (2021), Rn. 3; siehe auch Eßer, in: Auernhammer, DSGVO BDSG, Art. 4 DSGVO (2023), Rn. 6.

mittels Zuordnung zu einem Kennungsmerkmal ermittelt werden kann. Dies ist der Fall, sobald die *Zuordnung der Daten zu einem oder mehreren Charakteristika*, die Ausdruck der physischen, physiologischen, psychischen, genetischen, wirtschaftlichen, kulturellen oder sozialen Identität dieser natürlichen Person sind, möglich ist. Dabei kann es sich bspw. handeln um:

- den Namen einer Person;[15]
- Identifikationsnummern wie Sozialversicherungsnummer, Personalnummer oder Personalausweisnummer;
- Standortdaten;
- Online-Kennungen (dies kann IP-Adressen oder Cookies einschließen).[16]

Die DSGVO ist *nicht* auf die *Daten Verstorbener* anwendbar.[17] Hierbei ist aber zu beachten, dass es sich bei derartigen Daten zugleich um die personenbezogenen Daten eines lebenden Verwandten oder Nachkömmlings des Verstorbenen handeln kann.[18] Solche Daten können bspw. Aufschluss über Erbkrankheiten von Nachkommen des Verstorbenen liefern.[19] In diesem Fall unterfallen sie dem Anwendungsbereich der DSGVO.

2.1.2.1 Identifizierbarkeit der betroffenen Person

Die Identifizierung der betroffenen Person muss nicht unmittelbar anhand der Daten möglich sein, um zur Anwendbarkeit der DSGVO zu führen. Die bloße Möglichkeit der Identifizierung, also die „Identifizierbarkeit", stellt bereits einen hinreichenden Personenbezug der Daten i. S. d. DSGVO her. Die Identifizierung wird dabei erst durch die *Kombination verschiedener Informationen* möglich, die für sich allein keinen Rückschluss auf die betroffene Person zugelassen hätten, aber einen solchen in der Zusammenschau ermöglichen.[20] Der Wortlaut des Art. 4 Nr. 1 DSGVO lässt offen, wer zur Identifizierung der betroffenen Person in der Lage sein muss, was darauf hindeutet, dass zusätzliche Informationen für die Identifizierung nicht zwingend im Datenbestand des Verantwortlichen/Auftragsverarbeiters vorhanden sein müssen.

[15] Barlag, in: Roßnagel, DSGVO, § 3 I. Anwendungsbereich der Datenschutz-Grundverordnung (2017), Rn. 8.

[16] ErwGr. 30 DSGVO.

[17] ErwGr. 27 DSGVO.

[18] Ernst, in: Paal/Pauly, DSGVO BDSG, Art. 4 DSGVO (2021), Rn. 6; Schild, in: Wolff/Brink/v. Ungern-Sternberg, BeckOK Datenschutzrecht, Art. 4 DSGVO (45. Ed. 01.05.2023), Rn. 11; siehe auch Klar/Kühling, in: Kühling/Buchner, DSGVO BDSG, Art. 4 Nr. 1 DSGVO (2020), Rn. 5.

[19] Klar/Kühling, in: Kühling/Buchner, DSGVO BDSG, Art. 4 Nr. 1 DSGVO (2020), Rn. 5.

[20] Klar/Kühling, in: Kühling/Buchner, DSGVO BDSG, Art. 4 Nr. 1 DSGVO (2020), Rn. 19; vgl. EuGH, Urteil vom 7. März 2024, OC/Europäische Kommission, C-479/22 P, Rn. 64. Hier hob der EuGH eine Entscheidung des EuG auf, in der das EuG den Begriff der personenbezogenen Daten falsch ausgelegt hatte. Der EuGH stellte fest, dass eine Person durch eine Pressemitteilung identifiziert werden kann, wenn der Leser anhand der darin enthaltenen Informationen und weiterer Nachforschungen in anderen Quellen auf das Thema der Pressemitteilung schließen kann.

Relative oder absolute Kriterien

Nach ErwGr. 26 der DSGVO[21] sind zur Bestimmung der Identifizierbarkeit einer Person alle Mittel zu berücksichtigen, „die von dem Verantwortlichen oder einer anderen Person nach allgemeinem Ermessen wahrscheinlich genutzt werden, um die natürliche Person direkt oder indirekt zu identifizieren".[22] In diesem Zusammenhang wird diskutiert, ob relative oder absolute Kriterien[23] zur *Feststellung der Wahrscheinlichkeit einer Identifizierbarkeit* heranzuziehen sind.[24] Die Verwendung absoluter Kriterien würde dazu führen, dass die Definition „personenbezogener Daten" bereits erfüllt ist, sobald *irgendjemand die Möglichkeit zur Zuordnung* der verarbeiteten Daten zu einer natürlichen Person hat.[25]

Im Oktober 2016 entschied der EuGH, dass das tatsächliche Identifikationsrisiko unwesentlich erscheint, wenn die Zuordnung der Daten zu einem Individuum einen unverhältnismäßigen Aufwand in Bezug auf Zeit, Kosten und Personaleinsatz erfordert, wobei es sich bei den vorgenannten Faktoren um *relative Kriterien* handelt.[26] Hiernach gelten die Daten nicht als personenbezogen, wenn die Identifizierung des Betroffenen für den Verantwortlichen/Auftragsverarbeiter ausgehend von seiner Möglichkeit zum Zugriff auf zusätzliche Informationen nur mit unverhältnismäßigem Aufwand möglich ist.[27] Zwar ist das Urteil des EuGH auf Grundlage der EG-Datenschutzrichtlinie ergangen, allerdings enthält auch die DSGVO Indikatoren dafür, dass relative Kriterien maßgebend sind.[28] Daher gilt eine Person als identifizierbar, wenn die *fehlenden Informationen*, welche eine Identifizierung ermöglichen, *(leicht) zugänglich* sind, beispielsweise weil sie im Internet oder von einem (kommerziellen) Informationsdienst veröffentlicht wurden. Auch die Kenntnis Dritter von diesen Informationen ist zu berücksichtigen, sobald eine Chance besteht,

---

[21] Die Ausführungen zu relativen und absoluten Kriterien finden ihren Ursprung im Diskurs um die Auslegung des ErwGr. 26 EG-Datenschutzrichtline. Aufgrund des ähnlichen Wortlauts in der englischen Fassung des ErwGr. 26 EG-Datenschutzrichtlinie und des ErwGr. 26 DSGVO sind die zu erstere vertretenen Ansichten größtenteils auch auf die DSGVO übertragbar, laut Klar/Kühling, in: Kühling/Buchner, DSGVO BDSG, Art. 4 Nr. 1 DSGVO (2020), Rn. 20.

[22] ErwGr. 26 DSGVO.

[23] Siehe auch Karg, in: Simitis/Hornung/Spiecker gen. Döhmann, Datenschutzrecht, Art. 4 Nr. 1 DSGVO (2019), Rn. 58–59.

[24] Für Literaturangaben zu beiden Ansichten siehe Voigt, MMR 2009, 377, 378 ff.; Bergt, ZD 2015, 365, 365 ff.

[25] Siehe auch Herbst, NVwZ 2016, 902, 904; Eßer, in: Auernhammer, DSGVO BDSG, Art. 4 DSGVO (2023), Rn. 20.

[26] EuGH, Urteil vom 19. Oktober 2016, Breyer/Bundesrepublik Deutschland, C-582/14, Rn. 39; vgl. ErwGr. 26 DSGVO.

[27] Eßer, in: Auernhammer, DSGVO BDSG, Art. 4 DSGVO (2023), Rn. 20.

[28] Hiermit ist beispielsweise der Wortlaut des ErwGr. 26 DSGVO gemeint, der die Einbeziehung verschiedener Faktoren (z. B. Zeitaufwand oder Kosten) bei der Ermittlung der wahrscheinlichen Nutzung der Mittel zur Identifizierung der Person nennt. Zustimmend siehe Eßer, in: Auernhammer, DSGVO BDSG, Art. 4 DSGVO (2023), Rn. 20; Karg; in: Simitis/Hornung/Spiecker gen. Döhmann, Datenschutzrecht, Art. 4 Nr. 1 DSGVO (2019), Rn. 59; Piltz, K&R 2016, 557, 561; Barlag, in: Roßnagel, DSGVO, § 3 I. Anwendungsbereich der Datenschutz-Grundverordnung (2017), Rn. 9 ff.; ablehnend Buchner, DuD 2016, 155, 156.

dass der Verantwortliche/Auftragsverarbeiter Zugriff auf dieses Wissen erhält. Für die Bestimmung, ob es sich bei übermittelten Daten um personenbezogene Daten handelt, ist beispielsweise die Perspektive des Empfängers der Datenübermittlung maßgeblich.[29] So können von einem Verantwortlichen gespeicherte dynamische IP-Adressen personenbezogene Daten der betroffenen Person sein, sofern dem Verantwortlichen bspw. rechtliche Mittel zur Verfügung stehen, die vernünftigerweise eingesetzt werden können, um mithilfe Dritter (Internetzugangsanbietern oder zuständigen Behörden) die betreffende Person anhand der gespeicherten IP-Adressen bestimmen zu lassen.[30] Des Weiteren kann auch eine Fahrzeug-Identifizierungsnummer[31] (sog. FIN), welche isoliert bloß ein sachbezogenes Merkmal darstellt, gegebenenfalls einen Personenbezug aufweisen, wenn der Verantwortliche, der Zugang zu der FIN hat, auch über Mittel verfügt, die es ihm ermöglichen, eine natürliche Person in Verbindung mit der FIN zu identifizieren (bspw. durch Zugriff auf eine Zulassungsbescheinigung für den Fall, dass der Halter auch eine natürliche Person ist).[32] Im Umkehrschluss: sobald keine realistische Chance besteht, dass der Verantwortliche/Auftragsverarbeiter Zugriff auf die Information erlangt, gilt eine Person nicht als identifizierbar.

Umstände des Einzelfalls

Um eine Identifizierbarkeit zu beurteilen, sind des Weiteren die Umstände des Einzelfalls zu berücksichtigen. Dies bezieht sich u. a. auf:[33]

- die für die Identifizierung notwendigen *zeitlichen und monetären Mittel*;
- die zum Verarbeitungszeitpunkt verfügbare Technologie sowie *technologische Entwicklungen*;
- den *Zweck der Verarbeitung*.

Ist der Verarbeitungszweck nur über eine Identifikation der betroffenen Personen erreichbar, kann unterstellt werden, dass der Verantwortliche/Auftragsverarbeiter über die Mittel zur Identifizierung dieser Betroffenen verfügt.[34] Kurz gesagt, je einfacher und schneller eine natürliche Person ermittelt werden kann, desto eher handelt es sich um eine „identifizierbare natürliche Person".[35]

---

[29] EuG, Urteil vom 26. April 2023, SRB/EDSB, T-557/20, Rn. 99 ff.

[30] BGH, Urteil vom 16. Mai 2017, VI ZR 135/13, Rn. 24; zur Einordnung des TC-Strings als personenbezogene Daten aufgrund der Möglichkeit der Identifizierung eines Nutzers u. a. über die IP-Adresse siehe EuGH, Urteil vom 7. März 2024, IAB Europe/Gegevensbeschermingsautoriteit, C-604/22, Rn. 32 ff.

[31] Die FIN stellt einen alphanumerischen Code dar, welches es erlaubt, den Hersteller eines Fahrzeuges zu identifizieren.

[32] EuGH, Urteil vom 9. November 2023, Gesamtverband Autoteile-Handel e. V./Scania CV AB, C-319/22, wobei der EuGH die bereits bekannten Maßstäbe aus dem Breyer-Urteil (C-582/14) für die DSGVO bestätigte. Das Gericht ließ aber weiterhin offen, unter welchen Voraussetzungen ein Mittel „vernünftigerweise" zur Identifizierung einer Person eingesetzt werden könne.

[33] ErwGr. 26 DSGVO.

[34] Siehe auch Art. 29 Datenschutzgruppe, WP 136 (2007), S. 18 ff.

[35] ErwGr. 26 DSGVO.

2.1.2.2 Anonymisierung und Pseudonymisierung

Anonymisierung

Anonymisierung ist eine Technik zur *Veränderung* personenbezogener Daten mit dem Ergebnis, dass *keine Verbindung* der Daten *zu einer natürlichen Person (mehr) besteht*. Anonymisierte Daten sind Informationen, die entweder keinen Bezug zu einer identifizierten oder identifizierbaren Person haben, oder es handelt sich um personenbezogene Daten, bei denen der Personenbezug aufgrund einer durchgeführten Anonymisierung nicht mehr besteht.[36] Die Anonymisierung kann durch eine Reihe verschiedener *Techniken* erreicht werden, die in der Regel in eine der *beiden nachfolgenden Kategorien* fallen:

1. *Randomisierung*: Diese Technik besteht in der Veränderung der Genauigkeit von Daten, um die starke Verbindung zwischen den Daten und der betroffenen Person zu entfernen (u. a. mithilfe von Zufallsgrößen, bspw. wenn Körpergrößen nicht auf den Zentimeter genau, sondern um ca. 10 cm mehr oder weniger angegeben werden).[37] Werden die Daten hinreichend ungenau bzw. unzuverlässig, können sie nicht mehr einer bestimmten Person zugeordnet werden.[38]
2. *Generalisierung*: Diese Technik besteht in der Verallgemeinerung/Verwässerung der Merkmale der betroffenen Personen, indem der entsprechende Bezugspunkt oder die Reihenfolge der Daten verändert werden (z. B. Bezug der Daten zu einer Region anstelle einer Stadt, zu einem Monat anstelle einer Woche).[39]

Im Falle einer erfolgreichen Anonymisierung ist die DSGVO *nicht anwendbar*.[40] Derartige Techniken werden häufig im Zusammenhang mit statistischen oder Forschungszwecken angewandt. Sobald der Verantwortliche/Auftragsverarbeiter die anonymisierten Informationen allerdings mit hinreichender Wahrscheinlichkeit wiederherstellen kann, handelt es sich um personenbezogene Daten im Anwendungsbereich der DSGVO.

Beispiel

Für sein anstehendes zwanzigstes Jubiläum möchte ein privater Nachhilfeanbieter herausfinden, wie viele seiner bisher betreuten Schüler eine Universität besucht haben und, sofern dies der Fall war, was sie studiert haben. Zu diesem Zweck erhebt der Anbieter die Daten seiner Nachhilfeschüler der vergangenen 20 Jahre und kontaktiert diese via E-Mail, in welcher um die Teilnahme an einer Online-Befragung gebeten wird. Um die Daten der betroffenen Personen zu anonymisieren enthält die Umfrage keine Fragen zu Namen, E-Mail-Adressen,

[36] ErwGr. 26 DSGVO.

[37] Arning/Rothkegel, in: Taeger/Gabel, DSGVO BDSG TTDSG, Art. 4 DSGVO (2022), Rn. 50.

[38] Siehe auch Art. 29 Datenschutzgruppe, WP 216 (2014), S. 12.

[39] Siehe auch Art. 29 Datenschutzgruppe, WP 216 (2014), S. 16; siehe auch Hansen, in: Simitis/Hornung/Spiecker gen. Döhmann, Datenschutzrecht, Art. 4 Nr. 5 DSGVO (2019), Rn. 54.

[40] ErwGr. 26 DSGVO.

Abschlussjahrgängen oder Geburtsdaten der Teilnehmer. Deren IP-Adressen werden außerdem bei der Teilnahme nicht gespeichert. Um zudem die Identifizierung ehemaliger Nachhilfeschüler, die in ungewöhnlicheren Studienfächern ihren Abschluss gemacht haben, aufgrund dieser Informationen zu verhindern, werden Studienfächer nicht gesondert abgefragt, sondern lediglich verschiedene Studienfelder erfasst, bspw. „Naturwissenschaften", „Rechts- und Wirtschaftswissenschaften", „Sozial- und Erziehungswissenschaften" und „Sprach- und Kulturwissenschaften".[41]

In diesem Beispiel versucht der Nachhilfeanbieter die Erfassung von Informationen zu vermeiden, die eine Identifizierung einzelner Umfrage-Teilnehmer ermöglichen, z. B. aufgrund ihres Namens, Geburtsdatums oder sogar ungewöhnlicher Studienfächer. Durch die Reduzierung der erfassten Menge an Daten auf das notwendige Minimum zur Auswertung der Umfrage sowie das Nicht-Speichern der IP-Adressen ist die Wahrscheinlichkeit einer Re-Identifizierung der Teilnehmer verschwindend gering. Deshalb ist die Anonymisierung der Daten erfolgreich und die DSGVO findet keine Anwendung. ◀

Vorteile der Anonymisierung

Die Anonymisierung bietet eine Reihe von Vorteilen für den Verantwortlichen/Auftragsverarbeiter. Unternehmen sammeln und speichern häufig große (manchmal sogar exzessive) Datenmengen, obwohl sie letztlich nur einen kleinen Teil der Datenmenge für ihre Verarbeitungstätigkeiten benötigen. Die *Nicht-Erfassung oder Löschung* der überschüssigen Daten kann dabei helfen, eine Anonymisierung der Daten herbeizuführen, um so die Anwendbarkeit der DSGVO zu verhindern. In Bezug auf die Verarbeitung rein anonymer Daten unterliegt der Verantwortliche/Auftragsverarbeiter nicht den verschiedenen Datenschutzverpflichtungen der Verordnung (siehe Kap. 3). Zusätzlich kann eine derartige *Datenminimierung* Zeit, Kosten und personelle Ressourcen einsparen. Unternehmen sollten den Einsatz von Anonymisierungstechniken in Betracht ziehen, damit die Anwendbarkeit der DSGVO und dementsprechend auch das Risiko eines bußgeldbewährten Datenschutzverstoßes minimiert werden kann.

Praxishinweise[42]

Da sich der europäische Gesetzgeber nicht zu den Standards für eine erfolgreiche Anonymisierung geäußert hat, ist zur Verbesserung der Datensicherheit eine Kombination von Randomisierungs- und Verallgemeinerungstechniken ratsam.

Da der Anonymisierung stets ein *Risikofaktor* anhaftet, muss dieser bei der Bewertung verfügbarer Anonymisierungstechniken entsprechend der Schwere und Wahrscheinlichkeit des identifizierten Risikos Berücksichtigung finden. Als Konsequenz daraus ergibt sich, dass die optimale Anonymisierungslösung stets auf

---

[41] Siehe auch Dammann, in: Simitis, Bundesdatenschutzgesetz, § 3 BDSG (2014), Rn. 201 ff.

[42] Für die nachfolgenden Praxishinweise siehe auch Art. 29 Datenschutzgruppe, WP 216 (2014), S. 6, 7, 12, 16, 23–25

Einzelfallbasis zu bestimmen ist. Dies schließt eine *Bewertung des Verarbeitungskontextes* ein: „alle" Mittel, die „vernünftigerweise" für eine Re-Identifikation zur Verfügung stehen, müssen Berücksichtigung finden. Sobald die optimale Anonymisierungslösung gefunden ist, erfordert ihre Anwendung eine sorgfältige technische Implementierung, um die Widerstandsfähigkeit der technologischen Umsetzung zu erhöhen. Auch nach ihrer Anwendung bedarf die Anonymisierungstechnik einer *durchgehenden Überwachung*,[43] um dem ihr inhärenten Risikopotenzial effektiv zu begegnen, vor allem was das Identifizierungsrisiko bzgl. nicht-anonymisierter Teile der Datenbank betrifft. Mangels hinreichender Ausgestaltung des Begriffs der Anonymisierung durch den europäischen Gesetzgeber ist es schwierig abzuschätzen, welche Maßnahmen genau eine erfolgreiche Anonymisierung gewährleisten. Folglich ist die Aussage, Daten seien anonym, häufig kritisch zu hinterfragen. Da die Anonymisierung eine Methode zur Verarbeitung personenbezogener Daten darstellt, bedarf sie nach häufig vertretener Ansicht einer Rechtsgrundlage, wobei hierbei in vielen Fällen eine Interessenabwägung nach Art. 6 Abs. 1 S. 1 lit. f DSGVO in Betracht kommen dürfte.[44]

Pseudonymisierung

Pseudonymisierung ist in der Praxis ein gebräuchliches Mittel, um die Möglichkeit zur Identifikation betroffener Personen anhand ihrer Daten zu vermeiden. Es handelt sich um die Verarbeitung personenbezogener Daten in einer Weise, in der die Daten *ohne Hinzuziehung zusätzlicher Informationen nicht mehr* einer *spezifischen betroffenen Person zugeordnet* werden können, Art. 4 Nr. 5 DSGVO. Dies kann erreicht werden, indem der Name des Betroffenen oder andere Merkmale durch bestimmte Angaben ersetzt werden. Die zusätzlichen Informationen, die eine Identifizierung möglich machen würden, müssen *gesondert aufbewahrt* werden. Außerdem muss die Pseudonymisierung durch den Einsatz technischer und organisatorischer Mittel zusätzlich gesichert werden. Dies kann über eine *Verschlüsselung* der Daten erreicht werden, wobei der Schlüssel nur wenigen Personen mitgeteilt wird.[45]

Es muss beachtet werden, dass, im Gegensatz zu anonymisierten Daten, pseudonymisierte Daten noch in den *Anwendungsbereich der DSGVO* fallen, da das Risiko einer Re-Identifikation höher ist als bei anonymisierten Daten. Nichtsdestotrotz handelt es sich bei der Pseudonymisierung um eine Möglichkeit für Verantwortliche und Auftragsverarbeiter, ihre Datenschutzverpflichtungen nach der DSGVO zu erfüllen und deren Einhaltung so auch nachzuweisen:[46]

---

[43] BfDI, Positionspapier zur Anonymisierung unter der DSGVO unter besonderer Berücksichtigung der TK-Branche (2020), S. 11.

[44] BfDI, Positionspapier zur Anonymisierung unter der DSGVO unter besonderer Berücksichtigung der TK-Branche (2020), S. 5, 11.

[45] Klar/Kühling, in: Kühling/Buchner, DSGVO BDSG, Art. 4 Nr. 5 DSGVO (2020), Rn. 9, 10.

[46] ErwGr. 28 DSGVO; Laue, in: Laue/Kremer, Das neue Datenschutzrecht in der betrieblichen Praxis, § 1 Einführung (2019), Rn. 25–26, 28; siehe letztere auch für die nachfolgenden Ausführungen.

- Pseudonymisierung ist ein geeignetes Mittel zur Umsetzung des Prinzips des Datenschutzes durch Technikgestaltung (siehe Abschn. 3.5);
- Pseudonymisierung kann das Risikopotenzial der Verarbeitungstätigkeiten so reduzieren, dass der Verantwortliche von seiner Pflicht zur Meldung von Datenschutzverletzungen bzgl. der pseudonymisierten Daten entbunden wird (siehe Abschn. 3.8);
- Pseudonymisierung kann eine geeignete Schutzmaßnahme darstellen, um einen Wechsel des Verarbeitungszwecks zu rechtfertigen (siehe Abschn. 4.2.2.6);
- erfolgreiche Pseudonymisierung kann zugunsten des Verantwortlichen in all jenen Fällen berücksichtigt werden, in denen seine Interessen gegen die der betroffenen Personen abzuwägen sind, z. B. in Fällen, bei denen die Datenverarbeitung auf die überwiegenden berechtigten Interessen des Verantwortlichen gestützt werden soll (siehe Abschn. 4.2.2.3).

Beispiel

Eine Unternehmensgruppe besteht u. a. aus den Unternehmen A und B. A sammelt personenbezogene Daten von den Kunden der Unternehmensgruppe, während B die personenbezogenen Daten erhält, um ein Profiling durchzuführen (Kundenpräferenzen, etc.). Bevor B die Daten erhält, werden sie jedoch pseudonymisiert, indem die persönlichen Kundeninformationen (wie Namen und Adressen) entfernt und durch Referenznummern ersetzt werden. Die Zuordnungsregel für die Referenznummern wird vom gemeinsamen Datenschutzbeauftragten der Unternehmensgruppe aufbewahrt, der angewiesen ist, die Zuordnungsregel gegenüber den Angestellten von B nicht offenzulegen.

In diesem Beispiel ist es B nicht möglich, die Daten den jeweiligen Kunden ohne Kenntnis der Zuordnungsregel zuzuordnen, wobei letztere B nicht bekannt ist. Die personenbezogenen Daten sind daher für B pseudonymisiert. Allerdings sind die Daten nicht anonymisiert und die DSGVO findet Anwendung, da ein gewisses Re Identifikationsrisiko besteht. Es kann nicht mit hinreichender Sicherheit davon ausgegangen werden, dass B keine Kenntnis von der Zuordnungsregel oder von der Identität einzelner Kunden erlangt, z. B. durch andere Angestellte (von A) oder für den Fall, dass der Datenschutzbeauftragte seine Anweisungen verletzt.[47] ◀

Erfolgreiche Pseudonymisierung kann Datenschutz gewährleisten. Im Umkehrschluss bedeutet dies jedoch für den Fall, dass die angewandte Pseudonymisierungstechnik den Schutz der zusätzlichen Informationen nicht hinreichend gewährleisten kann, dass die Datenschutzverpflichtungen nach der DSGVO auf andere Weise oder durch zusätzliche technische und organisatorische Maßnahmen zu erfüllen sind.[48]

---

[47] Beispiel aus Laue, in: Laue/Kremer, Das neue Datenschutzrecht in der betrieblichen Praxis, § 1 Einführung (2019), Rn. 29.

[48] ErwGr. 26, 28 DSGVO.

2.1.3 Ausnahmen vom sachlichen Anwendungsbereich

Art. 2 Abs. 2 DSGVO sieht vier Ausnahmen vom sachlichen Anwendungsbereich der Verordnung vor. Hiernach ist die Verordnung nicht in den Bereichen der Sicherheitspolitik (lit. b) oder der Strafverfolgung (lit. d) anwendbar sowie in Rahmen von Tätigkeiten, die nicht der gesetzgeberischen Kompetenz der Union unterliegen (lit. a).[49] Aus wirtschaftlicher Sicht ist die wichtigste Ausnahme jedoch in lit. c geregelt, nach der die Verordnung keine Anwendung auf die „Verarbeitung personenbezogener Daten durch natürliche Personen zur Ausübung *ausschließlich persönlicher oder familiärer Tätigkeiten*" findet. Die Begrifflichkeiten sind anhand der Verkehrsanschauung zu interpretieren und umfassen personenbezogene Daten, die für Freizeitzwecke, Hobbys, Urlaubs- oder Unterhaltungszwecke, für die Benutzung sozialer Netzwerke oder als Teil einer privaten Adress-, Geburtstags- oder anderen Terminsammlung, z. B. zur Erfassung von Jahrestagen, verarbeitet werden.[50]

Es ist zu beachten, dass, sofern die Verarbeitung sowohl privat als auch beruflich genutzte Informationen betrifft, eine Anwendung der Ausnahme nicht in Betracht kommt.[51] Das Wort „ausschließlich" impliziert eine *enge Interpretation* der Bestimmung.[52] Der Begriff der beruflichen Tätigkeit sollte jedwede wirtschaftliche Betätigung erfassen, unabhängig davon, ob sie vergütet wird, sowie vorbereitende Maßnahmen für eine solche Betätigung, wie Werbemaßnahmen oder das Überlassen personenbezogener Daten, um einen Service zu erhalten.[53]

Beispiel

Nach der Rechtsprechung des EuGH handelt es sich beim Betrieb einer Überwachungskamera, bei der das aufgenommene Videomaterial auf einem Aufzeichnungsgerät durchgängig gespeichert wird und die von einer Person auf ihrem Privatgrundstück zum Schutz von Eigentum, Gesundheit und Leben der Grundstückseigner installiert wird, die aber zugleich einen öffentlichen Bereich überwacht (bspw. eine öffentliche Straße oder einen Gehweg) nicht um eine Datenverarbeitung im Rahmen „ausschließlich persönlicher oder familiärer Tätigkeiten". Damit fällt diese Überwachung in den Anwendungsbereich der DSGVO und unterliegt nicht der Ausnahme des Art. 2 Abs. 2 lit. c DSGVO.[54] ◄

[49] Vgl. Art. 16 Abs. 2 AEUV.

[50] Ernst, in: Paal/Pauly, DSGVO BDSG, Art. 2 DSGVO (2021), Rn. 18; ErwGr. 18 DSGVO; Plath, in: Plath/Struck, DSGVO BDSG TTDSG, Art. 2 DSGVO (2023), Rn. 23.

[51] ErwGr. 18 DSGVO; Plath, in: Plath/Struck, DSGVO BDSG TTDSG, Art. 2 DSGVO (2023), Rn. 28; Barlag, in: Roßnagel, DSGVO, § 3 I. Anwendungsbereich der Datenschutz-Grundverordnung (2017), Rn. 12.

[52] Plath/Struck, in: Plath, DSGVO BDSG TTDSG, Art. 2 DSGVO (2023), Rn. 28.

[53] Ernst, in: Paal/Pauly, DSGVO BDSG, Art. 2 DSGVO (2021), Rn. 19.

[54] EuGH, Urteil vom 11. Dezember 2014, František Ryneš/Úřad pro ochranu osobních údajů, C-212/13, Rn. 35.

Von dieser Ausnahmeregelung kann nur die jeweilige natürliche Person profitieren, bei der die Voraussetzungen für die Ausnahme vorliegen. Daraus ergibt sich, dass Verantwortliche und Auftragsverarbeiter, die die Mittel zur Verarbeitung personenbezogener Daten zur Ausübung ausschließlich persönlicher oder familiärer Tätigkeiten schaffen, nicht von dieser profitieren können.[55]

2.2 Auf wen ist die Verordnung anwendbar? – persönlicher Anwendungsbereich

Die DSGVO ist auf jeden anwendbar, der personenbezogene Daten *verarbeitet oder für die Verarbeitung verantwortlich* ist. Angesichts der wirtschaftlichen Bedeutung von Daten sind vor allem Unternehmen von den Vorgaben der DSGVO betroffen. Da die *Rechtsform* des Unternehmens für die Anwendbarkeit der Verordnung unerheblich ist, existieren eine Vielzahl unterschiedlicher Normadressaten. Den verschiedenen Akteuren, die in den Anwendungsbereich der DSGVO fallen, werden von der Verordnung unterschiedliche Rollen und Pflichten im Hinblick auf den Datenschutz zugewiesen. Um den persönlichen Anwendungsbereich der DSGVO und die daraus resultierenden Datenschutzverpflichtungen zu bestimmen, muss festgestellt werden, bei wem es sich um einen „Verantwortlichen" oder um einen „Auftragsverarbeiter" handelt und wer dem Schutz durch die DSGVO unterliegt.

2.2.1 „Verantwortlicher"

Gem. Art. 4 Nr. 7 DSGVO ist ein „Verantwortlicher" jede natürliche oder juristische Person, Behörde, Einrichtung oder andere Stelle, die allein oder gemeinsam mit anderen über die Zwecke und Mittel der Verarbeitung von personenbezogenen Daten entscheidet. Diese Legaldefinition besteht im Wesentlichen aus fünf Elementen:

- Eine natürliche oder juristische Person, Behörde, Einrichtung oder andere Stelle;
- die allein oder gemeinsam mit anderen;
- über die Zwecke und Mittel der Datenverarbeitung;
- von personenbezogenen Daten (siehe oben in Abschn. 2.1.2);
- entscheidet.[56]

[55] ErwGr. 18 DSGVO.

[56] EDPB, Guidelines 07/2020 on the concepts of controller and processor in the GDPR, Version 2.1 (2021b), Rn. 16.

2.2.1.1 Natürliche oder juristische Person, Behörde, Einrichtung oder andere Stelle …

Die *Rechtsform* des Verantwortlichen ist für die Anwendbarkeit der datenschutzrechtlichen Verpflichtungen gemäß der DSGVO irrelevant.[57] Konzernen sollte dabei bewusst sein, dass die DSGVO kein Konzernprivileg vorsieht.[58] Jedes Unternehmen innerhalb der Konzernstruktur ist insofern eigenständig für die Datenverarbeitungstätigkeiten verantwortlich, die unter seiner Kontrolle ausgeführt werden (siehe Abschn. 4.4). Folglich ist jedes dieser Unternehmen grundsätzlich als Verantwortlicher i. S. d. Verordnung anzusehen.

Unternehmensintern werden die Entscheidungen über die Datenverarbeitung jeweils von natürlichen Personen, wie dem/den Geschäftsführer(n) oder dem Vorstand der Gesellschaft getroffen. Allerdings handeln diese Personen für die Gesellschaft, sodass letztere als Verantwortlicher gilt.[59] Dies erscheint auch unternehmensstrategisch angesichts der drohenden Bußgelder und etwaiger Ansprüche wegen Datenschutzverstößen vorzugswürdig, da diese Verantwortlichkeitszuweisung den Betroffenen langfristig einen verlässlicheren Ansprechpartner zur Ausübung ihrer Rechte gegenüberstellt.[60]

Dennoch kann nicht vollständig ausgeschlossen werden, dass einzelne Personen Entscheidungen für eine Gesellschaft treffen und aufgrund der jeweiligen Umstände des Einzelfalls als Verantwortliche zu qualifizieren sind. Dies wäre z. B. der Fall, wenn eine natürliche Person innerhalb der Gesellschaft personenbezogene Daten für ihre eigenen Zwecke nutzt und diese Nutzung außerhalb der Ziele und Kontrolle der Tätigkeiten der Gesellschaft liegt.[61]

2.2.1.2 … Allein oder gemeinsam mit anderen …

Gemeinsame Verantwortlichkeit

Der europäische Gesetzgeber hat im Rahmen der DSGVO eine klare Verteilung der Verantwortlichkeiten angestrebt und aus diesem Grund das Konzept der „*gemeinsam Verantwortlichen*" in Art. 26 DSGVO gesetzlich geregelt. Werden die Zwecke und Mittel der Verarbeitung von mehreren Unternehmen gemeinsam festgelegt, teilen diese ihre Pflichten nach der DSGVO und haben für eine klare Verteilung der Verantwortlichkeiten hinsichtlich der verschiedenen Datenschutzpflichten zu sorgen.

---

[57] EDPB Guidelines 07/2020 on the concepts of controller and processor in the GDPR, Version 2.1 (2021b), Rn. 17–19.

[58] Vgl. Voigt/v. d. Bussche, in: v. d. Bussche/Voigt, Konzerndatenschutz, Teil 3. Kap. 1. Einleitung: Fehlendes Konzernprivileg (2019a), Rn. 2, 7.

[59] EDPB, Guidelines 07/2020 on the concepts of controller and processor in the GDPR, Version 2.1 (2021b), Rn. 17.

[60] Siehe auch Art. 29 Datenschutzgruppe, WP 169 (2010) S. 15; EDPB Guidelines 07/2020 on the concepts of controller and processor in the GDPR, Version 2.1 (2021b), Rn. 18, 19; Wybitul/Schultze-Melling, Datenschutz (2014), Rn. 72–73.

[61] EDPB Guidelines 07/2020 on the concepts of controller and processor in the GDPR, Version 2.1 (2021b), Rn. 19; Hartung, in: Kühling/Buchner, DSGVO BDSG, Art. 4 Nr. 7 DSGVO (2020), Rn. 10.

Bis zum Erlass der DSGVO wurde das Konzept der „gemeinsamen Verantwortlichkeit“ gesetzlich nur erwähnt, aber nicht definiert. Als Folge daraus wurde es in der *Praxis nur selten* angewandt. Sobald sich die Aufsichtsbehörden, Gerichte oder Rechtswissenschaftler mit mehreren Akteuren konfrontiert sahen, gingen sie eher von einem Fall der Auftragsverarbeitung aus (in anderen Worten: von einem Verantwortlichen, der die Verarbeitung an einen oder mehrere Auftragsverarbeiter delegiert).[62]

Diese Situation hat sich inzwischen gewandelt: der EuGH hat das Konstrukt der „gemeinsamen Verantwortlichkeit“ in einigen Urteilen deutlich gestärkt[63] und der Europäische Datenschutzausschuss (EDSA, auf Englisch: *European Data Protection Board/EDPB*) hat in seinen Leitlinien 07/2020 zu den Begriffen „Verantwortlicher“ und „Auftragsverarbeiter“ in der DSGVO den Begriff der „gemeinsam Verantwortlichen“ weiter ausgeformt.

Mithin sind Lebenssachverhalte, in denen zwei oder mehr Parteien in die Verarbeitung personenbezogener Daten involviert sind, stets genauer zu betrachten (zur Einordnung von gemeinsam Verantwortlichen siehe Abschn. 3.3.1). Hierbei ist zunächst zu eruieren, ob es sich bei den jeweils beteiligten Akteuren überhaupt um Verantwortliche i. S. d. Art. 4 Nr. 7 DSGVO handelt.

Abgrenzung zur Auftragsverarbeitung

Insbesondere ist zwischen Verantwortlichen und Auftragsverarbeitern nach Art. 4 Nr. 8 DSGVO abzugrenzen, um den richtigen Prüfungsmaßstab bezüglich der datenschutzrechtlichen Pflichten festzulegen (für weitere Einzelheiten zur Abgrenzung siehe auch Abschn. 2.2.2 und 3.3).[64] Die Begriffe des Verantwortlichen und des Auftragsverarbeiters werden funktional bestimmt, sodass nicht die abstrakte vertragliche Zuweisung maßgebend ist, sondern die tatsächlich im Datenverarbeitungsprozess wahrgenommenen Aufgaben.[65] Folglich kann eine Auftragsverarbeitung durchaus nicht vorliegen, obwohl die zugrunde liegende Vereinbarung den Auftragnehmer ausdrücklich als Auftragsverarbeiter bezeichnet und eine alleinige Verantwortlichkeit des Verantwortlichen festlegt. Zum Beispiel kann die zutreffende Einordnung eines Auftragnehmers dann mit

[62] Dovas, ZD 2016, 512, 514.

[63] So z. B. EuGH, Urteil vom 05. Juni 2018, ULD/Wirtschaftsakademie Schleswig-Holstein, C-210/16; EuGH, Urteil vom 10. Juli 2018, Tietosuojavaltuutettu/Jehovan todistajat – uskonnollinen yhdyskunta, C-25/17; EuGH, Urteil vom 29. Juli 2019, Fashion ID GmbH & Co. KG/Verbraucherzentrale NRW e.V., C-40/17. Zwar bezogen sich die Urteile des EuGH auf Art. 2 Buchst. d der Richtlinie 95/46/EG, in welcher bereits das Konzept der „gemeinsamen Verantwortlichen“ normiert war, allerdings dürften die Aussagen des EuGH auch unter der DSGVO vollumfänglich Bestand haben, da die gleichen Kriterien zur Begriffsbestimmung herangezogen werden können (siehe EDPB, Guidelines 07/2020 on the concepts of controller and processor in the GDPR, Version 2.1 (2021b), Rn. 47); siehe auch: v. d. Bussche, DB 2018, 1782.

[64] EDPB, Guidelines 07/2020 on the concepts of controller and processor in the GDPR, Version 2.1 (2021b), Rn. 2.

[65] EDPB, Guidelines 07/2020 on the concepts of controller and processor in the GDPR, Version 2.1 (2021b), Rn. 12.

Unsicherheiten verbunden sein, wenn er gegenüber dem Verantwortlichen und gegenüber betroffenen Personen eigene geschäftliche Interessen verfolgt. In diesem Beispielsfall könnte es sich um eine ggf. gemeinsame Verantwortlichkeit oder einen weiteren eigenständigen Verantwortlichen handeln, da der Auftragnehmer in tatsächlicher Hinsicht wie ein Verantwortlicher auftritt.[66]

Die nachfolgenden Kriterien können zur Differenzierung zwischen Verantwortlichen und Auftragsverarbeitern herangezogen werden. Sie zeigen auf, in welchen Fällen es sich bei dem infrage stehenden Unternehmen, welches die Verarbeitungstätigkeit für einen Auftraggeber ausführt, aller Wahrscheinlichkeit nach um einen *Verantwortlichen* und nicht um einen Auftragsverarbeiter handelt – ausgehend von dessen Einfluss auf die Zwecke und/oder Mittel der Verarbeitung:[67]

- *Freiheit von Weisungen* durch den Auftraggeber, der die Verarbeitungstätigkeit an das Unternehmen delegiert hat;
- *Zusammenführung* der zur Verarbeitung erhaltenen Daten mit eigenen Datenbanken;
- Nutzung der Daten für *eigene Zwecke*, die nicht zwingend mit dem Auftraggeber vereinbart wurden;
- *Verantwortlichkeit* des verarbeitenden Unternehmens für die Richtigkeit der erhobenen Daten;
- die verarbeiteten Daten wurden auf Grundlage einer *rechtlichen Beziehung* zwischen dem verarbeitenden Unternehmen und den Betroffenen erhoben.

2.2.1.3 … Über die Zwecke und Mittel der Datenverarbeitung …

Der Verarbeitungszweck legt das Ziel der Datenverarbeitung fest, während die Verarbeitungsmittel bestimmen, mit welchen Instrumenten dieses Ziel erreicht werden soll. Entscheidungen bzgl. des Verarbeitungszwecks und der Mittel der Datenverarbeitung dürfen grundsätzlich nur vom Verantwortlichen selbst getroffen werden. Während der Zweck seitens des Verantwortlichen zu bestimmen ist, differenzieren die Aufsichtsbehörden allerdings bei den Mitteln zwischen wesentlichen und nicht-wesentlichen Mitteln. Letztere können z. B. auch durch den Auftragsverarbeiter festgelegt werden.[68]

Die wesentlichen Mittel der Datenverarbeitung stehen im engen Bezug zum Verarbeitungszweck, sodass der Verantwortliche u. a. festlegen muss, welche Daten verarbeitet werden sollen, für wie lange, wer Zugriff auf die Daten erhalten soll und wessen personenbezogene Daten verarbeitet werden sollen. Nicht-wesentliche Verarbeitungsmittel betreffen weniger entscheidende Aspekte der Verarbeitung, bspw. die Auswahl der genutzten Hard- oder Software. Diese müssen nicht zwingend vom Verantwortlichen vorgegeben werden.

[66] Hartung, in: Kühling/Buchner, DSGVO BDSG, Art. 26 DSGVO (2020), Rn. 14.

[67] Kriterien aus v. d. Bussche/Voigt, in: v. d. Bussche/Voigt, Konzerndatenschutz, Teil 3. Kap. 4. Auftragsverarbeitung im Konzern (2019b), Rn. 21–25.

[68] EDPB, Guidelines 07/2020 on the concepts of controller and processor in the GDPR, Version 2.1 (2021b), Rn. 32 ff.; Zur Auftragsverarbeitung siehe auch Abschn. 3.4.

2.2.1.4 ... entscheidet.

Art. 4 Nr. 7 DSGVO knüpft für die datenschutzrechtliche Verantwortlichkeit nicht an die Ausführung der Verarbeitungstätigkeit, sondern an den Einfluss auf den Datenverarbeitungsprozess durch entsprechende Entscheidungsbefugnisse an. Erste Indizien bzgl. der Entscheidungsbefugnis können die Antworten auf die Fragen danach geben, warum die Datenverarbeitung stattfindet und wer entschieden hat, dass die Datenverarbeitung zu dem konkreten Zweck stattfinden soll. Darauf aufbauend kann anhand einer Analyse des tatsächlichen Datenverarbeitungsprozesses die Einflussnahme durch entsprechende Kontrollbefugnisse festgestellt werden. Entscheidungsbefugnisse können entweder **(i)** gesetzlich festgelegt sein oder **(ii)** sich aufgrund tatsächlicher Einflussnahme ergeben.[69]

(i) Kontrollbefugnisse durch Rechtsvorschriften

Rechtsvorschriften können dem Verantwortlichen die Kontrollbefugnis explizit oder implizit zuweisen.[70] Nach Art. 4 Nr. 7 Hs. 2 DSGVO kann eine explizite Zuweisung u. a. durch direkte Benennung oder Festlegung der Kriterien zur Benennung des Verantwortlichen durch Unionsrecht oder das Recht der Mitgliedstaaten stattfinden. Hingegen liegt eine implizite Zuweisung vor, wenn Normen eine Aufgabe festlegen oder jemanden verpflichten, bestimmte Daten zu verarbeiten. In den meisten Fällen ist hierbei der Verarbeitungszweck gesetzlich vorgegeben, woraus sich dann auch der Verantwortliche für die Erfüllung des entsprechenden Zwecks ergibt.[71] Beispielhaft können hier Behörden angeführt werden, die zur Durchführung ihrer durch nationales Recht zugewiesenen Aufgaben, z. B. der Auszahlung von Sozialleistungen, Daten verarbeiten müssen, um zu evaluieren, ob die Person, welche Sozialleistungen beantragt hat, überhaupt einen Anspruch auf die Auszahlung hat.[72]

(ii) Kontrolle aufgrund tatsächlicher Einflussnahme

Ein tatsächlicher Einfluss auf die Verarbeitungsvorgänge kann u. a. durch eine Untersuchung des Vertragsverhältnisses zwischen den Parteien festgestellt werden. Diese Untersuchung kann i. d. R. für die Einordnung als Verantwortlicher hilfreich sein. Hierfür ist keine ausdrückliche Regelung der Verantwortlichkeit erforderlich. Aus den vertraglichen Regelungen können sich vielmehr hinreichende Anhaltspunkte ergeben, die eine Entscheidungsbefugnis bzgl. der Zwecke und Mittel der Verarbeitung

[69] EDPB, Guidelines 07/2020 on the concepts of controller and processor in the GDPR, Version 2.1 (2021b), Rn. 21 ff.; siehe auch Laue, in: Laue/Kremer, Das neue Datenschutzrecht in der betrieblichen Praxis, § 1 Einführung (2019), Rn. 47–51; Hartung, in: Kühling/Buchner, DSGVO BDSG, Art. 4 Nr. 7 DSGVO (2020), Rn. 13–14.

[70] EDPB, Guidelines 07/2020 on the concepts of controller and processor in the GDPR, Version 2.1 (2021b), Rn. 22; siehe auch Laue, in: Laue/Kremer, Das neue Datenschutzrecht in der betrieblichen Praxis, § 1 Einführung (2019), Rn. 47.

[71] EDPB, Guidelines 07/2020 on the concepts of controller and processor in the GDPR, Version 2.1 (2021b), Rn. 23; vgl. Hartung, in: Kühling/Buchner, DSGVO BDSG, Art. 4 Nr. 7 DSGVO (2020), Rn. 13; vgl. auch Eßer, in: Auernhammer, DSGVO BDSG, Art. 4 DSGVO (2023), Rn. 79.

[72] EDPB, Guidelines 07/2020 on the concepts of controller and processor in the GDPR, Version 2.1 (2021b), Rn. 24.

indizieren. Es ist aber stets darauf zu achten, dass die Zuordnung als Verantwortlicher maßgebend von den tatsächlichen Umständen und nicht von vertraglichen Regelungen der Parteien dazu abhängt. Daher kann die Stellung als Verantwortlicher nicht durch vertragliche Vereinbarung schlicht bestimmt werden: Trifft ein Akteur die Entscheidung bzgl. des Verarbeitungszwecks und -mittels, dann ist er, unabhängig von entgegenstehenden vertraglichen Vereinbarungen, Verantwortlicher i. S. d. DSGVO und damit kein bloßer Auftragsverarbeiter.[73]

Beispiel[74]

Unternehmen A beauftragt Kanzlei B mit der anwaltlichen Vertretung im Prozess. Um den Mandanten A angemessen vor Gericht vertreten zu können, verarbeitet B die von A hierfür zur Verfügung gestellten personenbezogenen Daten nach eigenen Kriterien und ohne Instruktionen von A. B führt die Datenverarbeitung zur Erfüllung der eigenen vertraglichen Verpflichtung gegenüber A durch. Aus ihrer funktionalen Rolle ergibt sich die Stellung als Verantwortlicher.

Dies gilt auch dann, sollte A mit B eine Vereinbarung zur Auftragsverarbeitung abgeschlossen haben, weil die Parteien – irrigerweise – den Auftragsnehmer B als Auftragsverarbeiter angesehen haben. ◀

2.2.2 „Auftragsverarbeiter"

Neben dem Verantwortlichen gibt die DSGVO auch dem „Auftragsverarbeiter" Datenschutzverpflichtungen auf. Der Auftragsverarbeiter ist definiert als natürliche oder juristische Person, Behörde, Einrichtung oder andere Stelle, die personenbezogene Daten *im Auftrag* des Verantwortlichen verarbeitet, Art. 4 Nr. 8 DSGVO. Daher beruht die Beteiligung eines Auftragsverarbeiters an der Datenverarbeitung auf einer *Entscheidung des Verantwortlichen.* Der Verantwortliche kann sich entweder dafür entscheiden, die Datenverarbeitung intern durchzuführen (z. B. durch seine eigenen Angestellten) oder alle oder einen Großteil der Verarbeitungstätigkeiten an eine externe Stelle zu delegieren (*„Outsourcing"*), was diese dann zu einem „Auftragsverarbeiter" qualifiziert.[75] Zwei Bedingungen müssen für die Einordnung als Auftragsverarbeiter erfüllt sein:

- es muss sich um eine vom Verantwortlichen *unabhängige* Stelle handeln; und
- diese muss personenbezogene Daten *im Auftrag* des Verantwortlichen verarbeiten.[76]

[73] EDPB, Guidelines 07/2020 on the concepts of controller and processor in the GDPR, Version 2.1 (2021b), Rn. 28.

[74] Beispiel aus EDPB, Guidelines 07/2020 on the concepts of controller and processor in the GDPR, Version 2.1 (2021b), Rn. 27.

[75] Siehe auch EDPB, Guidelines 07/2020 on the concepts of controller and processor in the GDPR, Version 2.1 (2021b), Rn. 73 ff.

[76] EDPB, Guidelines 07/2020 on the concepts of controller and processor in the GDPR, Version 2.1 (2021b), Rn. 76.

Auftragsverarbeiter können bspw. Anbieter von Software als Service-Dienstleistungen[77] sowie Betreiber von Rechenzentren sein.[78] Innerhalb eines Konzerns können bestimmte Unternehmen explizite Serviceleistungen (z. B. IT-Services) für die übrigen Konzernunternehmen erbringen, oder aber die Muttergesellschaft erbringt hier in der Rolle als Auftragsverarbeiter „*shared services*" für die Tochterunternehmen als dann jeweils Verantwortliche[79] (wobei in der Praxis, insbesondere bei im Nicht-EU-Ausland befindlichen Konzernzentralen, die Muttergesellschaft als Auftragsverarbeiter oftmals ihre Rolle nicht so untergeordnet ausübt). Was die Rechtsform angeht, gilt das zum Verantwortlichen Gesagte auch für den Auftragsverarbeiter.[80] Folglich können ganz verschiedenartige Akteure als Auftragsverarbeiter gelten. Zudem können mehrere Auftragsverarbeiter zeitgleich mit der Verarbeitung beauftragt werden. Dies geschieht in der Praxis mit zunehmender Häufigkeit, wobei diese Auftragsverarbeiter entweder jeweils in einer direkten Vertragsbeziehung mit dem Verantwortlichen stehen oder als Unterbeauftragte durch den Auftragsverarbeiter, der vom Verantwortlichen zur Verarbeitung angewiesen wurde, mit der Ausführung eines Teils der Verarbeitungstätigkeiten beauftragt werden (für weitere Einzelheiten zur Auftragsverarbeitung siehe Abschn. 3.4).[81] Es ist zu beachten, dass ein Auftragsverarbeiter zu einem (ggf. gemeinsam) Verantwortlichen wird, sobald er den Umfang seines Auftrags überschreitet und eine Position erreicht, die es ihm ermöglicht, ebenfalls über die Zwecke und Mittel der Verarbeitung zu entscheiden (siehe auch die Ausführungen in Abschn. 2.2.1.3 und 3.3.1).[82]

2.2.3 Von der DSGVO geschützte Personen

Während der Kreis der von der DSGVO mit Datenschutzpflichten belegten Personen bereits beschrieben wurde, ist noch zu klären, wer von dem geschaffenen Schutzniveau profitiert. Die DSGVO enthält Vorschriften zum Schutz *natürlicher Personen*, Art. 1 Abs. 1 DSGVO. Jede natürliche Person, unabhängig von ihrer Nationalität oder ihrem Aufenthaltsort, kann vom Schutz durch die Verordnung profitieren.[83]

---

[77] Spoerr, in: Wolff/Brink/v. Ungern-Sternberg, BeckOK Datenschutzrecht, Art. 28 DSGVO (45. Ed. 01.05.2022), Rn. 24c; EDPB, Guidelines 07/2020 on the concepts of controller and processor in the GDPR, Version 2.1 (2021b), Rn. 84.

[78] Nink, in: Spindler/Schuster, Recht der elektronischen Medien, Art. 28 DSGVO (2019), Rn. 8

[79] Voigt/v. d. Bussche, in: v. d. Bussche/Voigt, Konzerndatenschutz, Teil 3. Kap. 4. Auftragsverarbeitung im Konzern (2019b), Rn. 47.

[80] EDPB, Guidelines 07/2020 on the concepts of controller and processor in the GDPR, Version 2.1 (2021b), Rn. 73.

[81] EDPB, Guidelines 07/2020 on the concepts of controller and processor in the GDPR, Version 2.1 (2021b), Rn. 75.

[82] Art. 26 Abs. 1 DSGVO; siehe auch EDPB, Guidelines 07/2020 on the concepts of controller and processor in the GDPR, Version 2.1 (2021b), Rn. 81 ff.

[83] ErwGr. 14 DSGVO.

Besonderer Schutz von Minderjährigen
Grundsätzlich werden alle natürlichen Personen unabhängig von ihrem Alter vom Schutz durch die DSGVO erfasst. *Kinder* profitieren jedoch von einem besonderen, verstärkten Schutz durch die Verordnung, da sie sich der Risiken, Konsequenzen und erforderlichen Sicherheitsmaßnahmen sowie ihrer Rechte in Bezug auf eine Verarbeitung ihrer personenbezogenen Daten weniger bewusst sind als Erwachsene (siehe auch Abschn. 4.2.1.6).[84]

Kein Schutz juristischer Personen
Juristische Personen profitieren, unabhängig von ihrer Rechtsform, nicht von einem Schutz durch die DSGVO.[85] Das ergibt sich daraus, dass der europäische Gesetzgeber den Schutz natürlicher Personen in Bezug auf ihre Grundrechte aus Art. 8 GRCh (EU-Grundrechtecharta) sowie Art. 16 AEUV (Vertrag über die Arbeitsweise der Europäischen Union) stärken wollte.[86] Dennoch können die Daten juristischer Personen als personenbezogene Daten i. S. d. DSGVO gelten, soweit sie Informationen bzgl. der mit der juristischen Person *in Verbindung stehenden natürlichen Personen* enthalten, bspw. Informationen zu den Geschäftsanteilen einer Person oder ihrer Funktion innerhalb der Gesellschaft.[87]

2.3 Wo ist die Verordnung anwendbar? – räumlicher Anwendungsbereich

Artikel 3 – Räumlicher Anwendungsbereich
1. Diese Verordnung findet Anwendung auf die Verarbeitung personenbezogener Daten, soweit diese im Rahmen der Tätigkeiten einer Niederlassung eines Verantwortlichen oder eines Auftragsverarbeiters in der Union erfolgt, unabhängig davon, ob die Verarbeitung in der Union stattfindet.

2. Diese Verordnung findet Anwendung auf die Verarbeitung personenbezogener Daten von betroffenen Personen, die sich in der Union befinden, durch einen nicht in der Union niedergelassenen Verantwortlichen oder Auftragsverarbeiter, wenn die Datenverarbeitung im Zusammenhang damit steht

(a) betroffenen Personen in der Union Waren oder Dienstleistungen anzubieten, unabhängig davon, ob von diesen betroffenen Personen eine Zahlung zu leisten ist;

(b) das Verhalten betroffener Personen zu beobachten, soweit ihr Verhalten in der Union erfolgt.

---

[84] ErwGr. 38 DSGVO.

[85] ErwGr. 14 EG-Datenschutzrichtlinie.

[86] ErwGr. 1 DSGVO.

[87] Ernst, in: Paal/Pauly, DSGVO BDSG, Art. 4 DSGVO (2021), Rn. 5; siehe auch Karg, in: Simitis/Hornung/Spiecker gen. Döhmann, Datenschutzrecht, Art. 4 Nr. 1 DSGVO (2019), Rn. 43–45.

3. Diese Verordnung findet Anwendung auf die Verarbeitung personenbezogener Daten durch einen nicht in der Union niedergelassenen Verantwortlichen an einem Ort, der aufgrund Völkerrechts dem Recht eines Mitgliedstaats unterliegt.

Obwohl es sich bei der DSGVO um eine europäische Verordnung handelt, macht ihr räumlicher Anwendungsbereich an den Außengrenzen der EU nicht Halt. Angesichts einer zunehmend globalen Wirtschaft mit multinationalen Unternehmensgruppen und grenzüberschreitenden Datentransfers wurden internationale Aspekte beim Verfassen der DSGVO stark berücksichtigt. Ihre *transnationale Anwendbarkeit* soll umfassend die Privatsphäre der betroffenen Personen schützen sowie faire Wettbewerbsbedingungen auf dem EU-Binnenmarkt gewährleisten. Zudem sollte über die DSGVO das Phänomen des *Forum Shopping* verhindert werden: Aufgrund der bisher bestehenden unterschiedlichen Datenschutzstandards in den EU-Mitgliedstaaten konnten Unternehmen ihren Geschäftssitz, neben anderen Faktoren, anhand des relativ zu den anderen Mitgliedstaaten niedrigsten nationalen Datenschutzniveaus auswählen.[88] Daher sieht die europäische Regelung nun einen auffallend weiten räumlichen Anwendungsbereich vor.[89]

Aus räumlicher Sicht unterscheidet die DSGVO nicht zwischen Verantwortlichem und Auftragsverarbeiter und sieht für beide den gleichen *räumlichen Anwendungsbereich* vor, was in der Rechtsanwendung zu Problemen führt (dazu sogleich unter Abschn. 2.3.2.1). Die Verordnung findet – vereinfacht gesagt – hauptsächlich in den folgenden beiden Fällen Anwendung:[90]

- die Verarbeitung der personenbezogenen Daten findet *im Rahmen der Tätigkeiten einer EU-Niederlassung* des Verantwortlichen oder Auftragsverarbeiters statt; oder
- die Verarbeitung betrifft die *personenbezogenen Daten natürlicher Personen, die sich in der EU befinden* und wird durch einen nicht in der EU niedergelassenen Verantwortlichen oder Auftragsverarbeiter durchgeführt.

Aufgrund des Abkommens über den Europäischen Wirtschaftsraums gilt die DSGVO zusätzlich in den Ländern der Europäischen Wirtschaftsraumes (EWR) Norwegen, Liechtenstein und Island. Daher umfasst der in der DSGVO verwendete Begriff „Union" auch die genannten drei zusätzlichen Länder.[91]

[88] Dieses Problem wurde im Ergebnis durch die DSGVO nicht vollständig beseitigt, da es ein „Vollzugsgefälle" bei den Aufsichtsbehörden der verschiedenen Mitgliedsstaaten gibt.

[89] EuGH, Urteil vom 13. Mai 2014, Google Spain/AEPD, C-131/12, Rn. 54.

[90] Zudem findet die DSGVO Anwendung auf die Verarbeitung personenbezogener Daten durch einen nicht in der EU niedergelassenen Verantwortlichen an einem Ort, der aufgrund Völkerrechts dem Recht eines EU-Mitgliedstaats unterliegt, Art. 3 Abs. 3 DSGVO.

[91] Voigt, CR 2020a, 315, 316.

2.3.1 Datenverarbeitung im Rahmen der Tätigkeiten einer EU-Niederlassung

Gemäß Art. 3 Abs. 1 DSGVO findet die DSGVO auf die Verarbeitung personenbezogener Daten Anwendung, die im Rahmen der Tätigkeiten einer Niederlassung eines Verantwortlichen oder eines Auftragsverarbeiters in der EU erfolgt, unabhängig davon, ob die Verarbeitung selbst in der EU stattfindet oder nicht. Die Vorschrift wendet das *Niederlassungsprinzip* an, wonach die Rechtswahl anhand der Niederlassung des Unternehmens erfolgt. Daraus ergibt sich für die DSGVO, dass ihre Anwendbarkeit nicht zwingend vom Ort der eigentlichen Datenverarbeitung abhängt.

2.3.1.1 Flexibles Konzept bzgl. des Begriffs der Niederlassung

Der Begriff der *„Niederlassung"* erfordert die effektive und tatsächliche Ausübung einer Tätigkeit mittels einer festen Einrichtung.[92]

Eine *„feste Einrichtung"* ist nicht durch eine bestimmte Rechtsform gekennzeichnet, sodass es unerheblich ist, ob es sich bei der jeweiligen Einrichtung um eine Zweigstelle oder um eine Tochtergesellschaft mit eigener Rechtspersönlichkeit handelt.[93] Um ein hohes Datenschutzniveau zu gewährleisten, kann der Begriff der „Niederlassung" nicht restriktiv interpretiert werden.[94] Der *Grad an Beständigkeit* einer Einrichtung ist anhand des besonderen Charakters der Tätigkeiten und der in Rede stehenden Dienstleistungen zu bestimmen.[95] Schon das Vorhandensein eines einzigen Vertreters in einem EU-Mitgliedstaat kann unter bestimmten Umständen ausreichen, um eine Niederlassung zu begründen, sofern der Vertreter durch die für seine Dienstleistungen erforderlichen Mittel mit einem ausreichenden Grad an Beständigkeit tätig ist.[96] Das Vorhandensein einer „Niederlassung" ist damit stets von den *Umständen des Einzelfalls* abhängig. Auch das bloße Vorhandensein eines Bankkontos oder eines Postfaches kann ausgehend von den konkreten Umständen des Einzelfalls eine feste Einrichtung darstellen.[97] Somit muss von einer formalistischen Sichtweise Abstand genommen werden. Auch der Ort der Eintragung eines

---

[92] ErwGr. 22 DSGVO.

[93] ErwGr. 22 DSGVO.

[94] EuGH, Urteil vom 13. Mai 2014, Google Spain/AEPD, C-131/12, Rn. 53.

[95] EuGH, Urteil vom 1. Oktober 2015, Weltimmo s. r. o/Nemzeti Adatvédelmi és Információszabadság Hatóság, C-230/14, Rn. 29.

[96] Barlag, in: Roßnagel, DSGVO, § 3 I. Anwendungsbereich der Datenschutz-Grundverordnung (2017), Rn. 16; EuGH, Urteil vom 1. Oktober 2015, Weltimmo s. r. o/Nemzeti Adatvédelmi és Információszabadság Hatóság, C-230/14, Rn. 30; EDPB, Guidelines 3/2018 on the territorial scope of the GDPR (Article 3), Version 2.1 (2019) S. 6.

[97] EuGH, Urteil vom 1. Oktober 2015, Weltimmo s. r. o/Nemzeti Adatvédelmi és Információszabadság Hatóság, C-230/14; dazu kritisch Plath/Struck, in: Plath, DSGVO BDSG TTDSG, Art. 3 DSGVO (2023), Rn. 8.

Unternehmens im Handelsregister muss nicht zwingend der ausschließliche Ort der Niederlassung sein, wobei er jedoch ein starkes Indiz für das Bestehen einer Niederlassung bildet.[98]

Der Grad an Beständigkeit ist im Zusammenhang mit der konkreten Art der Tätigkeit zu bestimmen, z. B. ob ein Unternehmen seine Dienstleistungen ausschließlich über das Internet anbietet.[99] In diesem Fall könnte das Vorhandensein einer Einrichtung, die in das Anbieten oder in die Verwaltung dieser Dienstleistungen involviert ist, eine „Niederlassung" i. S. d. Verordnung darstellen.[100] Der Grad an Stabilität sowie die Rolle der Tätigkeiten der Einrichtung für die Datenverarbeitung müssen in die Bewertung einbezogen werden. Die wirtschaftliche Tätigkeit innerhalb der festen Einrichtung kann letztlich eine untergeordnete sein, bspw. das Betreiben einer Website zum Anbieten der Dienstleistungen.[101] Sowohl personelle als auch materielle Ressourcen können eine „feste Einrichtung" bilden.

Beispiel

Eine nicht innerhalb der EU eingetragene Gesellschaft hat ein Bankkonto, ein Postfach, sowie einen Mitarbeiter in einem EU-Mitgliedstaat, der als alleiniger Ansprechpartner für die Kunden aus diesem EU-Mitgliedstaat zur Verfügung steht.[102]

In diesem Beispiel dürften die personellen und materiellen Ressourcen der Gesellschaft in dem betreffenden EU-Mitgliedstaat eine „feste Einrichtung" darstellen und daher als Niederlassung anzusehen sein. ◀

2.3.1.2 Datenverarbeitung „im Rahmen ihrer Tätigkeiten"

Da die Datenverarbeitung nur „im Rahmen der Tätigkeiten" der Niederlassung erfolgen muss, ist es nicht erforderlich, dass die EU-Niederlassung die Verarbeitungstätigkeiten selbst ausführt.[103] Um dem räumlichen Anwendungsbereich der DSGVO zu unterfallen, reicht es aus, wenn die Niederlassung mit ihren Tätigkeiten die von der Gesellschaft ausgeführten Verarbeitungstätigkeiten *wirtschaftlich unterstützt*, bspw. durch das Bewerben und den Vertrieb von Werbeflächen, die von einem Suchmaschinenanbieter angeboten werden, um dessen Dienstleistungen profitabel zu

[98] EuGH, Urteil vom 1. Oktober 2015, Weltimmo s. r. o/Nemzeti Adatvédelmi és Információszabadság Hatóság, C-230/14, Rn. 29.

[99] EuGH, Urteil vom 1. Oktober 2015, Weltimmo s. r. o/Nemzeti Adatvédelmi és Információszabadság Hatóság, C-230/14, Rn. 29.

[100] Kartheuser/Schmitt, ZD 2016, 155, 158

[101] EuGH, Urteil vom 1. Oktober 2015, Weltimmo s. r. o/Nemzeti Adatvédelmi és Információszabadság Hatóság, C-230/14, Rn. 31 ff.

[102] EuGH, Urteil vom 1. Oktober 2015, Weltimmo s. r. o/Nemzeti Adatvédelmi és Információszabadság Hatóság, C-230/14.

[103] EuGH, Entscheidung vom 13. Mai 2014, Google Spain/AEPD, C-131/12, Rn. 52; Plath/Struck, in: Plath, DSGVO BDSG TTDSG, Art. 3 DSGVO (2023), Rn. 9; EDPB, Guidelines 3/2018 on the territorial scope of the GDPR (Article 3), Version 2.1 (2019) S. 6 ff.

machen.[104] Letztlich muss allerdings ein Zusammenhang zwischen der wirtschaftlichen Tätigkeit der Niederlassung und der Datenverarbeitung bestehen.[105]

Wie soeben gezeigt, ist damit der Ort der Ausführung der eigentlichen Verarbeitung – ob innerhalb oder außerhalb der EU – für die Anwendbarkeit der DSGVO im Rahmen dieser Vorschrift nicht entscheidend.[106] Diese Regelung basiert auf der EuGH-Rechtsprechung im „Google Spain"-Urteil.[107]

Beispiel

Eine nicht innerhalb der EU eingetragene Gesellschaft unterhält ein Büro in einem EU-Mitgliedstaat, welches keine Verarbeitungstätigkeiten (siehe Abschn. 2.1.1) ausführt, aber durch welches Kundenbeziehungen für die Gesellschaft aufgebaut werden. Auf Grundlage dieser Akquise durch das Büro baut die dahinterstehende Gesellschaft ihren Kundenstamm auf und speichert diese Kundendaten zur Förderung ihrer geschäftlichen Zwecke (z. B. für spätere Marketingzwecke). Über das Büro wird eine beträchtliche Anzahl an Kunden für die Gesellschaft akquiriert, sodass es einen erheblichen Anteil am wirtschaftlichen Erfolg des Unternehmens hat.

In diesem Beispiel werden über das in der EU befindliche Büro der Gesellschaft Kundenbeziehungen aufgebaut, sodass Letzteres ein beachtliches Maß an Beständigkeit aufweist und als „Niederlassung" anzusehen ist. Obwohl in der Niederlassung keine Verarbeitungstätigkeiten ausgeführt werden, trägt sie maßgeblich zum wirtschaftlichen Erfolg des Unternehmens bei. Folglich ist die DSGVO auf die nicht-europäische Gesellschaft anwendbar. ◀

2.3.1.3 Wichtige Anwendungsfälle

Basierend auf den obigen Ausführungen ist Art. 3 Abs. 1 DSGVO in einer Vielzahl unterschiedlicher Situationen anwendbar und betrifft potenziell auch eine erhebliche Anzahl von Unternehmen außerhalb der EU.

Beispiel: Ein EU-Unternehmen verarbeitet personenbezogene Daten

Unternehmen A ist ein französischer Weinhersteller, der seine Produkte in allen EU-Mitgliedstaaten anbietet. Zu diesem Zweck betreibt A nicht nur eine Weinhandlung in Paris, sondern auch einen Online-Shop. Die Namen und Adressen der Kunden werden als Kontaktinformationen zur Auslieferung von Bestellungen gespeichert.

In diesem Beispiel ist A der Verantwortliche in Bezug auf die Verarbeitung personenbezogener Daten (die innerhalb der EU erhoben werden), da A Kunden-

[104] EuGH, Urteil vom 13. Mai 2014, Google Spain/AEPD, C-131/12, Rn. 55; Plath/Struck, in: Plath, DSGVO BDSG TTDSG, Art. 3 DSGVO (2023), Rn. 9.

[105] EuGH, Urteil vom 13. Mai 2014, Google Spain/AEPD, C-131/12, Rn. 52.

[106] Laue, in: Laue/Kremer, Das neue Datenschutzrecht in der betrieblichen Praxis, § 1 Einführung (2019), Rn. 78; siehe auch für nachfolgendes Beispiel EDPB, Guidelines 3/2018 on the territorial scope of the GDPR (Article 3), Version 2.1 (2019), S. 7–10.

[107] EuGH, Urteil vom 13. Mai 2014, Google Spain/AEPD, C-131/12.

daten verarbeitet. A hat seine einzige Niederlassung in Frankreich. Daher führt A die Verarbeitung der Kundendaten im Rahmen der Tätigkeiten seiner französischen (und damit europäischen) Niederlassung aus, sodass A in den räumlichen Anwendungsbereich der DSGVO fällt. ◀

Beispiel: Ein EU-Unternehmen erhebt personenbezogene Daten in einem EU-Mitgliedstaat und beauftragt einen in einem anderen EU-Mitgliedstaat niedergelassenen Auftragsverarbeiter mit der Datenverarbeitung

Unternehmen B ist eine italienische Airline, die Flüge in ganz Europa durchführt. Flugtickets können nur online gebucht werden. Um die Buchungsprozesse erfolgreich durchzuführen, müssen die Kundendaten verarbeitet und gespeichert werden. Da B eine große Kundenbasis hat, sammelt sich eine sehr große Menge an Kundendaten an. Daher speichert B die Daten mittels eines Cloud Services des spanischen Unternehmens C. Die Zwecke und Mittel der Verarbeitung werden von B bestimmt.

In diesem Beispiel ist B ein in Italien niedergelassener Verantwortlicher. Die Datenverarbeitung wird durch C ausgeführt, der in Spanien niedergelassen ist, während die Zwecke und Mittel der Verarbeitung von B vorgegeben werden. Daher ist C ein Auftragsverarbeiter. Sowohl Verantwortlicher (B) als auch Auftragsverarbeiter (C) sind in der EU niedergelassen (in verschiedenen EU-Mitgliedstaaten, Italien und Spanien). Da beide ihren Aktivitäten im Rahmen ihrer EU-Niederlassungen nachgehen, findet die DSGVO auf B und auf C Anwendung. ◀

Beispiel: Ein EU-Unternehmen lässt Datenverarbeitungen durch ein Unternehmen in einem Drittland ausführen

Unternehmen E ist ein deutscher Personaldienstleister, der Zeitarbeiter an große Autohersteller in ganz Europa vermittelt. Aufgrund seiner großen und ständig wechselnden Datenbank mit zur Verfügung stehenden Zeitarbeitern speichert E die Personaldaten aus den Bewerbungsprozessen mittels eines Cloud Services, welcher vom US-Unternehmen F betrieben wird. Die Zwecke und Mittel der Verarbeitung werden dabei durch E vorgegeben.

In diesem Beispiel ist E ein in Deutschland niedergelassener Verantwortlicher. F ist ein Auftragsverarbeiter, der in den USA tätig ist. Die DSGVO ist auf E anwendbar, da E ein innerhalb der EU niedergelassener Verantwortlicher ist und die Datenverarbeitung im Rahmen seiner Tätigkeiten stattfindet (= das Anbieten von Personaldienstleistungen in der EU). Was F betrifft, kann die DSGVO nur zur Anwendung gelangen, soweit für F der EU-Binnenmarkt einen Zielmarkt darstellt (siehe Abschn. 2.3.2.4). In jedem Fall muss E den F vertraglich zur Einhaltung angemessener Schutzstandards i. S. d. DSGVO verpflichten, um seine eigenen Datenschutzverpflichtungen aus der Verordnung zu erfüllen (siehe Abschn. 4.3). ◀

2.3.2 Verarbeitung personenbezogener Daten von innerhalb der EU befindlichen betroffenen Personen

Falls weder der Verantwortliche noch der Auftragsverarbeiter eine Niederlassung in der EU unterhalten, kann die DSGVO dennoch zur Anwendung gelangen. Um sicherzustellen, dass den betroffenen Personen ihre Datenschutzrechte nicht entzogen werden, hat der europäische Gesetzgeber den räumlichen Anwendungsbereich des EU-Datenschutzrechts durch die *Einführung des Marktortprinzips* in Art. 3 Abs. 2 DSGVO ausgeweitet. Art. 3 Abs. 2 DSGVO wird daher für Unternehmen relevant, die ihre Geschäftstätigkeiten auf *Personen im EU-Binnenmarkt* ausrichten. Unternehmen sollten bedenken, dass die Nationalität ihrer Kunden dabei irrelevant ist, solange sich diese in der EU befinden (siehe Abschn. 2.3.2.3). Darüber hinaus sind sie möglicherweise zur Bestellung eines Vertreters in der EU verpflichtet (siehe Abschn. 3.11), der als Anlaufstelle für betroffene Personen und Aufsichtsbehörden fungieren soll.

2.3.2.1 Das Anbieten von Waren oder Dienstleistungen in der EU

Gemäß Art. 3 Abs. 2 lit. a DSGVO fallen Datenverarbeitungen, die mit dem Anbieten von Waren oder Dienstleistungen gegenüber betroffenen Personen in der EU zusammenhängen, unabhängig davon, ob für die Ware oder Dienstleistung ein Entgelt zu entrichten ist, in den territorialen Anwendungsbereich der DSGVO. Um festzustellen, ob das Angebot von Waren oder Dienstleistungen auf den EU-Binnenmarkt ausgerichtet ist, ist zu prüfen, ob der Datenverarbeiter mit seinen Angeboten explizit Kunden, die natürliche Personen sein müssen, in einem oder mehreren EU-Mitgliedstaaten ansprechen möchte.[108] Beispielsweise richtet ein australisches Unternehmen seine Waren oder Dienstleistungen nicht spezifisch auf Kunden in Großbritannien oder Irland aus, nur weil seine Website auf Englisch verfügbar ist. Dem fraglichen Unternehmen muss es darauf ankommen, *europäische Kunden anzusprechen*. Die bloße Zugänglichkeit einer Website, einer E-Mail-Adresse oder anderer Kontaktdaten oder die Verwendung einer Sprache, die auch in dem Drittland, in dem das fragliche Unternehmen etabliert ist, gebräuchlich ist, reicht nicht aus, um ihm derartige Geschäftsabsichten zu unterstellen.[109] Dennoch können folgende *Indizien* dafür sprechen, dass europäische Kunden angesprochen werden sollen:[110]

- die Verwendung einer Sprache, die in einem oder mehreren EU-Mitgliedstaaten hauptsächlich gesprochen wird;
- die akzeptierten Währungen (v. a. der Euro);
- die Erwähnung von Kunden oder Nutzern in der EU;

---

[108] ErwGr. 23 DSGVO.

[109] ErwGr. 23 DSGVO.

[110] Die folgenden Beispiele entstammen (teilweise) ErwGr. 23 DSGVO, sowie EuGH, Urteil vom 7. Dezember 2010, verbundene Rechtssachen C-585/08 und C-144/09, Rn. 80–84.

- die Möglichkeit der Lieferung in einen oder mehrere EU-Mitgliedstaaten;
- der Domainname der Website bezieht sich auf einen oder mehrere EU-Mitgliedstaaten („xxx.com/de", „xxx.es", …).

Beispiel: Ein Unternehmen in einem Drittland bietet Waren in EU-Mitgliedstaaten an

Das australische Unternehmen H betreibt einen Online-Shop. Das Unternehmen hat keine Tochtergesellschaften oder Vertreter im Ausland und der Online-Shop ist nur in englischer Sprache verfügbar. H speichert Kundendaten. Zahlungen werden in Australischen Dollar sowie in Euro akzeptiert und Lieferungen sind auch nach Deutschland, Frankreich und Italien möglich. Sobald Kunden aus diesen EU-Mitgliedstaaten H's Website aufrufen, werden sie von der Domain „H.au" auf „H.com/de"; „H.com/fr", etc. umgeleitet.

In diesem Beispiel erlauben die spezifischen Domainnamen für europäische Kunden, die Möglichkeit der Zahlung in Euro, sowie die Möglichkeit der Lieferung in ausgewählte EU-Mitgliedstaaten den Schluss, dass H seine Waren Kunden in der EU anbietet. Die DSGVO ist aus diesem Grund anwendbar. ◀

Beispiel: Ein Unternehmen in einem Drittland bietet Dienstleistungen in EU-Mitgliedstaaten an

US-Unternehmen I betreibt ein Portal für Peer-to-Peer-Vermietungen von Ferienwohnungen. Über I's Website können Nutzer aus der ganzen Welt ihre Wohnungen an Touristen vermieten. Um eine Wohnung über I's Website anbieten zu können, muss jeder Nutzer ein Benutzerkonto einrichten und eine Reihe von Informationen zur Verfügung stellen, wie den eigenen Namen sowie die Adresse der Wohnung. I speichert diese Nutzerdaten. Wenn eine Person I's Website aufruft, wird sie anhand ihrer IP-Geolokalisierungsdaten zu einer lokal angepassten Website umgeleitet. Wenn beispielsweise ein Nutzer aus „Frankreich" die Website aufruft, erscheint sie auf französischer Sprache und der Domainname ändert sich von „I.com" zu „I.com/fr". Die Mietpreise werden dann in Euro und nicht in US Dollar angezeigt.

In diesem Beispiel legen verschiedene Indizien den Schluss nahe, dass I Nutzer in der EU ansprechen möchte: die Möglichkeit zum Wechseln der Sprache und der angezeigten Währung in solche, die in EU-Mitgliedstaaten üblich sind und die veränderten Domainnamen deuten darauf hin, dass I (auch) Kunden in der EU ansprechen möchte. Daher ist die DSGVO auf hinsichtlich der Datenverarbeitungen der betroffenen EU-Nutzer anwendbar. ◀

2.3.2.2 Beobachtung des Verhaltens europäischer Kunden

Gemäß Art. 3 Abs. 2 lit. b DSGVO fällt jede Datenverarbeitung in den räumlichen Anwendungsbereich der DSGVO, die damit im Zusammenhang steht, das in der EU stattfindende Verhalten von betroffenen (natürlichen) Personen zu beobachten. Um zu bestimmen, ob also ein Verhalten als „Beobachtung" im Sinne dieser Regelung zu qualifizieren ist, muss festgestellt werden, ob eine Nachverfolgung der (Online-) Aktivitäten von Personen stattfindet. Dies betrifft auch die potenzielle Nutzung von Datenverarbeitungstechniken, die im *Profiling* des Verhaltens von Personen bestehen.[111] Eine „Beobachtung" liegt insbesondere vor, wenn die Verarbeitung stattfindet, um Entscheidungen über die betroffene Person zu treffen oder um ihre Präferenzen, Verhaltensweisen und Meinungen zu analysieren oder vorherzusagen.[112]

Kurz gesagt wird jede Art von *Web-Tracking* als Beobachtung einzustufen sein, beispielsweise über Cookies oder Social Media Plug-Ins.[113] Web-Tracking-Tools ermöglichen es Website-Betreibern, das Verhalten der Website-Nutzer zu analysieren, z. B. durch Erhebungen darüber, für wie lange, wie oft oder auf welche Weise (z. B. durch eine Suchmaschine oder aufgrund einer Online-Werbung) die Website besucht wurde. Für gewöhnlich wird das Analyse-Tool einen *Cookie* mit einer einmaligen ID auf dem Computer des Website-Nutzers speichern. Diese ID wird von dem Tool verwendet, um den Browser des jeweiligen Nutzers zu identifizieren, sobald dieser die Website wieder aufruft und um auf diese Weise sein Verhalten systematisch zu analysieren. Profiling kann auf ganz unterschiedliche Art und Weise und mithilfe verschiedener Tools erfolgen. In dieser Hinsicht ist zu beachten, dass auch ohne Cookies der Browser eines Nutzers den Website-Betreibern erlauben könnte, die betroffene Person zu identifizieren und so ihr Verhalten zu beobachten: jeder Browser überträgt unweigerlich eine Anzahl von Daten beim Zugriff auf eine Website an den Betreiber, um eine optimierte Anzeige der jeweiligen Website zu ermöglichen, wie beispielsweise die Art und Version des Browsers und des Betriebssystems, installierte Plug-Ins (z. B. Flash Plug-In), Sprach-, Header- und Cookie-Einstellungen, die verwendete Monitorauflösung und die Zeitzone.[114] Diese Daten erlauben es dem Website-Betreiber, einen einzigartigen *Browser-Fingerprint* zu erzeugen, welcher, in Kombination mit zusätzlichen Informationen wie IP-Adressen, eine Identifikation der Nutzer ermöglicht, sobald diese die betreffende Website erneut besuchen.[115]

Beispiel

Das in Hong Kong niedergelassene Unternehmen J vertreibt Möbel und Wohnaccessoires online. Die Produkte können nur in US Dollar bezahlt werden und eine Lieferung nach Europa wird nicht angeboten. Allerdings möchte J den europäischen Markt analysieren, da J eine entsprechende Geschäftserweiterung in Betracht zieht. Jeder, der J's Website aufruft, muss sich mit der Verwendung von Cookies einverstanden erklären und J analysiert die IP-Geolokalisationsdaten um zu bestimmen, in welchem Land sich der jeweilige Website-Nutzer befindet.

[111] ErwGr. 24 DSGVO.

[112] ErwGr. 24 DSGVO.

[113] Schantz, NJW 2016, 1841, 1842; Hornung, ZD 2012, 99, 102.

[114] Alich/Voigt, CR 2012, 344, 345.

[115] Alich/Voigt, CR 2012, 344, 346–347.

J verarbeitet die gewonnenen Daten um herauszufinden, wie viele europäische Nutzer aus welchen EU-Mitgliedstaaten die Website aufrufen und für welche Produkte sie sich hauptsächlich interessieren.

In diesem Beispiel verwendet J Web-Tracking-Tools, um die Präferenzen der europäischen Nutzer zu analysieren. Aus diesem Grund ist die DSGVO auf J in Bezug auf seine auf EU-Nutzer ausgerichteten Online-Tracking-Aktivitäten anwendbar. ◀

2.3.2.3 Zeitpunkt des Aufenthalts der betroffenen Personen in der EU

Angesichts einer globalen Wirtschaft verlieren Merkmale wie Nationalität und Wohnort an Bedeutung für die Anwendbarkeit von Datenschutzvorschriften. Der *Ort, an dem sich eine Person aufhält*, wird stattdessen zum entscheidenden Anknüpfungspunkt. Daher bezieht sich auch Art. 3 Abs. 2 DSGVO auf betroffene Personen „in der Union" bzw. „ihr Verhalten in der Union". Allerdings ist klarstellungsbedürftig, zu welchem Zeitpunkt sich ein Betroffener in der EU aufhalten muss, um vom Schutz der DSGVO profitieren zu können. Der Wortlaut von Art. 3 Abs. 2 DSGVO liefert dazu keinerlei Hinweise. Möglicherweise könnte der Zeitpunkt der jeweiligen Datenverarbeitung für die Anwendbarkeit der DSGVO entscheidend sein.[116] Daraus würde sich ergeben, dass ein EU-Nutzer, dessen Daten in der EU bereits erhoben wurden, der sich vorübergehend in den USA im Urlaub befindet, für fortlaufende Verarbeitungen seiner Daten in der EU, die im Zeitraum seiner Reise stattfinden, nicht unter den Schutz durch die DSGVO fiele.[117] Da diese Auslegung dem gesetzgeberischen Zweck der Maximierung des Datenschutzes wohl nicht gerecht werden kann, scheint es sachgerechter, dass der *Zeitpunkt der erstmaligen Datenerhebung* (in einem weiten Verständnis) entscheidend sein soll.[118] Auf diese Weise müssen alle der Erhebung nachfolgenden Datenverarbeitungsschritte den Anforderungen der DSGVO entsprechen, unabhängig davon, wo sich die betroffene Person jeweils geografisch zum Verarbeitungszeitpunkt aufhält.[119]

2.3.2.4 Anwendung des Marktortprinzips auf Auftragsverarbeiter im Drittland

Dem Wortlaut nach findet das Marktortprinzip gleichermaßen Anwendung sowohl auf Verantwortliche als auch auf Auftragsverarbeiter.[120] Problematisch dabei ist, dass Auftragsverarbeiter selbst regelmäßig keine Waren oder Dienstleistungen

---

[116] Albrecht, CR 2016 88, 90; Plath/Struck, in: Plath, DSGVO BDSG TTDSG, Art. 3 DSGVO (2023), Rn. 18.

[117] Plath/Struck, in: Plath, DSGVO BDSG TTDSG, Art. 3 DSGVO (2023), Rn. 18.

[118] Hierzu ausführlich Voigt, Die räumliche Anwendbarkeit der EU Datenschutz-Grundverordnung auf Auftragsverarbeiter im Drittland (2020b), S. 110–112; vgl. Plath/Struck, in: Plath, DSGVO BDSG TTDSG, Art. 3 DSGVO (2023), Rn. 18; EDPB, Guidelines 3/2018 on the territorial scope of the GDPR (Article 3) Version 2.1 (2019), S. 14 ff.

[119] Plath/Struck, in: Plath, DSGVO BDSG TTDSG, Art. 3 DSGVO (2023), Rn. 18–19.

[120] Ernst, in: Paal/Pauly, DSGVO BDSG, Art. 3 DSGVO (2021), Rn. 7.

gegenüber betroffenen Personen in der EU anbieten werden; Adressaten der Dienstleistungen der Auftragsverarbeiter sind nämlich regelmäßig Verantwortliche und nicht betroffene Personen.[121] Auch werden Auftragsverarbeiter regelmäßig nicht selbst das Verhalten betroffener Personen beobachten, sondern sie tun dies typischerweise im Auftrag eines entsprechenden Verantwortlichen.[122] Dementsprechend bleibt unklar, inwieweit das Marktortprinzip in der Praxis auf Auftragsverarbeiter anzuwenden ist.

Ein sinnvoller Ansatz wäre es, zwischen den verschiedenen Tätigkeiten der Auftragsverarbeiter zu differenzieren: Wenn diese wissentlich und willentlich einen Verantwortlichen bei „Angebotstätigkeiten" bzw. „Beobachtungstätigkeiten" unterstützen, sollte das Marktortprinzip auf Auftragsverarbeiter angewandt werden, wenn der Verantwortliche, für den sie tätig werden, dem Marktortprinzip unterfällt.[123] Ist dies nicht der Fall, so sollte eine räumliche Anwendbarkeit der DSGVO abgelehnt werden, da der Auftragsverarbeiter sonst nicht erkennen kann, dass er dem räumlichen Anwendungsbereich der DSGVO unterfällt.[124]

Die europäischen Datenschutzaufsichtsbehörden verfolgen hier jedoch einen weitgehenderen Ansatz: Nach Ansicht der Aufsichtsbehörden soll der Auftragsverarbeiter im Drittland stets bereits dann dem Marktortprinzip unterfallen, wenn der Verantwortliche, für den er tätig wird, dem Marktortprinzip unterfällt.[125] Demnach können sogar solche Drittland-Auftragsverarbeiter, die für einen Verantwortlichen im Drittland tätig werden und keinen Einblick in die Verarbeitungstätigkeiten dieses Verantwortlichen haben (beispielsweise, weil sie lediglich generische Dienstleistungen wie das Betreiben von Webshops oder das Anbieten von Speicherplatz zur Verfügung stellen)[126] nach Art. 3 Abs. 2 DSGVO dem räumlichen Anwendungsbereich der DSGVO unterfallen.[127]

2.4 Anwendungsbereich des BDSG

Wie in den vorherigen Abschnitten dargestellt (siehe Abschn. 2.1 bis 2.3), regelt die DSGVO umfassend den sachlichen, persönlichen und räumlichen Anwendungsbereich des Datenschutzrechts. Die Rechtsform der Verordnung lässt *keinen Spielraum für gesetzliche Beschränkungen oder Erweiterungen* dieser Vorschriften.[128] Aus diesem Grund erscheint es zunächst überraschend, dass § 1 BDSG umfassend

[121] Voigt, CR 2021a, 307, 308.

[122] Voigt, CR 2021a, 307, 307–308.

[123] Voigt, CR 2021a, 307, 312–313.

[124] Voigt, CR 2021a, 307, 310–311.

[125] EDPB, Guidelines 3/2018 on the territorial scope of the GDPR (Article 3) Version 2.1 (2019), S. 20–21.

[126] Voigt, CR 2021a, 307, 308, 310–311.

[127] EDPB, Guidelines 3/2018 on the territorial scope of the GDPR (Article 3), Version 2.1 (2019), S. 20–21.

[128] Siehe Abschn. 1.1.3; Ruffert, in: Calliess/Ruffert, EUV/AEUV, Art. 288 AEUV (2022) Rn. 19.

den Anwendungsbereich des BDSG regelt.[129] Die Vorschrift dient jedoch dazu, die Rechtslage im Hinblick auf das *Zusammenspiel* der drei verschiedenen *datenschutzrechtlichen Regelungsbereiche in Deutschland* klarzustellen:

- die DSGVO;
- das BDSG; und
- bereichsspezifische nationale Regelungen zum Datenschutz, die nicht im BDSG enthalten sind.[130]

Aufgrund des Anwendungsvorranges des Unionsrechtes gehen die Regelungen der DSGVO, soweit nicht eine Ausformung durch Öffnungsklauseln gestattet ist, denen des BDSG vor (§ 1 Abs. 5 BDSG), wobei auch *bereichsspezifische nationale Datenschutzregelungen* die entsprechenden Regelungen des *BDSG grundsätzlich verdrängen* (§ 1 Abs. 2 BDSG).

Das BDSG gilt für Datenverarbeitungen durch öffentliche Stellen des Bundes und durch nicht-öffentliche Stellen, § 1 Abs. 1, 4 BDSG. Datenverarbeitungen durch öffentliche Stellen der Länder werden in den Landesdatenschutzgesetzen geregelt.

Weil mit dem BDSG auch eine europäische Richtlinie[131] umgesetzt wird, die maßgeblich öffentliche Stellen betrifft, beziehen sich zahlreiche Normen des BDSG spezifisch auf öffentliche Stellen. Das Gesetz enthält daher *nur teilweise für Privatunternehmen relevante* Regelungen.

Das BDSG findet auf Privatunternehmen Anwendung:

- die als Verantwortliche oder Auftragsverarbeiter personenbezogene Daten in Deutschland verarbeiten, § 1 Abs. 4 S. 2 Nr. 1 BDSG. Dies erfordert einen inländischen Verarbeitungsvorgang (sog. Territorialprinzip). Dieser Vorgang muss keinen ausschließlichen Bezug zum Inland haben.[132] Die Regelung ist insbesondere erfüllt, wenn sich Verarbeitungsmittel bzw. IT-Infrastrukturen des Unternehmens in Deutschland befinden. Hierdurch ist das BDSG auch auf Fälle anwendbar, in denen die Anwendbarkeit der DSGVO nach Art. 3 DSGVO nicht gegeben ist;[133] oder

---

[129] Teilweise wird der Verordnungstext wiedergegeben, was im Hinblick auf das europarechtliche Normwiederholungsverbot in der Kritik stand, siehe Bundesrat (2017) Beschlussdrucksache 110/17(B), 4 f.; a. A. Greve, NVwZ 2017, 737, 743.

[130] Greve, NVwZ 2017, 737, 738.

[131] Richtlinie (EU) 2016/680 des Europäischen Parlaments und des Rates vom 27. April 2016 zum Schutz natürlicher Personen bei der Verarbeitung personenbezogener Daten durch die zuständigen Behörden zum Zweck der Verhütung, Ermittlung, Aufdeckung oder Verfolgung von Straftaten oder der Strafvollstreckung sowie zum freien Datenverkehr und zur Aufhebung des Rahmenbeschlusses 2008/977/JI des Rates.

[132] Gusy/Eichenhofer, in: Wolff/Brink/v. Ungern-Sternberg, BeckOK Datenschutzrecht, § 1 BDSG (45. Ed. 01.11.2021), Rn. 99, 101a, 104.

[133] Schmidt, in: Taeger/Gabel, DSGVO BDSG TTDSG, § 1 BDSG (2022), Rn. 28, 29.

- bei denen Datenverarbeitungen im Rahmen der Tätigkeiten einer deutschen Niederlassung des Verantwortlichen oder Auftragsverarbeiters erfolgen, § 1 Abs. 4 S. 2 Nr. 2 BDSG. Es handelt sich um das aus der DSGVO bekannte Niederlassungsprinzip (siehe Abschn. 2.3.1). Die Vorschrift erfasst auch datenverarbeitende Unternehmen, deren Hauptsitz außerhalb von Deutschland liegt;[134] oder
- die als Verantwortliche oder Auftragsverarbeiter zwar keine Niederlassung in der EU oder im EWR haben, aber dennoch in den Anwendungsbereich der DSGVO fallen, weil sie mit ihren Tätigkeiten Kunden auf dem deutschen Markt anvisieren, § 1 Abs. 4 S. 2 Nr. 3 BDSG.[135] Damit wurde das Marktortprinzip aus der DSGVO (siehe Abschn. 2.3.2) bundesrechtlich umgesetzt. Insofern ist zu beachten, dass die Vorschrift – entgegen dem Wortlaut – auf Tätigkeiten mit Bezug zu Deutschland zu beschränken ist, um den Anwendungsbereich in innereuropäischen Sachverhalten nicht ausufern zu lassen.[136] Die Anwendbarkeit auf Sachverhalte außerhalb des deutschen Raumes ist abzulehnen, da eine exterritoriale Wirkung staatlichen Handelns unzulässig ist.[137]

Über diese Regelung wird der *territoriale Anwendungsbereich* des BDSG umgrenzt. Eine ausdrückliche *Kollisionsregel* für Fälle, in denen neben dem BDSG auch *nationale DSGVO-Umsetzungsgesetze anderer Mitgliedstaaten* potenziell zur Anwendung gelangen, ist allerdings nicht vorgesehen. Die gleichzeitige Anwendbarkeit mehrerer nationaler DSGVO-Umsetzungsgesetze stellt für grenzüberschreitend agierende Unternehmen grundsätzlich ein Problem dar, welches sich jedoch in der Praxis wenig bemerkbar macht.

So ist es bspw. denkbar, dass ein nicht-europäisches Unternehmen mit seinen Verarbeitungstätigkeiten sowohl den deutschen als auch andere europäische Märkte anvisiert. Aus dem Anwendungsvorrang des Europarechts resultiert in diesem Fall zunächst die Anwendbarkeit der DSGVO. Dies vereinfacht jedoch nicht die Rechtslage im Bereich der Öffnungsklauseln, die die Schaffung nationaler Bestimmungen durch die EU-Mitgliedstaaten ausdrücklich zulassen. Zur Umsetzung dieses gesetzgeberischen Gestaltungsspielraums wurde auch das BDSG überarbeitet, welches gemäß § 1 Abs. 4 Nr. 3 BDSG in diesem Fall zur Anwendung gelangen würde. Sähe ein weiteres nationales DSGVO-Umsetzungsgesetz eines anderen Mitgliedstaats eine vergleichbare Anwendbarkeitsregelung vor, wären beide nationalen Gesetze von dem betroffenen Unternehmen nebeneinander anzuwenden.[138] Damit wird zumindest im Bereich der Öffnungsklauseln das komplizierte Geflecht aus nationalen

---

[134] Gusy/Eichenhofer, in: Wolff/Brink/v. Ungern-Sternberg, BeckOK Datenschutzrecht, § 1 BDSG (45. Ed. 01.11.2021), Rn. 101b.

[135] Deutscher Bundestag (2017) Drucksache 18/11325, 79 f.; § 1 Abs. 4 Nr. 1–3 BDSG; kritisch hierzu, insbesondere in Bezug auf hierdurch resultierende Rechtsunsicherheit für Unternehmen Voigt, IT-Sicherheitsrecht (2021b), Rn. 189.

[136] Böken, in: Sydow/Marsch, DSGVO BDSG § 1 BDSG (2022), Rn. 44.

[137] Schmidt, in: Taeger/Gabel, DSGVO BDSG TTDSG, § 1 BDSG (2022), Rn. 33.

[138] Siehe auch Karg, ZD 2013, 371, 373.

Besonderheiten und unterschiedlichen nationalen Anforderungen an eine rechtmäßige Datenverarbeitung aufrechterhalten. Die Problematik fehlender oder nicht hinreichend klarer Kollisionsregelungen in den nationalen Umsetzungsgesetzen löst in Anbetracht der mit der DSGVO angestrebten Vollharmonisierung erheblichen Diskussionsbedarf aus.[139] Es bleibt aber festzuhalten, dass das Ziel der DSGVO einer weitgehenden Harmonisierung des materiellen Datenschutzrechts innerhalb der EU als erfüllt angesehen werden kann. Auch deshalb, weil die anderen Mitgliedstaaten – im Vergleich zu Deutschland – im deutlich geringeren Umfang von den Öffnungsklauseln zur Ermächtigung nationalen Datenschutzrechts gebraucht gemacht haben.

Referenzen

Albrecht JP (2016) Das neue EU-Datenschutzrecht – von der Richtlinie zur Verordnung. CR 32(2):88–98

Alich S, Voigt P (2012) Mitteilsame Browser – Datenschutzrechtliche Bewertung des Trackings mittels Browser-Fingerprints. CR 28(5):344–348

Arning MA, Rothkegel T (2022) Art. 4 DSGVO. In: Taeger J, Gabel D (Hrsg) DSGVO BDSG TTDSG, 4. Aufl. Fachmedien Recht und Wirtschaft, Frankfurt am Main

Art. 29 Datenschutzgruppe (2007) Stellungnahme 4/2007 zum Begriff „personenbezogene Daten", WP 136 (zitiert nach englischem Original)

Art. 29 Datenschutzgruppe (2010) Stellungnahme 1/2010 zu den Begriffen „für die Verarbeitung Verantwortlicher" und „Auftragsverarbeiter". WP 169. (zitiert nach englischem Original)

Art. 29 Datenschutzgruppe (2014) Stellungnahme 5/2014 zu Anonymisierungstechniken, WP 216 (zitiert nach englischem Original)

Barlag C (2017) Anwendungsbereich der Datenschutz-Grundverordnung. In: Roßnagel A (Hrsg) Europäische Datenschutz-Grundverordnung, Vorrang des Unionsrechts – Anwendbarkeit des nationalen Rechts, 1. Aufl. Nomos, Baden-Baden

Bergt M (2015) Die Bestimmbarkeit als Grundproblem des Datenschutzrechts – Überblick über den Theorienstreit und Lösungsvorschlag. ZD 5(8):365–371

Böken A (2022) § 1 BDSG. In: Sydow G, Marsch N (Hrsg) DSGVO BDSG, 3. Aufl. Nomos, Baden-Baden

Buchner B (2016) Grundsätze und Rechtmäßigkeit der Datenverarbeitung unter der DSGVO. DuD 40(3):155–161

Bundesbeauftragter für den Datenschutz und die Informationsfreiheit (2020), Positionspapier zur Anonymisierung unter der DSGVO unter besonderer Berücksichtigung der TK-Branche

Bundesrat (2017) Beschlussdrucksache 110/17(B)

von dem Bussche AF (2018) Die Fanpages-Entscheidung des EuGH im Lichte der DSGVO. DB 30(30):1782

Dammann U (2014) § 3 BDSG. In: Simitis S (Hrsg) Bundesdatenschutzgesetz, 8. Aufl. Nomos, Baden-Baden

Deutscher Bundestag (2017) Drucksache 18/11325

Dovas M-U (2016) Joint Controllership – Möglichkeiten oder Risiken der Datennutzung? ZD 6(11):512–517

Ennöckl D (2022) Art. 4 DSGVO. In: Sydow G, Marsch N (Hrsg) DSGVO BDSG, 3. Aufl. Nomos, Baden-Baden

Ernst S (2021) Art. 2, 3, 4 DSGVO, § 1 BDSG. In: Paal BP, Pauly DA (Hrsg) Datenschutz-Grundverordnung Bundesdatenschutzgesetz, 3. Aufl. C.H. Beck, München

[139] Siehe auch Karg, ZD 2013, 371, 373.

Eßer M (2023) Art. 4 DSGVO. In: Eßer M, Kramer P, von Lewinski K (Hrsg) Auernhammer, DSGVO BDSG, 7. Aufl. Carl Heymanns, Hürth
Europäischer Datenschutzausschuss (2019) Leitlinien 3/2018 zum räumlichen Anwendungsbereich der DSGVO (Artikel 3). Version 2(1) (zitiert nach englischem Original)
Europäischer Datenschutzausschuss (2020) Leitlinien 3/2019 zur Verarbeitung personenbezogener Daten durch Videogeräte, Version 2.0 (zitiert nach englischem Original)
Europäischer Datenschutzausschuss (2021a) Leitlinien 01/2020 zur Verarbeitung personenbezogener Daten im Zusammenhang mit vernetzten Fahrzeugen und mobilitätsbezogenen Anwendungen, Version 2.0 (zitiert nach englischem Original)
Europäischer Datenschutzausschuss (2021b) Leitlinien 07/2020 zu den Begriffen „Verantwortlicher“ und „Auftragsverarbeiter“ in der DSGVO, Version 2.1. (zitiert nach englischem Original)
Gola P, Reif Y (2022) § 1 BDSG. In: Gola P, Heckmann D (Hrsg) Datenschutzgrundverordnung Bundesdatenschutzgesetz Kommentar, 3. Aufl. C.H. Beck, München
Gräber T, Nolden C (2021) § 26 BDSG. In: Paal BP, Pauly DA (Hrsg) Datenschutz-Grundverordnung Bundesdatenschutzgesetz, 3. Aufl. C.H. Beck, München
Greve H (2017) Das neue Bundesdatenschutzgesetz. NVwZ 36(11):737–744
Gusy C/Eichenhofer J (01.11.2021) § 1 BDSG. In: Wolff HA, Brink S, von Ungern-Sternberg A (Hrsg), Beck'scher Online-Kommentar Datenschutzrecht, 45. Aufl. C.H. Beck, München
Hansen M (2019) Art. 4 Nr. 5 DSGVO. In: Simitis S, Hornung G, Spiecker G, Döhmann I (Hrsg) Datenschutzrecht DSGVO mit BDSG, 1. Aufl. Nomos, Baden-Baden
Hartung J (2020) Art. 4 Nr. 7, 26 DSGVO. In: Kühling J, Buchner B (Hrsg) Datenschutz-Grundverordnung BDSG, 3. Aufl. C.H. Beck, München
Herbst T (2016) Was sind personenbezogene Daten? NVwZ 35(13):902–906
Hornung G (2012) Eine Datenschutz-Grundverordnung für Europa? – Licht und Schatten im Kommissionsentwurf vom 25.1.2012. ZD 2(3):99–106
Karg M (2013) Anwendbares Datenschutzrecht bei Internet-Diensteanbietern – TMG und BDSG vs. Konzernstrukturen? ZD 3(8):371–375
Karg M (2019) Art. 4 Nr. 1 DSGVO. In: Simitis S, Hornung G, Spiecker G, Döhmann I (Hrsg) Datenschutzrecht DSGVO mit BDSG, 1. Aufl. Nomos, Baden-Baden
Kartheuser I, Schmitt F (2016) Der Niederlassungsbegriff und seine praktischen Auswirkungen. ZD 6(4):155–159
Klar M, Kühling J (2020) Art. 4 Nr. 1, Nr. 5 DSGVO. In: Kühling J, Buchner B (Hrsg) Datenschutz-Grundverordnung BDSG, 3. Aufl. C.H. Beck, München
Laue P (2019) § 1 Einführung. In: Laue P, Kremer S (Hrsg) Das neue Datenschutzrecht in der betrieblichen Praxis, 2. Aufl. Nomos, Baden-Baden
Nink J (2019) Art. 28 DSGVO. In: Spindler G, Schuster F (Hrsg) Recht der elektronischen Medien Kommentar, 4. Aufl. C.H. Beck, München
Piltz C (2016) Die Datenschutz-Grundverordnung. K&R 19(9):557–567
Plath K-U, Struck MA (2023) Art. 2, 3 DSGVO. In: Plath K-U (Hrsg) DSGVO BDSG TTDSG, 4. Aufl. Dr. Otto Schmidt, Köln
Ruffert M (2022) Art. 288 AEUV. In: Calliess C, Ruffert M (Hrsg) EUV/AEUV, 6. Aufl. C.H. Beck, München
Schantz P (2016) Die Datenschutz-Grundverordnung – Beginn einer neuen Zeitrechnung im Datenschutzrecht. NJW 69(26):1841–1847
Schild HH (01.08.2023) Art. 4 DSGVO. In: Wolff HA, Brink S, von Ungern-Sternberg A (Hrsg), Beck'scher Online-Kommentar Datenschutzrecht, 45. Aufl. C.H. Beck, München
Schmidt B (2022) § 1 BDSG. In: Taeger J, Gabel D (Hrsg) DSGVO BDSG TTDSG, 4. Aufl. Fachmedien Recht und Wirtschaft, Frankfurt am Main
Spoerr W (01.05.2022) Art. 28 DSGVO. In: Wolff HA, Brink S, von Ungern-Sternberg A (Hrsg), Beck'scher Online-Kommentar Datenschutzrecht, 45. Edition, C.H. Beck, München
Tiedemann J (2022) Art. 88 DSGVO. In: Sydow G, Marsch N (Hrsg) DSGVO BDSG, 3. Aufl. Nomos, Baden-Baden
Voigt P (2009) Datenschutz bei Google. MMR 12(6):377–382

Voigt P (2020a) Anforderungen an Drittlandtransfers – ungeklärte Fragen. CR 36(5):315–320

Voigt P (2020b) Die räumliche Anwendbarkeit der EU Datenschutz-Grundverordnung auf Auftragsverarbeiter im Drittland. Oldenburger Verlag für Wirtschaft, Informatik und Recht, Edewecht

Voigt P (2021a) Die Anwendung des datenschutzrechtlichen Marktortprinzips auf Auftragsverarbeiter im Drittland. CR 37(5):307–313

Voigt P (2021b) IT-Sicherheitsrecht, Pflichten und Haftung im Unternehmen: Handbuch, 2. Aufl. Dr. Otto Schmidt, Köln

Voigt P, von dem Bussche AF (2019a) Einleitung: Fehlendes Konzernprivileg. In: von dem Bussche AF, Voigt P (Hrsg) Konzerndatenschutz Rechtshandbuch, 2. Aufl. C.H. Beck, München

Voigt P, von dem Bussche AF (2019b) Auftragsverarbeitung im Konzern. In: von dem Bussche AF, Voigt P (Hrsg) Konzerndatenschutz Rechtshandbuch, 2. Aufl. C.H. Beck, München

Wybitul T, Schultze-Melling J (2014) Datenschutz im Unternehmen: Handbuch, 2. Aufl. Fachmedien Recht und Wirtschaft, Frankfurt am Main

Anforderungen an die Datenschutzorganisation

3

Die DSGVO verfolgt einen *risikobasierten Ansatz* in Bezug auf das zu gewährleistende Datenschutzniveau, d. h. je risikobehafteter die Datenverarbeitung ist, umso umfassender müssen die anzuwendenden Datenschutzmaßnahmen sein.[1] Die nachfolgenden Abschnitte enthalten Einzelheiten zu den verschiedenen organisatorischen Anforderungen nach der DSGVO für Verantwortliche (siehe Abschn. 2.2.1) und – in eingeschränktem Maße – auch für Auftragsverarbeiter (siehe Abschn. 2.2.2 und Abschn. 3.3).

3.1 Rechenschaftspflicht

Nach Art. 5 Abs. 2 DSGVO obliegt die *Verantwortlichkeit für die Einhaltung der Vorgaben der DSGVO* in Bezug auf die Verarbeitungstätigkeiten sowie die *Pflicht zum Nachweis dieser Einhaltung* dem *Verantwortlichen*. Die Rechenschaftspflicht wurde durch die DSGVO weitestgehend neu eingeführt und stellt eine der zentralen Pflichten der DSGVO dar.

Das Prinzip der Rechenschaftspflicht besteht aus zwei Elementen:

1. Die Verpflichtung des Verantwortlichen, die *Einhaltung der in Art. 5 Abs. 1 DSGVO genannten Grundsätze für die Verarbeitung personenbezogener Daten sicherzustellen*;[2] und
2. Die *Befähigung* des Verantwortlichen, diese *Einhaltung* gegenüber den Aufsichtsbehörden *nachzuweisen*.[3]

---

[1] Voigt, in: v. d. Bussche/Voigt, Konzerndatenschutz, Teil 3. Kap. 2. Grundsätze der Verarbeitung nach der DSGVO (2019) Rn. 14.

[2] Herbst, in: Kühling/Buchner, DSGVO BDSG, Art. 5 DSGVO (2020), Rn. 77.

[3] Vgl. Herbst, in: Kühling/Buchner, DSGVO BDSG, Art. 5 DSGVO (2020), Rn. 79.

P. Voigt, A. von dem Bussche, *EU-Datenschutz-Grundverordnung (DSGVO)*,
https://doi.org/10.1007/978-3-662-68820-5_3

Verpflichtung, die Einhaltung der DSGVO sicherzustellen

Die allgemeine Rechenschaftspflicht ist *direkt durchsetzbar* und ihre Verletzung kann gemäß Art. 83 Abs. 5 lit. a DSGVO mit Bußgeldern von bis zu EUR 20.000.000,00 bzw. bis zu 4 % des weltweiten Jahresumsatzes geahndet werden (siehe Abschn. 7.3). Die drohenden Bußgelder sollen den Druck auf Verantwortliche erhöhen, geeignete Datenschutzmaßnahmen zu ergreifen.[4] Das Prinzip wird durch die verschiedenen materiellen und organisatorischen Datenschutzverpflichtungen nach der DSGVO genauer spezifiziert (siehe auch Kap. 4).[5] In diesem Zusammenhang soll darauf hingewiesen werden, dass auch Auftragsverarbeiter eigene, durchsetzbare Verpflichtungen aus der DSGVO treffen (siehe Abschn. 3.4 für Einzelheiten).

Das Rechenschaftsprinzip soll den Verantwortlichen für den Datenschutz sensibilisieren und seine Verpflichtung zur Einhaltung eines angemessenen Schutzniveaus stärken. Bevor der Verantwortliche mit der Datenverarbeitung beginnt, muss er zur Einhaltung der DSGVO-Anforderungen angemessene technische und organisatorische Maßnahmen umsetzen.[6] Zu den geeigneten Maßnahmen gehören *interne Richtlinien*, die Nutzung skalierbarer Regelungen zur Umsetzung von Datenschutzprinzipien und andere Maßnahmen, welche insbesondere die Prinzipien von Datenschutz „durch Technikgestaltung“ und „durch datenschutzfreundliche Voreinstellungen“ berücksichtigen.[7]

Fähigkeit, die Einhaltung der Vorgaben der DSGVO nachzuweisen

Aufgrund ihrer Rechenschaftspflicht müssen Verantwortliche bei entsprechenden Nachfragen dazu in der Lage sein, gegenüber den Aufsichtsbehörden die *Einhaltung der Vorgaben der DSGVO nachzuweisen*.[8] Diese Pflicht umfasst ausdrücklich auch die Fähigkeit des Verantwortlichen, die Einhaltung der Verarbeitungsgrundsätze nach Art. 5 Abs. 1 DSGVO, wie den Grundsatz der Rechtmäßigkeit und Transparenz der Verarbeitung oder den Grundsatz der Datenminimierung (siehe Abschn. 4.1.3 für Einzelheiten), zu belegen.[9] Weil die Verarbeitungsgrundsätze durch die verschiedenen materiellen und organisatorischen Pflichten der DSGVO weiter konkretisiert werden, müssen Unternehmen die Einhaltung auch dieser näher spezifizierten Vorgaben umfassend nachweisen können. Daher ist es erforderlich,

---

[4] Herbst, in: Kühling/Buchner, DSGVO BDSG, Art. 5 DSGVO (2020), Rn. 78.

[5] Siehe auch Art. 29 Datenschutzgruppe, WP 173 (2010b), Rn. 26.

[6] Schantz, in: Wolff/Brink/v. Ungern-Sternberg, BeckOK Datenschutzrecht, Art. 5 DSGVO (45. Ed. 01.11.2021), Rn. 38; Art. 29 Datenschutzgruppe, WP 173 (2010b), Rn. 41, 74.

[7] ErwGr. 78 DSGVO; Art. 29 Datenschutzgruppe, WP 173 (2010b), Rn. 3.

[8] Vgl. Roßnagel, in: Simitis/Hornung/Spiecker gen. Döhmann, Datenschutzrecht, Art. 5 DSGVO (2019), Rn. 181–182; vgl. auch Herbst, in: Kühling/Buchner, DSGVO BDSG, Art. 5 DSGVO (2020), Rn. 79.

[9] Schantz, in: Wolff/Brink/v. Ungern-Sternberg, BeckOK Datenschutzrecht, Art. 5 DSGVO (45. Ed. 01.11.2021), Rn. 37.

dass Datenflüsse und Maßnahmen des Unternehmens dokumentiert werden.[10] Insbesondere ist die Dokumentation der folgenden Aspekte geboten:[11]

- alle Verarbeitungstätigkeiten sowie deren Zwecke und Zweckänderungen (jeweils unter Angabe der einschlägigen Rechtsgrundlage);
- durchgeführte Information ggü. den Betroffenen über die Datenverarbeitung und entsprechende Maßnahmen;
- Aufklärung über Betroffenenrechte und Maßnahmen im Zusammenhang mit der Ausübung dieser Rechte;
- Entscheidungsprozesse und Gründe bei automatisierten Entscheidungen mit relevanten Auswirkungen für betroffene Personen;
- Maßnahmen zur Umsetzung der Datenminimierung sowie Maßnahmen zur Umsetzung des Datenschutzes durch Technikgestaltung und durch datenschutzfreundliche Voreinstellungen (siehe Abschn. 3.5 für Einzelheiten);
- Maßnahmen, welche die Aktualität und Richtigkeit der Daten sicherstellen;
- vorhandene Löschkonzepte und deren Umsetzung;
- implementierte Sicherheitsmaßnahmen (siehe Abschn. 3.7 für Einzelheiten);
- Benennung des Datenschutzbeauftragten und Erfüllung der in diesem Zusammenhang bestehenden Verpflichtungen (siehe Abschn. 3.10 für Einzelheiten);
- Beauftragung von Auftragsverarbeitern und Einhaltung der Vorgaben zum Auftragsverarbeitungsverhältnis (siehe Abschn. 3.4 für Einzelheiten);
- Verantwortlichkeitsverteilung bei gemeinsam Verantwortlichen (siehe Abschn. 3.3.2 für Einzelheiten);
- Erlaubnistatbestände bei Datenübermittlungen in Drittländer;
- Führung und Aktualisierung des Verarbeitungsverzeichnisses (siehe Abschn. 3.6 für Einzelheiten);
- Schulungskonzepte und durchgeführte Schulungen;
- etwaige wichtige Kommunikation, insbesondere Kommunikation mit Behörden;
- Vorgehensweise bei eingetretenen Datenschutzverletzungen;
- durchgeführte Datenschutz-Folgenabschätzung; und
- kontinuierliche Anpassung bereits getroffener Maßnahmen und durchgeführte Prüfungen.

Das *Verzeichnis von Verarbeitungstätigkeiten* ist eine wichtige Hilfestellung zur Erfüllung der Rechenschaftspflicht, weil darin Details zu den Datenflüssen des Unternehmens aufgenommen werden müssen. Es kann über die gesetzlichen Vorgaben hinaus erweitert werden (siehe Abschn. 3.6). Ein gewissenhaftes Führen des Verzeichnisses ist für die Erfüllung der Nachweispflicht folglich unentbehrlich. Letzteres

[10] Voigt, in: v. d. Bussche/Voigt, Konzerndatenschutz, Teil 2. Kap. 3. Rechenschaftspflicht (2019), Rn. 6; Roßnagel, in: Simitis/Hornung/Spiecker gen. Döhmann, Datenschutzrecht, Art. 5 DSGVO (2019), Rn. 181–182.

[11] Siehe auch Abschn. 4.1; vgl. Voigt, in: Taeger/Gabel, DSGVO BDSG TTDSG, Art. 5 DSGVO (2022), Rn. 42, 43; Voigt, in: v. d. Bussche/Voigt, Konzerndatenschutz, Teil 2. Kap. 3. Rechenschaftspflicht (2019), Rn. 10.

ergibt sich zudem daraus, dass das Verzeichnis auf entsprechende Nachfrage hin den Aufsichtsbehörden vorzulegen ist.[12] Das Verzeichnis dient insofern auch der Überprüfung der Verarbeitungstätigkeiten des Unternehmens.[13] Die Einrichtung eines *Datenschutz-Managementsystems* kann ebenfalls für die Erfüllung der Rechenschaftspflicht hilfreich sein. Ein solches System ermöglicht die Überwachung und Dokumentation der stattfindenden Verarbeitungstätigkeiten (siehe Abschn. 3.2.2).

Obwohl Art. 5 Abs. 2 DSGVO keine formellen Anforderungen an die Erfüllung der Rechenschaftspflicht stellt, ist eine Verschriftlichung grundsätzlich empfehlenswert und gängige Praxis.[14] Der Verantwortliche sollte interne Richtlinien schaffen und Maßnahmen umsetzen, die den Nachweis der Einhaltung der DSGVO gewährleisten. Für eine strukturierte Erfüllung der Nachweispflicht bietet es sich an, eine Gesamtübersicht mit den einzelnen gesetzlichen Bestimmungen anzufertigen und die zu dokumentierenden Vorgänge entsprechend zuzuordnen.[15] Eine solche Übersicht könnte im Rahmen eines Datenschutz-Managementsystems (siehe Abschn. 3.2.2) vorgesehen werden. In der Übersicht kann auf die Umsetzung von formellen und organisatorischen Vorgaben, das Datenschutz-Management und weitere Einzelpflichten verwiesen werden.[16] Dabei kann unter anderem auf bereits bestehende Unterlagen (z. B. Verarbeitungsverzeichnis, IT-Sicherheitshandbuch, Organisationsanweisungen, Archivierungs- und Löschkonzept, Zugriffsberechtigungskonzept, Schulungskonzept) und auf durchgeführte Maßnahmen (z. B. Schulungen und Datenschutzaudits) verwiesen werden. Zudem können die Erfüllung von Informationspflichten und der Umgang mit Betroffenenrechten dokumentiert werden.[17]

Die Befähigung zum Nachweis ist für Unternehmen von besonderer Relevanz im Hinblick auf die hohen drohenden Bußgelder für Verstöße gegen die DSGVO von bis zu EUR 20,000.000,00 bzw. bis zu 4 % des weltweiten Jahresumsatzes (siehe Abschn. 7.3).

3.2 Allgemeine Pflichten

Die allgemeinen Datenschutzpflichten von Verantwortlichen und Auftragsverarbeitern werden in den Art. 24 bis 31 DSGVO dargelegt. Die meisten dieser Vorschriften galten in grundsätzlich vergleichbarer Form bereits unter der EG-Datenschutzrichtlinie. Dennoch wurden auch diverse neue Pflichten eingeführt.

[12] Roßnagel, in: Simitis/Hornung/Spiecker gen. Döhmann, Datenschutzrecht, Art. 5 DSGVO (2019), Rn. 182.

[13] ErwGr. 82 DSGVO.

[14] Herbst, in: Kühling/Buchner, DSGVO BDSG, Art. 5 DSGVO (2020), Rn. 80.

[15] Lachenmann, in: Koreng/Lachenmann, DatenschutzR-FormHdB, Form. A. I. (2021) Anm. 1–24.

[16] Vgl. Tabelle mit Anmerkungen: Lachenmann, in: Koreng/Lachenmann, DatenschutzR-FormHdB, Form. A. I. (2021) Anm. 1–24.

[17] Zu den vorstehenden Ausführungen vgl. Tabelle mit Anmerkungen: Lachenmann, in: Koreng/Lachenmann DatenschutzR-FormHdB, Form. A. I. (2021) Anm. 1–24.

3.2.1 Risikobasierter Ansatz

Die DSGVO verfolgt einen risikobasierten Ansatz im Hinblick darauf, welche Datenschutzmaßnahmen in einer spezifischen Verarbeitungssituation angemessen sind. Das Risiko der Datenverarbeitung und das erforderliche Datenschutzniveau ist im Einzelfall auf Grundlage einer *objektiven Risikobewertung* zu bestimmen.[18] Die Bewertung sollte hauptsächlich auf potenzielle Risiken für betroffene Personen Bezug nehmen, wobei vertreten wird, dass auch die Risiken für bzw. durch Dritte sowie Verantwortliche/Auftragsverarbeiter zu berücksichtigen sind.

Das Konzept des risikobasierten Ansatzes wird in der DSGVO nicht ausdrücklich erwähnt. Dennoch stellt es ein grundlegendes Element für eine Vielzahl der datenschutzrechtlichen Vorgaben dar (bspw. im Rahmen von Art. 24, 25, 27 sowie 31 bis 37 DSGVO). Die Reichweite dieses Konzepts ist jedoch umstritten. Nach überwiegender Ansicht handelt es sich nicht um einen unbegrenzt geltenden Grundsatz, sondern vielmehr um ein beschränktes Konzept, welches der risikoadäquaten Skalierung der datenschutzrechtlichen Maßnahmen dient.[19] Das bloße Ergreifen von solchen Maßnahmen befreit den Verantwortlichen aber nicht von der Einhaltung der sonstigen Pflichten aus der DSGVO.[20]

Risiken für betroffene Personen

Da Datenverarbeitungen in Grundrechte der betroffenen Personen eingreifen, müssen die legitimen Interessen an der Durchführung der Verarbeitung mit dem Interesse des Einzelnen an einem effektiven Datenschutz in Einklang gebracht werden. Dies betrifft insbesondere solche Risiken, die durch unbeabsichtigte oder unrechtmäßige Vernichtung, Verlust, Veränderung oder unbefugte Offenlegung von bzw. unbefugten Zugang zu personenbezogenen Daten entstehen, vgl. Art. 32 Abs. 2 DSGVO.

Ein *erhöhtes Risiko* besteht, wenn:[21]

- Diskriminierungen, Identitätsdiebstahl oder -betrug, finanzielle Verluste, Rufschädigung oder andere erhebliche wirtschaftliche oder gesellschaftliche Nachteile wahrscheinlich sind; oder
- betroffene Personen um ihre Rechte und Freiheiten gebracht werden könnten oder an der Ausübung einer Kontrolle über ihre personenbezogenen Daten gehindert werden könnten; oder
- besondere Kategorien personenbezogener Daten (siehe Art. 9 Abs. 1 DSGVO) betroffen sind; oder

[18] ErwGr. 76 DSGVO.

[19] *Art. 29 Datenschutzgruppe,* WP 218 (2014), S. 3.

[20] Zu den vorstehenden Ausführungen vgl. Schröder, ZD 2019b, 503, 505–506; Lang, in: Taeger/Gabel, DSGVO BDSG TTDSG, Art. 24 DSGVO (2022), Rn. 31, 32; Voigt, in: v. d. Bussche/Voigt, Konzerndatenschutz, Teil 3. Kap. 2. Grundsätze der Verarbeitung nach der DSGVO (2019) Rn. 14.

[21] ErwGr. 75 DSGVO.

- persönliche Aspekte, bspw. die Vorlieben der betroffenen Person, ausgewertet werden; oder
- personenbezogene Daten von Kindern oder anderen schutzbedürftigen Personen verarbeitet werden; oder
- eine große Menge personenbezogener Daten oder eine große Anzahl betroffener Personen betroffen ist.

Risiken durch Dritte
Im Rahmen der Interessenabwägung können nach vorzugswürdiger Ansicht auch identifizierbare *Risiken für* die Rechte und Freiheiten der betroffenen Personen *durch Dritte* berücksichtigt werden. Dies betrifft u. a. Situationen, in denen sich *staatliche Stellen* über eine Intervention Zugang zu den Daten verschaffen können (z. B. in Bezug auf Telekommunikationsdaten, Fluggastdaten …).[22]

Risiken für Verantwortliche und Auftragsverarbeiter
Zudem dürfen beim Umfang der ergriffenen Maßnahmen auch drohende Risiken für Verantwortliche und Auftragsverarbeiter eine wichtige Rolle spielen. Relevante Faktoren für die Entwicklung angemessener Maßnahmen sind die Kosten der Implementierung von Schutzmaßnahmen sowie Art, Umfang, Kontext und Zweck(e) der Datenverarbeitung, Art. 32 Abs. 1 DSGVO. Die Risiken für Verantwortliche und Auftragsverarbeiter sind z. B.:[23]

- rechtliche Risiken, die sich aus der Verletzung von Datenschutzpflichten ergeben (z. B. Bußgelder, andere Sanktionen …); oder
- finanzielle Risiken (z. B. Schadensersatzforderungen, Kosten für die Verbesserung des Datenschutz-Managementsystems …); oder
- geschäftliche Risiken (z. B. Risiken für den Ruf des Unternehmens, das Nichterreichen von Geschäftszielen, Überbelastung des Managements …).

Obwohl die Interessen von Verantwortlichen und Auftragsverarbeitern eine Rolle für die Risikobewertung spielen, sind sie nicht geeignet, eine generelle *Herabsetzung des von der DSGVO vorgeschriebenen Datenschutzniveaus* zu rechtfertigen.

Datenschutzkonzept
Die Ergebnisse der Risikobewertung dienen als Grundlage für die Entwicklung eines Datenschutzkonzepts. Zu diesem Zweck ist es hilfreich, die Datenverarbeitungstätigkeiten anhand ihres Risikopotenzials zu klassifizieren (sehr hohe Risiken/hohe Risiken/mittlere Risiken/niedrige Risiken …) und ausgehend davon ein entsprechendes Sicherheitskonzept für jede der Kategorien auszuarbeiten.[24] Die Konzepte nehmen im Rahmen eines Datenschutz-Managementsystems eine wesentliche Rolle ein (siehe Abschn. 3.2.2). Der Aufwand zur Implementierung von Daten-

[22] Vgl. Thoma, ZD 2013, 578, 579.
[23] Vgl. Thoma, ZD 2013, 578, 579.
[24] Vgl. Thoma, ZD 2013, 578, 579.

schutzmaßnahmen soll auf dasjenige Maß beschränkt sein, welches *wirtschaftlich berechtigterweise* vom Verantwortlichen/Auftragsverarbeiter *erwartet werden kann.*[25]

3.2.2 Verantwortlichkeit, Haftung und allgemeine Pflichten des Verantwortlichen

Art. 24 DSGVO sieht als allgemeine Regel die datenschutzrechtliche Verantwortlichkeit und *Haftung des Verantwortlichen* für jede Datenverarbeitungstätigkeit vor, die von ihm oder in seinem Auftrag ausgeführt wird. Als Konsequenz daraus ist der Verantwortliche zur Umsetzung *geeigneter technischer und organisatorischer Maßnahmen* verpflichtet, um sicherzustellen und nachweisen zu können, dass die Verarbeitung im Einklang mit der DSGVO erfolgt, Art. 24 Abs. 1 DSGVO. Besagte Maßnahmen sollten unter Berücksichtigung der Art, des Umfangs, der Umstände und des Zwecks der Datenverarbeitung, sowie der Schwere der Risiken für die Rechte und Freiheiten der Betroffenen getroffen werden (siehe Abschn. 3.2.1). Die Datenschutz-Folgenabschätzung (siehe Abschn. 3.9) unterstützt bei der Bestimmung, welche Maßnahmen ergriffen werden sollten, um diesen Anforderungen gerecht zu werden.

Datenschutz-Managementsystem

Gemäß Art. 24 Abs. 2 DSGVO müssen die Maßnahmen des Verantwortlichen die Anwendung geeigneter Datenschutzvorkehrungen umfassen, sofern dies in einem angemessenen Verhältnis zu den durchgeführten Verarbeitungstätigkeiten steht. Diese Pflicht kann über die Einführung eines *risikobasierten* Datenschutz-Managementsystems erfüllt werden. Ein Datenschutz-Managementsystem kann dazu beitragen, angemessene technische und organisatorische Maßnahmen zur Erreichung des von der DSGVO vorgesehenen Datenschutzniveaus umzusetzen.[26] Nichtsdestotrotz müssen Unternehmen abwägen, ob die Einführung eines Datenschutz-Managementsystems für sie verhältnismäßig ist,[27] da dessen Einführung einen nicht unerheblichen Aufwand hervorrufen kann.

Ein Datenschutz-Managementsystem ist ein *internes Compliance-Verfahren*, welches durch einen kontinuierlichen Verbesserungsprozess die Erfüllung datenschutz- und sicherheitsbezogener Pflichten innerhalb des Unternehmens sicherstellt.[28] Strukturell unterscheidet sich ein Datenschutz-Managementsystem grundsätzlich nicht von anderen Managementsystemen, wie z. B. Systemen zum Qualitätsmanagement oder

[25] Martini, in: Paal/Pauly, DSGVO BDSG, Art. 32 DSGVO (2021), Rn. 60.

[26] Martini, in: Paal/Pauly, DSGVO BDSG, Art. 24 DSGVO (2021), Rn. 40.

[27] Martini, in: Paal/Pauly, DSGVO BDSG, Art. 24 DSGVO (2021), Rn. 42.

[28] Vgl. Martini, in: Paal/Pauly, DSGVO BDSG, Art. 24 DSGVO (2021), Rn. 40; Haag, in: Forgó/Helfrich/Schneider, Teil II. Kap. 2. Datenschutzmanagement und Datenschutzprozesse (2019), Rn. 2, 47.

zur Informationssicherheit.[29] Daher kann das Datenschutz-Managementsystem auf *vertrauten bzw. bereits vorhandenen Strukturen basieren.*

Für die Umsetzung eines solchen Verfahrens ist der sog. PDCA-Kreislauf („Plan, Do, Check, Act") zu empfehlen. Das aus anderen Managementsystemen bekannte Kreislauf-Modell besteht aus vier Schritten. Danach werden Maßnahmen geplant, umgesetzt, fortlaufend überprüft und ggf. angepasst. Durch diesen Zyklus wird sichergestellt, dass die Maßnahmen und Risiken kontinuierlich überprüft, bewertet und optimiert werden. Es muss sich nicht um ein Software-System handeln. Gleichwohl kann eine Software als Mittel zur Umsetzung eines Datenschutz-Managementsystems eingesetzt werden.[30]

Vor dem Hintergrund der Vergleichbarkeit eines Datenschutz-Managementsystems mit anderen Managementsystemen bestehen für Unternehmen zwei verschiedene Möglichkeiten zur Einführung eines Datenschutz-Managementsystems: (i) die Integration in ein bereits im Unternehmen verwendetes Managementsystem oder (ii) die Erstellung eines eigenen Systems.[31] Ein zentrales Datenschutz-Managementsystem kann Missverständnisse zwischen verschiedenen Abteilungen im Unternehmen verhindern und dazu beitragen, zusätzliche Kosten und Arbeitsaufwand zu vermeiden.[32] Beispielsweise kann ein Unternehmen, welches über ein Informationssicherheits-Managementsystem mit der ISO 27701-Zertifizierung verfügt, diese um ein Datenschutz-Management-Modul erweitern.[33] Auch in ein Compliance-Managementsystem nach dem IDW PS 980-Standard lässt sich ein Datenschutz-Managementsystem integrieren.[34] Unternehmen können die *Synergien* nutzen, die ein solches System bieten kann, sei es für die Entwicklung von Schutzkonzepten, die Durchführung von Datenschutztrainings für Mitarbeiter oder die Erstellung von Berichten und Dokumentationen.[35]

Unabhängig davon, ob sich ein Unternehmen für eine integrative Lösung oder die eigene Erstellung entscheidet, sind nachfolgend genannte strukturelle Eckpunkte zu berücksichtigen:

---

[29] Vgl. Egle/Zeller, in: v. d. Bussche/Voigt, Konzerndatenschutz, Teil 2. Kap. 2. Datenschutzmanagementsystem im Konzern (2019), Rn. 6.

[30] Zu den vorstehenden Ausführungen vgl. Haag, in: Forgó/Helfrich/Schneider, Teil II. Kap. 2 Datenschutzmanagement und Datenschutzprozesse (2019), Rn. 2, 47, 48 (m.w.N.).

[31] Vgl. TÜV Rheinland, Soll-Planung des Datenschutzmanagements, abrufbar unter: https://www.tuv.com/germany/de/datenschutzmanagementsystem-nach-eu-dsgvo.html, zuletzt aufgerufen am: 23.11.2023.

[32] Egle/Zeller, in: v. d. Bussche/Voigt, Konzerndatenschutz, Teil 2. Kap. 2. Datenschutzmanagementsystem im Konzern (2019), Rn. 6; Jung, ZD 2018, 208, 211.

[33] Vgl. TÜV Rheinland, Soll-Planung des Datenschutzmanagements, abrufbar unter: https://www.tuv.com/germany/de/datenschutzmanagementsystem-nach-eu-dsgvo.html, zuletzt aufgerufen am: 23.11.2023; vgl. auch Jung, ZD 2018, 208, 212.

[34] Vgl. TÜV Rheinland, Soll-Planung des Datenschutzmanagements, abrufbar unter: https://www.tuv.com/germany/de/datenschutzmanagementsystem-nach-eu-dsgvo.html, zuletzt aufgerufen am: 23.11.2023.

[35] Egle/Zeller, in: v. d. Bussche/Voigt, Konzerndatenschutz, Teil 2 Kap. 2. Datenschutzmanagementsystem im Konzern (2019), Rn. 5.

- Durchführung systematischer Untersuchungen und datenschutzrechtlicher Beurteilungen des Unternehmens mit anschließender Risikoanalyse (sog. *Datenschutzaudits*), deren Resultate der Ausgestaltung und Dokumentation der Prozesse eines Datenschutzmanagements dienen;[36]
- frühzeitige Einbeziehung des Datenschutzbeauftragten;[37]
- Festlegung von *Datenschutzleitlinien* seitens der Unternehmensleitung. Diese stellen den Überbau für das Datenschutz-Managementsystem dar und zeigen eine grobe Struktur auf, wie der Datenschutz im Unternehmen garantiert wird;[38]
- Erstellung von *Datenschutzrichtlinien, welche* die Leitlinien präzisieren und detailliertere Anweisungen für die unterschiedliche Fachbereiche im Unternehmen geben;[39]
- Bereitstellung von konkreten *Hilfsmitteln und Werkzeugen,* die die jeweiligen Fachbereiche bei der Umsetzung der Datenschutzrichtlinien unterstützen, wie z. B. Checklisten, Formulare, konkrete Arbeitsanweisungen;[40]
- Durchführung von *Schulungen* und weiteren *Maßnahmen zur Sensibilisierung* von Mitarbeitern, wie z. B. formelle Aufklärung über datenschutzrechtliche Pflichten;[41]
- *Dokumentierung* der Datenflüsse zur Erfüllung der Rechenschaftspflicht des Verantwortlichen (siehe Abschn. 3.1 für Einzelheiten).[42]

3.2.3 Zusammenarbeit mit den Aufsichtsbehörden

Gemäß Art. 31 DSGVO besteht eine grundsätzliche Verpflichtung zur Zusammenarbeit mit den Aufsichtsbehörden. Diese Verpflichtung trifft den Verantwortlichen, den Auftragsverarbeiter sowie, bei im Nicht-EU-Ausland ansässigen Unternehmen, die unter die DSGVO fallen, den in der EU ansässigen Vertreter. Diese Pflicht wird *durch andere Bestimmungen der DSGVO präzisiert* und soll die Kooperation mit den Aufsichtsbehörden stärken, z. B. durch Art. 30 Abs. 4 DSGVO (Zurverfügungstellung des Verzeichnisses von den Verarbeitungstätigkeiten).

---

[36] Haag, in: Forgó/Helfrich/Schneider, Teil II. Kap. 2. Datenschutzmanagement und Datenschutzprozesse (2019), Rn. 5.

[37] Haag, in: Forgó/Helfrich/Schneider, Teil II. Kap. 2. Datenschutzmanagement und Datenschutzprozesse (2019), Rn. 40.

[38] Egle/Zeller, in: v. d. Bussche/Voigt, Konzerndatenschutz, Teil 2. Kap. 2 Datenschutzmanagementsystem im Konzern (2019), Rn. 25.

[39] Jung, ZD 2018, 208, 212–213; vgl. auch Egle/Zeller, in: v. d. Bussche/Voigt, Konzerndatenschutz, Teil 2. Kap. 2 Datenschutzmanagementsystem im Konzern (2019), Rn. 37.

[40] Jung, ZD 2018, 208, 213; vgl. auch Egle/Zeller, in: v. d. Bussche/Voigt, Konzerndatenschutz, Teil 2. Kap. 2 Datenschutzmanagementsystem im Konzern (2019), Rn. 38.

[41] Haag, in: Forgó/Helfrich/Schneider, Teil II. Kap. 2. Datenschutzmanagement und Datenschutzprozesse (2019), Rn. 44, 45.

[42] Voigt, in: Taeger/Gabel, DSGVO BDSG TTDSG, Art. 5 DSGVO (2022), Rn. 48.

3.2.3.1 Kooperation auf Anfrage der Aufsichtsbehörde

Gemäß Art. 31 DSGVO erfolgt die Zusammenarbeit *auf „Anfrage"* der Aufsichtsbehörden. Im Umkehrschluss bedeutet dies, dass der Verantwortliche/Auftragsverarbeiter grundsätzlich nicht auf eigene Initiative hin mit den Aufsichtsbehörden zusammenarbeiten muss, außer in gesetzlich vorgeschriebenen Fällen, wie insbesondere bei der Meldung von Datenschutzverstößen (siehe hierzu Abschn. 3.8.2). Grundsätzlich ist bei Anfragen der Behörden eine Kooperation anzuraten, da dies als mildernder Faktor für die Festlegung von Bußgeldern oder anderen Sanktionen Berücksichtigung finden kann (siehe Kap. 7).

Die bloße Anfrage der Aufsichtsbehörde stellt im Regelfall noch *keinen Verwaltungsakt* dar, sondern dient vielmehr der Vorbereitung der Entscheidungen und Handlungen der Aufsichtsbehörden (welche dann in Form eines Verwaltungsakts erfolgen).[43] Als Konsequenz daraus ergibt sich, dass die Anfrage *keiner Begründung im Sinne des § 39 Abs. 1 VwVfG bedarf.* Dennoch muss sie hinreichend genau sein und die Zwecke und Ziele der Nachprüfung bezeichnen, um es dem Verantwortlichen/Auftragsverarbeiter zu ermöglichen, Umfang und Detailtiefe seiner Pflicht zur Zusammenarbeit selbst zu bewerten und, falls notwendig, seine Verteidigungsrechte auszuüben.[44]

3.2.3.2 Einführung eines Verwaltungsverfahrens

Art. 31 DSGVO stellt insoweit seit der Einführung der DSGVO eine gesetzliche Neuerung dar, als es sich um eine Vorschrift zum *Verwaltungsverfahren* auf europäischer Ebene handelt.[45] Art. 31 DSGVO soll eine funktionierende Rechtspflege sicherstellen, sodass die Pflicht zur Zusammenarbeit auch die Pflicht zur Bereitstellung von Informationen und Beweismitteln gegenüber den Aufsichtsbehörden enthält.[46] Nichtsdestotrotz bestimmen sich die Einzelheiten zum Ablauf des Verwaltungsverfahrens anhand der entsprechenden nationalen Vorschriften der EU-Mitgliedstaaten. Die grundsätzliche Kooperationspflicht nach der DSGVO ist *nicht vollstreckbar*, da die Verordnung eine entsprechende Vorschrift nicht vorsieht. Aus diesem Grund richtet sich die Vollstreckbarkeit nach anderen europarechtlichen Bestimmungen oder den Rechtsordnungen der EU-Mitgliedstaaten bzgl. des jeweils national einschlägigen Verwaltungsverfahrens.[47] Da die verschiedenen Elemente der Kooperationspflicht durch andere Bestimmungen der DSGVO präzisiert werden, die ihrerseits gesondert vollstreckbar sind, würde es ohnehin nur in seltenen Fällen einer Vollstreckung der allgemeinen Kooperationspflicht bedürfen.

---

[43] Martini, in: Paal/Pauly, DSGVO BDSG, Art. 31 DSGVO (2021), Rn. 24.

[44] Siehe auch EuGH, Urteil vom 21. September 1989, Hoechst AG/Kommission C-46/87, Rn. 29; Martini, in: Paal/Pauly, DSGVO BDSG, Art. 31 DSGVO (2021), Rn. 25, 26.

[45] Martini, in: Paal/Pauly, DSGVO BDSG, Art. 31 DSGVO (2021), Rn. 45.

[46] Martini, in: Paal/Pauly, DSGVO BDSG, Art. 31 DSGVO (2021), Rn. 17.

[47] Für weitere Einzelheiten siehe Martini, in: Paal/Pauly, DSGVO BDSG, Art. 31 DSGVO (2021), Rn. 10 f.

3.3 Die Verteilung von Verantwortlichkeit zwischen gemeinsam Verantwortlichen („Joint contollers")

Der EU-Gesetzgeber hat das Konzept der „gemeinsam Verantwortlichen" („Joint controllers") in Art. 26 DSGVO insbesondere für komplexe Verarbeitungssituationen mit mehreren Verantwortlichen eingeführt, um eine *klare Zuteilung der Verantwortlichkeiten* zu erreichen und zu verhindern, dass durch Konflikte bzgl. der Verarbeitungskompetenz das Datenschutzregime der DSGVO unterlaufen wird.[48] Sinn und Zweck des Art. 26 DSGVO ist es, den Schutz personenbezogener Daten vor allem in unübersichtlichen Verarbeitungsprozessen sicherzustellen, in denen die Betroffenen mit einer Mehrzahl an Verantwortlichen konfrontiert sind.[49] Gemeinsam Verantwortliche können die Zwecke und Mittel der Verarbeitung gemeinsam festlegen. Zudem sind sie für die Einhaltung aller Verpflichtungen aus der DSGVO und den Nachweis darüber gemeinschaftlich verpflichtet (siehe hierzu Abschn. 2.2.1). Zum Zwecke der Erfüllung ihrer Pflichten ist es ihnen aber gestattet, die verschiedenen Aufgaben zwischen den jeweiligen Verantwortlichen zu verteilen, Art. 26 Abs. 1 S. 2 DSGVO (sofern und soweit die jeweiligen Aufgaben nicht durch Rechtsvorschriften in den Mitgliedsstaaten festgelegt sind). Die Verantwortlichen können das Innenverhältnis flexibel gestalten, sodass es gerade nicht notwendig ist, dass Aufgaben gleichmäßig zwischen beiden Verantwortlichen verteilt sind.[50] Wichtig ist hierbei, dass alle Aufgaben, welche zur Einhaltung der Vorgaben der DSGVO notwendig sind, von den gemeinsam Verantwortlichen erfüllt werden. Hierzu gehören z. B. die Pflicht zur Führung eines Verarbeitungsverzeichnisses oder die Pflicht zur Benennung eines Datenschutzbeauftragten.[51]

Allein die Tatsache, dass verschiedene Parteien in einem Datenverarbeitungsprozess zusammenarbeiten, führt nicht zwingend dazu, dass es sich bei ihnen um gemeinsam Verantwortliche handelt; ein Austausch von Daten zwischen verschiedenen Beteiligten ohne gemeinsame Zwecke oder Verarbeitungsmittel kann auch lediglich einen bloßen Datentransfer zwischen verschiedenen Verantwortlichen darstellen.[52] Weiterhin liegt zum Beispiel keine gemeinsame Verantwortlichkeit vor, wenn die Akteure zwar gemeinsame Datenbanken nutzen, aber jeder für sich allein die Verarbeitungszwecke bestimmt, oder wenn in einem mehrstufigen Verarbeitungsprozess auf jeder Stufe der jeweilige Akteur unabhängig von den anderen Beteiligten den Verarbeitungszweck festlegt.[53]

---

[48] ErwGr. 79 DSGVO; ebenfalls EDPB, Guidelines 07/2020 on the concepts of controller and processor in the GDPR, Version 2.1 (2021), Rn. 163.

[49] Dovas, ZD 2016, 512, 514; ebenfalls EDPB, Guidelines 07/2020 on the concepts of controller and processor in the GDPR, Version 2.1 (2021), Rn. 164

[50] Lezzi/Oberlin, ZD 2018, 398, 400.

[51] Siehe auch EDPB, Guidelines 07/2020 on the concepts of controller and processor in the GDPR, Version 2.1 (2021), Rn. 170.

[52] Vgl. EDPB, Guidelines 07/2020 on the concepts of controller and processor in the GDPR, Version 2.1 (2021), Rn. 70.

[53] Siehe auch EDPB, Guidelines 07/2020 on the concepts of controller and processor in the GDPR, Version 2.1 (2021), Rn. 71.

3.3.1 Die Beziehung zwischen gemeinsam für die Verarbeitung Verantwortlichen

Als gemeinsam Verantwortliche i. S. d. Art. 26 Abs. 1 S. 1 DSGVO müssen:

- zwei oder mehr *Verantwortliche;*
- *gemeinsam* die Zwecke und Mittel der Verarbeitung *festlegen.*

Jedes beteiligte Unternehmen muss eigenständig als Verantwortlicher i. S. d. der DSGVO angesehen werden können. Zudem müssen die Verantwortlichen im Hinblick auf die spezifischen Verarbeitungstätigkeiten gemeinsam an der Entscheidung über den Zweck und auch über die Mittel zur Verarbeitung beteiligt sein.[54] Die *gemeinsame Beteiligung* kann entweder in Form der *gemeinsamen Entscheidung* oder als Resultat von *konvergierenden Entscheidungen* der Akteure vorliegen.[55] Dem Wortsinn des Art. 26 Abs. 1 S. 1 DSGVO entsprechend erfordert die gemeinsame Entscheidung das Vorliegen einer gemeinsamen Absicht bezüglich der Verarbeitung.[56] Bei konvergierenden Entscheidungen handelt es sich um Beschlüsse der Parteien, die einander ergänzen und sich konkret auf die Festlegung der Verarbeitungszwecke und -mittel auswirken, sodass die Verarbeitung nur durch die Mitwirkung beider Parteien möglich ist. Die gemeinsame Beteiligung muss kumuliert sowohl die Festlegung der Zwecke als auch der Mittel der Verarbeitung umfassen.[57]

Objektive Kriterien sind dafür ausschlaggebend, ob Unternehmen als gemeinsam Verantwortliche gelten. Es ist also unerheblich, ob sich die Verantwortlichen vertraglich zur Teilung der Verantwortung verpflichtet haben; es geht allein darum, ob sie dies tatsächlich tun.[58] Demnach ist es unerheblich für die Einstufung als gemeinsam Verantwortliche, ob eine förmliche Vereinbarung zwischen den betroffenen Parteien als solche besteht oder nicht. Zwar müssen die Unternehmen gem. Art. 26 Abs. 1 DSGVO eine Vereinbarung treffen; diese stellt aber kein konstitutives Element für eine gemeinsame Verantwortlichkeit dar, sondern statuiert vielmehr eine Pflicht gegenüber den Unternehmen zur Einhaltung der Vorgaben aus der DSGVO.[59]

---

[54] Siehe auch EDPB, Guidelines 07/2020 on the concepts of controller and processor in the GDPR, Version 2.1 (2021), Rn. 51.

[55] EDPB, Guidelines 07/2020 on the concepts of controller and processor in the GDPR, Version 2.1 (2021), Rn. 54; EuGH, Urteil vom 5. Dezember 2023, Nacionalinis visuomenės sveikatos centras prie Sveikatos apsaugos ministerijos/Valstybinė duomenų apsaugos inspekcija, C-683/21, Rn. 43.

[56] EDPB, Guidelines 07/2020 on the concepts of controller and processor in the GDPR, Version 2.1 (2021), Rn. 55.

[57] EDPB, Guidelines 07/2020 on the concepts of controller and processor in the GDPR, Version 2.1 (2021), Rn. 55; EuGH, Urteil vom 5. Dezember 2023, Nacionalinis visuomenės sveikatos centras prie Sveikatos apsaugos ministerijos/Valstybinė duomenų apsaugos inspekcija, C-683/21, Rn. 43.

[58] Dovas, ZD 2016, 512, 514–515.

[59] EuGH, Urteil vom 5. Dezember 2023, Nacionalinis visuomenės sveikatos centras prie Sveikatos apsaugos ministerijos/Valstybinė duomenų apsaugos inspekcija, C-683/21, Rn. 44–46.

Beispiel

Unternehmen D ist ein Autohersteller. Um Elektroautos zu bewerben kooperiert D mit anderen Autoherstellern, den Unternehmen X, Y und Z, indem sie gemeinsam eine Werbe-Website erstellen, die Nutzerdaten (u. a. IP-Adressen) sammelt. D, X, Y und Z legen gemeinsam fest, welche und wessen Daten auf diese Weise verarbeitet werden sollen.

In diesem Beispiel bestimmen D, X, Y und Z gemeinsam die Zwecke und Mittel der Datenverarbeitung und gelten damit als gemeinsam Verantwortliche gem. Art. 26 Abs. 1 S. 1 DSGVO. Sie müssen eine Vereinbarung u. a. darüber treffen, wer welche Datenschutzpflichten zu erfüllen hat und die wesentlichen Punkte der Vereinbarung den Website-Nutzern zur Verfügung stellen. ◄

Beispiel[60]

Reisebüro R gibt für die Organisation einer Pauschalreise personenbezogene Daten seiner Kunden an die Fluggesellschaft F und die Hotelkette H weiter. Diese verarbeiten die Daten in ihren eigenen Buchungssystemen und bestätigen R die Reservierung der gewünschten Anzahl an Plätzen sowie Hotelzimmern. Daraufhin stellt R seinen Kunden die für die Pauschalreise notwendigen Reisedokumente aus.

Diesbezüglich verfolgen die drei Akteure bei der Datenverarbeitung jeweils ihre eigenen Zwecke und nutzen hierfür auch eigens bestimmte Mittel. Mithin handelt es sich nicht um gemeinsam Verantwortliche i. S. d. Art. 26 Abs. 1 S. 1 DSGVO. ◄

Abwandlung

R, F und H beschließen nun die Einrichtung einer gemeinsamen Internetplattform. Dabei legen die Beteiligten fest, dass sie diese Plattform nutzen, um Pauschalreisen anzubieten. Ferner bestimmen sie die wesentlichen Mittel der Datenverarbeitung (u. a. Art der Speicherung, Zugriffsrechte, Vorgehensweise bei Buchungsbestätigungen). Zudem einigen sie sich darauf, dass die Kundendaten für gemeinsame Werbekampagnen genutzt werden.

In diesem abgewandelten Fall verfolgen die Beteiligten den gemeinsamen Zweck des Anbietens von Pauschalreisen. Aufgrund der gemeinsamen Entscheidung über Verarbeitungszwecke und -mittel sind R, F und H mithin für alle Datenverarbeitungsvorgänge bzgl. der gemeinsamen Internetplattform gemeinsam Verantwortliche i. S. d. Art. 26 Abs. 1 S. 1 DSGVO.

---

[60] Beispiel aus EDPB, Guidelines 07/2020 on the concepts of controller and processor in the GDPR, Version 2.1 (2021), Rn. 68.

Beispiel[61]

Die Universität A und der Gesundheitsdienstleister B möchten gemeinsam eine klinische Studie durchführen. Während A die Studie finanziert, führt B die Prüfung der Studie durch. Hierbei erarbeiten sie die Parameter des Studienprotokolls (z. B. Zweck, relevante Daten, Kriterien zur Auswahl von geeigneten Probanden, Forschungsmethodik, etc.) zusammen und verfolgen ein gemeinsam festgelegtes Forschungsziel. Hierfür werden personenbezogene Daten aus Patientenakten zu Forschungszwecken erhoben. Unabhängig davon speichert und nutzt B weiterhin Daten für die Patientenversorgung.

Die zuletzt genannte Speicherung und Verwendung der Daten bezieht sich lediglich auf den Zweck der Patientenversorgung. Dieser Zweck ist nicht Gegenstand des für die Studie gemeinsam festgelegten Zwecks. Damit bleibt B hinsichtlich dieser Verarbeitungstätigkeiten alleiniger Verantwortlicher. Gleichwohl haben A und B hinsichtlich der Datenverarbeitung zu Forschungszwecken miteinander über Verarbeitungszweck und -mittel entschieden. Somit liegt bezüglich der zu Forschungszwecken dienenden Datenerhebung eine gemeinsame Beteiligung vor. Mithin sind A und B insofern gemeinsam Verantwortliche i. S. d. Art. 26 Abs. 1 S. 1 DSGVO. Denkbar wäre auch, dass sich B nicht an der Ausarbeitung des Zwecks und der Mittel beteiligt. In diesem Fall würde er lediglich einen konzipierten Prüfplan der A annehmen. Unter diesen Umständen könnte B als Auftragsverarbeiter qualifiziert werden. ◄

Die Abgrenzung zwischen individuell Verantwortlichen, gemeinsam Verantwortlichen und Auftragsverarbeitern kann im Einzelfall sehr schwierig sein. In einem ersten Schritt ist bei zwei oder mehr an der Verarbeitung Beteiligten zwischen Verantwortlichen und Auftragsverarbeitern zu differenzieren (Kriterien in Abschn. 2.2.1.2). Sollte es sich bei den beteiligten Parteien um Verantwortliche handeln, ist deren Verhältnis untereinander genauer zu bestimmen. Nachfolgend genannte Kriterien sind Anhaltspunkte für eine gemeinsame Verantwortlichkeit i. S. d. Art. 26 Abs. 1 S. 1 DSGVO:

- gemeinsame Beteiligung von zwei oder mehr Stellen;
- gemeinsame Festlegung von Verarbeitungsmittel und Verarbeitungszweck;[62]
- Einflussmöglichkeit aller Beteiligter auf die Festlegung der Zwecke oder der Mittel;[63]
- Nutzung von übereinstimmenden Mitteln durch alle Beteiligten im Rahmen der Verarbeitung;[64]

[61] Beispiel aus EDPB, Guidelines 07/2020 on the concepts of controller and processor in the GDPR, Version 2.1 (2021), Rn. 68.

[62] EDPB, Guidelines 07/2020 on the concepts of controller and processor in the GDPR, Version 2.1 (2021), Rn. 59 ff. (mit weiteren Einzelheiten zum Vorliegen dieser Voraussetzung).

[63] Kremer, CR 2019b, 225, 227, Gierschmann, ZD 2020, 69, 72.

[64] Kremer, CR 2019b, 225, 228.

- das Ergebnis/Ziel der Verarbeitung ist bei den Beteiligten identisch;[65]
- keine Weisungsgebundenheit zwischen den Beteiligten;[66]
- nur durch Tätigkeiten aller Beteiligten kann der gemeinsame Zweck der Verarbeitung erreicht werden;
- nur durch das Bündeln der seitens der Beteiligten erhobenen Daten kann der Zweck der Verarbeitung erreicht werden;
- die Verpflichtungen aus der DSGVO bezüglich der gemeinsamen Verarbeitung können nur durch die wechselseitige Zurechnung von Pflichten erfüllt werden;
- die Beteiligten haben eine Vereinbarung gem. Art. 26 Abs. 1 S. 2 DSGVO geschlossen.

Generell zeigt die Rechtsprechung des EuGH, dass der tatsächliche Beitrag der Beteiligten für die Einordnung als gemeinsam Verantwortliche geringen Anforderungen unterliegt (siehe auch Abschn. 2.2.1.2).[67]

3.3.2 Rechtsfolgen gemeinsamer Verantwortung

Da jeder der gemeinsam Verantwortlichen als „Verantwortlicher" i. S. d. DSGVO gilt (siehe Abschn. 2.2.1), muss jeder von ihnen den entsprechenden Datenschutzverpflichtungen aus der DSGVO nachkommen. Das bedeutet, dass jeder Verantwortliche die verschiedenen organisatorischen und materiellen Anforderungen (siehe Kap. 4) der DSGVO einhalten muss, und dass demgemäß der Datentransfer zwischen den gemeinsam Verantwortlichen ebenfalls rechtmäßig sein muss.[68]

Zudem treffen gemeinsam Verantwortliche einige *zusätzliche Pflichten* nach der DSGVO:

- Gemeinsam Verantwortliche haben *in transparenter Form* festzulegen, wer von ihnen welche Verpflichtungen nach der DSGVO erfüllt, insbesondere was die Wahrnehmung der Rechte der betroffenen Personen und die Erfüllung der Informationspflichten angeht, Art. 26 Abs. 1 S. 2 DSGVO. Sie können eine *gemeinsame Anlaufstelle* für die betroffenen Personen festlegen, Art. 26 Abs. 1 S. 3 DSGVO. All dies soll durch den *Abschluss einer Vereinbarung* erfolgen. In ihr soll festgelegt werden, welcher der Verantwortlichen für die Erfüllung welcher Verpflichtungen aus der DSGVO, insbesondere der Informationspflichten, verantwortlich sein soll.[69] Allerdings ist die Vereinbarung keine Voraussetzung der gemeinsamen Verantwortung.[70] Vielmehr handelt es sich bei der Pflicht zu

---

[65] Kremer, CR 2019b, 225, 228.

[66] Kremer, CR 2019b, 225, 228.

[67] Gierschmann, ZD 2020, 69, 73; EDPB, Guidelines 07/2020 on the concepts of controller and processor in the GDPR, Version 2.1 (2021), Rn. 47, 49

[68] Siehe auch Voigt, CR 2017, 428, 431.

[69] Plath, in: Plath, DSGVO BDSG TTDSG, Art. 26 DSGVO (2023), Rn. 31.

[70] Lang, in: Taeger/Gabel, DSGVO BDSG TTDSG, Art. 26 DSGVO (2022), Rn. 72.

der Vereinbarung um eine Rechtsfolge der gemeinsamen Verantwortung.[71] Soweit die Verantwortlichen eine solche Vereinbarung nicht treffen, drohen ihnen Bußgelder von bis zu EUR 10.000.000,00 oder bis zu 2 % des weltweiten Jahresumsatzes gem. Art. 83 Abs. 4 lit. a DSGVO.
- Jeder der gemeinsam Verantwortlichen muss seine Verpflichtungen unter der DSGVO, wie in diesem Kapitel dargestellt, entsprechend *der geschlossenen Vereinbarung* erfüllen.
- Die wesentlichen Punkte der Vereinbarung müssen den betroffenen Personen zur Verfügung gestellt werden.

Da „das Wesentliche der Vereinbarung" zwischen den gemeinsam Verantwortlichen *den betroffenen Personen zur Verfügung zu stellen* ist (Art. 26 Abs. 2 S. 2 DSGVO), sind verschiedene Aspekte für die Bereitstellung dieser Informationen zu berücksichtigen:[72]

- Eine *schriftliche Bereitstellung* der Informationen über die Vereinbarung ist nicht gesetzlich vorgeschrieben, dennoch ist sie häufig sinnvoll. Es kann sich anbieten, die Informationen im Rahmen der Datenschutzhinweise bereitzustellen.
- Das Gebot der *Transparenz* unter der DSGVO sollte beim Zurverfügungstellen der Vereinbarung Beachtung finden. Jegliche Information gegenüber Betroffenen muss präzise, leicht zugänglich und verständlich sein und hat in klarer und einfacher Sprache und, wo angemessen, mithilfe visueller Elemente zu erfolgen.[73] Auch eine Zurverfügungstellung auf Anfrage der Betroffenen soll jedoch möglich sein.
- *Kinder* werden von der DSGVO besonders geschützt. Sofern die Verarbeitungstätigkeiten (hauptsächlich) Kinder betreffen, müssen die Informationen so zur Verfügung gestellt werden, dass für Minderjährige verständlich ist, was mit ihren personenbezogenen Daten geschieht.

Die Erfüllung der genannten Verpflichtungen könnte es erfordern, im Vorfeld eine umfangreiche *Datenschutz-Folgenabschätzung* durchzuführen (soweit anwendbar, siehe Abschn. 3.9), sowie, falls angemessen, die Einbindung eines *Datenschutz-Managementsystems* vorzunehmen (siehe Abschn. 3.2.2). Wo verschiedene Verantwortliche gemeinsam Daten verarbeiten, kann es angemessen und wirtschaftlich sinnvoll sein, einen erweiterten Untersuchungsumfang für die Datenschutz-Folgenabschätzung festzulegen.[74] Es bleibt zu beachten, dass, trotz der klaren Zuteilung von Verantwortlichkeiten zwischen den gemeinsamen Verantwortlichen, betroffene Personen ihre Rechte bei und gegenüber jedem der Verantwortlichen geltend machen können, Art. 26 Abs. 3 DSGVO.

---

[71] Lang, in: Taeger/Gabel, DSGVO BDSG TTDSG, Art. 26 DSGVO (2022), Rn. 72.

[72] Martini, in: Paal/Pauly, DSGVO BDSG, Art. 26 DSGVO (2021), Rn. 24–25.

[73] ErwGr. 58 DSGVO.

[74] ErwGr. 92 DSGVO.

3.4 Auftragsverarbeiter

Grundsätzlich ist der Verantwortliche für die Erfüllung der Datenschutzverpflichtungen verantwortlich und haftbar. Das bedeutet aber nicht, dass der Verantwortliche die Datenverarbeitung selbst ausführen muss. Er kann stattdessen einen Auftragsverarbeiter (Art. 4 Nr. 8 DSGVO) mit der Durchführung beauftragen (siehe Abschn. 2.2.2). Datenverarbeitungen durch einen Auftragsverarbeiter sollen grundsätzlich nur auf *Weisung des Verantwortlichen* hin erfolgen, Art. 29 DSGVO. Aus diesem Grund waren unter der EG-Datenschutzrichtlinie allein Verantwortliche für die Rechtmäßigkeit der Verarbeitung verantwortlich, auch wenn sie sich eines Auftragsverarbeiters bedienten. Die DSGVO verfolgt einen modifizierten Ansatz, indem dem Auftragsverarbeiter nunmehr eigene Verpflichtungen auferlegt werden und dieser so ein Stück weit mitverantwortlich gemacht wird. Für die Verletzung dieser eigenen Pflichten drohen dem Auftragsverarbeiter Bußgelder von bis zu EUR 10.000.000,00 oder bis zu 2 % des weltweiten Jahresumsatzes, Art. 83 Abs. 4 DSGVO.

3.4.1 Privilegierte Stellung des Auftragsverarbeiters

Der Auftragsverarbeiter ist nach der DSGVO kein „*Dritter*" in Bezug auf die Datenverarbeitung. Ein Dritter wird gesetzlich definiert als eine Person „außer der betroffenen Person, dem Verantwortlichen, dem Auftragsverarbeiter […]", Art. 4 Nr. 10 DSGVO. Im Vergleich zu Dritten genießt der Auftragsverarbeiter eine privilegierte Stellung, da seine *Einbeziehung* durch den Verantwortlichen – aufgrund seiner Stellung als lediglich „verlängerten Arm" des Verantwortlichen – keiner besonderen gesetzlichen Grundlage bedarf und eine vorherige Einwilligung durch die betroffenen Personen nicht erforderlich ist.[75] Die rechtmäßige Verarbeitung durch den Auftragsverarbeiter wird insofern aus der Tätigkeit des Verantwortlichen abgeleitet.[76] Da die DSGVO nicht zwischen Auftragsverarbeitern innerhalb und außerhalb der EU unterscheidet, haben letztere ebenfalls diese privilegierte Position inne. Gleiches gilt für die Verarbeitung besonderer Kategorien personenbezogener Daten

[75] In diese Richtung argumentierend siehe Voigt, CR 2017, 428, 430, dort Fn. 25; ausführlich dargestellt in Voigt, Die räumliche Anwendbarkeit der EU Datenschutz-Grundverordnung auf Auftragsverarbeiter im Drittland, 2020, S. 13–17; Voigt, in: Gierschmann/Schlender/Stentzel/Veil, DSGVO, Art. 4 Nr. 8 DSGVO (2023), Rn. 11; Schmid/Kahl, ZD 2017, 54, 56; Plath, in: Plath, DSGVO BDSG TTDSG, Art. 28 DSGVO (2023), Rn. 9; Martini, in: Paal/Pauly, DSGVO BDSG, Art. 28 DSGVO (2021), Rn. 8a-10a; Spoerr, in: Wolff/Brink/v. Ungern-Sternberg, BeckOK Datenschutzrecht, Art. 28 DSGVO (45. Ed. 01.05.2022), Rn. 29–32; ablehnend Härting, ITRB 2016, 137, 138; Roßnagel/Richter/Nebel, ZD 2013, 103, 105; Streitstand ausführlich dargestellt in Plath, in: Plath, DSGVO BDSG TTDSG, Art. 28 DSGVO (2023), Rn. 8 und Gabel/Lutz, in: Taeger/Gabel, DSGVO BDSG TTDSG, Art. 28 DSGVO (2022), Rn. 11.

[76] Voigt, in: Gierschmann/Schlender/Stentzel/Veil, DSGVO, Art. 4 Nr. 8 DSGVO (2022), Rn. 11; EDPB, Guidelines 07/2020 on the concepts of controller and processor in the GDPR, Version 2.1 (2021), Rn. 80.

durch einen Auftragsverarbeiter, die mangels anderweitiger Regelungen nicht als Ausnahmefall anzusehen ist.[77]

Allerdings bleibt zu beachten, dass Datentransfers zu Auftragsverarbeitern in Drittländern außerhalb der EU mit geeigneten, zusätzlichen Garantien abzusichern sind (siehe Abschn. 4.3).

Um das von der DSGVO angestrebte Datenschutzniveau zu gewährleisten, wird die *privilegierte Einbeziehung* des Auftragsverarbeiters durch die zusätzlichen von den Auftragsverarbeitern zu befolgenden *Datenschutzpflichten* nach Art. 28 DSGVO wieder ausgeglichen. Aufgrund der entsprechenden Pflichten eines Auftragsverarbeiters kann durchaus hinterfragt werden, ob denn lediglich die Befreiung von der Ermittlung einer gesonderten Rechtsgrundlage als wirkliche „Privilegierung" gegenüber der Datenübertragung an einen Verantwortlichen angesehen werden kann.

3.4.2 Verpflichtung des Verantwortlichen bei der Auswahl eines Auftragsverarbeiters

Wenn der Verantwortliche sich für die Beauftragung eines Auftragsverarbeiters entscheidet, hat er gemäß Art. 28 Abs. 1 DSGVO nur solche Auftragsverarbeiter auszuwählen, die ein hinreichendes Datenschutzniveau bieten können. Das ist der Fall, sofern der Auftragsverarbeiter *geeignete technische und organisatorische Maßnahmen* ergreift, die sicherstellen, dass die Verarbeitung in Einklang mit den Anforderungen der DSGVO erfolgt und dass der Schutz der Rechte der betroffenen Personen gewährleistet ist. Ein Auftragsverarbeiter kann seine Eignung auch durch die Einhaltung genehmigter *Verhaltensregeln* oder *Zertifizierungsmechanismen* nachweisen (siehe Abschn. 3.12), Art. 28 Abs. 5 DSGVO.

Den Verantwortlichen trifft damit die Pflicht, vor der Auswahl eines bestimmten Auftragsverarbeiters zu überprüfen, ob dieser Auftragsverarbeiter die genannten Anforderungen erfüllt, insbesondere angemessene technische und organisatorische Datenschutzmaßnahmen getroffen hat. Er hat sich nach getroffener Auswahl regelmäßig dahingehend zu versichern, dass diese Maßnahmen aufrechterhalten werden.[78] Dabei ist auch sicherzustellen, dass der Auftragsverarbeiter über das erforderliche Fachwissen und die notwendigen Ressourcen verfügt sowie zuverlässig ist.[79] Hiervon kann der Verantwortliche ausgehen, wenn der Auftragsverarbeiter eine sorgfältige und gewissenhafte Vornahme seiner Tätigkeiten belegen kann.[80] Dies kann bspw. durch die Vereinbarung hinreichender vertraglicher Pflichten und die

[77] Schmid/Kahl, ZD 2017, 54, 56.

[78] Plath, in. Plath, DSGVO BDSG TTDSG, Art. 28 DSGVO (2023), Rn. 17; Martini, in: Paal/Pauly, DSGVO BDSG, Art. 28 DSGVO (2021), Rn. 21; Spoerr, in: Wolff/Brink/v. Ungern-Sternberg, BeckOK Datenschutzrecht, Art. 28 DSGVO (45. Ed. 01.05.2022), Rn. 35; Hartung, in: Kühling/Buchner, DSGVO BDSG, Art. 28 DSGVO (2020), Rn. 57, 60.

[79] ErwGr. 81.

[80] Hartung, in: Kühling/Buchner, DSGVO BDSG, Art. 28 DSGVO (2020), Rn. 56.

Vorlage von Nachweisen (dokumentierte Darstellung und Zusicherung hinsichtlich angemessener Maßnahmen) sichergestellt werden.[81] Es handelt sich dabei um eine fortwährende Verpflichtung des Verantwortlichen, welche ihn allerdings nicht zu einer ununterbrochenen Überprüfung zwingt.[82] Die Gewährleistung der angemessenen technischen und organisatorischen Maßnahmen wird durch den Verantwortlichen insofern im Wege der sorgfältigen Ausübung seiner Auswahlverantwortung, seines Weisungsrechts und seiner Überwachungstätigkeit sichergestellt.[83]

Auftragsverarbeitungsvereinbarung

Um den Auftragsverarbeiter zur Einhaltung der vom Verantwortlichen aufgestellten Verarbeitungsvoraussetzungen zu verpflichten, schließen die Parteien einen *Vertrag* oder ein anderes Rechtsinstrument, Art. 28 Abs. 3 DSGVO. Der Vertrag ist *schriftlich abzufassen*, wobei auch ein elektronisches Format Verwendung finden kann, Art. 28 Abs. 9 DSGVO. Dabei ist sicherzustellen, dass die Vereinbarung spezifische, konkrete Informationen über die Einhaltung der DSGVO und das erforderliche Sicherheits- und Organisationsniveau bezüglich der gegenständlichen Datenverarbeitung enthält.[84] Die Einzelheiten der Vereinbarung sollen eine eindeutige Zuordnung der Verantwortlichkeiten zu erkennen geben,[85] um so die Verantwortung und Haftung der Parteien hinreichend sicherzustellen. Dies dient auch dem Schutz der Rechte und Freiheiten der betroffenen Personen.[86]

Diese eindeutige Zuordnung der Verantwortlichkeiten beim Zusammenwirken von mehreren Beteiligten bei Datenverarbeitungsprozessen ist für die Abgrenzung zwischen Auftragsverarbeitung, gemeinsamer Verantwortlichkeit (siehe Abschn. 3.3) oder auch separaten Verantwortlichkeiten von zentraler Bedeutung. Denn sobald der Auftragsverarbeiter sich dazu aufschwingt, über Zweck und Mittel der Verarbeitung selbst zu bestimmen (und unabhängig davon, ob diese Entscheidung im Einverständnis mit dem Vertragspartner oder auf Grundlage eines eigenmächtigen Handelns der Auftragsverarbeiters geschieht), liegt im Hinblick auf diesen Verarbeitungsvorgang eine (ggf. gemeinsame) Verantwortlichkeit vor, sodass dieser seine Rolle als weisungsgebundener Auftragsverarbeiter verliert.[87] Überschreitet der Auftragsverarbeiter diesen Rahmen und legt er eigene Verarbeitungszwecke

---

[81] Hartung, in: Kühling/Buchner, DSGVO BDSG, Art. 28 DSGVO (2020), Rn. 56, 57.

[82] Spoerr, in: Wolff/Brink/v. Ungern-Sternberg, BeckOK Datenschutzrecht, Art. 28 DSGVO (45 Ed. 01.05.2022), Rn. 35; Martini, in: Paal/Pauly, DSGVO BDSG, Art. 28 DSGVO (2021), Rn. 21.

[83] Spoerr, in: Wolff/Brink/v. Ungern-Sternberg, BeckOK Datenschutzrecht, Art. 28 DSGVO (45. Ed. 01.05.2022), Rn. 33, 34.

[84] EDPB, Guidelines 07/2020 on the concepts of controller and processor in the GDPR, Version 2.1 (2021), Rn. 112.

[85] EDPB, Guidelines 07/2020 on the concepts of controller and processor in the GDPR, Version 2.1 (2021), Rn. 112; vgl. auch ErwGr. 79 DSGVO.

[86] Vgl. ErwGr. 79 DSGVO.

[87] Spoerr, in: Wolff/Brink/v. Ungern-Sternberg, BeckOK Datenschutzrecht, Art. 28 DSGVO (45. Ed. 01.05.2023), Rn. 28g, 104.

und -mittel fest, wird er wie ein Verantwortlicher behandelt und kann entsprechend sanktioniert werden, Art. 28 Abs. 10 DSGVO.[88]

Vor Abschluss der Vereinbarung hinsichtlich der Auftragsverarbeitung sollte daher geprüft werden, ob eine Auftragsverarbeitung oder Verantwortlichkeit für Auftragnehmer besteht.[89]

- *Weisungsgebundenheit des Auftragnehmers*: Der Auftragsverarbeiter darf gem. Art. 29 DSGVO nur ausschließlich auf Weisungen des Verantwortlichen handeln und nur solche Entscheidungen selbst treffen, zu denen er entsprechend zuvor befugt worden ist.[90] Während der Verantwortliche stets über den Zweck und „wesentliche Mittel" der Verarbeitung zu entscheiden hat, kann bezüglich der Auswahl „nicht wesentlicher Mittel" ein Ermessen des Auftragsverarbeiters geregelt werden. Die „nicht wesentlichen Mittel" umfassen vor allem eher praktische Entscheidungen, wie z. B. die Wahl einer spezifischen Hard- oder Software oder die Entscheidung über die konkretisierten Sicherheitsmaßnahmen.
- *Trennungskontrolle*: Die übermittelten Daten dürfen durch den Auftragnehmer mit eigenen Daten grundsätzlich nicht vermischt werden. Eine Kombination von Datenbeständen muss vielmehr auf Grundlage einer Rechtsgrundlage stattfinden und ist dem Verantwortlichen vorbehalten.[91]
- *Nutzung:* Der Auftragnehmer darf die übermittelten Daten grundsätzlich nicht für eigene Zwecke nutzen. Die Bestimmung des Verarbeitungszwecks ist eine Pflicht, die ausschließlich dem Verantwortlichen obliegt.[92]
- *Rechenschaftspflichten:* Der Auftragnehmer ist grundsätzlich nicht für die Sicherstellung der Rechtmäßigkeit der Verarbeitung zuständig (Einholung von Einwilligungen, Richtigkeit der Daten, Ansprechpartner für Betroffenenrechte); genau darin liegt die oben beschriebene „Privilegierung". Zwar ist auf Grundlage einer Weisung des Verantwortlichen eine direkte Zusammenarbeit zwischen Auftragsverarbeiter und betroffener Person möglich, die Verantwortlichkeit für die Datenverarbeitung bleibt aber grundsätzlich die des Verantwortlichen (siehe Abschn. 3.2.2).
- *Auftritt nach außen:* Tritt der Auftragnehmer nach außen im eigenen Namen (tendenziell eher kein Auftragsverarbeiter) oder für einen anderen (Indiz für einen Auftragsverarbeiter) auf, ist dies ein weiteres Abgrenzungskriterium.

---

[88] Zu den vorstehenden Ausführungen vgl. EDPB, Guidelines 07/2020 on the concepts of controller and processor in the GDPR, Version 2.1 (2021), Rn. 81.

[89] im Detail: Voigt/v. d. Bussche in: v. d. Bussche/Voigt, Konzerndatenschutz, Teil 3. Kap. 4. Auftragsverarbeitung im Konzern (2019), Rn. 21 ff.

[90] Art. 29 Datenschutzgruppe, WP 169 (2010a), S. 13, 14; EDPB, Guidelines 07/2020 on the concepts of controller and processor in the GDPR, Version 2.1 (2021), Rn. 80.

[91] Voigt/v. d. Bussche in: v. d. Bussche/Voigt, Konzerndatenschutz, Teil 3. Kap. 4. Auftragsverarbeitung im Konzern (2019), Rn. 22.

[92] Art. 29 Datenschutzgruppe, WP 169 (2010a), S. 14, 15, EDPB; Guidelines 07/2020 on the concepts of controller and processor in the GDPR, Version 2.1 (2021), Rn. 81.

Hinsichtlich der notwendigen Inhalte und Regelungen, welche in einer Auftragsverarbeitungsvereinbarung enthalten sein müssen, sieht Art. 28 DSGVO gewisse notwendige Angaben vor. Folgende Angaben müssen daher im Auftragsverarbeitungsvertrag enthalten sein:[93]

- *Gegenstand der Verarbeitung*: Beschreibung der konkreten Verarbeitungstätigkeit.
- *Dauer der Verarbeitung*: Es muss der zeitliche Rahmen wiedergegeben werden, von Beginn der Verarbeitung bis zu der Löschung der Daten (siehe hierzu Abschn. 4.1.5).
- *Art und Zweck der Verarbeitung*: Umfasst sind sowohl die verschiedenen Verarbeitungsvorgänge (z. B. Erhebung, Speicherung, Auswertung) als auch der Grund für eine solche Datenverarbeitung.
- *Art der personenbezogenen Daten*: Im Vertrag sollten die verschiedenen Kategorien der verarbeiteten Daten aufgelistet werden.
- *Kategorien betroffener Personen*: Eine typisierte Wiedergabe der Personengruppen, deren Daten verarbeitet werden, reicht aus (z. B. Kunden, Arbeitnehmer).
- *Bindung an Weisungen und deren Dokumentation*: Der Vertrag regelt, dass der Auftragsverarbeiter die personenbezogenen Daten nur auf dokumentierte Weisung des Verantwortlichen hin verarbeitet, Art. 28 Abs. 3 S. 2 lit. a DSGVO. Dies stellt keine formellen Anforderungen hinsichtlich der Erteilung der Weisungen durch den Verantwortlichen auf, sondern verpflichtet vielmehr den Auftragsverarbeiter zur Dokumentation der Weisungen, die er erhält.[94] Die Pflicht soll es erleichtern, die Einhaltung der DSGVO im Rahmen der Verarbeitung nachzuweisen, und ist damit für beide Parteien bedeutsam.[95] Mündliche Weisungen, die z. B. in dringenden Fällen erteilt wurden, sollten zumindest nachträglich dokumentiert werden.[96]
- *Mitteilungspflicht für Verarbeitungspflichten entgegen Weisung*: Als Ausnahme zu der Weisungsbindung geht aus Art. 28 Abs. 3 S. 2 lit. a DSGVO auch hervor, dass eine Verarbeitung entgegen den Weisungen des Verantwortlichen erfolgen darf, wenn das Recht der Union oder des Mitgliedstaates den Auftragsverarbeiter zu einer Verarbeitung verpflichtet. Im Falle einer solchen Verarbeitungspflicht muss der Auftragsverarbeiter den Verantwortlichen über eine solche weisungsfremde Verarbeitung informieren, sofern das betreffende Recht eine solche Mitteilung nicht wegen eines wichtigen öffentlichen Interesses verbietet (z. B. im Rahmen der Strafverfolgung).

[93] Für eine Hilfestellung für den Mindestgehalt eines Auftragsverarbeitungsvertrages siehe auch die Hilfestellung der Berliner Beauftragte für Datenschutz und Informationsfreiheit, aufrufbar unter: https://www.datenschutz-berlin.de/themen/unternehmen/auftragsverarbeitung/, zuletzt aufgerufen am: 23.11.2023.

[94] Martini, in: Paal/Pauly, DSGVO BDSG, Art. 28 DSGVO (2021), Rn. 39.

[95] Kremer, in: Laue/Kremer, Das neue Datenschutzrecht in der betrieblichen Praxis, § 5 Auftragsverarbeitung und Verarbeitung im Drittland (2019a), Rn. 20.

[96] Kremer, in: Laue/Kremer, Das neue Datenschutzrecht in der betrieblichen Praxis, § 5 Auftragsverarbeitung und Verarbeitung im Drittland (2019a), Rn. 20.

- Vertraulichkeitsverpflichtung: Der Vertrag soll unter anderem eine *Verschwiegenheitspflicht* vorsehen, Art. 28 Abs. 3 lit. b DSGVO.
- *Technische und organisatorische Maßnahmen*: Der Vertrag verpflichtet den Auftragsverarbeiter zum Ergreifen *geeigneter technischer und organisatorischer Maßnahmen* (siehe die Aufzählung in Art. 28 Abs. 3 lit. c DSGVO) (siehe Abschn. 3.7).
- *Einsatz von Unterauftragsverarbeiter*: Art. 28 Abs. 3 S. 2 lit. d DSGVO regelt die Vereinbarung, die Bedingungen und den konkreten Umfang hinsichtlich der Einbeziehung eines Unterauftragsverarbeiters (siehe Abschn. 3.4.4).
- *Unterstützung bei Pflichten aus Betroffenenrechten*: Der Auftragsverarbeiter unterstützt den Verantwortlichen dabei, seiner Pflicht zur *Beantwortung von Anträgen betroffener Personen auf Wahrnehmung ihrer Rechte* nachzukommen, denn betroffene Personen können ihre Rechte nicht direkt gegenüber dem Auftragsverarbeiter geltend machen (siehe Kap. 5).
- *Unterstützung des Verantwortlichen bei dessen Pflichten aus Art. 32 bis 36 DSGVO*: Gemäß Art. 28 Abs. 3 S. 2 lit. f DSGVO regelt die Vereinbarung zwischen Verantwortlichem und Auftragsverarbeiter, dass der Auftragsverarbeiter den *Verantwortlichen* bei der Einhaltung seiner Meldepflichten bei Datenschutzverletzungen *unterstützt* (siehe Abschn. 3.8). Der Auftragsverarbeiter unterstützt den Verantwortlichen auch bei der Durchführung etwaig notwendiger *Datenschutz-Folgenabschätzungen* (siehe Abschn. 3.9) und (gegebenenfalls) während der vorherigen Konsultation mit der Aufsichtsbehörde (siehe Abschn. 3.9.2.4). Darüber hinaus unterstützt der Auftragsverarbeiter den Verantwortlichen bei der Gewährleistung eines angemessenen Datenschutzniveaus durch geeignete technische und organisatorische Maßnahmen (siehe Abschn. 3.7).
- *Löschpflicht nach* Auftragserledigung: Der Auftragsverarbeiter muss zur *Löschung (oder Herausgabe) aller personenbezogenen Daten nach Abschluss* der Erbringung *der Verarbeitungsleistungen* für den Verantwortlichen verpflichtet werden, sofern nicht eine Rechtspflicht des Auftragsverarbeiters zur Speicherung der personenbezogenen Daten besteht, Art. 28 Abs. 3 S. 2 lit. g DSGVO.
- *Nachweis der Einhaltung der Pflichten seitens des Auftragsverarbeiters*: Der Auftragsverarbeiter wird dazu verpflichtet, dem Verantwortlichen alle erforderlichen *Informationen* zum Nachweis der Einhaltung seiner Pflichten hinsichtlich der Beauftragung eines Auftragsverarbeiters *zur Verfügung zu stellen* und Überprüfungen – einschließlich Vor-Ort-Inspektionen, die vom Verantwortlichen oder von einem von diesem beauftragten Prüfer durchgeführt werden – zu ermöglichen und zu diesen beizutragen, Art. 28 Abs. 3 S. 2 lit. h DSGVO. Hierfür kann der Verantwortliche vom Auftragsverarbeiter die Vorlage entsprechender Dokumente, Zertifikate oder Nachweise hinsichtlich der Einhaltung genehmigter Verhaltensregeln fordern. Bezüglich der Vor-Ort-Inspektionen sind Kontrollbedingungen (bspw. eine vorausgesetzte Vorlaufzeit oder eine begrenzte Anzahl anlassloser Kontrollen) festzulegen, wodurch der betriebliche Ablauf des Auftragnehmers und die Vertraulichkeit gegenüber anderen Auftraggebern hinreichend geschützt werden kann. Sobald ein Auftragnehmer von mehreren Verantwortlichen beauftragt wird, sollten Vor-Ort-Kontrollen nicht ohne eine Vertraulichkeitsverpflichtung der kontrollierenden Personen geregelt werden.

Inhaltlich sollte die Vertraulichkeitsverpflichtung neben der Kenntnisnahme von Sicherheitsmaßnahmen und weiteren Betriebs- und Geschäftsgeheimnissen des Auftragsverarbeiters auch erhaltene Daten anderer Auftraggeber erfassen.

- *Rechenschaftspflichten*: Der Vertrag ist so klar formuliert, dass der Verantwortliche die Einhaltung seiner Pflichten gegenüber der zuständigen Behörde nachweisen kann, Art. 5 Abs. 2 DSGVO (siehe Abschn. 3.1).
- *Rechtsgrundlage für Datenexporte*: Im Vertrag sollte entweder klar darauf hingewiesen werden, dass Datenexporte vertraglich ausgeschlossen sind, oder darauf, auf welcher Rechtsgrundlage der DSGVO diese stattfinden (siehe Abschn. 4.3).
- *Vergütung:* Bezüglich der Vergütung ist den Parteien für den Vertragsschluss zu empfehlen, die von der Vergütung umfassten Leistungen des Auftragsverarbeiters hinreichend zu bestimmen. Jedoch ist dies lediglich im Wege der „Einpreisung" zulässig. Hierbei werden mögliche Vergütungen oder Entschädigungen für die Erfüllung der in Art. 28 Abs. 3 DSGVO genannten Pflichten in die Gesamtrechnung integriert. Nach Auffassung der Aufsichtsbehörden ist eine anderweitige Kostenregelung grundsätzlich unzulässig.[97]
- *Haftungsregelungen:* Mit Blick auf mögliche Haftungsregelungen ist die Vereinbarung einer Haftungsbeschränkung zugunsten des Auftragsverarbeiters, die oftmals in von Auftragsverarbeitern bereitgestellten Vertragsmuster vorgesehen wird, problematisch. Sie würde die effektive Erfüllung der Pflichten des Auftragsverarbeiters beeinträchtigen, sodass die für den Auftragsverarbeiter zu befürchtenden Konsequenzen erheblich verringert würden.[98]

Abgesehen von den in Art. 28 Abs. 3 DSGVO nicht abschließend aufgezählten Regelungsinhalten der Vereinbarung, enthält die Norm keine Vorgaben zur Vergütung und zur Haftung.

Auftragsverarbeitung durch Standardvertragsklauseln

Die DSGVO sieht in Art. 28 Abs. 7, 8 DSGVO die Möglichkeit für die Europäische Kommission und die Aufsichtsbehörden vor, *Standardvertragsklauseln* festzulegen, die, ganz oder teilweise, als Grundlage für die Auftragsverarbeitungsvereinbarung zwischen Verantwortlichem und Auftragsverarbeiter dienen können.[99]

Die EU-Kommission hat entsprechend einschlägige Standardvertragsklauseln veröffentlicht.[100] Die Verwendung dieser Klauseln, welche die Vorgaben der DSGVO sehr konsequent umsetzen, stellt die Weitergabe der Datenschutzpflichten sicher. Daher kann die Nutzung dieser Klauseln vor allem bei komplexen Ver-

[97] Zu den vorstehenden Ausführungen vgl. auch Voigt, in: Gierschmann/Schlender/Stentzel/Veil, DSGVO, Art. 28 (2023), Rn. 45–45b (m.w.N.).

[98] Zu den vorstehenden Ausführungen vgl. auch Voigt, in: Gierschmann/Schlender/Stentzel/Veil, DSGVO, Art. 28 (2023), Rn. 45–45b (m.w.N.).

[99] Siehe Art. 28 Abs. 6 DSGVO; ErwGr. 109 DSGVO. Diese Standardvertragsklauseln dürfen nicht mit denjenigen verwechselt werden, die nach Art. 46 DSGVO als Garantiemaßnahme für internationale Datentransfers dienen können. Siehe Abschn. 4.3.2 für Einzelheiten zu Letzteren.

[100] Durchführungsbeschluss (EU) 2021/915 der Kommission vom 4. Juni 2021 über Standardvertragsklauseln zwischen Verantwortlichen und Auftragsverarbeitern.

arbeitungsketten mit mehreren Auftragsverarbeitern – auch im internationalen Kontext – zweckmäßig sein. Eine inhaltliche Besonderheit enthält die Klausel 2 lit. a. Danach dürfen die Standardvertragsklauseln nicht geändert werden. Bei einer Änderung der Klauseln wird dennoch eine wirksame Auftragsverarbeitungsvereinbarung begründet. Allerdings entfällt in diesen Fällen die Genehmigung der Kommission; die abgeänderte Vereinbarung muss sich folglich an den gesetzlichen Vorgaben des Art. 28 DSGVO messen lassen. Die unveränderte Verwendung dieser strengeren Klauseln ist für den Verantwortlichen grundsätzlich vorteilhaft. Bei Auftragsverarbeitern hingegen könnte deren Verwendung in Einzelfällen auf Ablehnung stoßen. Auch wenn die Parteien die bereitgestellten Klauseln nicht verwenden, werden sie regelmäßig als Standard für die Verhandlungen zur Auftragsverarbeitungsvereinbarung herangezogen.[101]

Verhaltensregeln für Auftragsverarbeiter

Gem. Art. 40 Abs. 2 DSGVO können Verbände und andere Vereinigungen, die bestimmten Gruppen von Verantwortlichen oder Auftragsverarbeiter vertreten, für sich Verhaltensregeln ausarbeiten (siehe hierzu auch Abschn. 3.12). Bei den Verhaltensregeln handelt es sich um ein datenschutzrechtliches Instrument der Selbstregulierung durch die jeweilig betroffenen Branchen, welche die datenschutzrechtlichen Vorgaben der DSGVO für verschiedene Kategorien von Verantwortlichen oder Auftragsverarbeitern präzisieren (z. B. Datenschutzvorgaben, die von Cloud-Diensten eingehalten werden müssen).[102] Gegenstand von Verhaltensregelungen können verschiedene rechtlichen Aspekte sein, welche sich aus der DSGVO ergeben. Der Art. 40 Abs. 2 DSGVO enthält eine nicht abschließende Auflistung von Themen, welche Gegenstand von solchen Regelungen sein sollen (z. B. Regeln zur Erhebung personenbezogener Daten).

Eine entsprechende freiwillige Selbstregulierung seitens der Unternehmen kann sich vorteilhaft im Marktgeschehen auswirken: Für Verantwortliche ist es attraktiver, Auftragsverarbeiter einzusetzen, welche freiwillig Schritte eingeleitet haben, um eine Einhaltung des datenschutzrechtlichen Standards aus der DSGVO zu gewähren.[103] Der Einsatz von Verhaltensregeln ist zudem für den Anwender mit einer gewissen Rechtssicherheit verbunden. Diese Verhaltensregeln müssen allerdings vor ihrem Einsatz durch die zuständige Aufsichtsbehörde genehmigt werden, Art. 40 Abs. 5 DSGVO. Bei der ordnungsmäßigen Umsetzung der Verhaltensregeln ist dafür in der Folge grundsätzlich nicht zu befürchten, dass ein Verhalten, welches von den Verhaltensregeln erlaubt ist, als Verstoß gegen die DSGVO durch die Behörde beanstandet wird.[104]

Damit Unternehmen von den Vorteilen der Verhaltensregeln profitieren, muss eine rechtswirksame Verpflichtungserklärung der Anwender vorliegen. Um die Einhaltung dieser Pflichten zu überprüfen, ist zudem ein Überwachungsmechanismus

---

[101] Zu den vorstehenden Ausführungen vgl. auch Voigt, in: Gierschmann/Schlender/Stentzel/Veil, DSGVO, Art. 28 (2022), Rn. 87, 89 (m.w.N.).

[102] Vgl. ErwGr. 98 DSGVO; Schweinoch, in: Ehmann/Selmayr, DSGVO, Art. 40 DSGVO (2018), Rn. 1, 2.

[103] Kinast, in: Taeger/Gabel, DSGVO BDSG TTDSG, Art. 40 DSGVO (2022), Rn. 6.

[104] Laue, in Laue/Kremer, Das neue Datenschutzrecht in der betrieblichen Praxis, § 8 Selbstregulierung (2019), Rn. 20.

durch die Aufsichtsbehörden (oder ggf. durch private bracheninterne Kontrollstellen) vorgesehen, Art. 40 Abs. 4, 41 DSGVO.

Verhaltensregeln stellen weder eine taugliche Rechtsgrundlage für die Datenverarbeitung dar noch garantieren sie die Rechtmäßigkeit der gesamten Datenverarbeitung.[105] Sie ermöglichen aber einen erleichterten Nachweis der Einhaltung von gewissen Verpflichtungen aus der DSGVO. Für Auftragsverarbeiter ermöglichen die Instrumentarien folgende Nachweise:[106]

- *Erfüllung* von technischen und organisatorischen Maßnahmen, Art, 32 DSGVO;
- *Nachweis* von rechtlichen Vorgaben seitens des Auftragsverarbeiters gem. Art. 28 DSGVO;
- *Nachweis* eines angemessenen Schutzniveaus bei der Datenverarbeitung, Art. 25 Abs. 2, 32 Abs. 3 DSGVO;
- *Nachweis* von hinreichenden Garantien zur Übermittlung personenbezogener Daten in Drittländer, Art. 44 ff. DSGVO;
- *Berücksichtigung als vermindernder Umstand bei einem Bußgeld,* Art. 83 Abs. 2 lit. j DSGVO;
- *Zwingende positive Berücksichtigung* im Rahmen einer Datenschutzfolgenabschätzung, Art. 35 Abs. 8 DSGVO.

Für deutsche Auftragsverarbeiter, welche ihre Leistungen in Deutschland für den deutschen Markt anbieten, besteht derzeitig die Möglichkeit, sich der Verhaltensregel „Trusted Data Processor“ zu unterwerfen.[107]

Zertifizierungen für Auftragsverarbeiter

Verantwortliche können bei der Auswahl eines Auftragsverarbeiters zudem darauf achten, ob der einzusetzende Auftragsverarbeiter über entsprechende datenschutzrechtliche Zertifizierungen sowie Datenschutzsiegel und -prüfzeichen gem. Art. 42 DSGVO verfügt (siehe hierzu auch Abschn. 3.12). Bei diesen Zertifizierungen handelt es sich (wie bei den Verhaltensregeln) um datenschutzrechtliche Instrumente der Selbstregulierung, wodurch der Nachweis der Datenschutzkonformität bestimmter Verarbeitungsvorgänge (z. B. Verarbeitung von Kundendaten in einem Webshop) anhand von vorbestimmten Zertifizierungskriterien erfolgt.[108]

Wie bei den Verhaltensregeln kann ein Unternehmen, welches über entsprechende Zertifizierungen verfügt, sich so einen Marktvorteil gegenüber anderen Dienstleistern sichern. Denn der Zweck der Zertifizierung liegt gerade darin, dass in trans-

[105] ZD-Aktuell 2019, 06606; Laue, in Laue/Kremer, Das neue Datenschutzrecht in der betrieblichen Praxis, Einführung (2019), § 8 Selbstregulierung, Rn. 7; vgl. OLG Schleswig NZI 2021, 794 (798); Jungkind, in: Wolff/Brink/v. Ungern-Sternberg, BeckOK Datenschutzrecht, Art. 40 DSGVO (45. Ed. 01.11.2021), Rn. 28.

[106] Hullen, in: v. d. Bussche/Voigt, Konzerndatenschutz, Teil 2. Kap. 8. Verhaltensregeln und Zertifizierung (2019), Rn. 25.

[107] Verhaltensregel „Anforderungen an die Auftragsverarbeiter nach Artikel 28 DS-GVO“, S. 5, abrufbar unter: https://www.verhaltensregel.eu/wp-content/uploads/2022/11/Verhaltensregel_Trusted_Data_Processor_V1.pdf, zuletzt aufgerufen am: 23.11.2023.

[108] Schweinoch, in: Ehmann/Selmayr, DSGVO, Art. 40 DSGVO (2018), Rn. 1, 2.

parenter Weise dargelegt wird, dass Produkte oder Dienstleistungen dem Datenschutzniveau der DSGVO entsprechen.[109]

Um eine Zertifizierung zu erhalten, müssen sich Auftragsverarbeiter an die zuständige Aufsichtsbehörde (Art. 42 Abs. 5 DSGVO) oder an akkreditierte Zertifizierungsstellen wenden (Art. 43 DSGVO). Letztere überprüft anhand von aufgestellten Zertifizierungskriterien, ob der Einsatz von Produkten oder Dienstleistungen im Einklang mit der DSGVO stattfinden kann.[110] Bei Vorliegen der Voraussetzungen kann eine Zertifizierung für das entsprechende Produkt oder Dienstleistung für einen Zeitraum von drei Jahren erteilt werden, Art. 42 Abs. 7 DSGVO. Eine Verlängerung kann unter den gleichen Zertifizierungsbedingungen erfolgen, wobei technische Innovationen sowie Rechtsprechung zu einer Änderung der Zertifizierungskriterien führen können.[111]

Der Verwender des Zertifikats ist zudem verpflichtet, fortdauernd die Zertifizierungsbedingungen zu erfüllen. Für den Fall, dass die Verarbeitung entgegen der Zertifizierungsbedingungen stattfindet, kann die Zertifizierung widerrufen werden, Art. 42 Abs. 7 S. 2 DSGVO.

Ähnlich wie die Verhaltensregeln dienen die Zertifizierungen zum Nachweis von verschiedenen Pflichten aus der DSGVO, unter anderem:[112]

- *Erfüllung* von technischen und organisatorischen Maßnahmen, Art, 32 DSGVO;
- *Nachweis* von rechtlichen Vorgaben seitens des Auftragsverarbeiters gem. Art. 28 DSGVO;
- *Nachweis* eines angemessenen Schutzniveaus bei der Datenverarbeitung, Art. 25 Abs. 2, 32 Abs. 3 DSGVO;
- *Nachweis* von hinreichenden Garantien zur Übermittlung personenbezogener Daten in Drittländer, Art. 44 ff. DSGVO;
- *Berücksichtigung als vermindernder Umstand bei einem Bußgeld,* Art. 83 Abs. 2 lit. j DSGVO.

Derzeitig bestehen für Auftragsverarbeiter Möglichkeiten einer Zertifizierung von Auftragsverarbeitungsprozessen durch die *Europrivacy*-[113] oder *EuroPriSe*[114]-Zertifizierungen.

---

[109] ErwGr. 100 DSGVO.

[110] Hullen, in: v. d. Bussche/Voigt, Konzerndatenschutz, Teil 2. Kap. 8. Verhaltensregeln und Zertifizierung (2019), Rn. 43.

[111] Hullen, in: v. d. Bussche/Voigt, Konzerndatenschutz, Teil 2. Kap. 8. Verhaltensregeln und Zertifizierung (2019), Rn. 49.

[112] Hullen, in: v. d. Bussche/Voigt, Konzerndatenschutz, Teil 2. Kap. 8. Verhaltensregeln und Zertifizierung (2019), Rn. 46.

[113] EDPB, Opinion 28/2022 on the Europrivacy criteria of certification regarding their approval by the Board as European Data Protection Seal pursuant to Article 42.5 (GDPR), Rn. 25, 26.

[114] https://www.ldi.nrw.de/datenschutz/wirtschaft/verzeichnis-genehmigter-zertifizierungskriterien, zuletzt aufgerufen am: 23.11.2023; Pressemitteilung der EuroPriSe Cert GmbH vom 07.10.2022, abrufbar unter: https://www.euprivacyseal.com/wp-content/uploads/2023/01/20221007_Pressemitteilung_Genehmigung-Kriterienkatalog_DE.pdf, zuletzt aufgerufen am: 23.11.2023.

3.4.3 Pflichten des Auftragsverarbeiters

Den Auftragsverarbeiter treffen verschiedene Datenschutzpflichten, die sich, wie ausgeführt, zum einen aus seiner Vereinbarung mit dem Verantwortlichen ergeben, zum anderen aber auch unmittelbar aus der DSGVO. Wie zuvor erwähnt, drohen dem Auftragsverarbeiter im Falle einer Verletzung seiner Verpflichtungen Bußgelder von bis zu EUR 10.000.000,000 oder bis zu 2 % des weltweiten Jahresumsatzes, siehe Art. 83 Abs. 4 DSGVO. Die wichtigsten sich unmittelbar aus der DSGVO ergebenden Verpflichtungen sind:

- die Pflicht, geeignete *technische und organisatorische Maßnahmen* zu ergreifen. Die Einhaltung der Pflicht kann, unter anderem, durch die Einhaltung von genehmigten Verhaltensregeln oder Zertifizierungsmechanismen nachgewiesen werden (siehe Abschn. 3.12). Den Auftragsverarbeiter trifft die Pflicht zum technischen und organisatorischen Datenschutz im gleichen Umfang wie den Verantwortlichen, einschließlich des Einsatzes von Pseudonymisierungstechniken, der Pflicht zur Sicherstellung der Vertraulichkeit, Integrität, Verfügbarkeit und Belastbarkeit der Verarbeitungsdienste, der Möglichkeit, die Verfügbarkeit personenbezogener Daten und den Zugang zu ihnen im Falle eines physischen/technischen Zwischenfalls rasch wiederherzustellen, etc. (siehe Abschn. 3.2.2);
- die Pflicht zur Bestellung eines *Vertreters* in der EU nach Art. 27 DSGVO, sofern der Auftragsverarbeiter außerhalb der EU niedergelassen ist (siehe Abschn. 3.11);
- die Pflicht zum Führen von *Verzeichnissen von Verarbeitungstätigkeiten*, Art. 30 Abs. 2 DSGVO (siehe Abschn. 3.6); allerdings sind die gesetzlichen Anforderungen an den Inhalt der Verzeichnisse weniger umfassend als für den Verantwortlichen. Die Verzeichnisse sind den Aufsichtsbehörden auf Anfrage zur Verfügung zu stellen;
- die Pflicht zur *Zusammenarbeit* mit den Aufsichtsbehörden, Art. 31 DSGVO; und
- die Pflicht zur Benennung eines Datenschutzbeauftragten, sofern die gesetzlichen Voraussetzungen einer Benennungspflicht vorliegen (siehe Abschn. 3.10).

Im Falle einer Verletzung der Pflichten können die betroffenen Personen Schadensersatzansprüche gegenüber dem Auftragsverarbeiter gemäß Art. 82 DSGVO geltend machen, sofern sie aufgrund der Pflichtverletzung einen Schaden erlitten haben (siehe Abschn. 7.2).

Im Rahmen der Weisungen des Verantwortlichen kann dem Auftragsverarbeiter für bestimmte Fälle ein gewisser Ermessensspielraum hinsichtlich der bestmöglichen Wahrnehmung der Interessen des Verantwortlichen eingeräumt werden. Während der Verantwortliche stets über den Zweck und „wesentliche Mittel" der Verarbeitung zu entscheiden hat, kann bezüglich der Auswahl „nicht wesentlicher Mittel" ein Ermessen des Auftragsverarbeiters geregelt werden. Die „nicht wesentlichen Mittel" umfassen vor allem geringfügige praktische Entscheidungen, wie z. B. die Wahl einer spezifischen Hard- oder Software oder die Entscheidung über die konkretisierten Sicherheitsmaßnahmen. Überschreitet der Auftragsverarbeiter diesen Rahmen und legt er eigene Verarbeitungszwecke und -mittel fest, verstößt er gegen die DSGVO. Er wird dann wie ein Verantwortlicher behandelt und kann dementsprechend sanktioniert werden, Art. 28 Abs. 10 DSGVO.[115]

In bestimmten Ausnahmefällen kann es der Auftragsverarbeiter *verweigern, einer Weisung* des Verantwortlichen *Folge zu leisten*, sofern er der Auffassung ist, dass diese gegen die DSGVO verstößt, Art. 28 Abs. 3 DSGVO. Die Grundlage für die Verweigerung bildet demnach eine subjektive rechtliche Einschätzung des Auftragsverarbeiters; dieses Recht soll ihn davor schützen, Weisungen befolgen zu müssen, die seiner Rechtsauffassung widersprechen.[116] In einem solchen Fall informiert der Auftragsverarbeiter den Verantwortlichen unverzüglich über seine Entscheidung. Allerdings wird gesetzlich nicht vorgeschrieben, wie der Verantwortliche auf eine derartige Benachrichtigung zu reagieren hat und wie Unstimmigkeiten bzgl. seiner Weisungen zu lösen sind.[117] Der EDSA empfiehlt, dass der Verantwortliche eine Prüfung und Beurteilung hinsichtlich eines datenschutzrechtlichen Verstoßes durch die Weisung vornehmen muss.[118] Der EDSA empfiehlt, die Folgen einer etwaig rechtswidrigen Weisung in der Auftragsverarbeitungsvereinbarung zu regeln (bspw. Beendigung des Vertragsverhältnisses bei Untätigkeit des Verantwortlichen oder Aussetzungsbefugnis des Auftragsverarbeiters hinsichtlich der Weisung bis zur endgültigen Klärung durch den Verantwortlichen).[119] Es besteht jedoch keine ausdrückliche Pflicht des Auftragsverarbeiters, die Weisungen des Verantwortlichen einer rechtlichen Prüfung zu unterziehen.

3.4.4 Hinzuziehung eines „Unter-Auftragsverarbeiters"

Der Auftragsverarbeiter kann, mit *vorheriger gesonderter schriftlicher Genehmigung* des Verantwortlichen, einen „Unter-Auftragsverarbeiter" hinzuziehen, Art. 28 Abs. 2 DSGVO. Zudem kann der Verantwortliche eine vorherige, allgemeine Genehmigung für solche Beauftragungen erteilen. Ist dies der Fall, informiert der Auftragsverarbeiter den Verantwortlichen über jede beabsichtigte Änderung in Bezug auf die Hinzuziehung oder die Ersetzung der Unter-Auftragsverarbeiter, Art. 28 Abs. 2 S. 2. Der Verantwortliche erhält dadurch die Möglichkeit, gegen derartige Änderungen Einspruch zu erheben. Wenn der Verantwortliche nicht innerhalb der vereinbarten Frist widerspricht, darf der Auftragsverarbeiter den „Unter-

[115] Zu den vorstehenden Ausführungen vgl. EDPB, Guidelines 07/2020 on the concepts of controller and processor in the GDPR, Version 2.1 (2021), Rn. 81.

[116] Martini, in: Paal/Pauly, DSGVO BDSG, Art. 28 DSGVO (2021), Rn. 56.

[117] Martini, in: Paal/Pauly, DSGVO BDSG, Art. 28 DSGVO (2021), Rn. 58.

[118] EDPB, Guidelines 07/2020 on the concepts of controller and processor in the GDPR, Version 2.1 (2021), Rn. 148.

[119] EDPB, Guidelines 07/2020 on the concepts of controller and processor in the GDPR, Version 2.1 (2021), Rn. 149.

Auftragsverarbeiter" hinzuziehen[120] (wobei es empfehlenswert wäre, eine ausdrückliche Regelung zum Schweigen des Verantwortlichen im Vertrag zu verankern).[121] Um eine willkürliche Geltendmachung des Einspruches seitens des Verantwortlichen zu vermeiden, sollte vertraglich vereinbart werden, in welchen Fällen ein Einspruch des Verantwortlichen hinsichtlich des Einsatzes von einem Unter-Auftragsverarbeiter statthaft ist (i. d. R. wegen datenschutzrechtlicher Bedenken, z. B. wenn der Einsatz des Unter-Auftragsverarbeiters nicht datenschutzkonform gestaltet werden kann, weil dieser nicht über hinreichende technische und organisatorische Maßnahmen verfügt).[122]

Bei der wirksamen Ausübung des Einspruchs seitens des Verantwortlichen stellt sich die Frage, welche Folgen dies auf das übrige Vertragsverhältnis zwischen den Parteien hat. Die Folge eines solches Einspruches ist oftmals, dass der Auftragsverarbeiter nicht mehr die vereinbarte Verarbeitungstätigkeit erbringen kann (z. B. wenn der Ersatz eines neuen Unter-Auftragsverarbeiters stattfinden muss, weil der derzeitige Unter-Auftragsverarbeiter insolvent geworden ist). Hierbei kollidieren die Interessen des Verantwortlichen (freie Disposition, welche weiteren Auftragsverarbeiter benutzt werden) mit denen des Auftragsverarbeiters (den Unter-Auftragsverarbeiter zu nutzen). Es erscheint hierbei interessengerecht und praxisnah, für den Fall, dass der Vertragszweck wegen des Einspruches nicht mehr erfüllt werden kann, ein Kündigungsrecht für die Parteien zu vereinbaren. In der Praxis regeln zahlreiche Auftragsvereinbarungen ein mit dem Einspruchsrecht des Verantwortlichen verbundenes Sonderkündigungsrecht des Auftragsverarbeiters. Dadurch soll der Auftragsverarbeiter vor etwaigen treuwidrigen Einsprüchen des Verantwortlichen geschützt werden. Hierbei spielt die Dauer des Einspruchsrechts eine erhebliche Rolle. Eine zu kurz bemessene Frist kann dazu führen, dass das Kündigungsrecht des Verantwortlichen faktisch ausgehebelt wird, weil der Verantwortliche eine gewisse Zeit braucht, um zu prüfen, ob es Bedenken gegen den Unter-Auftragsverarbeiter gibt.[123]

Jedem weiteren Auftragsverarbeiter müssen durch einen *Vertrag* oder ein anderes Rechtsinstrument dieselben Datenschutzpflichten auferlegt werden, die in dem Vertrag oder anderen Rechtsinstrument zwischen dem Verantwortlichen und dem Auftragsverarbeiter festgelegt sind, Art. 28 Abs. 4 S. 1 DSGVO. Daraus ergibt sich, dass jeden Unter-Auftragsverarbeiter die gleichen Pflichten wie den Auftragsverarbeiter treffen.

[120] EDPB, Guidelines 07/2020 on the concepts of controller and processor in the GDPR, Version 2.1 (2020), Rn. 153.

[121] EDPB, Guidelines 07/2020 on the concepts of controller and processor in the GDPR, Version 2.1 (2020), Rn. 125.

[122] Kremer, in: Laue/Kremer, Das neue Datenschutzrecht in der betrieblichen Praxis, § 5 Auftragsverarbeitung und Verarbeitung im Drittland (2019a), Rn. 25.

[123] Reuter/Voigt, DSB 2022, 309, 310.

Für die Praxis kann dem Auftragsverarbeiter die Vereinbarung einer vertraglichen Einschränkung seiner Verpflichtung nach Art. 28 Abs. 4 S. 1 DSGVO empfohlen werden. Danach muss er dem Unter-Auftragsverarbeiter lediglich „im Wesentlichen dieselben" Datenschutzpflichten auferlegen. Hierdurch kann der Auftragsverarbeiter in seiner vermittelnden Rolle sowohl die Interessen des Verantwortlichen als auch die Interessen des Unterauftragsverarbeiters ausreichend berücksichtigen.[124]

Für den Fall, dass der Unter-Auftragsverarbeiter seinen Datenschutzpflichten nicht nachkommt, haftet der Auftragsverarbeiter dafür gegenüber den Verantwortlichen, Art 28 Abs. 4 S. 2 DSGVO.

3.5 Datenschutz durch Technikgestaltung und durch datenschutzfreundliche Voreinstellungen („Privacy by Design and by Default")

Art. 25 DSGVO sieht konkrete Datenschutzinstrumente vor: Unternehmen sind dazu angehalten, von den Konzepten Datenschutz durch Technikgestaltung und Datenschutz durch datenschutzfreundliche Voreinstellungen Gebrauch zu machen – vor allem bzgl. digitaler Datenverarbeitungen.[125] Die beiden Schutzkonzepte ergänzen und verstärken sich gegenseitig, um einen für die betroffenen Personen möglichst vorteilhaften Datenschutz zu gewährleisten. Es bieten sich unterschiedliche Lösungswege zur Umsetzung dieser Konzepte an. Die Schutzkonzepte sollten vor allem unter Berücksichtigung der jeweiligen Datenverarbeitung individuell umgesetzt werden.[126]

Datenschutz durch Technikgestaltung („Privacy by Design")
Der Verantwortliche hat geeignete technische und organisatorische Maßnahmen unter Berücksichtigung der in Art. 25 Abs. 1 DSGVO genannten Kriterien zu treffen. Diese sollen dazu dienen, dass die Datenschutzgrundsätze, insbesondere der Grundsatz der Datenminimierung (für Einzelheiten siehe Abschn. 4.1), während der Verarbeitung wirksam umgesetzt werden. Die hierfür notwendigen Maßnahmen[127] müssen von dem Verantwortlichen während der Verarbeitung ergriffen werden, um den Anforderungen der DSGVO zu genügen und die Rechte der betroffenen Personen zu schützen, Art. 25 Abs. 1 DSGVO. Das Konzept des Datenschutzes durch Technikgestaltung basiert auf der Erkenntnis, dass die Bedingungen für Datenver-

[124] Zu den vorstehenden Ausführungen vgl. Voigt, in: Gierschmann/Schlender/Stentzel/Veil, DSGVO, Art. 28 (2023), Rn. 40.

[125] Martini, in: Paal/Pauly, DSGVO BDSG, Art. 24 DSGVO (2021), Rn. 5.

[126] Zu den vorstehenden Ausführungen vgl. EDPB, Guidelines 04/2019 on Article 25 Data Protection by Design and by Default, Version 2.0 (2020), Rn. 6.

[127] Zwar spricht der Wortlaut von Art. 25 Abs. 1 DSGVO von *geeigneten Garantien*, hierbei handelt es sich nicht um rechtliche Garantien, sondern um tatsächliche Maßnahmen (im englischen Wortlaut *„Safeguards"*), welche die Umsetzung der Datenschutzgrundsätze absichern/garantieren sollen.

arbeitungen hauptsächlich durch die jeweils verwendete *Soft- und Hardware* bestimmt werden.[128] Die zunehmende Geschwindigkeit des technischen Fortschritts macht Datenschutz durch Technikgestaltung zum regulatorischen Ansatz der Zukunft.[129] Technische Konzepte zum präventiven Datenschutz sollen als Grundlage für *minimal invasive* Verarbeitungsvorgänge dienen.[130] Bei der Entwicklung neuer Produkte sollte das Management des jeweiligen Verantwortlichen bereits in einer frühen Phase des Projekts darauf hinarbeiten, Entwickler, Hersteller und Designer auf diese gesetzliche Verpflichtung aufmerksam zu machen (z. B. durch gezielte Nachfragen an den Hersteller hinsichtlich der konkreten technischen Ausgestaltung des Produktes).[131] Denn die technische Gestaltung eines Produktes wird – obwohl dieser hierzu gesetzlich verpflichtet ist – in der Regel nicht von dem Verantwortlichen selbst vorgenommen. Eine spätere Einflussnahme auf die Technikgestaltung, die ein Hersteller vorgenommen hat, ist daher nur bedingt möglich. Wie gesagt, richten sich die Vorgaben des Art. 25 Abs. 1 DSGVO nicht unmittelbar an den Hersteller/Anbieter von technischen Produkten und Diensten (solange sie nicht für sich oder für einen anderen personenbezogene Daten verarbeiten). Für die Verantwortlichen ist es insofern ratsam, die Hersteller entsprechend zu verpflichten, Produkte im Einklang mit den Anforderungen des Art. 25 DSGVO herzustellen oder zu vertreiben.[132] Der Verantwortliche könnte zur Sicherung möglicher Mängelgewährleistungsrechte eine Regelung zum Datenschutz durch Technikgestaltung in einer ausdrücklichen Beschaffenheitsvereinbarung mit dem Hersteller/Anbieter vorsehen.[133] In anderen Fällen, wie z. B. beim *Cyber Resilience Act* oder beim *Data Act,* ist der Gesetzgeber dazu übergegangen, Hersteller unmittelbar gesetzlich zu verpflichten, statt auf diese nur mittelbar einzuwirken, wie hier über die aus Art. 25 DSGVO ergehende gesetzliche Verpflichtung (siehe Abschn. 3.7.3).

Beispiele für Datenschutz durch Technikgestaltung umfassen auf Datenminimierung ausgerichtete IT-Systeme sowie die umfassende und zeitnahe *Pseudonymisierung* personenbezogener Daten.[134] Fragebögen oder anderweitige Formulare zur Datenerhebung könnten beispielsweise so entworfen werden, dass der Umfang und die Menge der erhobenen Daten auf dasjenige Maß begrenzt wird, welches zur Erreichung des Verarbeitungszwecks absolut notwendig ist.[135]

---

[128] Conrad, in: Auer-Reinsdorff/Conrad, Handbuch IT, § 33 Compliance, IT-Sicherheit, Ordnungsmäßigkeit der Datenverarbeitung (2019), Rn. 225.

[129] Siehe auch Conrad, in: Auer-Reinsdorff/Conrad, Handbuch IT, § 33 Compliance, IT-Sicherheit, Ordnungsmäßigkeit der Datenverarbeitung (2019), Rn. 221.

[130] Siehe auch Conrad, in: Auer-Reinsdorff/Conrad, Handbuch IT, § 33 Compliance, IT-Sicherheit, Ordnungsmäßigkeit der Datenverarbeitung (2019), Rn. 221.

[131] ErwGr. 78 DSGVO; Gierschmann, ZD 2016, 51, 53.

[132] Kritisch hierzu: Lang, in: Taeger/Gabel, DSGVO BDSG TTDSG, Art. 25 DSGVO (2022), Rn. 27–30.

[133] Zu den vorstehenden Ausführungen vgl. Lang, in: Taeger/Gabel, DSGVO BDSG TTDSG, Art. 25 DSGVO (2022), Rn. 27–30.

[134] ErwGr. 78 DSGVO; Wybitul/Draf, BB 2016, 2101, 2104.

[135] Baumgartner, in: Ehmann/Selmayr, DSGVO Art. 25 (2018)., Rn. 14; Beispiel aus Scholz, in: Simitis, BDSG, § 3a (2014), Rn. 35.

Datenschutz durch datenschutzfreundliche Voreinstellungen („Privacy by Default")

Das Konzept des Datenschutzes durch datenschutzfreundliche Voreinstellungen (Art. 25 Abs. 2 DSGVO) soll die Betroffenen davor schützen, dass Unternehmen oder öffentliche Stellen so viele personenbezogene Daten wie möglich verarbeiten.[136]

Nach diesem Schutzkonzept sollen bereits standardmäßig nur solche personenbezogenen Daten erhoben werden, die zur Erreichung des jeweiligen Verarbeitungszwecks erforderlich sind. Das Konzept setzt bei der *Menge der gesammelten personenbezogenen Daten*, dem Ausmaß ihrer Verarbeitung, ihrer Speicherdauer und ihrer Zugänglichkeit an.[137] Zu diesem Zwecke muss der Verantwortliche angemessene *technische und organisatorische Maßnahmen* vorsehen. Sofern sich der Verantwortliche eines Auftragsverarbeiters bedient, muss letzterer dem Verantwortlichen die Möglichkeit zur Umsetzung von Datenschutz durch datenschutzfreundliche Voreinstellungen einräumen. Das Schutzkonzept erfordert unter anderem eine angemessene Umsetzung unterschiedlicher Zugriffsanforderungen (bspw. durch Beschränkungen von Zugriffsrechten).[138] Daher ist der Datenzugriff nur eingeschränkt unter Berücksichtigung der konkreten Aufgaben der in Betracht kommenden Personen zu gewähren.[139]

Datenschutzfreundliche Voreinstellungen stellen in der Regel ein Maximum an Privatsphäre sicher, sodass Nutzer die Einstellungen eines Dienstes oder Produktes bei erstmaliger Benutzung nicht zunächst explizit abändern müssen (z. B. durch Verschieben eines Reglers in der genutzten App), um ihre Daten zu schützen.[140] Sofern Nutzer dies dennoch tun möchten, z. B. um eine weitergehende Nutzung ihrer Daten zu ermöglichen oder um diese mit anderen zu teilen, müssen sie die Einstellungen verändern und somit eine Anpassung (Opt-In) vornehmen.[141] Das Konzept des Datenschutzes durch datenschutzfreundliche Voreinstellungen wird vor allem denjenigen Personen zugutekommen, die weder über das technische Wissen noch über die Zeit verfügen, um selbst eine möglichst datenschutzfreundliche Einstellung vorzunehmen.[142] Zudem wird durch die steigende Komplexität und Vielfalt von Online-Diensten und Möglichkeiten zur Datenverwendung die Einschätzbarkeit der Auswirkungen der technischen Einstellungen auf den Datenschutz für die Nutzer immer schwieriger. Das Ausmaß der Verpflichtung zum Datenschutz durch datenschutzfreundliche Voreinstellungen bleibt weiterhin unklar.

Beispiel

Es sollte geprüft werden, ob erhobene Daten gespeichert werden sollten oder nicht. Wenn die Daten für den Zweck der Verarbeitung nicht erforderlich sind,

[136] Martini, in: Paal/Pauly, DSGVO BDSG, Art. 25 DSGVO (2021), Rn. 45.

[137] Gierschmann, ZD 2016, 51, 53.

[138] EDPB, Guidelines 04/2019 on Article 25 Data Protection by Design and by Default, Version 2.0 (2020), Rn. 48, 76.

[139] a.a.O.

[140] Plath in: Plath, DSGVO BDSG TTDSG, Art. 25 DSGVO (2023), Rn. 26.

[141] Plath in: Plath, DSGVO BDSG TTDSG, Art. 25 DSGVO (2023), Rn. 26, 27.

[142] Plath in: Plath, DSGVO BDSG TTDSG, Art. 25 DSGVO (2023), Rn. 27.

sollten sie auch nicht gespeichert werden. Der Verantwortliche muss immer in der Lage sein, die Speicherung im Lichte der DSGVO zu rechtfertigen.

Werden Daten gespeichert, so muss der Verantwortliche festlegen, für welche Zeitspanne eine Speicherung erforderlich ist. Sobald die Daten nicht mehr notwendig sind, müssen diese gelöscht oder anonymisiert werden. ◄

Die Umsetzung der folgenden beispielhaft aufgezählten Empfehlungen[143] können zur Einhaltung des Grundsatzes der Datenminimierung im Rahmen der Voreinstellungen beitragen:

- Verringerung der Menge der erhobenen personenbezogenen Daten auf die für den Verarbeitungszweck entscheidenden Daten (dadurch werden mögliche Auswirkungen auf die Privatsphäre auf das erforderliche Minimum beschränkt);
- Kürzung der Aufbewahrungsfristen (dadurch werden u. a. unkontrollierbare Risiken, wie z. B. versehentliche Offenlegung oder Diebstahl von Daten, verringert);
- Erhebung von Daten, welche relevant und notwendig für die bezweckte Datenverarbeitung sind;
- Zugangsbeschränkungen, sodass eine möglichst kleine Anzahl von Personen zum Zwecke der Verarbeitung Zugriff auf die Daten hat.

Daneben sind (wie bei dem Datenschutz durch Technikgestaltung) die weiteren Verarbeitungsgrundsätze aus der DSGVO zu berücksichtigen.[144]

Bußgeld
Verletzungen des Art. 25 DSGVO können mit Bußgeldern (siehe Abschn. 7.3) von bis zu EUR 10.000.000,00 oder bis zu 2 % des weltweiten Jahresumsatzes sanktioniert werden, siehe Art. 83 Abs. 4 DSGVO. Leider ist der Wortlaut von Art. 25 DSGVO äußerst *vage* formuliert und es mangelt an weitergehenden Definitionen oder Beispielen, um das Ausmaß der Verpflichtungen klarzustellen. Eines der prominentesten Bußgeldverfahren in Deutschland im Zusammenhang mit Art. 25 DSGVO war das Verfahren gegen das Immobilienunternehmen Deutsche Wohnen. Das Unternehmen speicherte personenbezogene Daten von Mieterinnen und Mietern (Nachweise zur Identität, Bonität, diverse Versicherungsdaten und weitere ähnliche Daten) in einem elektronischen Archivsystem. Die Aufsichtsbehörde wirft dem Unternehmen vor, dass das eingesetzte System keine Prüfung der Erforderlichkeit und Zulässigkeit sowie keine Löschung nicht mehr erforderlicher Daten ermögliche. Dadurch sei es teilweise möglich gewesen, Angaben von betroffenen Mieterinnen und Mietern einzusehen, die nicht mehr dem ursprünglichen Verarbeitungszweck dienten. Daher sei ein Verstoß gegen Art. 25 Abs. 1, Art. 5 Abs. 1 lit. a, c und

[143] Siehe auch EDPB, Guidelines 04/2019 on Article 25 Data Protection by Design and by Default, Version 2.0 (2020), Rn. 40–59, Rn. 70 ff.

[144] EDPB, Guidelines 04/2019 on Article 25 Data Protection by Design and by Default, Version 2.0 (2020), Rn. 60 ff.

e sowie Art. 6 Abs. 1 DSGVO gegeben. Das Verfahren war aufgrund einer Vorlage des Kammergerichts Berlin beim EuGH anhängig.[145] Das Verfahren beim EuGH beschränkt sich allerdings lediglich auf die Auslegung des Art. 83 DSGVO und der Anwendbarkeit von den deutschen Bußgeldvorschriften, sodass im Rahmen der Entscheidung des EuGH keine inhaltlichen Ausführungen zu Art. 25 DSGVO erfolgt sind.[146] Zudem sind in der bisherigen internationalen Praxis nur sehr wenige Verfahren zu finden, bei denen die Datenschutzbehörden ein Bußgeld allein auf einen Verstoß gegen Art. 25 DSGVO gestützt haben.[147] Damit ist das Ausmaß der Verpflichtungen aus Art. 25 DSGVO weiterhin mit Rechtsunsicherheiten verbunden.

Genehmigtes Zertifizierungsverfahren
Ein genehmigtes *Zertifizierungsverfahren* (siehe Abschn. 3.12.2) kann dazu dienen, die Verpflichtungen des Art. 25 DSGVO zu präzisieren und außerdem als Mittel herangezogen werden, um den Nachweis der Einhaltung der Konzepte von Datenschutz durch Technikgestaltung und durch datenschutzfreundliche Voreinstellungen ggü. den Aufsichtsbehörden zu erleichtern, Art. 25 Abs. 3 DSGVO. Technische Voreinstellungen könnten bspw. für ihre Datenschutzfreundlichkeit zertifiziert werden und entsprechend als mit den Vorgaben der DSGVO übereinstimmend bestätigt werden.

Umsetzung
Um das geeignete Maß zur Umsetzung des technischen Datenschutzes zu ermitteln, sollten sich Unternehmen einen Überblick über ihre Datenflüsse verschaffen und prüfen, wo zusätzliches *Datenschutzpotenzial* besteht.[148] Vor allem *Pseudonymisierung* und *Anonymisierung* sollten als praktische Umsetzung der Vorgaben von Art. 25 DSGVO in Betracht gezogen werden.[149]

Sofern benannt, sollten Unternehmen auf das Fachwissen des *Datenschutzbeauftragten* zurückgreifen (siehe Abschn. 3.10) und mit ihm frühzeitig beraten, wann und wo technische Datenschutzmaßnahmen potenziell vorgenommen werden könnten.[150]

Das Konzept von Datenschutz durch datenschutzfreundliche Voreinstellungen kann (soweit möglich) technisch grundsätzlich jederzeit durch eine Produktanpassung

---

[145] Zu den vorstehenden Ausführungen vgl. KG, 06.12.2021 – 3 Ws 250/21, Rn. 1–4; Keber, RDV 2022, 70, 71; LG Berlin, 18.02.2021 – (526 Owi LG) 212 JsOWi 1/20 (Vorinstanz); KG, 06.12.2021 – 3 Ws 250/21; EuGH, Urteil vom 5. Dezember 2023, Deutsche Wohnen SE/Staatsanwaltschaft Berlin, C-807/21.

[146] Keber, RDV 2022, 70, 71.

[147] Keber, RDV 2022, 70, 71, 75.

[148] Laue, in: Laue/Kremer, Das neue Datenschutzrecht in der betrieblichen Praxis, § 7 Technischer und organisatorischer Datenschutz (2019), Rn. 18.

[149] Hansen, in: Simitis/Hornung/Spiecker gen. Döhmann, Datenschutzrecht, Art. 25 DSGVO (2019), Rn. 66, 68; v. d. Bussche/Zeiter, EDPL 2016, 576, 577.

[150] EDPB, Guidelines 04/2019 on Article 25 Data Protection by Design and by Default, Version 2.0 (2020), Rn. 96 ff.; Hansen, in: Simitis/Hornung/Spiecker gen. Döhmann, Datenschutzrecht, Art. 25 DSGVO (2019), Rn. 70.

umgesetzt werden, während eine datenschutzfreundliche Technikgestaltung häufig nur vorgelagert während des Entwicklungsprozesses möglich ist. Aus diesem Grund sind datenschutzfreundliche Voreinstellungen flexibler umzusetzen, bspw. indem die bisher verwendeten technischen Einstellungen von Software, Anwendungen, Geräten oder Benutzerkonten zu *datenschutzfreundlichen Voreinstellungen* entsprechend modifiziert werden.[151] Weil jedoch beide gesetzlichen Vorgaben nicht alternativ, sondern kumulativ gelten, sollte bereits im Vorfeld des Markteintritts neuer Dienste oder Produkte ein datenschutzfreundlicher Entwicklungsansatz verfolgt werden.

3.6 Verzeichnisse von Verarbeitungstätigkeiten

Art. 30 DSGVO verpflichtet *Verantwortliche und Auftragsverarbeiter* oder, soweit vorhanden, deren *Vertreter in der EU* dazu, Verzeichnisse über ihre Verarbeitungstätigkeiten zu führen. Bei dieser Verpflichtung handelt es sich um eine besondere Ausprägung der Rechenschaftspflicht des Verantwortlichen.

3.6.1 Inhalt und Zweck der Verzeichnisse

Die gesetzlichen Anforderungen an den Mindestinhalt der Verarbeitungsverzeichnisse weichen für Verantwortliche und Auftragsverarbeiter leicht voneinander ab. Die Verzeichnisse sollen die nachfolgenden Informationen enthalten:

Die Tab. 3.1 verdeutlicht, dass die vom Verantwortlichen zu führenden Verzeichnisse inhaltlich umfangreicher sein müssen als diejenigen des Auftragsverarbeiters. Dies ist dem Umstand geschuldet, dass der Verantwortliche die vorrangige Verantwortlichkeit für die Gewährleistung des Datenschutzes entsprechend der DSGVO trägt und die Verzeichnisse der Erfüllung seiner Rechenschaftspflicht dienen sollen.[152] Die Verzeichnisse sind *schriftlich* zu führen, was auch *in einem elektronischen Format* erfolgen kann, Art. 30 Abs. 3 DSGVO.

Die Verzeichnisse sollen die *Transparenz* in Bezug auf die Verarbeitungstätigkeiten erhöhen.[153] Ein gewissenhaftes Führen der Verzeichnisse ist ratsam, da sie:

- auf Anfrage den Aufsichtsbehörden zur Verfügung zu stellen sind, um diesen die Überwachung der Verarbeitungstätigkeiten zu ermöglichen;[154]
- die Einhaltung der Vorgaben der DSGVO nachweisen können; und
- dabei helfen, die Informationsansprüche der betroffenen Personen zu erfüllen, vor allem, wenn sie ihre Rechte nach der DSGVO ausüben (siehe Abschn. 5.3).[155]

[151] Hartung, in: Kühling/Buchner, DSGVO BDSG, Art. 25 DSGVO (2020), Rn. 23; v. d. Bussche/Zeiter, EDPL 2016, 576, 577.

[152] ErwGr. 82 DSGVO.

[153] Martini, in: Paal/Pauly, DSGVO BDSG, Art. 30 DSGVO (2021), Rn. 2; ErwGr. 39 DSGVO.

[154] Art. 30 Abs. 4 DSGVO; ErwGr. 82 DSGVO.

[155] Martini, in: Paal/Pauly, DSGVO BDSG, Art. 30 DSGVO (2021), Rn. 2.

Tab. 3.1 Inhalt der Verarbeitungsverzeichnisse

Verzeichnisse des Verantwortlichen, Art. 30 Abs. 1 DSGVO	Verzeichnisse des Auftragsverarbeiters, Art. 30 Abs. 2 DSGVO
Name und Kontaktdaten des (/der gemeinsam) Verantwortlichen, ggf. des Vertreters sowie des etwaig vorhandenen Datenschutzbeauftragten	Name und Kontaktdaten des Auftragsverarbeiters sowie des/der (gemeinsam) Verantwortlichen, in dessen/deren Auftrag verarbeitet wird, ggf. des Vertreters sowie des etwaig vorhandenen Datenschutzbeauftragten
Zwecke der Verarbeitung	Kategorien der Verarbeitungen
Beschreibung der Kategorien betroffener Personen & der betroffenen personenbezogenen Daten	–
Kategorien von Empfängern, gegenüber denen die Daten offengelegt wurden oder werden sollen (inkl. Empfängern in Drittstaaten oder internationalen Organisationen)	–
Übermittlungen von personenbezogenen Daten an einen Drittstaat/eine internationale Organisation einschließlich Dokumentation der geeigneten Sicherheitsmaßnahmen	Übermittlungen von personenbezogenen Daten an einen Drittstaat/eine internationale Organisation einschließlich Dokumentation der geeigneten Sicherheitsmaßnahmen
Vorgesehene Fristen für die Löschung der verschiedenen Datenkategorien (siehe hierzu Abschn. 5.5.2.2)	–
Allgemeine Beschreibung der technischen und organisatorischen Maßnahmen	Allgemeine Beschreibung der technischen und organisatorischen Maßnahmen

Beispiel

Unternehmen A ist ein Einzelhändler, der Kundendaten zu Marketingzwecken verarbeitet. Für den Versand seines Einkaufskatalogs nutzt Unternehmen A den Lettershop L als Auftragsverarbeiter. Ein Eintrag im Verzeichnis gem. Art. 30 Abs. 1 DSGVO könnte wie folgt aussehen:

- Verarbeitungstätigkeit: Versand eines Einkaufkatalogs
  - Name des Auftragsverarbeiters: Unternehmen A
  - Kontaktdaten von Unternehmen A
  - Kontaktdaten des Datenschutzbeauftragten von Unternehmen A
- Betroffene: Kunden
- Rechtsgrundlage: Verarbeitung zur Wahrung eines berechtigten Interesses (Marketing), Art. 6 Abs. 1 S. 1 lit. f DSGVO
- Kategorien personenbezogener Daten: Name, Adresse, Telefonnummer, E-Mail-Adresse
- Zweck: Zustellung des Einkaufkatalogs
- Beschreibung der Verarbeitungstätigkeit: Wenn der Kunde dem Erhalt eines Einkaufskatalogs von Unternehmen A zustimmt, erhebt Unternehmen A den Namen, die Adresse und die Kontaktdaten des Kunden, um den Katalog an den Kunden zu

versenden. Unternehmen A nutzt Lettershop L für die Verteilung. Zum Zweck der Verteilung werden die erforderlichen Daten auch an den Spediteur C weitergegeben.
- Speicherdauer: 1 Jahr
- Verantwortlicher: Unternehmen A
- Auftragsverarbeiter: Lettershop L
- Sonstige Empfänger: Vertriebsabteilung, Postkurier C
- Technische und organisatorische Maßnahmen: Pseudonymisierung, Zugangskontrollen ◄

Darüber hinaus kann eine *Verletzung* der Verpflichtung zum Führen der Verzeichnisse mit Bußgeldern von bis zu EUR 10.000.000,00 oder bis zu 2 % des weltweiten Jahresumsatzes bestraft werden, siehe Art. 83 Abs. 4 DSGVO. Um die zum Führen der Verzeichnisse benötigten Informationen zusammenzutragen, sind die verschiedenen Abteilungen des Unternehmens, die mit personenbezogenen Daten in Berührung kommen, zu befragen und zu beteiligen.[156] Dies kann über Fragebögen, mithilfe von Interviews und/oder über spezialisierte Software erfolgen.[157]

3.6.2 Dokumentation der Zwecke der Datenverarbeitung

Da die vom Verantwortlichen zu führenden Verzeichnisse die *Zwecke der Datenverarbeitung* wiedergeben müssen, ist zu prüfen, wie detailliert die Zwecke beschrieben und dokumentiert werden sollen. Einerseits sollen die Verzeichnisse eine oberflächliche Einschätzung der Rechtmäßigkeit der Verarbeitungstätigkeiten ermöglichen und die Zwecke müssen daher nur auf eine Art und Weise dokumentiert werden, die eine derartige Bewertung ermöglicht.[158] Andererseits sollte der Zweck in den Verzeichnissen nicht zu eng abgesteckt werden, da dies zu einer Einschränkung des Umfangs der rechtmäßigen Datenverarbeitung führen wird.[159] Mehrere Aufsichtsbehörden der Mitgliedstaaten, insbesondere die deutschen Aufsichtsbehörden bzw. die Konferenz der unabhängigen Datenschutzbehörden des Bundes und der Länder (DSK) sowie die französische Aufsichtsbehörde, haben Muster-Vorlagen für Verzeichnisse über Verarbeitungstätigkeiten sowie Praxishinweise erarbeitet und vorgelegt.[160]

---

[156] Siehe auch v. d. Bussche, in: v. d. Bussche/Voigt, Konzerndatenschutz, Teil 2. Kap. 1. Der Datenschutzbeauftragte (2019), Rn. 68.

[157] Siehe auch v. d. Bussche, in: v. d. Bussche/Voigt, Konzerndatenschutz, Teil 2. Kap. 1. Der Datenschutzbeauftragte (2019), Rn. 68.

[158] Spoerr, in: Wolff/Brink/v. Ungern-Sternberg, BeckOK Datenschutzrecht, Art. 30 DSGVO (45. Ed. 01.05.2022), Rn. 9a; siehe auch Voigt, in: v. d. Bussche/Voigt, Konzerndatenschutz, Teil 2. Kap. 3. Rechenschaftspflicht (2019), Rn. 6.

[159] Spoerr, in: Wolff/Brink/v. Ungern-Sternberg, BeckOK Datenschutzrecht, Art. 30 DSGVO (45. Ed. 01.05.2022), Rn. 10.

[160] Deutsche Musterformulare und Hinweise, abrufbar unter: https://www.bfdi.bund.de/DE/Fachthemen/Inhalte/Allgemein/Verzeichnis-Verarbeitungstaetigkeiten.html, zuletzt aufgerufen am 23.11.2023; Französische Musterformulare und Hinweise in englischer Sprache, abrufbar unter: https://www.cnil.fr/en/record-processing-activities, zuletzt aufgerufen am 23.11.2023.

Datenschutz als „Kern" der Rechenschaftspflichten

Im Interesse der verarbeitenden Stellen ist die rechtzeitige Erstellung und Führung eines solchen Verzeichnisses – unabhängig von der tatsächlichen Verpflichtung – zu empfehlen. Dadurch wird eine wesentliche Grundlage für eine strukturierte Dokumentation und eine Unterstützung des Verantwortlichen bei der Einhaltung der Rechenschaftspflicht geschaffen.[161] Das Verzeichnis kann einen wesentlichen Beitrag zur Erfüllung der Rechenschaftspflicht bzw. zum Nachweis der Einhaltung der Grundsätze des Art. 5 Abs. 1 DSGVO leisten.[162] Es kann so geführt werden, dass es einen großen Teil der Rechenschaftspflicht abdeckt.[163] Dabei könnten die in Art. 30 Abs. 1 S. 2 DSGVO vorgeschriebenen Mindestangaben als Grundlage des Verzeichnisses genutzt werden und diese könnten dann mit weiteren Dokumentationen, insbesondere durch die Einarbeitung von Nachweisen zur Erfüllung der Rechenschaftspflicht, weiterentwickelt werden.[164] Des Weiteren ist es vor dem Hintergrund des Grundsatzes der Rechtmäßigkeit empfehlenswert, auch die jeweilige Rechtsgrundlage für den Verarbeitungsprozess anzugeben.[165] Für die Weiterentwicklung des grundlegenden Verzeichnisses können bspw. das Vorhandensein von Einwilligungen (Art. 7 Abs. 1 DSGVO), das Vorliegen einer gemeinsamen Verantwortlichkeit (Art. 26 Abs. 1 DSGVO) sowie die Ergebnisse von Datenschutz-Folgenabschätzungen (Art. 35 Abs. 7 DSGVO) dokumentiert werden. Diese Dokumentationen müssen nicht in das Verzeichnis selbst aufgenommen werden. Auch Verweise zu weiteren Dokumentationen sind denkbar.

3.6.3 Ausnahme von der Pflicht zum Führen der Verzeichnisse

Da das Führen der Verarbeitungsverzeichnisse zeitaufwendig und (potenziell) kostenintensiv ist, sind diesbezüglich Ausnahmeregelungen vorgesehen. Art. 30 Abs. 5 DSGVO sieht eine Ausnahme vom Anwendungsbereich der Verpflichtung für jedes Unternehmen und jede Einrichtung vor, die *weniger als 250 Mitarbeiter* beschäftigt. Diese Ausnahme soll den Bedürfnissen von *Kleinstunternehmen* sowie von *kleinen und mittleren Unternehmen* (KMU) Rechnung tragen.[166] Es wird angenommen, dass KMU aller Wahrscheinlichkeit nach nicht über ausreichende personelle und finanzielle Mittel verfügen, um diese Datenschutzpflicht umzusetzen.

[161] DSK, Hinweise zum Verzeichnis von Verarbeitungstätigkeiten, Art. 30 DSGVO (2018), S. 1; DSK, Kurzpapier Nr. 1 (2018), S. 3.

[162] Voigt, in: Taeger/Gabel, DSGVO BDSG TTDSG, Art. 5 DSGVO (2022), Rn. 47.

[163] a.a.O.

[164] a.a.O.

[165] Voigt, in: Taeger/Gabel, DSGVO BDSG TTDSG, Art. 5 DSGVO (2022), Rn. 42.

[166] ErwGr. 13 DSGVO.

Gegenausnahmen von der Anwendbarkeit der Ausnahme

Die Ausnahme gilt aufgrund des über die DSGVO hinaus einschlägigen EU-Rechts nicht uneingeschränkt.[167] Demzufolge können KMUs, unabhängig von der Anzahl der Mitarbeiter, mit einem *Jahresumsatz* von mehr als EUR 50 Mio. und/oder einer Jahresbilanz von mehr als EUR 43 Mio. nicht von der Ausnahme profitieren.[168]

Art. 30 Abs. 5 DSGVO enthält zudem *drei Bedingungen für die Anwendbarkeit* der Ausnahmeregelung, die deren praktischen Nutzen erheblich einschränken. Sobald eine der kumulativen Bedingungen nicht erfüllt ist, müssen auch KMUs Verzeichnisse über ihre Verarbeitungstätigkeiten führen.

Diese Gegenausnahmen lauten wie folgt:

- *Die Verarbeitung birgt ein Risiko für die Rechte und Freiheiten der betroffenen Personen*: Da praktisch jede Verarbeitungstätigkeit ein Risiko für die Rechte und Freiheiten der betroffenen Personen birgt, sind möglicherweise nur solche Tätigkeiten von der Pflicht zum Führen der Verzeichnisse auszunehmen, die erkennbar geringe Risiken für die Rechte und Freiheiten mit sich bringen.[169] Die Vorschrift könnte jedoch auch so interpretiert werden, dass nur solche Verarbeitungstätigkeiten das Führen von Verzeichnissen erforderlich machen, deren Risikopotenzial dasjenige übersteigt, welches jeder Verarbeitungstätigkeit inhärent ist.[170] Letzteres Verständnis der Gegenausnahme ist vorzugswürdig, weil letztere sonst die Ausnahmevorschriften i. E. vollständig aushöhlen würden. Ein solches überdurchschnittliches Risiko kann bspw. bei Verarbeitungen, die Kommunikationsinhalte betreffen, und bei Überwachungsmaßnahmen angenommen werden.[171]
- *Die Verarbeitung erfolgt nicht nur gelegentlich*: Verarbeitungstätigkeiten dürften als „gelegentlich" anzusehen sein, wenn sie eine untergeordnete Rolle innerhalb der Tätigkeiten des Verantwortlichen/Auftragsverarbeiters spielen und nur innerhalb eines sehr kurzen Zeitraums oder gar einmalig stattfinden.[172] Verarbeitungen mit entsprechend nachgelagerter Bedeutung kommen somit nur in Ausnahmefällen in Betracht.[173]

---

[167] Siehe ErwGr. 13 DSGVO, v. a. in Verbindung mit der Empfehlung der Europäischen Kommission vom 6. Mai 2003 betreffend die Definition der Kleinstunternehmen sowie der kleinen und mittleren Unternehmen (K (2003) 1422).

[168] Art. 2 des Anhangs der Empfehlung der Europäischen Kommission vom 6. Mai 2003 betreffend die Definition der Kleinstunternehmen sowie der kleinen und mittleren Unternehmen (K (2003) 1422).

[169] DSK, Hinweise zum Verzeichnis von Verarbeitungstätigkeiten, Art. 30 DSGVO (2018), S. 3; Datenschutzkonferenz, Kurzpapier Nr. 1 (2018b), S. 1.

[170] Spoerr, in: Wolff/Brink/v. Ungern-Sternberg, BeckOK Datenschutzrecht, Art. 30 DSGVO (45. Ed. 01.05.2022), Rn. 20, 21.

[171] DSK, Hinweise zum Verzeichnis von Verarbeitungstätigkeiten, Art. 30 DSGVO (2018), S. 4.

[172] Martini, in: Paal/Pauly, DSGVO BDSG, Art. 30 DSGVO (2021), Rn. 33 f.

[173] Scheja/Reibach/Reichert, in: Leupold/Wiebe/Glossner, IT-Recht, Teil 6.6 Schutz personenbezogener Daten im Rahmen eines Datenschutzkonzepts (2021), Rn. 53; Schultze-Melling, in: Taeger/Gabel, DSGVO BDSG TTDSG, Art. 30 DSGVO (2022), Rn. 30.

- *Besondere Kategorien personenbezogener Daten (Art. 9 Abs. 1 DSGVO) oder personenbezogene Daten über strafrechtliche Verurteilungen und Straftaten werden verarbeitet*: Es gilt zu beachten, dass es für die Erfüllung dieser Gegenausnahme bereits ausreichen sollte, wenn nur Teile der verarbeiteten Daten – unabhängig von deren Umfang – in eine der besonderen Kategorien fällt.[174] Daraus ergibt sich, dass die meisten Unternehmen von der Ausnahmeregelung wohl kaum profitieren können, da die Verarbeitung von Beschäftigtendaten regelmäßig oftmals Daten über die Gesundheit der Mitarbeiter einschließt, sodass diese Gegenausnahme zur Anwendung gelangt.

Wie soeben gezeigt, werden Unternehmen aufgrund der geschilderten Gegenausnahmen nur in äußerst seltenen Fällen von der Anwendbarkeit der Ausnahmen profitieren können.[175] Dies liegt vor allem daran, dass Datenverarbeitungen nur sehr selten ausschließlich „gelegentlich" (zweite Gegenausnahme) stattfinden. Bspw. muss jedes Unternehmen regelmäßig Personaldaten zu Abrechnungszwecken verarbeiten, sodass die Verarbeitung nicht nur „gelegentlich" erfolgt.[176] Der *praktische Nutzen* der Gegenausnahmen ist daher äußerst *zweifelhaft*. In der Konsequenz ergibt sich, dass auch KMUs regelmäßig häufig zum Führen von Verzeichnissen über ihre Verarbeitungstätigkeiten verpflichtet sein werden. Selbst wenn derartige Unternehmen von der Ausnahmeregelung erfasst sein sollten, benötigen diese mit Blick auf die Erfüllung weiterer DSGVO-Pflichten, z. B. aus Art. 13, 14, 15, 32 DSGVO ohnehin viele der Informationen, die sich aus einem Verarbeitungsverzeichnis entnehmen lassen.[177] Es könnte sich insofern für diese Unternehmen als praktikable Lösung erweisen, grundsätzlich doch Verzeichnisse der Verarbeitungstätigkeiten zu führen.

3.7 Technische und organisatorische Maßnahmen

Technische und organisatorische Maßnahmen (TOMs) sollen den Schutz personenbezogener Daten sicherstellen.[178] Art. 32 DSGVO verpflichtet sowohl den *Verantwortlichen als auch* den *Auftragsverarbeiter* zum Ergreifen solcher Maßnahmen. Diese müssen zur Gewährleistung der Verarbeitungssicherheit mit Blick auf das zu erfassende Risiko angemessen sein.[179] Die Bewertung der Risiken nach Art. 32 DSGVO allein stellt (im Vergleich zur Datenschutzfolgenabschätzung) eine

[174] Martini, in: Paal/Pauly, DSGVO BDSG, Art. 30 DSGVO (2021), Rn. 35.

[175] So auch die DSK, Kurzpapier Nr. 1 (2018), S. 1.

[176] DSK, Hinweise zum Verzeichnis von Verarbeitungstätigkeiten (2018), S. 3, 4.

[177] Hartung, in: Kühling/Buchner, DSGVO BDSG, Art. 30 DSGVO (2020), Rn. 39.

[178] EDPB, Guidelines 07/2020 on the concepts of controller and processor in the GDPR, Version 2.1 (2021), S. 12.

[179] Martini, in: Paal/Pauly, DSGVO BDSG, Art. 32 DSGVO (2021), Rn. 3.

erleichterte Risikobewertung dar, solange Art. 35 DSGVO nicht einschlägig ist.[180] Während *Datenschutz durch Technikgestaltung* (siehe Abschn. 3.5) den Datenschutz im Vorfeld der Verarbeitungstätigkeiten gewährleisten soll, müssen hinsichtlich der Datensicherheit technische und organisatorische Maßnahmen während des Verarbeitungsprozesses ergriffen werden.[181] Bei Art. 32 DSGVO handelt es sich um eine der zentralen Verpflichtungen nach der DSGVO. Die Verletzung kann mit Bußgeldern in Höhe von bis zu EUR 10.000.000,00 oder bis zu 2 % des weltweiten Jahresumsatzes geahndet werden, Art. 83 Abs. 4 DSGVO. Um eine entsprechende Verletzung zu vermeiden, ist bei den TOMs neben der Festsetzung und Durchführung technischer Maßnahmen auch ein ausreichendes Maß an organisatorischen Maßnahmen sicherzustellen. Letztere dürfen nicht vernachlässigt werden. Die Verpflichtung von Verantwortlichen und Auftragsverarbeitern umfasst deren Aufgabe sicherzustellen, dass ihnen unterstellte Personen personenbezogene Daten grundsätzlich nur auf Anweisung des Verantwortlichen hin verarbeiten, Art. 32 Abs. 4 DSGVO.

3.7.1 Angemessenes Datenschutzniveau

Bei den zu ergreifenden Maßnahmen kann es sich um jede Maßnahme in Verbindung mit der Verarbeitung personenbezogener Daten handeln, die ein angemessenes Datenschutzniveau nach der DSGVO bzgl. der betroffenen Daten sicherstellt.[182] Art. 32 DSGVO beschränkt die Bandbreite der möglichen Maßnahmen nicht. Ausgehend vom offenen Wortlaut der Vorschrift steht eine *Vielzahl denkbarer technischer und organisatorischer Maßnahmen* zur Auswahl. Beispiele umfassen:[183]

- Minimierung der Verarbeitung personenbezogener Daten;
- Pseudonymisierung (so früh wie möglich) (siehe Abschn. 2.1.2.2);
- der betroffenen Person ermöglichen, die Verarbeitungsvorgänge zu überprüfen;
- Schaffung und Verbesserung von Sicherheitsfunktionen;
- von den präventiven Schutzkonzepten *Datenschutz durch Technikgestaltung und durch datenschutzfreundliche Voreinstellungen* (siehe Abschn. 3.5) Gebrauch zu machen;
- bauliche Maßnahmen zur Verhinderung eines unbefugten physischen Zugriffs auf personenbezogene Daten, wie bspw. gesicherte Räume, Wachpersonal, passwortgesicherter Zugang oder Mitarbeiterkennungsmaßnahmen, etc.;

---

[180] Mantz, in: Sydow/Marsch, DSGVO BDSG, Art. 32 DSGVO (2022), Rn. 8; Martini, in: Paal/Pauly, DSGVO BDSG, Art. 32 DSGVO (2021), Rn. 4.

[181] Barlag, in: Roßnagel, DSGVO, § 3 VII. Datenschutz durch Technikgestaltung (2017), Rn. 194.

[182] Siehe auch Hansen, in: Simitis/Hornung/Spiecker gen. Döhmann, Datenschutzrecht, Art. 32 DSGVO (2019), Rn. 19.

[183] Beispiele aus ErwGr. 78 DSGVO; siehe auch Jandt, in: Kühling/Buchner, DSGVO BDSG, Art. 32 DSGVO (2020), Rn. 5.

- Regelmäßige Schulungen von Angestellten im Hinblick auf den Datenschutz;
- Verschlüsselte Datenübermittlungen;
- Regelmäßige Überprüfungen des Datenschutzniveaus, usw.

Beispiel

Der Login zu Apps/Websites kann durch eine Zwei-Faktor-Authentifizierung erfolgen, welche aus einem Passwort und z. B. einem QR-Code oder einem physischen Schlüsselelement im Besitz des Nutzers (Chipkarte, USB-Stick, …) besteht.[184] Dieses Vorgehen erhöht die Sicherheit der Daten, da es unwahrscheinlicher ist, dass Dritte Zugriff auf gleich zwei Authentifizierungskomponenten erlangen können. ◄

3.7.2 Maßnahmenkatalog

Die in Art. 32 Abs. 1 Hs. 2 DSGVO aufgezählten Maßnahmen sind zur Gewährleistung eines angemessenen Maßes an Datenschutz erforderlich. Die gesetzliche Auflistung ist nicht abschließend.

- *Art. 32 Abs. 1 lit. a DSGVO – Pseudonymisierung und Verschlüsselung*: Diese Maßnahmen gelten als besonders effektiv im Hinblick auf Datensicherheit und werden daher vom Gesetzgeber zuvorderst empfohlen. [185] Die Pseudonymisierung bietet sich bspw. bei der Übergabe von Daten an Sekundärsysteme wie ein „Data Warehouse" an.[186] Dadurch kann gewährleistet werden, dass nur berechtigte Personen einen Zugriff auf die Originaldaten haben.[187] Genau wie bei einer *Pseudonymisierung* (zu den Einzelheiten siehe Abschn. 2.1.2.2), können *verschlüsselte Daten* noch immer einer bestimmten betroffenen Person zugeordnet werden. Allerdings wurden die Daten durch eine Verschlüsselungstechnik derart abgeändert, dass sie – vor allem bei Übertragungen – nicht mehr in Unkenntnis des Schlüssels bestimmten Personen zugeordnet werden können.[188] Die Verschlüsselung kommt zum Beispiel beim E-Mail-Verkehr und auch bei Datenkomprimierungen, durch die passwortgeschützte Archive erstellt werden, zum Einsatz.[189]
- *Art. 32 Abs. 1 lit. b DSGVO – Fähigkeit, dauerhaft die Vertraulichkeit, Integrität, Verfügbarkeit und Belastbarkeit der Verarbeitungsmittel sicherzustellen:* Ver-

---

[184] Siehe auch Völkel, DSRITB 2015, 35, 46 ff.

[185] Martini, in: Paal/Pauly, DSGVO BDSG, Art. 32 DSGVO (2021), Rn. 34.

[186] Schultze-Melling, in: Taeger/Gabel, DSGVO BDSG TTDSG, Art. 32 DSGVO (2022), Rn. 15.

[187] a.a.O.

[188] Martini, in: Paal/Pauly, DSGVO BDSG, Art. 32 DSGVO (2021), Rn. 34.

[189] Voigt, in: v. d. Bussche/Voigt, Konzerndatenschutz, Teil 5. Kap. 3. Technischer Datenschutz (2019) Rn. 4.

traulichkeit, Integrität, Verfügbarkeit und Belastbarkeit sind die Kernelemente moderner Verarbeitungsdienste.[190] Dieses Sicherheitsziel stellt hohe Anforderungen an IT-Systeme.[191] Da diese Ziele „auf Dauer" zu gewährleisten sind, müssen sie mittels der Systeme gewissenhaft und auf tragfähige Art und Weise umgesetzt werden.[192] Zur Verwirklichung der vorgegebenen Ziele besteht hinsichtlich der Auswahl konkreter Maßnahmen ein Ermessen des Verantwortlichen/Auftragsverarbeiters.[193] Die Gewährleistung der Vertraulichkeit kann in der Praxis durch Maßnahmen erreicht werden, die den Zutritt, Zugang oder Zugriff auf Daten kontrollieren und ggf. beschränken.[194] Die Sicherung der Integrität dient der Verhinderung von Datenmanipulationen. Typische Maßnahmen sind etwa elektronische Signaturen und Eingabekontrollen. Letztere dienen der nachträglichen Überprüfung und Feststellung von Datenmanipulationen. Zur Wahrung der Verfügbarkeit kann die Leistung des Datenverarbeitungssystems bspw. durch eine gesicherte Form der Mehrfachspeicherung (sog. Back-up-Vorsorge) und durch eine garantierte Stromversorgung sichergestellt werden. Ein Datenverarbeitungssystem ist belastbar, sofern es auch bei erheblicher Auslastung funktionsfähig bleibt. Hierfür sollten Server durch zweckentsprechende Skalierung und durch Schutzmaßnahmen ausreichend vor Überlastungen geschützt werden.[195]

- *Art. 32 Abs. 1 lit. c DSGVO – Fähigkeit, die Verfügbarkeit personenbezogener Daten und den Zugang zu ihnen im Falle eines physischen/technischen Zwischenfalls rasch wiederherzustellen:* Im Hinblick darauf, dass *Datenverlust* eines der größten Risiken im Zusammenhang mit IT-Systemen ist, müssen sich Verantwortliche und Auftragsverarbeiter auf diese Problematik einstellen, bspw. durch die Speicherung in *Back-up-Systemen* oder Einrichtung von Notstromaggregaten.[196] Was mit dem Begriff „rasch" gemeint ist, wird nicht klargestellt.
- *Art. 32 Abs. 1 lit. d DSGVO – Verfahren zur regelmäßigen Überprüfung, Bewertung und Evaluierung der Wirksamkeit der technischen und organisatorischen Maßnahmen:* Die durchgehende Verpflichtung zur Wahrung des Datenschutzes erfordert eine konstante *Aufrechterhaltung und Wartung* der angewandten technischen und organisatorischen Maßnahmen. Das Datenschutz-Managementsystem (siehe Abschn. 3.2.2) kann eine effektive Erfüllung

[190] Martini, in: Paal/Pauly, DSGVO BDSG, Art. 32 DSGVO (2021), Rn. 35.

[191] Grages, in: Plath, DSGVO BDSG TTDSG, Art. 32 DSGVO (2023), Rn. 7.

[192] Martini, in: Paal/Pauly, DSGVO BDSG, Art. 32 DSGVO (2021), Rn. 40.

[193] Voigt, in: v. d. Bussche/Voigt, Konzerndatenschutz, Teil. 5. Kap. 3 Technischer Datenschutz (2019) Rn. 6.

[194] Schultze-Melling, in: Taeger/Gabel, DSGVO BDSG TTDSG, Art. 32 DSGVO (2022), Rn. 20.

[195] Zu den vorstehenden Ausführungen vgl. Voigt, in: v. d. Bussche/Voigt, Konzerndatenschutz, Teil 5. Kap. 3. Technischer Datenschutz (2019) Rn. 4–10; Martini, in: Paal/Pauly, DSGVO BDSG, Art. 32 DSGVO (2021), Rn. 36–39.

[196] Martini, in: Paal/Pauly, DSGVO BDSG, Art. 32 DSGVO (2021), Rn. 41 ff.

dieser Pflicht ermöglichen. Ferner kann die dauerhafte Wirksamkeit der Maßnahmen bspw. durch persönliche Befragungen oder Fragebögen sichergestellt werden.[197] Die Regelmäßigkeit der Überprüfungen hängt vom Risikolevel der konkreten Datenverarbeitung (siehe Abschn. 3.2.1) ab und könnte im Laufe der Zeit Anpassungen an den TOM erfordern. Etwaige Anpassungen der technischen und organisatorischen Maßnahmen richten sich nach den Ergebnissen der entsprechenden Evaluierung.[198]

Die Einhaltung genehmigter *Verhaltensregeln* oder eines genehmigten *Zertifizierungsverfahrens* (siehe Abschn. 3.12) kann als Nachweis über die Einhaltung der Verpflichtungen aus Art. 32 Abs. 1 DSGVO dienen, Art. 32 Abs. 3 DSGVO.

Im Zusammenhang mit den Datenschutzverletzungen und der risikoorientierten Meldepflicht sind in vielen Fällen schadensbegrenzende Maßnahmen des Verantwortlichen erforderlich. Bspw. sollten sämtliche IT-Systeme regelmäßig aktualisiert und ggf. berichtigt werden. Weitere denkbare Maßnahmen sind u. a. die Schaffung sicherer Back-up-Mechanismen, die Einrichtung wirksamer Anti-Malware Software und die Weiterbildung von Mitarbeitern im Hinblick auf die IT-Sicherheit.

3.7.3 Andere EU-Vorschriften

Im Rahmen eines wahrhaftigen „Digitalisierungs-Tsunamis" der Europäischen Union wurde eine Vielzahl von Gesetzen im Bereich der IT-Sicherheit erlassen.

Im Juli 2016 hat die EU die Richtlinie (EU) 2016/1148 des Europäischen Parlaments und des Rates vom 6. Juli 2016 über Maßnahmen zur Gewährleistung eines hohen gemeinsamen Sicherheitsniveaus von *Netz- und Informationssystemen* in der Union (kurz: NIS-Richtlinie) verabschiedet, um gemeinschaftliche Netzsicherheitsstandards zu schaffen. Diese wurde am 16. Januar 2023 durch die EU Richtlinie (EU) 2022/2555 (sog. NIS-2-Richtlinie) ersetzt, welche das Ziel hat, weitere Maßnahmen zur Erhöhung des Cybersicherheitsniveaus der Union zu schaffen. Insbesondere wurde durch die NIS-2-Richtlinie der Umfang der IT-Sicherheitsvorgaben erweitert. Die Richtlinie muss bis zum 17. Oktober 2024 in das nationale Recht der jeweiligen Mitgliedsstaaten umgesetzt werden, Art. 41 Abs. 1 NIS-2-RL. Derzeit liegt in Deutschland ein Referentenentwurf des Bundesministeriums des Innern und Heimat zu dem NIS-2-Umsetzungs- und Cybersicherheitsstärkungsgesetz (NIS2UmsuCG) vor.[199]

---

[197] Voigt, in: v. d. Bussche/Voigt, Konzerndatenschutz, Teil 5. Kap. 3. Technischer Datenschutz (2019) Rn. 14.

[198] Voigt, in: v. d. Bussche/Voigt, Konzerndatenschutz, Teil 5. Kap. 3 Technischer Datenschutz (2019) Rn. 14.

[199] Referentenentwurf des Bundesministeriums des Innern und für Heimat, abrufbar unter: https://ag.kritis.info/wp-content/uploads/2023/07/NIS2UmsuCG-Referentenentwurf-BMI-CI1-Bearbeitungsstand-03072023.pdf, zuletzt aufgerufen am: 23.11.2023.

Zudem wird die NIS-2-Richtlinie derzeit von der Verordnung (EU) 2922/2554 über die digitale operationale Resilienz im Finanzsektor (*Digital Operation Resilience Act*, kurz: DORA) flankiert. Diese normiert spezielle Verpflichtungen hinsichtlich IT-Sicherheitspflichten für den Finanzsektor, welche über die Pflichten des NIS-2-Richtlinie hinausgehen.[200]

Darüber hinaus hat die Europäische Kommission am 15. September 2022 einen Vorschlag für eine Verordnung über horizontale Cybersicherheitsanforderungen für Produkte mit digitalen Elementen (*Cyber Resilience Act*, kurz: CRA)[201] veröffentlicht.[202] Anders als die beiden vorgenannten Gesetze soll der CRA sektorübergreifend für Cybersicherheit sorgen, indem Hersteller von sog. „Produkten mit digitalen Elementen", also insbesondere von connected devices, verpflichtet werden, bereits zum Zeitpunkt der Konzeption von Hardware- und Software-Produkten Maßnahmen zu implementieren, die die IT-Sicherheit und Resilienz ihrer Produkte vor Cyberattacken gewähren.[203] Produkte, die personenbezogene Daten verarbeiten, sollen hierbei gegebenenfalls als *kritische Produkte* eingestuft werden,[204] sodass bei deren Herstellung hohe Anforderungen unter dem CRA zu stellen sind.[205] Hierdurch wird der Datenschutz bereits bei der Konzeption von vernetzten Produkten berücksichtigt.[206]

Datenschutz und *IT-Sicherheit* gehen in vielerlei Hinsicht Hand in Hand: Das beste Datenschutzkonzept kann die betroffenen Personen nicht schützen, sofern das zur Verarbeitung verwendete IT-System einfach gehackt werden kann.[207] Für das Verhältnis zwischen der DSGVO und den Gesetzen zur IT-Sicherheit ist aber zu beachten, dass für die Verarbeitung von personenbezogenen Daten weiterhin die DSGVO anzuwenden ist und die Rechtmäßigkeit einer solchen Verarbeitung nur an den Maßstäben aus der DSGVO zu messen ist.[208]

---

200 Vgl. ErwGr. 16 DORA.

201 Vorschlag (COM (2022) 454) für eine Verordnung über horizontale Cybersicherheitsanforderungen für Produkte mit digitalen Elementen und zur Änderung der Verordnung (EU) 2019/1020 (CRA-Entwurf).

202 Zur weiteren Lektüre Voigt/Falk, MMR 2023, 88.

203 Vgl. Art. 1, Art. 5 CRA-Entwurf; vgl. CRA-Entwurf, Begründung, S. 1.

204 Art. 6 Abs. 2 S. 3 lit. c CRA-Entwurf.

205 ErwGr. 26 CRA-Entwurf, Art. 24 Abs. 2, 3 CRA-Entwurf.

206 Vgl. ErwGr. 17 CRA-Entwurf.

207 Voigt, MMR 2016, 429, 430; vgl. ErwGr. 17 CRA-Entwurf.

208 Vgl. ErwGr. 14, 43, 121 NIS-2 RL, Art. 2 Abs. 12, 14 NIS-2 RL; ErwGr. 34 DORA, Art. 45 Abs. 1 lit. c, Art. 56 Abs. 1 DORA; COM (2022) 454, S. 10, ErwGr. 17 CRA-Entwurf.

3.8 Verletzungen des Schutzes personenbezogener Daten („Data Breach Notification")

Die meisten EU-Mitgliedstaaten sahen vor Inkrafttreten der DSGVO keine generelle Meldepflicht des Verantwortlichen für Datenschutzverletzungen vor.[209] Mit der DSGVO wurde eine solche Meldepflicht gegenüber den Aufsichtsbehörden sowie eine Benachrichtigungspflicht gegenüber betroffenen Personen eingeführt. Dadurch sollen die Rechte und Freiheiten der Betroffenen über ein *höheres Maß an Transparenz* geschützt werden.[210] Eine etwaige Meldepflicht entsteht, sofern es zu einer *Verletzung des Schutzes personenbezogener Daten* kommt. Allerdings kommt die Meldepflicht auch dann nicht in allen Fällen zur Anwendung.

3.8.1 Verletzung des Schutzes personenbezogener Daten

Der Verantwortliche ist nicht wegen jeder Verletzung der DSGVO-Vorgaben, sondern nur wegen Verletzungen des „Schutzes personenbezogener Daten" melde- und benachrichtigungspflichtig.[211] Gemäß Art. 4 Nr. 12 DSGVO handelt es sich bei einer „Verletzung des Schutzes personenbezogener Daten" um eine *Verletzung der Sicherheit*, die, ob *unbeabsichtigt oder unrechtmäßig*, zur *Vernichtung, zum Verlust, zur Veränderung, oder zur unbefugten Offenlegung* von beziehungsweise zum *unbefugten Zugang zu personenbezogenen Daten führt*, die übermittelt, gespeichert oder auf sonstige Weise verarbeitet wurden.[212] Eine Datenschutzverletzung kann durch einen *technischen oder physischen Zwischenfall* auftreten. Definitionsgemäß muss es sich bei den betroffenen Daten um personenbezogene Daten handeln (siehe Abschn. 2.1.2) und diese müssen vor Eintritt der Verletzung übermittelt, gespeichert oder auf sonstige Weise verarbeitet worden sein.[213] Die Definition setzt weder Vorsatz noch Fahrlässigkeit voraus und umfasst daher jegliche Form der Verletzung – egal wie oder weshalb sie stattgefunden hat, sogar *versehentliche Verletzungen* werden umfasst.[214]

Eine *Vernichtung* ist dann gegeben, wenn die personenbezogenen Daten in ihrer originalen Form nicht mehr existieren und somit nicht mehr nutzbar für den Ver-

---

[209] Gierschmann, ZD 2016, 51, 53. Theoretisch war vor Inkrafttreten des DSGVO in Deutschland eine solche Pflicht bisher in § 42a BDSG a.F. vorgesehen, die jedoch in der Praxis aufgrund ihres eingeschränkten Anwendungsbereichs äußerst selten zur Anwendung kam. Auch bereichsspezifische Meldepflichten im Bereich des Telemediendatenschutzes waren in § 15a TMG a.F. und § 93 Abs. 3 TKG a.F. vorgesehen, wobei Verstöße gegen die Vorschriften nicht bußgeldbewährt sind.

[210] Martini, in: Paal/Pauly, DSGVO BDSG, Art. 33 DSGVO (2021), Rn. 10.

[211] EDPB, Guidelines 9/2022 on personal data breach notification under GDPR, Version 2.0 (2023), Rn. 15.

[212] Vgl. mit Art. 32 Abs. 1 lit. c DSGVO.

[213] Schreiber, in: Plath, DSGVO BDSG TTDSG, Art. 4 DSGVO (2023), Rn. 44.

[214] Ernst, in: Paal/Pauly, DSGVO BDSG, Art. 4 DSGVO (2021), Rn. 95; Martini, in: Paal/Pauly, DSGVO BDSG, Art. 33 DSGVO (2021), Rn. 16.

antwortlichen sind.[215] Beispielsweise liegt eine Vernichtung bei der physischen oder digitalen Löschung von Daten ohne Möglichkeit der Wiederherstellung vor (z. B. Verbrennen von Akten, Überschreibung einer CD).[216]

Ein *Verlust* im Sinne der Vorschrift liegt vor, wenn sich die Daten nicht mehr im Besitz des Verantwortlichen befinden oder die Daten nicht mehr der vollständigen Kontrolle des Verantwortlichen unterliegen.[217] Dies ist bspw. anzunehmen, wenn ein Gerät mit als Kopie gespeicherten Kundendaten abhandengekommen ist oder wenn die einzige Datenkopie (technisch oder physisch verschlüsselt) sich nicht mehr im Besitz des Verantwortlichen befindet.[218]

Eine *Veränderung* von personenbezogenen Daten führt dazu, dass die ursprünglich erhobenen Daten nach dem beeinträchtigenden Ereignis hinsichtlich ihres Inhaltes einen anderen Aussagegehalt haben als vor dem beeinträchtigenden Ereignis. Hierbei können die Integrität oder Richtigkeit der Daten nicht mehr gewährleistet werden. Eine Veränderung liegt beispielsweise vor, wenn aus einer Liste nur bestimmte Daten gelöscht oder nachträglich geändert/hinzugefügt werden, sodass der Aussagegehalt ein anderer als der ursprüngliche ist.[219]

Eine *unbefugte Offenlegung* ist gegeben, wenn personenbezogene Daten einem zu weiten Benutzerkreis unter Missachtung rechtlicher Vorgaben zur Verfügung gestellt werden (bspw. fehlerhafte Adressierung eines Briefes oder einer E-Mail sowie unsachgemäße Verwaltung von Zugriffsberechtigungen).[220] Sobald Mängel der ergriffenen Sicherungsmaßnahmen ausgenutzt werden, um den Zugriff auf personenbezogene Daten zu erlangen, handelt es sich um einen *unbefugten Zugang* (bspw. unsachgemäßer Umgang mit Benutzerpasswörtern oder Schlüsseln).[221]

Es geht aus der Regelung nicht unmittelbar hervor, ob es für eine „unbefugte Offenlegung oder Zugang" erforderlich ist, dass die Offenlegung bzw. der Zugang tatsächlich stattgefunden hat oder ob die *bloße Möglichkeit einer Offenlegung bzw. eines Zugangs* zu den Daten bereits eine Verletzung darstellt.[222] Zwar könnte ausgehend vom reinen Wortlaut davon ausgegangen werden, dass bloß eine tatsächliche Offenlegung oder der tatsächliche Zugang eine Verletzung darstellt. Ein sol-

---

[215] EDPB, Guidelines 9/2022 on personal data breach notification under GDPR, Version 2.0 (2023), Rn. 14.

[216] BayLfD, Meldepflicht und Benachrichtigungspflicht des Verantwortlichen, Orientierungshilfe (2019), Rn. 11.

[217] EDPB, Guidelines 9/2022 on personal data breach notification under GDPR, Version 2.0 (2023), Rn. 14.

[218] EDPB, Guidelines 9/2022 on personal data breach notification under GDPR, Version 2.0 (2023), Rn. 147.

[219] BayLfD, Meldepflicht und Benachrichtigungspflicht des Verantwortlichen, Orientierungshilfe (2019), Rn. 15.

[220] BayLfD, Meldepflicht und Benachrichtigungspflicht des Verantwortlichen, Orientierungshilfe (2019), Rn. 16.

[221] BayLfD, Meldepflicht und Benachrichtigungspflicht des Verantwortlichen, Orientierungshilfe (2019), Rn. 16.

[222] Jandt, in: Kühling/Buchner, DSGVO BDSG, Art. 4 Nr. 12 DSGVO (2020), Rn. 8a.

ches Verständnis verstößt jedoch gegen die Ratio der DSGVO. Denn die Maßnahmen und Verpflichtungen der DSGVO stellen allesamt darauf ab, dass bereits die Möglichkeit der Kenntnisnahme durch unbefugte Dritte unterbunden wird.[223] Es wäre mit dem Zweck der DSGVO unvereinbar, dass die Annahme einer Verletzung des Schutzes personenbezogener Daten vom Eintritt eines hypothetischen Ereignisses abhängen würde. Für Unternehmen ist es daher ratsam, die Aufsichtsbehörde unverzüglich zu benachrichtigen, sobald die Möglichkeit besteht, dass personenbezogene Daten an Unbefugte offengelegt oder von ihnen eingesehen wurden.[224]

Der EDSA hat ergänzende Leitlinien aufgestellt, in denen die Meldepflicht anhand praxisrelevanter Anwendungsfälle erläutert wird (bspw. Angriffe auf Daten oder Systeme durch den Einsatz eines Erpressungsprogramms, sog. Ransomware).[225] Die Leitlinie soll Verantwortliche bei ihren Pflichten im Rahmen von Datenschutzverletzungen helfen und basiert auf den Erfahrungswerten der europäischen Datenschutzbehörden.[226] Hierbei erläutern die Leitlinien anhand von 18 fiktiven Beispielen verschiedene Aspekte zur Datensicherheit und Handhabung von Datenschutzverletzungen, von präventiven Sicherheitsmaßnahmen zur Vermeidung/Verringerung der Wahrscheinlichkeit eines solches Angriffs, die Bewertung der Verletzung und die Folgen einer Verletzung, sowohl im Hinblick auf Maßnahmen zur nachträglichen Eindämmung als auch im Hinblick auf die daraus resultierenden Meldepflichten.

3.8.2 Meldung an die Aufsichtsbehörde

Im Falle einer Datenschutzverletzung hat der Verantwortliche diese der zuständigen Aufsichtsbehörde *unverzüglich und möglichst binnen 72 Stunden*, nachdem ihm die Verletzung bekannt wurde, zu melden, Art. 33 Abs. 1 DSGVO. Eine Verletzung dieser Meldepflicht kann mit einem *Bußgeld* von bis zu EUR 10.000.000,00 oder bis zu 2 % des weltweiten Jahresumsatzes geahndet werden, Art. 83 Abs. 4 DSGVO.

---

[223] ErwGr. 39; Jandt, in: Kühling/Buchner, DSGVO BDSG, Art. 4 Nr. 12 DSGVO (2020), Rn. 8a.

[224] Der Wortlaut kann aber auch dahingehend ausgelegt werden, dass ein Verstoß nur dann vorliegt, wenn eine tatsächliche Weitergabe von Daten an eine unbefugte Partei erfolgt ist. Eine weitere Interpretation wäre, eine Verletzung nur in Fällen anzunehmen, im anhand der Umstände des Einzelfalles eine faktische Offenlegung der Daten an Unbefugte naheliegend erscheint (anstatt pauschal von einem Verstoß auszugehen).

[225] EDPB, Guidelines 01/2021 on Examples regarding Personal Data Breach Notification, Version 2.0 (2021), Rn. 1 ff., 16; Hessel/Potel, DSRITB 2021, 279, 282.

[226] EDPB, Guidelines 01/2021 on Examples regarding Personal Data Breach Notification, Version 2.0 (2021), Rn. 14.

3.8.2.1 Meldepflicht des Auftragsverarbeiters

Gemäß Art. 33 Abs. 2 DSGVO trifft den Auftragsverarbeiter keine Pflicht zur Meldung einer Datenschutzverletzung gegenüber den Aufsichtsbehörden, sondern nur gegenüber dem Verantwortlichen. Nichtsdestotrotz hat der Auftragsverarbeiter den *Verantwortlichen unverzüglich* über die Datenschutzverletzung zu *informieren.* Hierbei handelt es sich um eine originäre Verpflichtung des Auftragsverarbeiters nach der DSGVO,[227] deren Verletzung mit einem Bußgeld von bis zu EUR 10.000.000,00 oder bis zu 2 % des weltweiten Jahresumsatzes sanktioniert werden kann, Art. 83 Abs. 4 DSGVO.

Weiterhin soll der *Vertrag* zwischen dem Verantwortlichen und dem Auftragsverarbeiter gem. Art. 28 Abs. 3 S. 2 lit. f DSGVO bestimmen, dass der Auftragsverarbeiter den Verantwortlichen bei der Erfüllung seiner Melde- und Benachrichtigungspflichten unterstützt.

3.8.2.2 Meldepflicht des Verantwortlichen

Gem. Art. 33 Abs. 1 DSGVO muss der Verantwortliche im Falle einer Datenschutzverletzung unverzüglich und möglichst binnen 72 Stunden, nachdem ihm die Verletzung bekannt wurde, diese bei der zuständigen Aufsichtsbehörde melden. Eine Meldung ist hierbei nicht erforderlich, wenn die Datenschutzverletzung voraussichtlich nicht zu einem Risiko für die Rechte und Freiheiten natürlicher Personen führt. Ist eine Meldung der Verletzung gegenüber der Aufsichtsbehörde nicht binnen 72 Stunden ergangen, so ist die Verzögerung zu begründen.

3.8.2.3 Meldefrist

Beginn

Die Meldefrist beginnt mit der Kenntnisnahme des Verantwortlichen von der Datenschutzverletzung, Art. 33 Abs. 1 DSGVO. Allerdings kann dem Verordnungstext nicht entnommen werden, wie schnell der Verantwortliche von einer aufgetretenen Verletzung *Kenntnis zu erlangen* hat. Ausgehend vom risikobasierten Ansatz der DSGVO und der Pflicht zur Implementierung entsprechender technischer und organisatorischer Maßnahmen (siehe Abschn. 3.7) sollten Datenschutzverletzungen, die im Zusammenhang mit risikoreichen Verarbeitungsvorgängen auftreten, schneller zu entdecken sein als solche, die in weniger risikobehafteten Situationen auftreten.[228]

Für die Bestimmung des Beginns der Meldefrist ist die etwaige Organisationsstruktur des betroffenen Unternehmens irrelevant.[229] Allein die *tatsächliche Kenntnisnahme* des Verantwortlichen von der Verletzung ist entscheidend: Sobald es ihm möglich ist, eine Meldung entsprechend Art. 33 DSGVO abzugeben, läuft die Meldefrist.[230] Ausschlaggebend ist eine hinreichende Gewissheit über einen

[227] Laue, in: Laue/Kremer, Das neue Datenschutzrecht in der betrieblichen Praxis, § 7 Technischer und organisatorischer Datenschutz (2019), Rn. 55.

[228] Grages, in: Plath, DSGVO BDSG TTDSG, Art. 33 DSGVO (2023), Rn. 6.

[229] Martini, in: Paal/Pauly, DSGVO BDSG, Art. 33 (2021), Rn. 33.

[230] Martini, in: Paal/Pauly, DSGVO BDSG, Art. 33 (2021), Rn. 18.

Sicherheitsvorfall, wobei die konkreten Umstände der Verletzung zu berücksichtigen sind. Es sind Fälle denkbar, in denen Beeinträchtigungen von Daten unmittelbar nach der Kenntnisnahme des Verantwortlichen eindeutig festgestellt werden können. Daneben können Datenschutzverletzungen in anderen Fällen erst zu einem späteren Zeitpunkt erkannt werden. Gleichwohl sollte eine kurze Untersuchung durch den Verantwortlichen vorgenommen werden, sobald erste Hinweise auf eine mögliche Datenschutzverletzung vorliegen. Während dieser ersten Untersuchung, die schnellstmöglich zu erfolgen hat, gilt die Verletzung noch nicht als bekannt.[231]

Dem Verantwortlichen wird es in der Regel nicht möglich sein, vor der Meldung einer Datenschutzverletzung eine umfassende rechtliche Bewertung der Situation vorzunehmen. Aus diesem Grund kann es zweckmäßig sein, dass Unternehmen vorsorglich Verletzungen melden und ggf. weitere Einzelheiten schrittweise nachreichen.[232]

Aus der Vorschrift geht nicht hervor, ob eine etwaige Kenntnis des *Auftragsverarbeiters* von der Datenschutzverletzung dem Verantwortlichen zuzurechnen ist. Sollte dies der Fall sein, so würde die Meldefrist mit Kenntnisnahme durch den Auftragsverarbeiter unabhängig davon beginnen, wann der Verantwortliche tatsächlich Kenntnis von der Datenschutzverletzung erlangt. Gegen ein solches Verständnis spricht die Tatsache, dass sowohl den Verantwortlichen als auch den Auftragsverarbeiter gem. Art. 33 DSGVO jeweils eigene Meldepflichten treffen und beide unabhängig voneinander für etwaige Verletzungen dieser Pflichten nach Art. 83 Abs. 4 DSGVO sanktioniert werden können.[233] Daher stellt die Meldung des Auftragsverarbeiters den maßgeblichen Zeitpunkt hinsichtlich der Kenntnis des Verantwortlichen dar,[234] selbst wenn der Auftragsverarbeiter die Verletzung nicht unverzüglich meldet.[235]

Unverzüglich/binnen 72 Stunden

Der Verantwortliche hat Datenschutzverletzungen unverzüglich und möglichst binnen 72 Stunden zu melden, nachdem ihm die Verletzung bekannt geworden ist. Allerdings ist auch eine Meldung binnen 72 Stunden nicht zwingend als „unverzüglich" anzusehen (obwohl eine zügigere Meldung wohl nur in sehr begrenzten Fällen möglich sein dürfte). Die *Unverzüglichkeit* einer Meldung ist unter Berücksichtigung der Art und Schwere der Datenschutzverletzung sowie ihrer Konsequenzen und negativen Auswirkungen auf die betroffenen Personen zu ermitteln.[236] Je mehr Risiken eine Datenschutzverletzung für die Rechte und Freiheiten der be-

[231] Zu den vorstehenden Ausführungen vgl. Art. 29 Datenschutzgruppe, WP 250 (2018), S. 11; EDPB, Guidelines 9/2022 on personal data breach notification under GDPR, Version 2.0 (2023), Rn. 31 ff.

[232] Grages in: Plath, DSGVO BDSG TTDSG, Art. 33 DSGVO (2023), Rn. 8.

[233] Grages, in: Plath, DSGVO BDSG TTDSG, Art. 33 DSGVO (2023), Rn. 17.

[234] EDPB, Guidelines 9/2022 on personal data breach notification under GDPR, Version 2.0 (2023), Rn. 44; Jandt, in: Kühling/Buchner, DSGVO BDSG, Art. 33 DSGVO (2020), Rn. 15.

[235] Jandt, in: Kühling/Buchner, DSGVO BDSG, Art. 33 DSGVO (2020), Rn. 15.

[236] ErwGr. 87 DSGVO.

troffenen Personen birgt, desto schneller muss eine Meldung erfolgen.[237] Allerdings kann eine Meldung in bestimmten Fällen bei Vorliegen berechtigter Gründe mehr als 72 Stunden erfordern. Ist dies der Fall, so ist der Meldung an die Aufsichtsbehörde gemäß Art. 33 Abs. 1 S. 2 DSGVO eine *Begründung für die Verzögerung* beizufügen.

Unternehmen sollten das Überschreiten der Meldefrist dennoch vermeiden, um behördlichen Maßnahmen und eventuellen Bußgeldern zu entgehen. Über die sehr knapp bemessene Meldefrist entsteht für Unternehmen faktisch die Pflicht zur fortlaufenden Überwachung ihrer Verarbeitungsvorgänge und Datenflüsse. Insbesondere die Implementierung spezifischer Meldepflichten-Richtlinien oder diesbezügliche Standard Operating Procedures dürften sich für Unternehmen als sinnvoll erweisen. Auch die Einführung eines Datenschutz-Managementsystems, soweit im konkreten Fall angemessen, kann eine entsprechende Hilfestellung bieten (siehe Abschn. 3.2.2).

3.8.2.4 Formelle Anforderungen

Art. 33 Abs. 3 DSGVO regelt die *Mindestanforderungen* hinsichtlich des Inhalts einer Meldung an die Aufsichtsbehörde. Sie muss folgende Angaben enthalten:

- eine Beschreibung der Art der Datenschutzverletzung (soweit möglich mit Angabe der Kategorien und der ungefähren Zahl der betroffenen Personen und Datensätze);
- Namen und Kontaktdaten des Datenschutzbeauftragten/der sonstigen Anlaufstelle;
- eine Beschreibung der wahrscheinlichen Folgen der Datenschutzverletzung; und
- eine Beschreibung der vom Verantwortlichen ergriffenen oder vorgeschlagenen Maßnahmen zur Behebung der Datenschutzverletzung.

Eine unverzügliche, inhaltlich unvollständige Meldung ist einer inhaltlich vollständigen, späteren Meldung häufig vorzuziehen. Aus diesem Grund ist es zulässig, Informationen ohne unangemessene weitere Verzögerung *schrittweise zur Verfügung zu stellen*, wenn und soweit sie nicht zur gleichen Zeit bereitgestellt werden können, Art. 33 Abs. 4 DSGVO.

Die DSGVO stellt keine Voraussetzungen bzgl. der Form einer Meldung auf. Allerdings stellen viele Aufsichtsbehörden auf ihren Webseiten inzwischen Meldeformulare zur Verfügung, auf die nach Möglichkeit zurückgegriffen werden sollte.

3.8.2.5 Ausnahme: kein Risiko für betroffene Personen

Art. 33 Abs. 1 DSGVO sieht eine Ausnahme von der Meldepflicht des Verantwortlichen vor: Eine Meldung an die Aufsichtsbehörde ist nicht erforderlich, wenn die Datenschutzverletzung *voraussichtlich nicht zu einem Risiko* für die Rechte und Freiheiten natürlicher Personen *führt*. Diese Risikobewertung hat der Verantwortliche nach Kenntnisnahme der Verletzung umgehend vorzunehmen, um sich eine Vorstellung hinsichtlich der Eintrittswahrscheinlichkeit und der möglichen Schwere

[237] Grages, in: Plath, DSGVO BDSG TTDSG, Art. 33 DSGVO (2023), Rn. 7.

der Folgen machen zu können.[238] Dadurch kann er sogleich Maßnahmen ergreifen und die Erforderlichkeit einer Meldung und Benachrichtigung besser abschätzen.[239] Die Erforderlichkeit einer Meldung ist beispielsweise abzulehnen, wenn personenbezogene Daten bereits öffentlich verfügbar sind und auch sonst kein Risiko für die Rechte und Freiheiten der betroffenen Personen in Betracht kommt.[240] Um das Risikopotenzial einer Verletzung einzuschätzen, sind die drohenden physischen, materiellen und immateriellen Schäden für natürliche Personen zu berücksichtigen.[241] Wenn der Verantwortliche unter Berücksichtigung der Umstände ein lediglich *geringes Risiko* für die Rechte und Freiheiten der betroffenen Personen identifiziert, dürfte ihn keine Pflicht zur Meldung der Verletzung an die Aufsichtsbehörde treffen.[242] Ein Risiko muss nicht zwingend im Moment der Verletzung vorhanden sein.[243] Der Verantwortliche muss vielmehr eine *Prognose* vornehmen, um zu bewerten, ob die Datenschutzverletzung zukünftige Risiken birgt.[244]

Die folgenden Kriterien[245] sollten in der Risikobewertung beachtet werden:

- Art der Datenschutzverletzung (z. B. Verlust oder Offenlegung);
- Art, Sensibilität und Umfang der Daten;
- Identifizierbarkeit der betroffenen Personen;
- Folge für die betroffenen Personen;
- besondere Eigenschaften der betroffenen Personen;
- besondere Eigenschaften des Verantwortlichen;
- Zahl der betroffenen Personen.

Wesentliche Indizien[246] für eine Meldepflicht sind:

- Betroffenheit von großen Datenmengen (z. B. 60.000 Kundendaten);
- unzureichende Backups (z. B. nur in Papierform);
- lang andauernde Unverfügbarkeit der Daten;
- Betroffenheit von sensiblen Datenkategorien (z. B. Patientendaten);
- Handlungsbedarf der Betroffenen zur Vermeidung materieller Schäden (z. B. Sperrung der Kreditkarte);
- Gefährdung der Passwortsicherheit;
- die betroffenen Daten sind unverschlüsselt;
- keine Möglichkeit, Datenmissbrauch durch Dritte zu verhindern;

[238] EDPB, Guidelines 9/2022 on personal data breach notification under GDPR, Version 2.0 (2023), Rn. 101.

[239] EDPB, Guidelines 9/2022 on personal data breach notification under GDPR, Version 2.0 (2023), Rn. 101.

[240] EDPB, Guidelines 9/2022 on personal data breach notification under GDPR, Version 2.0 (2023), Rn. 75.

[241] ErwGr. 85 DSGVO.

[242] Martini, in: Paal/Pauly, DSGVO BDSG, Art. 33 DSGVO (2021), Rn. 22.

[243] Siehe den Wortlaut von Art. 33 Abs. 1 DSGVO: „zu einem Risiko […] führt".

[244] Martini, in: Paal/Pauly, DSGVO BDSG, Art. 33 DSGVO (2021), Rn. 25.

[245] EDPB, Guidelines 9/2022 on personal data breach notification under GDPR, Version 2.0 (2023), Rn. 103 ff.

[246] Siehe hierzu auch EDPB, Guidelines 01/2021 on Examples regarding Personal Data Breach Notification, Version 2.0 (2021).

- mögliche schwere materielle oder nicht-materielle Folgen.
  Wesentliche Indizien[247] gegen eine Meldepflicht sind:
- nur geringe Datenmenge betroffen;
- Integrität der Daten und Zugriff nicht beeinträchtigt;
- keine direkten Auswirkungen auf Betroffene oder den Betrieb durch schnelles Wiederherstellen lediglich vorübergehend nicht verfügbarer Daten aus geeignetem Backup;
- keine Betroffenheit von sensiblen Daten;
- keine Beeinträchtigung der Vertraulichkeit der Daten (z. B. durch Passwortsicherung, moderne Verschlüsselung);
- schnelle Reaktion des Verantwortlichen.

Wenn vor dem Vorfall eine Datenschutz-Folgenabschätzung durchgeführt wurde, kann diese bei der Gefahrenprognose herangezogen werden.[248] Allerdings muss zwingend eine zusätzliche Bewertung unter Berücksichtigung der konkreten Umstände des Einzelfalls erfolgen.[249] Der *Verantwortliche* trägt das Risiko für den Fall, dass die Aufsichtsbehörde seine Einschätzung des Risikopotenzials nicht teilt und aufgrund dessen eine Verletzung der Meldepflicht annimmt, was zur Verhängung eines signifikanten Bußgelds führen kann.[250] Im Hinblick darauf sollten Verantwortliche ein niederschwelliges Meldeverhalten verfolgen.[251]

Beispiel[252]

Unternehmer A bietet Fahrradvermietungen über das Internet an. Zur Sicherung der Kundendaten wird u. a. ein mobiles Endgerät genutzt, welches die Kundendaten mithilfe zusätzlicher Schlüssel sichert. Es existieren mehrere Sicherungskopien der Kundendaten, sodass diese nicht lediglich auf dem Endgerät gespeichert sind. Es kommt zum Verlust des Endgeräts, wobei die Schlüssel zur Sicherung der Daten bei A verbleiben. Nach einigen Monaten wird eine Beeinträchtigung der Verschlüsselungssoftware festgestellt.

Im Zeitpunkt des Geräteverlusts handelt es sich um eine Datenschutzverletzung, die keine Meldung an die Aufsichtsbehörde erfordert. Solange der für die Verschlüsselung verwendete Schlüssel im Besitz des Verantwortlichen (hier: A) bleibt und es sich nicht um die einzige Kopie der personenbezogenen Daten handelt, besteht für Angreifer keine tatsächliche Zugänglichkeit zu den Daten. Die Verletzung würde voraussichtlich nicht zu einem Risiko für die Rechte und Freiheiten der betroffenen Personen führen, da die Datenkopien auf weiteren Ge-

[247] Siehe hierzu auch EDPB, Guidelines 01/2021 on Examples regarding Personal Data Breach Notification, Version 2.0 (2021).

[248] Franck, in: Schwartmann/Jaspers/Thüsing/Kugelmann, DSGVO BDSG, Art. 33 DSGVO (2020), Rn. 45.

[249] EDPB, Guidelines 9/2022 on personal data breach notification under GDPR, Version 2.0 (2023), Rn. 35, 104.

[250] Grages, in: Plath, DSGVO BDSG, Art. 33 DSGVO (2018), Rn. 12.

[251] Grages, in: Plath, DSGVO BDSG, Art. 33 DSGVO (2018), Rn. 12.

[252] Art. 29 Datenschutzgruppe, WP 250 (2018), S. 22.

räten verfügbar sind und die Daten auf dem abhandengekommenen Gerät durch die bestehende Verschlüsselung hinreichend gesichert ist. Nachdem die Verschlüsselungssoftware beeinträchtigt wurde, ist das Risiko für die Rechte und Freiheiten der betroffenen Personen anders zu bewerten, da die Daten auf dem Endgerät nicht mehr ausreichend gesichert sind. Daher ist eine Meldung ab diesem Zeitpunkt erforderlich. ◄

Beispiel

Unternehmen A betreibt einen Online-Shop und expandiert sein Geschäft mithilfe von Werbemaßnahmen und durch das Anbieten immer neuer Produkte. A's europäischer Kundenstamm wächst rasch, was demzufolge auch auf die Datenbank mit den Kontaktdaten (Namen, Adressen, Telefonnummern, E-Mail-Adressen) und Kreditkarteninformationen (für Zahlungszwecke) der Kunden zutrifft, welche A mithilfe eines Computerprogramms führt. Bei einem Softwareupdate wird ein Virus auf A's Computersystem installiert und die Datenbank gehackt. Dadurch erhält ein unbekannter Dritter Zugriff auf die Datenbank, einschließlich der Kreditkarteninformationen der Kunden. A ist besorgt, dass die Daten für unbekannte Zwecke an Dritte verbreitet werden und z. B. für Betrugsversuche verwendet werden könnten.

Die unbefugte Offenlegung der Kundendaten in diesem Beispiel ist eine Datenschutzverletzung. Der Zwischenfall betrifft eine große Anzahl natürlicher Personen und umfasst, unter anderem, die Offenlegung ihrer Kreditkarteninformationen gegenüber einer unbekannten Anzahl von Personen. Diese Situation birgt ein hohes Risiko für deren Recht auf Privatsphäre. Daher muss A die Datenschutzverletzung umgehend der zuständigen Aufsichtsbehörde melden. Die Meldung muss, neben anderen Angaben, die Kontaktdaten von A sowie die Informationen enthalten, dass Kreditkarteninformationen der Kunden offengelegt wurden, welche Bedenken A bzgl. des Schicksals dieser Daten hat und welche Abhilfemaßnahmen A in Bezug auf die entstandenen Risiken treffen möchte. ◄

Im Falle einer Datenschutzverletzung lassen sich, unabhängig davon, wie schwerwiegend der Vorfall im Einzelfall ist, grundlegende Verhaltensschritte zu der Bewältigung der Krise einteilen:

- Interne Meldung der Verletzung und Eskalation: Nach Kenntnis der Datenschutzverletzung ist eine schnellstmögliche Meldung des Vorfalls an die verantwortlichen Stellen im Unternehmen erforderlich (Konzernleitung, Datenschutzbeauftragter, Datenschutzkoordinatoren). Eine schnelle und effiziente Meldung und Eskalation des Vorfalls erhöht die Wahrscheinlichkeit einer erfolgreichen Bewältigung des Vorfalls. Die Meldewege sollten sich aus den datenschutzrechtlichen Richtlinien im Unternehmen ergeben.
- Sofortmaßnahmen: Nach der Meldung des Vorfalls müssen unverzüglich Sofortmaßnahmen eingeleitet werden, um weitere Datenschutzverletzungen zu ver-

meiden. Hierbei kann es sich um technische und organisatorische Maßnahmen handeln (z. B. wenn ein Server durch einen Zugriff von unbefugten Dritten kompromittiert ist, diesen offline zu nehmen).

- Behebung der Störung: Die zur Risikobewältigung verantwortliche Stelle beginnt mit der Behebung der Störung. Hierbei sollten zunächst die zum Vorfall vorhandenen Informationen ausgewertet und die derzeitige Lage bewertet werden (parallel zu der Risikoprognose für die Meldung). Auf Grundlage dieser Bewertung sollten entsprechende Handlungsoptionen festgelegt und durchgeführt werden.
- Geschäftsfortführung: Während des Vorfalls läuft der betroffene Bereich im Notfallbetrieb fort (z. B. durch Fortführen der Verarbeitung auf Grundlage von Back-Ups).
- Rückführung: Wurde die Datenschutzverletzung behoben, so kehrt die betroffene Stelle des Unternehmens zum Normalbetrieb zurück.
- Analyse und Dokumentation: Zusätzlich zu der verpflichtenden Dokumentation des Vorfalls (siehe Abschn. 3.8.2.6) sollte die Datenschutzverletzung analysiert werden, um künftige Verletzungen zu vermeiden und/oder die Bewältigung des Vorfalls effizienter zu gestalten.

3.8.2.6 Dokumentationspflicht

Gemäß Art. 33 Abs. 5 DSGVO ist der Verantwortliche dazu verpflichtet, *jegliche (folglich auch nicht gemeldete) Datenschutzverletzungen* zu dokumentieren, einschließlich aller im Zusammenhang mit der Verletzung stehenden Fakten, ihrer Auswirkungen und der ergriffenen Abhilfemaßnahmen.

Diese Dokumentation soll der Aufsichtsbehörde die *Überprüfung der Einhaltung* der Vorschriften zur Meldepflicht ermöglichen und kann zudem vom Verantwortlichen genutzt werden, um ein ggf. identifiziertes Vorliegen einer Ausnahme von der Meldepflicht nachzuweisen.[253]

3.8.3 Benachrichtigung der betroffenen Personen

Stellt der Verantwortliche bei einer Datenschutzverletzung die Wahrscheinlichkeit eines hohen Risikos für die persönlichen Rechte und Freiheiten natürlicher Personen fest, so hat er die betroffenen Personen *unverzüglich* von dieser Verletzung zu benachrichtigen, Art. 34 Abs. 1 DSGVO. Die Benachrichtigung soll es den betroffenen Personen ermöglichen, notwendige Vorsichtsmaßnahmen zu treffen und sollte daher eine Beschreibung der Art der Datenschutzverletzung sowie an die betroffenen Personen gerichtete Empfehlungen zur Minderung etwaiger nachteiliger Auswirkungen enthalten.[254]

---

[253] Martini, in: Paal/Pauly, DSGVO BDSG, Art. 33 DSGVO (2021), Rn. 55.

[254] ErwGr. 86 DSGVO; für Einzelheiten siehe Art. 34 Abs. 2 DSGVO in Verbindung mit Art. 33 Abs. 3 DSGVO.

Ein hohes Risiko kann dann angenommen werden, wenn die Datenschutzverletzung einen physischen, materiellen oder immateriellen Schaden für natürliche Personen nach sich zieht, wie Verlust der Kontrolle über ihre personenbezogenen Daten oder Einschränkung ihrer Rechte, Diskriminierung, Identitätsdiebstahl oder -betrug, finanzielle Verluste, unbefugte Aufhebung der Pseudonymisierung, Rufschädigung, Verlust der Vertraulichkeit von Daten, die einem Berufsgeheimnis unterliegen, oder andere erhebliche wirtschaftliche oder gesellschaftliche Nachteile für die betroffene natürliche Person.[255] Ferner stellen Datenschutzverletzungen im Zusammenhang mit der Verarbeitung gewisser Datenkategorien wie sensible Daten gem. Art. 9 Abs. 1 DSGVO, personenbezogene Daten über strafrechtliche Verurteilungen und Straftaten gem. Art. 10 DSGVO, Daten aus Profiling und Daten aus der systematischen Überwachung öffentlich zugänglicher Bereiche ein hohes Risiko dar.[256]

Sollte die *Aufsichtsbehörde* auf Grundlage einer erhaltenen Meldung feststellen, dass wegen einer bestimmten Datenschutzverletzung die Wahrscheinlichkeit eines hohen Risikos für die betroffenen Personen besteht, kann sie vom Verantwortlichen verlangen, diese zu benachrichtigen.[257]

Ausnahmen von der Benachrichtigungspflicht nach der DSGVO
Gemäß Art. 34 Abs. 3 DSGVO ist eine Benachrichtigung nicht erforderlich, soweit eine der folgenden Bedingungen erfüllt ist:

- der Verantwortliche hat geeignete *technische und organisatorische Sicherheitsvorkehrungen* getroffen und diese auf die von der Verletzung betroffenen Daten angewandt (z. B. durch Verschlüsselung der Daten);
- der Verantwortliche hat durch *nachfolgende Maßnahmen* sichergestellt, dass das hohe Risiko für die Rechte und Freiheiten der Betroffenen aller Wahrscheinlichkeit nach nicht mehr besteht. Zum Beispiel könnten nach einer umgehenden Ermittlung von Personen, die über einen Datenzugriff verfügen, Sofortmaßnahmen gegen diese Personen ergriffen werden, um eine tatsächliche Verwendung der Daten zu vermeiden. Auch wenn die Daten wegen der Sofortmaßnahmen nicht verwendet werden, sind die möglichen Folgen des Datenzugangs zu berücksichtigen;[258] oder
- die Benachrichtigung wäre mit einem *unverhältnismäßigen Aufwand* verbunden (stattdessen soll dann eine öffentliche Bekanntmachung oder eine ähnliche Informationsmaßnahme erfolgen). Dies wäre u. a. der Fall, wenn Kontaktdaten nicht (mehr) vorhanden sind (z. B. aufgrund einer Überflutung des Ortes, an dem

[255] Vgl. ErwGr. 75, 85.

[256] Brink, in: Wolff/Brink/v. Ungern-Sternberg, BeckOK Datenschutzrecht, Art. 34 DSGVO (45. Ed. 01.02.2022), Rn. 26.

[257] Art. 34 Abs. 4 DSGVO.

[258] EDPB, Guidelines 9/2022 on personal data breach notification under GDPR, Version 2.0 (2023), Rn. 97.

alle Daten in Papierform aufbewahrt wurden).[259] Ein unverhältnismäßiger Aufwand könnte auch in Fällen anzunehmen sein, in denen die betroffenen Daten aus zeitlichen Gründen keine besondere Relevanz aufweisen. Zum Beispiel sollte eine öffentliche Bekanntmachung ausreichen, wenn die betroffenen Daten von Patienten eines Krankenhauses stammen, die seit vielen Jahren nicht mehr in dem Krankenhaus waren.[260]

Um die Erforderlichkeit einer Benachrichtigung der betroffenen Personen insgesamt zu vermeiden, sollten Unternehmen eine Verschlüsselung all jener personenbezogenen Daten in Betracht ziehen, bei denen eine Datenschutzverletzung eine entsprechende Benachrichtigungspflicht auslösen würde. Dies betrifft risikoreiche Verarbeitungsvorgänge, z. B. Tätigkeiten, die besondere Kategorien personenbezogener Daten betreffen (siehe Abschn. 4.2.3).

Folgende Kriterien sollten bei der Entscheidung, ob eine Benachrichtigung des Betroffenen stattzufinden hat berücksichtigt werden:

- *Verschlüsselung/Pseudonymisierung*: Daten wurden so verschlüsselt, dass trotz eines unbefugten Zugangs kein hohes Risiko für die betroffenen Personen besteht.
- *Schadensminimierung*: Maßnahmen können eingeleitet werden, durch die das zunächst vorliegende hohe Risiko nachträglich beseitigt oder so reduziert wird, das negative Folgen für die betroffene Person unrealistisch sind (z. B. bei einem Postversandfehler, bei dem zwar nicht ausgeschlossen werden kann, dass die Daten missbraucht werden, der Verantwortliche aber notwendige Schritte eingeleitet hat, um den falschen Empfänger zu identifizieren, sich den falsch zugestellten Brief zurücksenden hat lassen und den falschen Empfänger auch darüber unterrichtet hat, die gelesenen Informationen nicht zu missbrauchen).
- *Anzahl der betroffenen Personen*: Auch eine sehr hohe Anzahl von Betroffenen kann gegen eine individuelle Benachrichtigung sprechen.
- *Zeitaufwand*: Können alle betroffenen Personen einzeln benachrichtigen werden oder drohen hierdurch weitere Schäden? Ein unverhältnismäßiger Aufwand kann auch angenommen werden, wenn weitere Schäden nur durch eine öffentliche Bekanntmachung effektiv unterbunden werden können (z. B. wenn eine Mitwirkung der Betroffenen notwendig ist).

Zur Erfüllung der Rechenschaftspflicht sollte der Verantwortliche sicherstellen, dass er (sofern die Betroffenen nicht benachrichtigt wurden) mindestens eine Bedingung des Art. 34 Abs. 3 DSGVO nachweisen kann. Zudem ist bei dem Verzicht auf die Benachrichtigung zu berücksichtigen, dass eine nachträgliche Änderung der Umstände eine erneute Risikobewertung nach sich ziehen kann und daher eine

[259] EDPB, Guidelines 9/2022 on personal data breach notification under GDPR, Version 2.0 (2023), Rn. 97.

[260] EDPB, Guidelines 01/2021 on Examples regarding Personal Data Breach Notification, Version 2.0 (2021), Rn. 39.

eventuelle Benachrichtigung des Betroffenen nachträglich erforderlich werden könnte.[261]

Insgesamt ist zu berücksichtigen, dass die Benachrichtigung der Betroffenen für die Datenschutz-Aufsichtsbehörden einen sehr hohen Stellenwert hat. Die Benachrichtigung sollte also die Regel und die Nichtbenachrichtigung die – gut begründete – Ausnahme bilden.

Ausnahme von der Benachrichtigungspflicht nach dem BDSG

§ 29 BDSG sieht eine Ausnahme von der Benachrichtigungspflicht gegenüber den betroffenen Personen aus *Geheimhaltungsgründen* vor. Danach besteht die Pflicht nicht, soweit durch die Benachrichtigung Informationen offenbart würden, die nach einer Rechtsvorschrift oder ihrem Wesen nach, insbesondere wegen der überwiegenden berechtigten Interessen eines Dritten, geheim gehalten werden müssen, § 29 Abs. 1 S. 3 BDSG. Die Ausnahmeregelung des § 29 Abs. 1 BDSG betrifft im Grundsatz die rechtliche Beziehung von Berufsgeheimnisträgern, welche im Rahmen ihrer Tätigkeiten personenbezogene Daten von einem Betroffenen als Kunden enthalten (z. B. ein Arzt im Rahmen eines Behandlungsverhältnisses).[262] Daten sind nach einer Rechtsvorschrift geheimhaltungsbedürftig, wenn materiell-rechtliche Normen Adressaten dazu verpflichten, gewisse Informationen geheim zu halten.[263] Hierbei handelt es sich um Normen, welchen Berufsgeheimnisträgern (z. B. Rechtsanwälte, Steuerberater, Wirtschaftsprüfer) Geheimhaltungspflichten auferlegen.

Daten sind ihrem Wesen nach geheimhaltungsbedürftig, wenn der mit der Geheimhaltung verfolgte, von der Rechtsordnung als schutzbedürftig anerkannte Zweck durch die Offenbarung der Informationen im Rahmen der Benachrichtigung in gravierender Weise beeinträchtigt würde.[264] Die wesensmäßige Geheimhaltungsbedürftigkeit könnte sich u. a. aus der *Funktion der Daten* ergeben.[265] Ob Daten im Einzelfall geheimhaltungsbedürftig sind, lässt sich anhand einer Abwägung des Geheimhaltungszwecks mit den Interessen der betroffenen Person ermitteln.[266] Zu beachten ist hierbei, dass für das „Wesen der Daten" nicht relevant ist, um was für eine Art von Informationen es sich handelt, maßgebend ist nur, ob der Grund für die Geheimhaltungspflicht von der Rechtsordnung als schutzwürdig anerkannt ist.[267] Gesundheitsdaten sind bspw. ihrem Wesen nach nicht geheim, da die Grundrechte eines jeden Patienten diesem ein grundsätzliches Einsichtsrecht zugestehen.[268] Aus den verschiedenen Berufsordnungen der Ärzte ergibt sich aber aufgrund des besonders

---

[261] EDPB, Guidelines 9/2022 on personal data breach notification under GDPR, Version 2.0 (2023), Rn. 99.

[262] Gräber/Nolden, in: Paal/Pauly, DSGVO BDSG, § 29 BDSG (2021), Rn. 3.

[263] Gräber/Nolden, in: Paal/Pauly, DSGVO BDSG, § 29 BDSG (2021), Rn. 6.

[264] Laue, in: Spindler/Schuster, Recht der elektronischen Medien, Art. 34 DSGVO (2019), Rn. 21.

[265] Siehe auch Uwer, in: Wolff/Brink/v. Ungern-Sternberg, BeckOK Datenschutzrecht, § 29 BDSG (45. Ed. 01.08.2023), Rn. 8.

[266] Herbst, in: Kühling/Buchner, DSGVO BDSG, § 29 BDSG (2020), Rn. 7.

[267] Herbst, in: Kühling/Buchner, DSGVO BDSG, § 29 BDSG (2020), Rn. 7.

[268] Siehe auch Mallmann, in: Simitis, Bundesdatenschutzgesetz, § 19 BDSG (2014), Rn. 100.

schutzbedürftigen Verhältnisses zwischen Ärzten und Patienten eine solche Geheimhaltungspflicht, welche auch von der Rechtsordnung anerkannt wird.[269] Ferner können auch Daten ihrem Wesen nach geheimhaltungsbedürftig sein, wenn die Parteien hierfür ausdrücklich eine vertragliche Verschwiegenheitspflicht vereinbart haben.[270]

Die Geheimhaltungsbedürftigkeit von Informationen kann sich auch aus den *überwiegenden berechtigten Interessen eines Dritten* ergeben. Der Begriff „berechtigt" legt ein weites Begriffsverständnis nahe: Die Interessen müssen angesichts der konkreten Situation berechtigt erscheinen und können *rechtlicher, wirtschaftlicher, ideeller oder anderer Natur* sein.[271] „Dritter" ist jede natürliche oder juristische Person, Behörde, Einrichtung oder andere Stelle, außer der betroffenen Person, dem Verantwortlichen, dem Auftragsverarbeiter und den für letztere mit der Verarbeitung beschäftigten Personen.[272] Die Ausnahme von der Benachrichtigungspflicht auf Grundlage dieser Vorschrift ist das Ergebnis einer Interessenabwägung. Diese kann letztlich trotz des Vorhandenseins berechtigter Geheimhaltungsinteressen zugunsten des Interesses der betroffenen Person an der Benachrichtigung von der Datenschutzverletzung ausfallen, insbesondere unter Berücksichtigung für sie drohender Schäden.[273]

Rolle der Aufsichtsbehörden und des Europäischen Datenschutzausschusses
Die Benachrichtigung betroffener Personen soll in enger Absprache mit der Aufsichtsbehörde erfolgen.[274] Letztere ist auch befugt festzustellen, ob eine der Bedingungen des Art. 34 Abs. 3 DSGVO erfüllt ist und kann Weisungen hinsichtlich der Benachrichtigung der betroffenen Personen erteilen.[275]

Beispiel

Die Kundendatenbank von Unternehmen A wurde mittels eines bei einem Softwareupdate auf dem Computersystem installierten Virus gehackt. Die Kundendaten, einschließlich Kreditkarteninformationen, wurden einer unbekannten Anzahl Dritter offengelegt und möglicherweise für eine weitergehende Nutzung verbreitet, wie bspw. für die Begehung von Betrugsversuchen. A hat bereits eine Meldung über die Datenschutzverletzung an die zuständige Aufsichtsbehörde gemacht, welche eine Benachrichtigung der betroffenen Personen für notwendig erachtet.

In diesem Beispiel bringt die Offenlegung der Kreditkarteninformationen ein hohes Risiko für die Rechte und Freiheiten der betroffenen Personen mit sich. Daher muss A unverzüglich die Kunden über die Offenlegung ihrer personen-

---

[269] Gräber/Nolden, in: Paal/Pauly, DSGVO BDSG, § 29 BDSG (2021), Rn. 7.

[270] Schantz, in: Schantz/Wolff, Das neue Datenschutzrecht, G. VI. Berufsgeheimnisträger (2017), Rn. 1366.

[271] Louven, in: Taeger/Gabel, DSGVO BDSG TTDSG, § 29 BDSG (2022), Rn. 6.

[272] Art. 4 Nr. 10 DSGVO.

[273] § 29 Abs. 1 S. 4 BDSG.

[274] ErwGr. 86 DSGVO.

[275] Siehe Art. 34 Abs. 4 DSGVO und ErwGr. 86 DSGVO.

bezogenen Daten benachrichtigen. A muss den Betroffenen seine Kontaktdaten mitteilen und den Zwischenfall, die wahrscheinlichen Konsequenzen der Verletzung sowie die von ihm beabsichtigten Abhilfemaßnahmen beschreiben. Im Rahmen dieser Abläufe kann die Aufsichtsbehörde A beratend zur Seite stehen, damit A den betroffenen Personen Ratschläge zum Umgang mit der Datenschutzverletzung und ihren Folgen erteilen kann. ◄

Gemäß Art. 70 Abs. 1 lit. h DSGVO stellt der EDSA (siehe Abschn. 6.5.1) Leitlinien, Empfehlungen und bewährte Verfahren bereit, um die Beurteilung zu erleichtern, ob eine Datenschutzverletzung voraussichtlich ein hohes Risiko für die Rechte und Freiheiten natürlicher Personen zur Folge hat. Die insofern einschlägigen Leitlinien ergeben sich zum einen aus den vom Ausschuss im Jahre 2023 veröffentlichten *Guidelines 9/2022 on Personal Data Breach Notification under GDPR*, die eine aktualisierte Version des *WP 250* der *Art. 29 Datenschutzgruppe* sind, und zum anderen aus der im Jahre 2022 veröffentlichten aktualisierten Version der *Guidelines 01/2021 on Examples regarding Personal Data Breach Notification.*

3.9 Datenschutz-Folgenabschätzung („Data Protection Impact Assessment") und vorherige Konsultation

Birgt eine Art der Datenverarbeitung, insbesondere unter Verwendung neuer Technologien, voraussichtlich eine *hohes Risiko* für die Rechte und Freiheiten der betroffenen Personen angesichts ihrer Art, ihres Umfangs, ihrer Umstände und ihrer Zwecke, so hat der Verantwortliche[276] vorab eine *Abschätzung der Folgen* der vorgesehenen Verarbeitungsvorgänge für den Schutz personenbezogener Daten durchzuführen, Art. 35 Abs. 1 S. 1 DSGVO. Zudem können auch bereits stattfindende Verarbeitungsvorgänge Gegenstand einer Datenschutz-Folgenabschätzung werden, z. B. wenn eine Änderung der Verarbeitungszwecke oder der von der Verarbeitung betroffenen Daten zu einer Veränderung des Risikopotenzials der Verarbeitungstätigkeiten führt, siehe Art. 35 Abs. 11 DSGVO.[277] Die Datenschutz-Folgenabschätzung soll den Schutz der personenbezogenen Daten sicherstellen und die Einhaltung der Bestimmungen der DSGVO nachweisen.[278] Die Datenschutz-Folgenabschätzung umfasst eine Bewertung der Ursache, Art, Besonderheit und Schwere des Datenschutzrisikos.[279] Es handelt sich um ein *präventives Datenschutzinstrument.*

[276] Gemäß ErwGr. 95 DSGVO soll der Auftragsverarbeiter den Verantwortlichen, soweit erforderlich und auf dessen Anfrage hin, bei der Gewährleistung der Einhaltung der sich aus der Datenschutz-Folgenabschätzung sowie der vorherigen Konsultation der Aufsichtsbehörden ergebenden Auflagen unterstützen. Siehe auch Art. 28 Abs. 3 S. 2 lit. f DSGVO, gemäß dem der Vertrag zwischen Verantwortlichem und Auftragsverarbeiter vorsehen soll, dass der Auftragsverarbeiter den Verantwortlichen bei der Erfüllung seiner Verpflichtungen aus Art. 35, 36 DSGVO unterstützt.

[277] DSK, Kurzpapier Nr. 5 (2018), S. 3.

[278] ErwGr. 90 DSGVO.

[279] ErwGr. 84 DSGVO.

Die Abschätzung erfolgt in *drei Schritten*:

1. Der Verantwortliche führt in der Vorbereitungsphase eine interne Risikoabschätzung (oberflächliche „Schwellwertanalyse") durch;[280]
2. ergibt diese Vorprüfung ein voraussichtlich hohes Risiko, folgt in einem zweiten Schritt die tatsächliche Folgenabschätzung;[281] und
3. im Falle der Identifizierung eines hohen Risikos, welches der Verantwortliche nicht durch Maßnahmen einzudämmen vermag, sind die Aufsichtsbehörden nach Art. 36 Abs. 1 DSGVO ggf. zu konsultieren.[282]

3.9.1 Betroffene Arten von Verarbeitungstätigkeiten

Entsprechend des *risikobasierten Ansatzes* der DSGVO hat der Verantwortliche eine Prognose hinsichtlich der Auswirkungen seiner künftigen Verarbeitungstätigkeiten anzustellen, sofern er die Wahrscheinlichkeit eines hohen Risikos festgestellt hat (siehe Abschn. 3.2.1). Wann ein solches hohes Risiko vorliegt, wird allerdings nicht klargestellt.

Eine einzige Folgenabschätzung kann für eine Reihe ähnlicher Verarbeitungsvorgänge mit ähnlich hohen Risiken durchgeführt werden, Art. 35 Abs. 1 S. 2 DSGVO. Außerdem kann eine *thematisch breitere Folgenabschätzung* verhältnismäßig und unter ökonomischen Gesichtspunkten zweckmäßig sein, wenn bspw. mehrere Verantwortliche eine gemeinsame Anwendung, Plattform oder Verarbeitungsumgebung für einen Wirtschaftssektor einführen möchten.[283]

Vor allem der Einsatz *neuer Technologien* erfordert eine sorgfältige Abschätzung der mit der geplanten Verarbeitung verbundenen Risiken und Auswirkungen.[284] Dasselbe gilt für *neue Arten von Verarbeitungstätigkeiten* sowie Verarbeitungstätigkeiten, für die noch keine Datenschutz-Folgenabschätzung durch den Verantwortlichen erfolgt ist oder für die sich die Notwendigkeit einer Folgenabschätzung erst im Laufe der seit der ursprünglichen Verarbeitung *vergangenen Zeit* ergibt.[285]

Art. 35 Abs. 3 lit. a bis c DSGVO enthält *Regelbeispiele* für risikobehaftete Datenverarbeitungstätigkeiten, die demnach die Durchführung einer Datenschutz-Folgenabschätzung regelmäßig erforderlich machen:

- *Systematische und umfassende Bewertung personenbezogener Daten*: Eine Folgenabschätzung ist notwendig, soweit eine systematische und umfassende

[280] DSK, Kurzpapier Nr. 5 (2018), S. 1; v. d. Bussche/Raguse in: Plath, DSGVO BDSG TTDSG, Art. 35 DSGVO (2023), Rn. 5.

[281] DSK, Kurzpapier Nr. 5 (2018), S. 1; v. d. Bussche/Raguse in: Plath, DSGVO BDSG TTDSG, Art. 35 DSGVO (2018), Rn. 5, 6.

[282] v. d. Bussche/Raguse, in: Plath, DSGVO BDSG TTDSG, Art. 35 DSGVO (2023), Rn. 7.

[283] ErwGr. 92 DSGVO.

[284] Art. 35 Abs. 1 DSGVO.

[285] ErwGr. 89 DSGVO.

Bewertung persönlicher Aspekte natürlicher Personen mittels einer automatisierten Verarbeitung stattfindet und diese als Grundlage für Entscheidungen mit Rechtswirkung oder ähnlich beeinträchtigenden Folgen für die Betroffenen dient. Dies umfasst auch *Profiling*.

- *Verarbeitung besonderer Kategorien personenbezogener Daten*: Die *umfangreiche* Verarbeitung besonderer Kategorien personenbezogener Daten (Art. 9 Abs. 1 DSGVO) oder von personenbezogenen Daten über strafrechtliche Verurteilungen und Straftaten (Art. 10 DSGVO) erfordert eine Datenschutz-Folgenabschätzung.
- *Überwachung öffentlich zugänglicher Bereiche*: Eine Folgenabschätzung ist auch für den Fall einer *systematischen umfangreichen Überwachung* öffentlich zugänglicher Bereiche erforderlich, vor allem im Falle des Einsatzes optoelektronischer Einrichtungen, also von Videokameras.[286] Dies berücksichtigt den einschüchternden Effekt einer öffentlichen Überwachung von Personen, welche grundsätzlich geeignet ist, das Recht auf Privatsphäre zu beeinträchtigen.[287]

Die vorstehenden Ausführungen machen deutlich, dass eine Datenschutz-Folgenabschätzung in ganz unterschiedlichen Fällen notwendig werden kann. Angesichts der Vielfalt der betroffenen Situationen und des einzelfallbasierten Ansatzes ist die Entscheidung über die Durchführung einer Folgenabschätzung für den Verantwortlichen sorgfältig zu treffen. Die DSGVO normiert bereits drei Regelbeispiele, bei denen Verantwortliche zu der Durchführung einer Folgenabschätzung verpflichtet sind, Art. 35 Abs. 3 DSGVO. Wie aber der Wortlaut der Norm bereits zeigt, handelt es sich hierbei nicht um eine abschließende Auflistung der Fälle und Kriterien, welche eine solche Abschätzung notwendig machen. Daher sollten Verantwortliche mit den vorhandenen Leitlinien für die Durchführung der Risikobewertung und den entsprechenden Hilfsmitteln der Aufsichtsbehörden vertraut sein, um die Notwendigkeit einer Datenschutz-Folgenabschätzung im Einzelfall zu beurteilen.

Unter anderem hat die Art. 29 Datenschutzgruppe neun (nicht abschließende) Kriterien aufgezählt, welche für das Vorliegen von risikoreichen Verarbeitungsvorgänge sprechen könnten.[288] Werden von einer Verarbeitungstätigkeit mehrere der nachfolgenden Kriterien zeitgleich erfüllt, sollte eine Datenschutzfolgenabschätzung durchgeführt werden:[289]

- Bewertung oder Einstufung (Scoring), insbesondere von persönlichen Aspekten (wie etwa Arbeitsleistung, wirtschaftliche Lage, Gesundheit, Interessen, Zuverlässigkeit) der betroffenen Person. Dies ist zum Beispiel der Fall, wenn ein Finanzinstitut eine Betrugsdatenbank nach seinen Kunden durchsucht;[290]

---

[286] ErwGr. 91 DSGVO.

[287] Martini, in: Paal/Pauly, DSGVO BDSG, Art. 35 DSGVO (2021), Rn. 31.

[288] Art. 29 Datenschutzgruppe, WP 248 (2017a), S. 9 ff., welche vom EDSA gebilligt wurden.

[289] Art. 29 Datenschutzgruppe, WP 248 (2017a), S. 11.

[290] Art. 29 Datenschutzgruppe, WP 248 (2017a), S. 9.

- automatisierte Entscheidungen (beispielsweise über die Möglichkeit des Abschlusses eines Vertrages) mit rechtlicher, tatsächlich ausgrenzender oder in ähnlicher Weise erheblich beeinträchtigender Wirkung für die betroffene Person;[291]
- eine systematische Überwachung, d. h., im Rahmen eines geordneten Prinzips oder methodischen Plans, oder eine zielgerichtete Beobachtung oder Kontrolle von Betroffenen. Hierunter kann z. B. eine Videoüberwachung oder eine analytische Überwachung des Netzwerkverkehrs im Internet fallen.[292] Auch die systematische Überwachung öffentlich zugänglicher Bereiche (Art. 35 Abs. 3 lit. c DSGVO) ist hierbei umfasst. Letzteres Kriterium dient der Erfassung von Fällen, in denen Betroffene keine Kenntnis von den ihre Daten verarbeitenden Stellen haben oder die Verarbeitung möglicherweise nicht vermeiden können;[293]
- vertrauliche oder höchstpersönliche Daten, die ein besonderes Schutzinteresse begründen können. Neben den Datenkategorien aus Art. 9 DSGVO und Art. 10 DSGVO sind Daten auch als vertraulich anzusehen, wenn sie im Zusammenhang mit Aktivitäten stehen, welche zur Intim-/Privatsphäre des Betroffenen gehören (z. B. private Telekommunikation im Rahmen des Fernmeldegeheimnisses), welche sich auf die Ausübung der Grundrechte auswirken können (z. B. die Erfassung von Standortdaten, deren Erfassung auch das Recht auf Freizügigkeit eines Betroffenen betrifft) oder deren Missbrauch ernsthafte negative Konsequenzen für den Betroffenen haben kann (z. B. Finanzdaten, welche im Rahmen eines Zahlungsbetruges missbraucht werden können);[294]
- Datenverarbeitung in großem Umfang (vgl. diesbezügliche Hinweise aus ErwGr. 91 DSGVO). Die erwähnten Leitlinien führen vier Faktoren (Zahl der Betroffenen, verarbeitete Datenmenge, Dauer und geografisches Ausmaß der Datenverarbeitung) zur Qualifizierung als „großen Umfang" an. Es werden keine konkreten Zahlen oder Vorgaben genannt, doch die Anforderungen erscheinen mit Blick auf die in den Leitlinien genannten Beispiele nicht besonders hoch. Als Beispiel wird u. a. die Nutzung einer Verteilerliste angeführt, mit der ein Online-Magazin seinen Kunden tägliche Übersichten übermittelt. Eine umfangreiche Datenverarbeitung soll auch bei der Verarbeitung von Patientendaten durch ein Krankenhaus, der Verarbeitung von Reisedaten durch einen Betreiber eines öffentlichen Verkehrsdienstes und bei der Verarbeitung von Kundendaten zum Zwecke der verhaltensbasierten Werbung bei einem Suchmaschinenbetreiber vorliegen.[295] Aus dem ErwGr. 91 DSGVO ergibt sich zudem, dass keine Verarbeitung im großen Umfang stattfindet, wenn Daten von einzelnen Patienten/Mandaten durch einen Arzt/Rechtsanwalt verarbeitet werden. Eine klare nummerische Abgrenzung erscheint im Hinblick auf den vorhandenen Interpretationsspielraum schwierig, wobei der Bundesbeauftragter für den Daten-

[291] Reibach, in: Taeger/Gabel, DSGVO BDSG TTDSG, Art. 35 DSGVO (2022), Rn. 20.

[292] Reibach, in: Taeger/Gabel, DSGVO BDSG TTDSG, Art. 35 DSGVO (2022), Rn. 20.

[293] Art. 29 Datenschutzgruppe, WP 248 (2017a), S. 9.

[294] Art. 29 Datenschutzgruppe, WP 248 (2017a), S. 9–10; Reibach, in: Taeger/Gabel, DSGVO BDSG TTDSG, Art. 35 DSGVO (2022), Rn. 20.

[295] Vgl. Art. 29 Datenschutzgruppe, WP 243 (2017a), S. 7.

schutz und Informationsfreiheit eine Datenverarbeitung in großem Umfang bei einer Datenverarbeitung von über 5.000.000 Betroffenen oder 40 % einer betroffenen Personengruppe annimmt.[296] Letztendlich bedarf es einer Gesamtschau aller relevanten Faktoren im Einzelfall für eine solche Bewertung. Auch ist zu berücksichtigen, dass der Umfang von Datenverarbeitungen mit Fortschreiten der Digitalisierung exponentiell zunimmt, sodass ein insoweit starrer Schwellenwert nicht herangezogen werden sollte;

- Verarbeitung von Datensätzen, die Daten aus mehreren Quellen vergleichen oder kombinieren;[297]
- Verarbeitung von Daten schutzbedürftiger Personen (z. B. Kinder, Arbeitnehmer, Senioren, Patienten). Die Schutzbedürftigkeit ist anzunehmen, wenn ein ungleiches Machtverhältnis zwischen dem Verantwortlichen und der betroffenen Person besteht. Das Kriterium ist bei jeder Verarbeitung von Daten schutzbedürftiger Personen erfüllt. Denn es ist davon auszugehen, dass schutzbedürftige Personen ihre Daten nicht eigenständig hinreichend schützen können;[298]
- Vorgänge oder Verarbeitung unter Einsatz neuer Technologien oder neuer organisatorischer Lösungen. Dieses Kriterium berücksichtigt die unvorhersehbaren Folgen, die der Einsatz neuer Technologien haben kann. Auch wenn die Verwendung neuer Technologien ausdrücklich in Art. 35 Abs. 1 S. 1 DSGVO aufgezählt ist, verdeutlichen die Leitlinien hiermit, dass gerade noch völlig unbekannte Innovationen oder Technologien, die über keine hinreichende Marktdurchdringung verfügen, erfasst werden sollen;[299]
- Verhinderung der Ausübung eines Rechts einer betroffenen Person oder der Nutzung einer Dienstleistung bzw. Durchführung eines Vertrages. Beispielsweise fällt hierunter die durch eine Bank hinsichtlich der Entscheidung über Kreditvergaben erfolgenden Durchsuchung externer Datenbanken.[300]

Positiv- und Negativlisten („Blacklists“ und „Whitelists“)

Gemäß Art. 35 Abs. 4, 5 DSGVO erlässt jede nationale Aufsichtsbehörde sogenannte Positivlisten („Blacklists“) und Negativlisten („Whitelists“), welche jeweils eine Auflistung von Verarbeitungstätigkeiten enthalten, die eine Datenschutz-Folgenabschätzung erfordern bzw. nicht erfordern. Damit ist es Aufgabe der Aufsichtsbehörden klarzustellen, welche Tätigkeiten sie als besonders risikobehaftet einstufen, was zu einer größeren Rechtsklarheit für die Verantwortlichen im Hinblick auf ihre Datenschutzpflichten nach der DSGVO führen wird.[301] Während der

[296] BfDI, Liste von Verarbeitungstätigkeiten gemäß Artikel 35 Abs. 4 DSGVO (2018), S. 3.

[297] Reibach, in: Taeger/Gabel, DSGVO BDSG TTDSG, Art. 35 DSGVO (2022), Rn. 20; Datenschutzkonferenz, Liste von Verarbeitungsvorgängen nach Art. 35 Abs. 4 DSGVO.

[298] ErwGr. 75; Art. 29 Datenschutzgruppe, WP 248 (2017a), S. 10; Reibach, in: Taeger/Gabel, DSGVO BDSG TTDSG, Art. 35 DSGVO (2022), Rn. 20.

[299] Reibach, in: Taeger/Gabel, DSGVO BDSG TTDSG, Art. 35 DSGVO (2022), Rn. 20.

[300] Art. 29 Datenschutzgruppe, WP 248 (2017a), S. 11.

[301] Martini, in: Paal/Pauly, DSGVO BDSG, Art. 35 DSGVO (2021), Rn. 33.

Erlass von Positivlisten für die Behörden verpflichtend ist, ist die Ausarbeitung von Negativlisten optional.[302]

Mittlerweile liegen von allen EU-Mitgliedstaaten Positivlisten vor.[303] Diese enthalten Fälle, in denen Verarbeitungsvorgänge mit einem hohen Risiko verbunden sind bzw. eine Datenschutz-Folgenabschätzung durchzuführen ist.[304] Danach ist z. B. bei einer zentralen Messdatenspeicherung von in Fitnessarmbändern oder Smartphones eingebauten Sensoren sowie beim Einsatz von Data-Loss-Prevention-Systemen, die systematische Profile von Mitarbeitern erstellen, eine Folgenabschätzung zwingend durchzuführen.[305] Negativlisten sind aktuell nur von Tschechien und Frankreich vorhanden.[306] Neben den Listen sind weitere Hilfsmittel zur Ermittlung der Erforderlichkeit einer Datenschutz-Folgenabschätzung denkbar. Zum Beispiel hat die französische Aufsichtsbehörde (CNIL) eine öffentlich zugängige Anwendung (PIA-Software) zur besseren Einschätzung dieser Fälle bereitgestellt.[307]

Da die Anwendbarkeit der DSGVO vom technischen Wandel unabhängig sein soll,[308] können diese *Listen niemals abschließend* sein, weil durch technische Innovationen und besondere Verarbeitungskonstellationen risikoreiche Verarbeitungsvorgänge entstehen können, die in den Listen noch nicht enthalten sind.[309]

Für den Fall, dass eine in der Liste aufgeführte Verarbeitungstätigkeit Auswirkungen auf mehrere EU-Mitgliedstaaten hat, arbeiten die betroffenen Aufsichtsbehörden im Rahmen des Kohärenzverfahrens zusammen (siehe Art. 63 DSGVO und Abschn. 6.5.3), um den Inhalt ihrer Listen entsprechend zu konsolidieren, Art. 35 Abs. 6 DSGVO.

Unternehmen sollten prüfen, ob die von ihnen vorgesehenen Verarbeitungstätigkeiten in den Blacklists oder Whitelists des EU-Mitgliedstaats enthalten sind, in welchem sie ihre Datenverarbeitung ausführen wollen.[310] Ist dies der Fall, können die Listen als Richtlinie hinsichtlich der Erforderlichkeit einer Datenschutz-Folgenabschätzung dienen.

---

[302] Siehe der Wortlaut von Art. 35 Abs. 4 und Art. 57 Abs. 1 lit. k DSGVO „erstellt" und Art. 35 Abs. 5 DSGVO „kann […] erstellen".

[303] Jandt, in: Kühling/Buchner, DSGVO BDSG, Art. 35 DSGVO (2020) Rn. 13.

[304] Reibach, in: Taeger/Gabel, DSGVO BDSG TTDSG, Art. 35 DSGVO (2022), Rn. 27 (m.w.N.).

[305] Datenschutzkonferenz, Liste von Verarbeitungsvorgängen nach Art. 35 Abs. 4 DSGVO (2018), S. 3, 4, Reibach, in: Taeger/Gabel, DSGVO BDSG TTDSG, Art. 35 DSGVO (2022), Rn. 27 (m.w.N.).

[306] Jandt in: Kühling/Buchner, DSGVO BDSG, Art. 35 DSGVO (2020), Rn. 21.

[307] Abrufbar unter: https://www.cnil.fr/en/open-source-pia-software-helps-carry-out-data-protection-impact-assessment, zuletzt aufgerufen am: 23.11.2023.

[308] ErwGr. 15 DSGVO.

[309] Hansen, in: Wolff/Brink/v. Ungern-Sternberg, BeckOK Datenschutzrecht, Art. 35 DSGVO (45. Ed. 01.11.2021), Rn. 32.

[310] Die Listen sind aufrufbar unter: https://edpb.europa.eu/our-work-tools/consistency-findings/register-for-decisions_en?f%5B0%5D=register_decisions_topic%3A138, zuletzt aufgerufen am: 23.11.2023.

3.9.2 Vornahme der Folgenabschätzung

Ausgehend von dem *präventiven Schutzansatz* der DSGVO umfasst die Folgenabschätzung inhaltlich Verarbeitungsvorgänge von ihrer Vorbereitung bis hin zu ihren nachträglichen Auswirkungen.

3.9.2.1 Mindestanforderungen

Art. 35 Abs. 7 DSGVO sieht *Mindestanforderungen* hinsichtlich des Umfangs der Datenschutz-Folgenabschätzung vor. Dabei handelt es sich im Einzelnen um:

- eine systematische Beschreibung der geplanten Verarbeitungsvorgänge und Zwecke der Verarbeitung, ggf. einschließlich der vom Verantwortlichen verfolgten berechtigten Interessen. Wurden im Rahmen der Vorprüfung nach Art. 35 Abs. 1 DSGVO Dokumentationen angefertigt, können diese als Grundlage für die systematische Beschreibung genutzt werden;[311]
- eine Bewertung der Notwendigkeit und Verhältnismäßigkeit der Verarbeitungsvorgänge in Bezug auf deren Zweck(e). Dabei ist u. a. zu prüfen, ob die Vorgänge mit Blick auf den Zweck angemessen und erheblich sind. Vor allem sind die Vorgänge auf das für den Zweck erforderliche Maß zu beschränken, d. h. es sind mildere Mittel in Betracht zu ziehen.[312] Wird ein Vorgang im Rahmen dieser Prüfung für nicht notwendig oder unverhältnismäßig erachtet, ist das Verfahren an dieser Stelle ggf. anzupassen oder abzubrechen;[313]
- eine Bewertung der Risiken für die Rechte und Freiheiten der betroffenen Personen. In der Praxis ist zunächst zu prüfen, welche Risikofaktoren in Betracht kommen. Diese können sowohl innerhalb der Verarbeitung als auch außerhalb der Verarbeitung liegen. Zu berücksichtigende Risikofaktoren können bspw. darstellen: Gefahren vonseiten des Verantwortlichen (z. B. Verarbeitung von Daten durch Mitarbeiter für Werbezwecke, ohne dass eine solche erlaubt ist; unbefugte Mitnahme von Daten), Gefahren von Dritten (z. B. durch Cyberangriffe), Naturkatastrophen (z. B. Erdbeben, welche die Unternehmensserver betreffen könnte) sowie Hardwaredefekte (z. B. Überhitzung der Serverräume durch unzureichende Kühlung). Nach der Bestimmung von Risikoquellen und von möglichen weiteren Risikofaktoren, erfolgt die tatsächliche Risikobewertung;[314] und
- die zur Bewältigung der Risiken geplanten Abhilfemaßnahmen. Insofern sind sowohl technische als auch organisatorische Abhilfemaßnahmen denkbar. Bei der Bewertung der verfügbaren Abhilfemaßnahmen zur Bewältigung der fest-

[311] Koglin, in: v. d. Bussche/Voigt, Konzerndatenschutz, Teil 2. Kap. 5. Datenschutz-Folgenabschätzung nebst vorheriger Konsultation (2019) Rn. 38.

[312] Reibach, in: Taeger/Gabel, DSGVO BDSG TTDSG, Art. 35 DSGVO (2022), Rn. 37.

[313] Hansen, in: Wolff/Brink/v. Ungern-Sternberg, BeckOK Datenschutzrecht, Art. 35 DSGVO (45. Ed. 01.11.2021), Rn. 43.

[314] Martini, in: Paal/Pauly, DSGVO BDSG, Art. 35 DSGVO (2021), Rn. 52; Hansen, in: Wolff/Brink/v. Ungern-Sternberg, BeckOK Datenschutzrecht, Art. 35 DSGVO (45. Ed. 01.11.2021), Rn. 46–47.

gestellten Risiken sollte der Verantwortliche die geplanten Garantien, Sicherheitsvorkehrungen und Verfahren analysieren, die den Schutz der personenbezogenen Daten ermöglichen und die den Nachweis dafür bilden sollen, dass die DSGVO eingehalten wird, Art. 35 Abs. 7 lit. d DSGVO. Im Rahmen der Auswahl der Maßnahmen ist eine Interessenabwägung vorzunehmen und auf dieser Grundlage ein angemessener Ausgleich der Interessen herbeizuführen.[315] Dabei hat der Verantwortliche die Rechte und berechtigten Interessen der betroffenen Personen und etwaiger sonstiger Betroffener zu berücksichtigen.[316] Zudem sollten etwaige Restrisiken, die auch nach den geplanten Maßnahmen bestehen bleiben, identifiziert werden.[317]

Die DSGVO sieht keine anderen Voraussetzungen hinsichtlich des Umfangs der Folgenabschätzung vor, sodass die rechtlichen Vorgaben für diesen Prozess *sehr vage* gehalten sind.[318] Diese fehlende Rechtssicherheit stellt Unternehmen vor eine große Herausforderung, eine fehlerfrei und den Standards der DSGVO entsprechende Datenschutz-Folgenabschätzung durchzuführen. Für die praktische und möglichst risikofreie Durchführung der Datenschutz-Folgenabschätzung (und der damit einhergehenden Dokumentation) empfiehlt sich der Einsatz von möglichst neutralen Checklisten und Mustern, welche insbesondere von Aufsichtsbehörden erlassen wurden.[319] Hierbei empfiehlt sich der Einsatz der bereits genannten Software-Lösung der CNIL[320] oder der Einsatz des Musters des ICO.[321]

Beispiel

Ein Unternehmen möchte eine Anwendung zur Verhinderung von Datenverlusten einführen, die den gesamten E-Mail-Verkehr des Unternehmens hinsichtlich möglicher „Leaks" von Geschäftsgeheimnissen scannt. Da alle E-Mails, die als personenbezogene Daten der jeweiligen Kommunikationspartner anzusehen sind, vom Scan betroffen sind, könnte es sich dabei um eine Verarbeitungstätigkeit handeln, die eine systematische und umfassende Bewertung personenbezogener Daten mittels einer automatisierten Verarbeitung vornimmt. Somit könnte die Durchführung einer Datenschutz-Folgenabschätzung erforderlich sein.

---

[315] Martini, in: Paal/Pauly, DSGVO BDSG, Art. 35 DSGVO (2021), Rn. 51.

[316] Siehe Art. 35 Abs. 7 lit. d DSGVO.

[317] Hansen, in: Wolff/Brink/v. Ungern-Sternberg, BeckOK Datenschutzrecht, Art. 35 DSGVO (45. Ed. 01.11.2021), Rn. 48–49.

[318] v. d. Bussche/Raguse in: Plath, DSGVO BDSG TTDSG, Art. 35 DSGVO (2023), Rn. 34, 35.

[319] Koglin, in: v. d. Bussche/Voigt, Konzerndatenschutz, Teil 2. Kap. 5. Datenschutz-Folgenabschätzung nebst vorheriger Konsultation (2019), Rn. 46.

[320] Siehe hierzu: www.cnil.fr/en/privacy-impact-assessment-pia, zuletzt aufgerufen am: 23.11.2023.

[321] Abrufbar unter: https://ico.org.uk/media/for-organisations/documents/2553993/dpia-template.docx, zuletzt aufgerufen am: 23.11.2023. Zwar ist das Vereinigte Königreich nicht mehr Teil der EU, die Checkliste wurde aber mit Hinblick auf die DSGVO und deren Vorgaben entworfen.

In diesem Beispiel muss der Umfang der Folgenabschätzung dergestalt angelegt sein, dass als Ergebnis Lösungen für die potenziellen Sicherheitsrisiken gefunden werden. Dafür muss das Unternehmen die potenziellen Risiken im Zusammenhang mit dem Verarbeitungszweck, der im Schutz von Betriebsgeheimnissen besteht, beurteilen. Darüber hinaus sind die Notwendigkeit und Verhältnismäßigkeit der Verarbeitung in Bezug auf den angestrebten Zweck zu bewerten. Die Risiken für die personenbezogenen Daten der Mitarbeiter sind ebenfalls in die Folgenabschätzung mit einzubeziehen, genau wie die Risiken für die personenbezogenen Daten der Empfänger der E-Mails. ◄

Sollten *hinsichtlich* des *Risikos* der durchgeführten Verarbeitungsvorgänge *Änderungen eintreten*, hat der Verantwortliche die Vorgänge erneut hinsichtlich ihrer Vereinbarkeit mit der DSGVO zu bewerten, Art. 35 Abs. 11 DSGVO.

Weiterhin sind vom Verantwortlichen bei der Beurteilung gegebenenfalls die Einhaltung genehmigter *Verhaltensregeln* (siehe Abschn. 3.12.1) sowie gegebenenfalls der Standpunkt der *betroffenen Personen* und ihrer Vertreter zu berücksichtigen.[322]

3.9.2.2 Einbeziehung des Datenschutzbeauftragten

Sofern ein solcher benannt wurde, hat der Verantwortliche den *Rat* des Datenschutzbeauftragten (siehe Abschn. 3.10) bei der Durchführung der Datenschutz-Folgenabschätzung einzuholen, Art. 35 Abs. 2 DSGVO.[323] Obwohl es sich bei der Durchführung der Datenschutz-Folgenabschätzung um eine Pflicht des Verantwortlichen (nicht des Datenschutzbeauftragten!) handelt, kann der Datenschutzbeauftragte in diesem Zusammenhang eine wichtige und nützliche Rolle einnehmen, indem er dem Verantwortlichen bei der Durchführung Hilfestellungen gibt.[324] Aus diesem Grund ist es für Letzteren ratsam, den Rat des Datenschutzbeauftragten u. a. bezüglich der nachfolgenden Themenstellungen einzuholen:[325]

- ob eine Datenschutz-Folgenabschätzung durchzuführen ist oder nicht;
- welche Methoden zu deren Durchführung zur Anwendung gelangen sollten;
- ob sie intern oder mit der Unterstützung externer Berater durchgeführt werden sollte;
- welche Sicherheitsmaßnahmen (einschließlich technischer und organisatorischer Maßnahmen) zur Abhilfe der Risiken für die Rechte der betroffenen Personen ergriffen werden sollten;
- ob die Datenschutz-Folgenabschätzung sachgemäß durchgeführt wurde oder nicht und ob die Ergebnisse in Einklang mit der DSGVO stehen.

---

[322] Art. 35 Abs. 8, 9 DSGVO.

[323] Siehe auch Art. 39 Abs. 1 lit. c DSGVO zum Datenschutzbeauftragten.

[324] Art. 29 Datenschutzgruppe, WP 243 (2016), S. 17.

[325] Für weitere Einzelheiten siehe Art. 29 Datenschutzgruppe, WP 243 (2016), S. 17 f.

3.9.2.3 Ausnahmen

Art. 35 Abs. 10 DSGVO sieht eine Ausnahme von der Pflicht zur Durchführung einer Datenschutz-Folgenabschätzung vor, sofern *drei regelmäßig eher praxisferne Voraussetzungen* vorliegen:

- Der Verantwortliche ist Regelungssubjekt eines Rechtsakts der EU oder eines EU-Mitgliedstaats, welcher die Verarbeitung als notwendig zur Erfüllung einer Rechtspflicht oder zur Ausführung einer im öffentlichen Interesse liegenden Aufgabe oder zur Ausführung öffentlicher Gewalt, die auf den Verantwortlichen übertragen wurde, ansieht;[326]
- Jener Rechtsakt bezieht sich auf die konkret stattfindenden Verarbeitungsvorgänge; und
- Eine allgemeine Folgenabschätzung bzgl. der Vorgänge hat bereits im Zusammenhang mit dem Erlass der Rechtsgrundlage stattgefunden.

Weiterhin ist die Durchführung einer Datenschutz-Folgenabschätzung nicht verpflichtend, soweit die Datenverarbeitung personenbezogene *Daten* – egal in welchem Umfang – *von Patienten oder Mandanten* betrifft und durch einen einzelnen *Arzt*, sonstigen Angehörigen eines Gesundheitsberufs oder einen *Anwalt* durchgeführt wird.[327]

3.9.2.4 Vorherige Konsultation

Der Aufsichtsbehörde kommt im Rahmen der Datenschutz-Folgenabschätzung eine Schlüsselrolle zu. Über die Veröffentlichung allgemeiner Listen zu Verarbeitungsvorgängen hinaus, für welche eine (oder keine) Datenschutz-Folgenabschätzung notwendig ist (siehe Abschn. 3.9.1), bieten sie den *Verantwortlichen* auch eine individuelle Hilfestellung im Rahmen einer Konsultation an, Art 36 DSGVO.

Der Verantwortliche konsultiert vor der Verarbeitung die Aufsichtsbehörde gem. Art. 36 Abs. 1 DSGVO in den drei Folgenden Fällen::

- wenn aus der Datenschutz-Folgenabschätzung hervorgeht, dass die Verarbeitung ein *hohes Risikopotenzial* birgt (siehe Abschn. 3.2.1); und besagte Verarbeitung auch dann noch das festgestellte hohe Risiko zur Folge hätte, wenn der Verantwortliche *keine Maßnahmen zur Eindämmung* dieses Risikos treffen würde;

[326] Siehe Art. 35 Abs. 10, 6 Abs. 1 lit. c, e DSGVO.

[327] ErwGr. 91 DSGVO.

- wenn der Verantwortliche versucht Maßnahmen zu ergreifen, um das hohe Risikopotenzial zu verringern. Nach Einleitung der Maßnahmen ist der Verantwortliche weiterhin der Auffassung, dass ein hohes Risiko fortbesteht;[328] oder
- wenn der Verantwortliche (ohne es versucht zu haben) bereits von Anfang an der Auffassung ist, dass keine Maßnahmen zur Eindämmung dieses Risikos bestehen.[329]

Ausweislich der ErwGr. 84 und 94 DSGVO kommt es gerade nicht darauf an, ob in objektiver Hinsicht tatsächlich Maßnahmen ergriffen werden können, welche das hohe Risiko einer Verarbeitung eindämmen. Sowohl das tatsächliche Fehlen von zu ergreifenden Maßnahmen als auch die bloße (falsche) Auffassung seitens des Verantwortlichen, solche würden nicht bestehen, resultieren in eine Konsultationspflicht.

In der Praxis ist die Relevanz des Art. 36 DSGVO überschaubar.[330] Denn bereits bei der Durchführung der Datenschutzfolgenabschätzung können und sollen Verantwortliche sicherstellen, dass hinreichende Maßnahmen getroffen werden, um ein Restrisiko bei risikobehafteten Verarbeitungsvorgängen zu verhindern. Ferner werden die Aufsichtsbehörden eine Konsultation wohl ablehnen, wenn sie entgegen der Ansicht des Verantwortlichen zum Ergebnis kommen, ein Restrisiko sei gerade nicht mehr vorhanden, weil die ergänzenden Maßnahmen das Restrisiko hinreichend reduzierten.[331]

Die Konsultation ist *als solche kein Genehmigungsverfahren* in Bezug auf die Verarbeitungsvorgänge und ihr Unterbleiben führt nicht zur Rechtswidrigkeit der Datenverarbeitung.[332] Allerdings kann die Verletzung dieser Vorschrift mit Bußgeldern von bis zu EUR 10.000.000,00 oder bis zu 2 % des weltweiten Jahres-

---

[328] Art. 29 Datenschutzgruppe, WP 248, S. 19; DSK, Kurzpapier Nr. 5, S. 5. Es wird überwiegend vertreten, dass eine Konsultation in Anbetracht von ErwGr. 94 DSGVO erforderlich ist, wenn der Verantwortliche zu der Einschätzung kommt, dass er dem hohen Risiko nicht durch geeignete Maßnahmen im Hinblick auf verfügbare Technologien und Umsetzungskosten angemessen begegnen kann (unabhängig davon, ob er bereits versucht hat, das Risiko durch Maßnahmen zu minimieren oder nicht). Siehe: Hansen, in: Wolff/Brink/v. Ungern-Sternberg, BeckOK Datenschutzrecht, Art. 36 DSGVO (45. Ed. 01.11.2021), Rn. 9.

[329] Es wird teilweise vertreten, dass eine Konsultation nur dann stattfinden soll, wenn der Verantwortliche keine Maßnahmen zur Eindämmung des hohen Risikos eingeleitet hat. Dies richtet sich nach einer strengen Auslegung aus dem Wortlaut des Art. 36 Abs. 1 DSGVO (*… keine Maßnahmen zur Eindämmung des Risikos trifft*) und des ErwGr. 4 DSGVO (Verantwortliche ist der Auffassung (nach der Datenschutz-Folgenabschätzung), das Risiko könne nicht eingedämmt werden), siehe hierzu: Schmitz/von Dall'Armi, ZD 2017, 57, 63; Jandt, in: Kühling/Buchner, DSGVO BDSG, Art. 36 DSGVO (2020), Rn. 5a.

[330] Siehe hierzu Braun, ZD 2021, 297, 299, der keinen Anwendungsfall in Deutschland feststellen konnte. Siehe auch: Jandt, in: Kühling/Buchner, DSGVO BDSG, Art. 36 DSGVO (2020), Rn. 4a.

[331] Vgl. Entscheidungspraxis der österreichischen Aufsichtsbehörde, DSB Bescheid v. 2.2.2021, GZ: DSB-D485.007/2021-0.024.862; DSB Bescheid v. 18.12.2018, GZ: DSB-D485.001/0003-DSB/2018; solche Fälle sind mit hoher Wahrscheinlichkeit die Ausnahme von der Regel, da die Aufsichtsbehörden höchstwahrscheinlich auch ein Risiko annehmen werden, wenn der Verantwortliche dies bereits tut

[332] Für weitere Einzelheiten siehe v. d. Bussche/Raguse, in: Plath, DSGVO BDSG TTDSG, Art. 36 DSGVO (2023), Rn. 1.

umsatzes geahndet werden (siehe Art. 83 Abs. 4 lit. a DSGVO). In Anbetracht dieser hohen möglichen Bußgelder dürfte die Konsultationspflicht *de facto* wie ein Genehmigungsverfahren wirken.[333]

Der *Zeitrahmen* für den Ablauf der Konsultation wird von Art. 36 Abs. 2 DSGVO vorgegeben: Falls die Aufsichtsbehörde der Auffassung ist, dass die geplante Verarbeitung nicht in Einklang mit der DSGVO steht, unterbreitet sie dem Verantwortlichen binnen acht Wochen nach Erhalt des Konsultationsersuchens schriftliche Empfehlungen, wobei sich die Frist um bis zu sechs weitere Wochen verlängern kann. Die Frist kann ausgesetzt werden, bis die Aufsichtsbehörde die für die Konsultation erforderlichen angeforderten Informationen vom Verantwortlichen erhalten hat.[334] Allerdings führt die fehlende Reaktion der Aufsichtsbehörde innerhalb der vorgegebenen Frist nicht dazu, dass sie ihr Recht zum Eingreifen entsprechend ihrer Befugnisse und Aufgaben nach der DSGVO nicht mehr ausüben kann, insbesondere verliert sie auch nicht die Befugnis, Verarbeitungsvorgänge zu untersagen.[335]

Zum Zwecke der Konsultation hat der Verantwortliche der Aufsichtsbehörde gemäß Art. 36 Abs. 3 DSGVO folgende Informationen zur Verfügung zu stellen:

- Angaben zu den jeweiligen Zuständigkeiten von Verantwortlichen, gemeinsam Verantwortlichen und der beteiligten Auftragsverarbeiter;
- Zwecke und Mittel der beabsichtigten Verarbeitung;
- die für den Datenschutz vorgesehenen Maßnahmen und Garantien;
- ggf. die Kontaktdaten des/der Datenschutzbeauftragten;
- die Datenschutz-Folgenabschätzung (siehe oben); sowie
- alle sonstigen von der Aufsichtsbehörde angeforderten Informationen.

Vor allem der letzte Punkt der Aufzählung berechtigt die Aufsichtsbehörde dazu, umfangreiche Informationen anzufordern.[336] Allerdings kann die Aufsichtsbehörde, im Einklang mit europarechtlichen Vorgaben, nur solche Informationen anfordern, die für die Konsultation notwendig sind und sich in einem *angemessenen und zumutbaren Rahmen* halten.[337]

Gemäß Art. 36 Abs. 5 DSGVO könnte das Recht der EU-Mitgliedstaaten eine Pflicht des Verantwortlichen zur vorherigen Konsultation der Aufsichtsbehörde vorsehen, wenn die Verarbeitungstätigkeiten zur Erfüllung einer im *öffentlichen Interesse* liegenden Aufgabe ausgeführt werden.

3.9.2.5 Praxishinweise

Unabhängig von der Pflicht zur Durchführung der Datenschutz-Folgenabschätzung müssen Unternehmen stets zunächst die *Rechtmäßigkeit ihrer Verarbeitungsvor-*

---

[333] v. d. Bussche/Raguse in: Plath, DSGVO BDSG TTDSG, Art. 36 DSGVO (2023), Rn. 4.

[334] Art. 36 Abs. 2 S. 3 DSGVO.

[335] ErwGr. 94 DSGVO.

[336] v. d. Bussche/Raguse, in: Plath, DSGVO BDSG TTDSG, Art. 36 DSGVO (2023), Rn. 12.

[337] Paal, in: Paal/Pauly, DSGVO BDSG, Art. 36 DSGVO (2021), Rn. 19.

gänge sicherstellen. Dafür müssen sie prüfen, dass für ihre Tätigkeiten eine entsprechende Rechtsgrundlage zur Datenverarbeitung vorliegt (siehe Abschn. 4.2).

Erst wenn eine entsprechende Rechtsgrundlage für die Verarbeitung vorhanden ist und diese damit materiell rechtmäßig ist, müssen Unternehmen prüfen, ob eine *Datenschutz-Folgenabschätzung erforderlich wird* (siehe Abschn. 3.9.1) und, sofern dies der Fall ist, diese durchführen. Sie ermöglicht es Unternehmen, angemessene Datenschutzmaßnahmen zu identifizieren und zu implementieren, um auf diese Weise auch ihre organisatorischen Datenschutzpflichten zu erfüllen.

3.10 Datenschutzbeauftragter

Bis zum Inkrafttreten der DSGVO war die Pflicht zur Benennung eines Datenschutzbeauftragten in den *meisten EU-Mitgliedstaaten weitgehend unbekannt.*[338] Die obligatorische Benennung eines Datenschutzbeauftragten wird allerdings im deutschen Datenschutzrecht bereits seit mehr als 30 Jahren vorgeschrieben.[339]

3.10.1 Pflicht zur Benennung

Art. 37 DSGVO regelt, in welchen Fällen eine Pflicht zur Benennung eines Datenschutzbeauftragten besteht. Sowohl der Verantwortliche als auch der Auftragsverarbeiter können von dieser Verpflichtung betroffen sein. Außerdem ermöglicht es Art. 37 Abs. 4 S. 1 Hs. 2 DSGVO den EU-Mitgliedstaaten sowie der EU, Rechtsvorschriften zu erlassen, die den Verantwortlichen, den Auftragsverarbeiter oder Verbände und andere Vereinigungen, die Kategorien von Verantwortlichen oder Auftragsverarbeitern vertreten, zur Benennung eines Datenschutzbeauftragten verpflichten.

Entsprechend dem *risikobasierten Ansatz* der DSGVO besteht ein Zusammenhang zwischen der Pflicht zur Benennung eines Datenschutzbeauftragten nach Art. 37 DSGVO und den jeweils durchgeführten Datenverarbeitungsvorgängen, allerdings nicht zur Größe des Verantwortlichen/Auftragsverarbeiters selbst (z. B. Anzahl an Mitarbeitern).[340]

Nach Art. 37 Abs. 1 lit. b, c DSGVO sind *Unternehmen*[341] zur Benennung eines Datenschutzbeauftragten in folgenden Fällen verpflichtet:

---

[338] Allerdings sahen einige EU-Mitgliedstaaten bisher die Möglichkeit der freiwilligen Benennung eines Datenschutzbeauftragten vor, wie bspw. Polen, Frankreich und Schweden.

[339] Hoeren, ZD 2012, 355, 355.

[340] Marschall/Müller, ZD 2016, 415, 416.

[341] Behörden und öffentliche Stellen sind ebenfalls zur Benennung eines Datenschutzbeauftragten verpflichtet, mit Ausnahme von Gerichten, die im Rahmen ihrer justiziellen Tätigkeit handeln, wobei mehrere Behörden/öffentliche Stellen unter Berücksichtigung ihrer Organisationsstruktur und ihrer Größe einen gemeinsamen Datenschutzbeauftragten benennen können, siehe Art. 37 Abs. 1 lit. a, Abs. 3 DSGVO.

- *Regelmäßige und systematische Überwachung:* Die *Kerntätigkeiten* des Unternehmens bestehen in der Durchführung von Verarbeitungsvorgängen, die aufgrund ihrer Art, ihres Umfangs und/oder ihrer Zwecke eine *umfangreiche* regelmäßige und systematische Überwachung von betroffenen Personen erforderlich machen;
- *Besondere Kategorien personenbezogener Daten*: Die *Kerntätigkeiten* des Unternehmens bestehen in der umfangreichen Verarbeitung besonderer Kategorien personenbezogener Daten oder von personenbezogenen Daten (Art. 9 Abs. 1 DSGVO) über strafrechtliche Verurteilungen und Straftaten (Art. 10 DSGVO).

Die DSGVO führt die Begriffe „Kerntätigkeit" und „umfangreich" (für letztere siehe Abschn. 3.9.1) nicht weiter aus, sodass das Ausmaß der Benennungspflicht einer genaueren Erläuterung bedarf.

Sobald die Benennung stattgefunden hat, veröffentlicht der Verantwortliche/ Auftragsverarbeiter die *Kontaktdaten* des Datenschutzbeauftragten und teilt diese Daten der Aufsichtsbehörde mit.[342] Da der Datenschutzbeauftragte als Anlaufstelle für betroffene Personen dienen soll, ist eine durchgängige Verfügbarkeit seiner Kontaktdaten sicherzustellen, bspw. durch Veröffentlichung auf der Website des Unternehmens.[343]

3.10.1.1 Spezifische Kerntätigkeiten des Unternehmens

„Kerntätigkeit" bezieht sich auf die Haupttätigkeiten eines Unternehmens und nicht auf die Verarbeitung personenbezogener Daten als Nebentätigkeit.[344] Kerntätigkeiten sind Geschäftsbereiche, die für die Umsetzung der Geschäftsstrategie bzw. der Ziele des Unternehmens entscheidend sind und bei denen es sich nicht bloß um routinemäßige, administrative Tätigkeiten handelt.[345]

Beispiel

Unternehmen H betreibt einen Online-Shop für Schuhe. Zu diesem Zweck speichert es Kundendaten. H's Zielgruppe sind europäische Kunden in Deutschland, Frankreich und Italien.

In diesem Beispiel verarbeitet H Kundendaten, da die Daten zur Verarbeitung und Ausführung von Bestellungen notwendig sind. Die Verarbeitungstätigkeit stellt jedoch nur eine Nebentätigkeit im Hinblick auf H's Kerntätigkeit, die im Verkauf von Schuhen besteht, dar. Daraus ergibt sich, dass H nicht zur Benennung eines Datenschutzbeauftragten verpflichtet sein dürfte. ◄

---

[342] Art. 37 Abs. 7 DSGVO.

[343] Paal, in: Paal/Pauly, DSGVO BDSG, Art. 37 DSGVO (2021), Rn. 17.

[344] ErwGr. 97 DSGVO.

[345] CNIL, Practical Guide GDPR, Data Protection Officers (2022), S. 11; Jaspers/Reif, RdV 2016, 61, 62.

Beispiel

Unternehmen J verkauft Möbel über das Internet und beobachtet den europäischen Markt, da es über eine dahingehende Erweiterung seines Geschäfts nachdenkt. Jeder, der die Website aufruft, muss sich mit der Verwendung von Cookies einverstanden erklären und J analysiert daraufhin die Geolokationsdaten, um festzustellen, aus welchem Land der Nutzer stammt. J verarbeitet die gewonnenen Daten, um herauszufinden, wie viele europäische Kunden aus welchen EU-Mitgliedstaaten seine Website besuchen und für welche Produkte sie sich hauptsächlich interessieren.

In diesem Beispiel nutzt J Web-Tracking, um sein Geschäft, welches im Verkauf von Möbeln besteht, potenziell zu erweitern. Das Web-Tracking soll J eine Analyse des europäischen Marktes ermöglichen. Daher ist die Datenverarbeitung für J Mittel zum Zweck und soll ihm zur Entwicklung seines Geschäfts dienen. Einerseits versucht J also, einen neuen Geschäftszweig zu entwickeln, was Teil seiner Geschäftsstrategie ist und damit als „Kerntätigkeit" i. S. d. DSGVO gelten könnte. Andererseits beobachtet J das Verhalten von jedem, der die Website aufruft, also auch von bereits bestehenden Kunden weltweit, sodass die Verarbeitung eine bloße Geschäftsanalyse sein könnte, die nicht als „Kerntätigkeit" anzusehen wäre. Allerdings ist der alleinige Zweck von J's Verarbeitungstätigkeiten derjenige, europäische Kunden zu gewinnen und sein Geschäft in der EU zu entwickeln. Dabei handelt es sich um einen wichtigen Teil von J's Geschäftsstrategie. Dies spricht dafür, dass J zur Benennung eines Datenschutzbeauftragten verpflichtet sein dürfte.[346] ◄

Beispiel

Unternehmen E ist ein Personaldienstleister, der Zeitarbeiter an große Automobilhersteller in ganz Europa vermittelt. E hat einen großen und ständig wechselnden Bestand an Mitarbeitern in seiner Datenbank.

In diesem Beispiel verarbeitet E personenbezogene Daten, um seine Personaldienstleistungen erbringen zu können. Dabei handelt es sich um E's Kerntätigkeit. Damit ist E – soweit die anderen Voraussetzungen von Art. 37 Abs. 1 lit. b oder c DSGVO erfüllt sind (regelmäßige und systematische Überwachung als Kerntätigkeit/Verarbeitung besonderer Kategorien personenbezogener Daten als Kerntätigkeit) – zur Benennung eines Datenschutzbeauftragten verpflichtet. ◄

Beispiel[347]

Unternehmen K betreibt ein Krankenhaus. In dem Krankenhaus werden Patienten medizinisch versorgt. Um die Versorgungsleistungen effektiv durchzuführen,

---

[346] Für Einzelheiten siehe auch Gierschmann, ZD 2016, 51, 52; CIPL, GDPR Project DPO Paper (2016), S. 15.

[347] CNIL, Practical Guide GDPR, Data Protection Officers (2022), S. 11; Art. 29 Datenschutzgruppe, WP 243 (2017a), S. 7.

verarbeitet K die Gesundheitsdaten der Patienten. Zudem verarbeitet K zur Entlohnung der Mitarbeiter die insofern erforderlichen Daten der Mitarbeiter.

Im vorliegenden Beispiel verarbeitet K gesundheitsbezogene Daten und damit eine besondere Kategorie personenbezogener Daten. Die Haupttätigkeit von K besteht in der Versorgung der Patienten. Diese Tätigkeit umfasst zwangsläufig die für die Patientenversorgung erforderliche Verarbeitung von Gesundheitsdaten. Die Verarbeitung von diesen Daten ist untrennbar mit der Patientenversorgung verbunden und ist dementsprechend als Kerntätigkeit der K zu betrachten. Die Entlohnung der Mitarbeiter stellt jedoch lediglich eine Hilfstätigkeit dar und begründet folglich keine Kerntätigkeit. Damit ist K nur aufgrund der Verarbeitung gesundheitsbezogener Daten zur Benennung eines Datenschutzbeauftragten verpflichtet. ◀

3.10.1.2 Pflicht zur Benennung nach dem BDSG

Art. 37 Abs. 4 S. 1 Hs. 2 DSGVO ermöglicht es den EU-Mitgliedstaaten, gemäß nationalen Rechts weitere Fälle vorzusehen, in denen die Benennung eines Datenschutzbeauftragten erforderlich wird. Deutschland hat von dieser Öffnungsklausel über die Schaffung des § 38 BDSG Gebrauch gemacht. In § 38 Abs. 1 BDSG sind *zwei zusätzliche Situationen* vorgesehen, in denen eine Pflicht zur Benennung eines Datenschutzbeauftragten besteht, die sich im Wesentlichen an der *vor Inkrafttreten der DSGVO geltenden Rechtslage orientieren.*[348]

Gemäß § 38 Abs. 1 S. 1 BDSG besteht für Verantwortliche und Auftragsverarbeiter eine Pflicht zur Benennung eines Datenschutzbeauftragten, soweit sie:

- *in der Regel*: Bei der Bestimmung der die Bestellpflicht auslösenden Personenzahl ist vom Regelbetrieb des Unternehmens auszugehen, wobei kurzzeitige Schwankungen in der Personenzahl nach oben oder unten unbeachtlich sind.[349] Ein konkreter Zeitraum zur Bestimmung des Normalbetriebs lässt sich nur in Kenntnis der spezifischen Ziele und Aktivitätsbedingungen des Unternehmens angeben, dürfte jedoch in aller Regel mindestens ein Jahr betragen.[350] Auch eine dauerhaft geschaffene Stelle im Unternehmen, die von wechselnden Personen jeweils zeitlich befristet besetzt wird, ist als Teil des Normalbetriebs zu berücksichtigen;[351]
- *mindestens zwanzig Personen*: Die Verwendung des „Personen"-Begriffs impliziert ein weites Begriffsverständnis, welches nicht nur die Arbeitnehmer eines Unternehmens umfasst, sondern jede für das Unternehmen tätige Person.[352] Auch Teilzeitkräfte sind unter dem Personenbegriff umfasst;

[348] § 4 f Abs. 1 Sätze 1, 4, 6 BDSG a.F.

[349] Siehe auch Hullen/Krohm in: Plath, DSGVO BDSG TTDSG, § 38 BDSG (2023), Rn. 6.

[350] Kühling/Sackmann, in: Kühling/Buchner, DSGVO BDSG, § 38 BDSG (2020), Rn. 10.

[351] Siehe auch Moos, in: Wolff/Brink/v. Ungern-Sternberg, BeckOK Datenschutzrecht, § 38 BDSG (45. Ed. 01.11.2021), Rn. 11

[352] Siehe auch Hullen/Krohm in: Plath, DSGVO BDSG TTDSG, § 38 BDSG (2023), Rn. 5.

- *ständig:* Der Begriff erfordert keine dauerhafte Beschäftigung mit der Datenverarbeitung, wohl aber eine gewisse Kontinuität, sodass es auch ausreicht, wenn die Person immer dann tätig wird, wenn eine Verarbeitung notwendig ist;[353]
- *Mit der automatisierten Verarbeitung personenbezogener Daten beschäftigen*: Berücksichtigungsfähig sind Verarbeitungen, die sowohl ganz als auch teilweise mithilfe automatisierter Verfahren durchgeführt werden, also auch solche, bei denen bestimmte Verarbeitungsschritte von natürlichen Personen ausgeführt werden.[354] Es ist bereits ausreichend, wenn ein Zugriff auf personenbezogene Daten möglich ist, sodass grundsätzlich jede Person zu berücksichtigen ist, die im Rahmen ihrer Tätigkeit Zugriff auf E-Mails, das Internet oder andere Datenbanken hat.[355] Die im Zusammenhang mit der Verarbeitung ausgeführte Tätigkeit muss durch eine gewisse Weisungsbefugnis auf Seiten des Unternehmens gekennzeichnet sein.[356] Im Vergleich zur vorherigen Rechtslage bzw. zur vorherigen Regelung – insbesondere aufgrund eines Umkehrschlusses aus § 38 Abs. 1 S. 1 BDSG – ist die Vorschrift nun nicht mehr auf lediglich nichtautomatisierte Datenverarbeitungen anzuwenden.[357] Das ergibt sich auch daraus, dass sich der mögliche Verarbeitungsumfang dieser beiden Verarbeitungsarten erheblich unterscheiden kann und der Gesetzgeber bei automatisierter Verarbeitung von einem erhöhten Risiko für die Betroffenenrechte und ihre Freiheiten ausgeht.[358]

§ 38 Abs. 1 S. 2 BDSG sieht außerdem unabhängig von der Anzahl der mit der Verarbeitung beschäftigten Personen im Unternehmen eine Pflicht zur Benennung eines Datenschutzbeauftragten vor, soweit:

- *Verarbeitungen vorgenommen werden, die einer Datenschutz-Folgenabschätzung unterliegen* (siehe dazu Abschn. 3.9): Diese Regelung führt zu einer beachtlichen Ausweitung der Bestellpflicht, da eine Datenschutz-Folgenabschätzung auf Grundlage einer subjektiven Risikoeinschätzung des Verantwortlichen hin vorgenommen wird, sodass der sich daraus ergebenden Frage der Bestellpflicht ein gewisser Grad an Rechtsunsicherheit in Bezug auf die „Richtigkeit" der Einschätzung des Unternehmens anhaftet. Da der Verantwortliche das Einschätzungs- und damit das Haftungsrisiko trägt, könnte es zu Fällen kommen, in denen eine Folgenabschätzung vorgenommen wird und in diesem Zusammen-

---

[353] Hullen/Krohm in: Plath, DSGVO BDSG TTDSG, § 38 BDSG (2023), Rn. 7; Kühling/Sackmann, in: Kühling/Buchner, DSGVO BDSG, § 38 BDSG (2020), Rn. 11.

[354] Siehe dazu Abschn. 2.1.1.

[355] Moos, in: Wolff/Brink/v. Ungern-Sternberg, BeckOK Datenschutzrecht, § 38 BDSG (45. Ed. 01.11.2021), Rn. 10; Kinast, in: Taeger/Gabel, DSGVO BDSG TTDSG, § 38 BDSG (2022), Rn. 22.

[356] Siehe auch Gola/Klug, NJW 2007, 118, 120.

[357] Pauly, in: Paal/Pauly, DSGVO BDSG, § 38 BDSG (2021), Rn. 9; Moos, in: Wolff/Brink/v. Ungern-Sternberg, BeckOK Datenschutzrecht, § 38 BDSG (45. Ed. 01.11.2021), Rn. 6a; Kinast, in: Taeger/Gabel, DSGVO BDSG TTDSG, § 38 BDSG (2022), Rn. 18–21; Dazu kritisch: Kühling/Sackmann, in: Kühling/Buchner, DSGVO BDSG, § 38 BDSG (2020), Rn. 11.

[358] Moos, in: Wolff/Brink/v. Ungern-Sternberg, BeckOK Datenschutzrecht, § 38 BDSG (2022), Rn. 6a; Kinast, in: Taeger/Gabel, DSGVO BDSG TTDSG, § 38 BDSG (2022), Rn. 21.

hang die Benennung eines Datenschutzbeauftragten erfolgt, aber bei denen sich letztlich herausstellt, dass die Verarbeitung voraussichtlich kein hohes Risiko birgt und damit weder eine Folgenabschätzung noch die Benennung eines Datenschutzbeauftragten erforderlich gewesen wären;

- *personenbezogene Daten geschäftsmäßig zum Zweck der (anonymisierten) Übermittlung oder für Zwecke der Markt- oder Meinungsforschung verarbeitet werden*: Die Benennungspflicht ergibt sich hier aus dem erhöhten Risikopotenzial der durchgeführten Verarbeitungsaktivitäten auf Grundlage von zwei Faktoren.[359] Zum einen indiziert die „Geschäftsmäßigkeit" eine gesteigerte Intensität der Verarbeitung, da darunter eine gewisse Dauer bzw. jedenfalls beabsichtigte regelmäßige Wiederholung der Tätigkeit zu verstehen ist.[360] Zum anderen existiert bei den erfassten Verarbeitungstätigkeiten in der Regel ein großer Kreis von potenziellen Verwendern der personenbezogenen Daten oder betroffenen Personen.[361]

3.10.1.3 Gemeinsamer Datenschutzbeauftragter einer Unternehmensgruppe

Art. 37 Abs. 2 DSGVO ermöglicht es einer *Unternehmensgruppe*, einen einzigen, gemeinsamen Datenschutzbeauftragten zu benennen, sofern dieser von jeder Niederlassung aus leicht erreicht werden kann. Dies erleichtert konzerninterne Datenverarbeitungen zu einem gewissen Grad (siehe auch Abschn. 4.4), da derselbe Datenschutzbeauftragte auf diese Weise nur ein *einziges Mal* für alle/mehrere Gruppenunternehmen und nicht gesondert von jedem beteiligten Unternehmen benannt werden muss. In der Praxis wird ein solcher gemeinsamer Datenschutzbeauftragter zur Erfüllung der Voraussetzungen des Art. 37 Abs. 2 DSGVO häufig durch örtlich anwesende Datenschutz-Koordinatoren (auch „Privacy Manager" genannt) unterstützt.[362] Die Koordinatoren vermitteln zwischen den Beteiligten und verfügen regelmäßig über die Sprach- und Rechtskenntnisse des jeweiligen Einsatzortes.[363] Die Koordinatoren gelten angesichts der unterstützenden Tätigkeit und mangels einer formalen Stellung nicht als Datenschutzbeauftragte.[364]

Die DSGVO verlangt nicht, dass sich der Datenschutzbeauftragter in der EU aufhält.[365] Art. 37 Abs. 2 DSGVO regelt lediglich, dass der gemeinsame Datenschutzbeauftragte *„leicht erreichbar"* sein soll. Allerdings hat der Gesetzgeber nicht klargestellt, was unter *„leicht erreichbar"* zu verstehen ist. Angesichts der Funktion des Datenschutzbeauftragten, Ratschläge und Hilfestellungen zur Einhaltung der Vor-

[359] Pauly, in: Paal/Pauly, DSGVO BDSG, § 38 BDSG (2021), Rn. 13.

[360] Kühling/Sackmann, in: Kühling/Buchner, DSGVO BDSG, § 38 BDSG (2020), Rn. 14; Pauly, in: Paal/Pauly, DSGVO BDSG, § 38 BDSG (2021), Rn. 13. Siehe auch Simitis, in: Simitis, Bundesdatenschutzgesetz, § 4 f (2014), Rn. 15.

[361] Pauly, in: Paal/Pauly, DSGVO BDSG, § 38 BDSG (2021), Rn. 13.

[362] Baumgartner/Hansch, ZD 2019, 99, 101; Drewes, in: Simitis/Hornung/Spiecker gen. Döhmann, Datenschutzrecht, Art. 37 DSGVO (2019), Rn. 34.

[363] Baumgartner/Hansch, ZD 2019, 99, 101.

[364] Baumgartner/Hansch, ZD 2019, 99, 101.

[365] CNIL, Practical Guide GDPR, Data Protection Officers (2022), S. 41.

gaben der DSGVO zu erteilen, sollte sich die Erreichbarkeit danach bestimmen, ob die Gruppenunternehmen wissen, wer der zuständige Datenschutzbeauftragte ist und wie sie ihn zur Einholung von Ratschlägen erreichen können.[366] Vor der Benennung eines Datenschutzbeauftragten sollten Unternehmen daher mögliche sprachliche und kommunikative Herausforderungen einer näheren Bewertung unterziehen.[367] Es reicht aus, wenn eine Kommunikation mit dem gemeinsamen Datenschutzbeauftragten auf Englisch möglich ist und dieser, soweit erforderlich, bei der Kommunikation mit den verschiedenen Gruppenunternehmen von deren zweisprachigem lokalen Personal unterstützt wird.[368] Auch die persönliche Erreichbarkeit muss intern sowie extern sichergestellt werden, was bspw. über die Einrichtung einer Hotline, eines Kontaktformulars auf der Website des Unternehmens oder einer Sprechstunde des Datenschutzbeauftragten für Beschäftigte im Unternehmen umgesetzt werden könnte.[369]

Zwar sieht die DSGVO keine verbindliche Regelung für die örtliche Niederlassung des Datenschutzbeauftragten vor. Dennoch empfehlen die Aufsichtsbehörden, dass Unternehmen (unabhängig davon, ob sie in der EU niedergelassen sind oder nicht) den Sitz ihres Datenschutzbeauftragten des Unternehmens in der EU ansiedeln.[370] Da es sich um eine bloße Standortempfehlung handelt, kann im Umkehrschluss davon ausgegangen werden, dass keine entsprechende Pflicht besteht. Mithin können sich Datenschutzbeauftragte auch im Falle eines in der EU ansässigen Unternehmens außerhalb der EU befinden.[371]

3.10.1.4 Freiwillige Benennung eines Datenschutzbeauftragten

Art. 37 Abs. 4 S. 1 Hs. 1 DSGVO ermöglicht es Unternehmen, freiwillig einen Datenschutzbeauftragten zu benennen, wenn sie dazu nicht gemäß Art. 37 Abs. 1 DSGVO bzw. Art. 37 Abs. 4 S. 1 Hs. 2 DSGVO verpflichtet sind. Unternehmen sollten bewerten, ob sie von dieser Möglichkeit in Anbetracht ihrer wirtschaftlichen Lage und ihrer Verarbeitungstätigkeiten Gebrauch machen wollen. Zudem kann es ratsam sein, freiwillig einen Datenschutzbeauftragten zu benennen, wenn nicht zweifelsohne feststeht, ob das Unternehmen zur Benennung eines Datenschutzbeauftragten verpflichtet ist, da auf diese Weise dem Risiko einer etwaigen Verletzung der Vorschrift entgegengewirkt wird. Darüber hinaus könnte ein freiwillig

---

[366] v. d. Bussche/Raguse, in: Plath, DSGVO BDSG TTDSG, Art. 37 DSGVO (2023), Rn. 33.

[367] Art. 29 Datenschutzgruppe, WP 243 (2016), S. 10; Marschall/Müller, ZD 2016, 415, 417; Jaspers/Reif, RdV 2016, 61, 63.

[368] Drewes, in: Simitis/Hornung/Spiecker gen. Döhmann, Datenschutzrecht, Art. 37 DSGVO (2019), Rn. 32–33; CNIL, Practical Guide GDPR, Data Protection Officers (2022), S. 41.

[369] Bergt, in: Kühling/Buchner, DSGVO BDSG Art. 37 DSGVO (2020) Rn. 28; Landes-Datenschutzbeauftragter NRW, FAQ, Unter welchen Voraussetzungen liegt eine leichte Erreichbarkeit vor, aufrufbar unter: https://www.ldi.nrw.de/datenschutzbeauftragte-faq-grundlagen-und-benennung, zuletzt aufgerufen am: 23.11.2023.

[370] Art. 29 Datenschutzgruppe, WP 243 (2017a), S. 11; CNIL, Practical Guide GDPR, Data Protection Officers (2022), S. 41; Drewes, in: Simitis/Hornung/Spiecker gen. Döhmann, Datenschutzrecht, Art. 37 DSGVO (2019), Rn. 31.

[371] Scheja, in: Taeger/Gabel, DSGVO BDSG TTDSG, Art. 37 DSGVO (2022), Rn. 48.

benannter Datenschutzbeauftragter die Verletzung nationaler, datenschutzrechtlicher Besonderheiten verhindern, da Bestehen und Anwendungsbereich dieser Vorschriften nicht allen Unternehmen hinreichend klar sein dürften. Ein freiwillig benannter Datenschutzbeauftragter ist für Unternehmen darüber hinaus im Hinblick darauf vorteilhaft, dass er eine wichtige Rolle für die Einhaltung der Vorgaben der DSGVO und die Aufrechterhaltung der umfassenden Gesetzeskonformität auf nationaler sowie europäischer Ebene spielen kann.

Allerdings sollten Unternehmen beachten, dass ein freiwillig benannter Datenschutzbeauftragter die auf den gesetzlich zu benennenden Datenschutzbeauftragten anwendbaren Bestimmungen der DSGVO wohl ebenfalls einhalten muss und damit alle gesetzlichen Pflichten, die diese Position mit sich bringt, zu erfüllen hat (siehe unten). Die DSGVO unterscheidet nicht zwischen Datenschutzbeauftragten, die freiwillig oder zwingend benannt wurden. Wollen Unternehmen vermeiden, dass den freiwillig benannten „Datenschutzbeauftragten" alle Pflichten nach der DSGVO treffen, sollten sie die entsprechende Position *nicht als* „Datenschutzbeauftragter" *bezeichnen*, sondern bspw. als „Datenschutz-Kontaktperson".[372] Dies ermöglicht es auch Außenstehenden, wie den betroffenen Personen, festzustellen, ob es sich bei der benannten Person um einen Datenschutzbeauftragten i. S. d. DSGVO handelt oder nicht.

Unternehmen sollten zudem beachten, dass die Regelungen zwischen den Einsatz von freiwilligen oder gesetzlichen Datenschutzbeauftragten auch Unterschiede kennen. Zugunsten des gesetzlich zu benennenden Datenschutzbeauftragten sieht das BDSG Normen vor, welche die Unabhängigkeit des Datenschutzbeauftragten gegenüber dem Verantwortlichen garantieren. Hierbei handelt es sich um Garantien, welche einen besonderen Abberufungsschutz und Kündigungsschutz zugunsten des gesetzlich zu benennenden Datenschutzbeauftragten zusprechen, §§ 6 Abs. 4, 38 Abs. 2 BDSG. Ein freiwillig bestellter Datenschutzbeauftragter genießt diese Privilegierung nicht, § 38 Abs. 2 BDSG, sodass diesem weiterhin ordentlich gekündigt werden kann, § 622 BGB.

Ein gesetzlich benannter Datenschutzbeauftragter kann seine Stellung nur unter den engen Voraussetzungen des § 626 BGB verlieren, d. h. wenn seine weitere Tätigkeit als Datenschutzbeauftragter unzumutbar für das Unternehmen ist. Die Unzumutbarkeit kann sich aus Umständen ergeben, welche sowohl im Zusammenhang mit der Tätigkeit als Datenschutzbeauftragter als auch im Zusammenhang zum zugrunde liegenden Arbeitsverhältnis stehen können.[373] Eine solche Unzumutbarkeit kann beispielhaft angenommen werden bei:

- Unzuverlässigkeit;[374]
- dauerhafter Verletzung der Verpflichtungen als Datenschutzbeauftragter;[375]

---

[372] Für weitere Einzelheiten siehe auch CIPL, GDPR Project DPO Paper (2016), S. 2, 6, 19.

[373] Vgl. BAG, Urt. v. 23. 3. 2011 – 10 AZR 562/09.

[374] v. d. Bussche, in: v. d. Bussche/Voigt, Konzerndatenschutz, Teil 2. Kap. 1. Der Datenschutzbeauftragte (2019), Rn. 83.

[375] Kremer, in: Laue/Kremer, Das neue Datenschutzrecht in der betrieblichen Praxis, § 6 Datenschutzbeauftragter (2019a), Rn. 35.

- Pflichtverletzungen wie Geheimnisverrat, Computerkriminalität, Entwenden von Datenträgern;[376]
- mangelnder Fachkunde.[377]

Zudem bestehen für die Kündigung und Abberufung von gesetzlich benannten Datenschutzbeauftragten Vorgaben hinsichtlich der Frist (zwei Wochen nach Kenntnis der maßgeblichen Tatsachen) und hinsichtlich der Form (schriftlich gem. § 623 BGB, wobei diese Form nur für die Kündigung gilt).[378]

3.10.2 Anforderungen an den Datenschutzbeauftragten

In Anbetracht der Schlüsselrolle des Datenschutzbeauftragten für den Datenschutz müssen die Bewerber um diese Position einige (gesetzliche) Anforderungen erfüllen.

3.10.2.1 Qualifikationen

Gemäß Art. 37 Abs. 5 DSGVO wird der Datenschutzbeauftragte auf der Grundlage seiner:

- beruflichen Qualifikation;
- seines Fachwissens auf dem Gebiet von Datenschutzrecht und -praxis; sowie
- seiner Fähigkeit zur Erfüllung der gesetzlichen Aufgaben eines Datenschutzbeauftragten ausgewählt.

Da die Eignung eines Kandidaten mit seiner Fähigkeit zur Erfüllung der gesetzlichen Aufgaben des Datenschutzbeauftragten in Zusammenhang steht, ist seine Befähigung in Bezug auf die konkreten Verarbeitungstätigkeiten des jeweiligen Unternehmens zu bewerten.[379] Das erforderliche Maß an Fachwissen sollte anhand der jeweiligen Verarbeitungstätigkeiten und des erforderlichen Schutzniveaus für die vom Verantwortlichen/Auftragsverarbeiter konkret verarbeiteten personenbezogenen Daten ermittelt werden.[380] Die Beurteilung der Eignung eines Kandidaten folgt damit dem risikobasierten Ansatz der DSGVO (siehe Abschn. 3.2.1) und unterliegt keinen abschließend geregelten Kriterien.[381] Die Eignung bestimmt sich anhand eines Zusammenspiels seines spezifischen rechtlichen, organisatorischen und tech-

[376] v. d. Bussche, in: v. d. Bussche/Voigt, Konzerndatenschutz, Teil 2. Kap. 1. Der Datenschutzbeauftragte (2019), Rn. 83.

[377] Kremer, in: Laue/Kremer, Das neue Datenschutzrecht in der betrieblichen Praxis, § 6 Datenschutzbeauftragter (2019a), Rn. 37.

[378] v. d. Bussche, in: v. d. Bussche/Voigt, Konzerndatenschutz, Teil 2. Kap. 1. Der Datenschutzbeauftragte (2019), Rn. 84.

[379] v. d. Bussche/Raguse, in: Plath, DSGVO BDSG TTDSG, Art. 37 DSGVO (2023), Rn. 48.

[380] ErwGr. 97 DSGVO.

[381] Helfrich, in: Sydow, DSGVO BDSG, Art. 37 (2022), Rn. 114.

nischen Fachwissens unter Berücksichtigung des jeweiligen Verarbeitungsrisikos im Einzelfall.[382]

3.10.2.2 Interner oder externer Datenschutzbeauftragter

Der Verantwortliche/Auftragsverarbeiter hat die Wahl zwischen der Benennung eines internen oder externen Datenschutzbeauftragten, Art. 37 Abs. 6 DSGVO.

Der interne Datenschutzbeauftragte ist ein *Arbeitnehmer* des Verantwortlichen/Auftragsverarbeiters. Der externe Datenschutzbeauftragte wird seine Aufgaben auf der Grundlage eines *Dienstleistungsvertrags* erfüllen. Welche Variante den Bedürfnissen des Verantwortlichen/Auftragsverarbeiters am besten entspricht, ist anhand der spezifischen Datenverarbeitungstätigkeiten des Unternehmens sowie der Unternehmensgröße und dem zur Verfügung stehenden Budget zu bestimmen. In der Tab. 3.2 sind einige der Punkte dargestellt, die bei der Entscheidung zu berücksichtigen sind.[383]

Tab. 3.2 Praktische Anhaltspunkte für die Entscheidung zwischen internem und externem Datenschutzbeauftragten

Interner Datenschutzbeauftragter	Externer Datenschutzbeauftragter
Besserer Einblick in das Geschäft und die (Verarbeitungs-)Tätigkeiten des Unternehmens (wichtig im Falle komplexer Konzernstrukturen/Verarbeitungsvorgänge)	Bereits bestehende Expertise und hoher Grad an Professionalität
Insider-Perspektive wird die Einführung eines Datenschutz-Managementsystems entsprechend der Bedürfnisse des Unternehmens erleichtern	Wird zumeist eine angemessene Versicherung haben, welche die eintretenden Folgen etwaiger Aufgabenverletzungen abdeckt
Je größer ein Unternehmen, desto zeitaufwendiger wird die Überwachung der Verarbeitungstätigkeiten sein	Kein Arbeitsvertrag im Gegensatz zum internen Datenschutzbeauftragten, weshalb das Unternehmen nicht die vertraglichen Verpflichtungen eines Arbeitgebers gegenüber dem externen Datenschutzbeauftragten hat; eingeschränkter Kündigungsschutz (siehe auch Abschn. 3.10.3)
Kann ohne Schwierigkeiten als interner Ansprechpartner für jedes Konzernunternehmen bzw. jeden Geschäftsbereich dienen	
Empfehlenswert für:	**Empfehlenswert für:**
Größere Unternehmen	Kleine und mittlere Unternehmen
Unternehmensgruppen	
Unternehmen, die Verarbeitungstätigkeiten mit hohem Risiko durchführen	

[382] Helfrich, in: Sydow, DSGVO BDSG, Art. 37 (2022), Rn. 112; v. d. Bussche/Raguse, in: Plath, DSGVO BDSG TTDSG, Art. 37 DSGVO (2018), Rn. 47–56.

[383] Siehe auch v. d. Bussche, in: v. d. Bussche/Voigt, Konzerndatenschutz, Teil 2. Kap. 1. Der Datenschutzbeauftragte (2019) Rn. 29–31.

Natürliche oder juristische Person als Datenschutzbeauftragter

Die DSGVO lässt nicht erkennen, ob natürliche und juristische Personen gleichermaßen zum Datenschutzbeauftragten benannt werden können. Die Zulässigkeit der Benennung juristischer Personen ist unter den deutschen Aufsichtsbehörden weiterhin umstritten.[384] Gleichwohl wird diese nach überwiegender Auffassung angenommen. Da die Anforderungen an einen Datenschutzbeauftragten nicht an spezifische Eigenschaften natürlicher Personen anknüpfen, Art. 37 DSGVO die Benennung juristischer Personen nicht ausdrücklich verbietet und externe Datenschutzbeauftragte häufig als juristische Person organisiert sind, sollte die Benennung einer juristischen Person zum Datenschutzbeauftragten möglich sein. Dafür muss jeder Beteiligte, der für die benannte juristische Person die Tätigkeiten eines Datenschutzbeauftragten übernimmt, die Vorgaben der Art. 37 DSGVO bis Art. 39 DSGVO erfüllen und gleichzeitig die sich hieraus ergebenen Rechte erhalten.[385]

Benennung auf unbestimmte oder bestimmte Zeit

Die DSGVO schließt die Möglichkeit der Benennung eines Datenschutzbeauftragten auf Zeit nicht aus. Dienstleistungsverträge zwischen dem Verantwortlichen/Auftragsverarbeiter und dem externen Datenschutzbeauftragten werden insofern regelmäßig begrenzt. Da es sich bei internen Datenschutzbeauftragten um zeitlich unbefristet eingestellte Arbeitnehmer handelt, werden sie häufig auf unbestimmte Zeit zum Datenschutzbeauftragten benannt und die Kündigung des Arbeitsvertrages kann nur unter bestimmten, engen Voraussetzungen erfolgen. Es besteht grundsätzlich auch die Möglichkeit zum Abschluss eines befristeten Arbeitsvertrags oder auch die Option, lediglich die Benennung des Arbeitnehmers zum Datenschutzbeauftragten zeitlich zu begrenzen. Allerdings sollte zur Gewährleistung eines konstanten Datenschutzniveaus sowie zur durchgängigen Überwachung der Verarbeitungstätigkeiten ein geeigneter Datenschutzbeauftragter nicht nur auf kurze Zeit benannt werden.

Während der Kommissionsentwurf zur DSGVO noch einen Benennungszeitraum von mindestens zwei Jahren vorsah,[386] wurde diese Anforderung in den endgültigen Text der Verordnung nicht übernommen. Allerdings ist es ratsam, den Datenschutzbeauftragten dennoch für *mindestens zwei Jahre*[387] zu benennen, um seine Unabhängigkeit sicherzustellen und für eine konsistente Überwachung der Verarbeitungstätigkeiten des Unternehmens zu sorgen.

[384] Paal, in: Paal/Pauly, DSGVO BDSG, Art. 37 DSGVO (2021), Rn. 15; Baumgartner/Hansch, ZD 2019, 99, 102 (m.w.N.).

[385] Zu den vorstehenden Ausführungen vgl. v. d. Bussche/Raguse, in: Plath, DSGVO BDSG TTDSG, Art. 37 DSGVO (2023), Rn. 56; Art. 29 Datenschutzgruppe, WP 243 (2017a), S. 12; CNIL, Practical Guide GDPR, Data Protection Officers (2022), S. 20; Baumgartner/Hansch, ZD 2019, 99, 102 (m.w.N.).

[386] Art. 35 Abs. 7 Vorschlag der Europäischen Kommission für die DSGVO (KOM (2012) 11 final).

[387] Bergt, in: Kühling/Buchner, DSGVO BDSG, Art. 38 DSGVO (2020), Rn. 29; Hoeren, ZD 2012, 355, 357; Marschall/Müller, ZD 2016, 415, 416; a. A.: BfDI, Die Datenschutzbeauftragen in Behörden und Betrieben (2020), S. 17, welcher von einer grundsätzlichen Benennung von vier Jahren ausgeht.

3.10.2.3 Formelle Anforderungen

Die DSGVO sieht keine formellen Anforderungen für die Benennung des Datenschutzbeauftragten vor. Allerdings ist *Schriftform* ratsam, da sie Dokumentations- und Beweiszwecken dient.[388]

3.10.3 Stellung des Datenschutzbeauftragten

Art. 38 DSGVO regelt die Stellung des Datenschutzbeauftragten innerhalb des Unternehmens. Um erfolgreich seinen Aufgaben als Datenschutzbeauftragter nachkommen zu können, muss der Verantwortliche/Auftragsverarbeiter:

- sicherstellen, dass der Datenschutzbeauftragte ordnungsgemäß und *frühzeitig* in alle mit dem Schutz personenbezogener Daten zusammenhängenden Fragen eingebunden wird, Art. 38 Abs. 1 DSGVO; und
- die für die Erfüllung der Aufgaben des Datenschutzbeauftragten *erforderlichen Ressourcen*, seinen Zugang zu personenbezogenen Daten und Verarbeitungsvorgängen sowie die zur Erhaltung seines Fachwissens erforderlichen Ressourcen zur Verfügung stellen, Art. 38 Abs. 2 DSGVO. Dies umfasst u. a. die Zurverfügungstellung von einem geeigneten Arbeitsplatz, IT, finanziellen Mitteln, Fachliteratur, personellen Mitteln sowie ausreichender Zeit, um seinen Verpflichtungen nachzukommen.[389]

Weisungsfreiheit des Datenschutzbeauftragten

Der Datenschutzbeauftragte muss so gestellt werden, dass er seine Aufgaben und Pflichten auf *unabhängige* Art und Weise erfüllen kann.[390] Aus diesem Grund hat der Datenschutzbeauftragte weder vom Verantwortlichen noch vom Auftragsverarbeiter Weisungen bzgl. der Ausübung seiner Aufgaben zu erhalten, Art. 38 Abs. 3 S. 1 DSGVO. Die Unabhängigkeit des Datenschutzbeauftragten soll potenzielle Interessenkonflikte (vgl. Art. 38 Abs. 6 S. 2 DSGVO und siehe auch Abschn. 3.10.4.1) vermeiden, da der Verantwortliche/Auftragsverarbeiter durch eine Einflussnahme die wirkungsvolle Aufgabenwahrnehmung des Beauftragten und die Ziele des Datenschutzes beeinträchtigen könnte.[391] Zum Beispiel dürfen dem Datenschutzbeauftragten keine Anweisungen bzgl. des Umgangs mit betroffenen Personen und deren Beschwerden, bzgl. seiner Rechtsansichten in datenschutzrechtlichen Angelegenheiten oder der Entscheidung über die Konsultation der Aufsichtsbehörde erteilt werden.[392] Auch die Pflicht, den Beauftragten mit ausreichenden Ressourcen

---

[388] Zustimmend siehe Jaspers/Reif, RdV 2016, 61, 63; Paal, in: Paal/Paul, DSGVO BDSG, Art. 37 (2021), Rn. 16; Marschall/Müller, ZD 2016, 415, 416.

[389] v. d. Bussche/Raguse, in: Plath, DSGVO BDSG TTDSG, Art. 38 DSGVO (2023), Rn. 6, 7.

[390] ErwGr. 97 DSGVO.

[391] Paal, in: Paal/Pauly, DSGVO BDSG, Art. 38 DSGVO (2021), Rn. 9.

[392] Art. 29 Datenschutzgruppe, WP 243 (2017a), S. 15; CNIL, Practical Guide GDPR, Data Protection Officers (2022), S. 11.

auszustatten (Art. 38 Abs. 2 DSGVO), ist zur Erreichung der gewünschten Unabhängigkeit erforderlich.

Rein organisatorische Anweisungen an den Datenschutzbeauftragten sind bspw. zur Regelung der Zusammenarbeit (z. B. Arbeitszeiten) zulässig, solange sie die Erfüllung seiner Aufgaben nicht erschweren.[393] Der Verantwortliche und der Auftragsverarbeiter können dem Datenschutzbeauftragten auch Anfragen zum Datenschutz stellen und ihn diesbezüglich um Prüfung bitten.[394] Dies ist ausnahmsweise unzulässig, wenn die Anfragen lediglich zur Kapazitätsauslastung und zur Verzögerung hinsichtlich vorrangiger Erledigungen erfolgen.[395]

Der Datenschutzbeauftragte berichtet unmittelbar an die höchste Managementebene des Verantwortlichen oder des Auftragsverarbeiters, Art. 38 Abs. 3 S. 3 DSGVO.[396] Allerdings wird in der gesetzlichen Regelung nicht klargestellt, ob der Datenschutzbeauftragte auch jede Routineinformation der höchsten Managementebene mitzuteilen hat. Grundsätzlich soll der Bericht des Datenschutzbeauftragten die Entscheidungsträger über seine Beurteilungen und Empfehlungen in Kenntnis setzen.[397] Daher ist es ratsam, dass er regelmäßig (beispielsweise jährlich) Berichte über seine Tätigkeiten einreicht.[398] Aus Gründen der Praktikabilität innerhalb von Konzernstrukturen und zur Sicherstellung der Unabhängigkeit des Datenschutzbeauftragten sollte der Datenschutzbeauftragte grundsätzlich in die Lage versetzt werden, der höchsten Managementebene unmittelbar berichten zu können, dazu aber nur dann verpflichtet sein, wenn ernst zu nehmende Datenschutzproblematiken auftreten.[399]

Abgrenzung zur Datenschutz-Compliance-Funktion

Problematisch sind die Fälle, in denen der Datenschutzbeauftragte auch Aufgaben der Datenschutz-Compliance übernehmen soll.[400] Diese Tätigkeiten können im Konflikt mit den Aufgaben des Datenschutzbeauftragten stehen und gehören in erster Linie zu den Aufgaben von dem Unternehmen zuzurechnenden Personen, die für die Einhaltung des Datenschutzes zuständig sind (im Folgenden „Datenschutzcom-

[393] Paal, in: Paal/Pauly, DSGVO BDSG, Art. 38 DSGVO (2021), Rn. 9.

[394] Jaspers/Reif, in: Schwartmann/Jaspers/Thüsing/Kugelmann, DSGVO/BDSG, Art. 38 DSGVO (2020), Rn. 17.

[395] a.a.O.

[396] Art. 38 Abs. 3 S. 3 DSGVO.

[397] CNIL, Practical Guide GDPR, Data Protection Officers (2022), S. 32.

[398] CNIL, Practical Guide GDPR, Data Protection Officers (2022), S. 32.

[399] CIPL, GDPR Project DPO Paper (2016), S. 9; CNIL, Practical Guide GDPR, Data Protection Officers (2022), S. 32; v. d. Bussche/Raguse, in: Plath, DSGVO BDSG TTDSG, Art. 38 DSGVO (2023), Rn. 17; Moos, in: Wolff/Brink/v. Ungern-Sternberg, BeckOK Datenschutzrecht, Art. 38 DSGVO (45. Ed. 01.11.2021), Rn. 26; Heberlei, in; Ehmann/Selmayr, DSGVO, Art. 38 DSGVO (2018), Rn. 16. Von einer direkten Unterordnung unter der höchsten Leitungsebene ausgehen: BfDI, Die Datenschutzbeauftragen in Behörden und Betrieben, S. 19; Jaspers/Reif in: Schwartmann/Jaspers/Thüsing/Kugelmann, DSGVO BDSG, Art. 38 DSGVO (2020), Rn. 23.

[400] Drewes, in: Simitis/Hornung/Spiecker gen. Döhmann, Datenschutzrecht, Art. 38 DSGVO (2019), Rn. 57, 58.

pliance-Personal").[401] Zwar verfügen beide Rollen über gewisse Ähnlichkeiten (Einhaltung der datenschutzrechtlichen Verpflichtungen). Dagegen, dieselbe Person mit beiden Aufgabenbereichen zu betrauen, sprechen jedoch insbesondere die unterschiedlichen Pflichten, welche die unterschiedlichen Rollen betreffen.

Sowohl das Datenschutzcompliance-Personal als auch der Datenschutzbeauftragtehaben übergeordnet die Rolle, die Einhaltung des Datenschutzrechts in einem Unternehmen zu gewährleisten.[402] Den Datenschutzbeauftragten trifft hier aber eine sehr spezifische Rolle, welche gesetzlich vorgeschrieben ist: Er soll kontrollieren, ob ein Unternehmen die Regelungen der DSGVO einhält, und überprüft nur, ob Verstöße gegen die DSGVO vorliegen, und berät das Unternehmen hinsichtlich der Maßnahmen, die vorgenommen werden können, damit es seine Verpflichtungen aus der DSGVO erfüllt, Art. 39 DSGVO. Der Datenschutzbeauftragtesoll aber zur Wahrung seiner Unabhängigkeit nicht die Aufgaben eines Verantwortlichen übernehmen, sodass er nicht für die Auswahl, Implementierung und Durchsetzung der zu treffenden Maßnahmen zuständig ist.[403] Diese Pflichten können von der Unternehmensleitung an Datenschutzcompliance-Personal delegiert werden. Zwar sollen Verantwortliche selbstverständlich auch dafür Sorge tragen, dass ihre Maßnahmen im Einklang mit der DSGVO stehen, der Datenschutzbeauftragte ist aber wegen seiner Unabhängigkeit eine „objektivere" Instanz für die Bewertung, ob die gesetzlichen Vorgaben eingehalten wurden oder nicht.

Weitere Unterschiede bestehen hinsichtlich der organisatorischen Stellung und der Interessenlage der beiden Positionen. Bereits aus den gesetzlichen Vorgaben ergibt sich, dass der Datenschutzbeauftragte in der Lage sein muss, unabhängig von Weisungen des Unternehmens zu handeln, damit er möglichst objektiv bewerten kann, ob das Datenschutzniveau aus der DSGVO eingehalten wird. Hingegen handelt es sich bei dem Datenschutzcompliance-Personal um Arbeitnehmer, die trotz des Interesses, Maßnahmen datenschutzkonform umzusetzen, weiterhin an die Weisungen der Geschäftsleitung gebunden sind.[404]

Auch ein Interessenkonflikt zwischen den beiden Tätigkeiten ist denkbar. Aus der DSGVO ergibt sich, dass der Datenschutzbeauftragte primär zum Schutz der Persönlichkeitsrechte von natürlichen Personen agieren soll. Er soll hierfür auch als Anlaufstelle für Betroffene dienen und ist für eine effektive Durchsetzung dieser Rechte gegenüber dem Unternehmen auch mit einer Verschwiegenheitspflicht kraft Gesetzes ausgestattet, Art. 38 Abs. 5 DSGVO. Eine organisatorische Trennung zum Unternehmen ist hierfür gerade essenziell. Das Datenschutzcompliance-Personal wird hingegen in erster Linie die Interessen des Unternehmens in den Vordergrund

[401] Siehe auch: Baumgartner/Hansch, ZD 2019, 99, 100; Schefzig, in: Moos/Schefzig/Arning, Praxishandbuch DSGVO, Gestaltung einer Datenschutzorganisation (2021), Rn. 150.

[402] Schröder, in: Forgó/Helfrich/Schneider, Teil VI. Kap. 3. Präventive Compliance und Whistleblowing im Konzern (2019a) Rn. 83; siehe hierzu auch Renz/Frankenberger, ZD 2015, 158, 160.

[403] Drewes, in: Simitis/Hornung/Spiecker gen. Döhmann, Datenschutzrecht, Art. 38 DSGVO (2019), Rn. 57.

[404] Schröder, in: Forgó/Helfrich/Schneider, Teil VI. Kap. 3. Präventive Compliance und Whistleblowing im Konzern (2019a) Rn. 83.

stellen müssen, wobei diese wegen der grundsätzlichen Gefahr von Haftungsrisiken aus Datenschutzverletzungen eine gewisse Überschneidung mit dem Interesse des Datenschutzbeauftragten an der Einhaltung der Datenschutz-Compliance haben werden.[405] Es ist aber gerade wegen der Weisungsgebundenheit nicht auszuschließen, dass der Datenschutzbeauftragte bspw. im Rahmen einer umfassenden Risikoabwägung hinsichtlich der Einführung eines Überwachungssystems von Mitarbeitern zu einem anderen Ergebnis kommt als das Datenschutzcompliance-Personal. Zwar ist zu erwarten, dass beide ihre Abwägung nach Recht und Gesetz vornehmen, insbesondere aber im Hinblick auf Interpretationsspielräume liegt es nahe, dass die Gewichtung der Rechte und Interessen der betroffenen Personen gegenüber den Interessen des Unternehmens unterschiedlich ausfallen.[406]

Die Datenschutz-Compliance befasst sich mit allen Maßnahmen zur Einhaltung des Datenschutzrechts und dient insofern dem rechtmäßigen Verhalten innerhalb des Unternehmens.[407] Während die Datenschutz-Compliance hierfür verantwortlich ist und eigenständig entsprechende Maßnahmen einleiten kann, ist der Datenschutzbeauftragte u. a. für die Kontrolle und ggf. auch für das Aufzeigen möglicher Lösungsansätze zuständig (vgl. Art. 39 DSGVO).[408] Allerdings darf der Datenschutzbeauftragte nicht für die Wahrung datenschutzrechtlicher Vorgaben verantwortlich sein, da er sonst seine eigene Arbeit kontrollieren müsste.[409] Dies wäre jedoch der Fall, wenn er im Rahmen der Datenschutz-Compliance über datenschutzrechtliche Einzelheiten im Unternehmen entscheidet.[410] Zudem stehen die unterschiedlichen Interessen in Konflikt zueinander. Der Schutz der Persönlichkeitsrechte wird durch den Datenschutzbeauftragten gewährleistet, während die Datenschutz-Compliance (unter anderem) auf die Vermeidung von Haftungsfällen abzielt.[411]

3.10.3.1 Anlaufstelle für betroffene Personen und Aufsichtsbehörden

Der Datenschutzbeauftragte dient als *Anlaufstelle* für betroffene Personen, da diese ihn zu allen mit der Verarbeitung ihrer personenbezogenen Daten und mit der Wahrnehmung ihrer Rechte gemäß der DSGVO in Zusammenhang stehenden Fragen zu Rate ziehen können, Art. 38 Abs. 4 DSGVO. Dies zwingt den Datenschutz-

---

[405] Drewes, in: Simitis/Hornung/Spiecker gen. Döhmann, Datenschutzrecht, Art. 38 DSGVO (2019), Rn. 57.

[406] Schröder, in: Forgó/Helfrich/Schneider, Teil VI. Kap. 3 Präventive Compliance und Whistleblowing im Konzern (2019a) Rn. 83.

[407] v. d. Bussche/Raguse in: Plath, DSGVO BDSG TTDSG, Art. 38 DSGVO (2023), Rn. 42.

[408] Drewes, in: Simitis/Hornung/Spiecker gen. Döhmann, Datenschutzrecht, Art. 38 DSGVO (2019), Rn. 57.

[409] Schefzig, in: Moos/Schefzig/Arning, Praxishandbuch DSGVO, Gestaltung einer Datenschutzorganisation (2021), Rn. 151.

[410] a.a.O.

[411] v. d. Bussche/Raguse in: Plath, DSGVO BDSG TTDSG, Art. 38 DSGVO (2023), Rn. 42.

beauftragten gewissermaßen dazu, eine *neutrale Position* innerhalb des verantwortlichen/auftragsverarbeitenden Unternehmens aufrechtzuerhalten, da er sowohl die von den durchgeführten Verarbeitungstätigkeiten betroffenen Personen als auch diejenigen, die diese durchführen, zu beraten hat.[412]

Zusätzlich dient der Datenschutzbeauftragte auch als Anlaufstelle für die Aufsichtsbehörden, Art. 39 Abs. 1 lit. e DSGVO. Dies umfasst auch die vorherige Konsultation gemäß Art. 36 DSGVO (siehe Abschn. 3.9.2.4). Im BDSG wurde die Beziehung des Datenschutzbeauftragten zu den Aufsichtsbehörden wechselseitig ausgestaltet (siehe Abschn. 3.10.3.4).

3.10.3.2 Verschwiegenheitspflicht

Der Datenschutzbeauftragte ist nach dem Recht der EU/der EU-Mitgliedstaaten bei der Erfüllung seiner Aufgaben an die Wahrung der Geheimhaltung oder der Vertraulichkeit gebunden, Art. 38 Abs. 5 DSGVO. Die DSGVO enthält demnach keine eigenen Vorschriften zur Geheimhaltung, sondern greift auf *bestehendes Recht* zurück. Dies hat zur Folge, dass die Verschwiegenheitspflicht durch das Recht der EU-Mitgliedstaaten teilweise begrenzt sein könnte.[413]

Geheimhaltungspflicht nach dem BDSG

Deutschland hat von der Öffnungsklausel aus Art. 38 Abs. 5 DSGVO in § 6 Abs. 5 S. 2, Abs. 6 BDSG Gebrauch gemacht. Diese nationalen Vorgaben finden über § 38 Abs. 2 BDSG auch auf den Datenschutzbeauftragten von Privatunternehmen Anwendung. Danach steht dem Datenschutzbeauftragten nicht nur aus beruflichen Gründen ggf. ein Zeugnisverweigerungsrecht zu, sondern er ist auch zur *Verschwiegenheit über die Identität der betroffenen Person* sowie über Umstände, die Rückschlüsse auf die betroffene Person zulassen, verpflichtet, soweit er nicht durch die betroffene Person von der Verschwiegenheit befreit wird.

In der Praxis werden Rechte der betroffenen Personen häufig beim Datenschutzbeauftragten geltend gemacht. Diese Angelegenheiten können jedoch nicht ohne eine Weiterleitung des Sachverhalts an den Verantwortlichen bearbeitet werden; der Verantwortliche kann Betroffenenrechten nicht nachgehen, wenn er keine Kenntnis darüber hat, wer diese Rechte geltend macht. Für den Datenschutzbeauftragten ist dies wegen der einzuhaltenden Vertraulichkeit problematisch. Er müsste nämlich im Rahmen seines Berichts an den Verantwortlichen die Identität der betroffenen Person verbergen.[414] Leitet der Datenschutzbeauftragte im Rahmen der Geltendmachung der Betroffenenrechte Informationen oder Umstände hinsichtlich einer betroffenen Person jedoch ohne dessen wirksame Einwilligung an den Verantwortlichen weiter, verletzt er seine Verschwiegenheitspflicht.[415] Außerdem könnte er sich wegen einer Verletzung seiner Schweigepflicht nach§ 203 Abs. 4 StGB strafbar

[412] Marschall/Müller, ZD 2016, 415, 420.

[413] v. d. Bussche/Raguse, in: Plath, DSGVO BDSG TTDSG, Art. 38 DSGVO (2023), Rn. 51.

[414] Scheja, in: Taeger/Gabel, DSGVO BDSG TTDSG, § 6 BDSG (2022), Rn. 21.

[415] Bergt/Schnebbe, in Kühling/Buchner, DSGVO BDSG, § 6 BDSG (2020), Rn. 17.

machen und die zu seiner Benennung erforderliche Fähigkeit zur Erfüllung seiner Aufgaben verwirken.[416] Vor diesem Hintergrund ist zu empfehlen, die Geltendmachung von Betroffenenrechten nicht über den Datenschutzbeauftragten zu organisieren.

3.10.3.3 Abberufung oder Benachteiligung

Der Datenschutzbeauftragte darf vom Verantwortlichen/Auftragsverarbeiter wegen der Erfüllung seiner Aufgaben nicht abberufen oder benachteiligt werden, Art. 38 Abs. 3 S. 2 DSGVO. Im Umkehrschluss ergibt sich daraus, dass die Abberufung oder eine anderweitige Benachteiligung des Datenschutzbeauftragten aus anderen Gründen, z. B. vertraglicher oder wirtschaftlicher Natur, grundsätzlich möglich bleibt.[417] Allerdings können die vorgenannten zulässigen Gründe nicht zum Vorwand genommen werden, um den Datenschutzbeauftragten wegen der Erfüllung seiner Aufgaben abzuberufen oder auf andere Weise zu benachteiligen, da dies Art. 38 Abs. 3 S. 2 DSGVO ausgehend vom gesetzgeberischen Zweck entgegen laufen würde.[418]

Kündigungsschutz nach dem BDSG

Besteht nach der DSGVO oder dem BDSG die Pflicht zur Benennung eines Datenschutzbeauftragten (siehe Abschn. 3.10.1), so profitiert der interne Datenschutzbeauftragte als Arbeitnehmer in Deutschland vom besonderen Kündigungsschutz des § 6 Abs. 4 BDSG in entsprechender Anwendung des § 626 BGB. Danach ist eine Kündigung des Arbeitsverhältnisses mit dem Datenschutzbeauftragten unzulässig, es sei denn, dass Tatsachen vorliegen, die das Unternehmen zur *Kündigung aus wichtigem Grund* ohne Einhaltung einer Kündigungsfrist berechtigen. Dafür muss sich eine Unzumutbarkeit der Fortführung des Arbeitsverhältnisses aus einer Interessenabwägung der Umstände des Einzelfalls ergeben, wobei eine mildere Reaktion dem Arbeitgeber des Datenschutzbeauftragten nicht zugemutet werden kann.[419] Der *Kündigungsschutz* des als Datenschutzbeauftragter tätigen Arbeitnehmers wirkt auch über das Ende seiner Tätigkeit als Datenschutzbeauftragter hinaus, da auch nach Beendigung der Tätigkeit als Datenschutzbeauftragter für einen Zeitraum von einem Jahr weiterhin nur eine außerordentliche Kündigung seines Arbeitsverhältnisses in Betracht kommt, § 6 Abs. 4 S. 3 BDSG.

3.10.3.4 Rolle der Aufsichtsbehörden nach dem BDSG

Nach deutschem Recht dient der Datenschutzbeauftragte nicht nur – wie in Art. 39 Abs. 1 lit. e DSGVO vorgesehen – als Anlaufstelle für die Aufsichtsbehörde, sondern wird im Wege einer *wechselseitigen Beziehung* von dieser beraten und mit Rücksicht auf seine typischen Bedürfnisse unterstützt, § 40 Abs. 6 S. 1 BDSG. Dabei

[416] Heberlein, in: Ehmann/Selmayr, DSGVO, Art. 38 DSGVO (2018), Rn. 19, 20, 29.
[417] v. d. Bussche/Raguse, in: Plath, DSGVO BDSG TTDSG, Art. 38 DSGVO (2023), Rn. 21.
[418] v. d. Bussche/Raguse, in: Plath, DSGVO BDSG TTDSG, Art. 38 DSGVO (2023), Rn. 23.
[419] Henssler, in: MüKoBGB, § 626 BGB (2023) Rn. 30, 83, 84.

handelt es sich um eine Ergänzung der Zuständigkeiten der Aufsichtsbehörden.[420] Dies kann dem Datenschutzbeauftragten insbesondere bei kritischen Rechtsfragen eine wichtige Hilfestellung bieten.

Zugleich erweitert die Vorschrift auch die Befugnisse der *Aufsichtsbehörden* in Bezug auf den Datenschutzbeauftragten, da sie gemäß § 40 Abs. 6 S. 2 BDSG dessen *Abberufung verlangen können*, wenn:

- *der Datenschutzbeauftragte die für die Erfüllung seiner Aufgaben erforderliche Fachkunde nicht besitzt* (siehe Abschn. 3.10.2.1): Die Aufsichtsbehörde könnte Kenntnis von der fehlenden Eignung eines Datenschutzbeauftragten aus Anlass von Beschwerden, aber auch im Rahmen der Ausübung ihrer Untersuchungsbefugnisse (siehe Abschn. 7.1) erhalten.[421] Entsprechende Fachkundemängel könnten in umfassender Untätigkeit oder in groben Verstößen gegen die Vertraulichkeit bestehen.[422] Aus Gründen der Verhältnismäßigkeit muss zunächst geprüft werden, ob die fachlichen Defizite des Datenschutzbeauftragten durch eine Nachschulung oder anderweitige Maßnahme zeitnah behoben werden können;[423] oder
- *die zusätzlichen Aufgaben und Pflichten des Datenschutzbeauftragten zu einem schwerwiegenden Interessenkonflikt führen* (siehe Abschn. 3.10.4.1): Wann ein Interessenkonflikt „schwerwiegend" ist, wird vom deutschen Gesetzgeber nicht klargestellt. Die nötige Schwere des Konflikts dürfte zumindest gegeben sein, wenn die Position einer Person im Unternehmen z. B. als Leiter der IT-Abteilung mit einer Bestellung als Datenschutzbeauftragter inkompatibel ist (siehe Abschn. 3.10.4.1).

3.10.4 Aufgaben des Datenschutzbeauftragten

Art. 39 DSGVO regelt die gesetzlichen Aufgaben des Datenschutzbeauftragten, die hauptsächlich aus Informations-, Zusammenarbeits- und Überwachungspflichten bestehen. Gemäß Art. 39 Abs. 1 DSGVO obliegen dem Datenschutzbeauftragten *zumindest folgende Aufgaben*:

- Unterrichtung und Beratung des Verantwortlichen/Auftragsverarbeiters und deren Beschäftigten hinsichtlich ihrer Datenschutzpflichten;
- Überwachung der Einhaltung des Datenschutzrechts sowie der Datenschutzstrategien des Verantwortlichen/Auftragsverarbeiters, einschließlich der diesbezüglichen Überprüfungen;

[420] Deutscher Bundestag (2017), Drucksache 18/11325, S. 108.

[421] Thiel, in: Taeger/Gabel, DSGVO BDSG TTDSG, § 40 BDSG (2022), Rn. 30; Dix, in: Kühling/Buchner, DSGVO BDSG, § 40 BDSG (2020), Rn. 17; Greiner/Senk, NZA 2020, 201, 206.

[422] Greiner/Senk, NZA 2020, 201, 207.

[423] Wilhelm-Robertson, in: Wolff/Brink/v. Ungern-Sternberg, BeckOK Datenschutzrecht, § 40 BDSG (45. Ed. 01.11.2021), Rn. 43.

- Zuweisung von Zuständigkeiten, Sensibilisierung und Schulung der an den Verarbeitungsvorgängen beteiligten Mitarbeiter;
- Beratung – auf Anfrage – im Zusammenhang mit der Datenschutz-Folgenabschätzung sowie Überwachung ihrer Durchführung (siehe Abschn. 3.9);
- Zusammenarbeit mit der Aufsichtsbehörde (dies umfasst nicht die Pflicht zur Meldung von Datenschutzverstößen, siehe Abschn. 3.8.2.4); und
- Tätigkeit als Anlaufstelle für die Aufsichtsbehörde.

Die gesetzlichen Mindestaufgaben des Datenschutzbeauftragten zeigen, dass ihm eine entscheidende Rolle für den Datenschutz innerhalb des Unternehmens zukommt.[424]

3.10.4.1 Zusätzliche Aufgaben und Interessenkonflikte

Gemäß Art. 38 Abs. 6 DSGVO kann der Datenschutzbeauftragte auch andere zusätzliche Aufgaben und Pflichten wahrnehmen, solange der Verantwortliche/Auftragsverarbeiter sicherstellt, dass diese nicht zu einem *Interessenkonflikt* führen.

Ist der interne Datenschutzbeauftragte zur Erfüllung anderer Aufgaben im Unternehmen auf der Grundlage v. a. seines Arbeitsvertrages verpflichtet sein, muss dies auf Vereinbarkeit mit seiner Stellung als Datenschutzbeauftragter hin überprüft werden muss.[425] Schon seiner Funktion nach kann der Datenschutzbeauftragte keine Aufgaben übernehmen, die im relevanten Zusammenhang mit der Datenverarbeitung stehen. Es würde zu einem Interessenkonflikt führen, wenn der Datenschutzbeauftragte über die *Zwecke und Mittel* der Datenverarbeitung entscheidet oder die Rechtmäßigkeit der Verarbeitungsvorgänge selbst sicherstellt, da er nicht seine eigene Einhaltung der Vorgaben der DSGVO überwachen kann.[426] Aufgrund von Unterschieden in der Organisationsstruktur eines jeden Unternehmens müssen derartige potenzielle Konflikte auf *Einzelfallbasis* geprüft werden.[427] Als allgemeine Regel kann festgehalten werden, dass es nicht möglich sein wird, jemanden zum Datenschutzbeauftragten zu benennen, der eine der folgenden Positionen im Unternehmen einnimmt:[428]

---

[424] Es stellt sich hierbei die Frage, ob der Datenschutzbeauftrage datenschutzrechtliche Verstöße des eigenen Unternehmens bei der Datenschutzbehörde melden muss. Es ist davon auszugehen, dass eine solche Meldung nur in Ausnahmefällen zu erfolgen hat, insbesondere wenn interne Maßnahmen nicht zu Behebung des Verstoßes führen, siehe: Moos, in: Wolff/Brink/v. Ungern-Sternberg, BeckOK Datenschutzrecht, Art. 39 DSGVO (45. Ed. 01.11.2021), Rn. 20; Paal, in: Paal/Pauly, DSGVO BDSG, Art. 39 DSGVO (2021), Rn. 8; Heberlein, in: Ehmann/Selmayr, DSGVO Art. 39 (2018) Rn. 19; Bergt, in: Kühling/Buchner, DSGVO BDSG, Art. 39 DSGVO (2020), Rn. 19.

[425] Heberlein, in: Ehmann/Selmayr, DSGVO Art. 38 (2018) Rn. 21.

[426] Art. 29 Datenschutzgruppe, WP 243 (2016), S. 16; Schefzig, ZD 2015, 503, 505.

[427] Art. 29 Datenschutzgruppe, WP 243 (2016), S. 16.

[428] Paal, in: Paal/Pauly, DSGVO BDSG, Art. 38 DSGVO (2021), Rn. 14; Art. 29 Datenschutzgruppe, WP 243 (2016), S. 16 ff.

- eine *gehobene Managementposition* (Geschäftsführer, CEO, COO, Chief Financial oder Chief Medical Officer);[429]
- die *Leitung* der IT-, Marketing- oder Personalabteilung;
- andere Positionen auf einer niedrigeren Ebene in der Organisationsstruktur, soweit sie eine Festlegung der Zwecke und Mittel der Verarbeitung ermöglichen.[430]

Die Möglichkeit der Übernahme der Datenschutzorganisation durch den Datenschutzbeauftragten ist wegen des möglichen Interessenkonflikts umstritten, wird allerdings überwiegend für zulässig erachtet.[431] Auch hier ist eine Einzelfallbetrachtung maßgeblich.[432] Sobald der Beauftragte über Entscheidungsbefugnisse verfügt, welche die Festlegung von Zwecken und Mitteln der Datenverarbeitung beinhalten, ist die Übernahme der Datenschutzorganisation nicht mehr zulässig.[433] Durch die Festlegung von Richtlinien, welche die Aufgaben und Kompetenzen des Beauftragten eindeutig zuweisen, können mögliche Interessenkonflikte vorbeugend vermieden werden.[434]

3.10.4.2 Praxishinweise

Sofern benannt, wird der Datenschutzbeauftragte regelmäßig eine Schlüsselrolle für die Einhaltung des Datenschutzrechts durch das Unternehmen haben.[435] Zusätzlich zu seinen Mindestaufgaben nach der DSGVO kann es sich deshalb als sinnvoll erweisen, ihm weitere Aufgaben zuzuweisen, um sein Fachwissen zum Datenschutz maximal nutzbringend einsetzen zu können. Daher ist es wichtig, Interessen-

[429] Vgl. Garante, Ordinanza ingiunzione nei confronti di Comune di Villabate – 12 maggio 2022, abrufbar unter: https://www.gpdp.it/web/guest/home/docweb/-/docweb-display/docweb/9781242, zuletzt aufgerufen am: 23.11.2023; so auch Berliner Beauftragte für Datenschutz und Informationsfreiheit, Pressemitteilung vom 20.09.2022 zu einem Bußgeld i.H.v. 525.000 € wegen eines Interessenkonflikts, aufrufbar unter https://www.datenschutz-berlin.de/fileadmin/user_upload/pdf/pressemitteilungen/2022/20220920-BlnBDI-PM-Bussgeld-DSB.pdf, zuletzt aufgerufen am: 23.11.2023.

[430] Vgl. Garate, Ordinanza ingiunzione nei confronti di Comune di Policoro – 9 giugno 2022, abrufbar unter: https://www.gpdp.it/web/guest/home/docweb/-/docweb-display/docweb/9794895, zuletzt aufgerufen am: 23.11.2023, wo der Datenschutzbeauftragter der Gemeinde auch gleichzeitig Anwalt der Gemeinde in Verfahren war, wo Datenschutzverstöße der Gemeinde durch betroffene Personen gerügt wurden.

[431] Moos, in: Wolff/Brink/v. Ungern-Sternberg, BeckOK Datenschutzrecht, Art. 38 DSGVO (45. Ed. 01.11.2021), Rn. 36 (m.w.N.).

[432] Moos, in: Wolff/Brink, BeckOK Datenschutzrecht, Art. 38 DSGVO (45. Ed. 01.11.2021), Rn. 36 (m.w.N.).

[433] Art. 29 Datenschutzgruppe, WP 243 (2016), S. 16; Moos, in: Wolff/Brink/v. Ungern-Sternberg, BeckOK Datenschutzrecht, Art. 38 DSGVO (45. Ed. 01.11.2021), Rn. 36 (m.w.N.); vgl. BfDI, Die DSGVO in der Bundesverwaltung, S. 31; vgl. Belgische Datenschutzbehörde, décision quant au fond 141/2021 du 16 décembre 2021, Rn. 54 ff, aufrufbar unter https://www.autoriteprotectiondonnees.be/publications/decision-quant-au-fond-n-141-2021.pdf, zuletzt aufgerufen am: 23.11.2023.

[434] Moos, in: Wolff/Brink/v. Ungern-Sternberg, BeckOK Datenschutzrecht, Art. 38 DSGVO (45. Ed. 01.11.2021), Rn. 36 (m.w.N.).

[435] Siehe Abschn. 3.10.3 für weitere Einzelheiten.

konflikte frühzeitig zu identifizieren und zu vermeiden. Abhängig von den Tätigkeiten, der Größe und der Struktur des Unternehmens sollte der Verantwortliche/Auftragsverarbeiter die folgende Vorgehensweise befolgen, um Interessenkonflikte zu vermeiden:[436]

- diejenigen Positionen im Unternehmen identifizieren, die mit der Stellung als Datenschutzbeauftragter nicht vereinbar sind;
- *interne Richtlinien* aufstellen, die Interessenkonflikte vermeiden sollen;
- in diese Richtlinien eine grundsätzliche Erklärung zu Interessenkonflikten aufnehmen;
- erklären, dass der jeweilige Datenschutzbeauftragte keinem Interessenkonflikt hinsichtlich seiner Position unterliegt, um auf diese Problematik aufmerksam zu machen;
- *Sicherheitsvorkehrungen* in den internen Richtlinien vorsehen.

Die *Stellenausschreibung* für die Position als Datenschutzbeauftragter oder der Dienstleistungsvertrag mit dem externen Datenschutzbeauftragten muss hinreichend präzise und detailliert sein, um Interessenkonflikte im Vorfeld zu vermeiden. In diesem Kontext sollte beachtet werden, dass potenzielle Interessenkonflikte auf verschiedene Art und Weise entstehen können, je nachdem, ob der Datenschutzbeauftragte intern oder extern bestellt werden soll.

3.10.4.3 Auditierung der Position des Datenschutzbeauftragten

Um die Einhaltung gesetzlicher Vorgaben sicherzustellen, führen Unternehmen regelmäßig unterschiedliche Auditierungen bzw. interne Prüfungen durch. Hierbei stellt sich die Frage, ob die Weisungsfreiheit des Datenschutzbeauftragten (im Hinblick auf die Möglichkeit der Auditierung) unbegrenzt gilt. Um die tatsächliche und ordnungsgemäße Durchführung seiner Aufgaben zu gewährleisten, könnte eine Überwachung bzw. Kontrolle des Beauftragten erforderlich sein. Bei einer möglicherweise zulässigen Auditierung der Position des Datenschutzbeauftragten wäre dessen zu gewährleistende Unabhängigkeit und die hierfür erforderliche Unterstützungspflicht des Verantwortlichen zu beachten (für Einzelheiten zur Weisungsfreiheit des Datenschutzbeauftragten siehe Abschn. 3.10.3).[437]

Die überwiegenden Gründe sprechen für die Zulässigkeit solcher Audits, welche die Unabhängigkeit des Datenschutzbeauftragten nicht beeinträchtigen. So bezieht sich dessen Unabhängigkeit dabei nicht auf rein organisatorische Anweisungen, solange die Erfüllung seiner Aufgaben nicht erschwert wird.[438] Hieraus folgt, dass in-

[436] Ausführungen entstammen größtenteils Art. 29 Datenschutzgruppe, WP 243 (2016), S. 16.

[437] Bergt, in: Kühling/Buchner, DSGVO BDSG, Art. 38 DSGVO (2020), Rn. 26; v. d. Bussche/Raguse, in: Plath, DSGVO BDSG TTDSG, Art. 38 DSGVO (2023), Rn. 14; Paal, in: Paal/Pauly, DSGVO BDSG, Art. 38 DSGVO (2021), Rn. 9–9a.

[438] Paal, in: Paal/Pauly, DSGVO BDSG, Art. 38 DSGVO (2021), Rn. 9; Laue, in: Laue/Kremer, Das neue Datenschutzrecht in der betrieblichen Praxis, § 7 Technischer und organisatorischer Datenschutz (2019), Rn. 18; v. d. Bussche, in: v. d. Bussche/Voigt, Konzerndatenschutz, Teil 2. Kap. 1. Der Datenschutzbeauftragte (2019) Rn. 55.

terne Prüfungen der Position des Datenschutzbeauftragten bzw. Kontroll- und Überwachungsmaßnahmen innerhalb bestimmter Grenzen grundsätzlich zulässig sind.[439] Diese beinhalten auch die Überprüfung, ob der Datenschutzbeauftragte seine Aufgaben tatsächlich wahrnimmt.[440] Vor allem ist die Erteilung von organisatorischen Weisungen, wie z. B. IT-Richtlinien oder Reisekostenrichtlinien sowie die Überprüfung der Einhaltung derartiger Weisungen zulässig.[441] Im Anschluss an ein Audit sind Änderungsvorschläge des Prüfers denkbar. Dabei ist zu berücksichtigen, dass dem Datenschutzbeauftragten ausreichende Ressourcen zur Erfüllung seiner Aufgaben verbleiben.

Die dargestellte eingeschränkte Prüfung als solche sowie die anschließende Abgabe von Änderungsempfehlungen sollten in der Regel zulässig sein, da die Prüfung selbst unter Beachtung der Unabhängigkeit des Beauftragten keine unmittelbaren Auswirkungen auf dessen Arbeit (in fachlicher Hinsicht) hat. Die Prüfung ist demgegenüber unzulässig, soweit die Prüfer den Datenschutzbeauftragten unter Druck setzen. Dies stellt auch ohne eine eindeutig erteilte Anweisung einen mittelbaren Eingriff in die Aufgaben des Datenschutzbeauftragten dar. Eine Prüfung sollte daher neutral durchgeführt werden, um keinen Druck auf den Beauftragten auszuüben und eine mögliche Einflussnahme auf dessen Aufgaben zu vermeiden.

Selbst wenn es sich um die „Kern"-Datenschutzfunktion des Datenschutzbeauftragten handelt, beeinträchtigt die bloße Abgabe von Empfehlungen an die Geschäftsleitung in Bezug auf die Arbeit des Beauftragten nicht unbedingt die Unabhängigkeit des Beauftragten bei der Erfüllung seiner Aufgaben.[442] Allerdings sollten auch diese Empfehlungen keinen unangemessenen Druck auf ihn ausüben, Verfahren zu ändern, die unter seine Unabhängigkeit fallen. Soweit die „Kernfunktionen" betroffen sind, sollte das Ergebnis der Prüfung des Beauftragten eher „Denkanstöße" für eine offene Diskussion als einen festen Vorschlag für eine Änderung beinhalten.

3.10.4.4 Sanktionen und Haftung

Die DSGVO sieht keine Vorschriften zur Haftung oder Sanktionierung des Datenschutzbeauftragten vor. Da der Verantwortliche/Auftragsverarbeiter für die Verarbeitungstätigkeiten verantwortlich ist und einer Haftung nach der DSGVO unterliegt, sieht die Verordnung eine persönliche Haftung des Datenschutzbeauftragten aufgrund seiner Beraterfunktion grds. nicht vor.[443] Hingegen können Verantwort-

---

[439] Moos, in: Wolff/Brink/v. Ungern-Sternberg, BeckOK Datenschutzrecht, Art. 38 DSGVO (45. Ed. 01.11.2021), Rn. 20; Laue, in: Laue/Kremer, Das neue Datenschutzrecht in der betrieblichen Praxis, § 7 Technischer und organisatorischer Datenschutz (2019), Rn. 18; v. d. Bussche, in: v. d. Bussche/Voigt, Konzerndatenschutz, Teil 2. Kap. 1. Der Datenschutzbeauftragte (2019) Rn. 55, 27.

[440] Bergt, in: Kühling/Buchner, DSGVO BDSG, Art. 38 DSGVO (2020), Rn. 26.

[441] Bergt, in: Kühling/Buchner, DSGVO BDSG, Art. 38 DSGVO (2020), Rn. 26.

[442] Siehe i. E. auch: v. d. Bussche in: Plath, DSGVO BDSG, Art. 38 DSGVO (2018), Rn. 11; a. A. Moos, in: Wolff/Brink/v. Ungern-Sternberg, BeckOK Datenschutzrecht, Art. 38 DSGVO (45. Ed. 01.11.2021), Rn. 20.

[443] CIPL, Project Paper (2016), S. 21.

liche und Auftragsverarbeiter dafür sanktioniert werden, dass der von ihnen ausgewählte Datenschutzbeauftragte mangels einer ordnungsgemäßen Aufgabenzuweisung seinen Pflichten nicht ordnungsgemäß nachkommt.[444]

Allerdings kann das Recht der EU-Mitgliedstaaten eine solche Haftung vorsehen. Für den Datenschutzbeauftragten sind etwaige Haftungsregelungen oder Sanktionen in den speziellen datenschutzrechtlichen Vorschriften in Deutschland nicht ausdrücklich vorgesehen. Insbesondere ist eine unmittelbare Anwendung der §§ 42, 43 BDSG ausgeschlossen, da die beiden strafrechtlichen Vorschriften an eine unrechtmäßige Datenverarbeitung anknüpfen.[445] Schließlich wird die Datenverarbeitung vom Verantwortlichen/Auftragsverarbeiter durchgeführt und der Datenschutzbeauftragte hat diesbezüglich regelmäßig keine aktive Einflussmöglichkeit.[446] Allerdings kommt eine Teilnahme des Datenschutzbeauftragten in Betracht, wenn er zu einer vorsätzlichen Datenschutzverletzung des Verantwortlichen/Auftragsverarbeiters Hilfe leistet.[447] Zuletzt ist aus strafrechtlicher Sicht zu erwähnen, dass eine Strafbarkeit durch aktives Tun nach § 203 Abs. 4 StGB möglich ist für den Fall, dass ein Datenschutzbeauftragter von einem Berufsgeheimnisträger ein unter dem Schutz der Norm unterfallendes Berufsgeheimnisses offenbart.[448] Schließlich erscheint es vor dem Hintergrund, ob dem Datenschutzbeauftragten eine Garantenstellung zukommt, wenigstens diskutabel, ob dieser sich auch wegen eines Unterlassens strafbar machen kann.

Eine zivilrechtliche Haftung nach der speziellen Vorschrift des § 83 BDSG scheidet aus. Diese würde zunächst voraussetzen, dass es sich um eine öffentliche Stelle handelt.[449] Außerdem ist der Datenschutzbeauftragte keine eigene verantwortliche Stelle im Sinne des § 83 BDSG.[450]

Nichtsdestotrotz ist der Datenschutzbeauftragte grundsätzlich für die ordnungsgemäße Erfüllung seiner Aufgaben verantwortlich. Aus diesem Grund kann es auf Grundlage von Rechtsnormen der EU-Mitgliedstaaten dazu kommen, dass be-

---

[444] Luxemburgische Datenschutzbehörde, Beschluss Nr. 20FR/2021 v. 11.6.2021, abrufbar unter: https://cnpd.public.lu/content/dam/cnpd/fr/decisions-fr/2021/Decision-20FR-2021-sous-forme-anonymisee-.pdf, zuletzt aufgerufen am: 23.11.2023; Luxemburgische Datenschutzbehörde, Beschluss Nr. 40FR/2021 v. 27.10.2021, abrufbar unter: https://cnpd.public.lu/content/dam/cnpd/fr/decisions-fr/2021/Decision-40FR-2021-sous-forme-anonymisee.pdf, zuletzt aufgerufen am: 23.11.2023.

[445] Scheja, in: Taeger/Gabel, DSGVO BDSG TTDSG, Art. 38 DSGVO (2022), Rn. 27; Brodowski/Nowak, in: Wolff/Brink/v. Ungern-Sternberg, BeckOK Datenschutzrecht, § 42 BDSG (01.08.2023), Rn. 15.

[446] a.a.O.

[447] Scheja, in: Taeger/Gabel, DSGVO BDSG TTDSG, Art. 38 DSGVO (2022), Rn. 28.

[448] Moos, in: Wolff/Brink/v. Ungern-Sternberg, BeckOK Datenschutzrecht, Art. 38 DSGVO (45. Ed. 01.11.2021), Rn. 37–41; Eisele, in: Schönke/Schröder, § 203 StGB (2019), Rn. 99.

[449] Quaas, in: Wolff/Brink/v. Ungern-Sternberg, BeckOK Datenschutzrecht, § 83 BDSG (45. Ed. 01.02.2023), Rn. 24.

[450] Quaas, in: Wolff/Brink/v. Ungern-Sternberg, BeckOK Datenschutzrecht, § 83 BDSG (45. Ed. 01.02.2023), Rn. 31.

troffene Personen oder der Verantwortliche/Auftragsverarbeiter *Ersatzansprüche für Schäden*[451] gegenüber dem Datenschutzbeauftragten geltend machen können, die durch eine Verletzung seiner Pflichten entstanden sind.[452] Unter anderem kann nationales Recht es Unternehmen ermöglichen, Ersatzansprüche auf der Grundlage des Arbeitsverhältnisses mit dem Datenschutzbeauftragten geltend zu machen.

In Deutschland können gegen den Datenschutzbeauftragten theoretisch zivilrechtliche Ersatzansprüche geltend gemacht werden. Den Verantwortlichen könnten vor allem vertragliche Schadensersatzansprüche gegen die von ihnen bestellten Datenschutzbeuaftragten nach den §§ 280 ff. BGB zustehen; betroffene Personen könnten mangels entsprechender vertraglicher Schutzpflichten ggf. deliktische Ansprüche gemäß §§ 823 ff. BGB geltend machen.[453]

3.11 Benennung eines Unionsvertreters[454]

Grundsätzlich sind Verantwortliche und Auftragsverarbeiter ohne eine EU-Niederlassung zur schriftlichen Benennung eines Vertreters in der EU verpflichtet, wenn ihre Verarbeitungsvorgänge dem räumlichen Anwendungsbereich der DSGVO gem. Art. 3 Abs. 2 DSGVO unterfallen, Art. 27 Abs. 1 DSGVO (siehe hierzu Abschn. 2.3.2). Die Verpflichtung kann in den gesetzlich geregelten Ausnahmefällen nach Art. 27 Abs. 2 DSGVO entfallen. Der Vertreter vertritt die Verantwortlichen oder Auftragsverarbeiter *in Bezug auf die ihnen jeweils nach dieser Verordnung obliegenden Pflichten* und dient insbesondere den Aufsichtsbehörden und betroffenen Personen als hauptsächlicher oder weiterer Ansprechpartner.[455]

3.11.1 Voraussetzungen hinsichtlich des Vertreters

Art. 4 Nr. 17 DSGVO definiert den „Vertreter" als eine in der EU niedergelassene natürliche oder juristische Person, die den Verantwortlichen oder Auftragsverarbeiter in Bezug auf die ihnen jeweils nach der DSGVO obliegenden Pflichten vertritt. Der Vertreter muss verschiedene Voraussetzungen erfüllen:

- Der Vertreter ist schriftlich zu benennen (Art. 4 Nr. 17 DSGVO). Allerdings wird nicht klargestellt, ob eine elektronische Form dieser Voraussetzung entspricht.

[451] Bspw. nach deutschem Recht, dürften Verantwortliche Schadensersatzforderungen (unter sehr engen Voraussetzungen) gegen den Datenschutzbeauftragten geltend machen können.

[452] Paal, in: Paal/Pauly, DSGVO BDSG, Art. 38 DSGVO (2021), Rn. 15a.

[453] Zu den vorstehenden Ausführungen siehe Bergt, in: Kühling/Buchner, DSGVO BDSG, Art. 38 DSGVO (2020), Rn. 51–54.

[454] Voigt/Drexler, ZD 2021, 409.

[455] Vgl. Art. 4 Nr. 17 DSGVO und Art. 27 Abs. 4 DSGVO.

Da die Schriftform der Legitimierung des Vertreters dienen soll, dürfte dessen bloße Erwähnung auf der Website des Unternehmens dieser Anforderung nicht gerecht werden.[456]

- Die DSGVO macht keine Vorgaben hinsichtlich der Qualifikationen oder Beziehung des Vertreters zum Verantwortlichen/Auftragsverarbeiter.
- Es ist möglich, einen einzigen Vertreter für mehrere Verantwortliche und/oder Auftragsverarbeiter zu benennen, solange es zu keinem Interessenkonflikt kommt.[457]
- Der Vertreter soll im Namen des Verantwortlichen/Auftragsverarbeiters tätig werden und muss daher Vertretungsbefugnis haben.[458]
- Gemäß Art. 27 Abs. 3 DSGVO muss der Vertreter in einem der EU-Mitgliedstaaten niedergelassen sein, in denen sich die von der Verarbeitung betroffenen Personen befinden. Es ist nicht erforderlich, einen Vertreter in jedem der betroffenen EUMitgliedstaaten zu benennen. Eine Niederlassung erfordert, wie bei Art. 3 DSGVO, die effektive und tatsächliche Ausübung einer Tätigkeit mittels einer festen Einrichtung (siehe Abschn. 2.3.1).

Beispiel

Unternehmen H ist in Australien niedergelassen und betreibt einen Online-Shop. Um Bestellungen zu verarbeiten, werden die Kundendaten gespeichert. Das Unternehmen hat keine Tochtergesellschaften oder Vertreter im Ausland. H richtet sein Warenangebot an Kunden in der EU, genauer gesagt in Deutschland, Italien und Frankreich.

In diesem Beispiel spricht H Kunden in Deutschland, Frankreich und Italien an und muss daher einen Vertreter in einem dieser EU-Mitgliedstaaten benennen. H könnte bspw. einen in Italien niedergelassenen Vertreter benennen. Es ist nicht notwendig, weitere Vertreter zu benennen, die in den anderen beiden EU-Mitgliedstaaten niedergelassen sind. Andererseits wäre die Verpflichtung aus Art. 27 DSGVO zur Benennung eines Vertreters nicht erfüllt, wenn H bspw. einen in Tschechien niedergelassenen Vertreter benennt. Dies folgt daraus, dass der Vertreter in einem der EU-Mitgliedstaaten niedergelassen sein muss, in dem sich die von H's Verarbeitungstätigkeiten betroffenen Personen befinden. Da H keine Kunden in Tschechien anspricht, darf sich der Vertreter nicht dort befinden. ◄

[456] Martini, in: Paal/Pauly, DSGVO BDSG, Art. 27 DSGVO (2021), Rn. 19.
[457] Martini, in: Paal/Pauly, DSGVO BDSG, Art. 27 DSGVO (2021), Rn. 27.
[458] ErwGr. 80 DSGVO; Plath, in: Plath, DSGVO BDSG TTDSG, Art. 27 DSGVO (2023), Rn. 2.

3.11.2 Ausnahmen von der Pflicht zur Benennung eines Vertreters

Nicht jedes Unternehmen, welches dem räumlichen Anwendungsbereich des Art. 3 Abs. 2 DSGVO unterfällt, ist zur Benennung eines Vertreters in der EU verpflichtet. Art. 27 DSGVO sieht zwei Ausnahmen vor.[459]

Gemäß Art. 27 Abs. 2 lit. a DSGVO besteht keine Pflicht zur Benennung eines Vertreters, sofern die Verarbeitung nur ein geringes Datenschutzrisiko birgt. Dies ist der Fall, wenn:

- eine Verarbeitung nur gelegentlich erfolgt;
- diese nicht die umfangreiche Verarbeitung besonderer Datenkategorien i. S. d. Art. 9, 10 DSGVO einschließt; und
- die Verarbeitung voraussichtlich nicht zu einem Risiko für die Rechte und Freiheiten natürlicher Personen führt.

Alle drei Tatbestandsvoraussetzungen müssen kumulativ erfüllt sein. Jedoch hat der Gesetzgeber nicht klargestellt, was unter den Merkmalen „gelegentlich oder „umfangreich" zu verstehen ist. Dies erfordert eine Konkretisierung der Tatbestandsmerkmale durch die Rechtsprechung. Es ist jedenfalls davon auszugehen die Datenverarbeitung als „gelegentlich" anzusehen, sofern die Verarbeitung nur eine untergeordnete Rolle spielt und nur in einem kurzen Zeitraum oder einmalig stattfindet.[460] Um die Wahrscheinlichkeit eines Risikos für die Rechte und Freiheiten natürlicher Personen zu bewerten, muss der Verantwortliche/Auftragsverarbeiter die Art, Umstände, den Umfang und die Zwecke der Verarbeitung berücksichtigen.

3.11.3 Pflichten des Vertreters

Der Vertreter dient als Anlaufstelle für die Aufsichtsbehörden und betroffenen Personen. Aus diesem Grund sind die betroffenen Personen über den Namen und die Kontaktdaten des Vertreters zu informieren.[461] Der Vertreter sollte mit den zuständigen Aufsichtsbehörden in Bezug auf Maßnahmen, die die Einhaltung der DSGVO durch den Verantwortlichen/Auftragsverarbeiter sicherstellen sollen, zusammenarbeiten.[462] Bei Verstößen des Verantwortlichen/Auftragsverarbeiters gegen die DSGVO sehen zwar die Erwägungsgründe vor, dass der bestellte Vertreter

[459] Die zweite Ausnahme ist in Art. 27 Abs. 2 lit. b DSGVO geregelt, wonach Behörden oder öffentliche Stellen nicht zur Benennung eines Vertreters verpflichtet sind.

[460] Martini, in: Paal/Pauly, DSGVO BDSG, Art. 27 DSGVO (2021), Rn. 35, 36.

[461] Art. 13 Abs. 1 lit. a in Verbindung mit Art. 14 Abs. 1 lit.a DSGVO.

[462] ErwGr. 80 DSGVO.

Durchsetzungsverfahren unterworfen werden sollte.[463] Schließlich führt der Vertreter ein Verzeichnis über die Verarbeitungstätigkeiten des Verantwortlichen/Auftragsverarbeiters, Art. 30 Abs. 1, 2 DSGVO.

Jedoch hat der EDSA in seiner Stellungnahme zum Art. 3 DSGVO festgestellt, dass der Vertreter nicht für die Pflichtverletzung des ihn bestellenden Verantwortlichen/Auftragsverarbeiter haftet.[464] Die Beauftragung des Unionsvertreters begründet nicht dessen persönliche Verpflichtung sowie dessen Haftung aus Art. 30, 58 Abs. 1 DSGVO.[465] Die Verpflichtung und Haftung aus Verstößen gegen die DSGVO bleibt auch bei Beauftragung des Unionsvertreters nur beim Verantwortlichen und des Auftragsverarbeiters bestehen und darf nicht durch die Beauftragung des Unionsvertreters auf diesen übergehen.[466]

Der Unionsvertreter ist unmittelbar für die Verletzung seiner gesetzlichen Pflichten insbesondere hinsichtlich der Führung und Bereitstellung des Verfahrensverzeichnisses und hinsichtlich der Mitwirkung bei behördlichen Untersuchungen verantwortlich. Gegen den Vertreter gerichtete Abhilfemaßnahmen nach Art. 58 Abs. 2 DSGVO, Geldbußen nach Art. 83 DSGVO sowie strafrechtliche Sanktionen nach Art. 84 DSGVO stellen mittelbare Ausprägungen seiner Verpflichtung und Haftung dar.

In der Praxis sollten die Parteien einen schriftlichen Dienstvertrag abschließen.[467] Der Vertrag sollte den Auftrag des Vertreters und mögliche über Art. 27 Abs. 4 DSGVO hinausgehende Pflichten regeln. Ferner sollten Vereinbarungen zur Verantwortlichkeit und Haftung der Parteien, zum Innenverhältnis (Position des Vertreters und zu dessen Aufgaben) und zu den Folgen eines Widerrufs der Benennung festgelegt werden.[468] Der Einsatz eines Auftragsverarbeiters als Vertreter ist wegen möglicher Interessenkonflikte ausgeschlossen.[469] Der Vertreter sollte zudem seine Niederlassung im EWR haben, wobei sich empfiehlt, eine Niederlassung in dem Mitgliedstaat zu haben, wo sich der Großteil der betroffenen Personen befindet.[470]

---

[463] ErwGr. 80 DSGVO.

[464] EDPB, Guidelines 3/2018 on the territorial scope of the GDPR (Article 3), Version 2.1(2019), S. 27, 28.

[465] EDPB Guidelines 3/2018 on the territorial scope of the GDPR (Article 3) Version 2.1 (2019), S, 27; a. A: Hanloser, in: Wolff/Brink/v. Ungern-Sternberg, Art. 27 DSGVO (45. Ed. 01.11.2021), Rn. 10 ff.

[466] Vgl. ErwGr. 80 und Art. 27 Abs. 5 DSGVO.

[467] Vgl. ErwGr. 80 DSGVO.

[468] Zu den vorstehenden Ausführungen: Kremer, in: Schwartmann/Jaspers/Thüsing/Kugelmann, DSGVO BDSG, Art. 27 DSGVO (2020), Rn. 89-92.

[469] EDPB Guidelines 3/2018 on the territorial scope of the GDPR (Article 3) Version 2.1 (2020), S, 24.

[470] EDPB Guidelines 3/2018 on the territorial scope of the GDPR (Article 3) Version 2.1 (2020), S, 31.

3.12 Verhaltensregeln, Zertifizierungen, Siegel, etc.

Während die Selbstregulierung im amerikanischen Datenschutzrecht eine wichtige Rolle spielt, wurde dieser Ansatz von der EU und den EU-Mitgliedstaaten in der Vergangenheit weitgehend vernachlässigt.[471] Art. 40–43 DSGVO führen nunmehr *Selbstregulierungsmechanismen* ein, welche die Einhaltung der DSGVO erleichtern sollen, z. B. in Bezug auf die Pflicht zur Einrichtung geeigneter technischer und organisatorischer Maßnahmen (siehe Abschn. 3.7).

Richtig eingesetzt, bieten Verhaltensregeln („Codes of Conduct") und Zertifizierungen („Certifications") eine schnelle und flexible Lösung, um auf datenschutzrechtliche Herausforderungen zu reagieren, und können dazu beitragen, das Vertrauen der betroffenen Personen in die Verarbeitungstätigkeiten bzgl. ihrer personenbezogenen Daten zu stärken.[472] Beide Instrumente können *kombiniert oder einzeln verwendet* werden, um die Einhaltung der DSGVO zu dokumentieren.

Sowohl Verhaltensregeln als auch Zertifizierungen bieten Unternehmen eine Möglichkeit, ihren Kunden gegenüber nachzuweisen, dass Datenschutzpflichten eingehalten werden.[473] Diese beide Instrumente erfüllen *verschiedene Nachweiszwecke* nach der DSGVO.

Verhaltensregeln sollen die organisatorischen und materiellen Datenschutzanforderungen der DSGVO für eine bestimmte Verarbeitungssituation, für ein bestimmtes Produkt oder für einen bestimmten Sektor *präzisieren*.[474] Dadurch ermöglichen die Verhaltensregeln Unternehmen selbst einzuschätzen, ob und wie ihre Tätigkeiten mit der DSGVO in Einklang stehen. Allerdings können sie nicht als Beweismittel bzgl. der Einhaltung der DSGVO gegenüber den Aufsichtsbehörden dienen. Verhaltensregeln liefern vielmehr eine praktische Interpretation der abstrakten Vorschriften der DSGVO. Im Gegensatz dazu konkretisieren *Zertifizierungen* die gesetzlichen Anforderungen nicht, sondern dienen vielmehr *dem Nachweis* der Vereinbarkeit der durchgeführten Verarbeitungstätigkeiten mit der Verordnung.[475] Entsprechend ist das Verhältnis dieser beiden Selbstregulierungsinstrumente komplementär.

Beide Instrumente können außerdem eine wichtige Rolle im Rahmen von Datentransfers zu *Drittstaaten* spielen, da mit ihrer Hilfe der Nachweis für das erforderliche angemessene Datenschutzniveau im Drittland erbracht werden kann (für Einzelheiten siehe Abschn. 4.3.4).

---

[471] Kranig/Peintinger, ZD 2014, 3, 3.

[472] Laue, in: Laue/Kremer, Das neue Datenschutzrecht in der betrieblichen Praxis, § 8 Selbstregulierung (2019), Rn. 1; EDPB, Guidelines 01/2019 on Codes of Conduct and Monitoring Bodies under Regulation 2016/679, Version 2.0 (2019), Rn. 15.

[473] EDPB, Guidelines 01/2019 on Codes of Conduct and Monitoring Bodies under Regulation 2016/679, Version 2.0 (2019), Rn. 16.

[474] EDPB, Guidelines 01/2019 on Codes of Conduct and Monitoring Bodies under Regulation 2016/679, Version 2.0 (2021), Rn. 36; Wittmann/Ingenrieth, in: Plath, DSGVO BDSG TTDSG, Art. 40 DSGVO (2023), Rn. 8.

[475] EDPB, Guidelines 1/2018 on certification and identifying certification criteria in accordance with Articles 42 and 43 of the Regulation, Version 3.0 (2019), Rn. 11; Bergt, DSRITB 2016, 483, 496.

Tab. 3.3 Praktische Empfehlungen für die Auswahl zwischen Verhaltensregeln und Zertifizierungen

Verhaltensregeln, Art. 40, 41 DSGVO	Zertifizierungen, Art. 42, 43 DSGVO
Ein Unternehmen möchte eine Konkretisierung seiner Verpflichtungen nach der DSGVO vornehmen in Bezug auf • einen ganzen Sektor • einen bestimmten Datenverarbeitungskontext • eine bestimmte Technologie • ein bestimmtes Produkt	Ein Unternehmen möchte die Einhaltung der DSGVO nachweisen in Bezug auf • spezifische Verarbeitungstätigkeiten • eine bestimmte Art von Verarbeitungstätigkeit
Verfahren	**Verfahren**
• Das Unternehmen muss selbständig die eigene Einhaltung der jeweiligen Verhaltensregeln fortlaufend überprüfen. • Überwachungsstellen/Aufsichtsbehörden werden mehr oder weniger nicht-routinemäßige Kontrollen zur Verifizierung der durchgängigen Einhaltung der Verhaltensregeln auf Seiten des Unternehmens durchführen.	• Der Erhalt einer Zertifizierung erfordert im Vorfeld eine kostenintensive und umfassende Überprüfung der eigenen Verarbeitungsvorgänge, welche von einer Zertifizierungsstelle/Aufsichtsbehörde zertifiziert werden sollen. • Im Falle des positiven Ausgangs einer entsprechenden Prüfung erhält das Unternehmen eine Zertifizierung für die betroffenen Verarbeitungsvorgänge.
Empfehlenswert, wenn	**Empfehlenswert, wenn**
• Unternehmen suchen ein Instrument zur Selbstkontrolle, um entscheiden zu können, ob alle/ein Großteil ihrer Verarbeitungstätigkeiten in Einklang mit der DSGVO stehen. • Große/größere Konzerne möchten ein Selbstregulierungsinstrument, das zu ihren speziellen sektor- oder produktbezogenen Anforderungen passt. • Unternehmen möchten ein schnelles und effizientes Instrument zur Selbstkontrolle, welches als Richtlinie dienen soll, um einen Großteil ihrer Verarbeitungstätigkeiten in Einklang mit der DSGVO zu bringen.	• Unternehmen benötigen ein Instrument zum Nachweis der Einhaltung der DSGVO für ausgewählte Verarbeitungstätigkeiten. • Unternehmen wollen Rechtssicherheit herstellen hinsichtlich der Einhaltung der DSGVO bei bestimmten Verarbeitungstätigkeiten.

Unternehmen müssen auf Einzelfallbasis entscheiden, ob und welcher Selbstregulierungsansatz ihren Bedürfnissen am besten entspricht. In der Tab. 3.3 finden sich einige der Erwägungen, die bei der Auswahl dieser Instrumente berücksichtigt werden sollten.[476]

3.12.1 Verhaltensregeln („Codes of Conduct")

Gemäß der DSGVO sollen die EU-Mitgliedstaaten, die Aufsichtsbehörden, der EDSA (siehe Art. 68 ff. DSGVO) und die Europäische Kommission die *Ausarbeitung*

[476] Wittmann/Ingerieth, in: Plath, DSGVO BDSG TTDSG, Art. 40 DSGVO (2023), Rn. 8.

von Verhaltensregeln, die nach Maßgabe der Besonderheiten der einzelnen Verarbeitungsbereiche und der besonderen Bedürfnisse von Kleinstunternehmen sowie kleinen und mittleren Unternehmen zur ordnungsgemäßen Anwendung der Verordnung beitragen sollen, *fördern*, Art. 40 Abs. 1 DSGVO. Die DSGVO enthält *detaillierte Vorschriften* darüber, wie und in welchen Fällen Verhaltensregeln ausgearbeitet werden können und wie sie überwacht und genehmigt werden.[477]

3.12.1.1 Zweck und Ausarbeitung

Art. 40, 41 DSGVO ermöglichen die Ausarbeitung eines *Gefüges bindender Verhaltensregeln,* welche die richtige Anwendung und Umsetzung der Vorgaben der DSGVO sicherstellen sollen. Auf richtige Art und Weise verwendet, liefern Verhaltensregeln eine *praktische Interpretation* der abstrakten datenschutzrechtlichen Verpflichtungen der DSGVO.[478] Zu diesem Zweck sollen sie unbestimmte Rechtsbegriffe und allgemeine Anforderungen zur Einhaltung der DSGVO näher bestimmen und/oder dabei helfen, Entscheidungsspielräume hinsichtlich des Datenschutzniveaus auszufüllen.[479]

Verhaltensregeln können sich auf jeden Regelungsbereich der DSGVO beziehen. Art. 40 Abs. 2 DSGVO gibt beispielhaft einige Fälle vor, wann Verhaltensregeln die praktische Anwendung der DSGVO konkretisieren können (die Aufzählung ist nicht abschließend):

- faire und transparente Verarbeitung (siehe Abschn. 4.1.1);
- die berechtigten Interessen des Verantwortlichen in bestimmten Zusammenhängen;
- Erhebung personenbezogener Daten;
- Pseudonymisierung personenbezogener Daten (siehe Abschn. 2.1.2.2);
- Unterrichtung der Öffentlichkeit und der betroffenen Personen (siehe Abschn. 5.1 und 5.2);
- Ausübung der Rechte betroffener Personen (siehe Kap. 5);
- Unterrichtung und Schutz von Kindern;
- angemessene technische und organisatorische Maßnahmen für die Sicherheit der Datenverarbeitung (siehe Abschn. 3.7);
- Meldung von Datenschutzverletzungen an Aufsichtsbehörden und die Benachrichtigung der betroffenen Personen (siehe Abschn. 3.8);
- Übermittlung personenbezogener Daten an Drittländer/internationale Organisationen (siehe Abschn. 4.3);
- außergerichtliche Verfahren und sonstige Streitbeilegungsverfahren.

[477] Laue, in: Laue/Kremer, Das neue Datenschutzrecht in der betrieblichen Praxis (2019), § 8 Selbstregulierung, Rn. 2.

[478] Laue, in: Laue/Kremer, Das neue Datenschutzrecht in der betrieblichen Praxis (2019), § 8 Selbstregulierung, Rn. 6.

[479] Bergt, DSRITB 2016, 483, 485.

Verhaltensregeln bieten eine *sektor- oder technologiebezogene* Lösung, da sie, wie zuvor erwähnt, die praktische Einhaltung der DSGVO in Bezug auf einen bestimmten Verarbeitungskontext, ein bestimmtes Produkt oder einen bestimmten Sektor konkretisieren.[480]

Gemäß Art. 40 Abs. 2 DSGVO können sie von Verbänden und anderen Vereinigungen, die *Kategorien von Verantwortlichen/Auftragsverarbeitern* vertreten, ausgearbeitet, geändert oder erweitert werden. Bei solchen Verbänden kann es sich um Berufs- oder Branchenverbände, Industrie- und Handelskammern o. Ä. handeln.[481] Der Begriff „andere Vereinigungen" schließt nach überzeugender Ansicht auch Unternehmensgruppen ein.[482] Bei der Ausarbeitung von Verhaltensregeln sollten diese Verbände/Vereinigungen die maßgeblichen Interessenträger, möglichst auch die betroffenen Personen, konsultieren und die auf diese Weise erhaltenen Eingaben und Stellungnahmen berücksichtigen.[483]

Verhaltensregeln sollen nicht nur eine materielle Interpretation der Vorschriften der DSGVO liefern, sondern müssen gleichzeitig *Verfahrensregeln* („Verfahren") vorsehen, die es der jeweiligen Überwachungsstelle (oder, falls (noch) keine Überwachungsstelle akkreditiert wurde – der Aufsichtsbehörde) ermöglichen, die Einhaltung der materiellen Vorgaben der Verhaltensregeln durch das jeweilige Unternehmen zu überwachen, Art. 40 Abs. 4 DSGVO. Der Detaillierungsgrad dieser Verfahrensregeln ist von Umfang und Inhalt der jeweiligen Verhaltensregeln abhängig zu machen.[484] Ausgehend von der Absicht des europäischen Gesetzgebers, die Ausarbeitung von Verhaltensregeln zu fördern, dürften an den Regelungsinhalt dieser Verfahrensregeln keine zu hohen Anforderungen zu stellen sein.[485]

Der EDSA hat ergänzende Leitlinien zur Unterstützung und Förderung der Erstellung, Änderung, oder Ausweitung von Verhaltensregeln aufgestellt.[486] Im Anhang zu den Leitlinien befinden sich Übersichten, insbesondere zur Wahl der zuständigen Aufsichtsbehörde, sowie eine Prüfliste zur Erarbeitung von Verhaltensregeln.

[480] EDPB, Guidelines 01/2019 on Codes of Conduct and Monitoring Bodies under Regulation 2016/679, Version 2.0 (2021), Rn. 1; Wittmann/Ingenrieth, in: Plath, DSGVO BDSG TTDSG, Art. 40 DSGVO (2023), Rn. 8.

[481] Laue, in: Laue/Kremer, Das neue Datenschutzrecht in der betrieblichen Praxis (2019), § 8 Selbstregulierung, Rn. 5.

[482] Wittmann/Ingenrieth, in: Plath, DSGVO BDSG TTDSG, Art. 40 DSGVO (2023), Rn. 10. In der Literatur umstritten: vgl. Paal/Kumkar, in: Paal/Pauly, DSGVO BDSG, Art. 40 DSGVO (2021) Rn. 11.

[483] ErwGr. 99 DSGVO.

[484] Paal/Kumkar, in: Paal/Pauly, DSGVO BDSG, Art. 40 DSGVO (2021), Rn. 18.

[485] Paal/Kumkar, in: Paal/Pauly, DSGVO BDSG, Art. 40 DSGVO (2021), Rn. 18.

[486] EDPB, Guidelines 01/2019 on Codes of Conduct and Monitoring Bodies under Regulation 2016/679 (2019), Rn. 3.

Einige Beispiele für bereits genehmigte Verhaltensregeln sind der EU Cloud Code of Conduct und der Data Protection Code of Conduct for Cloud Infrastructure Service Providers.[487]

3.12.1.2 Genehmigungsverfahren

Das Genehmigungsverfahren unterscheidet sich je nachdem, ob die ausgearbeiteten Verhaltensregeln Gültigkeit in einem EU-Mitgliedstaat oder Gültigkeit in mehreren Mitgliedstaaten haben sollen.

Gültigkeit in einem EU-Mitgliedstaat

Nach der erfolgreichen Ausarbeitung von Verhaltensregeln legt der jeweilige Verband/die jeweilige Vereinigung den Entwurf der zuständigen nationalen *Aufsichtsbehörde* vor, Art. 40 Abs. 5 S. 1 DSGVO.[488] Letztere gibt eine Stellungnahme darüber ab, ob der Entwurf mit der DSGVO vereinbar ist und genehmigt ihn, wenn der Entwurf ausreichende geeignete Garantien bietet.[489] Sofern sich die Verhaltensregeln nicht auf Verarbeitungsvorgänge in mehreren EU-Mitgliedstaaten beziehen und die zuständige Aufsichtsbehörde sie genehmigt hat, nimmt diese Aufsichtsbehörde die Verhaltensregeln in ein Verzeichnis auf und veröffentlicht sie.[490] Verantwortlichen/Auftragsverarbeitern steht die Einhaltung dieser Verhaltensregeln dann frei, um sie für die Erfüllung bestimmter Regelungsbereiche der DSGVO zu nutzen. Es ist zu beachten, dass die Erfüllung der Datenschutzvorgaben durch Einhaltung der Verhaltensregeln nur für die Verarbeitungstätigkeiten in demjenigen EU-Mitgliedstaat rechtssicher möglich ist, dessen Aufsichtsbehörde die jeweiligen Verhaltensregeln genehmigt und veröffentlich hat.

Gültigkeit in mehreren EU-Mitgliedstaaten

Bezieht sich der Entwurf der Verhaltensregeln auf Verarbeitungstätigkeiten in mehreren EU-Mitgliedstaaten, umfasst das Genehmigungsverfahrungen weitere Schritte. Zunächst legt die zuständige nationale Aufsichtsbehörde den Entwurf dem EDSA für eine Stellungnahme vor (siehe Abschn. 6.5).[491] Wird in der Stellungnahme bestätigt, dass der Entwurf mit der DSGVO vereinbar ist, übermittelt der EDSA ihn an die Europäische Kommission.[492] Letztere kann im Wege von Durchführungsrechtsakten beschließen, dass dem Entwurf *generelle Gültigkeit* in der EU

[487] Den Text der jeweiligen Verhaltensregeln und eine (nicht abschließende) Auflistung weiterer Verhaltensregeln findet sich unter https://edpb.europa.eu/our-work-tools/accountability-tools/register-codes-conduct-amendments-and-extensions-art-4011_en, zuletzt aufgerufen am: 23. November 2023.

[488] Für Regelungen zur Zuständigkeit der Aufsichtsbehörden siehe Art. 51 ff. DSGVO.

[489] Art. 40 Abs. 5 S. 2 DSGVO.

[490] Art. 40 Abs. 6 DSGVO.

[491] Art. 40 Abs. 7 DSGVO.

[492] Art. 40 Abs. 8 DSGVO.

zugestanden wird und ihn dann in geeigneter Weise veröffentlichen, Art. 40 Abs. 9, 10 DSGVO.

3.12.1.3 Überwachungsstellen

Gemäß Art. 41 Abs. 1 DSGVO[493] akkreditiert die zuständige Aufsichtsbehörde (siehe Art. 51 ff. DSGVO) *unabhängige Stellen* zur Überwachung der Einhaltung von Verhaltensregeln.[494] Wie soeben ausgeführt, müssen Verhaltensregeln auch Verfahrensregeln vorsehen, die den zuständigen Stellen eine Überwachung der *Einhaltung der Verhaltensregeln* durch Verantwortliche/Auftragsverarbeiter ermöglichen sollen.[495] Dies ist Aufgabe der Überwachungsstellen. Sie ergreifen geeignete Maßnahmen im Falle einer *Verletzung der Verhaltensregeln*, einschließlich eines vorläufigen oder endgültigen Ausschlusses des Verantwortlichen/Auftragsverarbeiters von den Verhaltensregeln und unterrichten die zuständige Aufsichtsbehörde über derartige Maßnahmen, Art. 41 Abs. 4, 5 DSGVO.

Eine Überwachungsstelle kann bei Erfüllung der Voraussetzungen des Art. 41 Abs. 2 DSGVO akkreditiert werden:[496]

- *Unabhängigkeit und Fachwissen* hinsichtlich des Gegenstands der Verhaltensregeln. Dies dürfte eine sektor- oder technologiebezogene Expertise der jeweiligen Überwachungsstelle erforderlich machen;
- die Überwachungsstelle hat *Verfahren* festgelegt, die es ihr ermöglichen zu bewerten, ob Verantwortliche/Auftragsverarbeiter die Verhaltensregeln anwenden können. Darüber hinaus sollen die Verfahren dazu dienen, die Einhaltung der Verhaltensregeln zu überwachen und die ordnungsgemäße Verwendung der Verhaltensregeln regelmäßig zu überprüfen. Um diese Voraussetzung zu erfüllen, könnte die Stelle dazu aufgefordert werden, vor ihrer Akkreditierung ein Überprüfungskonzept vorzulegen, welches eine systematische Überwachung der Verhaltensregeln ermöglicht;
- die Überwachungsstelle hat Verfahren und Strukturen festgelegt, mit denen sie *Beschwerden* über Verletzungen der Verhaltensregeln nachgeht;
- die Aufgaben/Pflichten der Überwachungsstelle dürfen nicht zu einem *Interessenkonflikt* führen. Ein solcher Konflikt kann entstehen, wenn die Stelle direkt oder indirekt einer Tätigkeit in demjenigen Bereich nachgeht, der von den Verhaltensregeln geregelt wird.

---

[493] Art. 41 DSGVO findet keine Anwendung auf Verarbeitungstätigkeiten, die von öffentlichen Behörden und Einrichtungen ausgeführt werden, 41 Abs. 6 DSGVO.

[494] Einige Autoren halten die Akkreditierung für eine Pflicht der Aufsichtsbehörde, siehe Paal/Kumkar, in: Paal/Pauly, DSGVO BDSG, Art. 41 DSGVO (2021), Rn. 5; andere sehen sie als optionales Überwachungsinstrument, siehe Laue, in: Laue/Kremer, Das neue Datenschutzrecht in der betrieblichen Praxis, § 8 Selbstregulierung (2019), Rn. 15.

[495] Art. 40 Abs. 4 DSGVO.

[496] Für weitere Einzelheiten siehe Laue, in: Laue/Kremer, Das neue Datenschutzrecht in der betrieblichen Praxis, § 8 Selbstregulierung (2019), Rn. 16.

Detaillierte Kriterien für die Akkreditierung einer Stelle werden von der jeweils zuständigen Aufsichtsbehörde festgelegt, Art. 41 Abs. 3 DSGVO. Eine Akkreditierung wird durch die Aufsichtsbehörde widerrufen, wenn die Voraussetzungen für eine Akkreditierung nicht oder nicht mehr erfüllt sind oder wenn die Überwachungsstelle Maßnahmen ergreift, die nicht mit der DSGVO vereinbar sind.[497] Obwohl die *Aufsichtsbehörden* zur Akkreditierung von Überwachungsstellen nicht rechtlich verpflichtet sind, sind sie in der Praxis dennoch sinnvoll, da die Aufsichtsbehörde auf diese Weise ihre Arbeitsbelastung reduzieren kann. Während die akkreditierten Stellen lediglich die Einhaltung von Verhaltensregeln durch Unternehmen überwachen, überwachen die Aufsichtsbehörden weiterhin die Einhaltung der Vorschriften der DSGVO durch die Unternehmen.

Im Falle einer Verletzung ihrer Pflichten aus Art. 41 Abs. 4 DSGVO kann eine akkreditierte Überwachungsstelle mit Bußgeldern von bis zu EUR 10.000.000,00 oder bis zu 2 % des weltweiten Jahresumsatzes sanktioniert werden, Art. 83 Abs. 4 lit. c DSGVO.

3.12.1.4 Rechtsfolgen/Vorteile

Die Einhaltung oder Nichteinhaltung von Verhaltensregeln führt nicht zu bindenden *Rechtsfolgen*. Daher sollten Verbände/Vereinigungen, die einen Entwurf für Verhaltensregeln vorgelegt haben, deren Einhaltung gegenüber ihren Mitgliedern durchaus aktiv einfordern.[498] Verhaltensregeln können nicht den Nachweis der Einhaltung der DSGVO gegenüber den Aufsichtsbehörden erbringen. Allerdings stellen Unternehmen, die *Verhaltensregeln einhalten und dies auch fortlaufend sicherstellen*, ein gewisses Datenschutzniveau entsprechend der Verhaltensregeln sicher und werden so letztlich weniger Anstrengungen unternehmen müssen, um die Erfüllung der Vorgaben der DSGVO nachzuweisen.

So bringt die Einhaltung genehmigter Verhaltensregeln eine Reihe von *Vorteilen* für den jeweiligen Verantwortlichen/Auftragsverarbeiter mit sich, indem sie den Nachweis der Erfüllung verschiedener Verpflichtungen unter der DSGVO *erleichtern*:

- Art. 24 Abs. 3 DSGVO: Die Einhaltung genehmigter Verhaltensregeln durch den Verantwortlichen (siehe Abschn. 3.3) oder Auftragsverarbeiter (siehe Abschn. 3.4) kann dem Nachweis der Erfüllung seiner allgemeinen Pflichten in Bezug auf die Datenschutzorganisation nach der DSGVO dienen;
- Art. 32 Abs. 3 DSGVO: Die Einhaltung genehmigter Verhaltensregeln kann als Faktor herangezogen werden, um die Erfüllung der Pflicht zum Ergreifen geeigneter technischer und organisatorischer Maßnahmen durch den Verantwortlichen/Auftragsverarbeiter nachzuweisen (siehe Abschn. 3.7);
- Art. 35 Abs. 8 DSGVO: Die Einhaltung genehmigter Verhaltensregeln ist bei der Beurteilung der Auswirkungen der durchgeführten Verarbeitungsvorgänge, ins-

[497] Art. 41 Abs. 5 DSGVO.

[498] Kranig/Peintinger, ZD 2014, 3, 4; Laue, in: Laue/Kremer, Das neue Datenschutzrecht in der betrieblichen Praxis, § 8 Selbstregulierung (2019), Rn. 19.

besondere für die Zwecke einer Datenschutz-Folgenabschätzung, gebührend zu berücksichtigen (siehe Abschn. 3.9);
- Art. 40 Abs. 3 DSGVO: Die Einhaltung genehmigter Verhaltensregeln mit genereller Gültigkeit kann geeignete Garantien im Rahmen der Übermittlung personenbezogener Daten in Drittländer bilden (siehe Abschn. 4.3.4);
- Art. 83 Abs. 2 lit. j DSGVO: Die Einhaltung genehmigter Verhaltensregeln ist bei der Festlegung der Höhe von *Bußgeldern* für eine Verletzung der DSGVO gebührend zu berücksichtigen (siehe Abschn. 7.3).

Zudem hat sich die Aufsichtsbehörde, welche die betreffenden Verhaltensregeln genehmigt hat, insoweit gebunden, als dass der Inhalt der jeweiligen Verhaltensregeln bei der *Interpretation der Verpflichtungen* der Verantwortlichen/Auftragsverarbeiter nach der DSGVO zu berücksichtigen ist.[499] Daraus folgt, dass die Aufsichtsbehörde regelmäßig keine rechtmäßige Entscheidung treffen kann, die dem Inhalt der von ihr genehmigten Verhaltensregeln widerspricht.[500]

3.12.2 Zertifizierungen, Datenschutzsiegel und -prüfzeichen („Certifications, seals and marks")

Zertifizierungen, Datenschutzsiegel und -prüfzeichen sollen die *Transparenz* von Verarbeitungsvorgängen erhöhen und deren *Übereinstimmung* mit den Vorgaben der DSGVO nachweisen, sodass betroffene Personen schnell das Datenschutzniveau der jeweiligen Produkte und Dienstleistungen einschätzen können.[501] Wie auch bei Verhaltensregeln sollen die EU-Mitgliedstaaten, die Aufsichtsbehörden, der EDSA (siehe Art. 68 ff. DSGVO) sowie die Europäische Kommission die Einführung von datenschutzspezifischen Zertifizierungsverfahren sowie von Datenschutzsiegeln und -prüfzeichen fördern, unter besonderer Berücksichtigung der Interessen von Kleinst-, sowie mittleren und kleinen Unternehmen, Art. 42 Abs. 1 DSGVO. Letzteres legt nahe, dass das Zertifizierungsverfahren so *preiswert* wie möglich sein soll, um auch mit den begrenzten finanziellen Ressourcen derartiger Unternehmen durchführbar zu sein.[502]

3.12.2.1 Zweck und Inhalt

Den inhaltlichen Bezugspunkt eines Zertifizierungsverfahrens, Datenschutzsiegels oder -prüfzeichens bilden die Verarbeitungsvorgänge des Verantwortlichen/Auftragsverarbeiters, Art. 42 Abs. 1 DSGVO. Die verschiedenen Instrumente unter-

---

[499] Wittmann/Ingenrieth, in: Plath, DSGVO BDSG TTDSG, Art. 40 DSGVO (2023), Rn. 21; Kinast, in: Taeger/Gabel, DSGVO BDSG TTDSG, Art. 40 DSGVO (2022), Rn. 54.

[500] Wittmann/Ingenrieth, in: Plath, DSGVO BDSG TTDSG, Art. 40 DSGVO (2023), Rn. 21; Kinast, in: Taeger/Gabel, DSGVO BDSG TTDSG, Art. 40 DSGVO (2022), Rn. 54.

[501] ErwGr. 100 DSGVO.

[502] Laue, in: Laue/Kremer, Das neue Datenschutzrecht in der betrieblichen Praxis, § 8 Selbstregulierung (2019), Rn. 28.

scheiden sich in der Verordnung nur terminologisch, jedoch nicht konzeptionell voneinander.[503] Ihre jeweils kennzeichnenden Merkmale sollen zukünftig gem. Art. 43 Abs. 8, 9 DSGVO von der *Europäischen Kommission* näher spezifiziert werden.

Zertifizierungsmechanismen können dem Verantwortlichen/Auftragsverarbeiter einen *Wettbewerbsvorteil* auf dem Markt verschaffen, da sie den Nachweis ermöglichen, dass bestimmte Verarbeitungstätigkeiten in Einklang mit den von der DSGVO vorgeschriebenen Datenschutzstandards stattfinden.[504] So kann eine Zertifizierung das Vertrauen der betroffenen Personen in die Verarbeitungstätigkeiten des Verantwortlichen/Auftragsverarbeiters stärken und eine positive Außenwirkung entfalten. Vor allem geben sie den zertifizierten Unternehmen *eigene Gewissheit* darüber, dass ihre Verarbeitungsvorgänge als datenschutzrechtskonform bestätigt wurden (für nähere Einzelheiten zu den Vorteilen einer Zertifizierung siehe unten in Abschn. 3.12.2.4).

Obwohl diese Mechanismen die Übereinstimmung mit der DSGVO bestätigen sollen, entbinden sie den Verantwortlichen/Auftragsverarbeiter nicht von ihrer Pflicht zur Einhaltung der Datenschutzvorschriften und schränken auch nicht die Befugnisse der Aufsichtsbehörden zur Überwachung dieser Gesetzeskonformität ein.[505] Allerdings erleichtern sie die Erbringung entsprechender Nachweise und damit die Erfüllung der Rechenschaftspflicht.[506]

Beispiele für bereits bestehende Zertifizierungen sind die Europrivacy[507] or EuroPriSe[508] Zertifizierungen.

3.12.2.2 Zertifizierungsverfahren

Die DSGVO enthält keine detaillierten Vorschriften über den Ablauf des Zertifizierungsverfahrens, sondern regelt nur dessen *Grundprinzipien*.[509] Die zuständige nationale Aufsichtsbehörde gibt die Kriterien für die Erteilung von Zertifizierungen vor, Art. 42 Abs. 5 DSGVO (bei europäischen Zertifizierungsverfahren ist das EDSA zuständig).[510] Eine Zertifizierung kann von der zuständigen Aufsichts-

[503] Paal/Kumklar, in: Paal/Pauly, DSGVO BDSG, Art. 42 DSGVO (2021), Rn. 6.

[504] Paal/Kumklar, in: Paal/Pauly, DSGVO BDSG, Art. 42 DSGVO (2021), Rn. 6; Bergt, DSRITB 2016, 483, 496.

[505] Art. 42 Abs. 4 DSGVO.

[506] Laue, in: Laue/Kremer, Das neue Datenschutzrecht in der betrieblichen Praxis, § 8 Selbstregulierung (2019), Rn. 41–43.

[507] EDPB, Opinion 28/2022 on the Europrivacy criteria of certification regarding their approval by the Board as EuropeanData Protection Seal pursuant to Article 42.5 (GDPR), rec. 25, 26.

[508] https://www.ldi.nrw.de/datenschutz/wirtschaft/verzeichnisgenehmigterzertifizierungskriterien, last accessed on: 23 November 2023; EuroPriSe Cert GmbH press release dated 07 October 2022, available at: https://www.euprivacyseal.com/wp-content/uploads/2023/01/20221007_Pressemitteilung_Genehmigung-Kriterienkatalog_DE.pdf, last accessed on: 23 November 2023.

[509] Laue, in: Laue/Kremer, Das neue Datenschutzrecht in der betrieblichen Praxis, § 8 Selbstregulierung (2019), Rn. 41–43.

[510] Zudem kann die Europäische Kommission Durchführungsrechtsakte erlassen, die die Voraussetzungen der Zertifizierungsverfahren präzisieren, siehe Art. 43 Abs. 8, 9 DSGVO

behörde oder von einer Zertifizierungsstelle erteilt werden (siehe unten für Einzelheiten zu letzterer).[511]

Gemäß Art. 42 Abs. 3 DSGVO muss die Zertifizierung *freiwillig* und über ein *transparentes Verfahren* zugänglich sein. Um eine Zertifizierung zu erhalten, muss der Verantwortliche/Auftragsverarbeiter der Zertifizierungsstelle oder der zuständigen Aufsichtsbehörde alle für die Durchführung des Zertifizierungsverfahrens erforderlichen Informationen zur Verfügung stellen und einen in diesem Zusammenhang erforderlichen Zugang zu seinen Verarbeitungstätigkeiten gewähren, Art. 42 Abs. 6 DSGVO. Die Zertifizierung wird für eine Höchstdauer von *drei Jahren* erteilt und kann verlängert werden, sofern der Verantwortliche/Auftragsverarbeiter die für die Zertifizierung erforderlichen Voraussetzungen weiterhin erfüllt.[512] Werden die Voraussetzungen nicht oder nicht mehr erfüllt, kann die Zertifizierung auch widerrufen werden.[513]

Zertifizierungen könnten zu einem wichtigen Datenschutzinstrument für Verantwortliche/Auftragsverarbeiter werden. Allerdings wird ihr Erfolg maßgeblich von der Schaffung praktisch relevanter, gemeinsamer Zertifizierungsmechanismen für mehrere EU-Mitgliedstaaten abhängen, da grenzüberschreitende, EU-weite Verarbeitungsvorgänge heute Marktstandard sind. Es bleibt abzuwarten, ob die Verantwortlichen und Auftragsverarbeiter künftig zum Zwecke der erleichterten Nachweiserbringung und zur Abgrenzung gegenüber anderen Marktteilnehmern von diesem Selbsregulierungsmechanismus Gebrauch machen.

3.12.2.3 Zertifizierungsstellen

Wie bereits erwähnt können nicht nur Aufsichtsbehörden und der EDSA Zertifizierungsverfahren durchführen, sondern auch Zertifizierungsstellen. Letztere werden von der zuständigen *Aufsichtsbehörde* akkreditiert,[514] wobei die Akkreditierung für eine Höchstdauer von fünf Jahren erteilt wird und verlängert werden kann.[515]

Um akkreditiert werden zu können, muss eine *Zertifizierungsstelle* eine Reihe von Voraussetzungen gemäß Art. 43 Abs. 2 DSGVO erfüllen, die im Wesentlichen denen für Überwachungsstellen entsprechen (siehe Abschn. 3.12.1.3), wie Unabhängigkeit, Fachwissen, die Festlegung von Erteilungsverfahren und die Abwesenheit von Interessenkonflikten. Weitere detaillierte Akkreditierungskriterien sind von der zuständigen Aufsichtsbehörde festzulegen.[516] Eine erteilte Akkreditierung wird von der Aufsichtsbehörde widerrufen, wenn die Voraussetzungen für die Akkreditierung nicht oder nicht mehr erfüllt sind oder wenn eine Zertifizierungsstelle Maßnahmen ergreift, die nicht mit der DSGVO vereinbar sind.[517]

---

[511] Art. 42 Abs. 5 DSGVO.

[512] Art. 42 Abs. 7 S. 1 DSGVO.

[513] Art. 42 Abs. 7 S. 2 DSGVO.

[514] Oder, soweit benannt, einer nationalen Akkreditierungsstelle, siehe Art. 43 Abs. 1 DSGVO.

[515] Art. 43 Abs. 4 S. 2 DSGVO.

[516] Art. 43 Abs. 3, 6 DSGVO. Diese Anforderungen werden von der Aufsichtsbehörde in leicht zugänglicher Form veröffentlicht und an den Europäischen Datenschutzausschuss übermittelt.

[517] Art. 43 Abs. 7 DSGVO.

Die Zertifizierungsstellen sollen, nachdem sie die Aufsichtsbehörde darüber informiert haben, Zertifizierungen erteilen oder verlängern und dafür verantwortlich sein, die angemessene Bewertung, die der Zertifizierung oder deren Widerruf zugrunde liegt, durchzuführen und der Aufsichtsbehörde die Gründe für die Erteilung oder den Widerruf der beantragten Zertifizierung mitzuteilen.[518]

Akkreditierung in Deutschland
§ 39 BDSG regelt unter Verweis auf entsprechende Vorschriften des Akkreditierungsstellengesetzes das Verfahren für die Akkreditierung von Zertifizierungsstellen in Deutschland. Die Akkreditierungsentscheidung wird von der *Deutschen Akkreditierungsstelle* unter Mitwirkung und im Einvernehmen mit der für die datenschutzrechtliche Aufsicht über die Zertifizierungsstelle zuständigen Aufsichtsbehörde des Bundes oder der Länder gefällt. Die zum erfolgreichen Abschluss des Akkreditierungsverfahrens erforderliche Erteilung einer Befugnis erfolgt letztlich durch die *zuständige Aufsichtsbehörde* auf Grundlage der beschlossenen Akkreditierung.

3.12.2.4 Rechtsfolgen/Vorteile
Zertifizierungen schaffen für Unternehmen die Gewissheit darüber, dass ihre zertifizierten Verarbeitungstätigkeiten *von offizieller Stelle* als übereinstimmend mit den Vorgaben der DSGVO *bestätigt* wurden. Auch wenn diese Bestätigung keine bindende Rechtswirkung hat und sie Untersuchungsbefugnisse der Aufsichtsbehörden nicht beschränkt, wird sie die Beweislast hinsichtlich der Einhaltung der DSGVO maßgeblich erleichtern (siehe die Ausführungen zu den Rechtsfolgen von Verhaltensregeln oben in Abschn. 3.12.1.4, außer für Art. 35 Abs. 8 DSGVO). Zudem können gem. Art. 25 Abs. 3 DSGVO Zertifizierungen dazu verwendet werden, die Einhaltung der Prinzipien von Datenschutz durch Technikgestaltung und durch datenschutzfreundliche Voreinstellungen gegenüber den Aufsichtsbehörden nachzuweisen (siehe Abschn. 3.5). Wenn eine Aufsichtsbehörde die ordnungsgemäße Einhaltung der DSGVO durch ein zertifiziertes Unternehmen überprüft, wird der Prüfungsumfang zudem weniger weit ausfallen, da die Zertifizierung bereits ein gewisses Datenschutzniveau entsprechend der DSGVO nachweist.

Intern können Zertifizierungen von Unternehmen verwendet werden, um gegenüber ihren Arbeitnehmern und, wie vom nationalen Recht des jeweiligen EU-Mitgliedsstaats vorgesehen, der Arbeitnehmervertretung nachzuweisen, dass die Verarbeitungstätigkeiten bzgl. *Beschäftigtendaten* zertifiziert wurden und damit dem hohen Datenschutzniveau der DSGVO entsprechen.

Extern können Zertifizierungen eine positive Außenwirkung entfalten und so einen *Wettbewerbsvorteil* für das Unternehmen auf dem Markt generieren. Zertifizierungen können dabei unterstützen, das Vertrauen der Kunden zu festigen sowie potenzielle *Geschäftspartner zu gewinnen*. Beispielsweise dürfte sich ein Verantwortlicher eher für einen Auftragsverarbeiter entscheiden, dessen Verarbeitungs-

[518] Art. 43 Abs. 1, 4 S. 1, 5 DSGVO.

tätigkeiten als übereinstimmend mit der DSGVO zertifiziert wurden, als für einen, bei dem eine solche Prüfung nicht stattgefunden hat.

Gemäß Art. 83 Abs. 2 lit. j DSGVO ist bei der Festlegung der Höhe von Bußgeldern durch die Aufsichtsbehörden die Einhaltung genehmigter Zertifizierungsverfahren gebührend zu berücksichtigen. Dabei dürften den zertifizierten Unternehmen nur *sehr selten Bußgelder in Bezug auf zertifizierte Verarbeitungstätigkeiten* drohen. Sofern eine Zertifizierung durch die Aufsichtsbehörde erteilt wurde, ist letztere insoweit gebunden, als dass sie die zertifizierten Verarbeitungsvorgänge bereits als übereinstimmend mit den Vorgaben der DSGVO bewertet hat und daher nicht rechtmäßig im Nachhinein von ihrer Entscheidung abweichen kann, um z. B. Bußgelder zu verhängen. Bei Zertifizierung durch eine Zertifizierungsstelle ist letztere zunächst von einer Aufsichtsbehörde akkreditiert worden, was dazu führt, dass die Aufsichtsbehörde in gewissem Maße auch durch Entscheidungen der Zertifizierungsstelle gebunden wird.

Allerdings hat die Aufsichtsbehörde laut Art. 58 Abs. 2 lit. h DSGVO die Befugnis, die *Zertifizierungsstelle anzuweisen*, eine *erteilte Zertifizierung zu widerrufen* oder keine Zertifizierung zu erteilen, wenn die Voraussetzungen für die Zertifizierung nicht oder nicht mehr erfüllt werden. Diese Vorschrift gewährt der Aufsichtsbehörde *faktisch ein Vetorecht* in Bezug auf Zertifizierungen, die von Zertifizierungsstellen erteilt werden. Daraus folgt aber auch, dass die Sanktionierung zertifizierter Unternehmen in der Praxis äußerst unwahrscheinlich sein wird (z. B. könnte eine Kollusion zwischen einem Unternehmen und einer Zertifizierungsstelle die Grundlage für Sanktionen bilden).

Referenzen

Art. 29 Datenschutzgruppe (2010a) Stellungnahme 1/2010 zu den Begriffen „für die Verarbeitung Verantwortlicher" und „Auftragsverarbeiter", WP 169 (zitiert nach englischem Original)

Art. 29 Datenschutzgruppe (2010b) Stellungnahme 3/2010 zum Grundsatz der Rechenschaftspflicht, WP 173 (zitiert nach englischem Original)

Art. 29 Datenschutzgruppe (2014) Erklärung über die Rolle eines risikobasierten Ansatzes im Datenschutz, WP 218 (zitiert nach englischem Original)

Art. 29 Datenschutzgruppe (2016) Leitlinien in Bezug auf Datenschuzubeauftragte („DSB"), WP 243 (zitiert nach dem englischem Original)

Art. 29 Datenschutzgruppe (2017a) Leitlinie zur Datenschutz-Folgenabschätzung (DSFA) und Beantwortung der Frage, ob eine Verarbeitung im Sinne der Verordnung 2016/697 „wahrscheinlich ein hohes Risiko mit sich bringt", WP 248 (zitiert nach englischem Original)

Art. 29 Datenschutzgruppe (2017b) Leitlinien in Bezug auf Datenschutzbeauftrage („DSB"), WP 243 (zitiert nach englischem Original)

Art. 29 Datenschutzgruppe (2018) Leitlinien für die Meldung von Verletzungen des Schutzes personenbezogener Daten gemäß der Verordnung (EU) 2016/679, WP 250 (zitiert nach englischem Original)

Barlag C (2017) Datenschutz durch Technikgestaltung. In: Roßnagel A (Hrsg) Europäische Datenschutz-Grundverordnung, Vorrang des Unionsrechts – Anwendbarkeit des nationalen Rechts, 1. Aufl. Nomos, Baden-Baden

Baumgartner U (2018) Art. 25 DSGVO. In: Ehmann E, Selmayr M (Hrsg) Datenschutz-Grundverordnung, 2. Aufl. C.H. Beck, München

Baumgartner U, Hansch G (2019) Der betriebliche Datenschutzbeauftragte. ZD 9(3):99–103
Bayerische Landesbeauftrage für den Datenschutz (2019) Meldepflicht und Benachrichtigungspflicht des Verantwortlichen: Erläuterungen zu Art. 33 und 34 Datenschutz-Grundverordnung Orientierungshilfe
Bergt M (2016) Die Bedeutung von Verhaltensregeln und Zertifizierungen nach der Datenschutz-Grundverordnung. DSRITB 7:483–500
Braun S (2021) Vorherige Konsultation der Datenschutzaufsicht nach Folgeabschätzung. ZD 11(6):297–302
Brink S (01.02.2022) Art. 34 DSGVO. In: Wolff HA, Brink S, von Ungern-Sternberg A (Hrsg), Beck'scher Online-Kommentar Datenschutzrecht, 45. Aufl. C.H. Beck, München
Brodowski D, Nowak D (01.08.2023) § 42 BDSG. In: Wolff HA, Brink S, von Ungern-Sternberg A (Hrsg), Beck'scher Online-Kommentar Datenschutzrecht, 45. Aufl. C.H. Beck, München
von dem Bussche AF (2019) Der Datenschutzbeauftragte. In: von dem Bussche AF, Voigt P (Hrsg) Konzerndatenschutz Rechtshandbuch, 2. Aufl. C.H. Beck, München
von dem Bussche AF, Zeiter A (2016) Practitioner's corner – implementing the EU general data protection regulation: a business perspective. EDPL 2(4):576–581
Centre for Information Policy Leadership (CIPL) (2016) Ensuring the Effectiveness and Strategic Role of the Data Protection Officer under the General Data Protection Regulation. https://www.huntonprivacyblog.com/wp-content/uploads/sites/18/2016/11/final_cipl_gdpr_dpo_paper_17_november_2016.pdf. Zugegriffen am 23.11.2023
Commission Nationale de l'Informatique et des Libertés (CNIL) (2022) Practical Guide GDPR, Data Protection Officers from 15 March 2022. https://www.cnil.fr/en/cnil-publishes-guide-dpos. Zugegriffen am 23.11.2023
Conrad I (2019) Compliance, IT-Sicherheit, Ordnungsmäßigkeit der Datenverarbeitung. In: Auer-Reinsdorff A, Conrad I (Hrsg) Handbuch IT- und Datenschutzrecht, 3. Aufl. C.H. Beck, München
Datenschutzkonferenz (2018a) Hinweise zum Verzeichnis von Verarbeitungstätigkeiten – Art. 30 DSGVO
Datenschutzkonferenz (2018b) Kurzpapier Nr. 1: Verzeichnis von Verarbeitungstätigkeiten – Art. 30 DSGVO
Datenschutzkonferenz (2018c) Kurzpapier Nr. 5: Datenschutz-Folgenabschätzung – Art. 35 DSGVO
Deutscher Bundestag (2017) Drucksache 18/11325
Dix A (2020) § 40 BDSG. In: Kühling J, Buchner B (Hrsg) Datenschutz-Grundverordnung BDSG, 3. Aufl. C.H. Beck, München
Dovas M-U (2016) Joint Controllership – Möglichkeiten oder Risiken der Datennutzung? ZD 6(11):512–517
Drewes S (2019) Art. 37, 38 DSGVO. In: Simitis S, Hornung G, Spiecker gen. Döhmann (Hrsg), Datenschutzrecht DSGVO mit BDSG, 1. Aufl. Nomos, Baden-Baden
EDPB, Guidelines (04/2019) on Article 25 Data Protection by Design and by Default, Version 2.0 (2020)
EDPB, Guidelines (07/2020) on the concepts of controller and processor in the GDPR, Version 2.1 (2021)
EDPB, Guidelines (01/2021) on Examples regarding Personal Data Breach Notification, Version 2.0 (2021)
EDPB, Guidelines (9/2022) on personal data breach notification under GDPR, Version 2.0 (2023)
Egle M, Zeller A (2019) Datenschutzmanagement im Konzern. In: von dem Bussche AF, Voigt P (Hrsg) Konzerndatenschutz Rechtshandbuch, 2. Aufl. C.H. Beck, München
Eisele J (2019) § 203 StGB. In: Schönke A, Schröder H (Hrsg) Strafgesetzbuch, 30. Aufl. C.H. Beck, München
Ernst S (2021) Art. 4 DSGVO. In: Paal BP, Pauly DA (Hrsg) Datenschutz-Grundverordnung Bundesdatenschutzgesetz, 3. Aufl. C.H. Beck, München
Franck L (2020) Art. 33 DSGVO. In: Schwartmann R, Jaspers A, Thüsing G, Kugelmann D (Hrsg) Datenschutz-Grundverordnung Bundesdatenschutzgesetz, 2. Aufl. C.F. Müller, Heidelberg

Gabel D, Lutz H (2022) Art. 28 DSGVO. In: Taeger J, Gabel D (Hrsg) DSGVO BDSG TTDSG, 4. Aufl. Fachmedien Recht und Wirtschaft, Frankfurt am Main
Gierschmann S (2016) Was „bringt" deutschen Unternehmen die DSGVO? – Mehr Pflichten, aber die Rechtsunsicherheit bleibt. ZD 6(2):51–55
Gierschmann S (2020) Gemeinsame Verantwortlichkeit in der Praxis. ZD 10(2):69–73
Gola P, Klug C (2007) Neuregelungen zur Bestellung betrieblicher Datenschutzbeauftragter. NJW 60(3):118–122
Gräber T, Nolden C (2021) § 29 BDSG. In: Paal BP, Pauly DA (Hrsg) Datenschutz-Grundverordnung Bundesdatenschutzgesetz, 3. Aufl. C.H. Beck, München
Grages J-M (2023) Art. 32, 33, 34 DSGVO. In: Plath K-U (Hrsg) DSGVO BDSG TTDSG, 4. Aufl. Dr. Otto Schmidt, Köln
Greiner S, Senk C (2020) Der Datenschutzbeauftragte und sein Schutz vor Benachteiligung, Abberufung und Kündigung – Ein Wegweiser durch DSGVO und BDSG. NZA 37(4):201–209
Haag NC (2019) Datenschutzmanagement und Datenschutzprozesse. In: Forgó N, Helfrich M, Schneider J (Hrsg) Betrieblicher Datenschutz, 3. Aufl. C.H. Beck, München
Hanloser S (01.11.2021) Art. 27 DSGVO. In: Wolff HA, Brink S, von Ungern-Sternberg A (Hrsg) Beck'scher Online-Kommentar Datenschutzrecht, 45. Aufl. C.H. Beck, München
Hansen M (2019) Art. 25, 32 DSGVO. In: Simitis/Hornung/Spiecker gen. Döhmann I (Hrsg), Datenschutzrecht DSGVO mit BDSG, 1. Aufl. Nomos, Baden-Baden
Hansen M (01.11.2021) Art. 35, 36 DSGVO. In: Wolff HA, Brink S, von Ungern-Sternberg A (Hrsg), Beck'scher Online-Kommentar Datenschutzrecht, 45. Aufl, C.H. Beck, München
Härting N (2016) Auftragsverarbeitung nach der DSGVO. ITRB 15(6):137–140
Hartung J (2020) Art. 4, 25, 28, 30 DSGVO. In: Kühling J, Buchner B (Hrsg) Datenschutz-Grundverordnung BDSG, 3. Aufl. C.H. Beck, München
Heberlein H (2018) Art. 38 DSGVO, In: Ehmann E/Selmayr M (Hrsg), Datenschutz-Grundverordnung, 2. C.H. Beck, München
Helfrich M (2022) Art. 37 DSGVO. In: Sydow G, Marsch N (Hrsg) DSGVO BDSG, 3. Aufl. Nomos, Baden-Baden
Henssler M (2023) § 626 BGB. In: Säcker FJ, Rixecker R, Oetker H, Limperg B (Hrsg) Münchener Kommentar zum Bürgerlichen Gesetzbuch, 9. Aufl. C.H. Beck, München
Herbst T (2020) Art. 5 DSGVO, § 29 BDSG. In: Kühling J, Buchner B (Hrsg) Datenschutz-Grundverordnung BDSG, 3. Aufl. C.H. Beck, München
Hessel S, Potel K (2021) Aktuelle Entwicklungen bei der datenschutzrechtlichen Bewertung von Sicherheitsvorfällen. DSRITB 2021:279–289
Hoeren T (2012) Der betriebliche Datenschutzbeauftragte – Neuerungen durch die geplante DSGVO. ZD 2(8):355–358
Hullen N (2019) Verhaltensregeln und Zertifizierung. In: von dem Bussche AF, Voigt P (Hrsg) Konzerndatenschutz Rechtshandbuch, 2. Aufl. C.H. Beck, München
Hullen N, Krohm N (2023) § 38 BDSG. In: Plath K-U (Hrsg) DSGVO BDSG TTDSG, 4. Aufl. Dr. Otto Schmidt, Köln
Jandt S (2020) Art. 4. Nr. 12, 32, 33, 35, 36 DSGVO. In: Kühling J, Buchner B (Hrsg) Datenschutz-Grundverordnung BDSG, 3. Aufl. C.H. Beck, München
Jaspers A, Reif Y (2016) Der Datenschutzbeauftragte nach der Datenschutz-Grundverordnung: Bestellpflicht, Rechtsstellung und Aufgaben. RdV 32(2):61–68
Jaspers A, Reif Y (2020) Art. 38 DSGVO. In: Schwartmann R, Jaspers A, Thüsing G, Kugelmann D (Hrsg) Datenschutz-Grundverordnung Bundesdatenschutzgesetz, 2. Aufl. C.F. Müller, Heidelberg
Jung A (2018) Datenschutz-(Compliance-)Management-Systeme – Nachweis- und Rechenschaftspflichten nach der DS-GVO. ZD 9(5):208–213
Jungkind V (01.11.2021) Art. 40 DSGVO. In: Wolff HA, Brink S, von Ungern-Sternberg A (Hrsg), Beck'scher Online-Kommentar Datenschutzrecht, 45. Aufl. C.H. Beck, München
Keber T (2022) Updating Art. 25 DSGVO – Aktuelle Entwicklungen und Bußgeldpraxis zum Datenschutz durch Technikgestaltung. RdV 38(2):70–75

Kinast K (2022) Art. 40 DSGVO, § 38 BDSG. In: Taeger J, Gabel D (Hrsg) DSGVO BDSG TTDSG, 4. Aufl. Fachmedien Recht und Wirtschaft, Frankfurt am Main

Koglin O (2019) Datenschutz-Folgenabschätzung nebst vorheriger Konsultation. In: von dem Bussche AF, Voigt P (Hrsg) Konzerndatenschutz Rechtshandbuch, 2. Aufl. C.H. Beck, München

Kranig T, Peintinger S (2014) Selbstregulierung im Datenschutzrecht – Rechtslage in Deutschland, Europa und den USA unter Berücksichtigung des Vorschlags zur DSGVO. ZD 4(1):3–9

Kremer S (2019a) § 5 Auftragsverarbeitung und Verarbeitung im Drittland, § 6 Datenschutzbeauftragter. In: Laue P, Kremer S (Hrsg) Das neue Datenschutzrecht in der betrieblichen Praxis, 2. Aufl. Nomos, Baden-Baden

Kremer S (2019b) Gemeinsame Verantwortlichkeit: Die neue Auftragsverarbeitung? CR 35(4):225–234

Kremer S (2020) Art. 27 DSGVO. In: Schwartmann R, Jaspers A, Thüsing G, Kugelmann D (Hrsg) Datenschutz-Grundverordnung Bundesdatenschutzgesetz, 2. Aufl. C.F. Müller, Heidelberg

Kühling J, Sackmann F (2020) § 38 BDSG. In: Kühling J, Buchner B (Hrsg) Datenschutz-Grundverordnung BDSG, 3. Aufl. C.H. Beck, München

Lachenmann M (2021) Form A. I. In: Koreng A, Lachenmann M (Hrsg) Formularhandbuch Datenschutzrecht, 3. Aufl. C.H. Beck, München

Lang M (2022) Art. 24, 25, 26 DSGVO. In: Taeger J, Gabel D (Hrsg) DSGVO BDSG TTDSG, 4. Aufl. Fachmedien Recht und Wirtschaft, Frankfurt am Main

Laue P (2019) § 7 Technischer und Organisatorischer Datenschutz, § 8 Selbstregulierung. In: Laue P, Kremer S (Hrsg) Das neue Datenschutzrecht in der betrieblichen Praxis, 2. Aufl. Nomos, Baden-Baden

Lezzi L, Oberlin JS (2018) Gemeinsam Verantwortliche in der konzerninternen Datenverarbeitung. ZD 9(9):398–404

Louven S (2022) § 29 BDSG. In: Taeger J, Gabel D (Hrsg) DSGVO BDSG TTDSG, 4. Aufl. Fachmedien Recht und Wirtschaft, Frankfurt am Main

Mallmann O (2014) § 19 BDSG. In: Simitis S (Hrsg) Bundesdatenschutzgesetz, 8. Aufl. Nomos, Baden-Baden

Mantz R (2022) Art. 32 DSGVO. In: Sydow G, Marsch N (Hrsg) DSGVO BDSG, 3. Aufl. Nomos, Baden-Baden

Marschall K, Müller P (2016) Der Datenschutzbeauftragte im Unternehmen zwischen BDSG und DSGVO – Bestellung, Rolle, Aufgaben und Anforderungen im Fokus europäischer Veränderungen. ZD 6(9):415–420

Martini M (2021) Art. 24, 25, 26, 27, 28, 30, 31, 32, 33, 35 DSGVO. In: Paal BP, Pauly DA (Hrsg) Datenschutz-Grundverordnung Bundesdatenschutzgesetz, 3. Aufl. C.H. Beck, München

Moos F (01.11.2021) Art. 38, 39 DSGVO, § 38 BDSG. In: Wolff HA, Brink S, von Ungern-Sternberg A (Hrsg), Beck'scher Online-Kommentar Datenschutzrecht, 45. Aufl. C.H. Beck, München

Paal BP (2021) Art. 36, 37, 38, 39. In: Paal BP, Pauly DA (Hrsg) Datenschutz-Grundverordnung Bundesdatenschutzgesetz, 3. Aufl. C.H. Beck, München

Paal BP, Kumkar LK (2021) 40, 41, 42 DSGVO. In: Paal BP, Pauly DA (Hrsg) Datenschutz-Grundverordnung Bundesdatenschutzgesetz, 3. Aufl. C.H. Beck, München

Pauly DA (2021) § 38 BDSG. In: Paal BP, Pauly DA (Hrsg) Datenschutz-Grundverordnung Bundesdatenschutzgesetz, 3. Aufl. C.H. Beck, München

Plath K-U (2023) Art. 6, 25, 26, 27, 28 DSGVO; § 28 BDSG. In: Plath K-U (Hrsg) DSGVO BDSG TTDSG, 4. Aufl. Dr. Otto Schmidt, Köln

Quaas S (01.02.2023) § 83 BDSG. In: Wolff HA, Brink S, von Ungern-Sternberg A (Hrsg), Beck'scher Online-Kommentar Datenschutzrecht, 45. Aufl. C.H. Beck, München

Reibach B (2022) Art. 35 DSGVO. In: Taeger J, Gabel D (Hrsg) DSGVO BDSG TTDSG, 4. Aufl. Fachmedien Recht und Wirtschaft, Frankfurt am Main

Renz HT, Frankenberger M (2015) Compliance und Datenschutz – Ein Vergleich der Funktionen unter Berücksichtigung eines risikobasierten Ansatzes. ZD 5(4):158–161

Reuter W, Voigt P (2022) Die neuen EU-Standardvertragsklauseln – Best Practice. DSB 12(11):309–312

Roßnagel A (2019) Art. 5 DSGVO. In: Simitis, Hornung, Spiecker gen. Döhmann I (Hrsg), Datenschutzrecht DSGVO mit BDSG, 1. Aufl. Nomos, Baden-Baden
Roßnagel A, Richter P, Nebel M (2013) Besserer Internetdatenschutz für Europa – Vorschläge zur Spezifizierung der DS-GVO. ZD 3(3):103–108
Schantz P (2017) Berufsgeheimnisträger. In: Schantz P, Wolff HA (Hrsg) Das neue Datenschutzrecht. C.H. Beck, München
Schantz P (01.11.2021) Art. 5 DSGVO. In: Wolff HA, Brink S, von Untern-Sternberg A (Hrsg), Beck'scher Online-Kommentar Datenschutzrecht, 45. Aufl. C.H. Beck, München
Schefzig J (2015) Der Datenschutzbeauftragte in der betrieblichen Datenschutzorganisation – Konflikt zwischen Zuverlässigkeit und datenschutzrechtlicher Verantwortung. ZD 5(11):503–507
Schefzig J (2021) Gestaltung einer Datenschutzorganisation. In: Moos F, Schefzig J, Arning M (Hrsg) Praxishandbuch DSGVO, 2. Aufl. Fachmedien Recht und Wirtschaft, Frankfurt am Main
Scheja G (2022) Art. 37, 38 DSGVO, § 6 BDSG. In: Taeger J, Gabel D (Hrsg) DSGVO BDSG TTDSG, 4. Aufl. Fachmedien Recht und Wirtschaft, Frankfurt am Main
Scheja G, Reibach B, Reichert F (2021) Schutz personenbezogener Daten im Rahmen eines Datenschutzkonzepts. In: Leupold A, Wiebe A, Glossner S (Hrsg) IT-Recht, 4. Aufl. C.H. Beck, München
Schmid G, Kahl T (2017) Verarbeitung „sensibler" Daten durch Cloud-Anbieter in Drittstaaten. ZD 7(2):54–57
Schmitz B, von Dall'Armi J (2017) Datenschutz-Folgenabschätzung – verstehen und anwenden. ZD 7(2):57–64
Scholz P (2014) § 3a BDSG. In: Simitis S (Hrsg) Bundesdatenschutzgesetz, 8. Aufl. Nomos, Baden-Baden
Schreiber L (2023) Art. 4 DSGVO. In: Plath K-U (Hrsg) DSGVO BDSG TTDSG, 4. Aufl. Dr. Otto Schmidt, Köln
Schröder C (2019a) Präventive Compliance und Whistleblowing im Konzern. In: Forgó N, Helfrich M, Schneider J (Hrsg) Betrieblicher Datenschutz Rechtshandbuch, 3. Aufl. C.H. Beck, München
Schröder M (2019b) Der risikobasierte Ansatz in der DS-GVO. ZD 9(11):503–506
Schultze-Melling J (2022) Art. 30, 32 DSGVO. In: Taeger J, Gabel D (Hrsg) DSGVO BDSG TTDSG, 4. Aufl. Fachmedien Recht und Wirtschaft, Frankfurt am Main
Schweinoch M (2018) Art. 40 DSGVO. In: Ehmann E, Selmayr M (Hrsg) Datenschutz-Grundverordnung, 2. Aufl. C.H. Beck, München
Simitis S (2014) § 4 f BDSG. In: Simitis S (Hrsg) Bundesdatenschutzgesetz, 8. Aufl. Nomos, Baden-Baden
Spoerr W (01.05.2022) Art. 28, 30 DSGVO. In: Wolff HA, Brink S, von Ungern-Sternberg A (Hrsg), Beck'scher Online-Kommentar Datenschutzrecht, 45. Aufl. C.H. Beck, München
Thiel B (2022) § 40 BDSG. In: Taeger J, Gabel D (Hrsg) DSGVO BDSG TTDSG, 4. Aufl. Fachmedien Recht und Wirtschaft, Frankfurt am Main
Thoma F (2013) Risiko im Datenschutz – Stellenwert eines systematischen Risikomanagements in BDSG und DS-GVO-E. ZD 3(11):578–581
Uwer D (01.08.2023) § 29 BDSG. In: Wolff HA, Brink S, von Ungern-Sternberg A (Hrsg), Beck'scher Online-Kommentar Datenschutzrecht, 45. Aufl. C.H. Beck, München
Voigt P (2016) Dauerbrenner IT-Sicherheit – Nun macht Brüssel Druck. MMR 19(7):429–430
Voigt P (2017) Konzerninterner Datentransfer, Praxisanleitung zur Schaffung eines Konzernprivilegs. CR 33(7):428–433
Voigt P (2019) Rechenschaftspflicht; Grundsätze der Verarbeitung nach der DSGVO; Technischer Datenschutz. In: von dem Bussche AF, Voigt P (Hrsg) Konzerndatenschutz Rechtshandbuch, 2. Aufl. C.H. Beck, München
Voigt P (2022) Art. 5 DSGVO. In: Taeger J, Gabel D (Hrsg) DSGVO BDSG TTDSG, 4. Aufl. Fachmedien Recht und Wirtschaft, Frankfurt am Main
Voigt P (2024) Art. 4 Nr. 8, Art. 28 DSGVO. In: Gierschmann S, Schlender K, Stentzel R, Veil W (Hrsg) Kommentar Datenschutz-Grundverordnung, 2. Aufl. Reguvis, Köln

Voigt P, Drexler N (2021) EU- und UK-Datenschutzvertreter nach dem Brexit. ZD 11(8):409-413
Voigt P, Falk L (2023) Der Cyber Resilience Act. MMR 26(2):88–93
Völkel C (2015) Wearables und Gesundheitsdaten: Möglichkeiten und Grenzen zur cloudbasierten Nutzung durch Ärzte und Krankenversicherungen aus datenschutzrechtlicher Sicht. DSRITB 2015:35–52
Wilhelm-Robertson M (01.11.2021) § 40 BDSG. In: Wolff HA, Brink S, von Ungern-Sternberg A (Hrsg), Beck'sche Online-Kommentar Datenschutzrecht, 45. Aufl. C.H. Beck, München
Wittmann J, Ingenrieth F (2023) § 40. In: Plath K-U (Hrsg) DSGVO BDSG TTDSG, 4. Aufl. Dr. Otto Schmidt, Köln
Wybitul T, Draf O (2016) Projektplanung und Umsetzung der EU-Datenschutz-Grundverordnung im Unternehmen. BB 25(35):2101–2107

Materielle Anforderungen

4

Prinzipiell unterliegt jegliche Verarbeitung personenbezogener Daten einem Verbot mit Erlaubnisvorbehalt. Aus diesem Grund bedürfen Verantwortliche und Auftragsverarbeiter einer wirksamen Rechtsgrundlage für ihre Verarbeitungstätigkeiten. Da es dem europäischen Gesetzgeber nicht möglich ist, ein hinreichendes Datenschutzniveau in Drittländern außerhalb der EU zu garantieren, erfordern derartige *internationale Datentransfers* gemäß der DSGVO zusätzliche Garantiemaßnahmen, um ein angemessenes Datenschutzniveau konstant zu gewährleisten. In den nachfolgenden Abschnitten werden die materiellen Anforderungen an eine mit der DSGVO konforme Datenverarbeitung im Einzelnen dargestellt.

4.1 Verarbeitungsgrundsätze

Art. 5 DSGVO legt Verarbeitungsgrundsätze nieder, denen *jede Datenverarbeitungstätigkeit* im Anwendungsbereich der DSGVO entsprechen muss.[1] Eine etwaige *Verletzung* dieser Verarbeitungsgrundsätze kann mit Bußgeldern von bis zu EUR 20.000.000,00 oder bis zu 4 % des weltweiten Jahresumsatzes sanktioniert werden (Art. 83 Abs. 5 lit. a DSGVO). Daher sollte die Datenschutzstruktur der betroffenen Unternehmen diesen Grundsätzen in jedem Fall entsprechen.[2] Hinzu kommt, dass die Verarbeitungsgrundsätze zur *Auslegung* der anderen Bestimmungen der DSGVO herangezogen werden können.[3]

Gemäß Art. 5 Abs. 2 DSGVO ist der Verantwortliche für die Einhaltung der Verarbeitungsgrundsätze und den entsprechenden Nachweis verantwortlich. Diese Rechenschaftspflicht wird durch die anderen Pflichten des Verantwortlichen nach der DSGVO näher konkretisiert (siehe Kap. 3).

[1] Siehe auch EuGH, Urteil vom 13. Mai 2014, Google Spain/AEDP, C-131/12, ErwGr. 39, 71.

[2] Wybitul, DSGVO im Unternehmen, Kap. III (2016) Rn. 64.

[3] Siehe auch Reimer, in: Sydow/Marsch, DSGVO BDSG, Art. 5 DSGVO (2022) Rn. 2.

P. Voigt, A. von dem Bussche, *EU-Datenschutz-Grundverordnung (DSGVO)*,
https://doi.org/10.1007/978-3-662-68820-5_4

4.1.1 Rechtmäßigkeit, Verarbeitung nach Treu und Glauben, Transparenz

Personenbezogene Daten müssen auf rechtmäßige Weise, nach Treu und Glauben und in einer für die betroffene Person nachvollziehbaren Weise verarbeitet werden, Art. 5 Abs. 1 lit. a DSGVO. Aus diesem Grund kann eine Verarbeitung nur stattfinden, sofern sie von einer gesetzlichen Erlaubnisgrundlage oder der Einwilligung der betroffenen Person gedeckt ist. Natürlichen Personen muss es möglich sein zu *verstehen*, was mit ihren personenbezogenen Daten geschieht. Daher sollte für sie nachvollziehbar sein, dass ihre personenbezogenen Daten erhoben, verwendet, analysiert oder auf andere Weise verarbeitet werden und in welchem Ausmaß sie genutzt werden oder zukünftig genutzt werden sollen.[4] Der Grundsatz der Transparenz erfordert insbesondere, dass den betroffenen Personen folgende Informationen zur Verfügung gestellt werden:[5]

- Informationen zur Identität des Verantwortlichen;
- Informationen zu den *Zwecken* der Datenverarbeitung;
- weitere für die betroffenen Personen relevante Informationen in Bezug auf ihr Recht, eine Bestätigung und Auskunft darüber zu erhalten, welche sie betreffenden personenbezogene Daten verarbeitet werden; und
- Informationen und Aufklärung hinsichtlich der Risiken, Vorschriften, Garantien und sonstigen Rechte im Zusammenhang mit der Verarbeitung personenbezogener Daten und darüber, wie sie ihre diesbezüglichen Rechte geltend machen können.

Die Informationsrechte der betroffenen Personen werden durch die Regelungen der Art. 13 bis 14 DSGVO (siehe Abschn. 5.2) zusätzlich substantiiert. Insbesondere sollten die *konkreten Zwecke*, zu denen die personenbezogenen Daten verarbeitet werden, eindeutig und rechtmäßig sein und zum Zeitpunkt der Erhebung der Daten feststehen.[6] Jegliche Information und Kommunikation in Bezug auf die Verarbeitung sollte für die Betroffenen leicht zugänglich und verständlich sein, letzteres durch die Verwendung *einfacher und klarer Sprache*.[7] Sofern angemessen, können gegebenenfalls zusätzlich visuelle Elemente verwendet werden.[8] Die Informationen können außerdem in elektronischer Form bereitgestellt werden, z. B. auf einer Website.[9]

---

[4] ErwGr. 39 DSGVO.

[5] ErwGr. 39 DSGVO.

[6] ErwGr. 39 DSGVO.

[7] ErwGr. 39, 58 DSGVO.

[8] ErwGr. 58 DSGVO; Ein Praxisbeispiel für den Einsatz unterstützender, visueller Elemente bieten die Sicherheitscenter-Seiten von Google, abrufbar unter: https://safety.google/, zuletzt aufgerufen am 23.11.2023.

[9] ErwGr. 58 DSGVO.

4.1.2 Zweckbindung

Personenbezogene Daten müssen für *festgelegte, eindeutige und legitime Zwecke* erhoben werden und dürfen nicht in einer mit diesen Zwecken nicht zu vereinbarenden Weise weiterverarbeitet werden, Art. 5 Abs. 1 lit. b DSGVO.[10] Der Zweck der Datenverarbeitung spielt eine Schlüsselrolle für die Rechtmäßigkeit der Verarbeitungstätigkeiten des Verantwortlichen/Auftragsverarbeiters. Anhand des Verarbeitungszwecks lässt sich feststellen, ob die Verarbeitungsgrundsätze der Datenminimierung, Richtigkeit und Speicherbegrenzung eingehalten werden.[11]

4.1.2.1 Legitimität

„Legitimität" erfordert die *Rechtskonformität* des Verarbeitungszwecks im weitesten Sinn.[12] Dies umfasst jegliches geschriebene Recht und Gewohnheitsrecht, Primär- und Sekundärrecht, Verordnungen, bindende Präzedenzfälle, Verfassungsprinzipien, Grundrechte und andere Rechtsprinzipien sowie Rechtsprechung, da all diese Rechtssätze von den zuständigen Gerichten berücksichtigt und interpretiert werden würden.[13] Die Legitimität eines Verwendungszwecks kann sich im Laufe der Zeit verändern, abhängig von wissenschaftlichen und technologischen Entwicklungen oder von gesellschaftlichen und kulturellen Veränderungen.[14]

4.1.2.2 Detaillierungsgrad des Verarbeitungszwecks

Bei der Durchführung weitergehender Verarbeitungstätigkeiten sollten Unternehmen sicherstellen, dass diese Vorgänge mit dem ursprünglichen Verarbeitungszweck vereinbar sind. Dies ermöglicht eine Weiterverarbeitung der Daten für den geänderten Zweck. Liegt eine Vereinbarkeit der Zwecke nicht vor, so kann die Weiterverarbeitung nur erfolgen, sofern eine erneute Einwilligung der betroffenen Personen eingeholt wird oder eine gesetzliche Rechtfertigung für die Änderung des Verarbeitungszwecks auf der Grundlage von nationalem Recht der EU-Mitgliedstaaten existiert (siehe Abschn. 4.2.2.6). Der *Detaillierungsgrad des Verarbeitungszwecks, der den betroffenen Personen mitgeteilt wird, kann* aufgrund seiner Anpassung an die spezifische Verarbeitungssituation einzelfallbezogen *variieren*.[15] Bei der Festlegung des Detaillierungsgrads sollten Unternehmen den allgemeinen Verarbeitungskontext berücksichtigen, insbesondere die vernünftigen

[10] Eine Weiterverarbeitung für im öffentlichen Interesse liegende Archivzwecke, für wissenschaftliche oder historische Forschungszwecke oder für statistische Zwecke gilt gemäß Art. 89 Abs. 1 DSGVO nicht als unvereinbar mit den ursprünglichen Zwecken, siehe Art. 5 Abs. 1 lit. b DSGVO.

[11] Frenzel, in: Paal/Pauly, DSGVO BDSG, Art. 5 DSGVO (2021), Rn. 23; Dammann, ZD 2016, 307, 311.

[12] Monreal, ZD 2016, 507, 509; siehe auch Art. 29 Datenschutzgruppe, WP 203 (2013a), S. 20.

[13] Siehe auch Art. 29 Datenschutzgruppe, WP 203 (2013a), S. 20.

[14] Siehe auch Art. 29 Datenschutzgruppe, WP 203 (2013a), S. 20.

[15] Siehe auch Art. 29 Datenschutzgruppe, WP 203 (2013a), S. 51.

Erwartungen der betroffenen Personen und den Grad der Allgemeinverständlichkeit des jeweiligen Zwecks für alle Beteiligten.[16]

Wichtige Erwägungen für die Festlegung des Detaillierungsgrads sind, unter anderem:[17]

- Je größer die Anzahl der betroffenen Personen und je größer der von der Verarbeitung betroffene geografische Bereich sind, desto genauer müssen die Verarbeitungszwecke bestimmt werden, da Personen ganz unterschiedlicher Altersstufen oder kultureller Hintergründe potenziell von der Verarbeitung betroffen sind;
- Ein größerer Detaillierungsgrad ist erforderlich, sofern die Verarbeitung das Maß übersteigt, das im gegebenen Verarbeitungskontext üblich ist;
- Eine detaillierte Beschreibung des Verarbeitungszwecks unter Vermeidung generalisierender Oberbegriffe kann die Verständlichkeit für die betroffenen Personen erhöhen;
- Weiterhin können *mehrschichtige Datenschutzhinweise* hilfreich sein, um die Transparenz der Informationen an die Betroffenen zu erhöhen. Das bedeutet, dass die grundlegenden Informationen den betroffenen Personen auf sehr verständliche und benutzerfreundliche Art und Weise mitgeteilt werden, während Zusatzinformationen (z. B. über einen Link zu einer genaueren Beschreibung der Verarbeitungsvorgänge auf einer anderen Website) nur denjenigen bereitgestellt werden, die eine weitergehende Klarstellung wünschen.[18]

Beispiel

D ist ein großer Automobilhersteller, der in Form einer Unternehmensgruppe strukturiert ist. Seine Personalabteilung rekrutiert einen neuen Mitarbeiter. Der Arbeitsvertrag wird von besagtem Mitarbeiter mit der Gruppengesellschaft in Deutschland (D-Deutschland) abgeschlossen. Zu diesem Zweck verarbeitet D-Deutschland die personenbezogenen Daten dieses Mitarbeiters. Allerdings ist der direkte Vorgesetzte des neuen Mitarbeiters bei einem anderen Gruppenunternehmen in den Niederlanden (D-Niederlande) beschäftigt. Daher sollen die personenbezogenen Daten des Mitarbeiters auch an D-Niederlande übermittelt werden.

In diesem Beispiel ist D's Verarbeitung der Mitarbeiterdaten durch D-Deutschland im Rahmen eines Einstellungsprozesses üblich, um den Abschluss eines Arbeitsvertrags herbeizuführen. Auch die Einbeziehung des zukünftigen direkten Vorgesetzten des Mitarbeiters ist in diesem Zusammenhang üblich und sollte vom Zweck der Datenverarbeitung zur Einstellung des Mitarbeiters gedeckt sein. Allerdings ist der direkte Vorgesetzte des Mitarbeiters bei einer anderen Gruppengesellschaft angestellt. Eine Datenverarbeitung durch jene Gruppen-

[16] Siehe auch Art. 29 Datenschutzgruppe, WP 203 (2013a), S. 51.

[17] Siehe auch Art. 29 Datenschutzgruppe, WP 203 (2013a), S. 51 ff.

[18] Siehe auch Art. 29 Datenschutzgruppe, WP 203 (2013a), S. 16.

gesellschaft übersteigt das im Einstellungskontext Übliche. Daher muss D den Mitarbeiter über die beabsichtigte Übermittlung seiner personenbezogenen Daten innerhalb des Konzerns informieren, wenn er den Verarbeitungszweck dem Mitarbeiter im Vorfeld der Verarbeitung mitteilt. ◀

4.1.3 Datenminimierung

Die personenbezogenen Daten sollten für die Zwecke, zu denen sie verarbeitet werden, *angemessen und erheblich sowie* auf das für die Zwecke ihrer Verarbeitung notwendige Maß *beschränkt* sein.[19] Es besteht keine Pflicht, die Datenverarbeitung auf ein absolutes Minimum zu limitieren, sondern die Datenerhebung ist vielmehr im Verhältnis zum Verarbeitungszweck auf ein angemessenes Niveau zu beschränken.[20] Dafür ist vor Beginn der Verarbeitungstätigkeiten eine Prüfung ihrer Verhältnismäßigkeit vorzunehmen. Unternehmen sollten sich dabei die Frage stellen, ob die erhobenen Daten zur Erreichung des Verarbeitungszwecks tatsächlich notwendig sind.[21] Zusammenfassend kann festgehalten werden, dass der Grundsatz der Datenminimierung darauf abzielt, die *Datenerhebung* im Verhältnis zum Verarbeitungszweck auf das kleinstmögliche Maß zu *reduzieren*.[22]

Technische und organisatorische Maßnahmen sollen die Einhaltung dieses Verarbeitungsgrundsatzes sicherstellen. Dies betrifft unter anderem die Konzepte von Datenschutz durch Technikgestaltung und Datenschutz durch datenschutzfreundliche Voreinstellungen (siehe Abschn. 3.5). Wie zuvor erwähnt sind Anonymisierungs- und Pseudonymisierungstechniken eine Möglichkeit, um die Verarbeitung überschüssiger Daten zu vermeiden (siehe Abschn. 2.1.2.2). Sowohl präventive Maßnahmen als auch Maßnahmen während der Verarbeitung sind denkbar. Zudem spielt der Grundsatz der *Speicherbegrenzung* für die Datenminimierung eine wichtige Rolle (siehe Abschn. 4.1.5). Überschüssige oder überflüssig gewordene Daten sollten so schnell wie möglich gelöscht werden.

Beispiel[23]

Unternehmen B betreibt einen Buchladen und erweitert sein Geschäft durch die Errichtung eines Online-Shops. Über diese Plattform können die Kunden des B sowohl den Erwerb und die Lieferung von Büchern als auch den Erwerb von elektronischen Büchern (sog. eBooks) realisieren. Zur Aufnahme und Durchführung von Kundenbestellungen möchte B ein Standardkontaktformular nutzen. Danach werden Kunden auch nach Geburtsdatum, Telefonnummer und

---

[19] ErwGr. 39 DSGVO.

[20] Plath, in: Plath, DSGVO BDSG TTDSG, Art. 5 DSGVO (2023), Rn. 12 f.

[21] Frenzel, in: Paal/Pauly, DSGVO BDSG, Art. 5 DSGVO (2021), Rn. 35.

[22] Frenzel, in: Paal/Pauly, DSGVO BDSG, Art. 5 DSGVO (2021), Rn. 34.

[23] EDPB, Guidelines 4/2019 on Article 25 Data Protection by Design and Default, Version 2.0 (2020a), Rn. 76.

Wohnanschrift gefragt. Diese Felder des Formulars setzt B als Pflichtangaben fest. Die Zahlung der bestellten Bücher erfolgt im Voraus.

Um die Datenerhebung zu minimieren, sollte B ermitteln, welche Daten erforderlich sind, um den Bestellvorgang aufzunehmen und durchzuführen. Im vorliegenden Fall sind nicht alle Felder des Formulars für den Zweck des Kaufs und der Lieferung von Büchern notwendig. Das Geburtsdatum und die Telefonnummer der Kunden sind hier nicht erforderlich, da die Kunden die Bücher im Voraus bezahlen. Diese Angaben müssen daher nicht als Pflichtangaben für den Erwerbsvorgang festgelegt werden. Zudem sollte B für die Bestellung von eBooks ein alternatives Formular ohne die verpflichtende Angabe der Kundenanschrift einsetzen. ◀

4.1.4 Richtigkeit

Gemäß Art. 5 Abs. 1 lit. d DSGVO müssen personenbezogene Daten *sachlich richtig* und erforderlichenfalls *auf dem neuesten Stand* sein. Die sachliche Richtigkeit ist gegeben, wenn die festgehaltene Information der Wirklichkeit entspricht.[24] Es sind alle angemessenen Maßnahmen zu treffen, damit personenbezogene Daten, die im Hinblick auf die Zwecke ihrer Verarbeitung unrichtig sind, unverzüglich gelöscht oder berichtigt werden.[25] Zur effektiven Erfüllung dieser Pflicht sollte der Verantwortliche die Richtigkeit der Daten kontinuierlich und aktiv überprüfen.[26] Da Daten die Rekonstruktion einer bestimmten Situation oder der Merkmale einer Person ermöglichen, müssen sie sachlich richtig sein, da ihre Verwendung unter Umständen relevante Rechtsfolgen herbeiführen wird.[27] Sie sollten die Realität zu jeder Zeit bestmöglich widerspiegeln.

Es ist zu beachten, dass die Daten nach Art. 5 Abs. 1 lit. d Hs. 1 DSGVO lediglich „erforderlichenfalls" auf dem neusten Stand sein müssen. Die Erforderlichkeit fehlt bei Daten, die zwangsläufig mit einem bestimmten Zeitpunkt verbunden sind (sog. historische Daten). Zum Beispiel können vorherige Gesundheitsdaten auch nach einer Änderung des Gesundheitszustands vom Verarbeitungszweck erfasst sein. In anderen Fällen kann wiederum der Zweck der Verarbeitung gerade die Aktualität der Daten erfordern (beispielsweise bei der Erfassung von Zutrittsberechtigungen).[28]

Der Grundsatz sachlicher Richtigkeit wird auch durch andere Bestimmungen der DSGVO gestärkt, beispielsweise durch die Rechte der betroffenen Personen auf *Berichtigung und Löschung* ihrer personenbezogenen Daten (siehe Abschn. 5.5).

---

[24] Voigt, in: Taeger/Gabel, DSGVO BDSG TTDSG, Art. 5 DSGVO (2022), Rn. 31; Pötters, in: Gola/Heckmann, DSGVO BDSG, Art. 5 DSGVO (2022), Rn. 25.

[25] Art. 5 Abs. 1 lit. d DSGVO.

[26] Voigt, in: Taeger/Gabel, DSGVO BDSG TTDSG, Art. 5 DSGVO (2022), Rn. 31.

[27] Frenzel, in: Paal/Pauly, DSGVO BDSG, Art. 5 DSGVO (2021), Rn. 39.

[28] Zu den vorstehenden Ausführungen vgl. Voigt, in: Taeger/Gabel, DSGVO BDSG TTDSG, Art. 5 DSGVO (2022), Rn. 31.

4.1.5 Speicherbegrenzung

Personenbezogene Daten müssen in einer Form gespeichert werden, die die Identifizierung der betroffenen Personen nur so lange ermöglicht, wie es für die Erreichung der Verarbeitungszwecke erforderlich ist, Art. 5 Abs. 1 lit. e DSGVO.[29] Die Speicherfrist muss auf das *unbedingt erforderliche Mindestmaß* beschränkt werden.[30] Um das Grundprinzip der Speicherbegrenzung umzusetzen, sollte der Verantwortliche Fristen für die Löschung oder regelmäßige Überprüfung der personenbezogenen Daten vorsehen.[31] Diese Vorschrift wird durch die Pflicht des Verantwortlichen zur Löschung personenbezogener Daten gemäß Art. 17 DSGVO substantiiert (siehe Abschn. 5.5.2).

Beispiel

Um die Speicherbegrenzung erfolgreich umzusetzen, sollten Unternehmen Löschkonzepte umsetzen.[32] Dabei handelt es sich um Leitfäden, die festlegen, welche Daten gespeichert werden und wie dies in Übereinstimmung mit den datenschutzrechtlichen Vorgaben zu erfolgen hat. In den Löschkonzepten wird festgelegt, wie Daten organisiert, welche Daten zukünftig verarbeitet und auf welche Weise und wie lang die verschiedenen Kategorien von Daten für die Verarbeitung benötigt werden. Zudem sind Fristen für die Löschung nicht (mehr) benötigter Daten festzulegen. ◄

4.1.6 Integrität und Vertraulichkeit

Personenbezogene Daten müssen durch geeignete technische und organisatorische Maßnahmen in einer Weise verarbeitet werden, die eine angemessene Sicherheit der personenbezogenen Daten gewährleistet, einschließlich den Schutz vor unbefugter oder unrechtmäßiger Verarbeitung und vor unbeabsichtigtem Verlust, unbeabsichtigter Zerstörung oder unbeabsichtigter Schädigung, Art. 5 Abs. 1 lit. f DSGVO. Dieser Verarbeitungsgrundsatz wird über die verschiedenen Anforderungen an die Datenschutzorganisation nach der DSGVO umgesetzt (siehe Kap. 3).

---

[29] Es ist zu beachten, dass personenbezogene Daten länger gespeichert werden dürfen, soweit sie ausschließlich für im öffentlichen Interesse liegende Archivzwecke oder für wissenschaftliche und historische Forschungszwecke oder für statistische Zwecke gemäß Art. 89 Abs. 1 DSGVO verarbeitet werden, siehe Art. 5 Abs. 1 lit. e DSGVO.

[30] ErwGr. 39 DSGVO.

[31] ErwGr. 39 DSGVO.

[32] Schantz, in: Wolff/Brink/v. Ungern-Sternberg, BeckOK Datenschutzrecht, Art. 5 DSGVO (45. Ed. 01.11.2021), Rn. 33; Voigt, in: Taeger/Gabel, DSGVO BDSG TTDSG, Art. 5 DSGVO (2022), Rn. 34–36.

4.2 Rechtsgrundlagen für die Datenverarbeitung

Datenverarbeitungstätigkeiten können nur rechtmäßig erfolgen, sofern sie von der Einwilligung der betroffenen Personen oder einem anderen Erlaubnistatbestand aus der DSGVO gedeckt sind. Jegliche Datenverarbeitung, unabhängig davon, ob sie innerhalb oder außerhalb der EU stattfindet, unterliegt somit einem „Verbot mit Erlaubnisvorbehalt". Zusätzlich unterliegt die Verarbeitung von personenbezogenen Daten im Zusammenhang mit Kindern oder betreffend besonderer Kategorien personenbezogener Daten weitergehenden Einschränkungen. Daneben gibt es Sonderregelungen für den Beschäftigtendatenschutz.

4.2.1 Verarbeitung auf der Grundlage der Einwilligung der betroffenen Person

Im Vergleich zur EG-Datenschutzrichtlinie[33] stellt die DSGVO strengere Anforderungen an die Einholung einer wirksamen Einwilligung der betroffenen Personen.[34] Sie stärkt zudem den rechtlichen Schutz bei der Einwilligung durch Kinder. Schließlich unterliegt eine Einwilligung in die Verarbeitung besonderer Kategorien personenbezogener Daten strengeren Anforderungen (siehe Abschn. 4.2.3 für Einzelheiten).

Gemäß Art. 4 Nr. 11 DSGVO meint Einwilligung jede freiwillig für den bestimmten Fall, in informierter Weise und unmissverständlich abgegebene Willensbekundung in Form einer Erklärung oder einer sonstigen eindeutigen bestätigenden Handlung, mit der die betroffene Person zu verstehen gibt, dass sie mit der Verarbeitung der sie betreffenden personenbezogenen Daten einverstanden ist.

4.2.1.1 Beweislast

Wenn die Verarbeitung auf Grundlage einer Einwilligung erfolgen soll, muss der Verantwortliche nachweisen können, dass die betroffene Person ihre Einwilligung tatsächlich erteilt hat, Art. 7 Abs. 1 DSGVO. Damit trägt der Verantwortliche die Beweislast, was bspw. relevant wird, sofern eine betroffene Person behauptet, nicht oder nicht wirksam in die Verarbeitung eingewilligt zu haben.[35] Diese Beweislastverteilung korrespondiert mit der Rechenschaftspflicht des Verantwortlichen gemäß Art. 5 Abs. 2 DSGVO hinsichtlich der Rechtmäßigkeit der Datenverarbeitung (siehe Abschn. 4.1.1).[36]

Die Beweislast dürfte vor allem im Zusammenhang mit *online* eingeholten Einwilligungen relevant werden, da die DSGVO keine formellen Anforderungen an die wirksame Erteilung einer Einwilligung stellt.[37]

---

[33] Siehe Art. 2 lit. h, 7 lit. a EG-Datenschutzrichtlinie.

[34] So auch Bergt, in: Koreng/Lachenmann, DatenschutzR-FormHdB, Form I. II. (2021), Anm. 1–14.

[35] Plath, in: Plath, DSGVO BDSG TTDSG, Art. 7 DSGVO (2023), Rn. 8.

[36] Piltz, K&R 2016, 557, 564; Plath, in: Plath, DSGVO BDSG TTDSG, Art. 7 DSGVO (2023), Rn. 8.

[37] Plath, in: Plath, DSGVO BDSG TTDSG, Art. 7 DSGVO (2023), Rn. 9.

Beispiel

Um eine Einwilligung im Internet einzuholen kann sich in der Praxis ein Double-Opt-In-Verfahren anbieten. Es besteht aus zwei Schritten.[38] In einem ersten Schritt erteilt die betroffene Person ihre Einwilligung über eine Online-Maske, in der sie auch ihre E-Mail-Adresse angeben muss. In einem zweiten Schritt erhält die betroffene Person dann eine Bestätigungs-E-Mail an jene E-Mail-Adresse, die einen personalisierten Hyperlink enthält. Diesem muss die betroffene Person folgen, um die Einwilligung zu bestätigen.

Auf diese Weise kann der Verantwortliche nachweisen, dass eine Einwilligung eingeholt wurde und v. a., dass diese auch von derjenigen Person eingeholt wurde, deren Daten verarbeitet werden sollen, da die Bestätigungs-E-Mail einen Missbrauch der E-Mail-Adresse der betroffenen Person durch Dritte ausschließen soll.

Diese Art der Double-Opt-In-Einwilligung hat sich – mit Ausnahme von Einwilligungen in E-Mailwerbung – bisher nicht durchgesetzt. ◀

4.2.1.2 Unmissverständlichkeit (formelle Anforderungen)

Die DSGVO stellt keine *formellen Anforderungen* an die Erteilung der Einwilligung. Die Einwilligung kann nach der DSGVO etwa in Form einer mündlichen oder schriftlichen Erklärung, auch elektronisch, erteilt werden.[39] Nichtsdestotrotz ist aufgrund der Beweislastverteilung zu Lasten des Verantwortlichen regelmäßig zumindest Textform anzuraten. Aufgrund der hohen Praktikabilität haben sich zahlreiche Unternehmen für die elektronische Einholung der Einwilligung entschieden. Um die Wirksamkeit der Einwilligung dann nachweisen zu können, ist eine Protokollierung der *elektronisch erteilten Einwilligung* erforderlich.[40]

Einwilligung im Rahmen einer schriftlichen Erklärung, die noch andere Sachverhalte betrifft

Erfolgt die Einwilligung der betroffenen Person durch eine *schriftliche Erklärung*, die noch andere Sachverhalte betrifft, so muss das Ersuchen um Einwilligung in verständlicher und leicht zugänglicher Form in einer klaren und einfachen Sprache so erfolgen, dass es von den anderen Sachverhalten klar zu unterscheiden ist, Art. 7 Abs. 2 DSGVO.

Es ist ratsam, die Bitte um Einwilligung in der schriftlichen Erklärung (z. B. Allgemeinen Geschäftsbedingungen) *grafisch hervorzuheben* und das Wort „Einwilligung" ausdrücklich zu verwenden, da das Ersuchen auf diese Weise besser wahrgenommen werden kann. Dies ist allerdings nicht zwingend erforderlich. Die DSGVO sieht nur vor, dass eine solche schriftliche Erklärung eine „klare und ein-

---

[38] Beispiel aus Plath, in: Plath, DSGVO BDSG TTDSG, Art. 7 DSGVO (2023), Rn. 9.

[39] ErwGr. 32 DSGVO.

[40] Kremer, in: Laue/Kremer, Das neue Datenschutzrecht in der betrieblichen Praxis, § 2 Zulässigkeit der Verarbeitung (2019), Rn. 6–7.

fache Sprache“ und eine „leicht zugängliche Form“ aufweisen muss. Für eine wirksame schriftliche Einwilligungserklärung ist daher erforderlich, dass der Erklärende vor dem endgültigen Vertragsschluss ausdrücklich auf die Abgabe der datenschutzrechtlichen Einwilligung hingewiesen wird. Insofern ist zu empfehlen, dass der Erklärende auf die enthaltene Einwilligung durch das erforderliche Setzen eines Häkchens aufmerksam gemacht wird. Dieser „Häkchentext“ sollte neben den Text zur Annahme der Allgemeinen Geschäftsbedingungen gesetzt werden.[41]

Sofern eine solche Einwilligung unwirksam erteilt wird, sind nur die Teile der Erklärung nicht verbindlich, die einen Verstoß gegen die DSGVO darstellen, Art. 7 Abs. 2 S. 2 DSGVO. Damit sieht die DSGVO eine Teilbarkeit der schriftlichen Erklärung vor, indem die Wirksamkeit derjenigen Bestimmungen, die sich nicht auf die Einwilligung beziehen, von der etwaigen Unwirksamkeit der Einwilligung unberührt bleiben.[42]

4.2.1.3 Freiwilligkeit

Die Einwilligung muss freiwillig erteilt werden. Sie gilt als nicht freiwillig, wenn die betroffene Person keine echte oder *freie Wahl* hat oder nicht in der Lage ist, ihre Einwilligung zu verweigern oder zurückzuziehen, ohne dadurch Nachteile zu erleiden.[43]

Eindeutige bestätigende Handlung

Die zuvor erwähnten Maßnahmen sollen sicherstellen, dass sich die betroffene Person der Tatsache bewusst ist, dass sie eine Einwilligung in die Verarbeitung ihrer personenbezogenen Daten erteilt[44] und somit die Unmissverständlichkeit der Handlung sicherstellen. In der Praxis muss eine *eindeutige bestätigende Handlung* der betroffenen Person erfolgen, die darin bestehen könnte:[45]

- ein nicht bereits vorausgewähltes Kästchen auf einer Internetseite anzuklicken;
- technische Einstellungen für Dienste der Informationsgesellschaft auszuwählen (so wie Browser-Einstellungen, die den Einsatz von Cookies ermöglichen);
- eine andere Erklärung oder Handlung vorzunehmen, mit der im jeweiligen Kontext eindeutig das Einverständnis mit der beabsichtigten Datenverarbeitung signalisiert wird.

Im Gegensatz dazu stellen *Stillschweigen*, bereits angekreuzte Kästchen oder die Untätigkeit der betroffenen Person keine Einwilligung dar.[46] Insbesondere kann

---

[41] Zu den vorstehenden Ausführungen vgl. Taeger, in: Taeger/Gabel, DSGVO BDSG TTDSG, Art. 7 DSGVO (2022), Rn. 66; Plath, in: Plath, DSGVO BDSG TTDSG, Art. 7 DSGVO (2023), Rn. 12.

[42] Frenzel, in: Paal/Pauly, DSGVO BDSG, Art. 7 DSGVO (2021) Rn. 15; Stemmer, in: Wolff/Brink/v. Ungern-Sternberg, BeckOK Datenschutzrecht, Art. 7 DSGVO (45. Ed. 01.05.2022), Rn. 71.

[43] ErwGr. 42 DSGVO.

[44] ErwGr. 42 DSGVO.

[45] ErwGr. 32 DSGVO; v. d. Bussche/Zeiter, EDPL 2016, 576, 580.

[46] ErwGr. 32 DSGVO.

eine wirksame Einwilligung nicht auf der Grundlage eines nicht erfolgten Widerspruchs der betroffenen Person (Opt-out-Modell) angenommen werden. Ein Opt-out-Modell ist als Einwilligung folglich grundsätzlich unzulässig.[47]

Klares Ungleichgewicht

Um die Freiwilligkeit der Einwilligung sicherzustellen, kann diese in Fällen, in denen zwischen der betroffenen Person und dem Verantwortlichen ein *klares Ungleichgewicht* besteht, nicht als wirksame Rechtsgrundlage für die Datenverarbeitung dienen.[48] Ein klares Ungleichgewicht besteht insbesondere, wenn es sich bei dem Verantwortlichen um eine Behörde handelt.[49] Allerdings hat der Gesetzgeber keine anderen Beispiele für ein solches Ungleichgewicht vorgegeben. Der europäische Gesetzgeber hat aus einer früheren Entwurfsfassung der DSGVO das Bestehen eines klaren Ungleichgewichts im Rahmen eines Arbeitsverhältnisses als Beispielfall gestrichen.[50] Nichtsdestotrotz könnte in Arbeitsverhältnissen aufgrund des Abhängigkeitsverhältnisses der Mitarbeiter ein hinreichendes Ungleichgewicht vorliegen. Dies ist jedoch stets anhand des konkreten Falls zu prüfen. Der deutsche Gesetzgeber hat in § 26 BDSG Kriterien zur Beurteilung der Freiwilligkeit der Einwilligung im Beschäftigungskontext geschaffen (wobei der § 26 BDSG mittlerweile als europarechtswidrig angesehen werden muss, siehe dazu Abschn. 8.2.2.2).[51]

Verbot einer Einwilligung als Bedingung für die Erfüllung eines Vertrags (Koppelungsverbot)

Bei der Bewertung der Freiwilligkeit der Einwilligung ist zu berücksichtigen, ob, unter anderem, die *Erfüllung eines Vertrags*, einschließlich der Erbringung einer Dienstleistung, von der Einwilligung abhängig gemacht wird, obwohl diese Einwilligung für die Erfüllung gar nicht erforderlich ist, Art. 7 Abs. 4 DSGVO. Die Verordnung verbietet es somit, die vertragliche Leistung von der Erteilung einer nicht erforderlichen Einwilligung abhängig zu machen („Koppelungsverbot").[52] Es handelt sich hierbei weder um ein direktes noch um ein generelles Verbot der Kopplung von freiwillig erteilten Einwilligungen zum Zwecke der Vertragserfüllung.[53] Das konkrete Ausmaß dieses Verbotes ist gleichwohl umstritten.[54] Zur Wahrung eines angemessenen Interessen-

---

[47] Stemmer, in: Wolff/Brink/v. Ungern-Sternberg, BeckOK Datenschutzrecht, Art. 7 DSGVO (45. Ed. 01.05.2022)), Rn. 71; Taeger, in: Taeger/Gabel, DSGVO BDSG TTDSG, Art. 7 DSGVO (2022), Rn. 34.

[48] ErwGr. 43 DSGVO.

[49] ErwGr. 43 DSGVO.

[50] V. d. Bussche/Zeiter/Brombach, DB 2016, 1359, 1363; Gierschmann, ZD 2016, 51, 54; Kremer, in: Laue/Kremer, Das neue Datenschutzrecht in der betrieblichen Praxis, § 2 Zulässigkeit der Verarbeitung (2019), Rn. 19.

[51] Kremer, in: Laue/Kremer, Das neue Datenschutzrecht in der betrieblichen Praxis, § 2 Zulässigkeit der Verarbeitung (2019), Rn. 19.

[52] ErwGr. 43 DSGVO.

[53] Frenzel, in: Paal/Pauly, DSGVO BDSG, Art. 7 DSGVO (2021) Rn. 15.

[54] Stemmer, in: Wolff/Brink/v. Ungern-Sternberg, BeckOK DatenschutzR, Art. 7 DSGVO (45. Ed. 01.05.2022)), Rn. 46 f.

ausgleichs zwischen dem Selbstbestimmungsrecht des Einzelnen und den Freiheiten und Rechten des Verantwortlichen könnte das Verbot nur ein entsprechendes Vorgehen von Anbietern mit einer besonderen Marktmacht oder einer Monopolstellung betreffen,[55] bei denen die betroffenen Personen keine Ausweichmöglichkeiten auf alternative Anbieter vergleichbarer Leistungen haben.[56] Allerdings legen weder der Wortlaut von Art. 7 Abs. 4 DSGVO noch die entsprechenden ErwGr. 42, 43 DSGVO eine entsprechende Interpretation nahe. Es kann daher nicht pauschal angenommen werden, dass eine Einwilligung, welche gegenüber einem Unternehmen mit einer besonderen Marktmacht erteilt wird, stets unfreiwillig abgegeben worden ist. Vielmehr muss im Einzelfall beurteilt werden, ob die Wahlfreiheit der betroffenen Personen bei Erteilung der Einwilligung ausreichend geschützt ist. Insbesondere darf die Erteilung und der Widerruf der Einwilligung nicht mit einem unmittelbaren Nachteil für die betroffene Person verbunden sein.[57] Des Weiteren kann die vertragliche Leistung unter Umständen nicht mehr an eine Einwilligung in die Datenverarbeitung geknüpft werden, wenn die Verarbeitung für das Anbieten der Leistung nicht zwingend erforderlich ist.[58] Davon wäre dann jedes Unternehmen betroffen, auch ohne Monopolstellung. Stattdessen könnten Unternehmen, die weiterhin nicht zwingend erforderliche Daten verarbeiten wollen, die Einholung der Einwilligung so gestalten, dass neben der Möglichkeit der Einwilligung in die Datenverarbeitung auch ein Alternativangebot ohne Einwilligungsabgabe besteht (z. B. statt „Zahlung" mit Daten die Einrichtung einer entgeltpflichtigen Variante).[59] Die deutschen Landes-Aufsichtsbehörden jedenfalls halten die Bereitstellung von Dienstleistungsangeboten, die eine Einwilligung zur werblichen Nutzung von Daten verlangen, für möglich, sofern die Nutzer bei Vertragsschluss auf eine solche „Zahlung" mit ihren Daten klar und verständlich hingewiesen werden.[60] Denn durch die Richtlinie (EU) 2019/770 (sog. Digitale-Inhalte-Richtlinie, kurz: DID-RL) und deren Umsetzung durch nationales Recht ist nunmehr ausdrücklich vorgesehen, dass eine Zahlung durch Daten mit der Bezahlung durch Geld gleich-

---

[55] Plath, in: Plath, DSGVO BDSG TTDSG, Art. 7 DSGVO (2023), Rn. 22.

[56] Schulz, in: Gola/Heckmann, DSGVO BDSG, Art. 7 DSGVO (2022), Rn. 27; Stemmer, in: Wolff/Brink/v. Ungern-Sternberg, BeckOK DatenschutzR, Art. 7 DSGVO (45. Ed. 01.05.2022)), Rn. 46 f.

[57] EuGH, Urteil vom 4. Juli 2023, Meta Plaforms Inc./Bundeskartellamt, C-252/21, Rn. 148.

[58] V. d. Bussche/Zeiter/Brombach, DB 2016, 1359, 1362; Dammann, ZD 2016, 307, 311; Gierschmann, ZD 2016, 51, 54; Schantz, NJW 2016, 1841, 1845; EuGH, Urteil vom 4. Juli 2023, Meta Plaforms Inc./Bundeskartellamt, C-252/21, Rn. 149.

[59] Gierschmann, ZD 2016, 51, 54; v. d. Bussche/Zeiter/Brombach, DB 2016, 1359, 1362; v. d. Bussche/Zeiter, EDPL 2016, 576, 580; so auch: EuGH, Urteil vom 4. Juli 2023, Meta Plaforms Inc./Bundeskartellamt, C-252/21, Rn. 150; siehe auch EDPB Opinion 08/2024 on Valid Consent in the Context of Consent or Pay Models implemented by Large Online Platforms (2024), Rn. 72 ff., wo der EDSA der Meinung ist, dass ein solches binäres Modell nicht im Einklang mit der DSGVO sei, wenn es von „großen Online-Plattformen" verwendet werde (eine vom EDSA geprägte Definition, die wahrscheinlich von den Begrifflichkeiten im Digital Markets Act und im Digital Services Act beeinflusst wurde). Stattdessen schlägt der EDSA ein dreistufiges Modell vor, mit einer kostenpflichtigen Option ohne verhaltensbezogene Werbung und zwei kostenlosen Optionen, bei denen die betroffenen Personen entweder kontextbezogener Werbung oder verhaltensbezogener Werbung zustimmen können.

[60] DSK, Kurzpapier Nr. 3 (2022), S. 2; BayLDA, Werbung (2017) S. 2; Tätigkeitsbericht des Sächs. Datenschutzbeauftragten 2019, S. 62.

gesetzt ist, §§ 312 Abs. 1a, 327 Abs. 3 BGB.[61] Wäre jede Datenerhebung, welche nicht für den Vertrag erforderlich ist i.S.v. Art. 6 Abs. 1 lit. b DSGVO, unfreiwillig, würde die DID-RL in Anbetracht des Art. 7 Abs. 4 DSGVO leerlaufen.[62]

Es ist davon auszugehen, dass der Gesetzgeber sich gegen ein in vorherigen Entwürfen der DSGVO enthaltenes absolutes Koppelungsverbot entschieden hat und damit eine Einzelfallabwägung maßgeblich ist.[63] Beispielsweise soll die Freiwilligkeit nicht ausgeschlossen sein, wenn es sich nicht um das einzige Angebot handelt. Außerdem greift das Verbot auch nicht generell, sobald der Anbieter über eine Monopolstellung verfügt oder alle Marktangebote eine entsprechende Einwilligung verlangen.[64] Vielmehr muss unter Abwägung der Umstände des Einzelfalles festgestellt werden, ob die Abgabe einer Einwilligung, welche mit einem Vertragsschluss gekoppelt ist, einen unzumutbaren tatsächlichen oder wirtschaftlichen Druck auf die betroffene Person ausübt, sodass ihre freie Entscheidungsfindung faktisch auf Null reduziert ist und kein freier Wille mehr ausgeübt werden kann.

Diese Verpflichtung wird in besonderem Maße Online-Services betreffen, die gegen die Bereitstellung personenbezogener Daten angeboten werden. Offenbar möchte der europäische Gesetzgeber Personen vor einer „*Ausbeutung*" ihrer personenbezogenen Daten schützen, da diese zu einem wichtigen Wirtschaftsgut für Unternehmen geworden sind. Die praktischen Auswirkungen dieser Norm sind bisher „überschaubar". Unternehmen sollten jedoch die Erhebung „unnötiger" Daten in Zukunft einschränken, da eine Verletzung von Art. 7 Abs. 4 DSGVO mit Bußgeldern von bis zu EUR 20.000.000,00 oder bis zu 4 % des weltweiten Jahresumsatzes geahndet werden kann, Art. 83 Abs. 5 DSGVO.

Das Kopplungsverbot führt bei zahlreichen Unternehmen wegen der erwähnten unterschiedlichen Ansichten hinsichtlich der Einhaltung zu Schwierigkeiten. Daher sollten Unternehmen die Verwendung *alternativer Rechtsgrundlagen* für ihre Verarbeitungstätigkeiten in diesem Bereich in Betracht ziehen. So können sie vermeiden, die Datenverarbeitung auf Grundlage einer Einwilligung durchführen zu müssen. Unternehmen können, sofern möglich, Art. 6 Abs. 1 S. 1 lit. b DSGVO als Rechtsgrundlage nutzen (siehe die nachfolgenden Abschnitte für Einzelheiten), welcher Datenverarbeitungen, die für die Erfüllung eines Vertrags erforderlich sind, ermöglicht.[65]

4.2.1.4 Für den bestimmten Fall in informierter Weise abgegebene Einwilligung

Gemäß Art. 4 Nr. 11 DSGVO erfordert eine Einwilligung eine für den bestimmten Fall in informierter Weise abgegebene Willensbekundung der betroffenen Person

---

[61] Vgl. auch ErwGr. 38 DID-RL, wo zwar die DID-RL keine Rechtsgrundlage für die Datenverarbeitung oder für die Einwilligung schaffen soll, die Möglichkeit der Zahlung mit Daten aber auch im Einklang mit den Voraussetzungen aus Art. 7 Abs. 4 DSGVO erfolgen kann.

[62] So auch Taeger, in: Taeger/Gabel, DSGVO BDSG TTDSG, Art. 7 DSGVO (2022), Rn. 100.

[63] Vgl. Parlamentsentwurf zur DSGVO, der ein absolutes Kopplungsverbot in Art. 7 DSGVO vorsah.

[64] Vgl. v. d. Bussche, in: v. d. Bussche/Voigt, Konzerndatenschutz, Teil 3. Kap. 3. Rechtliche Anforderungen an Datenverarbeitungen (2019), Rn. 22–23.

[65] Härting, DSGVO (2016), Rn. 396.

bezüglich der Verarbeitung ihrer personenbezogenen Daten. Daher sollte sich die betroffene Person zumindest der folgenden Umstände bewusst sein:

- der Identität des Verantwortlichen; und
- der Verarbeitungszwecke, für welche die personenbezogenen Daten bestimmt sind.[66]

Die betroffene Person ist über alle Zwecke der Datenverarbeitung zu informieren. Daraus ergibt sich, dass, sobald eine Verarbeitung mehreren Zwecken dient, die Einwilligung in Bezug auf all diese Zwecke eingeholt werden muss.[67] Die Einwilligung der betroffenen Person muss sich auf die jeweilige Verarbeitungssituation beziehen und kann im Regelfall nicht in Form einer generellen Einwilligung erteilt werden.[68]

Gesonderte Einwilligung für verschiedene Verarbeitungsvorgänge
Eine Einwilligung gilt nicht als freiwillig erteilt, wenn zu verschiedenen Verarbeitungsvorgängen von personenbezogenen Daten keine gesonderte Einwilligung erteilt werden kann, obwohl dies im Einzelfall angebracht ist.[69] Ob eine jeweils gesonderte Einwilligung angebracht ist, hängt vom spezifischen Verarbeitungskontext ab. Im Falle verschiedener Verarbeitungsvorgänge, die Teil einer einzigen (Dienst-) Leistung sind und die sich nicht ohne erheblichen Aufwand trennen lassen, sollte die Einholung gesonderter Einwilligungen nicht notwendig sein.[70]

Beispiel

Unternehmen G betreibt ein soziales Netzwerk im Internet. Zu diesem Zweck sammelt und speichert G personenbezogene Daten. G vertreibt Werbeflächen auf den Internetseiten des sozialen Netzwerks an Drittunternehmen. Diese Unternehmen können verhaltensbasierte Werbung anbieten. Sofern eine Person sich für das soziale Netzwerk registrieren möchte, muss sich der zukünftige Nutzer mit der Verwendung seiner personenbezogenen Daten für verhaltensbasierte Werbung einverstanden erklären, um die Registrierung für das soziale Netzwerk erfolgreich abzuschließen.

In diesem Beispiel muss G seine Nutzer über die verschiedenen Verarbeitungszwecke (= Betreiben des sozialen Netzwerks und verhaltensbasierte Werbung) in Kenntnis setzen, bevor sie ihre Einwilligung erteilen. G's Nutzer könnten sich zur Einwilligung in verhaltensbasierte Werbung gezwungen fühlen, um das Risiko eines Ausschlusses von sozialen Interaktionen im Netzwerk zu vermeiden.

[66] ErwGr. 42 DSGVO.

[67] ErwGr. 32 DSGVO.

[68] Ernst, in: Paal/Pauly, DSGVO BDSG, Art. 4 DSGVO (2021) Rn. 78; Piltz, K&R 2016, 557, 563.

[69] ErwGr. 43 DSGVO.

[70] Kremer: in: Laue/Kremer, Das neue Datenschutzrecht in der betrieblichen Praxis, § 2 Zulässigkeit der Verarbeitung (2019), Rn. 21.

Daher sollten Nutzer in die Lage versetzt werden, eine freiwillige und einzelfallbezogene Einwilligung bzgl. des Erhalts verhaltensbasierter Werbung zu erteilen, unabhängig von ihrem Zugang zum sozialen Netzwerk. Zu diesem Zweck könnte G beim Registrierungsvorgang ein Pop-up-Fenster einsetzen, welches die Nutzer über die beabsichtigten Verarbeitungsvorgänge und etwaige Alternativen dazu informiert. Besagtes Pop-up-Fenster könnte den Nutzern die Möglichkeit bieten auszuwählen, mit welchen Nutzungen ihrer personenbezogenen Daten sie sich einverstanden erklären und ihnen die Konsequenzen einer Verweigerung der Einwilligung bzgl. einzelner Nutzungsarten, wie bspw. verhaltensbasierter Werbung, aufzeigen.[71] ◀

4.2.1.5 Widerruf

Art. 7 Abs. 3 DSGVO sieht ausdrücklich die Möglichkeit für betroffene Personen vor, ihre Einwilligung in die Datenverarbeitung *jederzeit* zu widerrufen. Durch den Widerruf der Einwilligung wird die Rechtmäßigkeit der aufgrund der Einwilligung bis zum Widerruf erfolgten Verarbeitung nicht berührt, Art. 7 Abs. 3 S. 2 DSGVO. Damit hat die Ausübung des Widerrufs nur Wirkung für die Zukunft. Das Widerrufsrecht der betroffenen Person erschwert Unternehmen die Einholung einer wirksamen Einwilligung. Schließlich müssen sie sich jederzeit auf einen möglichen Widerruf einstellen, durch den sie die Rechtsgrundlage für die Datenverarbeitung verlieren. Diese Problematik kann ggf. verhindert werden, indem neben der Einwilligung noch eine andere Rechtsgrundlage für die Verarbeitung herangezogen wird (siehe Abschn. 4.2.2).

Der Verantwortliche hat die betroffene Person vor ihrer Einwilligung über ihr Widerrufsrecht *in Kenntnis zu setzen*, Art. 7 Abs. 3 S. 3, 13 Abs. 2 lit. c DSGVO.[72] Eine Verletzung dieser Informationspflicht kann mit Bußgeldern von bis zu EUR 20.000.000,00 oder bis zu 4 % des weltweiten Jahresumsatzes bestraft werden, Art. 83 Abs. 5 lit. b DSGVO. Zudem muss der Widerruf der Einwilligung so *einfach* wie die Erteilung der Einwilligung sein, Art. 7 Abs. 3 S. 4 DSGVO.

4.2.1.6 Einwilligung eines Kindes in Bezug auf Dienste der Informationsgesellschaft

Da Kinder besonders schutzwürdig sind[73] unterliegt die Einholung ihrer Einwilligung strengeren Voraussetzungen. So stellt Art. 8 DSGVO *besondere Anforderungen* an die Einwilligung eines Kindes in Bezug auf *Dienste der Informationsgesellschaft*. Dieser besondere Schutz betrifft insbesondere die Verwendung personenbezogener Daten von Kindern für Werbezwecke oder für die Erstellung von Persönlichkeits- oder Nutzerprofilen und die Erhebung von personenbezogenen Daten von Kindern bei der Nutzung von Diensten, die Kindern direkt angeboten werden.[74]

---

[71] Siehe auch Art. 29 Datenschutzgruppe, WP 187 (2011), S. 18–19.

[72] Plath, in: Plath, DSGVO BDSG TTDSG, Art. 7 DSGVO (2023), Rn. 18.

[73] ErwGr. 38 DSGVO.

[74] ErwGr. 38 DSGVO.

Anwendbarkeit der Vorschrift

Die Vorschrift ist anwendbar, sofern die nachfolgenden Voraussetzungen erfüllt sind:

- die Verarbeitungstätigkeit wird auf der Grundlage einer *Einwilligung* der betroffenen Person i. S. d. Art. 6 Abs. 1 S. 1 lit. a DSGVO durchgeführt;
- die Einwilligung bezieht sich auf *Dienste der Informationsgesellschaft*. Damit ist jede in der Regel gegen Entgelt elektronisch im Fernabsatz und auf individuellen Abruf eines Empfängers erbrachte Dienstleistung gemeint, Art. 4 Nr. 25 DSGVO in Verbindung mit Art. 1 Abs. 2 lit. b Richtlinie (EU) 2015/1535:
  - *Im Fernabsatz*: eine Dienstleistung, die ohne gleichzeitige physische Anwesenheit der Vertragsparteien erbracht wird;
  - *Elektronisch erbracht*: die Dienstleistung wird mittels Geräte für die elektronische Verarbeitung (einschließlich digitaler Kompression) und Speicherung von Daten am Ausgangspunkt gesendet und am Endpunkt empfangen und wird vollständig über Draht, über Funk, auf optischem oder anderem elektromagnetischem Wege gesendet, weitergeleitet und empfangen;
  - *Auf individuellen Abruf eines Empfängers*: die Dienstleistung wird durch die Übertragung von Daten auf individuelle Anforderung erbracht.

Beispiel

Beispiele für Dienste der Informationsgesellschaft sind u. a. Online-Plattformen zum Anbieten von Waren und Dienstleistungen, Online-Informationsdienste und der Zugang, die Nutzung und die Informationen aus Kommunikationsnetzwerken, Online-Suchdienste, Streaming-Dienste, soziale Netzwerke …[75] ◄

- die Dienstleistung wird einem Kind *direkt angeboten*. Dies ist der Fall bei Dienstleistungen, die vornehmlich junge Kunden ansprechen sollen. Hinweise darauf bilden die Verwendung von kindgerechter Sprache, Inhalten oder Illustrationen.[76] Art. 8 DSGVO findet keine Anwendung auf Dienste, die zwar auch von Kindern genutzt werden, sich aber nicht primär auf eine solche Nutzung ausrichten (z. B. Online-Shops für Kleidung, Schuhe oder Schreibwaren).[77]

Beispiel

Ein Unternehmen (welches in den räumlichen Anwendungsbereich der DSGVO fällt) betreibt eine Online-Enzyklopädie, die sich an Schulkinder im Alter von 8

---

[75] Kremer, in: Laue/Kremer, Das neue Datenschutzrecht in der betrieblichen Praxis, § 2 Zulässigkeit der Verarbeitung (2019), Rn. 56; Gola/Schulz, ZD 2013, 475, 477; Nebel/Richter, ZD 2012, 407, 410.

[76] Gola/Schulz, ZD 2013, 475, 478; Kremer, in: Laue/Kremer, Das neue Datenschutzrecht in der betrieblichen Praxis, § 2 Zulässigkeit der Verarbeitung (2019), Rn. 57.

[77] Gola/Schulz, ZD 2013, 475, 478; Kremer, in: Laue/Kremer, Das neue Datenschutzrecht in der betrieblichen Praxis, Zulässigkeit der Verarbeitung (2019), Rn. 57; ablehnend siehe Frenzel, in: Paal/Pauly, DSGVO BDSG, Art. 8 DSGVO (2021), Rn. 7.

bis 18 Jahren richtet. Daher enthalten die verschiedenen Einträge klar formulierte, grundlegende Informationen und keinen detaillierten, wissenschaftlichen Inhalt. Die Enzyklopädie ist in einfacher und leicht verständlicher Sprache abgefasst und enthält zahlreiche Darstellungen und Illustrationen.

In diesem Beispiel richtet sich die Online-Enzyklopädie direkt an Kinder. Hinweise darauf bilden ihre Inhalte, die Verwendung einfacher und verständlicher Sprache sowie das Layout mit Illustrationen. Das Unternehmen möchte personenbezogene Daten auf der Grundlage von Einwilligungen verarbeiten. Da es sich bei den Nutzern um Kinder handelt, müssen deren Einwilligungen den gesetzlichen Anforderungen des Art. 8 DSGVO gerecht werden (siehe die Ausführungen weiter unten). ◀

Bedingungen für die wirksame Einwilligung eines Kindes
Unabhängig von der individuellen Persönlichkeitsentwicklung eines Kindes legt Art. 8 Abs. 1 DSGVO das Mindestalter für eine wirksame Einwilligung durch Minderjährige auf *16 Jahre* fest.

In Bezug auf Kinder, die das 16. Lebensjahr noch nicht vollendet haben, ist eine Datenverarbeitung nur rechtmäßig, sofern und soweit eine Einwilligung durch den *Träger der elterlichen Verantwortung* für das Kind oder mit dessen Zustimmung erteilt wird, Art. 8 Abs. 1 S. 2 DSGVO.[78] Allerdings können die EU-Mitgliedstaaten durch Rechtsvorschriften zu diesen Zwecken eine niedrigere Altersgrenze vorsehen, die jedoch nicht unter dem vollendeten dreizehnten Lebensjahr liegen darf.[79] Dies hat zur Folge, dass innerhalb der EU die Bedingungen für die wirksame Einwilligung von Kindern im Alter zwischen 13 und 16 Jahren variieren können. Eine solche abweichende Regelung wurde in Deutschland nicht umgesetzt.[80] Allerdings haben mehrere Mitgliedstaaten von der Öffnungsklausel Gebrauch gemacht.[81]

Gemäß Art. 8 Abs. 2 DSGVO unternimmt der Verantwortliche unter Berücksichtigung der verfügbaren Technik angemessene Anstrengungen, um sich zu vergewissern, dass die Einwilligung durch den Träger der elterlichen Verantwortung für das Kind oder mit dessen Zustimmung erteilt wurde. Somit ist es die Pflicht des Verantwortlichen, zu *dokumentieren*, dass die Einwilligung rechtmäßig erteilt wurde. Allerdings bleibt weiterhin unklar, welche Anstrengungen als angemessen zu betrachten sind.[82] Jedenfalls muss eine Abwägung hinsichtlich des tatsächlichen

[78] Gemäß ErwGr. 38 DSGVO sollte die Einwilligung des Trägers der elterlichen Verantwortung im Zusammenhang mit Präventions- oder Beratungsdiensten, die unmittelbar einem Kind angeboten werden, nicht erforderlich sein.

[79] Siehe Art. 8 Abs. 1 S. 3 DSGVO.

[80] Kampert, in: Sydow/Marsch, DSGVO BDSG, Art. 8 DSGVO (2022) Rn. 10.

[81] Vgl. Karg, in: Wolff/Brink/v. Ungern-Sternberg, BeckOK DatenschutzR, Art. 8 DSGVO (45. Ed. 01.08.2022), Rn. 20.

[82] Siehe auch Schulz, in: Gola/Heckmann, DSGVO BDSG, Art. 8 DSGVO (2022), Rn. 19.

Aufwands auf der einen Seite und der konkreten Datenverarbeitung auf der anderen Seite unter Anbetracht des aktuellen Stands der Technik vorgenommen werden. Soweit in Zukunft Möglichkeiten der Altersverifizierung entwickelt werden, müssen Verantwortliche überprüfen, ob deren Anwendung im konkreten Fall möglich ist. Der Verantwortliche muss zudem höheren Anforderungen gerecht werden, soweit es sich um sensible Daten oder umfangreiche sowie komplizierte Datenverarbeitungsvorgänge handelt.[83]

Nichtsdestotrotz folgt aus der Nichtbeachtung des Art. 8 Abs. 2 DSGVO kein Wirksamkeitshindernis hinsichtlich der Einwilligung.[84] Eine Verletzung der Überprüfungs- und Dokumentationspflicht kann jedoch mit Bußgeldern von bis zu EUR 10.000.000,00 oder bis zu 2 % des weltweiten Jahresumsatzes belegt werden, Art. 83 Abs. 4 lit. a DSGVO.

Es sollte beachtet werden, dass die Vorschriften zur Einwilligung von Kindern das *allgemeine Vertragsrecht* der EU-Mitgliedstaaten, wie etwa die Vorschriften zur Gültigkeit, zum Zustandekommen oder zu den Rechtsfolgen eines Vertrags in Bezug auf ein Kind, unberührt lassen, Art. 8 Abs. 3 DSGVO. Dies hat zur Folge, dass die Rechtmäßigkeit der Verarbeitungstätigkeit nicht zwingend zur Wirksamkeit des zugrunde liegenden Vertrags führt.[85]

Da die DSGVO außerhalb des Regelungsbereichs von Art. 8 DSGVO keine Altersgrenzen vorsieht, sollte insoweit die Einsichtsfähigkeit der betroffenen Personen herangezogen werden.[86] Das Alter stellt einen relevanten Anhaltspunkt für die Bewertung der Einsichtsfähigkeit dar.[87] Es ist davon auszugehen, dass außerhalb von elektronischen Informations- und Kommunikationsdiensten die Altersgrenze des Art. 8 DSGVO Indizwirkung entfalten kann.

Angesichts der auf dem Verantwortlichen ruhenden Beweislast kann sich grundsätzlich ein Double-Opt-in-Verfahren für die Einholung der Einwilligung als praktikabel erweisen (siehe Abschn. 4.2.1.1). Insbesondere bei Verarbeitungsvorgängen auf der Grundlage der Einwilligung eines Kindes nach Art. 8 DSGVO könnte das *Double-Opt-In-Verfahren* aus folgenden Schritten bestehen:[88]

- Zuerst wird mithilfe einer Online-Maske das Alter des Kindes und sofern das Kind das 16. Lebensjahr noch nicht vollendet hat die E-Mail-Adresse des Trägers der elterlichen Verantwortung (anstelle der eigenen E-Mail-Adresse des Kindes) erfasst, wobei das konkrete Geburtsdatum angesichts des Grundsatzes der Datensparsamkeit nicht angefordert werden sollte.
- Danach muss der Träger der elterlichen Verantwortung seine Einwilligung mittels eines personalisierten Hyperlinks in der Bestätigungs-E-Mail erteilen, welche er/sie nach dem Ausfüllen der Online-Maske erhalten hat.

[83] Kampert, in: Sydow/Marsch, DSGVO BDSG, Art. 8 DSGVO (2022) Rn. 12.
[84] Taeger, in: Taeger/Gabel, DSGVO BDSG TTDSG, Art. 8 DSGVO (2022), Rn. 35.
[85] Frenzel, in: Paal/Pauly, DSGVO BDSG, Art. 8 DSGVO (2021), Rn. 15.
[86] Kampert, in: Sydow/Marsch, DSGVO BDSG, Art. 8 DSGVO (2022) Rn. 4.
[87] Janicki, DSRITB 2019, 313, 318.
[88] Schulz, in: Gola/Heckmann, DSGVO BDSG, Art. 8 DSGVO (2022), Rn. 20–22.

4.2.2 Verarbeitung auf der Grundlage eines gesetzlichen Erlaubnistatbestandes

Sofern eine Datenverarbeitungstätigkeit nicht auf der Grundlage einer Einwilligung gemäß Art. 6 Abs. 1 S. 1 lit. a DSGVO erfolgen soll, kann sie auf der Grundlage eines anderen gesetzlichen Erlaubnistatbestandes aus Art. 6 DSGVO erfolgen. Die Erlaubnistatbestände sind abstrakt formuliert und stehen teilweise einer näheren rechtlichen Ausformung durch Rechtsvorschriften der EU-Mitgliedstaaten offen.[89]

Sowohl ihre Voraussetzungen als auch ihre Anwendbarkeit sowie das Vorhandensein zusätzlicher Erlaubnistatbestände können sich dadurch in den verschiedenen EU-Mitgliedstaaten unterscheiden, sodass es diesbezüglich jedenfalls in bestimmten Bereichen zu spürbaren Unterschieden in den verschiedenen EU-Mitgliedstaaten kommt.[90] Insoweit sollte bspw. in Deutschland die Regelung des § 26 BDSG zur Datenverarbeitung im Beschäftigungskontext Beachtung finden (wobei der § 26 BDSG mittlerweile als europarechtswidrig angesehen werden muss, siehe für Einzelheiten Abschn. 8.2.2.2).

Artikel 6 – Rechtmäßigkeit der Verarbeitung
1. Die Verarbeitung ist nur rechtmäßig, wenn mindestens eine der nachstehenden Bedingungen erfüllt ist:

a) die betroffene Person hat ihre Einwilligung zu der Verarbeitung der sie betreffenden personenbezogenen Daten für einen oder mehrere bestimmte Zwecke gegeben;

b) die Verarbeitung ist für die Erfüllung eines Vertrags, dessen Vertragspartei die betroffene Person ist, oder zur Durchführung vorvertraglicher Maßnahmen erforderlich, die auf Anfrage der betroffenen Person erfolgen;

c) die Verarbeitung ist zur Erfüllung einer rechtlichen Verpflichtung erforderlich, der der Verantwortliche unterliegt;

d) die Verarbeitung ist erforderlich, um lebenswichtige Interessen der betroffenen Person oder einer anderen natürlichen Person zu schützen;

e) die Verarbeitung ist für die Wahrnehmung einer Aufgabe erforderlich, die im öffentlichen Interesse liegt oder in Ausübung öffentlicher Gewalt erfolgt, die dem Verantwortlichen übertragen wurde;

---

[89] Art. 6 Abs. 2, 3 DSGVO ermöglichen es den EU-Mitgliedstaaten und der EU, Rechtsvorschriften zur Schaffung oder Präzisierung von Rechtsgrundlagen für die Datenverarbeitung zu schaffen.

[90] V. d. Bussche/Zeiter/Brombach, DB 2016, 1359, 1363; Roßnagel/Nebel/Richter, ZD 2015, 455, 460.

f) die Verarbeitung ist zur Wahrung der berechtigten Interessen des Verantwortlichen oder eines Dritten erforderlich, sofern nicht die Interessen oder Grundrechte und Grundfreiheiten der betroffenen Person, die den Schutz personenbezogener Daten erfordern, überwiegen, insbesondere dann, wenn es sich bei der betroffenen Person um ein Kind handelt.

[...]

4.2.2.1 Zulässigkeit mehrerer Erlaubnistatbestände

In der Praxis führen Unternehmen ihre Verarbeitungsvorgänge häufig auf der Grundlage *mehrerer Erlaubnistatbestände* aus. Sofern ein Unternehmen Daten bspw. auf der Grundlage der Notwendigkeit einer Datenverarbeitung für die Ausführung eines Vertrags verarbeitet, holt besagtes Unternehmen häufig zusätzlich die Einwilligung der betroffenen Person ein. Dieser präventive Ansatz soll die Rechtmäßigkeit der Verarbeitungsvorgänge für den Fall sicherstellen, dass eine oder mehrere der verwendeten Erlaubnistatbestände nicht mehr erfüllt werden können. Die Verwendung mehrerer Rechtsgrundlagen ist nach überwiegender Auffassung grundsätzlich zulässig[91] und nur in einigen Fällen zweifelhaft.[92] Für die Zulässigkeit spricht der eindeutige Wortlaut des Art. 6 Abs. 1 DSGVO („mindestens"), welcher in der DSGVO im Vergleich zur vorherigen Regelung eingefügt worden ist. Die gesetzgeberische Intention dieser kumulativen Anwendbarkeit ergibt sich folgerichtig auch aus Art. 17 Abs. 1 lit. b DSGVO, wonach ein Löschungsrecht im Falle einer widerrufenen Einwilligung erst begründet wird, wenn keine anderen Rechtsgrundlagen bestehen.[93]

Unsicherheiten bestehen im Zusammenhang mit der verweigerten oder widerrufenen Einwilligung. Nach überwiegender Ansicht führt die Verweigerung oder der Widerruf einer Einwilligung nicht stets zum Ausschluss weiterer Erlaubnistatbestände des Art. 6 Abs. 1 DSGVO.[94] Generell kann die einschlägige Rechtsgrundlage in vielen Fällen nicht eindeutig bestimmt werden. Zur Rechtssicherheit und Transparenz sollte die Verwendung einer vorsorglichen Einwilligung möglich sein.[95] Die Fälle, in denen mehrere Erlaubnistatbestände vor der Datenverarbeitung

---

[91] BfDI, DSGVO BDSG Texte und Erläuterungen (2022), S. 27; Taeger, in: Taeger/Gabel, DSGVO BDSG TTDSG, Art. 6 DSGVO (2022), Rn. 21; Zavadil/Rohner, ZD 2022, 312, 313; Reimer, in: Sydow/Marsch, DSGVO BDSG, Art. 6 DSGVO (2022) Rn. 9; Albers/Veit, in: Wolff/Brink/v. Ungern-Sternberg, BeckOK DatenschutzR, Art. 6 DSGVO (45. Ed. 01.08.2023), Rn. 24; Frenzel, in: Paal/Pauly, DSGVO BDSG, Art. 6 DSGVO (2021) Rn. 8 (m. w. N.).

[92] EDPB, Guidelines 05/2020 on consent under Regulation 2016/679, Version 1.1 (2020b), Rn. 122; vgl. auch DSK, Kurzpapier Nr. 20 (2019), S. 3 (derzeit in Überarbeitung).

[93] Zu den vorstehenden Ausführungen vgl. Taeger, in: Taeger/Gabel, DSGVO BDSG TTDSG, Art. 6 DSGVO (2022), Rn. 21; Zavadil/Rohner, ZD 2022, 312, 313.

[94] Schulz, in: Gola/Heckmann, DSGVO BDSG, Art. 6 DSGVO (2022), Rn. 11 (m. w. N.); Zavadil/Rohner, ZD 2022, 312, 315.

[95] Vgl. Landesdatenschutzbeauftragter Hessen, Häufig gestellte Fragen, Einwilligung, aufrufbar unter: https://datenschutz.hessen.de/infothek/haeufig-gestellte-fragen#Einwilligung, zuletzt aufgerufen am: 23.11.2023.

festgelegt werden, sind von solchen Fällen zu unterscheiden, in denen ein weiterer Erlaubnistatbestand rückwirkend als Grundlage der Verarbeitung herangezogen wird (sog. Nachschieben des Erlaubnistatbestands).[96] Letztere werden mehrheitlich als unzulässig angesehen.[97] Angesichts der weit verbreiteten Ansicht, dass die Verwendung mehrerer Tatbestände grundsätzlich zulässig ist, ist mit Blick auf die ablehnenden Äußerungen des EDSA und der DSK davon auszugehen, dass sich diese lediglich auf die rückwirkende Verwendung weiterer Erlaubnistatbestände bezieht.[98]

Unternehmen sollten vorsorglich zwischen den verschiedenen Alternativen eine primäre Rechtsgrundlage auswählen sowie betroffene Personen mit Blick auf die Rechtsgrundlagen ausreichend informieren.[99] Dies ist ratsam, da die *Voraussetzungen* für eine wirksame Einwilligung und auch für die anderen zur Verfügung stehenden Rechtsgrundlagen im Vergleich zur vorherigen Rechtslage in der DSGVO näher *konkretisiert und verschärft* wurden. Unternehmen sollten vor Beginn der Datenverarbeitung bestimmen, welcher Erlaubnistatbestand am besten zu ihren geplanten Verarbeitungstätigkeiten passt. Entsprechend ihrer *Rechenschaftspflicht* (siehe Abschn. 3.1) müssen Unternehmen dazu in der Lage sein nachzuweisen, dass die Voraussetzungen des jeweiligen Erlaubnistatbestands vorliegen. Wenn Daten z. B. auf Grundlage der überwiegenden berechtigten Interessen des Verantwortlichen verarbeitet werden sollen, müssen Unternehmen sowohl das Vorliegen dieser Interessen als auch deren Legitimität nachweisen können (siehe Abschn. 4.2.2.3).

4.2.2.2 Erforderlichkeit der Verarbeitung für einen Vertrag

Eine Datenverarbeitung ist rechtmäßig, wenn sie für die Erfüllung eines Vertrags, dessen *Vertragspartei die betroffene Person ist*, oder zur Durchführung vorvertraglicher Maßnahmen erforderlich ist, die auf Anfrage der betroffenen Person erfolgen, Art. 6 Abs. 1 S. 1 lit. b DSGVO. Das Tatbestandsmerkmal „Erfüllung eines Vertrags" ist weit auszulegen und umfasst daher jegliche Datenverarbeitung in einem vertraglichen Kontext[100] unabhängig davon, in welcher *Phase des Vertrags* sie erfolgt.[101] Bei der Auslegung des Begriffs „Vertrag" ist zu beachten, dass die EU-Mitgliedstaaten insofern unterschiedliche juristische Ansätze aufweisen. Um eine europarechtlich einheitliche Auslegung zu gewährleisten, ist eine weite Auslegung des Begriffs geboten, die

---

[96] Zavadil/Rohner, ZD 2022, 312, 315.

[97] EDPB, Guidelines 05/2020 on consent under Regulation 2016/679, Version 1.1 (2020b), Rn. 123; Datenschutzkonferenz, Kurzpapier Nr. 20 Einwilligung nach der DS-GVO (2019), S. 3 (derzeit in Überarbeitung); Zavadil/Rohner, ZD 2022, 312, 315.

[98] Siehe auch Albers/Veit, in: Wolff/Brink/v. Ungern-Sternberg, BeckOK DatenschutzR, Art. 6 DSGVO (45. Ed. 01.08.2023), Rn. 25–26 sowie Frenzel, in: Paal/Pauly, DSGVO BDSG, Art. 6 DSGVO (2021) Rn. 8 (m. w. N.).

[99] Albers/Veit, in: Wolff/Brink/v. Ungern Sternberg, BeckOK DatenschutzR, Art. 6 DSGVO (45. Ed. 01.08.2023), Rn. 25.

[100] ErwGr. 44 DSGVO.

[101] Kremer, in: Laue/Kremer, Das neue Datenschutzrecht in der betrieblichen Praxis, § 2 Zulässigkeit der Verarbeitung (2019), Rn. 30; Plath/Struck, in: Plath, DSGVO BDSG, TTDSG Art. 6 DSGVO (2023), Rn. 12.

insbesondere auch vertragsähnliche Verhältnisse beinhaltet.[102] Daher unterfällt jede im Zusammenhang mit einem Vertragsverhältnis und den damit verbundenen Pflichten stehende Datenverarbeitung dieser Voraussetzung.[103] Die Erforderlichkeit der Verarbeitung ist mittels einer Zusammenschau des Verarbeitungszwecks und der Vertragsklauseln zu bestimmen.[104] Eine Verarbeitung ist erforderlich, soweit ein Vertrag ohne deren Durchführung *nicht erfüllt werden kann.*[105] Der Verantwortliche muss daher nachweisen können, dass die Verarbeitung in objektiver Hinsicht unerlässlich ist, um einen notwendigen Bestandteil der Vertragsleistung für die betroffene Person zu erfüllen, wobei es keine praktikableren und weniger einschneidende Alternativen gibt.[106] Eine Verarbeitungstätigkeit, die bloß im Vertrag erwähnt wird oder nicht zwingend für die Vertragserfüllung notwendig ist, fällt nicht unter den Anwendungsbereich des Art. 6 Abs. 1 lit. b DSGVO. Bei einem Vertrag, der aus mehreren Dienstleistungen besteht, welche eigenständig und unabhängig voneinander erbracht werden können, muss für jede gesonderte Dienstleistung beurteilt werden, ob die Datenverarbeitung auch tatsächlich für die Erbringung dieser Dienstleistung erforderlich ist.[107] Diese Tatbestandsvoraussetzungen schränken auch die *Menge* personenbezogener Daten, die anhand dieser Bestimmung rechtmäßig verarbeitet werden können ein, da diese auf dasjenige Maß begrenzt ist, welches für die Erfüllung des Vertrags erforderlich ist. Dieser Umfang ist immer anhand des konkreten Falls zu bestimmen. Zu beachten ist hierbei, dass eine „Zahlung mit Daten" trotz ihres Charakters als Gegenleistung im Vertrag nicht auf Grundlage des Art. 6 Abs. 1 lit. b DSGVO erfolgen kann (siehe hierzu Abschn. 4.2.1.3), sondern weiterhin auf einer Einwilligung basieren muss, § 312 Abs. 1a BGB.[108] Schließlich sollen Verantwortliche durch eine künstliche und extensive vertragliche Gestaltung nicht den Schutz der betroffenen Personen umgehen und in diese vertragliche Datenverarbeitung „flüchten".[109]

Beispiel

Unternehmen X betreibt einen Online-Shop und ein Kunde kauft X's Waren. X kann die Kundendaten auf der Grundlage von Art. 6 Abs. 1 S. 1 lit. b Var. 1 DSGVO verarbeiten, die für die Erfüllung des Vertrags mit dem Kunden erforderlich sind.

In diesem Beispiel wurde ein Kaufvertrag zwischen X und dem Kunden geschlossen. Um die gekauften Waren an den Kunden ausliefern zu können und so

[102] Albers/Veit, in: Wolff/Brink/v. Ungern-Sternberg, BeckOK DatenschutzR, Art. 6 DSGVO (45. Ed. 01.08.2023), Rn. 70; Plath/Struck, in: Plath, DSGVO BDSG TTDSG, Art. 6 DSGVO (2023), Rn. 12.

[103] Taeger, in: Taeger/Gabel, DSGVO BDSG TTDSG, Art. 6 DSGVO (2022), Rn. 70.

[104] Buchner/Petri, in: Kühling/Buchner, DSGVO BDSG, Art. 6 DSGVO (2020), Rn. 39.

[105] Frenzel, in: Paal/Pauly, DSGVO BDSG, Art. 6 DSGVO (2021), Rn. 14.

[106] EuGH, Urteil vom 4. Juli 2023, Meta Plaforms Inc./Bundeskartellamt, C-252/21, Rn. 99.

[107] EuGH, Urteil vom 4. Juli 2023, Meta Plaforms Inc./Bundeskartellamt, C-252/21, Rn. 100.

[108] Schulz, in: Gola/Heckmann, DSGVO BDSG, Art. 6 DSGVO (2022), Rn. 28.

[109] Vgl. ErwGr. 40, 43 DSGVO; Albers/Veit, in: Wolff/Brink/v. Ungern-Sternberg, DSGVO Art. 6 DSGVO (45. Ed.01.08.2023), Rn. 44.

seine Verpflichtungen aus dem Vertrag zu erfüllen, muss X den Namen und die Adresse des Kunden sowie die Art und Anzahl der gekauften Waren, die verwendete Zahlweise und die Versandinformationen verarbeiten. Je nach verwendeter Zahlweise muss X unter Umständen auch die Kontoinformationen des Kunden verarbeiten. Zahlt der Kunde bspw. per Nachnahme, muss X die Kontodaten zur Ausführung der Lieferung nicht verarbeiten. Andere personenbezogene Daten sollten zum Ermöglichen der Vertragserfüllung nicht erforderlich sein außer für den Fall, dass ein Kunde Waren kauft, die gesetzlichen Beschränkungen unterliegen (z. B. Altersbeschränkungen, aufgrund derer X das Alter des Kunden erheben muss).[110] ◀

Außerdem kann eine Datenverarbeitung auf Grundlage von Art. 6 Abs. 1 S. 1 lit. b Var. 2 DSGVO erfolgen, soweit sie zur Durchführung von vorvertraglichen Maßnahmen auf Anfrage der betroffenen Person hin erforderlich ist. Dem Wortlaut der Vorschrift nach muss zwar die betroffene Person, nicht jedoch der Verantwortliche zwingend Partei des angestrebten Vertragsverhältnisses sein. Daher sind Datenverarbeitungstätigkeiten, die der Verantwortliche aufgrund ihrer Erforderlichkeit für einen Vertrag zwischen der betroffenen Person und einem *Dritten* ausführt, von diesem Erlaubnistatbestand gedeckt.[111] Allerdings ist Voraussetzung des Erlaubnistatbestands, dass die Verarbeitung auf Anfrage der betroffenen Person erfolgt.

4.2.2.3 Wahrung berechtigter Interessen des Verantwortlichen

Art. 6 Abs. 1 S. 1 lit. f DSGVO enthält eine *Generalklausel*, die als Erlaubnistatbestand für die Datenverarbeitung in der Praxis von großer Relevanz ist.[112] Gemäß dieser Vorschrift ist die Datenverarbeitung zulässig, soweit sie zur Wahrung der berechtigten Interessen des Verantwortlichen oder eines Dritten erforderlich ist, sofern nicht die Interessen oder Grundrechte und Grundfreiheiten der betroffenen Person, die den Schutz personenbezogener Daten erfordern, überwiegen. Der Wortlaut der Vorschrift ist sehr vage gehalten und enthält zahlreiche unbestimmte Rechtsbegriffe, die einer näheren Auslegung bedürfen. Zusammengefasst ist eine Verarbeitung auf der Grundlage von Art. 6 Abs. 1 S. 1 lit. f DSGVO rechtmäßig, wenn als Ergebnis einer Interessenabwägung die berechtigten Interessen des Verantwortlichen/eines Dritten an der Datenverarbeitung gegenüber denjenigen der betroffenen Personen am Unterbleiben der Datenverarbeitung überwiegen.

Berechtigte Interessen des Verantwortlichen/eines Dritten

Der Verantwortliche trägt die Beweislast hinsichtlich der von ihm angeführten berechtigten Interessen. Die Interessen müssen angesichts der konkreten Verarbeitungssituation berechtigt erscheinen und können *rechtlicher, wirtschaftlicher*

---

[110] Siehe auch Taeger, in: Taeger/Gabel, DSGVO BDSG TTDSG, Art. 6 DSGVO (2022), Rn. 66.

[111] Kremer, in: Laue/Kremer, Das neue Datenschutzrecht in der betrieblichen Praxis, § 2 Zulässigkeit der Verarbeitung (2019), Rn. 30.

[112] Gemäß Art. 6 Abs. 1 S. 1 S. 2 DSGVO gilt dieser Erlaubnistatbestand nicht für die von Behörden in Erfüllung ihrer Aufgaben vorgenommenen Datenverarbeitung.

ideeller oder anderer Natur sein. Es kann sich um jedes gesetzeskonforme Interesse handeln, sodass dieses Tatbestandsmerkmal sehr weit interpretiert wird.[113]

Zwecke der Direktwerbung
Die DSGVO erkennt explizit an, dass eine Verarbeitung personenbezogener Daten zum *Zwecke der Direktwerbung* als eine einem berechtigten Interesse dienende Verarbeitung betrachtet werden kann.[114] Allerdings hält das Gesetz keine Definition des Begriffs „Zwecke der Direktwerbung" bereit. Es handelt sich unter anderem um das (insbesondere personalisierte) Ansprechen von betroffenen Personen mit werblichen Inhalten etwa durch E-Mails oder auch mit Werbeanzeigen und -bannern auf einer Website oder in einer App. Nichtsdestotrotz ist die Werbung nur rechtmäßig, sofern die Interessenabwägung zugunsten des Verantwortlichen ausfällt. Dies wird insbesondere der Fall sein, wenn die betroffene Person aufgrund ihres Verhältnisses zum Verantwortlichen vernünftigerweise mit einer Nutzung ihrer personenbezogenen Daten für Werbezwecke rechnen kann.[115] Informiert der Verantwortliche transparent und umfassend über eine vorgesehene werbliche Nutzung der personenbezogenen Daten, geht die Erwartung der betroffenen Person in aller Regel auch dahin, dass ihre Kundendaten entsprechend genutzt werden.[116] Hingegen kann der Nutzer eines unentgeltlichen sozialen Netzwerkes nicht damit rechnen, dass der Betreiber seine Daten ohne seine Einwilligung zum Zwecke der personalisierten Werbung verarbeitet.[117] Je eingriffsintensiver die Werbemaßnahmen, desto eher dürfte ein Interesse der betroffenen Person am Ausschluss der Datenverarbeitung überwiegen, z. B. bei der Bildung von Kundenprofilen.[118]

IT-Sicherheit
Die DSGVO erkennt ein berechtigtes Interesse für die Verarbeitung personenbezogener Daten in einem für die Verhinderung von *Betrug* oder für die Gewährleistung der *Netz- und Informationssicherheit* unbedingt erforderlichen Umfang an.[119] Dies ist der Fall, soweit durch die Verarbeitung die Fähigkeit eines Netzwerks oder IT-Systems gewährleistet wird, mit einem vorgegebenen Grad an Zuverlässigkeit Störungen oder widerrechtliche/mutwillige Eingriffe abzuwehren, welche die Verfügbarkeit, Authentizität, Vollständigkeit und Vertraulichkeit von gespeicherten oder übermittelten personenbezogenen Daten sowie die Sicherheit damit zusammenhängender Dienste beeinträchtigen, die über diese Netze oder Informationssysteme angeboten werden bzw. zugänglich sind.[120] Eine solche Verarbeitung kann

---

[113] Schulz, in: Gola/Heckmann, DSGVO BDSG, Art. 6 DSGVO (2022), Rn. 61; Plath/Struck, in: Plath, DSGVO BDSG TTDSG, Art. 6 DSGVO (2023), Rn. 58.

[114] ErwGr. 47 S. 7 DSGVO.

[115] ErwGr. 47 DSGVO, Jacquemain/Klein/Mühlenbeck/Pabst/Pieper/Schwartmann in: Schwartmann/Jaspers/Thüsing/Kugelmann, DSGVO BDSG, Art. 6 DSGVO (2020), Rn. 165–166.

[116] DSK, Kurzpapier Nr. 3 (2018), S. 1.

[117] EuGH, Urteil vom 4. Juli 2023, Meta Plaforms Inc./Bundeskartellamt, C-252/21, Rn. 117.

[118] DSK, Kurzpapier Nr. 3 (2018), S. 2.

[119] ErwGr 47 S. 6, 49 S. 1 DSGVO.

[120] ErwGr. 49 S. 1 DSGVO.

bspw. der Verhinderung des Zugangs Unbefugter zu elektronischen Kommunikationsnetzen und der Verhinderung der Verbreitung schädlicher Programmcodes sowie der Verhinderung von „Denial of Service"-Angriffen und Schädigungen von Computer- und elektronischen Kommunikationssystemen dienen.[121]

Beispiel

Ein berechtigtes Interesse des Verantwortlichen kann z. B. in folgenden Fällen bestehen:

- Videoüberwachung auf und an Privatgrundstücken (z. B. Kaufhäuser, Tankstellen ...) und anderweitige Aufzeichnungen (z. B. private Kameras im Kraftfahrzeug oder am Körper), sofern sie notwendig und verhältnismäßig ist;
- strategische Analyse von Kundendaten, um das Waren- oder Dienstleistungsangebot zu verbessern oder um Kunden zu halten oder zu werben;
- Überprüfung von Mitarbeiterdaten, um Korruption vorzubeugen;
- Einführung interner Meldesysteme (Whistleblowing);
- Bonitätsprüfung von Kunden;
- Speicherung von Daten zu Beweiszwecken;
- Offenlegung personenbezogener Daten (z. B. von Schlüsselmitarbeitern) im Rahmen einer Due Diligence.[122] ◀

Interessen Dritter

Zudem kann Art. 6 Abs. 1 S. 1 lit. f DSGVO als Rechtsgrundlage für Verarbeitungstätigkeiten dienen, die im Interesse *Dritter* durchgeführt werden. Dies ist für Unternehmen von hoher praktischer Relevanz, da sie häufig Daten im Interesse anderer verarbeiten, bspw. ihrer Kunden.[123]

Beispiel

- Der Verantwortliche ist ein Anwalt, Steuerberater oder Wirtschaftsprüfer, der personenbezogene Daten im Auftrag seiner Kunden verarbeitet.
- Der Transfer von Kundendaten durch ein Unternehmen an seinen Rechtsnachfolger.
- Bonitätsprüfungen, die durch eine Kreditauskunftei durchgeführt werden.[124] ◀

---

[121] ErwGr. 49 S. 2 DSGVO.

[122] Frenzel, in: Paal/Pauly, DSGVO BDSG, Art. 6 DSGVO (2021), Rn. 31; Kremer, in: Laue/Kremer, Das neue Datenschutzrecht in der betrieblichen Praxis, § 2 Zulässigkeit der Verarbeitung (2019), Rn. 39; Plath/Struck, in: Plath, DSGVO BDSG TTDSG, Art. 6 DSGVO (2023), Rn. 107, 125.

[123] Taeger, in: Taeger/Gabel, DSGVO BDSG TTDSG, Art. 6 DSGVO (2022), Rn. 126, 130.

[124] Plath/Struck, in: Plath, DSGVO BDSG, Art. 6 DSGVO (2023), Rn. 118; Taeger, in: Taeger/Gabel, DSGVO BDSG TTDSG, Art. 6 DSGVO (2022), Rn. 130, 131, 137; kritisch zu der Frage, ob eine Wirtschaftsauskunftei ein berechtigtes Interesse an der Vorratsdatenspeicherung von öffentlich zugänglichen Informationen aus dem Insolvenzregister in ihren Datenbanken hat EuGH, Urteil vom 7. Dezember 2023, SCHUFA Holding AG, C-26/22 und C-64/22, Rn. 89.

Gemeinsam für die Verarbeitung Verantwortliche
Sofern *gemeinsam für die Verarbeitung Verantwortliche* personenbezogene Daten verarbeiten, wird für Datentransfers zwischen ihnen in einer Vielzahl an Fällen ein berechtigtes Interesse bestehen.

Rechte und Interessen der betroffenen Personen
Im Rahmen der Interessenabwägung sind die *vernünftigen Erwartungen* der betroffenen Personen, die auf ihrer Beziehung zu dem Verantwortlichen beruhen, zu berücksichtigen.[125] In diesem Zusammenhang sollte der Verantwortliche insbesondere mögliche Auswirkungen auf die *Privatsphäre* der betroffenen Personen berücksichtigen.[126] Genau wie beim Verantwortlichen können die Rechte und Interessen der betroffenen Personen einer ideellen, wirtschaftlichen, sozialen, beruflichen, privaten oder anderen Natur sein.[127] Die spezifische Natur der für die Verarbeitung bestimmten personenbezogenen Daten beeinflusst den Ausgang der Interessenabwägung; die Auswirkungen auf die Rechte der betroffenen Personen können z. B. schwerwiegender sein, sofern besonders sensible Daten betroffen sind.

Interessenabwägung
Die Interessenabwägung erfordert eine sorgfältige Evaluierung der *jeweiligen Verarbeitungssituation*. Die Abwägung muss eine Identifikation der relevanten Abwägungsgesichtspunkte, eine Bestimmung ihres Inhalts und, als letzten Schritt, deren gegenseitige Abwägung umfassen.[128]

Drei Aspekte sind im Rahmen von Art. 6 Abs. 1 S. 1 lit. f DSGVO gegeneinander abzuwägen:[129]

- die berechtigten Interessen des Verantwortlichen/eines Dritten;
- die Erforderlichkeit der Verarbeitung in Bezug auf diese berechtigten Interessen; und
- keine überwiegenden Interessen der betroffenen Personen.

Um zu bewerten, ob die Rechte der betroffenen Personen insgesamt überwiegen, müssen die *Konsequenzen der Verarbeitung* auf diese Rechte und Freiheiten sowie der drohende Grad ihrer Beeinträchtigung bewertet werden.[130] In diesem Zusammenhang ist zu beachten, dass die berechtigten Interessen von *Kindern* besonderer Berücksichtigung bedürfen.[131]

[125] ErwGr. 47 S. 1 DSGVO.

[126] Siehe auch v. d. Bussche, in: v. d. Bussche/Voigt, Konzerndatenschutz, Rechtliche Anforderungen (2019), Rn. 59 S. 191.

[127] Siehe auch v. d. Bussche, in: v. d. Bussche/Voigt, Konzerndatenschutz, Teil. 3 Kap. 3. Rechtliche Anforderungen (2019), Rn. 59.

[128] Frenzel, in: Paal/Pauly, DSGVO BDSG, Art. 6 DSGVO (2021), Rn. 27-31.

[129] Art. 29 Datenschutzgruppe, WP 217, S. 33 ff.

[130] Schantz, in: Simitis/Hornung/Spiecker gen. Döhmann, Datenschutzrecht, Art. 6 Abs. 1 DSGVO (2019), Rn. 105–107.

[131] Art. 6 Abs. 1 S. 1 lit. f DSGVO.

Im Rahmen der Abwägung sind die *vernünftigen Erwartungen* der betroffenen Personen ausgehend von ihrer Beziehung zum Verantwortlichen zu berücksichtigen.[132] Ausgehend von der *Art dieser Beziehung* (z. B. sofern die betroffene Person ein Kunde des Verantwortlichen ist oder etwa für ihn arbeitet) kann die betroffene Person zum Zeitpunkt und im Kontext der Erhebung ihrer personenbezogenen Daten ganz unterschiedliche, vernünftige Erwartungen hinsichtlich der anstehenden Verarbeitung ihrer Daten haben.[133]

Teilweise müssen betroffene Personen in bestimmten Arten von Beziehungen mit dem Verantwortlichen vernünftigerweise nicht mit einer weitergehenden Verarbeitung ihrer Daten rechnen.[134] Ausgehend vom hohen Stellenwert der Beziehung der Beteiligten für die Interessenabwägung, ist der Erlaubnistatbestand besonders im Falle von Vertragsbeziehungen relevant. Dies gilt insbesondere für die Verarbeitung von Daten im Rahmen einer Vertragsbeziehung, deren Verarbeitung zur Erreichung des Vertragszwecks nicht erforderlich ist, sodass diese nicht auf der Grundlage von Art. 6 Abs. 1 S. 1 lit. b DSGVO als Erlaubnistatbestand erfolgen kann.[135] Auch bei intransparenten und zeitlich und inhaltlich unbegrenzten Datenverarbeitungen durch einen Verantwortlichen kann angenommen werden, dass solche Verarbeitungsvorgänge für eine betroffene Person nicht vorhersehbar sind.[136]

Als Ergebnis der Interessenabwägung dürften die *Interessen der betroffenen Person* letztlich *nicht* gegenüber denjenigen des Verantwortlichen/Dritten *überwiegen*. Daraus ergibt sich, dass die Verarbeitung für den Verantwortlichen *erforderlich* ist, sofern der Zweck der Verarbeitung nicht in zumutbarer Weise mit weniger schwerwiegenden Mitteln in Bezug auf die Interessen der betroffenen Personen unter Wahrung der gleichen wirtschaftlichen Effizienz erreicht werden kann.[137]

Beispiel

Unternehmen Y übermittelt an Unternehmen Z personenbezogene Daten im Rahmen einer Due Diligence. Diese wird durchgeführt, weil Z eine große Beteiligung an Y erwerben möchte. Bei den personenbezogenen Daten handelt es sich um Informationen zu den Schlüsselmitarbeitern von Y. Diese Mitarbeiter sind ein wichtiger Faktor für Z's Investition, da sie in hohem Maße den Wert von Y ausmachen. Y und Z haben eine Verschwiegenheitsvereinbarung abgeschlossen, die auch Vertragsstrafen vorsieht.

In diesem Beispiel stellen die betroffenen personenbezogenen Daten einen wichtigen Faktor für den erfolgreichen Share Deal dar, da sie maßgeblich Z's Entscheidung für oder gegen die Investition beeinflussen. Aus diesem Grund

---

132 ErwGr. 47 S. 1 DSGVO.

133 ErwGr. 47 S. 2 DSGVO.

134 ErwGr. 47 S. 4 DSGVO.

135 Siehe auch Albers/Veit, in: Wolff/Brink/v. Ungern-Sternberg, BeckOK DatenschutzR, Art. 6 DSGVO (45. Ed. 01.08.2023), Rn. 69.

136 EuGH, Urteil vom 4. Juli 2023, Meta Plaforms Inc./Bundeskartellamt, C-252/21, Rn. 118, 123.

137 Siehe auch ErwGr. 39; v. d. Bussche, in: v. d. Bussche/Voigt, Konzerndatenschutz, Teil. 3 Kap. 3. Rechtliche Anforderungen (2019), Rn. 58; Taeger, in: Taeger/Gabel, DSGVO BDSG TTDSG, Art. 6 DSGVO (2022), Rn. 139.

sind weniger einschneidende Mittel, wie die Übermittlung anonymisierter oder pseudonymisierter Daten, keine Option, da die unveränderten personenbezogenen Daten entscheidungsrelevant sind. Z's Interesse hinsichtlich des Erhalts der Daten von Y wird nicht von den Interessen oder Rechten der Schlüsselmitarbeiter verdrängt, da deren Rechte durch Z's Verpflichtung zur Verschwiegenheit sichergestellt werden.[138] ◀

Es sollte berücksichtigt werden, dass Entscheidungen hinsichtlich der Interessenabwägung unter Einbeziehung des, soweit benannten, *Datenschutzbeauftragten* (siehe Abschn. 3.10) getroffen werden sollten.[139] Die Nutzung seiner Expertise ist im Hinblick auf die drohenden Bußgelder für Verletzungen von Art. 6 DSGVO in Höhe von bis zu EUR 20.000.000,00 oder bis zu 4 % des weltweiten Jahresumsatzes (Art. 83 Abs. 5 lit. a DSGVO) besonders sinnvoll.

Konzerninterne Datentransfers

Neben den bisher genannten Beispielen, kann Art. 6 Abs. 1 S. 1 lit. f DSGVO eine wichtige Rolle für konzerninterne Datentransfers spielen. Art. 6 Abs. 1 S. 1 lit. f DSGVO kann zumindest in manchen Fällen als Erlaubnistatbestand für *konzerninterne Datenverarbeitungstätigkeiten* dienen, da die Übertragung personenbezogener Daten in einer Unternehmensgruppe für interne Verwaltungszwecke, einschließlich der Verarbeitung von Kunden- oder Mitarbeiterdaten, im berechtigten Interesse der Gruppenunternehmen liegen dürfte.[140] Aus Sicht der Unternehmensgruppe ist es diesbezüglich von Vorteil, dass die berechtigten Interessen Dritter bei diesem Erlaubnistatbestand im Rahmen der Interessenabwägung Berücksichtigung finden, da die Gruppenunternehmen Dritte i. S. d. DSGVO sind (siehe, auch zum „eingeschränkten Konzernprivileg", Abschn. 4.4).[141] Allerdings muss auf Einzelfallbasis abgewogen werden, ob die berechtigten Interessen der beteiligten Konzernunternehmen gegenüber denjenigen der betroffenen Personen überwiegen, und damit, ob die beabsichtigte konzerninterne Datenverarbeitung rechtmäßig ist.[142]

4.2.2.4 Rechtliche Verpflichtung des Verantwortlichen und Datenverarbeitung im öffentlichen Interesse

Eine Datenverarbeitung ist rechtmäßig, sofern sie zur Erfüllung einer rechtlichen Verpflichtung, der der Verantwortliche unterliegt, oder für die Wahrnehmung einer Aufgabe, die im öffentlichen Interesse liegt oder in Ausübung öffentlicher Gewalt, die dem Verantwortlichen übertragen wurde, erfolgt, erforderlich ist.[143] Für die Ver-

---

[138] Siehe auch Taeger, in: Taeger/Gabel, DSGVO BDSG TTDSG, Art. 6 DSGVO (2022), Rn. 112 (m. w. N.).

[139] Frenzel, in: Paal/Pauly, DSGVO BDSG, Art. 6 DSGVO (2021), Rn. 27.

[140] ErwGr. 48 S. 1 DSGVO.

[141] Buchner/Petri, in: Kühling/Buchner, DSGVO BDSG, Art. 6 DSGVO (2020), Rn. 168.

[142] Dazu näher Taeger, in: Taeger/Gabel, DSGVO BDSG TTDSG, Art. 6 DSGVO (2022), Rn. 137; Voigt, CR 2017, 428, 429.

[143] Vgl. Art. 6 Abs. 1 S. 1 lit. c, e DSGVO.

arbeitung sollte eine Grundlage nach dem Recht der EU oder eines EU-Mitgliedstaats bestehen, wobei nicht erforderlich ist, dass diese Rechtsgrundlage ein parlamentarisches Gesetz ist.[144] Die jeweilige Rechtsgrundlage kann sich auch auf mehrere Verarbeitungsvorgänge beziehen.[145]

Gemäß Art. 6 Abs. 2 DSGVO können die EU-Mitgliedstaaten spezifischere Bestimmungen zur Konkretisierung dieser Erlaubnistatbestände beibehalten oder *einführen*, indem sie konkrete Anforderungen für die Verarbeitung festlegen. Entsprechende Regelungen müssen nicht nur die Zwecke der Verarbeitung konkretisieren, sondern auch die allgemeinen Anforderungen der DSGVO an die Verarbeitung entsprechend anpassen, wie bspw. in Bezug auf die Rechtmäßigkeit der Verarbeitung, die betroffenen Arten von Daten, etc.[146]

Die Erforderlichkeit ist bei rechtlichen Verpflichtungen im Sinne von Art. 6 Abs. 1 S. 1 lit. c DSGVO auf Grundlage verfassungsmäßiger Vorschriften stets anzunehmen.[147] Derartige Verpflichtungen sind im deutschen Recht beispielsweise in Form von Aufzeichnungs-, Aufbewahrungs-, Speicher-, Übermittlungs- und Meldepflichten geregelt (z. B. § 57a StVZO, § 257 HGB, § 147 AO oder § 312i Abs. 1 S. 1 Nr. 3 BGB).[148]

4.2.2.5 Schutz der lebenswichtigen Interessen betroffener Personen

Gemäß Art. 6 Abs. 1 S. 1 lit. d DSGVO ist die Verarbeitung rechtmäßig, wenn sie erforderlich ist, um *lebenswichtige Interessen* der betroffenen Person oder einer anderen natürlichen Person zu schützen. Grundsätzlich sollten die Daten nur aufgrund dieser Bestimmung verarbeitet werden, sofern die Verarbeitung offenkundig nicht auf eine andere Rechtsgrundlage gestützt werden kann.[149] Damit ist dieser Erlaubnistatbestand *subsidiär*, was bspw. in Fällen relevant wird, in denen die Verarbeitungsvorgänge zugleich wichtigen öffentlichen Interessen (was eine Anwendung des Erlaubnistatbestands des Art. 6 Abs. 1 S. 1 lit. e DSGVO nahe legt) als auch lebenswichtigen Interessen betroffener Personen dienen.[150]

4.2.2.6 Änderung des Verarbeitungszwecks

Da es sich bei der Zweckbindung um einen der Verarbeitungsgrundsätze der DSGVO handelt (siehe Abschn. 4.1.2), ist eine Änderung des Verarbeitungszwecks nach Erhebung der personenbezogenen Daten nur unter bestimmten, in Art. 6 Abs. 4 DSGVO genannten Voraussetzungen möglich.

---

[144] ErwGr. 41, 45 DSGVO. Die entsprechende Rechtsgrundlage sollte klar und präzise sein und ihre Anwendung sollte für die Rechtsunterworfenen vorhersehbar sein.

[145] ErwGr. 45 DSGVO.

[146] Siehe Art. 6 Abs. 3 DSGVO; ErwGr. 45 DSGVO für nähere Einzelheiten.

[147] V. d. Bussche, in: v. d. Bussche/Voigt, Konzerndatenschutz, Teil 3. Kap. 3. Rechtliche Anforderungen (2019), Rn. 49.

[148] Schulz, in: Gola/Heckmann, DSGVO BDSG, Art. 6 DSGVO (2022), Rn. 47.

[149] ErwGr. 46 DSGVO.

[150] ErwGr. 46 DSGVO: Dies kann bspw. bei einer Verarbeitung für humanitäre Zwecke einschließlich der Überwachung von Epidemien und deren Ausbreitung oder bei humanitären Notfällen insbesondere bei Naturkatastrophen oder vom Menschen verursachten Katastrophen der Fall sein.

Die Vorschrift sieht *drei Möglichkeiten* vor, um die Rechtmäßigkeit einer Verarbeitung zu einem anderen Zweck als demjenigen, zu dem die personenbezogenen Daten ursprünglich erhoben wurden, zu begründen:

- die Einholung der *Einwilligung* der betroffenen Person; oder
- die Verarbeitung zu einem geänderten Zweck beruht auf einer *Rechtsvorschrift der EU oder der EU-Mitgliedstaaten*, welche in einer demokratischen Gesellschaft eine notwendige und verhältnismäßige Maßnahme zum Schutz der in Art. 23 DSGVO genannten Ziele darstellt (nationale Sicherheit, Verteidigung, öffentliche Sicherheit); oder
- die Verarbeitung zu einem anderen Zweck ist mit demjenigen, zu dem die personenbezogenen Daten ursprünglich erhoben wurden, *vereinbar*.

Vereinbarkeit der Verarbeitungszwecke

Da besonders die letzte der drei Möglichkeiten einer näheren Ausführung bedarf, hat der europäische Gesetzgeber verschiedenen Kriterien zur Bestimmung der *Vereinbarkeit* der Verarbeitungszwecke in Art. 6 Abs. 4 lit. a bis e DSGVO aufgenommen (die Aufzählung ist nicht abschließend):

- *Jede Verbindung zwischen den Zwecken*: Je größer der Unterschied zwischen den Zwecken der ursprünglichen Datenerhebung und der weiteren Verarbeitung ist, desto eher spricht dies gegen deren Vereinbarkeit.[151] Sofern sich der geänderte Verarbeitungszweck bereits auf Grundlage des Erhebungszwecks der Daten abgezeichnet hat oder gar als nächstlogischer Schritt impliziert wurde, spricht dies für eine Vereinbarkeit der Verarbeitungszwecke.[152]
- Der Zusammenhang, in dem die personenbezogenen Daten erhoben wurden, insbesondere hinsichtlich des Verhältnisses zwischen den betroffenen Personen und dem Verantwortlichen: Es ist zu prüfen, was eine vernünftige Person in der Situation der betroffenen Person im Hinblick auf die Verarbeitung ihrer Daten im gegebenen Erhebungskontext erwarten würde.[153] Grundsätzlich gilt, je schwerwiegender oder je weniger absehbar die Auswirkungen der zukünftigen Verarbeitung sind, desto unwahrscheinlicher ist ihre Vereinbarkeit mit dem ursprünglichen Verarbeitungszweck.[154]
- *Die Art der personenbezogenen Daten*: Da bspw. besondere Kategorien personenbezogener Daten äußerst sensibel sind, dürfte eine Änderung des Verarbeitungszwecks bzgl. dieser Daten nur in sehr wenigen Fällen zulässig sein (siehe zu den besonderen Anforderung zu der Verarbeitung sensibler Daten Abschn. 4.2.3).

[151] Siehe auch Art. 29 Datenschutzgruppe, WP 203 (2013a), S. 23–24.

[152] Siehe auch Art. 29 Datenschutzgruppe, WP 203 (2013a), S. 24.

[153] Siehe auch Art. 29 Datenschutzgruppe, WP 203 (2013a), S. 24.

[154] Siehe auch Art. 29 Datenschutzgruppe, WP 203 (2013a), S. 26.

- Die möglichen Folgen der beabsichtigten Weiterverarbeitung für die betroffenen Personen: Sowohl positive als auch negative Folgen sollten Berücksichtigung finden.[155]
- *Das Vorhandensein geeigneter Garantien*: Dies umfasst auch Verschlüsselung oder Pseudonymisierung. Die Implementierung zusätzlicher technischer und organisatorischer Maßnahmen könnte sich als wichtiges Mittel für die Praxis erweisen, um positiv hinsichtlich der Vereinbarkeit der Verarbeitungszwecke Berücksichtigung zu finden.[156]

Angesichts der vorgenannten Kriterien ist die Vereinbarkeit der Zwecke einzelfallbezogen zu prüfen, was zukünftig aller Wahrscheinlichkeit nach zu Rechtsunsicherheit führen wird.[157] Sind die Verarbeitungszwecke vereinbar, so kann die Verarbeitung weiterhin auf Grundlage desjenigen Erlaubnistatbestands erfolgen, der für die Erhebung der personenbezogenen Daten genutzt wurde.[158]

Beispiel

Unternehmen H betreibt einen Online-Shop für Schuhe. H erhebt die Namen der Kunden, Versandadressen und Zahlungsinformationen. Diese Daten werden von H verarbeitet, um Bestellungen von Kunden durchzuführen und Bezahlvorgänge auszuführen.

Diese Verarbeitungstätigkeiten sind mit dem Prinzip der Zweckbindung (= Betreiben eines Online-Shops für Schuhe) vereinbar und bedürfen keiner weitergehenden rechtlichen Analyse.

H möchte die E-Mail-Adressen der Kunden sowie deren Bestellverlauf nutzen, um ihnen personalisierte Angebote zu unterbreiten und um sie über Rabattaktionen zu informieren. Zudem möchte H die Kundendaten, einschließlich Namen, E-Mail-Adressen, Telefonnummern und Bestellverlauf, an einen Geschäftskontakt übermitteln, der einen Online-Shop für Kleidung eröffnet hat.

In beiden Fällen kann H nicht unterstellen, dass diese Weiternutzung der Daten mit dem ursprünglichen Erhebungszweck ohne weiteres vereinbar ist, und muss dahingehend eine weitergehende rechtliche Bewertung vornehmen.[159] ◀

Regelungen im BDSG

§ 24 Abs. 1 BDSG sieht Situationen vor, in denen eine *Weiterverarbeitung* personenbezogener Daten durch Unternehmen *unabhängig davon* erfolgen kann, *ob die Zwecke* der Weiterverarbeitung mit dem ursprünglichen Verarbeitungszweck *vereinbar* sind.[160]

---

[155] Siehe auch Art. 29 Datenschutzgruppe, WP 203 (2013a), S. 25.

[156] Siehe auch Art. 29 Datenschutzgruppe, WP 203 (2013a), S. 27.

[157] Gierschmann, ZD 2016, 51, 54; für zahlreiche Beispiele hinsichtlich der verschiedenen Aspekte für die Prüfung der Vereinbarkeit siehe Art. 29 Datenschutzgruppe, WP 203 (2013a), S. 56 ff.

[158] ErwGr. 50 DSGVO.

[159] Siehe auch Art. 29 Datenschutzgruppe, WP 203 (2013a), S. 22–23.

[160] Deutscher Bundestag (2017a), Drucksache 18/11325, S. 96.

Der Bundesgesetzgeber hat zur Schaffung der Norm von seinem Regelungsspielraum aus Art. 6 Abs. 4 DSGVO Gebrauch gemacht, der die EU-Mitgliedstaaten zum Erlass von Regelungen zur Änderung des Verarbeitungszwecks ermächtigt.[161] Danach kommt eine Änderung des Verarbeitungszwecks in zwei Konstellationen in Betracht:

- *die Zweckänderung ist zur Abwehr von Gefahren für die staatliche oder öffentliche Sicherheit oder zur Verfolgung von Straftaten erforderlich*: Zur Rechtfertigung der Zweckänderung müssen konkrete Anhaltspunkte für das Vorliegen einer Gefahr oder für eine bestimmte Straftat vorliegen, sodass an die Begründung der Zweckänderung hohe Anforderungen gestellt werden;[162] oder

Beispiel

Unternehmen X setzt zur Wahrnehmung des Hausrechts auf dem Betriebsgelände Videoüberwachung ein, um präventiv Rechtsverstöße zu verhindern. X zeichnet dabei die vermeintliche Begehung eines Verbrechens durch eine Person mit der Videoüberwachung auf und möchte diese Daten zum Zwecke der Strafverfolgung an die Behörden übermitteln.

In diesem Beispiel dient die Videoüberwachung präventiven Sicherheitszwecken. Die Übermittlung der Kameraaufnahmen, die X vornehmen möchte, dient jedoch repressiven Strafverfolgungszwecken, sodass es sich dabei um einen anderen Verarbeitungszweck handelt als denjenigen, zu dem die Videoüberwachung durchgeführt wird. Daher bedarf es einer gesonderten Rechtfertigung für die Übermittlung des Videomaterials. § 24 Abs. 1 Nr. 1 BDSG ermöglicht eine Änderung des Verarbeitungszwecks zur Strafverfolgung. Hier liegen konkrete Anhaltspunkte für ein vermeintliches Verbrechen vor, sodass X die Daten auf Grundlage dieser Regelung übermitteln kann. ◄

- *die Zweckänderung ist zur Geltendmachung, Ausübung oder Verteidigung zivilrechtlicher Ansprüche erforderlich*: Dies sollte sowohl die Geltendmachung von Ansprüchen in einem Gerichtsverfahren als auch in einem außergerichtlichen Verfahren umfassen.

In beiden Fällen muss die *Zweckänderung erforderlich* sein. Dies ist der Fall, wenn die Ziele der Gefahrenabwehr oder Anspruchsdurchsetzung nicht ohne die weitergehende Verarbeitung erreicht werden können. Zudem dürfen die Interessen der betroffenen Person an dem Ausschluss der Verarbeitung laut § 24 Abs. 1 BDSG a. E. nicht ggü. dem Interesse des Verantwortlichen an der weitergehenden Verarbeitung überwiegen. Dies ist im jeweiligen Einzelfall zu prüfen.

---

[161] Diese Regelungen müssen in einer demokratischen Gesellschaft eine notwendige und verhältnismäßige Maßnahme zum Schutz der in Art. 23 DSGVO genannten Ziele darstellen. Hier sollte es sich um die Ziele aus Art. 23 Abs. 1 lit. c, j DSGVO handeln, vgl. auch Deutscher Bundestag (2017a), Drucksache 18/11325, S. 96.

[162] Siehe auch Wolff, in: Wolff/Brink, BeckOK Datenschutzrecht, § 28 BDSG (23. Ed. 01.08.2015), Rn. 106; Simitis, in: Simitis, Bundesdatenschutzgesetz, § 28 BDSG (2014), Rn. 191 f.

Eine Änderung des Verarbeitungszwecks in Bezug auf *besondere Kategorien personenbezogener Daten* (siehe Abschn. 4.2.3.1) unterliegt nach § 24 Abs. 2 BDSG der zusätzlichen Bedingung, dass die weitergehende Verarbeitung einen Ausnahmetatbestand aus Art. 9 Abs. 2 DSGVO oder § 22 BDSG (siehe Abschn. 4.2.3.2 und 4.2.3.3) erfüllt.

4.2.3 Verarbeitung besonderer Kategorien personenbezogener Daten

Personenbezogene Daten, die ihrem Wesen nach hinsichtlich der Grundrechte und Grundfreiheiten natürlicher Personen besonders sensibel sind, verdienen besonderen Schutz.[163] Gemäß Art. 9 Abs. 1 DSGVO ist die Verarbeitung derartiger personenbezogener Daten grundsätzlich untersagt. Allerdings enthält die Vorschrift einige Ausnahmen von diesem Verbot. Daneben erfordert die Verarbeitung bestimmter Arten sensibler personenbezogener Daten gemäß Art. 10 DSGVO die Anwendung zusätzlicher Sicherheitsmaßnahmen. Neben den besonderen Bestimmungen aus Art. 9 DSGVO sind stets auch die allgemeinen Bestimmungen der DSGVO einzuhalten, sodass insbesondere eine Rechtsgrundlage für die Datenverarbeitung gem. Art. 6 Abs. 1 DSGVO erforderlich ist.[164]

4.2.3.1 Besondere Kategorien personenbezogener Daten

Besondere Kategorien personenbezogener Daten sind solche, aus denen die *rassische und ethnische Herkunft, politische Meinungen, religiöse oder weltanschauliche Überzeugungen* oder die *Gewerkschaftszugehörigkeit* hervorgehen, sowie *genetische Daten, biometrische Daten* zur eindeutigen Identifizierung einer natürlichen Person, *Gesundheitsdaten* oder Daten zum *Sexualleben oder der sexuellen Orientierung* einer natürlichen Person, Art. 9 Abs. 1 DSGVO.

Diese Kategorien personenbezogener Daten erfordern besondere Schutzmaßnahmen, da sie Rückschlüsse in Bezug auf natürliche Personen zulassen, die in engem Zusammenhang zu deren Grundrechten und -freiheiten stehen. Daher birgt deren Verarbeitung ein hohes Risikopotenzial:

- Daten, aus denen die *rassische oder ethnische Herkunft* einer Person hervorgeht, sind höchst sensibel, da sie zur Diskriminierung einer natürlichen Person führen könnten, indem sie den Rückschluss zu einer Ethnie, einem Volk oder einer Volksgruppe der betroffenen Person zulassen. Solche Daten können u. U. den Vor- und Nachnamen einer Person, ihren Geburtsort, ihre Muttersprache, Augenfarbe, Haarfarbe, Hautfarbe sowie die Namen ihrer Eltern umfassen, welche in Kombination miteinander Rückschlüsse auf die Herkunft einer Person zulassen.[165]

[163] ErwGr. 51 DSGVO.

[164] EuGH, Urteil vom 21. Dezember 2023, ZQ/Medizinischer Dienst der Krankenversicherung Nordrhein, Körperschaft des öffentlichen Rechts, C-667/21, Rn. 71 ff.

[165] Frenzel, in: Paal/Pauly, DSGVO BDSG, Art. 9 DSGVO (2021), Rn. 11.

- Daten, aus denen *politische Meinungen* hervorgehen, umfassen u. a. Informationen zur Mitgliedschaft einer Person in einer politischen Partei, zur Beteiligung an Petitionen, zur Teilnahme an Demonstrationen, politischen Versammlungen oder ähnlichen Veranstaltungen.[166] Diese Kategorie umfasst Daten zur Unterstützung einer bestimmten politischen Idee in gleichem Maße wie zu deren Ablehnung.[167]
- Daten über *religiöse oder weltanschauliche Überzeugungen* sind Informationen, die Rückschlüsse auf die bestehende oder nicht bestehende Religionszugehörigkeit einer Person zulassen, wobei die Vorschrift gleichermaßen den Schutz religiöser Überzeugungen und der Religionsausübung bezweckt.[168]
- Daten über eine etwaige *Gewerkschaftszugehörigkeit* bedürfen eines besonderen Schutzes, um das Recht natürlicher Personen auf Kollektivverhandlungen und Kollektivmaßnahmen aus Art. 28 GRCh zu gewährleisten und, vor allem, eine Diskriminierung von Personen auf dem Arbeitsmarkt aufgrund ihrer Gewerkschaftszugehörigkeit zu verhindern.[169]
- Der Terminus „*Gesundheitsdaten*“ umfasst personenbezogene Daten, die sich auf die körperliche oder geistige Gesundheit einer natürlichen Person, einschließlich der Erbringung von Gesundheitsdienstleistungen, beziehen und aus denen Informationen über deren Gesundheitszustand hervorgehen.[170]
- Daten über das *Sexualleben oder die sexuelle Orientierung* einer Person sind besonders sensibel. Dies umfasst auch Daten zur genauen Identität des/der Partner/s einer natürlichen Person.[171]
- *Genetische Daten* sind personenbezogene Daten zu den ererbten oder erworbenen genetischen Eigenschaften einer natürlichen Person, die eindeutige Informationen über die Physiologie oder die Gesundheit dieser natürlichen Person liefern und insbesondere aus der Analyse einer biologischen Probe der betreffenden natürlichen Person gewonnen wurden.[172]
- *Biometrische Daten* sind mit speziellen technischen Verfahren gewonnene personenbezogene Daten zu den physischen, physiologischen oder verhaltenstypischen Merkmalen einer natürlichen Person, die die eindeutige Identifizierung dieser natürlichen Person ermöglichen oder bestätigen, wie Gesichtsbilder oder daktyloskopische Daten.[173]

---

[166] Weichert, in: Kühling/Buchner, DSGVO, Art. 9 DSGVO (2020), Rn. 27.

[167] Weichert, in: Kühling/Buchner, DSGVO, Art. 9 DSGVO (2020), Rn. 27; siehe auch Simitis, in: Simitis, Bundesdatenschutzgesetz, § 3 BDSG (2014), Rn. 260.

[168] Weichert, in: Kühling/Buchner, DSGVO, Art. 9 DSGVO (2020), Rn. 28.

[169] Weichert, in: Kühling/Buchner, DSGVO, Art. 9 DSGVO (2020), Rn. 30.

[170] Art. 4 Nr. 15 DSGVO.

[171] Weichert, in: Kühling/Buchner, DSGVO, Art. 9 DSGVO (2020), Rn. 42.

[172] Art. 4 Nr. 13 DSGVO.

[173] Art. 4 Nr. 14 DSGVO. Gemäß ErwGr. 51 DSGVO sollte die Verarbeitung von Lichtbildern nicht grundsätzlich als Verarbeitung besonderer Kategorien von personenbezogenen Daten angesehen werden, da Lichtbilder nur dann von der Definition des Begriffs „biometrische Daten“ erfasst werden, wenn sie mit speziellen technischen Mitteln verarbeitet werden, die die eindeutige Identifizierung oder Authentifizierung einer natürlichen Person ermöglichen.

Problematisch ist hierbei, dass der Katalog von besonderen Kategorien von personenbezogenen Daten sehr extensiv ist, sodass sich die Frage stellt, ob jede Verarbeitung von solchen Daten unter das Verbot des Art. 9 Abs. 1 DSGVO fällt. Denn bereits beim Eintragen eines Namens auf einem Bewerbungsbogen oder bei der Fertigung eines Lichtbildes, das als Bewerbungsfoto verwendet werden soll, werden Daten erhoben, welche einen Rückschluss z. B. auf die Ethnie einer Person oder auf ihre Gesundheit erlauben könnten. Vor diesem Hintergrund erscheint es naheliegend, dass der Anwendungsbereich des Verbotes nur eröffnet ist, wenn die Erhebung der Daten gerade zum Zwecke erfolgt, die betroffenen Person als Zugehörigen einer Ethnie, eines Volks oder einer Volksgruppe zu klassifizieren.[174] Sobald Daten aber unter den Katalog von besonderen Kategorien von personenbezogenen Daten fallen, gilt deren Verarbeitung (unabhängig von Intention des Verantwortlichen, tatsächlich solche Daten zu erhalten oder nicht, und unabhängig davon, ob diese Daten richtig sind oder nicht) grundsätzlich als verboten unter Art. 9 Abs. 1 DSGVO.[175]

4.2.3.2 Ausnahmen von dem Verbot der Verarbeitung besonderer Kategorien personenbezogener Daten

Art. 9 Abs. 2 DSGVO enthält mehrere Ausnahmen vom Verbot der Verarbeitung besonderer Kategorien personenbezogener Daten.[176] Die Aufzählung ist *abschließend*, beinhaltet aber eine Reihe von Öffnungsklauseln, welche (insbesondere) den Mitgliedstaaten gewisse Regelungs- und Konkretisierungsspielräume für die Gestaltung der Ausnahmen einräumen (Art. 9 Abs. 2 lit. b, g, h, i, j DSGVO). Nur bei Vorliegen einer solchen (nationalen) Regelung kann eine Verarbeitung unter den Ausnahmetatbeständen stattfinden. Eine Verarbeitung besonderer Kategorien personenbezogener Daten kann daher unter folgenden Voraussetzungen stattfinden:

1. *Einwilligung der betroffenen Person:* Die betroffene Person kann in die Verarbeitung ihrer von Art. 9 Abs. 1 DSGVO erfassten Daten für einen oder mehrere festgelegte Zwecke *ausdrücklich einwilligen*. Eine solche bestätigende Handlung muss nicht nur die allgemeinen Bedingungen für eine wirksame Einwilligung unter Art. 7, 8 DSGVO erfüllen (siehe Abschn. 4.2.1 für Einzelheiten), sondern muss sich auch *ausdrücklich auf* die von der Verarbeitung betroffenen *besonderen Kategorien personenbezogener Daten beziehen*.[177] Gemäß Art. 9 Abs. 2 lit. a DSGVO kann das Recht der EU oder der EU-Mitgliedstaaten vorsehen, dass das *Verarbeitungsverbot* in Bezug auf besondere Kategorien personenbezogener Daten durch die Einwilligung der betroffenen Person nicht

---

[174] Plath, in: Plath, DSGVO BDSG TTDSG, Art. 9 DSGVO (2023), Rn. 11; Albers/Veit in: Wolff/Brink/v. Ungern-Sternberg, Art. 9 DSGVO (45. Edition, Stand: 01.08.2023), Rn. 35; Weichert, in: Kühling/Buchner, Art. 9 DSGVO (2020) Rn. 26; Schulz, in: Gola/Heckmann, DSGVO BDSG, Art 9 DSGVO (2022) Rn. 19.

[175] EuGH, Urteil vom 4. Juli 2023, Meta Plaforms Inc./Bundeskartellamt, C-252/21, Rn. 69, 70.

[176] Siehe Art. 9 Abs. 2 lit. a-j DSGVO.

[177] Kremer, in: Laue/Kremer, Das neue Datenschutzrecht in der betriblichen Praxis, § 2 Zulässigkeit der Verarbeitung (2019), Rn. 70.

aufgehoben wird. Es ist unwahrscheinlich, dass es auf europäischer Ebene zur Schaffung einer derartigen Vorschrift kommt, da die EU nur in begrenzten Kompetenzfeldern zur Gesetzgebung ermächtigt ist.[178] Was EU-Mitgliedstaaten betrifft, so liegt es in deren Ermessen, ob und in welchem Maße sie die Möglichkeit zur Einwilligung einschränken. Da ein solches Verarbeitungsverbot in das Recht der betroffenen Personen auf informationelle Selbstbestimmung eingreift, dürfte eine gesetzliche Einschränkung nur in begrenzten Fällen rechtmäßig sein.[179]

2. *Arbeits- und Sozialrecht*: Die Verarbeitung ist erforderlich, damit der Verantwortliche/die betroffene Person die ihm/ihr aus dem *Arbeitsrecht und dem Recht der sozialen Sicherheit und des Sozialschutzes* erwachsenden Rechte ausüben und seinen/ihren diesbezüglichen Pflichten nachkommen kann, soweit dies nach EU-Recht oder dem Recht der EU-Mitgliedstaaten oder einer Kollektivvereinbarung nach dem Recht der EU-Mitgliedstaaten, welches geeignete Garantien für die Grundrechte und die Interessen der betroffenen Person vorsieht, zulässig ist. Diese Vorschrift berücksichtigt, dass v. a. Arbeitgeber regelmäßig besondere Kategorien personenbezogener Daten, wie bspw. Gesundheitsdaten, im Rahmen des Arbeitsverhältnisses verarbeiten müssen.[180] Die *Regelung*, welche die Verarbeitung ermöglicht, muss Garantien vorsehen, die an dem hohen Datenschutzniveau für besondere Kategorien personenbezogener Daten nach der DSGVO zu messen sind.[181]
3. *Schutz lebenswichtiger Interessen*: Die Verarbeitung ist erforderlich, um die lebenswichtigen Interessen der betroffenen Person oder einer anderen natürlichen Person zu schützen, und die betroffene Person ist aus körperlichen oder rechtlichen Gründen außerstande, ihre Einwilligung in die Verarbeitung zu geben. *Lebenswichtige Interessen* sind alle *existenziellen Bedürfnisse und Interessen*, insbesondere der Schutz des Lebens und der körperlichen Integrität.[182] Im Gegensatz zum Wortlaut macht das Unvermögen der betroffenen Person ihre Wünsche nicht unbeachtlich. Der *mutmaßliche Wille* des Betroffenen wird entscheidend sein; sofern Kenntnis darüber besteht, dass die betroffene Person – unabhängig von den riskierten, lebenswichtigen Interessen – ihre Einwilligung in die Verarbeitung nicht erteilt hätte, kann eine Rechtmäßigkeit der Verarbeitung nicht aus dieser Vorschrift folgen.[183]

---

[178] Gemäß dem Prinzip der begrenzten Einzelermächtigung kann die EU nur dann gesetzgeberisch tätig werden, wenn sie durch die EU-Mitgliedstaaten dazu ermächtigt wurde. Frenzel, in: Paal/Pauly, DSGVO BDSG, Art. 9 DSGVO (2021), Rn. 22.

[179] Frenzel, in: Paal/Pauly, DSGVO BDSG, Art. 9 DSGVO (2021), Rn. 23.

[180] Frenzel, in: Paal/Pauly, DSGVO BDSG, Art. 9 DSGVO (2021), Rn. 26.

[181] Plath, in: Plath, DSGVO BDSG TTDSG, Art. 9 DSGVO (2023), Rn. 23; Frenzel, in: Paal/Pauly, DSGVO BDSG, Art. 9 DSGVO (2021), Rn. 27–28.

[182] Siehe auch Plath, in: Plath DSGVO BDSG TTDSG, Art. 9 DSGVO (2023), Rn. 24.

[183] Frenzel, in: Paal/Pauly, DSGVO BDSG, Art. 9 DSGVO (2021), Rn. 29; siehe auch Mester, in: Taeger/Gabel, DSGVO BDSG TTDSG, Art. 9 DSGVO (2022), Rn. 22.

4. *Vereinigung oder sonstige Organisation ohne Gewinnerzielungsabsicht*: Die Verarbeitung erfolgt auf der Grundlage geeigneter Garantien durch eine politisch, weltanschaulich, religiös oder gewerkschaftlich ausgerichtete Stiftung, Vereinigung oder sonstige Organisation ohne Gewinnerzielungsabsicht im Rahmen ihrer rechtmäßigen Tätigkeiten und unter der Voraussetzung, dass sich die Verarbeitung ausschließlich auf die (ehemaligen) Mitglieder der Organisation oder auf Personen bezieht, die im Zusammenhang mit deren Tätigkeitszweck regelmäßige Kontakte mit ihr unterhalten. Um unter diese Ausnahmeregelung zu fallen, ist allein die *Zielstellung* der Organisation und nicht ihre Rechtsform oder -struktur entscheidend.[184] Ausgehend von den Zielen derartiger Organisationen hängt deren *Funktionalität* zumeist von einer rechtlichen Erlaubnis zur Verarbeitung sensibler personenbezogener Daten ab.[185] Die Vorschrift ermöglicht es jedoch nicht, die Daten ohne Einwilligung der betroffenen Personen nach außen offenzulegen. Da Art. 9 DSGVO eine ausdrückliche Einwilligung im Hinblick auf die Verarbeitung besonderer Kategorien personenbezogener Daten erfordert, sollten diese Einwilligungsvoraussetzungen auch in Bezug auf diese Ausnahmeregelung gelten.[186]
5. *Offensichtlich öffentlich gemachte Daten*: Die Verarbeitung bezieht sich auf personenbezogene Daten, die die betroffene Person offensichtlich öffentlich gemacht hat. Die Veröffentlichung muss auf einer *freien Entscheidung* des Betroffenen beruhen.[187] Von einer freien Entscheidung kann nur dann ausgegangen werden, wenn die betroffene Person eine tatsächliche informierte Wahl in Kenntnis der gesammten Sachlage getroffen hat, wobei die betroffene Person auch wusste, dass ihre Daten für eine unbegrenzte Anzahl von Personen zugänglich sind, und hierzu auch konkret bereit war.[188] Dies kann Daten aus öffentlich zugänglichen Verzeichnissen, Websites, Listen, Foren oder sogar von Profilen in sozialen Netzwerken, die ohne Benutzerkonto zugänglich sind, betreffen.[189]
6. *Geltendmachung von Rechtsansprüchen*: Die Verarbeitung ist zur Geltendmachung, Ausübung oder Verteidigung von *Rechtsansprüchen* oder bei Handlungen der Gerichte im Rahmen ihrer justiziellen Tätigkeit erforderlich. Dies umfasst die Geltendmachung von Ansprüchen in einem Gerichtsverfahren, einem Verwaltungsverfahren oder einem außergerichtlichen Verfahren.[190] Die Sensibilität der personenbezogenen Daten, die Art. 9 DSGVO unterfallen, erfordert eine besonders *sorgfältige Interessenabwägung* im Rahmen dieser Vorschrift.

---

[184] Siehe auch Plath, in: Plath, DSGVO BDSG TTDSG, Art. 9 DSGVO (2023), Rn. 25.

[185] Siehe auch Simitis, in: Simitis, Bundesdatenschutzgesetz, § 28 BDSG (2014), Rn. 330; Mester, in: Taeger/Gabel, DSGVO BDSG TTDSG, Art. 9 DSGVO (2022), Rn. 24.

[186] Plath, in: Plath, DSGVO BDSG TTDSG, Art. 9 DSGVO (2023), Rn. 26.

[187] Plath, in: Plath, DSGVO BDSG TTDSG, Art. 9 DSGVO (2023), Rn. 27.

[188] EuGH, Urteil vom 4. Juli 2023, Meta Platforms Inc./Bundeskartellamt, C-252/21, Rn. 82, 83.

[189] Siehe auch Simitis, in: Simitis, Bundesdatenschutzgesetz, § 28 BDSG (2014), Rn. 303; Plath, in: Plath, DSGVO BDSG TTDSG, Art. 9 DSGVO (2023), Rn. 27.

[190] ErwGr. 52 DSGVO.

Beispiel

Der ehemalige Patient A eines Krankenhauses verklagt letzteres. Das Krankenhaus verwendet A's Krankenakte, um sich gegen die geltend gemachten Ansprüche im Rahmen des Verfahrens zu verteidigen.

In diesem Beispiel enthält die Krankenakte A's Gesundheitsdaten und unterliegt damit gem. Art. 9 DSGVO besonderem Schutz. Allerdings verwendet das Krankenhaus die Daten, um sich gegen Rechtsansprüche des A zu verteidigen. In diesem Fall ist die Verarbeitung der sensiblen Daten für Beweiszwecke im Rahmen des Gerichtsverfahrens erforderlich. Dadurch überwiegt die Notwendigkeit der Verarbeitung von A's Daten gegenüber dessen Recht auf Privatsphäre, damit im Rahmen des Verfahrens Nachweise erbracht werden können. ◀

7. *Gründe eines erheblichen öffentlichen Interesses*: Die Verarbeitung ist auf der Grundlage des *Rechts der EU oder eines EU-Mitgliedstaats* aus Gründen eines erheblichen öffentlichen Interesses erforderlich. Dieser Rechtssatz muss in angemessenem Verhältnis zu dem verfolgten Ziel stehen, den Wesensgehalt des Rechts auf Datenschutz wahren und angemessene und spezifische Maßnahmen zur Wahrung der Grundrechte und Interessen der betroffenen Person vorsehen. Da ein „*erhebliches*" Interesse erforderlich ist, sollten dahingehend hohe Anforderungen zu stellen sein. Entsprechend gewichtige Gründe dürften Grundrechte sowie die Wahrung des Bestands des Staates oder der Schutz von Leben, Gesundheit oder Freiheit natürlicher Personen darstellen.[191]
8. *Gesundheitsvorsorge*: Die Verarbeitung ist für die in Art. 9 Abs. 2 lit. h DSGVO aufgezählten Zwecke der Gesundheitsvorsorge (Zwecke der Gesundheitsvorsorge oder der Arbeitsmedizin, Beurteilung der Arbeitsfähigkeit von Beschäftigten,[192] medizinische Diagnostik, Versorgung oder Behandlung im Gesundheits-/Sozialbereich, Verwaltung von Systemen und Diensten im Gesundheits-/Sozialbereich) auf der Grundlage des *Rechts* der EU oder eines EU-Mitgliedstaats oder aufgrund *eines Vertrags* mit einem Angehörigen eines Gesundheitsberufs erforderlich. Sofern die Verarbeitung auf der Grundlage eines solchen Vertrags erfolgt, muss diese durch Fachpersonal oder unter dessen Verantwortung durchgeführt werden und das Fachpersonal muss nach dem Recht der EU oder eines EU-Mitgliedstaats einer *Geheimhaltungspflicht* unterliegen (z. B. Ärzte), Art. 9 Abs. 3 DSGVO. Dies soll den Datenschutz für solche Fälle sicherstellen, in denen die Verarbeitung besonderer Kategorien personenbezogener Daten nicht aufgrund eines Rechtsakts erfolgt.
9. *Bereich der öffentlichen Gesundheit*: Die Verarbeitung ist aus Gründen des öffentlichen Interesses im Bereich der öffentlichen Gesundheit auf der Grundlage

---

[191] ErwGr. 52 DSGVO.

[192] Der Anwendungsbereich ist auch Fällen eröffnet, in denen die Daten eines Arbeitnehmers durch einen medizinischen Dienst verarbeitet werden, der zugleich Arbeitgeber des Betroffenen ist, siehe EuGH, Urteil vom 21. Dezember 2023, ZQ/Medizinischer Dienst der Krankenversicherung Nordrhein, Körperschaft des öffentlichen Rechts, C-667/21, Rn. 36 ff.

des Rechts der EU oder eines EU-Mitgliedstaats erforderlich. Tragfähige Gründe könnten der Schutz vor schwerwiegenden grenzüberschreitenden Gesundheitsgefahren oder die Gewährleistung hoher Qualitäts- und Sicherheitsstandards bei der Gesundheitsversorgung und bei Arzneimitteln und Medizinprodukten sein.[193]

10. *Forschungszwecke*: Die Verarbeitung ist auf der *Grundlage des Rechts* der EU oder eines EU-Mitgliedstaats für im öffentlichen Interesse liegende Archivzwecke, für wissenschaftliche oder historische Forschungszwecke oder für statistische Zwecke erforderlich. Diese Tätigkeiten erfolgen im öffentlichen Interesse und sollen daher von einer Ausnahmeregelung profitieren. Nichtsdestotrotz müssen der Regelung unterfallende Verarbeitungsvorgänge angemessenen Garantien unterliegen, die sicherstellen, dass angemessene technische und organisatorische *Maßnahmen* ergriffen werden. Dadurch sollte insbesondere der Grundsatz der Datenminimierung gewahrt werden (siehe Abschn. 4.1.3).[194] Die Garantien müssen der sensiblen Natur der personenbezogenen Daten Rechnung tragen.

Daneben ermöglicht es Art. 9 Abs. 4 DSGVO den *EU-Mitgliedstaaten zusätzliche Bedingungen*, einschließlich Beschränkungen, *einzuführen oder aufrechtzuerhalten*, soweit die Verarbeitung von genetischen, biometrischen oder Gesundheitsdaten betroffen ist.

4.2.3.3 Konkretisierung der Verbotsausnahmen im BDSG

Mehrere der in Art. 9 Abs. 2 DSGVO geregelten Ausnahmen vom Verbot der Verarbeitung besonderer Kategorien personenbezogener Daten sind einer *Ausgestaltung durch nationale Regelungen zugänglich*. Von diesem Gesetzgebungsspielraum wurde in Deutschland u. a. in § 22 BDSG und in § 26 BDSG Gebrauch gemacht. Mit diesen Vorschriften werden vier der Verbotsausnahmen konkretisiert, wobei drei davon für Privatunternehmen relevant sind. Der deutsche Gesetzgeber hat von seiner Befugnis zur Einschränkung der Möglichkeit zur Einwilligung der betroffenen Personen in die Verarbeitung besonderer Kategorien personenbezogener Daten aus Art. 9 Abs. 2 lit. a DSGVO keinen Gebrauch gemacht.[195] Für bereichsspezifische Ausnahmen vom Verarbeitungsverbot im BDSG siehe Abschn. 8.1.3.

Art. 9 Abs. 2 lit. b DSGVO, Arbeits- und Sozialrecht

Mit § 22 Abs. 1 Nr. 1 lit. a BDSG wird die Verbotsausnahme des Art. 9 Abs. 2 lit. b DSGVO (siehe oben Abschn. 4.2.3.2) dahingehend konkretisiert, dass eine Verarbeitung besonderer Kategorien personenbezogener Daten erfolgen kann, wenn sie erforderlich ist, um die aus dem Recht der *sozialen Sicherheit und des Sozialschutzes* erwachsenden Rechte auszuüben und den diesbezüglichen Pflichten nach-

[193] Siehe ErwGr. 54 DSGVO für Einzelheiten.

[194] ErwGr. 156 DSGVO; Frenzel, in: Paal/Pauly, DSGVO BDSG, Art. 9 DSGVO (2021), Rn. 46.

[195] Für das Arbeitsverhältnis wurde im BDSG eine Regelung zur Beurteilung der Freiwilligkeit der Einwilligung getroffen, vgl. § 26 Abs. 2 BDSG. Siehe Abschn. 8.2.2 für Einzelheiten.

zukommen. Die Regelung entspricht dem Wortlaut der DSGVO beinahe vollständig. Die entsprechende Konkretisierung dieser Verbotsausnahme für den Bereich des *Arbeitsrechts* findet sich in der bereichsspezifischen Regelung des § 26 Abs. 3 BDSG (siehe dazu auch Abschn. 8.2.2). Dieser sieht als Bedingung der Rechtmäßigkeit einer Verarbeitung im Kontext des Arbeitsverhältnisses eine *zusätzliche Interessenabwägung* vor, sodass eine Verarbeitung sensibler Daten zur Erfüllung arbeitsrechtlicher Rechte und Pflichten nur erfolgen kann, wenn das Interesse des Verantwortlichen an der Verarbeitung gegenüber den Schutzinteressen der betroffenen Person an einem Ausschluss der Verarbeitung überwiegt. Da bereichsspezifische Regelungen dem BDSG vorgehen (siehe Abschn. 2.4), sollten Unternehmen entsprechende Vorschriften im Bereich des Arbeits- und Sozialrechts beachten.

Art. 9 Abs. 2 lit. h DSGVO, Gesundheitsvorsorge und Arbeitsmedizin
§ 22 Abs. 1 Nr. 1 lit. b BDSG entspricht weitestgehend dem Wortlaut der Verbotsausnahme aus Art. 9 Abs. 2 lit. h DSGVO und ermöglicht die Verarbeitung besonderer Kategorien personenbezogener Daten, wenn sie zum Zweck der Gesundheitsvorsorge, für die Beurteilung der Arbeitsfähigkeit des Beschäftigten, für die medizinische Diagnostik, die Versorgung oder Behandlung im Gesundheits- oder Sozialbereich oder für die Verwaltung von Systemen und Diensten im Gesundheits- und Sozialbereich oder aufgrund eines Vertrags der betroffenen Person mit einem Angehörigen eines Gesundheitsberufs erforderlich ist. Lediglich auf eine explizite Nennung der Arbeitsmedizin wurde verzichtet, da der Begriff der Gesundheitsvorsorge auch die arbeitsmedizinische Vorsorge beinhaltet.[196] Die Formulierung der Norm bzgl. des „Vertrags der betroffenen Person mit einem Angehörigen eines Gesundheitsberufes“ als Verarbeitungsgrundlage soll klarstellen, dass es sich dabei um einen *Behandlungsvertrag* gem. §§ 630a ff. BGB handeln soll.[197] Damit kann es sich bei dem Verantwortlichen für die Datenverarbeitung sowohl um (Zahn-)Ärzte, Psychotherapeuten als auch um Angehörige anderer Heilberufe, wie Hebammen, Masseure, Physiotherapeuten, Logopäden oder Heilpraktiker handeln.[198]

Die Rechtmäßigkeit der Verarbeitung unterliegt außerdem der zusätzlichen Bedingung, dass die Daten von ärztlichem Personal oder durch sonstige Personen, die einer entsprechenden *Geheimhaltungspflicht* unterliegen, verarbeitet oder unter deren Aufsicht verarbeitet werden. Die Regelung bezieht damit auch medizinisches Hilfspersonal oder zur Geheimhaltung von Patientendaten besonders verpflichtete Verwaltungsmitarbeiter ein.[199]

---

[196] Vgl. Deutscher Bundestag (2017a), Drucksache 18/11325, S. 95.

[197] Vgl. Deutscher Bundestag (2017a), Drucksache 18/11325, S. 95.

[198] Vgl. Deutscher Bundestag (2017a), Drucksache 18/11325, S. 95; siehe auch Mester, in: Taeger/Gabel, DSGVO BDSG TTDSG, Art. 9 DSGVO (2022), Rn. 29.

[199] Vgl. Deutscher Bundestag (2017a), Drucksache 18/11325, S. 95; siehe auch Mester, in: Taeger/Gabel, DSGVO BDSG TTDSG, Art. 9 DSGVO (2022), Rn. 30.

Art. 9 Abs. 2 lit. i DSGVO, öffentliches Interesse im Bereich der öffentlichen Gesundheit
Nach § 22 Abs. 1 Nr. 1 lit. c BDSG besteht eine Ausnahme vom Verarbeitungsverbot, wenn die Verarbeitung aus Gründen des *öffentlichen Interesses im Bereich der öffentlichen Gesundheit*, wie bspw. zum Schutz vor schwerwiegenden grenzüberschreitenden Gesundheitsgefahren wie Pandemien oder zur Gewährleistung hoher Qualitäts- und Sicherheitsstandards bei der Gesundheitsversorgung und bei Arzneimitteln und Medizinprodukten erforderlich ist.[200] Diese Vorschrift entspricht maßgeblich dem Wortlaut des Art. 9 Abs. 2 lit. i DSGVO und soll als nationale Rechtsgrundlage für die Verarbeitung dienen. Diese Vorschrift dürfte jedoch häufig von bereichsspezifischen Regelungen verdrängt werden, da keine hinreichende Kompetenz des Bundesgesetzgebers zur abschließenden Regelung in diesem Bereich besteht.[201]

Aus Klarstellungsgründen macht § 22 Abs. 1 Nr. 1 lit. c BDSG deutlich, dass in diesem Verarbeitungskontext insbesondere die berufsrechtlichen und strafrechtlichen Vorgaben zur Wahrung des *Berufsgeheimnisses* einzuhalten sind, welche in Deutschland insbesondere über § 203 StGB und die einschlägigen Berufsordnungen sichergestellt sind.[202]

Garantien zur Wahrung der Grundrechte und Interessen der betroffenen Personen
Die Konkretisierung der betroffenen Regelungen des Art. 9 Abs. 2 DSGVO steht unter der Bedingung, dass das nationale Recht *angemessene Garantien* zur Wahrung der Grundrechte und Interessen der betroffenen Personen vorsieht. Diese Vorgabe wurde in § 22 Abs. 2 BDSG umgesetzt.[203] Danach sind entsprechende Maßnahmen unter Berücksichtigung des Stands der Technik, der Implementierungskosten und der Art, des Umfangs, der Umstände und der Zwecke der Verarbeitung sowie der unterschiedlichen Eintrittswahrscheinlichkeit und Schwere der mit der Verarbeitung verbundenen Risiken zu ergreifen. Die angemessenen Schutzmaßnahmen sind *einzelfallbasiert* ausgehend von der Situation des konkreten Verantwortlichen *zu bestimmen*. § 22 Abs. 2 S. 2 BDSG *zählt beispielhaft* („insbesondere") geeignete Maßnahmen *auf* (die sich jedoch zu großen Teilen ohnehin bereits aus der DSGVO ergeben):

- *technisch organisatorische Maßnahmen* (siehe Abschn. 3.7);
- Maßnahmen, die gewährleisten, dass nachträglich überprüft und festgestellt werden kann, ob und von wem personenbezogene Daten eingegeben, verändert oder entfernt worden sind: Dies dürfte sich vor allem auf technische Vorkehrungen beziehen;

[200] Schantz, in Schatz/Wolff, Das neue Datenschutzrecht, D. III. Zulässigkeit der Verarbeitung besonderer Kategorien personenbezogener Daten (2017), Rn. 718.

[201] Vgl. Deutscher Bundestag (2017b), Drucksache 18/11655, S. 18. Dies dürfte sich auf die Gegenstände der konkurrierenden Gesetzgebung aus Art. 74 Abs. 1 Nr. 19, 19a GG beziehen.

[202] Vgl. Deutscher Bundestag (2017a), Drucksache 18/11325, S. 95.

[203] Vgl. Deutscher Bundestag (2017a), Drucksache 18/11325, S. 95.

- *Sensibilisierung der an Verarbeitungsvorgängen Beteiligten*: Interne Mitarbeiterschulungen sollten als vorbereitende Maßnahme zur Umsetzung der Vorgaben der DSGVO vorgenommen werden (siehe Abschn. 3.1) und können eine entsprechende Sensibilisierung mit umfassen;
- *Benennung eines Datenschutzbeauftragten*: Da zahlreiche Unternehmen ohnehin eine Pflicht zur Benennung eines Datenschutzbeauftragten haben (siehe Abschn. 3.10.1), dürfte sich dieser Handlungsvorschlag auf die freiwillige Benennung eines Datenschutzbeauftragten beziehen;
- *Beschränkung des Zugangs zu den personenbezogenen Daten innerhalb des Verantwortlichen und von Auftragsverarbeitern*: Dabei handelt es sich um spezifische technische und organisatorische Maßnahmen, die sowohl in Form einer physischen als auch einer technischen Zugangsbarriere ausgestaltet werden könnte (siehe Abschn. 3.7.1);
- *Pseudonymisierung personenbezogener Daten* (siehe Abschn. 2.1.2.2);
- *Verschlüsselung personenbezogener Daten* (siehe Abschn. 3.7.2);
- Sicherstellung der Fähigkeit, Vertraulichkeit, Integrität, Verfügbarkeit und Belastbarkeit der Systeme und Dienste im Zusammenhang mit der Verarbeitung personenbezogener Daten einschließlich der Fähigkeit, die Verfügbarkeit und den Zugang bei einem physischen oder technischen Zwischenfall rasch wiederherzustellen: Dieses Sicherheitsziel wird auch durch den europäischen Gesetzgeber vorgegeben, sodass die Wiederholung dieser Vorgabe überflüssig erscheint (siehe Abschn. 3.7.2);
- die Einrichtung eines Verfahrens zur regelmäßigen Überprüfung, Bewertung und Evaluierung der Wirksamkeit der technischen und organisatorischen Maßnahmen: Entprechende Schutzmaßnahmen dürften zudem Bestandteil des Datenschutz-Managementsystem sein (siehe Abschn. 3.2.2); oder
- spezifische Verfahrensregelungen, die im Fall einer Übermittlung oder Verarbeitung für andere Zwecke die Einhaltung der Vorgaben des BDSG und der DSGVO sicherstellen: Dies könnte sich z. B. auf die Festlegung unternehmensinterner Standards beziehen, die vorgeben, woran die Vereinbarkeit des Verarbeitungszwecks mit dem ursprünglichen Zweck zu messen ist.

4.2.3.4 Personenbezogene Daten über strafrechtliche Verurteilungen und Straftaten

Die Verarbeitung personenbezogener Daten über strafrechtliche Verurteilungen und Straftaten oder damit zusammenhängende Sicherungsmaßregeln[204] aufgrund eines *Erlaubnistatbestands* des Art. 6 Abs. 1 DSGVO (siehe Abschn. 4.2.2 für Einzelheiten) *darf nur*:

- unter *behördlicher Aufsicht* vorgenommen werden. Das Ausmaß einer derartigen Aufsicht ist unklar, es wird in diesem Zusammenhang vertreten, dass unter dieser Alternative eine Datenverarbeitung durch nicht staatliche Stellen möglich ist,

[204] Gemäß Art. 10 S. 2 DSGVO darf ein umfassendes Register der strafrechtlichen Verurteilungen nur unter behördlicher Aufsicht geführt werden.

soweit diese von einer öffentlichen Stelle hierbei beaufsichtigt werden, sodass es keiner weiteren Rechtsgrundlage für die Verarbeitung an sich seitens der Mitgliedsstaaten bedürfe, wobei aber die Rechtsetzung hinsichtlich des Verwaltungsverfahrens und der Verwaltungsorganisation den EU-Mitgliedstaaten obliegt.[205] Hierbei wird jedoch verkannt, dass jegliche Datenverarbeitungsvorgänge bereits von der Datenschutzbehörde beaufsichtigt werden, sodass ein entsprechend weites Verständnis den Schutzbereich des Art. 10 DSGVO aushöhlen würde.[206] Deshalb kann der Begriff der Aufsicht nur dahingehend verstanden werden, dass die Behörde die Rolle des Verantwortlichen gem. Art. 4 Nr. 7 DSGVO einnehmen muss.[207] Es wäre nicht zu vertreten, wenn sich der Hoheitsträger mittels Einschaltung einer privaten Stelle seiner Verantwortung entledigt. Nicht hoheitliche Stellen können aber weiterhin als Beliehene im Rahmen einer Auftragsverarbeitung eingesetzt werden; oder
- vorgenommen werden, wenn dies nach dem *Recht der EU oder der EU-Mitgliedstaaten*, welches geeignete Garantien für die Rechte und Freiheiten der betroffenen Personen vorsieht, zulässig ist. Hierdurch können auch private Stellen unter engen Voraussetzung personenbezogene Daten über strafrechtliche Verurteilungen und Straftaten verarbeiten. Voraussetzung ist aber, dass eine Norm besteht, welche die Rechte der betroffenen Personen wahrt, indem sie die Art der zu verarbeitenden Daten, die Dauer der Verarbeitung, den Zweck der Verarbeitung und die Weitergabe der Daten festlegt.[208] Versicherungsunternehmen, Sicherheitsdienstleister und Kreditauskunfteien, welche bislang Warndateien von Personen unterhielten, dürften mangels einer einschlägigen Rechtsgrundlage solche Daten nunmehr nicht mehr verarbeiten (mit Ausnahme von Schuldnerverzeichnissen gem. § 882b Abs. 1 Nr. 3 ZPO i. V. m. §§ 26 Abs. 2, 303a InsO).[209] Der wohl relevanteste Fall für private Stellen betrifft die Verarbeitung der Daten zur Aufdeckung von Straftaten im Beschäftigungsverhältnis im Rahmen eines *Pre-* oder *Post-Employment-Screenings*. Während der § 26 Abs. 1 S. 2 BDSG[210] eine diesen Kriterien entsprechende Norm für die Aufdeckung und Verhinderung von Straftaten während eines Beschäftigungsverhältnisses vorsieht, stellt sich die Frage, ob solche Daten bereits bei dem Bewerbungs- oder Einstellungsverfahren verarbeitet werden dürfen. Die Gesetzesbegründung des § 26 Abs. 1 S. 1 BDSG sieht vor, dass dieser der Umsetzung des Art. 10 DSGVO dienen sollte.[211] Insbesondere soll durch die Regelung aus § 26 Abs. 5 BDSG bereits

---

[205] Frenzel, in: Paal/Pauly, DSGVO BDSG, Art. 10 DSGVO (2021), Rn. 6.

[206] Bäcker, in Wolff/Brink/v. Ungern-Sternberg, Art. 10 (45. Ed. 01.08.2023), Rn. 7; Weichert, in: Kühling/Buchner, DSGVO BDSG, Art. 10 DSGVO (2020), Rn. 10.

[207] EuGH, Urteil vom 22 Juni 2021, B/ Latvijas Republikas Saeima, C-439/19, Rn. 101.

[208] Gola, in: Gola/Heckmann, DSGVO BDSG, Art. 10 DSGVO (2022) Rn. 17.

[209] Petri, in: Simitis/Hornung/Spiecker gen. Döhmann, Datenschutzrecht, Art. 10 DSGVO (2019), Rn. 19; Weichert, in: Kühling/Buchner, DSGVO BDSG, Art. 10 DSGVO (2020) Rn. 20.

[210] Wobei der § 26 BDSG mittlerweile als europarechtswidrig angesehen werden muss, siehe hiezu Abschn. 8.2.2.2.

[211] Deutscher Bundestag (2017a), Drucksache 18/11325, S. 97.

das Erfordernis aus Art. 10 DSGVO zu Schaffung von geeigneten Garantien für die Rechte und Freiheiten der betroffenen Personen erfüllt sein.[212] Art. 10 DSGVO sieht aber bereits nach seinem Wortlaut vor, dass die mitgliedsstaatliche Norm konkrete geeignete Garantien für die Rechte und Freiheiten der Person vorsehen muss, sodass es fraglich erscheint, ob bereits ein bloßer genereller Verweis auf die allgemein geltenden Verarbeitungsgrundsätze aus Art. 5 DSGVO ausreichend ist.[213]

Diese erhöhten Zulässigkeitsvoraussetzungen für die Verarbeitung entsprechen dem hohen Grad an Sensibilität der betroffenen Daten. Strafrechtliche Verurteilungen können natürliche Personen für lange Zeit stigmatisieren.[214] Daher sieht Art. 10 DSGVO (im Gegensatz zu Art. 9 DSGVO in Bezug auf besondere Kategorien personenbezogener Daten) keine Ausnahmeregelungen vergleichbar mit Art. 9 Abs. 2 DSGVO vor, die es erlauben würden, von den Voraussetzungen des Art. 10 DSGVO abzuweichen.[215]

Allerdings können die EU-Mitgliedstaaten mittels Rechtsvorschriften für eine Datenverarbeitung im Beschäftigungskontext Ausnahmen von Art. 10 DSGVO einführen, bspw. um die Daten des polizeilichen Führungszeugnisses eines Bewerbers zu erheben und zu verarbeiten, bevor ihm eine Stellung des Vertrauens im Unternehmen zugewiesen wird.[216]

4.2.3.5 Anforderungen an die Datenschutzorganisation hinsichtlich der Verarbeitung sensibler Daten

Da die Verarbeitung besonderer Kategorien personenbezogener Daten gem. Art. 9, 10 DSGVO *besonders risikogeneigt* in Bezug auf die Rechte und Freiheiten der betroffenen Personen ist, stellt die DSGVO besondere Anforderungen hinsichtlich ihrer Verarbeitung auf. Dies entspricht dem risikobasierten Ansatz der DSGVO (siehe Abschn. 3.2.1). Somit wird eine umfängliche Verarbeitung besonderer Kategorien personenbezogener Daten regelmäßig folgende Maßnahmen erforderlich machen:

- die Durchführung einer *Datenschutz-Folgenabschätzung* gemäß Art. 35 Abs. 2 lit. b DSGVO (siehe Abschn. 3.9); und
- die Benennung eines *Datenschutzbeauftragten* gemäß Art. 37 Abs. 1 lit. c DSGVO, sofern es sich bei diesen Verarbeitungsvorgängen um die Kerntätigkeit des Verantwortlichen/Auftragsverarbeiters handelt (siehe Abschn. 3.10); sowie

---

[212] Deutscher Bundestag (2017a), Drucksache 18/11325, S. 98.

[213] Gräber/Nolden, in: Paal/Pauly, DSGVO BDSG, § 26 BDSG (2021), Rn. 50; Petri, in: Simitis/Hornung/Spiecker gen. Döhmann, Datenschutzrecht, Art. 10 DSGVO (2019), Rn. 24 ff.; Gola, in: Gola/Heckmann, DSGVO BDSG, Art. 10 DSGVO (2022) Rn. 18; Nolde, in: Taeger/Gabel, DSGVO BDSG TTDSG, Art. 10 DSGVO (2022), Rn. 20.

[214] Frenzel, in: Paal/Pauly, DSGVO BDSG, Art. 10 DSGVO (2021), Rn. 1.

[215] Frenzel, in: Paal/Pauly, DSGVO BDSG, Art. 10 DSGVO (2021), Rn. 1.

[216] Die Zulässigkeit derartiger Verarbeitungstätigkeiten war nach alter deutscher Rechtslage umstritten, siehe Simitis, in: Simitis, Bundesdatenschutzgesetz, § 32 BDSG (2014), Rn. 46.

- die Implementierung angemessener *technischer und organisatorischer Maßnahmen* entsprechend dem hohen Risikopotenzial der Verarbeitungssituation (siehe Abschn. 3.7).

4.3 Datenübermittlungen an Drittländer

Für das Tagesgeschäft insbesondere multinationaler Unternehmen und Konzerne sind grenzüberschreitende Datenübermittlungen unerlässlich. Dabei kommt es oft zu einer Übermittlung von Daten in sogenannte „Drittländer", wobei es sich bei letzteren um *alle Länder handelt, die nicht Mitgliedstaat der EU oder des EWR sind.*[217] Die Gewährleistung des Datenschutzes in diesen Verarbeitungssituationen ist eine der größten Herausforderungen für das Datenschutzrecht.[218]

Grenzüberschreitende Datentransfers erfordern nach der DSGVO das Ergreifen von Schutzmaßnahmen, um ein angemessenes Datenschutzniveau in dem die Daten empfangenden Drittland zu gewährleisten. Gemäß Art. 44 DSGVO ist jedwede Übermittlung personenbezogener Daten, die bereits verarbeitet werden oder nach ihrer Übermittlung in ein *Drittland* oder eine internationale Organisation verarbeitet werden sollen, nur zulässig, wenn die in den Art. 44 ff. DSGVO niedergelegten Bedingungen eingehalten werden.[219] Dies gilt auch für eine *etwaige Weiterübermittlung* der personenbezogenen Daten durch den Empfänger im Drittland/die internationale Organisation in ein anderes Drittland/an eine andere internationale Organisation. Die von der DSGVO vorgesehenen Sicherheitsmaßnahmen für Datenübermittlungen in Drittländer sollen gewährleisten, dass die Schutzvoraussetzungen der DSGVO auch bei Weiterübermittlungen in solche Drittländer eingehalten werden, damit dort ein mit der DSGVO vergleichbares Datenschutzniveau aufrechterhalten werden kann.

Die rechtlichen Anforderungen für grenzüberschreitende Datenübermittlungen nach der DSGVO sind vergleichbar mit denjenigen der EG-Datenschutzrichtlinie, wobei die Vorschriften der DSGVO einen höheren Detaillierungsgrad aufweisen. Der hohe Stellenwert des Datenschutzes im Zusammenhang mit internationalen Datenübermittlungen wird auch über die hohen drohenden *Bußgelder* für Verletzungen der Art. 44 bis 49 DSGVO deutlich, die sich auf bis zu EUR 20.000.000,00 oder bis zu 4 % des weltweiten Jahresumsatzes belaufen können, Art. 83 Abs. 5 lit. c DSGVO.

Der bereits in der EG-Datenschutzrichtlinie vorgesehene Ansatz, nach dem die Rechtmäßigkeit von Datenübermittlungen in Drittländer die Erfüllung von zwei zu unterscheidenden Prüfungsschritten erfordert, wurde auch in der DSGVO beibehalten:

---

[217] Durch den Beschluss des gemeinsamen EWR-Ausschusses am 06.07.2018 sind die EWR-Staaten Island, Liechtenstein und Norwegen keine Drittländer i. S. d. DSGVO, Decision oft he EEA Joint Committee No 154/2018 vom 6. Juli 2018.

[218] Karg, VuR 2016, 457, 457.

[219] Zur Vertiefung hinsichtlich der Reichweite des Übermittlungsbegriffs in der DSGVO siehe Voigt, CR 2020a, 315; siehe auch Urteilsanmerkungen v. d. Bussche, ZD 2022, 177.

1. In einem ersten Schritt muss die Datenübermittlung ganz allgemein die Voraussetzungen für die *Rechtmäßigkeit von Datenverarbeitungstätigkeiten in der EU* erfüllen (siehe Abschn. 4.2) und bedarf damit der Einwilligung des Betroffenen oder des Vorliegens eines anderen gesetzlichen Erlaubnistatbestands.
2. In einem zweiten Schritt muss die Datenübermittlung jedoch zusätzlich den Anforderungen der Art. 44 ff. DSGVO entsprechen, um ein *angemessenes Datenschutzniveau* im Drittland zu gewährleisten. Sofern entsprechende Garantien nicht verfügbar sind, kann die Datenübermittlung nicht stattfinden, auch wenn die Voraussetzungen des ersten Schritts erfüllt worden sind. Die Anforderungen an dem 2. Schritt wurden durch das EuGH-Urteil „Schrems II" (welches das „EU-US-Privacy Shield" für unanwenbar erklärte, das Datenübermittlungen in die USA gestattete) noch einmal deutlich verschärft.

Nur wenn beide – streng voneinander zu unterscheidende – Prüfungsschritte erfolgreich durchgeführt worden sind, dürfen die Daten an Empfänger in einem Drittland übermittelt werden.[220] Die nachfolgenden Abschn. 4.3.1 bis 4.3.5 behandeln die verschiedenen Alternativen, welche die DSGVO für die Erfüllung der Voraussetzungen des zweiten Schrittes bereithält.

4.3.1 Angemessenheitsbeschlüsse

Eine Übermittlung personenbezogener Daten in ein Drittland oder an eine internationale Organisation darf vorgenommen werden, wenn die *Europäische Kommission* beschlossen hat, dass das betreffende Drittland, ein Gebiet oder ein oder mehrere spezifische Sektoren in diesem Drittland oder die betreffende internationale Organisation ein angemessenes Datenschutzniveau bietet, Art. 45 Abs. 1 DSGVO. Die rechtliche Konzeption dieses „*Angemessenheitsbeschlusses*" entspricht derjenigen nach bisheriger Rechtslage. Datenübermittlungen an „sichere" Drittländer bedürfen keiner besonderen Genehmigung durch die Aufsichtsbehörde.[221] Auch eine gesonderte Feststellung des Datenschutzniveaus des Datenimporteuers durch den Datenexporteuer ist nicht erforderlich.

In Übereinstimmung mit der Rechtsprechung des EuGH[222] regelt Art. 45 Abs. 2 DSGVO die Kriterien für die Prüfung der Angemessenheit des bestehenden Schutzniveaus, wie beispielsweise das Datenschutzrecht des Drittlands, dessen Umsetzung und Überwachung sowie internationale Verpflichtungen. Die Kriterien müssen nicht alle gleichermaßen erfüllt werden, da die Angemessenheit des Datenschutzniveaus anhand einer Zusammenschau aller *Umstände des Einzelfalls*

---

[220] Ausführlich zur Prüfungssystematik v. d. Bussche, in: Moos, Datenschutz und Datennutzung, § 31 (2014), Rn. 3 ff.

[221] Art. 45 Abs. 1 S. 2 DSGVO; ErwGr. 103 DSGVO.

[222] EuGH, Urteil vom 6. Oktober 2015, Maximilian Schrems/Data Protection Commissioner, C-362/14; siehe auch zur historischen Entwicklung v. d. Bussche, in: Moos, Datenschutz und Datennutzung, § 31 (2014), Rn. 22 ff.

zu bestimmen ist.[223] Im Falle eines positiven Ergebnisses der Bewertung fasst die Europäische Kommission einen Angemessenheitsbeschluss im Wege eines *Durchführungsrechtsakts,*[224] der einen Mechanismus zur regelmäßigen Überprüfung vorsieht, den territorialen und sektoralen Anwendungsbereich konkretisiert und ggf. die zuständige Aufsichtsbehörde(n) im Drittland angibt.[225] Von der Europäischen Kommission *bereits erlassene Angemessenheitsbeschlüsse* bleiben solange in Kraft, bis sie geändert, ersetzt oder aufgehoben werden, Art. 45 Abs. 9 DSGVO.

Die Europäische Kommission hat bisher Andorra, Argentinien, Kanada (Handelsorganisationen), die Färöer-Inseln, Guernsey, Israel, die Isle of Man, Japan, Jersey, Neuseeland, die Republik Korea (Südkorea), die Schweiz, Uruguay und das Vereinigte Königreich als Länder mit einem angemessenen Datenschutzniveau anerkannt.[226] In Folge der Safe Harbor-Entscheidung des EuGH[227] hat die Europäische Kommission die bereits gefassten Angemessenheitsbeschlüsse mit einem Durchführungsbeschluss vom 16. Dezember 2016[228] aktualisiert, um etwaige illegitime Beschränkungen der Befugnisse der Aufsichtsbehörden aufzuheben.[229]

Auch die Entscheidung der Kommission zu der Zulässigkeit von Datentransfers in die USA unter dem EU-US Data Privacy Framework[230] ist ein Angemessenheitsbeschluss. Allerdings mit der Besonderheit, dass dieser nicht etwa die Angemessenheit für ein ganzes Land feststellt, sonder nur punktuell für Unternehmen, die sich mittels Selbstzertifizierung den Voraussetzungen des Abkommens unterworfen haben.[231]

---

[223] V. d. Bussche/Raguse, in: Plath, DSGVO BDSG TTDSG, Art. 45 DSGVO (2023), Rn. 4.

[224] Die Europäische Kommission veröffentlicht im Amtsblatt der Europäischen Union und auf ihrer Website eine Liste aller Drittländer beziehungsweise Gebiete und spezifischen Sektoren in einem Drittland und aller internationalen Organisationen, für die sie durch Beschluss festgestellt hat, dass sie ein angemessenes Schutzniveau gewährleisten bzw. nicht mehr gewährleisten, Art. 45 Abs. 8 DSGVO.

[225] Art. 45 Abs. 3 DSGVO.

[226] Für Einzelheiten siehe https://commission.europa.eu/law/law-topic/data-protection/international-dimension-data-protection/adequacy-decisions_en, zuletzt aufgerufen am 23.11.2023.

[227] EuGH, Urteil vom 6. Oktober 2015, Maximilian Schrems/Data Protection Commissioner, C-362/14.

[228] Europäische Kommission, Durchführungsbeschluss (EU) 2016/2295 vom 16. Dezember 2016 (2016).

[229] Squire Patton Boggs (US) LLP, Data Privacy – Commission Changes Existing Decisions on Standard Contractual Clauses and Adequacy of Third Countries, abrufbar unter: http://www.natlawreview.com/article/data-privacy-commission-changes-existing-decisions-standard-contractual-clauses-and, zuletzt aufgerufen am: 23.11.2023.

[230] Am. 10.07.2023 hat die Kommission einen neuen Angemmessenheitsbeschluss für Datentransfers unter dem EU-US Data Privacy Framework gefasst, abrufbar unter: https://commission.europa.eu/system/files/2023-07/Adequacy%20decision%20EU-US%20Data%20Privacy%20Framework_en.pdf, zuletzt aufgerufen am: 23.11.2023 Es folgt dem *Safe-Harbor* Abkommen (für unzulässig erklärt durch die EuGH Entscheidung Schrems I) und dem EU-US Privacy Shield (für unzulässig erklärt durch die EuGH Entscheidung Schrems II).

[231] Für weitere Detail siehe: Voigt/v. d. Bussche/Schmalenberger, DSB 2022, 140.

4.3.2 Standardvertragsklauseln

Auch wenn ein Drittland kein angemessenes Datenschutzniveau entsprechend der Vorgaben der DSGVO bietet, sind Unternehmen dennoch auf eine Übermittlung von Daten in solche Drittländer angewiesen. Um das Datenschutzdefizit *auszugleichen,* können das datenübermittelnde Unternehmen und der Empfänger im Drittland EU-Standardvertragsklauseln (Standard Contractual Clauses, kurz: SCCs) gemäß Art. 46 Abs. 2 lit. c, d DSGVO vereinbaren.[232]

Bei der Verwendung von Standardvertragsklauseln zwischen Datenexporteuren in der EU/EWR und Datenimporteueren im Drittland wird ein angemessenes Datenschutzniveau durch den Drittland-Empfänger vertraglich zugesichert, was selbstverständlich nicht dazu führt, dass das betreffende Drittland vollständig als sicheres Empfängerland gilt. Durch Verwendung der Standardvertragsklauseln werden nur die Vertragsparteien vertraglich gebunden. Das außereuropäische Empfängerunternehmen wird zur Einhaltung eines angemessenen Datenschutzniveaus verpflichtet, welches mit demjenigen in der EU vergleichbar ist. Es wird folglich um das empfangende Unternehmen eine „Datenschutzzelle" gebildet, die punktuell ein angemessenes Datenschutzniveau garantiert, welches ansonsten in dem jeweiligen Drittland nicht hinreichend besteht.

Die derzeit geltenden Standardvertragsklauseln wurden im Nachgang und unter Berücksichtigung des *Schrems-II*-Urteils[233] des EuGH und der Empfehlungen des EDSA zu ergänzenden Maßnahmen[234] durch die Kommission am 4. Juni 2021 veröffentlicht (SCCs 2021).[235]

4.3.2.1 Wirkungsweise

Das datenübermittelnde Unternehmen in der EU und das Empfängerunternehmen im Drittland können einen Vertrag auf der Grundlage von Standardvertragsklauseln schließen, um ein angemessenes Datenschutzniveau für die Datenübermittlung zu gewährleisten. Um als geeignete Garantie für internationale Datenübermittlungen nach der DSGVO gemäß Art. 46 DSGVO angesehen werden zu können, sind die Standardvertragsklauseln *vollständig und unverändert* zu übernehmen.[236] Nichtsdestotrotz hindert die Verwendung von Standardvertragsklauseln den Verantwortlichen/Auftragsverarbeiter nicht daran, sie in umfangreicheren Verträgen zu verwenden oder weitere Klauseln oder zusätzliche Garantien hinzuzufügen, solange diese weder mittelbar noch unmittelbar im Widerspruch zu den Standardvertrags-

---

[232] Pauly, in: Paal/Pauly, DSGVO BDSG, Art. 46 DSGVO (2017), Rn. 1.

[233] EuGH, Urteil vom 16. Juli 2020, Data Protection Commissioner/Facebook Ireland, Maximillian Schrems, C-311/18.

[234] EDPB Recommendations 01/2020 on measures that supplement transfer tools to ensure compliance with the EU level of protection of personal data, Version 2.0 (2021).

[235] Durchführungsbeschluss (EU) 2021/914.

[236] Voigt/v. d. Bussche, in: v. d. Bussche/Voigt, Konzerndatenschutz, Teil. 4. Kap. 3. Standardvertragsklauseln (2019), Rn. 4; Kremer, in: Laue/Kremer, Das neue Datenschutzrecht in der betrieblichen Praxis, § 5 Auftragsverarbeitung und Verarbeitung im Drittland (2019), Rn. 56; vgl. Klausel 2 lit. a SCCs 2021.

klauseln stehen oder die Grundrechte und -freiheiten der betroffenen Personen beschneiden.[237] Verantwortliche und Auftragsverarbeiter sollen sogar dazu ermutigt werden, die Standardvertragsklauseln über die vertraglichen Verpflichtungen hinaus mit *zusätzlichen Garantien* zu ergänzen.[238] Die ursprüngliche Iteration der Standardvertragsklausel sah nur die Anwendung zwischen Datenexporteuren (Verantwortliche), welche innerhalb der EU niedergelassen sind, und Datenimporteuren (Verantwortliche oder Auftragsverarbeiter) außerhalb der EU vor.[239] Die neuen Standardvertragsklauseln finden auch Anwendung auf Datenexporteure, welche zwar außerhalb der EU angesiedelt sind, aber wegen des Marktortprinzips aus Art. 3 Abs. 2 DSGVO (siehe Abschn. 2.3.2) dennoch unter den Anwendungsbereich der DSGVO fallen.[240]

Etwas überraschend sollen Datenübermittlung an Datenimporteure, die unter das Marktortprinzip aus Art. 3 Abs. 2 DSGVO fallen, nicht unter dem Anwendungsbereich der Standardvertragsklauseln fallen, sodass eine solche Datenübermittlung nicht durch diesen Mechanismus abgesichert werden kann.[241] Es wäre denkbar, dass die Kommission den Standpunkt vertritt, dass ein Datenimporteur, der unter das Marktortprinzip fällt und bereits deswegen die gesetzlichen Vorgaben der DSGVO einhalten muss, einer weiteren Legitimierung der Datentransfers aus dem Kapitel V der DSGVO nicht bedarf.[242] Hiergegen spricht jedoch, dass die europäischen Datenschutzbehörden ausdrücklich davon ausgehen, dass ein solcher Transfer auch rechtfertigungsbedürftig sei, unabhängig davon, ob ein Importeur unter den Art. 3 Abs. 2 DSGVO fällt oder nicht; schließlich sei die Frage, ob jemand unter den Anwendungsbereich der DSGVO falle, nicht gleichzusetzen mit der Frage, ob ein gewisser Verarbeitungsvorgang an weitere Kriterien geknüpft ist.[243] Der Einsatz von Datenimporteuren, welche dem Marktortprinzip unterfallen, gestaltet sich somit schwierig. Es sind Konstellationen vorstellbar, wo eine Partei zum Einsatz der Standardvertragsklauseln verpflichtet wird, die andere Partei aber vom Einsatz der Standardvertragsklauseln ausgeschlossen ist. In der Praxis ist jedoch zu empfehlen, dass mangels Alternativen und näheren Erläuterung seitens des Unionsgesetzgebers

---

[237] ErwGr. 109 DSGVO; Klausel 2 lit. a SCCs 2021.

[238] ErwGr. 109 DSGVO; EDPB-EDPS, Joint Opinion 1/2021 on the European Commission's Implementing Decision on stardard contractual clauses between controllers and processors (2021a), Rn. 33.

[239] Siehe hierzu im Detail Voigt, CR 2020a, 513, 518.

[240] Durchführüngsbeschluss (EU) 2021/914, ErwGr. 7.

[241] Durchführüngsbeschluss (EU) 2021/914, ErwGr. 7.

[242] So. z. B. Information Commissioner's Office, International transfers, abrufbar unter_ https://ico.org.uk/for-organisations/guide-to-data-protection/guide-to-the-general-data-protection-regulation-gdpr/international-transfers, zuletzt aufgerufen am: 23.11.2023 wenn ein sog. non-restricted transfer stattfindet, wo Daten an einem unter der DSGVO unterfallenden Unternehmen im Drittland gesendet werden.

[243] ErwGr. 109 DSGVO; EDPB-EDPS Joint Opinion 2/2021 on the European Commission's Implementing Decision on standard contractual clauses for the transfer of personal data to third countries, Rn. 26.

auch beim Einsatz eines unter Art. 3 Abs. 2 DSGVO fallenden Datenimporteurs die Standardvertragsklauseln für Drittlandtransfers zu verwenden.[244]

4.3.2.2 Wesentliche Neuerungen

Modularität der Standardvertragsklauseln

Die neuen Standardvertragsklauseln sollen für eine einheitliche Anwendung der Klauseln sorgen. Trotzdem sollen Anwender die Möglichkeit haben, entsprechend ihrer individuellen Bedürfnisse und der konkreten Verarbeitungssituation die Klauseln dahingehend anzupassen, dass die Pflichten für die jeweilige Rolle des Importeurs und Exporteurs auf den konkreten Datentransfer besser zugeschnitten sind.[245] Um sowohl eine einheitliche Anwendung als auch die erforderliche Flexibilität hinsichtlich der verschiedenen Übermittlungskonstellationen zu wahren, folgen die neuen Standardvertragsklauseln einem modularen Aufbau. Das Regelungswerk kennt sowohl allgemeine Klauseln (welche für alle Datentransfers gelten) als auch modulare Klauseln (welche nur für spezifische Fälle gelten). Verwender können je nach Datentransfer die passenden Module verwenden und gegebenenfalls auch bei Zutreffen von mehreren Konstellationen die jeweils einschlägigen Module parallel abschließen.[246] Folgende vier Fallkonstellationen für Datenübermittlungen werden von den neuen Standardvertragsklauseln durch entsprechende Module abgedeckt:

- Datenübermittlung Verantwortlicher-Verantwortlicher (Modul 1, „C2C“);
- Datenübermittlung Verantwortlicher- Auftragsverarbeiter (Modul 2, „C2P“);
- Datenübermittlung Auftragsverarbeiter – Auftragsverarbeiter (Modul 3, „P2P“);
- Datenübermittlung Auftragsverarbeiter-Verantwortlicher (Modul 4, „P2C“).

Während die Module 1 und 2 bekannte Konstellationen abbilden, welche in den Altklauseln aus 2001/2004 und 2010 abgedeckt waren,[247] stellen die Module 3 und 4 Regeln für zuvor nicht regulierte Fallkonstellationen dar. Insbesondere das neue Modul 3 ist von hoher praktischer Relevanz.[248] Modul 3 erlaubt die direkte Einbeziehung von Standardvertragsklauseln zwischen dem (Haupt-)Auftragsverarbeiter und seinem Unterauftragsverarbeiter, ohne die Hinzuziehung des Verantwortlichen. Unter den alten Übermittlungsmechanismen war es für Hauptauftragsverarbeiter schwierig, im Rahmen des *Outsourcings* von Verarbeitungsvorgängen einen Unterauftragsverarbeiter in einem Drittland zu beauftragen.[249] Denn mangels eines entsprechenden gesetzlich vorgesehen Mechanismus war der Ab-

---

[244] Voigt, CR 2021, 458, 460.

[245] Durchführüngsbeschluss (EU) 2021/914, ErwGr. 10.

[246] Questions and Answers for the two sets of Standard Contractual Clauses, no. 28, abrufbar unter: https://commission.europa.eu/system/files/2022-05/questions_answers_on_sccs_en.pdf, zuletzt aufgerufen am: 23.11.2023.

[247] Voigt, CR 2021, 458, 460.

[248] Baumgartner/Hansch/Roth, ZD 2021, 608, 611.

[249] Hierzu ausführlich Voigt, CR 2020a, 513, 518 ff.

schluss eines direkten Vertrages zwischen dem Verantwortlichen und dem Unterauftragsverarbeiter notwendig.[250] Durch den Einsatz der Moduls 3 wird die vormals erforderliche – in der Praxis umständliche – unmittelbare Einbindung des Verantwortlichen in die Vertragsbeziehung zwischen (Unter)Auftragsverarbeiter nunmehr vermieden. Zudem werden über das Modul 3 (wie in Modul 2) auch die besonderen Verpflichtungen zum Einsatz von Auftragsverarbeitern nach Art. 28 Abs. 3 DSGVO eingehalten.[251]

Modul 4 regelt den Fall, bei dem ein Auftragsverarbeiter, der seinen Sitz in der EU/EWR hat, für einen Verantwortlichen mit Sitz in einem Drittland Daten verarbeitet und diese wieder an den Verantwortlichen zurück übermitteln soll. Die Relevanz dieses Moduls erscheint in der Praxis überschaubar. Modul 4 regelt eine Konstellation, welche nur auf Verantwortliche anwendbar ist, welche nicht den Regeln der DSGVO unterliegen. Es ist zwar denkbar, dass ein Verantwortlicher im Drittland, z. B. einen Cloud-Dienstleister in der EU/EWR als Auftragsverarbeiter einsetzt. Die Beauftragung eines solchen Auftragsverarbeiters wäre aber mit erhöhten Compliance-Verpflichtungen für alle involvierte Parteien verbunden (der Auftragsverarbeiter als unmittelbarer Adressat der DSGVO; der Verantwortliche, der wohl zum Einsatz des Auftragsverarbeiters sich mittelbar an die DSGVO halten muss), welche durch den Einsatz eines nicht in der EU ansässigen Auftragsverarbeiters vermieden werden könnten.[252]

Transfer-Folgenabschätzung

Die wohl wichtigste Änderung im Nachgang zum *Schrems-II-Urteil* war die Einführung der Klausel 14 SCC 2021 und die damit einhergehende Pflicht zur Durchführung einer sog. Transfer-Folgenabschätzung (*Transfer Impact Assessment,* kurz: TIA). Diese Pflicht greift beim Einsatz der Module 1 bis 3 sowie beim Einsatz des Moduls 4, wenn der Datenexporteur (der Auftragsverarbeiter) die vom Importeur (Verantwortlicher im Drittland) erhaltenen Daten mit Daten kombiniert, die der Auftragsverarbeiter selber erhoben hat.

Im Rahmen der Transfer-Folgenabschätzung müssen Datenexporteure vor der geplanten Datenübermittlung eine Risikobewertung durchführen, bei der sie zum Ergebnis kommen müssen, dass ein vergleichbares Schutzniveau im Drittland besteht. Die Kriterien, wann ein vergleichbares Schutzniveau im Drittland besteht, wurden im *Schrems-II-Urteil* herausgearbeitet und nachfolgend durch die Regelung in der Klausel 14 SCC 2021 und den Empfehlungen des EDSA konkretisiert.[253] Nachdem ein vergleichbares Schutzniveau festgestellt ist, dürfen die Standardvertragsklauseln als Transfermechanismus eingesetzt werden. Diese Risikoanalyse muss periodisch wiederholt werden, um künftige Änderungen hinsichtlich des

[250] Art. 29 Datenschutzgruppe, WP 176 (2010), S. 4.

[251] Art. 1 Abs. 2 Durchführungsbeschluss (EU) 2021/914; Reuter/Voigt, DSB 2022, 309.

[252] Voigt, CR 2021, 458, 461.

[253] EDPB, Recommendations 01/2020 on measures that supplement transfer tools to ensure compliance with the EU level of protection of personal data, Version 2.0 (2021), Rn. 67.

Datenschutzniveaus zu berücksichtigen.[254] Zudem müssen die Ergebnisse der Folgenabschätzung dokumentiert und gegebenenfalls an die zuständige Aufsichtsbehörde auf Anfrage herausgegeben werden, Klausel 14 lit. d SCC 2021.

Wesentliche Aspekte der Risikobewertung
Aus der Rechtsprechung des EuGH ergeben sich folgende Kriterien, welche im Rahmen der Risikobewertung berücksichtigt werden sollen:[255]

- Art des Empfängers und Kategorien der übermittelten personenbezogenen Daten: Zunächst muss der Exporteuer ermitteln, welche Datenexporte überhaupt stattfinden sollen. Folgende Punkte sollten hierbei berücksichtigt werden:
  - Rolle des Datenexporteurs (Verantwortlicher, Auftragsverarbeiter);
  - konkrete stattfindende Verarbeitungstätigkeit;
  - welche Typen von Daten werden verarbeitet;
  - werden besondere Kategorien von Daten gem. Art. 9 DSGVO verarbeitet;
  - wer sind die verschiedenen betroffenen Personen;
  - wer sind die Datenimporteure;
  - in welchem Land befinden sich die Datenimporteure;
  - sind weitere Datenübermittlungen an ein anderes Drittland möglich;
  - in welchem Sektor finden die Übermittlungen statt (AdTech, Telekommunikation, Finanzsektor);
  - bestehen Alternativen zu einem Drittlandtransfer.
- relevante Rechtsvorschriften und Gepflogenheiten des Drittlandes mit datenschutzrechtlicher Relevanz: Hierbei ist wichtig, dass nicht nur erörtert wird, ob Normen im Drittland bestehen, welche es staatlichen Stellen erlauben, auf personenbezogene Daten zuzugreifen, sondern es sind auch die tatsächlichen Gepflogenheiten des Drittlandes zu berücksichtigen, inwieweit staatliche Stellen faktisch die Herausgabe von personenbezogene Daten oder den Zugriff auf solche Daten verlangen können. Daher sollte ermittelt werden:
  - welche relevanten datenschutzrechtliche Normen im Drittland bestehen (z. B. FISA 702, EO 12333);
  - welche faktischen Offenlegungen gegenüber staatlichen Stellen im Drittland erfolgen.
- Vergleichbarkeit des Schutzniveaus: Hierbei muss der Datenexporteur ermitteln, ob die Rechtsvorschriften und/oder die Gepflogenheiten mit Relevanz für den geplanten Datentransfer mit dem datenschutzrechtlichen Schutzniveau der EU vereinbar sind. Kommt der Datenexporteur hierbei zu dem Ergebnis, dass ein mit der EU vergleichbares Schutzniveau besteht, so darf ein Datentransfer auf

[254] EDPB, Recommendations 01/2020 on measures that supplement transfer tools to ensure compliance with the EU level of protection of personal data Version 2.0 (2021), Rn. 62.

[255] Die von dem EuGH entwickelten Kriterien wurden jeweils von der Kommission in der Klausel 14 lit. b der Standardvertragsklauseln und vom EDSA in deren Recommendations 01/2020 spezifiziert.

Grundlage des Standardvertragsklauseln stattfinden. Bei dieser Bewertung sollte der Exporteur folgende Kriterien berücksichtigen:
- die Datenverarbeitung beruht auf präzisen, zugänglichen und klaren Vorschriften;
- die Datenverarbeitung ist verhältnismäßig. Es besteht der Nachweis der Erforderlichkeit und Angemessenheit im Hinblick auf die verfolgten legitimen Ziele;
- ein unabhängiger Aufsichtsmechanismus ist vorhanden;
- wirksame Rechtsbehelfe für den Bürger sind vorhanden.

• vertragliche, technische oder organisatorische Maßnahmen, welche die Sicherheitsvorkehrungen aus den Standardvertragsklauseln ergänzen: Falls der Datenexporteuer zum Ergebnis kommt, dass im Drittland kein angemessenes Schutzniveau besteht, kann er unter Berücksichtigung des *risikobasierten Ansatzes*[256] versuchen, durch die Einleitung von zusätzlichen Maßnahmen ein entsprechendes Datenschutzniveau herzustellen. Je nachdem, wie hoch das festgestellte Risiko ist, kann es ausreichen, vereinzelte Maßnahmen zu treffen. In anderen Fällen müssen eventuell mehrere Maßnahmen kumulativ getroffen werden. Bei der Wahl der richtigen vertraglichen, technischen und organisatorischen Maßnahmen können (unter anderem) folgende Erwägungen vorgenommen werden:
  - werden Daten pseudonymisiert;
  - bedarf es für die Verarbeitung des Einsatzes von unverschlüsselten Daten;
  - werden die Daten anderweitig verschlüsselt;
  - wer hat Zugriff auf den Verschlüsselungscode;
  - ist der Datenimporteur vor Zugriffen im Drittland besonders geschützt;
  - ist der Importeur verpflichtet, den Exporteur über Datenzugriffe zu informieren;
  - gab es in der Vergangenheit schon Zugriffe seitens staatlicher Stellen im Drittland.

Vertragliche Garantien zum Umgang mit Behördenersuchen

Eine weitere Änderung im Nachgang zu dem *Schrems-II-Urteil* war die Einführung der Klausel 15 SCC 2021. Diese legt dem Datenimporteur eine Reihe von Transparenzpflichten gegenüber dem Datenexporteur auf. Unter anderem wird der Datenimporteur vertraglich verpflichtet, den Exporteur zu benachrichtigen, wenn eine Anfrage einer Behörde zur Offenlegung von Daten eingeht oder der Datenimporteuer Kenntnis von einem anderweitigen Datenzugang durch die Behörde erhält, Klausel 15 Abs. 1 lit. a SCCs 2021. Für den Fall, dass eine solche Mitteilung verboten ist, muss sich der Importeur um die Aufhebung des Verbots bemühen, Klausel

[256] Obwohl bei einer restriktiven Lesung der Klausel argumentiert werden kann, dass ein risikobasierter Ansatz nicht gewünscht ist, und dass die genannten Aspekte nur bei der Bestimmung des objektiven Schutzniveaus im – anhand der in Klausel 14 dargelegten Aspekte zu beurteilenden – konkreten Fall herangezogen werden sollen. Dies würde aber zur Folge haben, dass eine Transfer-Folgenabschätzung immer negativ ausfallen müsste, wenn in objektiver Hinsicht kein angemessenes Schutzniveau besteht, obwohl in subjektiver Hinsicht und durch Einleitung entsprechenden Gegenmaßnahmen ein solches Risiko auf ein Minimum reduziert werden könnte.

15 Abs. 1 lit. b SCCs 2021. Zudem soll der Datenimporteur (soweit zulässig) regelmäßige Berichte zu den erhaltenen Behörden-Datenzugriffsersuchen bereitstellen und diese über die gesamte Vertragslaufzeit dokumentieren.

Den Datenimporteur trifft auch die umfangreiche Verpflichtung, die Rechtmäßigkeit des behördlichen Ersuchens zu prüfen und gegebenenfalls hiergegen Schritte (sowohl faktische als auch rechtliche) einzuleiten, um eine rechtswidrige Herausgabe von übermittelten Daten zu vermeiden.

4.3.2.3 Praxishinweise

In der Praxis bringt die Verwendung von Standardvertragsklauseln sowohl Vor- als auch Nachteile mit sich, welche vor Verwendung dieser Garantiemaßnahme für internationale Datenübermittlungen in Betracht gezogen werden müssen.

Die Vorteile sind u. a.:

- ihre Verwendung kann zügig erfolgen und erfordert weniger Aufwand als andere zur Verfügung stehende Alternativen, wie z. B. die Aushandlung eines individuellen Vertrags oder die Festlegung interner Binding Corporate Rules (siehe Abschn. 4.3.3);
- Standardvertragsklauseln erfüllen die rechtlichen Datenschutzvorgaben und, da ihr Schutzniveau vollständig und unverändert übernommen werden muss, kann dieses nicht durch etwaige abweichende Vertragsverhandlungen zwischen den Parteien abgesenkt werden;[257]
- sie können als vertragliche Grundlage für Datentransfers zwischen datenübermittelnden Verantwortlichen und datenempfangenden Verantwortlichen/Auftragsverarbeitern unabhängig von deren individueller Beziehung untereinander eingesetzt werden, sodass z. B. auch bei konzerninternen Datentransfers hinsichtlich ihrer Verwendung keine Einschränkungen bestehen;
- Standardvertragsklauseln können auch in Situationen eingesetzt werden, in denen es mehr als zwei Vertragsparteien gibt;[258]
- durch ihren modularen Aufbau decken sie verschiedene Datentransferkonstellationen ab.

Die Nachteile sind u. a.:

- trotz der bestehenden Modularität besteht eine fehlende Individualität und Flexibilität im Hinblick auf die einzelfallbezogenen Bedürfnisse der involvierten Unternehmen, wobei dieser Nachteil jeglicher Form von Mustervertrag inhärent ist;

---

[257] Siehe auch Voigt/v. d. Bussche, in: v. d. Bussche/Voigt, Konzerndatenschutz, Teil 4. Kap. 3. Standardvertragsklauseln (2019), Rn. 4: Klausel 2 lit. a Standardvertragsklausel.

[258] Siehe auch Voigt/v. d. Bussche, in: v. d. Bussche/Voigt, Konzerndatenschutz, Teil 4. Kap. 3. Standardvertragsklauseln (2019), Rn. 5.

- ihre Verwendung für konzerninterne Verarbeitungsvorgänge könnte im Vergleich zur Verwendung von Binding Corporate Rules (siehe Abschn. 4.3.3) einen größeren Verwaltungsaufwand erfordern, da sie gesondert zwischen allen beteiligten Gruppenunternehmen vereinbart werden müssen;[259]
- der Einsatz der Standardvertragsklauseln ist mit umfassenden Dokumentationspflichten für den Datenimporteur verbunden. Auch die Durchführung der Transfer-Folgenabschätzung stellt eine große Hürde für Unternehmen dar. Trotz der Empfehlungen des EDSA und der Kriterien aus Klausel 14 SSC 2021 kann es im Einzelfall schwierig sein zu beurteilen, ob das Datenschutzniveau des Drittlandes dem der EU entspricht und ob gegebenenfalls vertragliche, technische oder organisatorische Maßnahmen zu ergreifen sind, die ein solches Defizit ausgleichen können.

4.3.3 Binding Corporate Rules

Als weitere Alternative zur Herstellung eines angemessenen Datenschutzniveaus bei der in einem Drittland befindlichen datenempfangenden Stelle können Unternehmen verbindliche interne Datenschutzvorschriften, sog. Binding Corporate Rules (BCR) verwenden, Art. 46 Abs. 2 lit. b, 47 DSGVO. Sie bilden eine ausreichende Garantie für internationale Datentransfers innerhalb einer Konzernstruktur. Allerdings fanden sie bisher in der Praxis aufgrund des damit verbundenen organisatorischen und entsprechenden finanziellen Aufwands nur zögerlich Verwendung.[260] Nur 134 Unternehmensgruppen haben bis zum Beginn der Anwendbarkeit des DSGVO das sehr komplexe Verfahren zur Aufnahme von BCR durchlaufen.[261] Innerhalb der ersten 5 Jahre seit Beginn der Anwendbarkeit der DSGVO wurden 36 neue BCR für Unternehmensgruppen durch den EDSA gebilligt (Stand 29.08.2023).[262]

4.3.3.1 Wirkungsweise

BCR sind verbindliche, interne Datenschutzvorschriften, die angenommen werden von:

- multinationalen *Unternehmensgruppen*, die aus einem herrschenden Unternehmen und von diesem beherrschten Unternehmen bestehen (siehe Abschn. 4.4);[263] oder

[259] Kamp, in: v. d. Bussche/Voigt, Konzerndatenschutz, Teil 4. Kap. 5. Verbindliche internen Datenschutvorschriften (2019), Rn. 2.

[260] Karg, VuR 2016, 457, 461.

[261] Eine Liste der Unternehmen ist abrufbar unter: https://edpb.europa.eu/system/files/2023-03/EDPB_Information_Pre-GDPR_BCRs_Overview_en.pdf, zuletzt aufgerufen am: 23.11.2023.

[262] Die Liste der gebilligten BCRs ist aufrufbar unter: https://edpb.europa.eu/our-work-tools/accountability-tools/bcr_en?page=4, zuletzt abgerufen am: 23.11.2023.

[263] Art. 4 Nr. 19 DSGVO definiert die „Unternehmensgruppe" als eine Gruppe, die aus einem herrschenden Unternehmen und den von diesem abhängigen Unternehmen besteht.

- einer *Gruppe von Unternehmen, die eine gemeinsame Wirtschaftstätigkeit ausüben.* Im Gegensatz zur Unternehmensgruppe sind die Mitglieder der Gruppe rechtlich selbstständige Unternehmen, die – aufgrund ihrer Weisungsunabhängigkeit – nicht als Unternehmensgruppe anzusehen sind.[264] Für eine „gemeinsame Wirtschaftstätigkeit" gemäß Art. 47 DSGVO ist erforderlich, dass ihre Kooperation derartig verfestigt ist, dass sie gemeinsam die Einhaltung der datenschutzrechtlichen Anforderungen an eine verbindliche Unternehmensregelung sicherstellen können.[265]

BCR legen die *globalen Datenschutzregelungen* der Gruppenmitglieder in Bezug auf internationale Datenübermittlungen an Gruppenmitglieder in Drittländern fest, in denen kein angemessenes Datenschutzniveau i. S. v. Art. 45 DSGVO besteht.

Der Rechtsrahmen, welcher durch die Annahme von BCR geschaffen wird, ermöglicht Datenübermittlungen unabhängig davon, ob das Empfängerland ein angemessenes Datenschutzniveau bietet oder nicht. Dies ist allerdings nur unter der Bedingung möglich, dass das dort ansässige Unternehmen durch die BCR entsprechend gebunden wird. BCR schaffen so einen *gruppeninternen Datenschutzstandard,* der ein angemessenes Schutzniveau entsprechend den europäischen Datenschutzstandards sicherstellt.

Anwendungsfälle

BCR können nicht als Garantie für internationale Datenübermittlungen an Unternehmen verwendet werden, die nicht Teil der jeweiligen Unternehmensgruppe oder Gruppe von Unternehmen sind, die eine gemeinsame Wirtschaftstätigkeit ausüben.[266] Zudem muss beachtet werden, dass die BCR zwar ein angemessenes Datenschutzniveau garantieren (Prüfungsschritt 2), jedoch keine Rechtsgrundlage für die Verarbeitung (Prüfungsschritt 1) darstellen (siehe Abschn. 4.3.2). Folglich müssen die Gruppenunternehmen gewährleisten, dass die Datenübermittlungen jeweils auch von einem Erlaubnistatbestand gedeckt werden. Für folgende Szenarien können sich BCR insbesondere als sinnvoll erweisen:

- ein *Verantwortlicher* möchte Daten an außereuropäische Mitglieder seiner Unternehmensgruppe übermitteln und die Unternehmensgruppe führt zu diesem Zweck BCR ein;[267]
- ein Verantwortlicher und ein Auftragsverarbeiter schließen einen Dienstleistungsvertrag über Datenverarbeitungstätigkeiten. Sie fügen die *BCR des Auftragsver-*

[264] Ernst, in: Paal/Pauly, DSGVO BDSG, Art. 4 DSGVO (2021), Rn. 130.

[265] Pauly, in: Paal/Pauly, DSGVO BDSG, Art. 47 (2017), Rn. 4.

[266] ErwGr. 110 DSGVO; Kreme, in: Laue/Kremer, Das neue Datenschutzrecht in der betrieblichen Praxis, Auftragsverarbeitung und Verarbeitung im Drittland (2019), Rn. 51.

[267] Siehe auch Art. 29 Datenschutzgruppe, WP 204 (2013b), S. 4–5.

arbeiters dem Vertrag bei. Auf diese Weise wird bei einer etwaigen Unterbeauftragung von Unternehmen, die Teil der Unternehmensgruppe des Auftragsverarbeiters sind, ein angemessenes Datenschutzniveau garantiert und die Unterbeauftragung kann ohne Einwilligung des Verantwortlichen erfolgen. Diese Vorgehensweise bietet den Vorteil, dass das datenverarbeitende Unternehmen, welches BCR eingeführt hat, mit den verschiedenen Gruppenunternehmen, die als Unterbeauftragte tätig werden sollen, keine gesonderten Verträge zur Sicherstellung eines bestimmten Datenschutzniveaus abschließen muss.[268] Allerdings können die BCR des Auftragsverarbeiters nicht auf Unterbeauftragte angewandt werden, die nicht Teil der entsprechenden Unternehmensgruppe sind, sodass eine Datenübermittlung an diese Unternehmen den Einsatz einer anderen datenschutzrechtlichen Garantiemaßnahme erfordert.[269] Denkbar wäre aber, den Anwendungsbereich der BCR auch für weitere Unterauftragsverarbeiter durch eine verbindliche vertragliche Einbeziehung dieser zu bewirken.[270] Nur klarstellend sei angemerkt, dass diese Form der Einbindung von BCR nicht etwa auch den originären Datentransfer vom Verantwortlichen an den Auftragsverarbeiter rechtfertigt; es wird lediglich die Unterbeauftragung innerhalb eines Auftragsverarbeiter-Konzerns erleichtert.

4.3.3.2 Mindestinhalt

Für eine Unternehmensgruppe oder eine Gruppe von Unternehmen, die eine gemeinsame Wirtschaftstätigkeit ausüben, kommt die Anwendung von BCR für ihre internationalen Datenübermittlungen aus der EU an Mitglieder derselben Gruppe nur in Betracht, sofern die BCR sämtliche Grundprinzipien und durchsetzbaren Rechte enthalten, die geeignete Garantien für die Übermittlungen personenbezogener Daten bieten.[271] Aus diesem Grund stellen Art. 47 Abs. 1, 2 DSGVO *Mindestanforderungen* hinsichtlich des Inhalts der BCR auf.[272]

Gemäß Art. 47 Abs. 1, 2 DSGVO müssen BCR:

- rechtlich bindend sein und für *alle relevanten Mitglieder* der Unternehmensgruppe/der Gruppe von Unternehmen, die eine gemeinsame Wirtschaftstätigkeit ausüben, gelten und von diesen Mitgliedern durchgesetzt werden, was auch für ihre Beschäftigten gilt; und
- den *betroffenen Personen* ausdrücklich durchsetzbare Rechte in Bezug auf die Verarbeitung ihrer personenbezogenen Daten übertragen; und

---

[268] Für Einzelheiten siehe auch Art. 29 Datenschutzgruppe, WP 204 (2013b), S. 6 ff.

[269] Siehe auch Art. 29 Datenschutzgruppe, WP 204 (2013b), S. 7.

[270] Art. 29 Datenschutzgruppe, WP 204 (2013b), S. 7, Schröder, in: Kühling/Buchner, DSGVO BDSG, Art. 47 DSGVO (2020), Rn. 15.

[271] ErwGr. 110 DSGVO.

[272] Für weitere Einzelheiten beim Einsatz von BCR des Verantwortlichen: EDPB, Recommendations 1/2022 on the Application for Approval and on the elements and principles to be found in Controller Binding Corporate Rules (Art. 47 GDPR) (2023), S. 19 ff.; für Einzelheiten beim Einsatz von BCR des Auftragsverarbeiters: Art. 29 Datenschutzgruppe, WP 257; Art. 29 Datenschutzgruppe, WP 265.

- mindestens *folgende Angaben* enthalten:
  - Struktur und Kontaktdaten der Unternehmensgruppe/Gruppe von Unternehmen, die eine gemeinsame Wirtschaftstätigkeit ausüben, und jedes ihrer Mitglieder;
  - die relevanten Datenübermittlungen einschließlich der betroffenen Arten personenbezogener Daten, Art und Zweck der Datenverarbeitung, Art der betroffenen Personen und das betroffene Drittland;
  - ihre interne und externe Rechtsverbindlichkeit;
  - die Anwendung der allgemeinen Datenschutzgrundsätze, insbesondere Zweckbindung, Datenminimierung, begrenzte Speicherfristen, Datenqualität, Datenschutz durch Technikgestaltung und durch datenschutzfreundliche Voreinstellungen, Rechtsgrundlage für die Verarbeitung, Verarbeitung besonderer Kategorien von personenbezogenen Daten, Maßnahmen zur Sicherstellung der Datensicherheit und Anforderungen für die Weiterübermittlung an nicht an die BCR gebundene Stellen;
  - die Rechte der betroffenen Personen in Bezug auf die Verarbeitung und die diesen offenstehenden Mittel zur Wahrnehmung dieser Rechte;
  - die von dem in der EU niedergelassenen Verantwortlichen/Auftragsverarbeiter übernommene Haftung für etwaige Verstöße von nicht in der EU niedergelassenen Mitgliedern der Gruppe;
  - die Art und Weise, wie den betroffenen Personen Informationen über die BCR bereitgestellt werden;
  - die Aufgaben des Datenschutzbeauftragten/einer anderen Person, die mit der Überwachung der Einhaltung der BCR in der Gruppe befasst ist;
  - die Beschwerdeverfahren;
  - die innerhalb der Gruppe bestehenden Verfahren zur Überprüfung der Einhaltung der BCR, insbesondere Datenschutzüberprüfungen und Verfahren zur Gewährleistung von Abhilfemaßnahmen;
  - die Verfahren für die Meldung und Erfassung von Änderungen der BCR und für ihre Meldung an die Aufsichtsbehörde;
  - die Verfahren für die Zusammenarbeit mit der Aufsichtsbehörde;
  - die Meldeverfahren zur Unterrichtung der zuständigen Aufsichtsbehörde über jegliche für ein Mitglied der Gruppe geltenden rechtlichen Bestimmungen, die sich nachteilig auf die Garantien in den BCR auswirken könnten;
  - geeignete Datenschutzschulungen für Personal mit ständigem oder regelmäßigem Zugang zu personenbezogenen Daten.

Gemäß Art. 46 Abs. 5 DSGVO bleiben vor Inkrafttreten der DSGVO genehmigte BCR so lange gültig, bis sie erforderlichenfalls von der zuständigen Aufsichtsbehörde geändert, ersetzt oder aufgehoben werden.

4.3.3.3 Verfahren

Um BCR erfolgreich als Garantie für internationale Datenübermittlungen einsetzen zu können, muss die *zuständige Aufsichtsbehörde* die BCR vorab gemäß dem Kohärenzverfahren (Art. 47 Abs. 1, Art. 57 Abs. 1 lit. s DSGVO) genehmigen und im Zuge dessen überprüfen, dass die BCR die Voraussetzungen des Art. 47 DSGVO erfüllen.[273]

Für das Genehmigungsverfahren muss die Unternehmensgruppe zunächst eine federführende Aufsichtsbehörde bestimmen („*BCR Lead*").[274] Kriterien, welche die Unternehmensgruppe bei der Wahl ihrer federführenden Aufsichtsbehörde berücksichtigen sollte, sind folgende:[275]

- der EWR-Hauptsitz der Unternehmensgruppe;
- der Standort des Unternehmens innerhalb der Gruppe, der mit den datenschutzrechtlichen Verpflichtungen beauftragt ist;
- der Standort, der am besten in der Lage ist (in organisatorischer Hinsicht) die Durchsetzung der BCR umsetzen kann;
- der Standort, der die Entscheidungen über die Zwecke und Mittel der Verarbeitung (konkret die Übermittlung in Drittländer) trifft;
- der Standort, von dem die meisten Übermittlungen in Drittländer stattfinden.

Im Rahmen des Genehmigungsverfahrens sollte die Unternehmensgruppe ferner folgende Informationen bereitstellen und Details berücksichtigen:[276]

- je nachdem, ob die Unternehmensgruppe einen Hauptsitz im EWR hat, sollte das Genehmigungsformular seitens des Hauptsitzes oder durch einen Vertreter der Gruppe im EWR ausgefüllt werden;
- eine kurze Beschreibung der Datenflüsse, welche durch die BCR legitimiert werden sollen;
- Beifügung eines Background Papers zum Nachweis, dass der Mindestinhalt (siehe Abschn. 4.3.3.2) der BCR erfüllt ist. Hierbei muss die Unternehmensgruppe erörtern, wie die BCRs faktisch in der Unternehmensgruppe in vertraglicher, technischer und organisatorischer Hinsicht umgesetzt werden;
- Beifügung einer Kopie der verbindlichen BCR.

4.3.3.4 Praxishinweise

Der Einsatz von BCR birgt sowohl Vor- als auch Nachteile, die Unternehmen vor deren Einführung in Betracht ziehen sollten.

Vorteile sind u. a.:

- BCR führen Datenschutzstandards ein, die genau auf die Bedürfnisse der Unternehmensgruppe zugeschnitten sind;[277]

[273] Siehe auch: Art. 29 Datenschutzgruppe, WP 263 rev.01.

[274] Art. 29 Datenschutzgruppe, WP 263 rev.01. Zif. 1.

[275] Art. 29 Datenschutzgruppe, WP 263 rev.01. Zif. 1.2.

[276] Für eine Übersicht für die zu beachtenden Punkte siehe: Art. 29 Datenschutzgruppe, WP 263; für Musterformulare für das Genehmigungsverfahren: EDPB, Recommendations 1/2022 on the Application for Approval and on the elements and principles to be found in Controller Binding Corporate Rules (Art. 47 GDPR) (2023), S. 10 ff.; Art. 29 Datenschutzgruppe, WP 265.

[277] Kremer, in: Laue/Kremer, Datenschutzrecht, Das neue Datenschutzrecht in der betrieblichen Praxis, § 5 Auftragsverarbeitung und Verarbeitung im Drittland (2019), Rn. 51.

- im Vergleich zu Standardvertragsklauseln bieten sie eine individuellere und flexiblere Lösung für internationale Datenübermittlungen (siehe Abschn. 4.3.2);
- der aufwendigere Umsetzungsprozess, der zu einer genauen Identifikation der gruppeninternen Datenflüsse führt, kann hilfreich sein, um andere Verpflichtungen nach der DSGVO zu erfüllen, wie bspw. solche, die an die Informations- und Zugangsrechte der betroffenen Personen anknüpfen (siehe Kap. 5).[278]

Nachteile sind u. a.:

- die Einführung erfordert eine umfassende Untersuchung der gruppeninternen Datenflüsse um festzustellen, welche Drittländer von Datenübermittlungen betroffen sind und welches Datenschutzniveau diese bereitstellen;[279]
- ihre Anwendbarkeit beschränkt sich auf gruppeninterne Datenübermittlungen;[280]
- die Erforderlichkeit ihrer Genehmigung durch die zuständige Aufsichtsbehörde ist zeit- und kostenintensiv.

4.3.4 Verhaltensregeln, Zertifizierungsverfahren, etc.

Wie zuvor erwähnt (siehe Abschn. 3.12 für Einzelheiten), spielen Selbstregulierungsinstrumente für den Datenschutz nach der DSGVO – in der Praxis noch eher selten – eine wichtige Rolle, da sie dabei helfen können, die Vorgaben der DSGVO einzuhalten und dies auch entsprechend nachzuweisen. Die *Selbstregulierungsinstrumente* Verhaltensregeln (Art. 40, 41 DSGVO) und Zertifizierungen (Art. 42, 43 DSGVO) sollen sicherstellen, dass ein bestimmtes Datenschutzniveau besteht, und können daher auch als Garantie für internationale Datentransfers eingesetzt werden.

Unternehmen in Drittländern können *genehmigte Verhaltensregeln*, die allgemeine Gültigkeit besitzen, einhalten, um geeignete Garantien im Rahmen der Übermittlung personenbezogener Daten an Drittländer zu gewährleisten, Art. 40 Abs. 3 i. V. m. Art. 46 Abs. 2 lit. e DSGVO (siehe Abschn. 3.12.1.4). Zusätzlich dazu müssen diese Unternehmen mittels vertraglicher oder sonstiger rechtlich bindender Instrumente die verbindliche und durchsetzbare Verpflichtung eingehen, diese geeigneten Garantien anzuwenden.

Unternehmen in Drittländern können zudem datenschutzspezifische *Zertifizierungsverfahren*, Siegel oder Prüfzeichen einhalten, um nachzuweisen, dass sie im Rahmen der Übermittlung personenbezogener Daten an Drittländer geeignete Garantien bieten, Art. 42 Abs. 2 i. V. m. Art. 46 Abs. 2 lit. f DSGVO (siehe

[278] Kremer, in: Laue/Kremer, Datenschutzrecht, Das neue Datenschutzrecht in der betrieblichen Praxis, § 5 Auftragsverarbeitung und Verarbeitung im Drittland (2019), Rn. 51.

[279] Kremer, in: Laue/Kremer, Das neue Datenschutzrecht in der betrieblichen Praxis, § 5 Auftragsverarbeitung und Verarbeitung im Drittland (2019), Rn. 49.

[280] Kremer, in: Laue/Kremer, Datenschutzrecht, Das neue Datenschutzrecht in der betrieblichen Praxis, § 5 Auftragsverarbeitung und Verarbeitung im Drittland (2019), Rn. 49.

Abschn. 3.12.2.4). Diese Zertifizierung kann als Garantie nur verwendet werden, wenn die Unternehmen ebenfalls zusätzlich mittels vertraglicher oder sonstiger rechtlich bindender Instrumente die verbindliche und durchsetzbare Verpflichtung eingehen, diese geeigneten Garantien auch anzuwenden.

4.3.5 Ausnahmen für bestimmte Fälle

Art. 49 DSGVO regelt Ausnahmen, die eine Übermittlung personenbezogener Daten an ein Drittland auch dann ermöglichen, wenn keine der vorbenannten Garantiemaßnahmen erfüllt ist.

Die Aufzählung der Ausnahmefälle ist abschließend. Zudem muss berücksichtigt werden, dass die Regelung aus Art. 49 DSGVO formal keine eigenständige Rechtsgrundlage für die Verarbeitung von personenbezogenen Daten darstellt, sodass eine Datenübermittlung zunächst die allgemeinen Voraussetzungen aus der DSGVO erfüllen muss (Stufe 1) und darüber hinaus auch die Voraussetzungen aus Art. 49 DSGVO (Stufe 2).[281] Praktisch fallen bei Art. 49 DSGVO jedoch häufig die beiden Stufen 1 und 2 durch ein sie auslösendes Ereignis zusammen.

4.3.5.1 Einwilligung

Unabhängig von der Angemessenheit des Datenschutzniveaus im Drittland kann eine Übermittlung personenbezogener Daten in jenes Drittland stattfinden, sofern die betroffene Person in die vorgeschlagene Datenübermittlung *ausdrücklich eingewilligt* hat, Art. 49 Abs. 1 lit. a DSGVO.[282] Dies entspricht dem Recht der betroffenen Personen auf informationelle Selbstbestimmung, welches es ihnen ermöglicht, über ihre personenbezogenen Daten nach freiem Ermessen zu disponieren.[283]

Zusätzlich zu den Anforderungen an eine wirksame Einwilligung nach der DSGVO (siehe Abschn. 4.2.1) muss die Einwilligung folgende Merkmale erfüllen:[284]

- die Einwilligung muss freiwillig gegeben werden, Art. 4 Nr. 11 DSGVO;
- die Einwilligung muss ausdrücklich von der betroffenen Person stammen.[285] Es muss nachweisbar sein, dass die Erklärung mit dem konkreten Inhalt, eine Datenübermittlung in ein Drittland zu gestatten, auch von der betroffenen Person stammt, deren Daten übermittelt werden. Eine konkludente Einwilligung wird dieser Anforderung nicht gerecht.[286] Eine schriftliche Erklärung wäre

[281] EDPB, Guidelines 2/2018 on derogations of Article 49 under Regulation 2016/679 (2018a), S. 3.

[282] Diese Ausnahme gilt nicht für Tätigkeiten, die Behörden in Ausübung ihrer hoheitlichen Befugnisse durchführen, Art. 49 Abs. 3 DSGVO.

[283] Pauly, in: Paal/Pauly, DSGVO BDSG, Art. 49 DSGVO (2017), Rn. 5.

[284] Siehe hierzu: EDPB, Guidelines 2/2018 on derogations of Article 49 under Regulation 2016/679 (2018a), S. 6 ff.

[285] EDPB, Guidelines 2/2018 on derogations of Article 49 under Regulation 2016/679 (2018a), S. 6.

[286] Art. 29 Datenschutzgruppe, WP 259, S. 15, 16.

hierbei der wohl einfachste Weg, obwohl auch ein *Double-Opt-In*-Verfahren den Nachweis einer solchen ausdrücklichen Einwilligung erbringen könnte;[287]

- die Einwilligung muss sich ausdrücklich auf die *beabsichtigte(n) Übermittlung(en) beziehen.*[288] Die Einwilligung muss sich auf bestimmte Datenübermittlungen oder auf eine Reihe von bestimmten Datenübermittlungen beziehen, sodass keine pauschale Einholung der Einwilligung für künftige noch unbestimmte Datentransfers möglich ist.[289] Bei einem ungewissen künftigen Datentransfer können die Risiken und Auswirkungen für die betroffene Person nicht beurteilt werden. Im Umkehrschluss ist es ratsam, die Einwilligung erst konkret zu dem Zeitpunkt einzuholen, zu dem der Datentransfer vorgesehen ist;
- die betroffene Person muss im Vorfeld über die für sie bestehenden möglichen Risiken derartiger Datenübermittlungen bei Fehlen eines Angemessenheitsbeschlusses und anderweitiger geeigneter Garantien *unterrichtet werden*, Art. 49 Abs. 1 lit. a DSGVO.[290] Der Einwilligungstext muss daher mindestens darauf hinweisen, dass ein dem europäischen Datenschutzniveau ähnliches Datenschutzniveau in dem Drittland nicht gewährleistet werden kann.[291] Zudem muss die betroffene Person darüber informiert werden, welche Daten für die Übermittlung vorgesehen sind, wer der *Empfänger* sein wird und *wo er sich befindet.* Allerdings ist das Ausmaß der Informationspflicht nicht vollständig klar. Es bleibt abzuwarten, ob und inwieweit Einzelheiten über das Datenschutzrecht des Drittlands oder die nach der Gefahrenlage abzusehenden Risiken der betroffenen Person kommuniziert werden müssen.[292]

Abgesehen von den Anforderungen hinsichtlich der Einholung einer wirksamen Einwilligung sollte auch das jederzeitige Recht der betroffenen Personen zum Widerruf ihrer Einwilligung gemäß der DSGVO (siehe Abschn. 4.2.1.5) Beachtung finden. Daher dürfte es in den meisten Fällen nicht ratsam sein, die Einwilligung als Rechtsgrundlage für *internationale Datenübermittlungen* zu verwenden.

4.3.5.2 Übermittlung ist für die Erfüllung eines Vertrags mit der betroffenen Person erforderlich

Eine Übermittlung personenbezogener Daten an ein Drittland ist zulässig, soweit sie für die Erfüllung eines Vertrags zwischen der betroffenen Person und dem Verantwortlichen oder zur Durchführung von vorvertraglichen Maßnahmen auf Antrag der betroffenen Person erforderlich ist, Art. 49 Abs. 1 lit. b DSGVO.[293] Die Regelung ist eng

---

[287] Art. 29 Datenschutzgruppe, WP 259, S. 16.

[288] EDPB, Guidelines 2/2018 on derogations of Article 49 under Regulation 2016/679, S. 7.

[289] EDPB, Guidelines 2/2018 on derogations of Article 49 under Regulation 2016/679, S. 7 ff.

[290] EDPB, Guidelines 2/2018 on derogations of Article 49 under Regulation 2016/679 (2018a), S. 6.

[291] V. d. Bussche/Raguse, in: Plath, DSGVO BDSG TTDSG, Art. 49 DSGVO (2023), Rn. 6; EDPB, Guidelines 2/2018 on derogations of Article 49 under Regulation 2016/679, S. 6.

[292] V. d. Bussche/Raguse, in: Plath, DSGVO BDSG TTDSG, Art. 49 DSGVO (2023), Rn. 6.

[293] Die Ausnahme gilt nicht für Tätigkeiten, die Behörden in Ausübung ihrer hoheitlichen Befugnisse durchführen, Art. 49 Abs. 3 DSGVO.

auszulegen, sodass die Notwendigkeit einer Übermittlung nur angenommen werden kann, sofern eine enge und substanzielle Verbindung zur betroffenen Person und zum Vertragszweck besteht.[294] Sofern der Vertragszweck auch ohne die Übermittlung von Daten an ein Drittland erreicht werden kann, ist die Datenübermittlung nicht erforderlich und kann daher nicht gem. Art. 49 Abs. 1 lit. b DSGVO zulässig sein.

Es ist anzumerken, dass diese Ausnahmeregelung nicht dazu dienen kann, *Beschäftigtendaten* innerhalb einer Unternehmensgruppe von Tochtergesellschaften an die Muttergesellschaft zu übermitteln, z. B. um die Zahlungs- und Personalverwaltungsvorgänge der Gruppe zu zentralisieren.[295] Ein solcher Datentransfer kann nicht als für die Erfüllung des Arbeitsvertrags erforderlich angesehen werden, da keine direkte und objektive Verbindung zwischen der Vertragsausführung und dem Datentransfer besteht.[296]

Beispiel

Die Ausnahmeregelung kann zur Zulässigkeit von Datenübermittlungen in Fällen führen, in denen eine direkte Verbindung zwischen der Übermittlung und der Erfüllung des Vertrags besteht, bspw.:

- die Übermittlung von Kundendaten von Reiseunternehmen an Hotels oder andere Geschäftspartner zur Organisation des Aufenthalts eines Kunden;
- die Übermittlung von Käuferdaten für E-Commerce-Käufe, um Bestellungen auszuführen oder Zahlungen zu verarbeiten.

In diesen beiden Fällen ist die Datenübermittlung erforderlich, um den Vertragszweck zu erfüllen (Organisation einer Reise/Bereitstellung von Waren oder Dienstleistungen). Daher führt Art. 49 Abs. 1 lit. b DSGVO zur Zulässigkeit dieser Übermittlungen.[297] ◄

Die Ausnahmeregelung kann nicht zur Zulässigkeit der Übermittlung *zusätzlicher Informationen* führen, die für den Vertragszweck nicht erforderlich sind oder die einem anderen Zweck als der Erfüllung des Vertrages dienen sollen.[298] Bloße vorvertragliche Maßnahmen oder sonstige Maßnahmen, welche nicht zwingend notwendig für die Vertragserfüllung sind, müssen daher auf Grundlage eines anderen Übermittlungsmechanismus stattfinden.

Diese Übermittlungen dürfen nur gelegentlich erfolgen. Die Frage, ob auch eine Reihe von Übermittlungen noch unter den Begriff „gelegentlich" fallen, muss anhand

[294] EDPB, Guidelines 2/2018 on derogations of Article 49 under Regulation 2016/679 (2018a), S. 8.

[295] EDPB, Guidelines 2/2018 on derogations of Article 49 under Regulation 2016/679 (2018a), S. 8.

[296] EDPB, Guidelines 2/2018 on derogations of Article 49 under Regulation 2016/679 (2018a), S. 8.

[297] Kremer, in: Laue/Kremer, Das neue Datenschutzrecht in der betrieblichen Praxis, § 5 Auftragsverarbeitung und Verarbeitung im Drittland (2019), Rn. 66; EDPB, Guidelines 2/2018 on derogations of Article 49 under Regulation 2016/679 (2018a), S. 8.

[298] EDPB, Guidelines 2/2018 on derogations of Article 49 under Regulation 2016/679 (2018a), S. 9.

des Einzelfalles beurteilt werden. Ein Indiz für eine regelmäßige Übermittlung kann ein dauerhafter und immer wiederkehrende Datenfluss sein (im Rahmen von permanenten Geschäftsbeziehungen).[299]

Beispiel

Eine gelegentliche Übermittlung kann beispielsweise angenommen werden, wenn:

- die personenbezogenen Daten eines Vertriebsleiters, der im Rahmen seines Arbeitsvertrags zu verschiedenen Kunden in Drittländern reist, an diese Kunden gesendet werden, damit die Treffen organisiert werden können;
- eine Bank Daten in ein Drittland übermittelt, um den Zahlungsauftrag eines Kunden auszuführen, solange diese Übermittlung nicht im Rahmen eines dauerhaften Kooperationsverhältnisses zwischen zwei Banken erfolgt.

Andersherum kann von einer regelmäßigen Übermittlung ausgegangen werden, wenn:

- ein multinationales Unternehmen Schulungen in einem Schulungszentrum in einem Drittland organisiert und systematisch die personenbezogenen Daten der an der Schulung teilnehmenden Mitarbeiter übermittelt (beispielsweise Daten wie der Name und die Funktionsbezeichnung, aber auch Informationen über Ernährungsbedürfnisse und Mobilitätseinschränkungen). ◀

4.3.5.3 Übermittlung ist für den Vertrag mit einem Dritten erforderlich

Eine Übermittlung von Daten an ein Drittland ist zulässig, sofern sie zum Abschluss oder zur Erfüllung eines *im Interesse der betroffenen Person* von dem Verantwortlichen mit einer anderen natürlichen oder juristischen Person geschlossenen Vertrags erforderlich ist, Art. 49 Abs. 1 lit. c DSGVO.[300] Anders als bei Art. 49 Abs. 1 lit. b DSGVO ist hier die betroffene Person nicht Vertragspartei, da der Vertrag zwischen dem Verantwortlichen und einer anderen natürlichen oder juristischen Person geschlossen wurde, wobei aber der Vertrag zugunsten der betroffenen Person als Dritte geschlossen wurde, § 328 BGB. Diese Ausnahmeregelung ist entsprechend derjenigen in Art. 49 Abs. 1 lit. b DSGVO zu interpretieren.[301]

4.3.5.4 Wichtige Gründe des öffentlichen Interesses

Gemäß Art. 49 Abs. 1 lit. d DSGVO ist eine Übermittlung von Daten in ein Drittland auch dann zulässig, wenn sie aus wichtigen Gründen des öffentlichen Interes-

[299] EDPB, Guidelines 2/2018 on derogations of Article 49 under Regulation 2016/679 (2018a), S. 9.

[300] Die Ausnahme gilt nicht für Tätigkeiten, die Behörden in Ausübung ihrer hoheitlichen Befugnisse durchführen, Art. 49 Abs. 3 DSGVO.

[301] Vgl. EDPB, Guidelines 2/2018 on derogations of Article 49 under Regulation 2016/679 (2018a), S. 9, 10.

ses notwendig ist.[302] Entsprechend Art. 49 Abs. 4 DSGVO muss das angeführte öffentliche Interesse im *Recht der EU oder im Recht des EU-Mitgliedstaats*, dem der Verantwortliche unterliegt, anerkannt sein.[303] Ein derartiges Interesse könnte bspw. der internationale Datenaustausch zwischen Wettbewerbs-, Steuer- oder Zollbehörden, zwischen Finanzaufsichtsbehörden oder zwischen für Angelegenheiten der sozialen Sicherheit oder für die öffentliche Gesundheit zuständigen Diensten sowie Übermittlungen an internationale humanitäre Organisation zur Erfüllung von Aufgaben im Rahmen des humanitären Völkerrechts sein.[304] Sowohl Private als auch Behörden können sich auf diese Ausnahmeregelung berufen.[305] Es sollte aber beachtet werden, dass diese Ausnahmebestimmung nur dann greift, wenn sich auch aus dem Unionsrecht oder dem Recht des Mitgliedstaats, dem der Verantwortliche unterliegt, ergibt, dass Datenübermittlungen zum Zwecke der Wahrung wichtiger öffentlicher Interessen zulässig sind. Der Abschluss eines durch die Mitgliedstaaten oder der EU ratifizierten internationalen Abkommens, welches ein bestimmtes Ziel anerkennt und zur Förderung dieses Ziels eine internationale Zusammenarbeit vorsieht, kann ein Hinweis auf das Vorliegen eines öffentlichen Interesses sein.[306]

Art. 49 Abs. 5 DSGVO enthält eine Öffnungsklausel. Liegt kein Angemessenheitsbeschluss nach Art. 45 DSGVO vor, so können im Recht der EU oder der EU-Mitgliedstaaten aus wichtigen Gründen des öffentlichen Interesses ausdrücklich Beschränkungen bzgl. der Übermittlung bestimmter Kategorien von personenbezogenen Daten in Drittländer vorgesehen werden. Dies ermöglicht EU-Mitgliedstaaten, die Übermittlung besonderer Kategorien personenbezogener Daten außerhalb der EU per Rechtsakt zu verhindern, wobei die Öffnungsklausel weder die Art der Daten noch der möglichen öffentlichen Interessen begrenzt.[307]

4.3.5.5 Geltendmachung, Ausübung oder Verteidigung von Rechtsansprüchen

Gemäß Art. 49 Abs. 1 lit. c DSGVO kann eine Datenübermittlung an ein Drittland erfolgen, wenn sie zur Geltendmachung, Ausübung oder Verteidigung von Rechtsansprüchen erforderlich ist. Der Begriff der Rechtsansprüche ist weit zu fassen, sodass auch ein Datentransfer im Rahmen von gerichtlichen Vorverfahren (sog. Pre-Trial-Discovery), Schiedsgerichtsverfahren oder Verwaltungsverfahren umfasst ist.[308] Maßgeblich ist, dass das Verfahren auf einer Rechtsgrundlage beruhen muss, welche ein förmliches, rechtlich geregeltes Verfahren vorsieht. Die Übermittlung muss auch im Rahmen eines Verfahrens erfolgen, sodass zwischen der Datenüber-

---

[302] Keine Anwendung findet die Norm aber auf Übermittlungen, die auf Grundlage der JI-Richtlinie (Richtlinie (EU) 2016/680) legitimiert sind.

[303] Siehe auch EDPB, Guidelines 2/2018 on derogations of Article 49 under Regulation 2016/679 (2018a), S. 10.

[304] ErwGr. 112 DSGVO.

[305] EDPB, Guidelines 2/2018 on derogations of Article 49 under Regulation 2016/679 (2018a), S. 11.

[306] EDPB, Guidelines 2/2018 on derogations of Article 49 under Regulation 2016/679 (2018a), S. 11.

[307] Pauly, in: Paal/Pauly, DSGVO BDSG, Art. 49 DSGVO (2017), Rn. 35.

[308] EDPB, Guidelines 2/2018 on derogations of Article 49 under Regulation 2016/679 (2018a), S. 11.

mittlung und dem konkreten Verfahren ein enger Zusammenhang bestehen muss.[309] Verantwortliche und Auftragsverarbeiter, welche eine entsprechende Übermittlung durchführen wollen, sollten zudem beachten, dass Normen aus dem nationalen Recht Verbote oder Beschränkungen für eine Offenlegung vorsehen können.[310]

Wie bereits bei den vorigen Ausnahmen festgestellt, muss auch hier die Datenübermittlung erforderlich für die Geltendmachung oder Verteidigung gegen Rechtsansprüche sein. Hierbei sollte berücksichtigt werden, ob es zum Erreichen eines effektiven Rechtsschutzes bereits ausreichend sein könnte, anonymisierte oder pseudonymisierte Daten zu übermitteln.[311]

4.3.5.6 Schutz lebenswichtiger Interessen

Eine Übermittlung personenbezogener Daten in ein Drittland ist zulässig, sofern diese zum Schutz lebenswichtiger Interessen der betroffenen Person oder anderer Personen erforderlich ist, vorausgesetzt die betroffene Person ist aus *physischen* oder *rechtlichen* Gründen *außerstande*, ihre Einwilligung zu erklären, Art. 49 Abs. 1 lit. f DSGVO.

Unter lebenswichtige Interessen fallen nur höchstrangige Interessen, wie z. B. die körperliche Unversehrtheit und das Leben.[312] Es kann unter dieser Ausnahmeregelung daher zulässig sein, Daten zum Zwecke von medizinisch notwendigen Versorgungsmaßnahmen, zur Abwendung von persönlichen Notlagen (z. B. Räumung einer Wohnung) oder in Fällen von humanitären Notfallsituationen zu verarbeiten.[313]

4.3.5.7 Übermittlung aus einem Register

Gemäß Art. 49 Abs. 1 lit. g, 2 DSGVO kann eine solche Übermittlung auch rechtmäßig sein, wenn sie aus einem öffentlichen Register erfolgt und nicht die Gesamtheit oder ganze Kategorien der im Register enthaltenen personenbezogenen Daten von der Übermittlung umfasst sind. Ein solches Einsichtnahmerecht besteht aber nur im gleichen Umfang, wie es im Recht des entsprechenden Mitgliedsstaates vorgesehen ist. Dies bedeutet, eine Übermittlung kann nur dann stattfinden, wenn eine nationale Rechtsnorm eine Offenlegung vorsieht und die Voraussetzungen dieser Norm im Einzelfall erfüllt sind.

Öffentlich ist ein Register, wenn dessen Informationen entweder für die gesamte Öffentlichkeit bestimmt oder allen Personen, die ein nachweisliches Interesse daran haben, zugänglich sind (wie z. B. Unternehmensregister, Verbandsregister, Strafregister, Grundbücher oder öffentliche Fahrzeugregister). Ausdrücklich ausgenommen sind durch Private unterhaltene Register (z. B. private Register zur Kreditwürdigkeit).[314]

---

[309] EDPB, Guidelines 2/2018 on derogations of Article 49 under Regulation 2016/679 (2018a), S. 11.

[310] EDPB, Guidelines 2/2018 on derogations of Article 49 under Regulation 2016/679 (2018a), S. 11.

[311] EDPB, Guidelines 2/2018 on derogations of Article 49 under Regulation 2016/679 (2018a), S. 11.

[312] ErwGr. 112 DSGVO.

[313] EDPB Guidelines 2/2018 on derogations of Article 49 under Regulation 2016/679 (2018a), S. 12, 13.

[314] EDPB Guidelines 2/2018 on derogations of Article 49 under Regulation 2016/679 (2018a), S. 14.

Verantwortliche und Auftragsverarbeiter sollten beachten, dass nicht die Gesamtheit der Daten im Register auf Grundlage der Ausnahme übermittelt werden darf, Art. 49 Abs. 2 DSGVO. Sollte das Register nur die Einsichtnahme durch Personen mit einem berechtigten Interesse erlauben, so darf eine Übermittlung nur auf Anfrage dieser Person oder nur dann erfolgen, wenn die Person Adressat der Übermittlung ist.[315]

4.3.5.8 Wahrung der zwingenden berechtigten Interessen des Verantwortlichen

Gemäß Art. 49 Abs. 1 S. 2 DSGVO dieser Bestimmung kann eine Datenübermittlung in ein Drittland in begrenzten Fällen erfolgen, sofern sie zur Wahrung der zwingenden berechtigten Interessen des Verantwortlichen erforderlich ist. Ausgehend vom unmissverständlichen Wortlaut der Bestimmung kann sie nicht als Ausnahmereglung für Auftragsverarbeiter angewandt werden, die personenbezogene Daten an nicht in der EU niedergelassene Unter-Auftragsverarbeiter übermitteln möchten.[316] Diese *Generalklausel* gelangt nur zur Anwendung, falls die Übermittlung nicht auf eine andere Garantie oder Ausnahmeregelung (also die Art. 45, 46, 49 Abs. 1 S. 1 DSGVO) gestützt werden kann und sofern der datenübermittelnde Verantwortliche eine Reihe von Tatbestandvoraussetzungen erfüllt:

- die Übermittlung erfolgt *nicht wiederholt*;
- die Übermittlung betrifft nur eine *begrenzte Zahl von betroffenen* Personen;
- die Übermittlung ist für die Wahrung der *zwingenden berechtigten Interessen* des Verantwortlichen erforderlich;
- diese berechtigten Interessen werden *nicht* von den Interessen oder Rechten und Freiheiten der betroffenen Person *überwogen*; und
- der Verantwortliche hat alle Umstände der Datenübermittlung beurteilt und auf der Grundlage dieser Beurteilung *geeignete Garantien* in Bezug auf den Schutz personenbezogener Daten vorgesehen.

Eine solche Beurteilung sollte insbesondere die Art der personenbezogenen Daten, den Zweck und die Dauer der vorgesehenen Verarbeitungsvorgänge, die Datenschutzsituation im Herkunftsland, im entsprechenden Drittland und im Endbestimmungsland besonders berücksichtigen.[317]

Die Merkmale „nicht wiederholt" oder „begrenzte Anzahl" werden nicht weiter ausgeführt. Eine Übermittlung könnte bspw. entweder als „sich wiederholend" anzusehen sein, sobald sie mehr als einmal oder mit einer gewissen Regelmäßigkeit stattfindet.[318] In jedem Fall sollen die zahlreichen Tatbestandsvoraussetzungen den

---

315 EDPB Guidelines 2/2018 on derogations of Article 49 under Regulation 2016/679 (2018a), S. 14.

316 Kremer, in: Laue/Kremer, Das neue Datenschutzrecht in der betrieblichen Praxis, § 5 Auftragsverarbeitung und Berarbeitung im Drittland (2019), Rn. 67.

317 ErwGr. 113 DSGVO.

318 Kremer, in: Laue/Kremer, Das neue Datenschutzrecht in der betrieblichen Praxis, § 5 Auftragsverarbeitung und Berarbeitung im Drittland (2019), Rn. 69.

Ausnahmecharakter dieser Regelung hervorheben. Alle Voraussetzungen der Vorschrift dürften nur in sehr wenigen Fällen zugleich vorliegen und ihre Anwendung erfordert einen erhöhten Prüfungsaufwand für den Verantwortlichen.[319] Datenübermittlungen auf Grundlage dieser Ausnahmeregelung sollten deshalb nur stattfinden, wenn keine andere Garantie oder Ausnahmeregelung erfüllt werden kann.[320] Abgesehen von der Notwendigkeit des Vorliegens der verschiedenen Tatbestandsvoraussetzungen lösen solche Übermittlungen auch zusätzliche Datenschutzverpflichtungen für den Verantwortlichen aus:

- der Verantwortliche hat die Aufsichtsbehörde von einer solchen Übermittlung in Kenntnis zu setzen;
- der Verantwortliche hat die betroffene(n) Person(en) über die Übermittlung und über seine zwingenden berechtigten Interessen in Kenntnis zu setzen;
- der Verantwortliche hat die von ihm vorgenommene Beurteilung sowie die angemessenen Garantien in den Verzeichnissen über die Verarbeitungstätigkeiten zu dokumentieren (siehe Abschn. 3.6), Art. 49 Abs. 6 DSGVO.

Ausgehend von den vielen zu erfüllenden Bedingungen für eine rechtmäßige Datenübermittlung nach Art. 49 Abs. 1 Unterabs. 2 DSGVO dürfte diese Regelung in der Praxis nur sehr selten zur Anwendung gelangen.

4.3.6 Nach dem Unionsrecht nicht zulässige Übermittlungen oder Offenlegungen

Gem. Art. 48 DSGVO ist es Verantwortlichen oder Auftragsverarbeitern nur erlaubt, Daten auf Grundlage eines Urteils eines Gerichts oder Entscheidung einer Verwaltungsbehörde eines Drittlandes an diese zu übermitteln/offenzulegen, wenn eine entsprechende internationale Übereinkunft zwischen dem ersuchenden Drittland und der EU oder dem Mitgliedstaat besteht. Diese Norm dient sowohl dem Schutze der personenbezogenen Daten von betroffenen Personen als auch dem Schutz der völkerrechtlich garantierten Hoheitsgewalt eines Staates über sein Territorium (Art. 2 Nr. 4 Charta der Vereinten Nationen).

In einem besonderen Spannungsverhältnis zum Art. 48 DSGVO steht der US-amerikanische Clarifying Lawful Overseas Use of Data Act (sog. Cloud Act). Durch den Cloud Act ist es US-Amerikanischen Behörden möglich, die Herausgabe von Daten von US-amerikanischen Unternehmen zu verlangen, unabhängig davon, wo diese Daten auf der Welt gespeichert sind. Art. 48 DSGVO sieht aber vor, dass eine solche Offenlegung nur auf Grundlage einer internationalen Übereinkunft stattfinden kann (z. B. einem Rechtshilfeabkommen). Bislang ist letzteres zwischen der EU und den USA nicht vereinbart, sodass eine auf Grundlage des Cloud Act

[319] V. d. Bussche/Raguse, in: Plath, DSGVO BDSG TTDSG, Art. 49 DSGVO (2023), Rn. 34.
[320] ErwGr. 113 DSGVO.

motivierte Datenübermittlung sich nach den allgemeinen Bestimmungen der DSGVO zu richten hat. Mit dieser Frage haben sich der EDSA und der Europäische Datenschutzbeauftragte (EDSB) befasst.[321] In ihrer Prüfung kamen der EDSA und der EDSB zum Ergebnis, dass ohne ein wirksames Rechtshilfeabkommen eine rechtmäßige Verarbeitung mangels Rechtsgrundlage schwierig sei. Denn ohne Rechtshilfeabkommen bestehe keine rechtliche Verpflichtung, welche eine Verarbeitung nach Art. 6 Abs. 1 S. 1 lit. c DSGVO rechtfertigen könne, zudem sei nur in Ausnahmen eine Verarbeitung zur Wahrung lebenswichtiger Interessen nach Art. 6 Abs. 1 S. 1 lit. d DSGVO denkbar.[322] Ferner sei eine Übermittlung in ein Drittland nur auf Grundlage des Art. 49 Abs. 1 S. 1 lit. e DSGVO (siehe Abschn. 4.3.5.5) und Art. 49 Abs. 1 S. 1 lit. f DSGVO (siehe Abschn. 4.3.5.6) derzeit möglich.[323]

Neben der Problematik, ob ein Ersuchen auf Grundlage des Cloud Act im Einklang mit der DSGVO steht, stellt sich auch die Frage, ob der Einsatz von US-amerikanischen Auftragsverarbeitern noch unter Wahrung der Rechte und Freiheiten von betroffenen Personen möglich ist. Angesichts des von der DSGVO verfolgten risikobasierten Ansatzes erscheint die bloße Möglichkeit eines Datenzugriffes durch US-Behörden nicht ausreichend, um pauschal ein Verbot für den Einsatz von US-Unternehmen auszusprechen. Dennoch müsse ein entsprechendes Risiko im Rahmen des Abschlusses eines Auftragsverarbeitungsvertrages mitberücksichtigt werden.[324]

4.4 Eingeschränktes „Konzernprivileg"

Als Erschwernis insbesondere für große Unternehmensgruppen sieht die DSGVO kein Konzernprivileg vor.[325] Das bedeutet, dass Datenübermittlungen zwischen den verschiedenen Gruppenunternehmen einer Rechtsgrundlage bedürfen und daher wie jede andere Datenübermittlung zwischen nicht verbundenen Unternehmen behandelt werden.[326]

Obwohl in der DSGVO *kein Konzernprivileg* vorgesehen ist, vereinfacht die Verordnung gruppeninterne Datentransfers dennoch wenigstens zu einem gewissen Grad. Denn einige der materiellen Anforderungen und der Anforderungen an die Datenschutzorganisation können von Gruppenunternehmen auf vereinfachte Art und Weise erfüllt werden. Als Ausgleich dafür werden den Gruppenunternehmen jedoch teilweise verschärfte Datenschutzpflichten auferlegt, sobald es mehrere Ver-

[321] EDPB, EDPS, Annex.

[322] EDPB, EDPS, Annex, S. 4 ff.

[323] EDPB, EDPS, Annex, S. 6 ff.

[324] So auch: Gabel, in: Taeger/Gabel, DSGVO BDSG TTDSG, Art. 48 DSGVO (2022) Rn. 8.

[325] Art. 4 Nr. 19 DSGVO definiert die „Unternehmensgruppe" als eine Gruppe, die aus einem herrschenden Unternehmen und den von diesem abhängigen Unternehmen besteht.

[326] Dazu ausführlich Voigt, CR 2017, 428, 428 ff.

antwortliche für die Verarbeitung gibt, da in diesem Fall eine sorgfältige Verteilung der Verantwortlichkeiten stattfinden muss.[327]

4.4.1 Eigenständige Datenschutzverantwortlichkeit jedes Gruppenunternehmens

Jedes Gruppenunternehmen trifft eine eigene Verantwortlichkeit für diejenigen Datenverarbeitungstätigkeiten, welche unter seiner Aufsicht stattfinden. Daraus folgt, dass für alle stattfindenden Verarbeitungstätigkeiten in der Unternehmensgruppe die datenschutzrechtliche Stellung jedes beteiligten Gruppenunternehmens einer genauen Prüfung bedarf. Ein jedes Unternehmen könnte Verantwortlicher (siehe Abschn. 2.2.1) oder Auftragsverarbeiter (siehe Abschn. 2.2.2) sein, abhängig von den konkreten Umständen der Verarbeitungssituation. Unabhängig von der Verbundenheit der verschiedenen Unternehmen treffen jedes Gruppenunternehmen eigenständige Verpflichtungen, um u. a. ein nach der DSGVO angemessenes Datenschutzniveau zu gewährleisten.

Verarbeitungssituationen, an denen verschiedene Unternehmen derselben Unternehmensgruppe beteiligt sind, erweisen sich häufig als äußerst komplex. Mehrere Gruppenunternehmen können bspw. die verschiedenen Zwecke und Mittel der Verarbeitung gemeinsam festlegen. Aufgrund einer solchen Möglichkeit hat der europäische Gesetzgeber das Konzept der *gemeinsam für die Verarbeitung Verantwortlichen* in Art. 26 DSGVO eingeführt (für Einzelheiten siehe Abschn. 3.3). Das Konzept ist kein Konzernprivileg, sondern soll vielmehr eine klare Verteilung der Datenschutzverantwortlichkeiten erreichen, sofern die Zwecke und Mittel der Verarbeitung gemeinsam von mehreren Unternehmen festgelegt werden. Betroffene sollen datenschutzrechtlich nicht schlechter gestellt werden, sofern sie sich mehreren datenverarbeitenden Unternehmen gegenübergestellt sehen.[328] Gemeinsam für die Verarbeitung Verantwortliche teilen sich die Datenschutzpflichten nach der DSGVO und müssen die Verantwortlichkeiten eindeutig festlegen.

Beispiel

Unternehmen D ist ein in Japan niedergelassener Autohersteller. D verkauft seine Autos nach Japan, in die USA und in bestimmte EU-Mitgliedstaaten. D hat eine Tochtergesellschaft in den Niederlanden (D-Niederlande), die von D beherrscht wird. D-Niederlande ist für die Betreuung der europäischen Kunden und die Verarbeitung ihrer Bestellungen verantwortlich. Zu diesem Zweck erhebt und verarbeitet D-Niederlande personenbezogene Daten der Kunden. Kürzlich hat sich die D-Gruppe zur Schaffung einer neuen Datenschutz-Policy entschlossen, die nationale Besonderheiten berücksichtigen soll. Zu diesem Zweck

[327] Dammann, ZD 2016, 307, 312.

[328] Dovas, ZD 2016, 512, 514.

haben D und D-Niederlande vereinbart, welche und wessen Daten für wie lange und zu welchem Zweck verarbeitet werden und mit welchen Mitteln die Verarbeitung durchgeführt wird. Außerdem wurde vereinbart, für welchen Zeitraum und auf welche Weise die Speicherung der Daten erfolgen soll.

In diesem Beispiel haben D und D-Niederlande gemeinsam die Zwecke und Mittel der Verarbeitung festgelegt. Sie sind gemeinsam für die Verarbeitung Verantwortliche, die beide der D-Gruppe angehören. Sie müssen eine Vereinbarung treffen und das Wesentliche dieser Vereinbarung den Kunden zur Verfügung stellen. Darin werden sie ihre jeweiligen Verpflichtungen und Verantwortlichkeiten im Hinblick auf den Datenschutz festlegen. Die beiden Unternehmen könnten vereinbaren, dass D-Niederlande als Anlaufstelle für die Kunden in der EU dienen soll (gemäß Art. 26 Abs. 3 DSGVO). ◄

4.4.2 Erleichterungen in Bezug auf die materiellen Anforderungen

Obwohl Gruppenunternehmen eigenständige Datenschutzverpflichtungen treffen, wurde ihre enge Verbundenheit und gegenseitige Abhängigkeit vom europäischen Gesetzgeber berücksichtigt. Zwar sieht die DSGVO keine besondere Rechtsgrundlage für gruppeninterne Datenverarbeitungsvorgänge vor, einige Bestimmungen der Verordnung erleichtern eine solche Verarbeitung jedoch.[329]

Wie bereits erwähnt (siehe Abschn. 4.2), unterliegt jede Datenverarbeitung einem Verbot mit Erlaubnisvorbehalt. Im Falle gruppeninterner Verarbeitungsvorgänge könnte *Art. 6 Abs. 1 S. 1 lit. f DSGVO* eine hinreichende Rechtsgrundlage für die Verarbeitung bieten. Gemäß dieser Bestimmung ist eine Datenverarbeitung rechtmäßig, sofern sie zur Wahrung der berechtigten Interessen des Verantwortlichen oder eines Dritten erforderlich ist und sofern nicht die Interessen oder Grundrechte und Grundfreiheiten der betroffenen Person überwiegen (für Einzelheiten siehe Abschn. 4.2.2.3). Laut ErwGr. 48 der DSGVO können Verantwortliche, die Teil einer Unternehmensgruppe sind, ein berechtigtes Interesse haben, personenbezogene Daten innerhalb der Unternehmensgruppe für interne Verwaltungszwecke, einschließlich der Verarbeitung personenbezogener Daten von Kunden und Beschäftigten, zu übermitteln. In diesem Zusammenhang ist es für Unternehmensgruppen vorteilhaft, dass die berechtigten Interessen der Gruppenunternehmen als Dritte im Sinne der DSGVO berücksichtigungsfähig sind.[330] Nichtsdestotrotz begründet der Erlaubnistatbestand kein wirkliches Konzernprivileg, da eine sorgfältige Interessenabwägung im Hinblick auf alle Beteiligten und für jeden Einzelfall weiterhin stattfinden muss.

---

[329] Dazu ausführlich Voigt, CR 2017, 428, 429 ff.

[330] Lachenmann, DSRITB 2016, 535, 541.

4.4.3 Erleichterungen in Bezug auf die Datenschutzorganisation

Gruppeninterne Datenübermittlungen gehören zum Alltag in Unternehmensgruppen und sind für ihr operatives Geschäft unerlässlich.[331] In Anbetracht der separaten Datenschutzverantwortlichkeit eines jeden Gruppenunternehmens sind diese Übermittlungen regelmäßig mit erhöhtem organisatorischem Aufwand verbunden. Um diesen Mehraufwand auszugleichen, ermöglicht die DSGVO Unternehmensgruppen einen *gemeinsamen Datenschutzbeauftragten* für alle Gruppenunternehmen zu benennen, Art. 37 Abs. 2 DSGVO (siehe Abschn. 3.10.1.3). Ausgehend von seiner Aufgabe zur Hilfestellung in Bezug auf die Einhaltung der DSGVO durch das Unternehmen (siehe Abschn. 3.10.4) kann ein gemeinsamer Datenschutzbeauftragter, der für die gesamte Unternehmensgruppe zuständig ist, datenschutzrechtliche Ratschläge in Bezug auf die konkreten gruppeninternen Bedürfnisse und Herausforderungen erteilen.

Zudem können Unternehmensgruppen ein einheitliches Konzept in Bezug auf die Umsetzung der Anforderungen der DSGVO an die Datenschutzorganisation entwickeln. Die verschiedenen Gruppenunternehmen könnten die gleichen Vorlagen verwenden, z. B. um die Einwilligung der Betroffenen in die Verarbeitung einzuholen. Die Unternehmensgruppe kann die Verzeichnisse über die Verarbeitungstätigkeiten aller Gruppenunternehmen zentralisieren und der ggf. benannte gemeinsame Datenschutzbeauftragte könnte diese Verzeichnisse führen.

Schließlich können *Binding Corporate Rules* (siehe Abschn. 4.3.3) für Unternehmensgruppen eine hohe praktische Relevanz einnehmen. Gruppenunternehmen können genehmigte Binding Corporate Rules für ihre internationalen Datenübermittlungen aus der EU an Gruppenunternehmen in Drittländern einsetzen, vorausgesetzt, dass die Vorschriften alle wesentlichen Datenschutzgrundsätze und -pflichten berücksichtigen, um angemessene Sicherheitsgarantien für Datenübermittlungen vorzusehen.[332] Allerdings steht es Unternehmensgruppen frei, auch andere Garantien für internationale Datentransfers anzuwenden, wie bspw. Angemessenheitsbeschlüsse (siehe Abschn. 4.3.1), EU-Standardvertragsklauseln (siehe Abschn. 4.3.2) oder genehmigte Verhaltensregeln (siehe Abschn. 4.3.4).

Referenzen

Albers M, Veit RD (01.08.2023) Art. 6, 9 DSGVO. In: Wolff HA, Brink S, von Ungern Sternberg A (Hrsg), Beck'scher Online-Kommentar Datenschutzrecht, 45. Aufl. C.H. Beck, München

Art. 29 Datenschutzgruppe (2005) Häufig gestellte Fragen zu bestimmten Aspekten im Zusammenhang mit em Inkrafttreten des Beschlusses 2010/87/EU der Kommission vom 5. Februar 2010 über Standardvertragsklauseln für die Übermittlung personenbezogener Daten an Auftragsverarbeiter in Drittländer nach der Richtlinie 95/46/EG, WP 114 (zitiert nach englischem Original)

[331] Lachenmann, DSRITB 2016, 535, 536.

[332] ErwGr. 110 DSGVO.

Art. 29 Datenschutzgruppe (2010) Arbeitspapier über eine gemeinsame Auslegung des Artikels 26 Absatz 1 der Richtlinie 95/46/EG vom 24. Oktober 1995, WP 176 (zitiert nach englischem Original)
Art. 29 Datenschutzgruppe (2011) Stellungnahme 15/2011 zur Definition von Einwilligung, WP 187 (zitiert nach englischem Original)
Art. 29 Datenschutzgruppe (2013a) Stellungnahme 03/2013 zur Zweckbindung, WP 203 (zitiert nach englischem Original)
Art. 29 Datenschutzgruppe (2013b) Erläuterndes Dokument zu verbindlichen unternehmensinternen Datenschutzregelungen für Auftragsverarbeiter, WP 204 (zitiert nach englischem Original)
Art. 29 Datenschutzgruppe (2014) Stellungnahme 06/2014 zum Begriff des berechtigten Interesses des für die Verarbeitung Verantwortlichen gemäß Artikel 7 der Richtlinie 95/46/EG, WP 217 (zitiert nach englischem Original)
Art. 29 Datenschutzgruppe (2018a) Arbeitspapier mit einer Übersicht über die Bestandteile und Grundsätze verbindlicher interner Datenschutzvorschriften (BCR) für Auftragsverarbeiter, WP 257 (zitiert nach englischem Original)
Art. 29 Datenschutzgruppe (2018b) Arbeitspapier zur Festlegung eines Verfahrens der Zusammenarbeit für die Genehmigung von „verbindlichen unternehmensinternen Datenschutzregelungen" für Verantwortliche und Auftragsverarbeiter im Rahmen der DSGVO, WP 263 (zitiert nach englischem Original)
Art. 29 Datenschutzgruppe (2018c) Empfehlung für das Standardantrafsformular für die Genehmigung von verbindlichen unternehmensinternen Datenschutzregelungen für die Übermittlung personenbezogener Daten durch den Auftragsverarbeiter, WP 265 (zitiert nach englischem Original)
Art. 29 Datenschutzgruppe (2018d) Leitlinien in Bezug auf die Einwilligung gemäß Verordnung 2016/679, WP 259 (zitiert nach englischem Original)
Bäcker M (01.08.2023) Art. 10 DSGVO. In: Wolff HA, Brink S, von Ungern Sternberg A (Hrsg), Beck'scher Online-Kommentar Datenschutzrecht, 45. Aufl. C.H. Beck, München
Baumgartner U, Hansch G, Roth H (2021) Die neuen Stadardvertragsklauseln der EU-Kommission für Datenübermittlungen in Drittstaaten. ZD 11(11):608–613
Bayrisches Landesamt für Datenschutzaufsicht (2017) Verarbeitung personenbezogener Daten für Werbung. https://www.lda.bayern.de/media/baylda_ds-gvo_12_advertising.pdf. Zugegriffen am 23.11.2023
Bergt M (2021) Form I. II. In: Koreng A, Lachenmann M (Hrsg), Formularhandbuch Datenschutzrecht, 3. Aufl. C.H. Beck, München
Buchner B, Petri T (2020) Art. 6 DSGVO. In: Kühling J, Buchner B (Hrsg) Datenschutz-Grundverordnung BDSG, 3. Aufl. C.H. Beck, München
von dem Bussche AF (2014) § 31 – Modul 2 der EU-Standardvertragsklauseln für die Übermittlung personenbezogener Daten an Drittländer (Verantwortlicher – Auftragsverarbeiter). In: Moos F (Hrsg), Datennutzungs- und Datenschutzverträge, 4. Aufl. Dr. Otto Schmidt, Köln
von dem Bussche AF (2019) Rechtliche Anforderungen an Datenverarbeitungen. In: von dem Bussche AF, Voigt P (Hrsg), Konzerndatenschutz Rechtshandbuch, 2. Aufl. C.H. Beck, München
von dem Bussche AF, Raguse K (2023) Art. 45, 49 DSGVO. In: Plath K-U, Struck MA (2023) Art. 2, 3 DSGVO. In: Plath K-U (Hrsg), DSGVO BDSG TTDSG, 4. Aufl. Dr. Otto Schmidt, Köln
von dem Bussche AF, Raguse K (2023) Art. 45, 49 DSGVO. In: Plath K-U (Hrsg.), DSGVO BDSG TTDSG, 4. Aufl. Dr. Otto Schmidt, Köln
von dem Bussche AF, Zeiter A (2016) Practitioner's corner – implementing the EU general data protection regulation: a business perspective. EDPL 2(4):576–581
von dem Bussche AF, Zeiter A, Brombach T (2016) Die Umsetzung der Vorgaben der EU-Datenschutz-Grundverordnung durch Unternehmen. DB 69(23):1359–1365
Dammann U (2016) Erfolge und Defizite der EU-Datenschutzgrundverordnung – Erwarteter Fortschritt, Schwächen und überraschende Innovationen. ZD 6(7):307–314
Datenschutzkonferenz (2019) Kurzpapier Nr. 20: Einwilligung nach der DS-GVO
Deutscher Bundestag (2017a) Drucksache 18/11325

Deutscher Bundestag (2017b) Drucksache 18/11655
Dovas M-U (2016) Joint Controllership – Möglichkeiten oder Risiken der Datennutzung? ZD 6(11):512–517
Ernst S (2021) Art. 4 DSGVO. In: Paal BP, Pauly DA (Hrsg) Datenschutz-Grundverordnung Bundesdatenschutzgesetz, 3. Aufl. C.H. Beck, München
Europäischer Datenschutzausschuss (2018a) Leitlinien 2/2018 zu den Ausnahmen nach Artikel 49 der Verordnung 2016/679 (zitiert nach englischem Original)
Europäischer Datenschutzausschuss (2020a) Leitlinien 04/2019 zu Artikel 25 Datenschutz durch Technikgestaltung und durch datenschutzfreundliche Voreinstellungen, Version 2.0 (zitiert nach englischem Original)
Europäischer Datenschutzausschuss (2020b) Leitlinien 05/2020 zur Einwilligung gemäß Verordnung 2016/679, Version 1.1 (zitiert nach englischem Original)
Europäischer Datenschutzausschuss (2021) Empfehlungen 01/2020 zu Maßnahmen zur Ergänzung von Übermittlungstools zur Gewährleistung des unionsrechtlichen Schutzniveaus für personenbezogene Daten, Version 2.0 (zitiert nach englischem Original)
Europäischer Datenschutzausschuss (2023) Empfehlungen 01/2022 zum Antrag auf Zulassung und über die Bestandteile und Grundsätze verbindlicher interner Datenschutzvorschriften (zitiert nach englischem Original)
Europäischer Datenschutzausschuss, Europäische Datenschutzbeauftragte (2021a) Gemeinsame Stellungnahme 1/2021 des EDSA und des EDSB zum Durchführungsbeschluss der Europäischen Kommission über Standardvertragsklauseln zwischen Verantwortlichen und Auftragsverarbeitern für die in Artikel 28 Absatz 7 der Verordnung (EU) 2016/679 und Artikel 29 Absatz 7 der Verordnung (EU) 2018/1725 genannten Aspekte (zitiert nach englischem Original)
Frenzel EM (2021) Art. 5, 6, 7, 8, 9, 10 DSGVO. In: Paal BP, Pauly DA (Hrsg) Datenschutz-Grundverordnung Bundesdatenschutzgesetz, 3. C.H. Beck, München
Gabel D (2022) Art. 48 DSGVO. In: Taeger J, Gabel D (Hrsg), DSGVO BDSG TTDSG, 4. Aufl. Fachmedien Recht und Wirtschaft, Frankfurt am Main
Gierschmann S (2016) Was „bringt" deutschen Unternehmen die DSGVO? – Mehr Pflichten, aber die Rechtsunsicherheit bleibt. ZD 6(2):51–55
Gola P (2022) Art. 10 DSGVO. In: Gola P, Heckmann D (Hrsg) Datenschutzgrundverordnung Bundesdatenschutzgesetz Kommentar, 3. Aufl. C.H. Beck, München
Gola P, Schulz S (2013) DSGVO – Neue Vorgaben für den Datenschutz bei Kindern? – Überlegungen zur einwilligungsbasierten Verarbeitung von personenbezogenen Daten Minderjähriger. ZD 3(10):475–481
Gräber T, Nolden C (2021) § 26 BDSG. In: Paal BP, Pauly DA (Hrsg), Datenschutz-Grundverordnung Bundesdatenschutzgesetz, 3. Aufl. C.H. Beck, München
Härting N (2016) Datenschutz-Grundverordnung. Dr. Otto Schmidt, Köln
Jacquemain T, Klein D, Mühlenbeck R, Pabst HJ, Pieper FU, Schwartmann R (2020) Art. 6 DSGVO. In: Schwartmann R, Jaspers A, Thüsing G, Kugelmann D (Hrsg) Datenschutz-Grundverordnung Bundesdatenschutzgesetz, 2. Aufl. C.F. Müller, Heidelberg
Janicki T (2019) Die Einwilligungsfähigkeit zwischen Digitalisierung und demographischem Wandel. DSRITB 10:313–326
Kamp M (2019) Verbindiche interne Datenschutzvorschriften. In: von dem Bussche AF, Voigt P (Hrsg), Konzerndatenschutz Rechtshandbuch, 2. Aufl. C.H. Beck, München
Kampert D (2022) Art. 8 DSGVO. In: Sydow G, Marsch N (Hrsg) DSGVO BDSG, 3. Aufl. Nomos, Baden-Baden
Karg M (2016) Gegenwart und Zukunft der Angemessenheit des Datenschutzniveaus im außereuropäischen Datenverkehr. VuR 31(12):457–465
Karg M (01.08.2022) Art. 8 DSGVO. In: Wolff HA, Brink S, von Ungern-Sternberg A (Hrsg), Beck'scher Online-Kommentar Datenschutzrecht, 45. Aufl. C.H. Beck, München
Kremer S (2019) § 2 Zulässigkeit der Verarbeitung, § 5 Auftragsverarbeitung und Verarbeitung im Drittland. In: Laue P, Kremer S (Hrsg) Das neue Datenschutzrecht in der betrieblichen Praxis, 2. Aufl. Nomos, Baden-Baden

Lachenmann M (2016) Smart-Groups – Smart Transfers! Konzerndatenübermittlung in der Datenschutzgrundverordnung. DSRITB 7:535–550
Mester BA (2022) Art. 9 DSGVO. In: Taeger J, Gabel D (Hrsg), DSGVO BDSG TTDSG, 4. Aufl. Fachmedien Recht und Wirtschaft, Frankfurt am Main
Monreal M (2016) Weiterverarbeitung nach einer Zweckänderung in der DS-GVO. ZD 6(11):507–512
Nebel M, Richter P (2012) Datenschutz bei Internetdiensten nach der DS-GVO – Vergleich der deutschen Rechtslage mit dem Kommissionsentwurf. ZD 2(9):407–413
Nolde M (2022) Art. 10 DSGVO. In: Taeger J, Gabel D (Hrsg), DSGVO BDSG TTDSG, 4. Aufl. Fachmedien Recht und Wirtschaft, Frankfurt am Main
Pauly DA (2017) Art. 46, 47, 49 DSGVO. In: Paal BP, Pauly DA (Hrsg), Datenschutz-Grundverordnung Bundesdatenschutzgesetz, 3. Aufl. C.H. Beck, München
Petri T (2019) Art. 10 DSGVO. In: Simitis S, Hornung G, Spiecker gen. Döhmann I (Hrsg), Datenschutzrecht DSGVO mit BDSG, 1. Aufl. Nomos, Baden-Baden
Piltz C (2016) Die Datenschutz-Grundverordnung. K&R 19(9):557–567
Plath K-U (2023) Art. 5, 7, 9, 27 DSGVO. In: Plath K-U (Hrsg), DSGVO BDSG TTDSG, 4. Aufl. Dr. Otto Schmidt, Köln
Plath K-U, Struck MA (2023) Art. 6 DSGVO. In: Plath K-U (Hrsg), DSGVO BDSG TTDSG, 4. Aufl. Dr. Otto Schmidt, Köln
Pötters (2022) Art. 5 DSGVO. In: Gola P, Heckmann D (Hrsg), Datenschutzgrundverordnung Bundesdatenschutzgesetz Kommentar, 3. Aufl. C.H. Beck, München
Reimer P (2022) Art. 5, 6 DSGVO. In: Sydow G, Marsch N (Hrsg) DSGVO BDSG, 3. Aufl. Nomos, Baden-Baden
Reuter W, Voigt P (2022) Die neuen EU-Standardvertragsklauseln – Best Practise. DSB 13(11):309–312
Roßnagel A, Nebel M, Richter P (2015) Was bleibt vom Europäischen Datenschutzrecht? – Überlegungen zum Ratsentwurf der DSGVO. ZD 5(10):455–460
Sächsischer Datenschutzbeauftragter (2019) Tätigkeitsbericht des Sächsischen Datenschutzbeauftragten 2019 Berichtszeitraum: 1. Januar 2019 bis 31. Dezember 2019. https://www.zaftda.de/tb-bundeslaender/sachsen/landesdatenschutzbeauftragter-6/750-20-tb-lfd-sachsen-2019-o-drs-nr-vom-22-12-2020/file. Zugegriffen am 23.11.2023
Schantz P (2016) Die Datenschutz-Grundverordnung – Beginn einer neuen Zeitrechnung im Datenschutzrecht. NJW 69(26):1841–1847
Schantz P (2017) Zulässigkeit der Verarbeitung besonderer Kategorien personenbezogener Daten. In: Schantz P, Wolff HA (Hrsg) Das neue Datenschutzrecht. C. H. Beck, München
Schantz P (2019) Art. 6 Abs. 1 DSGVO. In: Simitis, Hornung, Spiecker gen., Döhmann (Hrsg), Datenschutzrecht DSGVO mit BDSG, 1. Aufl. Nomos, Baden-Baden
Schantz P (01.11.2021) Art. 5 DSGVO. In: Wolff HA, Brink S, von Ungern-Sternberg A (Hrsg), Beck'scher Online-Kommentar Datenschutzrecht, 45. Aufl. C.H. Beck, München
Schröder C (2020) Art. 47 DSGVO. In: Kühling J, Buchner B (Hrsg), Datenschutz-Grundverordnung BDSG, 3. Aufl. C.H. Beck, München
Schulz S (2022) Art. 6, 7, 8, 9 DSGVO. In: Gola P, Heckmann D (Hrsg), Datenschutz-Grundverordnung Bundesdatenschutzgesetz Kommentar, 3. Aufl. C.H. Beck, München
Simitis S (2014) §§ 3, 28, 32 BDSG. In: Simitis S (Hrsg) Bundesdatenschutzgesetz, 8. Aufl. Nomos, Baden-Baden
Stemmer B (01.05.2022) Art. 7 DSGVO. In: Wolff HA, Brink S, von Ungern-Sternberg A (Hrsg), Beck'scher Online-Kommentar Datenschutzrecht, 45. Aufl. C.H. Beck, München
Taeger J (2022) Art. 6, 7, 8 DSGVO. In: Taeger J, Gabel D (Hrsg) DSGVO BDSG TTDSG, 4. Aufl. Fachmedien Recht und Wirtschaft, Frankfurt am Main
Voigt P (2017) Konzerninterner Datentransfer – Praxisanleitung zur Schaffung eines Konzernprivilegs. CR 33(7):428–433
Voigt P (2020a) Anforderungen an Drittlandtransfers – ungeklärte Fragen. CR 36(5):315–320
Voigt P (2021) Neue Standardvertragsklauseln für internationale Datentransfers. CR 37(7):458–465

Voigt P (2022) Art. 5 DSGVO. In: Taeger J, Gabel D (Hrsg), DSGVO BDSG TTDSG, 4. Aufl. Fachmedien Recht und Wirtschaft, Frankfurt am Main

Voigt P, von dem Bussche AF (2019) Standardvertragsklauseln. In: von dem Bussche AF, Voigt P (Hrsg), Konzerndatenschutz Rechtshandbuch, 2. Aufl. C.H. Beck, München

Voigt P, von dem Bussche AF, Schmalenberger A (2022) Trans-Atlantic Data Privacy Framework – was sind die Folgen für internationale Datentransfers? DSB 13(5):140–142

Weichert T (2020) Art. 9, 10 DSGVO. In: Kühling J, Buchner B (Hrsg), Datenschutz-Grundverordnung BDSG, 3. Aufl. C.H. Beck, München

Wolff HA (01.08.2015) § 28 BDSG. In: Wolff HA, Brink S (Hrsg), Beck'scher Online-Kommentar Datenschutzrecht, 23. Aufl. C.H. Beck, München

Wybitul T (2016) EU-Datenschutz-Grundverordnung im Unternehmen. Fachmedien Recht und Wirtschaft, Frankfurt am Main

Zavadil A, Rohner A (2022) Berechtigte Interessen als Rettung für eine ungültige Einwilligungserklärung? ZD 12(6):312–315

5 Rechte der betroffenen Personen

Da die DSGVO einen umfassenden Schutz der Privatsphäre gewährleisten möchte und zu einem verantwortungsvollen Umgang von Unternehmen mit personenbezogenen Daten beitragen soll (siehe Abschn. 1.1.2), enthält sie eine Reihe von Rechten der betroffenen Personen gegenüber Unternehmen. Daraus ergibt sich, dass Unternehmen ihre Datenschutzbemühungen stets auf einem hohen Niveau halten müssen, um die Rechte der betroffenen Personen achten und die entsprechenden Ansprüche erfüllen zu können. Gleichzeitig sollten Unternehmen nationale Besonderheiten beachten. Art. 23 DSGVO ermöglicht den EU-Mitgliedstaaten zur Sicherstellung bestimmter gesetzlich aufgezählter Ziele die Schaffung nationaler Regelungen zur Beschränkung der Betroffenenrechte (siehe dazu Abschn. 5.9). Von dieser Möglichkeit hat der deutsche Gesetzgeber insbesondere in den §§ 32 ff. BDSG Gebrauch gemacht. Teilweise sind im BDSG aber auch auf besondere Verarbeitungssituationen bezogene Einschränkungen der Betroffenenrechte vorgesehen. Insgesamt wurden die Ausnahmen für Privatunternehmen eher eng gehalten.

5.1 Allgemeine Vorgaben

Informationen an die betroffenen Personen sollen die Transparenz der Verarbeitungsvorgänge erhöhen und ihnen letztlich erst eine effektive Ausübung ihrer Rechte ermöglichen.[1] Nur eine informierte Person wird in der Lage sein, Einfluss

[1] ErwGr. 39 DSGVO; Pötters, in: Gola/Heckmann, DSGVO BDSG, Art. 5 DSGVO (2022), Rn. 12; Steinrötter, in: Borges/Hilber, BeckOK IT Recht, Art. 5 DSGVO (11. Ed. 01.01.2023), Rn. 12 (m. w. N.); Kremer, in: Laue/Kremer, Das neue Datenschutzrecht in der betrieblichen Praxis, § 3 Informationspflichten (2019), Rn. 1.

P. Voigt, A. von dem Bussche, *EU-Datenschutz-Grundverordnung (DSGVO)*,
https://doi.org/10.1007/978-3-662-68820-5_5

auf die Verarbeitung ihrer personenbezogenen Daten zu nehmen.[2] Insbesondere die Informationsrechte der betroffenen Personen und die korrespondierenden Pflichten des Verantwortlichen spielen für den effektiven Datenschutz eine wichtige Rolle. Jede Kommunikation mit den betroffenen Personen muss dem Grundsatz der Transparenz gem. Art. 5 Abs. 1 lit. a DSGVO entsprechen (siehe Abschn. 4.1.1).[3] Die drohenden Bußgelder für Verletzungen der Betroffenenrechte betragen bis zu EUR 20.000.000,00 oder bis zu 4 % des weltweiten Jahresumsatzes (Art. 83 Abs. 5 lit. b DSGVO).

Um eine angemessene Kommunikation mit den betroffenen Personen zu gewährleisten ist der Verantwortliche zur Vornahme geeigneter Informationsmaßnahmen verpflichtet. Die allgemeinen Transparenzpflichten und -modalitäten nach Art. 12 DSGVO gelten bei jedweder Kommunikation mit den Betroffenen.

Organisatorische Anforderungen
Gemäß Art. 12 Abs. 1 DSGVO ist der Verantwortliche dazu verpflichtet, geeignete Maßnahmen zu treffen, um der betroffenen Person Informationen über die Datenverarbeitung in *präziser, transparenter, verständlicher und leicht zugänglicher Form* in einer *klaren und einfachen Sprache* zu übermitteln. Diese Anforderungen müssen bei *jeglicher Kommunikation mit den betroffenen Personen* erfüllt werden. So sollte der Verantwortliche bspw. dafür sorgen, dass betroffene Personen ihre Anträge elektronisch stellen können, insbesondere wenn die personenbezogenen Daten elektronisch verarbeitet werden.[4] Diese organisatorischen Anforderungen sollen es den Betroffenen ermöglichen, einfach umfassende Informationen zur Verarbeitung ihrer personenbezogenen Daten zu erhalten, als Schlüssel für die effektive Ausübung ihrer Rechte nach der DSGVO.

Die Art und Weise der Kommunikation ist besonders wichtig bei speziell *an Kinder gerichteten Informationen*, Art. 12 Abs. 1 DSGVO. Dies beruht auf der Erwägung, dass Kinder *besonders schutzwürdig* sind, sodass, wenn eine Verarbeitung Kinder betrifft, Informationen und Hinweise in einer klaren und einfachen Sprache erfolgen müssen, die ein Kind auch verstehen kann.[5]

5.1.1 Die Art und Weise der Kommunikation mit den betroffenen Personen

Verschiedene Voraussetzungen müssen bei der Kommunikation mit den betroffenen Personen erfüllt werden, um die Transparenz und Verständlichkeit für diese zu

---

[2] Pötters, in: Gola/Heckmann, DSGVO/BDSG, Art. 5 DSGVO (2022), Rn. 12; Kremer, in: Laue/Kremer, Das neue Datenschutzrecht in der betrieblichen Praxis, § 3 Informationspflichten (2019), Rn. 1; weitergehend Krüger, ZRP 2016, 190, 190 ff.

[3] Mit einigen Hinweisen zur Umsetzung des Transparenzgrundsatzes auch Art. 29 Datenschutzgruppe, WP 260 (2018a).

[4] ErwGr. 59 DSGVO.

[5] ErwGr. 58 DSGVO.

erhöhen. Wie soeben erwähnt, müssen Informationen in präziser, transparenter, verständlicher und leicht zugänglicher Form in einer klaren und einfachen Sprache übermittelt werden. Allerdings ist die Abgrenzung der einzelnen Kriterien schwierig, da sie sich teilweise inhaltlich überschneiden.[6]

- *Präzision* erfordert, dass die Informationen inhaltlich richtig und umfassend sind.[7] Allerdings sind sie in verständlicher und leicht zugänglicher Form bereitzustellen, sodass *unnötige Informationen zu vermeiden* sind. Um hinsichtlich einzelner Aspekte der Verarbeitung detaillierte Informationen zur Verfügung zu stellen, könnten mehrschichtige Datenschutzhinweise verwendet werden, sodass bspw. eine kurze Zusammenfassung in die Datenverarbeitung einführt, aus der sodann in detaillierte Beschreibungen verlinkt wird (siehe Abschn. 4.1.2.2).
- *Zugänglichkeit* erfordert eine Anpassung der Informationen an die *spezifischen Bedürfnisse* der betroffenen Personen. Allerdings wird der Anpassungsgrad vom praktischen Aufwand der Umsetzung im Einzelfall begrenzt.[8] Der Verantwortliche sollte seine Kommunikationsmaßnahmen am durchschnittlichen Empfängerhorizont der durch seine Verarbeitungstätigkeiten betroffenen Personen ausrichten.[9]

5.1.2 Die Form der Kommunikation

Die Kommunikation mit der betroffenen Person unterliegt *keinen strengen formalen Anforderungen*. Zur Verfügung zu stellende Informationen sollten jedoch in leicht verständlicher Form bereitgestellt werden. Im Regelfall sollte die Übermittlung der Informationen *schriftlich*, *gegebenenfalls* auch *elektronisch*, erfolgen, Art. 12 Abs. 1 DSGVO. Die Vorschriften zur Form sind unionsrechtlich-autonom auszulegen. In Abgrenzung zur Schriftform i. S. d. § 126 BGB erfordert die Schriftlichkeit i. S. d. DSGVO lediglich die unmittelbare sinnliche Wahrnehmbarkeit der Schriftzeichen.[10]

Eine Kommunikation in elektronischer Form ist besonders anzuraten, wenn die personenbezogenen Daten mit *elektronischen Mitteln* verarbeitet werden oder *online erhoben* wurden.[11] In letzterem Fall kann der Verantwortliche allgemeine Informationen über die Verarbeitung (z. B. bzgl. der geplanten Verarbeitungstätigkeiten)

[6] Steinrötter, in: Borges/Hilber, BeckOK IT-Recht, Art. 12 DSGVO (11. Ed. 01.01.2023), Rn. 9; Dix, in: Simitis/Hornung/Spiecker gen. Döhmann, Datenschutzrecht, Art. 12 DSGVO (2019), Rn. 12.

[7] Paal/Hennemann, in: Paal/Pauly, DSGVO, Art. 12 DSGVO (2021), Rn. 28.

[8] Paal/Hennemann, in: Paal/Pauly, DSGVO, Art. 12 DSGVO (2021), Rn. 26.

[9] Paal/Hennemann, in: Paal/Pauly, DSGVO, Art. 12 DSGVO (2021), Rn. 26.

[10] Paal/Hennemann, in: Paal/Pauly, DSGVO, Art. 12 DSGVO (2021), Rn. 38.

[11] ErwGr. 59 DSGVO.

durch Veröffentlichung auf seiner Website bereitstellen.[12] Eine entsprechende *Online-Veröffentlichung* bietet sich besonders in Konstellationen an, in denen eine Vielzahl von Akteuren beteiligt ist und in denen es die technische Komplexität der Verarbeitung den betroffenen Personen erschwert zu verstehen, ob, von wem und zu welchem Zweck ihre personenbezogenen Daten erhoben werden, wie z. B. im Fall von Online-Werbemaßnahmen.[13]

Allgemeine Informationen zur Verarbeitung dürfen in Kombination mit *standardisierten Bildsymbolen* (die zukünftig von der Europäischen Kommission entwickelt werden können – ein Tätigwerden ist allerdings nicht absehbar)[14] bereitgestellt werden, um in leicht wahrnehmbarer, verständlicher und klar nachvollziehbarer Form einen aussagekräftigen Überblick über die beabsichtigte Verarbeitung zu vermitteln.[15] Dadurch könnten wichtige Informationen einfach hervorgehoben werden. Allerdings ist der alleinige Einsatz von Piktogrammen zur Bereitstellung von Informationen unzulässig.[16]

5.2 Informationspflicht des Verantwortlichen bei Erhebung der personenbezogenen Daten

Die Grundsätze der Verarbeitung nach Treu und Glauben und der *Transparenz* (siehe Abschn. 4.1.1) erfordern es, dass die betroffene Person über die *Existenz des Verarbeitungsvorgangs* und *seine Zwecke* unterrichtet wird.[17] Daher muss der Verantwortliche den betroffenen Personen vor der Durchführung jedweder Verarbeitungstätigkeiten *Mindestinformationen* zur Verarbeitung zur Verfügung stellen. Diese Verpflichtung besteht unabhängig davon, ob die Daten direkt bei der betroffenen Person erhoben werden oder ob sie aus einer anderen Quelle stammen. Allerdings weicht der Mindestinhalt der Informationen in diesen beiden Fällen leicht voneinander ab.

5.2.1 Zeitpunkt der Information

Informationen in Bezug auf die geplante Verarbeitung der personenbezogenen Daten sind der betroffenen Person *zum Zeitpunkt der Erhebung* der Daten zur

[12] Greve, in: Sydow/Marsch, DSGVO BDSG, Art. 12 DSGVO (2022), Rn. 18; Jay, Data Protection (2020), S. 661; Art. 29 Datenschutzgruppe, WP 260 (2018a), S. 11 f.; Walter, DSRITB 2016, 367, 373

[13] ErwGr. 58 DSGVO.

[14] Vgl. Greve, in: Sydow/Marsch, DSGVO BDSG, Art. 12 DSGVO (2022), Rn. 32.

[15] Art. 12 Abs. 7, 8 DSGVO. Solche Bildsymbole müssen maschinenlesbar sein, wenn sie in elektronischer Form dargestellt werden.

[16] Franck, in: Gola/Heckmann, DSGVO BDSG, Art. 12 DSGVO (2022), Rn. 46; Greve, in: Sydow/Marsch, DSGVO BDSG, Art. 12 DSGVO (2022), Rn. 31; Kremer, in: Laue/Kremer, Das neue Datenschutzrecht in der betrieblichen Praxis, § 3 Informationspflichten (2019), Rn. 25; so wohl auch Polčák, in: Kuner/Bygrave/Docksey, GDPR, Art. 12 DSGVO (2020), S. 410.

[17] ErwGr. 60 DSGVO.

Verfügung zu stellen (Art. 13 Abs. 1 DSGVO).[18] Werden die Daten nicht direkt bei der betroffenen Person erhoben, stellt der Verantwortliche die Informationen der betroffenen Person unter Berücksichtigung der spezifischen Umstände der Verarbeitung innerhalb einer *angemessenen Frist* nach Erlangung der personenbezogenen Daten zu Verfügung, spätestens jedoch innerhalb eines Monats.[19] Gemäß Art. 14 Abs. 3 lit. b, c DSGVO werden diese nachträglichen Informationen spätestens erteilt, wenn:

- die personenbezogenen Daten zur Kommunikation mit der betroffenen Person verwendet werden sollen, spätestens zum Zeitpunkt der ersten Mitteilung an sie; oder
- die Offenlegung an einen anderen Empfänger beabsichtigt ist, spätestens zum Zeitpunkt der ersten Offenlegung.

Problematisch erscheint in diesem Zusammenhang, dass zum Teil bereits triviale Alltagsvorgänge als Datenverarbeitung zu qualifizieren sind und damit die beschriebenen Informationspflichten auslösen könnten – zu denken ist beispielsweise an den Austausch von Visitenkarten oder die Weitergabe von personenbezogenen Daten im Rahmen eines Telefongesprächs.[20] Unternehmen sollten nach einem risikobasierten Ansatz vorgehen. Im Falle der Kontaktanbahnung mithilfe einer Visitenkarte empfiehlt es sich beispielsweise, die Kontaktaufnahme mit einer Mail zu erwidern, um im Rahmen dieser Mail – oder sonst an geeigneter Stelle – auf die eigene Datenschutzerklärung zu verweisen.[21]

5.2.2 Erhebung der Daten bei der betroffenen Person

Gemäß Art. 13 Abs. 1 DSGVO teilt der Verantwortliche, wenn die personenbezogenen Daten bei der betroffenen Person erhoben werden, der betroffenen Person zum Zeitpunkt der Erhebung dieser Daten Folgendes mit:

- den *Namen* und die *Kontaktdaten* des Verantwortlichen sowie ggf. seines Vertreters (siehe Abschn. 3.11). Anzugeben ist hierbei jeweils der volle Name.[22] Hinsichtlich der Kontaktdaten dürfte im Regelfall die Angabe einer ladungsfähigen

[18] Für eine Informationspflicht vor Beginn der Datenerhebung Bäcker, in: Kühling/Buchner, DSGVO BDSG, Art. 13 DSGVO (2020), Rn. 56 (m. w. N.).

[19] Art. 14 Abs. 3 lit. a DSGVO.

[20] Dazu auch Voigt, in: Taeger/Gabel, DSGVO BDSG TTDSG, Art. 5 DSGVO (2022), Rn. 19.

[21] Vgl. Çalışkan, ZD-Aktuell 2018, 04327.

[22] Steinrötter, in: Borges/Hilber, BeckOK IT-Recht, Art. 13 DSGVO (11. Ed. 01.01.2023), Rn. 18 (m. w. N.); a. A. grundsätzlich Franck, in: Gola/Heckmann, DSGVO BDSG, Art. 13 DSGVO (2022), Rn. 8.

Anschrift sowie der elektronischen und/oder telefonischen Erreichbarkeit erforderlich sein;[23]

- gegebenenfalls die Kontaktdaten des *Datenschutzbeauftragten* (siehe Abschn. 3.10). Zur Erfüllung dieser Pflicht reicht es aus, die Kontaktdaten des Datenschutzbeauftragten im oben beschriebenen Umfang mitzuteilen. Eine Angabe des Namens ist entbehrlich;[24]
- der/die *Verarbeitungszweck(e)* sowie die *Rechtsgrundlage, nicht zwingend aber die bestimmte Norm der DSGVO* für die Verarbeitung. Das bloße Nennen von Schlagwörtern dürfte für diese Zwecke regelmäßig nicht ausreichen[25] – der Betroffene ist in eine Lage zu versetzen, die es ihm ermöglicht, sich ohne weitere Nachfragen ein umfassendes Bild vom Umfang der Datenverarbeitung machen zu können;[26] sollte in diesem Zusammenhang die Verarbeitung auf die überwiegenden berechtigten Interessen des Verantwortlichen gestützt werden (*Art. 6 Abs. 1 S. 1 lit. f DSGVO*, siehe Abschn. 4.2.2.3 für Einzelheiten), sind die vom Verantwortlichen verfolgten berechtigten Interessen den betroffenen Personen mitzuteilen;
- gegebenenfalls die *Empfänger*/Kategorien von Empfängern der personenbezogenen Daten. Aus Transparenzgesichtspunkten sollten Verantwortliche nach Möglichkeit konkret über die Empfänger und nicht bloß über die abstrakten Kategorien von Empfängern informieren, sofern erstere ihnen bei der Datenerhebung bereits bekannt sind.[27] In der Praxis dürfte das allerdings – insbesondere aufgrund dynamischer Prozesse – kaum durchhaltbar sein, sodass im Einzelfall zu entscheiden ist, ob eine Information über Empfängerkategoren zielführender ist. Das unten (siehe Abschn. 5.4.1) angesprochene Urteil des EuGH, wonach im Grundsatz im Rahmen des Auskunftsanspruchs über die konkreten Empfänger zu informieren ist, bezieht sich nicht auf die hier gegenständliche Informationsverpflichtung. Aufgrund des nahezu gleichen Wortlautes der Regelungen aus Art. 13 Abs. 1 lit. e und Art. 15 Abs. 1 lit. c DSGVO liegt es zwar nicht fern, dass Gerichte und Aufsichtsbehörden auch im Rahmen der Informationspflicht

[23] Schmidt-Wudy, in: Wolff/Brink/v. Ungern-Sternberg, BeckOK Datenschutzrecht, Art. 14 DSGVO (45. Ed. 01.08.2023), Rn. 40 (m. w. N.); auch zur a. A; Paal/Hennemann, in: Paal/Pauly, DSGVO BDSG, Art. 13 DSGVO (2021), Rn. 14.

[24] Paal/Hennemann, in: Paal/Pauly, DSGVO BDSG, Art. 13 DSGVO (2021), Rn. 15 (m. w. N.).

[25] Franck, in: Gola/Heckmann, DSGVO BDSG, Art. 13 DSGVO (2022), Rn. 12.

[26] Schmidt-Wudy, in: Wolff/Brink/v. Ungern-Sternberg, BeckOK Datenschutzrecht, Art. 14 DSGVO (45. Ed. 01.08.2023), Rn. 45; Mester, in: Taeger/Gabel, DSGVO BDSG TTDSG, Art. 13 DSGVO (2022), Rn. 12 (m. w. N.); vgl. auch Zanfir-Fortuna, in: Kuner/Bygrave/Docksey, GDPR, Art. 13 GDPR (2020), S. 427.

[27] Mester, in: Taeger/Gabel, DSGVO BDSG TTDSG, Art. 13 DSGVO (2022), Rn. 14; Franck, in: Gola/Heckmann, DSGVO BDSG, Art. 13 DSGVO (2022), Rn. 20; a. A. wohl Paal/Hennemann, in: Paal/Pauly, DSGVO, Art. 13 DSGVO (2021), Rn. 18; Walter, DSRITB 2016, 367, 371; wohl auch Art. 29 Datenschutzgruppe, WP 260 (2018a), S. 37. Wenn die personenbezogenen Daten rechtmäßig einem anderen Empfänger offengelegt werden dürfen, sollte gem. ErwGr. 61 DSGVO die betroffene Person bei der erstmaligen Offenlegung der personenbezogenen Daten ggü. diesem Empfänger darüber aufgeklärt werden.

konkrete Angaben zu den Empfängern verlangen werden; im Rahmen des Auskunftsanspruchs hat sich die Datenverarbeitung in Bezug auf die betroffene Person jedoch deutlich stärker konkretisiert (und man dementsprechend konkreter beauskunften), als dies im Rahmen der noch regelmäßig eher allgemein gehaltenen Datenschutzhinweise der Fall ist; und

- gegebenenfalls die Absicht des Verantwortlichen, die personenbezogenen Daten in ein *Drittland zu übermitteln*, sowie die dafür zugrundegelegten Garantien nach Art. 46, 47 und 49 Abs. 1 DSGVO bzw. Ausnahmeregelungen (einschließlich der Frage, ob ein Angemessenheitsbeschluss der Europäischen Kommission gemäß Art. 45 DSGVO vorliegt oder nicht), samt Informationen dazu, wo und wie auf entsprechende Dokumente zugegriffen werden kann (siehe Abschn. 4.3).[28]

Weitere Informationen
Zusätzlich zu den oben genannten Informationen stellt der Verantwortliche der betroffenen Person zum Zeitpunkt der Erhebung dieser Daten folgende *weitere Informationen* zur Verfügung, die notwendig sind, um eine faire und transparente Verarbeitung zu gewährleisten, Art. 13 Abs. 2 DSGVO:

- die Dauer, für die die personenbezogenen Daten gespeichert werden. Hierfür ist im Idealfall ein konkreter Zeitraum anzugeben. Sofern eine Mitteilung über den konkreten Zeitraum (wie häufig der Fall) nicht möglich ist, so sollten zumindest die Kriterien für die Festlegung der Speicherdauer angegeben werden.[29] Implizit setzt die Vorschrift wohl ein Löschkonzept des Verantwortlichen voraus;[30]
- Informationen über das Bestehen der verschiedenen Betroffenenrechte nach Art. 15 bis 23 DSGVO (siehe Abschn. 5.4 bis Abschn. 5.9). Zur Erfüllung dieser Pflicht dürfte eine allgemeine Mitteilung samt Erläuterung der in Betracht kommenden Betroffenenrechte ausreichend sein;[31]
- Informationen über die Möglichkeit zum jederzeitigen Widerruf der ggf. für die Verarbeitung erteilten Einwilligung, sofern letztere als Rechtsgrundlage für die Verarbeitung dient. In Betracht zu ziehen ist auch ein Hinweis darauf, dass

[28] So Art. 29 Datenschutzgruppe, WP 260 (2018a), S. 37 f; für weitere Details zu den zu erteilenden Informationen siehe insbesondere Mester, in: Taeger/Gabel, DSGVO BDSG TTDSG, Art. 13 DSGVO (2022), Rn. 7 ff.; S. a. Schmidt-Wudy, in: Wolff/Brink/v. Ungern-Sternberg, BeckOK Datenschutzrecht, Art. 14 DSGVO (45. Ed. 01.08.2023), Rn. 39 ff.; Art. 29 Datenschutzgruppe, WP 260 (2018a), S. 35 ff.

[29] Franck, in: Gola/Heckmann, DSGVO BDSG, Art. 13 DSGVO (2022), Rn. 23; Mester, in: Taeger/Gabel, DSGVO BDSG TTDSG, Art. 13 DSGVO (2022), Rn. 18; Paal/Hennemann, in: Paal/Pauly, DSGVO BDSG, Art. 13 DSGVO (2021), Rn. 25 f.; Zanfir-Fortuna, in: Kuner/Bygrave/Docksey, GDPR, Art. 13 GDPR (2020), S. 428; Art. 29 Datenschutzgruppe, WP 260 (2018a), S. 38 f.

[30] Franck, in: Gola/Heckmann, DSGVO BDSG, Art. 13 DSGVO (2022), Rn. 23.

[31] Mester, in: Taeger/Gabel, DSGVO BDSG TTDSG, Art. 13 DSGVO (2022), Rn. 19; Bäcker, in: Kühling/Buchner, DSGVO BDSG, Art. 13 DSGVO (2020), Rn. 37; strenger allerdings Art. 29 Datenschutzgruppe, WP 260 (2018a), S. 39.

die Rechtmäßigkeit der Verarbeitung auf Grundlage der Einwilligung bis zum Zeitpunkt des Widerrufs unberührt bleibt;[32]
- das Bestehen eines Beschwerderechts bei einer Aufsichtsbehörde – die konkrete Behörde samt ihrer Kontaktdaten muss dabei nicht zwingend genannt werden[33] und eine Nennung ist auch nicht zu empfehlen;
- ob die Bereitstellung der personenbezogenen Daten gesetzlich oder vertraglich vorgeschrieben oder für einen Vertragsabschluss erforderlich ist, ob die betroffene Person verpflichtet ist, die personenbezogenen Daten bereitzustellen, und welche möglichen Folgen die Nichtbereitstellung hätte; und
- das Bestehen einer automatisierten Entscheidungsfindung einschließlich Profiling.[34]

Diese bereitzustellenden weiteren Informationen sollen einen *Informationsausgleich* zwischen dem Verantwortlichen und der betroffenen Person herstellen,[35] da zwischen den Parteien üblicherweise ein erhebliches Informationsungefälle besteht.[36]

Änderung des Verarbeitungszwecks
Sofern der Verantwortliche beabsichtigt, die Daten für einen *anderen Zweck weiterzuverarbeiten* als den, für den sie erhoben wurden, stellt der Verantwortliche gemäß Art. 13 Abs. 3 DSGVO der betroffenen Person vor dieser Weiterverarbeitung Informationen über diesen anderen Zweck und alle anderen maßgeblichen Informationen zur Verfügung. Um Mehrausgaben aufgrund einer Änderung des Verarbeitungszwecks zu vermeiden, sollten Verantwortliche sich darum bemühen, vorhersehbare, zukünftige Verarbeitungszwecke den betroffenen Personen bereits bei der Erhebung der Daten zu kommunizieren.[37]

Nicht-Anwendbarkeit der Informationspflicht
Die Informationspflicht findet *keine Anwendung* auf einen Verantwortlichen, wenn und soweit die betroffene Person *bereits über die Informationen verfügt*, Art. 13 Abs. 4 DSGVO. Verantwortliche sollten den Informationspflichten allerdings nur dann nicht nachkommen, wenn sie in der Lage sind gegenüber der Aufsichtsbehörde umfassend nachzuweisen, dass der Betroffene tatsächlich über (alle) Informationen verfügt. Denn der Verantwortliche trägt die Beweislast für das Vorliegen der Tatsbe-

[32] Paal/Hennemann, in: Paal/Pauly, DSGVO BDSG, Art. 13 DSGVO (2021), Rn. 28; nicht gefordert von Art. 29 Datenschutzgruppe, WP 260 (2018a), S. 39.

[33] Franck, in: Gola/Heckmann, DSGVO BDSG, Art. 13 DSGVO (2022), Rn. 27.

[34] Eingehend Art. 29 Datenschutzgruppe, WP 251 (2018b); S. a. Zanfir-Fortuna, in: Kuner/Bygrave/Docksey, GDPR, Art. 13 GDPR (2020), S. 428 f.

[35] Walter, DSRITB 2016, 367, 371.

[36] Mester, in: Taeger/Gabel, DSGVO BDSG TTDSG, Art. 13 DSGVO (2022), Rn. 17; Bäcker, in: Kühling/Buchner, DSGVO BDSG, Art. 13 DSGVO (2020), Rn. 20.

[37] Walter, DSRITB 2016, 367, 374.

standsvoraussetzungen des Anspruchsausschlusses.[38] Außerdem ist zu beachten, dass der Ausschluss nur gilt, „soweit" der Betroffene bereits über die entsprechenden Informationen verfügt. Der Verantwortliche kann danach dennoch verpflichtet sein, vorhandene Informationen zu ergänzen oder fehlende Informationen mitzuteilen. Zudem wird es in der Praxis nur selten vorkommen, dass ein (datenschutzrechtlicher) Laie bereits über ausreichende Informationen verfügt. Das dürfte nur in Betracht kommen, wenn der Betroffene schon zuvor umfassend informiert wurde. Hierfür muss der Betroffene über Informationen verfügen, die in Ausmaß, Genauigkeit und Klarheit den Informationen entsprechen, die der Verantwortliche ihm mitzuteilen hätte.[39] Es reicht nicht aus, wenn der Betroffene nur über Informationen verfügt, mit denen er auf die (umfassenderen) Informationen schließen könnte.

5.2.3 Erhebung der Daten aus einer anderen Quelle

Gemäß Art. 14 Abs. 1 DSGVO stellt der Verantwortliche der betroffenen Person auch dann Mindestinformationen bereit, wenn die Daten nicht direkt beim Betroffenen erhoben wurden, sondern der Verantwortliche sie aus anderer Quelle erhalten hat. Diese Informationspflichten sind praktisch identisch mit denjenigen nach Art. 13 Abs. 1 DSGVO (siehe oben). Hinzu kommt eine Informationspflicht hinsichtlich der Kategorien der verarbeiteten Daten.

Gemäß Art. 14 Abs. 2 DSGVO stellt der Verantwortliche der betroffenen Person überdies weitere Informationen bereit, die im Wesentlichen denjenigen Informationen entsprechen, die nach Art. 13 Abs. 2 DSGVO bereitzustellen sind (siehe oben). Diese weiteren Informationen sollen u. a. darüber Auskunft geben, aus welcher *Quelle die personenbezogenen Daten stammen* und ob diese gegebenenfalls öffentlich zugänglich ist, Art. 14 Abs. 2 lit. f DSGVO. Sofern der betroffenen Person nicht mitgeteilt werden kann, woher die personenbezogenen Daten stammen, weil verschiedene Quellen benutzt wurden, sollte die Unterrichtung allgemein gehalten werden.[40]

Änderung des Verarbeitungszwecks
Sofern der Verantwortliche beabsichtigt, die Daten für einen *anderen Zweck weiterzuverarbeiten* als den, für den sie erhoben wurden, stellt der Verantwortliche gemäß Art. 14 Abs. 4 DSGVO der betroffenen Person vor dieser Weiterverarbeitung, wie auch im Rahmen der Direkterhebung bei der betroffenen Person, Art. 13 Abs. 3 DSGVO, Informationen über diesen anderen Zweck und alle anderen maßgeblichen Informationen zur Verfügung (siehe Abschn. 5.2.2).

[38] Schmidt-Wudy, in: Wolff/Brink/v. Ungern-Sternberg, BeckOK Datenschutzrecht, Art. 13 DSGVO (45. Ed. 01.08.2023), Rn. 94; Zanfir-Fortuna, in: Kuner/Bygrave/Docksey, GDPR, Art. 13 GDPR (2020), S. 431.

[39] Bäcker, in: Kühling/Buchner, DSGVO BDSG, Art. 13 DSGVO (2020), Rn. 84.

[40] ErwGr. 61 DSGVO.

Nicht-Anwendbarkeit der Informationspflicht
Den Verantwortlichen trifft *keine Informationspflicht* gegenüber der betroffenen Person, sofern:[41]

- die betroffene Person bereits über die Informationen verfügt;
- die Erteilung dieser Informationen sich als tatsächlich *unmöglich* erweist (beispielsweise Unkenntnis der Identität des Betroffenen)[42] oder einen *unverhältnismäßigen Aufwand* (Abwägung zwischen Aufwand des Verantwortlichen und dem Informationsinteresse des Betroffenen) [43] erfordern würde;[44]
- die Erlangung oder Offenlegung der personenbezogenen Daten durch Rechtsvorschriften der EU oder der EU-Mitgliedstaaten ausdrücklich geregelt ist. Die bloße Erlaubnis zur Datenverarbeitung dürfte hierbei in der Regel nicht ausreichen. Vielmehr muss der Informationsgehalt der Rechtsvorschrift in genügendem Maße die Reichweite und das Risiko der Verarbeitung darlegen;[45] oder
- die personenbezogenen Daten gemäß dem Recht der EU oder dem Recht der EU-Mitgliedstaaten dem *Berufsgeheimnis* (z. B. für Ärzte),[46] einschließlich einer satzungsmäßigen Geheimhaltungspflicht, unterliegen und daher vertraulich behandelt werden müssen, also eine rechtliche Unmöglichkeit vorliegt.

5.2.4 Einschränkung der Informationspflichten nach dem BDSG

Im BDSG sind für nicht-öffentliche Stellen verschiedene, teilweise auf besondere Verarbeitungssituationen bezogene Einschränkungen der Informationspflichten gegenüber den betroffenen Personen vorgesehen.

---

[41] Art. 14 Abs. 5 lit. a-d DSGVO; Art. 29 Datenschutzgruppe, WP 260 (2018a), S. 28 spricht sich für eine enge Auslegung und Anwendung der Ausnahmetatbestände aus und liefert einige anschauliche Beispiele.

[42] Dazu Ingold, in: Sydow/Marsch, DSGVO BDSG, Art. 14 DSGVO (2022), Rn. 13; Mester, in: Taeger/Gabel, DSGVO BDSG TTDSG, Art. 14 DSGVO (2022), Rn. 21.

[43] Mester, in: Taeger/Gabel, DSGVO BDSG TTDSG, Art. 14 DSGVO (2022), Rn. 22 (m. w. N.).

[44] Gemäß ErwGr. 62 DSGVO könnte eine derartige Unmöglichkeit oder ein unverhältnismäßiger Aufwand insbesondere bei Verarbeitungen für im öffentlichen Interesse liegende Archivzwecke, zu wissenschaftlichen oder historischen Forschungszwecken oder zu statistischen Zwecken bestehen. In diesem Zusammenhang sollte die Zahl der betroffenen Personen, das Alter der Daten oder etwaige geeignete Garantien in Betracht gezogen werden. Gemäß Art. 14 Abs. 5 lit. b DSGVO besteht ein unverhältnismäßiger Aufwand auch, wenn die Informationspflicht voraussichtlich die Verwirklichung der Ziele der Datenverarbeitung unmöglich macht oder ernsthaft beeinträchtigt. So auch Art. 29 Datenschutzgruppe, WP 260 (2018a), S. 29; näher dazu Zanfir-Fortuna, in: Kuner/Bygrave/Docksey, GDPR, Art. 14 GDPR (2020), S. 447.

[45] Mester, in: Taeger/Gabel, DSGVO BDSG TTDSG, Art. 14 DSGVO (2022), Rn. 26; ein Beispiel findet sich bei Art. 29 Datenschutzgruppe, WP 260 (2018a), S. 32 f.

[46] Art. 29 Datenschutzgruppe, WP 260 (2018a), S. 33.

Einschränkung der Informationspflicht bei Direkterhebung der Daten
Die Informationspflicht nach Art. 13 Abs. 3 DSGVO entfällt zusätzlich zu den Ausnahmen des Art. 13 Abs. 4 DSGVO nach § 32 Abs. 1 BDSG dann, wenn die Erteilung der Information über die beabsichtigte Weiterverarbeitung:

- eine Weiterverarbeitung analog gespeicherter Daten betrifft, bei der sich der Verantwortliche durch die Weiterverarbeitung unmittelbar an die betroffene Person wendet, der Zweck mit dem ursprünglichen Erhebungszweck gemäß der DSGVO vereinbar ist, die Kommunikation mit der betroffenen Person nicht in digitaler Form erfolgt und das Interesse der betroffenen Person an der Informationserteilung nach den Umständen des Einzelfalls, insbesondere mit Blick auf den Zusammenhang, in dem die Daten erhoben wurden, als gering anzusehen ist. Zu beachten ist, dass analog gespeicherte Daten ohnehin nur in den Anwendungsbereich der DSGVO fallen, soweit sie in einem Dateisystem nach Art. 4 Nr. 6 DSGVO gespeichert sind, Art. 2 Abs. 1 DSGVO. Da die Voraussetzungen der Ausnahmeregelung zudem kumulativ vorliegen müssen („und") und sich lediglich auf die Weiterverarbeitung manuell erhobener Daten beziehen (siehe Abschn. 2.1.1), dürfte der praktische Nutzen dieser Vorschrift äußerst gering sein;
- im Fall einer *öffentlichen Stelle* die ordnungsgemäße Erfüllung der in der Zuständigkeit des Verantwortlichen liegenden Aufgaben im Sinne des Art. 23 Abs. 1 lit. a bis e DSGVO gefährden würde und die Interessen des Verantwortlichen an der Nichterteilung der Information die Interessen der betroffenen Person überwiegen. Zu fordern ist eine konkrete Gefahr – bloße zeitliche Verzögerungen dürften in der Regel nicht ausreichen;[47]
- die öffentliche Sicherheit oder Ordnung gefährden oder sonst dem Wohl des Bundes oder eines Landes Nachteile bereiten würde und die Interessen des Verantwortlichen an der Nichterteilung der Information die Interessen der betroffenen Person überwiegen. Auch hier ist eine konkrete Gefahr erforderlich;[48]
- die Geltendmachung, Ausübung oder Verteidigung rechtlicher Ansprüche (auch gegen andere als die betroffene Person)[49] beeinträchtigen würde und die Interessen des Verantwortlichen an der Nichterteilung der Information die Interessen der betroffenen Person überwiegen: Die Ausnahmeregelung soll auf nationaler Ebene die Durchsetzung zivilrechtlicher Ansprüche erleichtern;[50] oder
- eine *vertrauliche Übermittlung von Daten an öffentliche Stellen gefährden* würde: Die Informationspflicht bei Änderung des Verarbeitungszwecks entfällt

[47] Steinrötter, in: Borges/Hilber, BeckOK IT-Recht, § 32 BDSG (11. Ed. 01.01.2023), Rn. 11 (m. w. N.); vgl. auch Deutscher Bundestag (2017b), Drucksache 18/11655, S. 20.

[48] Steinrötter, in: Borges/Hilber, BeckOK IT-Recht, § 32 BDSG (11. Ed. 01.01.2023), Rn. 15.

[49] Steinrötter, in: Borges/Hilber, BeckOK IT Recht, § 32 BDSG (11. Ed. 01.01.2023), Rn. 17; S. a. Koreng, in: Taeger/Gabel, DSGVO BDSG TTDSG, § 32 BDSG (2022), Rn. 27 (m. w. N.); zweifelnd Schmidt-Wudy, in: Wolff/Brink/v. Ungern-Sternberg, BeckOK Datenschutzrecht, § 32 BDSG (45. Ed. 01.08.2023), Rn. 45.

[50] Deutscher Bundestag (2017a), Drucksache 18/11325, S. 103.

nach dieser Regelung bspw., wenn die Information der betroffenen Person über die Weiterverarbeitung zu einer Vereitelung oder ernsthaften Beeinträchtigung von Ermittlungen der *Strafverfolgungsbehörden* führen würde.[51]

Art. 23 Abs. 2 DSGVO verlangt für eine gesetzliche Einschränkung der Betroffenenrechte eine gleichlaufende Schaffung von Maßnahmen zum Schutz der Grundrechte und -freiheiten der betroffenen Personen. Aus diesem Grund sieht § 32 Abs. 2 BDSG vor, dass die Informationen bei Ausschluss einer direkten Information der betroffenen Person zumindest *der Öffentlichkeit* in präziser, transparenter, verständlicher und leicht zugänglicher Form in einer klaren und einfachen Sprache *bereitgestellt werden* (siehe dazu auch Abschn. 5.1).[52] Zusätzlich hat der Verantwortliche die *Gründe* für das Unterbleiben der Information der Betroffenen *schriftlich festzuhalten*, § 32 Abs. 2 S. 2 BDSG. Diese Dokumentation ermöglicht der zuständigen Aufsichtsbehörde die Kontrolle der Stichhaltigkeit der vorgebrachten Gründe.[53]

Sollten die *Gründe* für die Nicht-Information der Betroffenen über eine Weiterverarbeitung nur *vorübergehend vorliegen*, so hat der Verantwortliche nach § 32 Abs. 3 BDSG seiner Informationspflicht *innerhalb einer angemessenen Frist* nach Fortfall des Hinderungsgrundes, spätestens innerhalb von zwei Wochen, nachzukommen. Die Angemessenheit der Frist bestimmt sich nach den Umständen des Einzelfalls. Diese Regelung könnte bspw. einschlägig sein, wenn eine Information des Betroffenen nach § 32 Abs. 1 Nr. 5 BDSG zur Datenübermittlung an Strafverfolgungsbehörden unterbleibt und die Information nach Einstellung der Ermittlungen nachgeholt werden kann.

Einschränkung der Informationspflicht, wenn die Daten nicht beim Betroffenen erhoben wurden

Das BDSG schränkt die Informationspflicht des Verantwortlichen, wenn die Daten nicht bei der betroffenen Person erhoben wurden, nach § 33 BDSG umfassender ein als im Falle einer Direkterhebung. Sie entfällt für nicht öffentliche Stellen, wenn die Erteilung der Information:

- die Geltendmachung, Ausübung oder Verteidigung zivilrechtlicher Ansprüche beeinträchtigen würde oder die Verarbeitung Daten aus zivilrechtlichen Verträgen beinhaltet und der Verhütung von Schäden durch Straftaten dient, sofern nicht das berechtigte Interesse der betroffenen Person an der Informationserteilung überwiegt: Diese Einschränkung dient zum Teil der effektiven Durchsetzung

[51] Deutscher Bundestag (2017a), Drucksache 18/11325, S. 103; näher auch Koreng, in: Taeger/Gabel, DSGVO BDSG TTDSG, § 32 BDSG (2022), Rn. 28 ff.

[52] Diese Maßnahme entfällt in den Fällen des § 32 Abs. 1 Nr. 4, 5 BDSG, da eine Information der Öffentlichkeit Sinn und Zweck der Ausnahmeregelungen gefährden könnte, siehe Deutscher Bundestag (2017a), Drucksache 18/11325, S. 103.

[53] Deutscher Bundestag (2017a), Drucksache 18/11325, S. 103; näher auch Koreng, in: Taeger/Gabel, DSGVO BDSG TTDSG, § 32 BDSG (2022), Rn. 33 ff.

zivilrechtlicher Ansprüche über die Schaffung nationaler Regelungen nach Art. 23 Abs. 1 lit. j DSGVO. Die Informationspflicht entfällt jedoch nur, sofern das Informationsinteresse der betroffenen Person nicht überwiegt;[54] oder
- die zuständige öffentliche Stelle gegenüber dem Verantwortlichen festgestellt hat, dass das Bekanntwerden der Daten die öffentliche Sicherheit oder Ordnung gefährden oder sonst dem Wohle des Bundes oder eines Landes Nachteile bereiten würde; im Falle der Datenverarbeitung für Zwecke der Strafverfolgung bedarf es keiner Feststellung nach dem ersten Halbsatz: Die Einschränkung der Informationspflicht beruht hier nicht auf einer Entscheidung oder Einschätzung des Verantwortlichen, sondern ist die Folge einer Feststellung der zuständigen öffentlichen Stelle (wobei es sich in der Regel um die zuständige Aufsichtsbehörde handeln dürfte) gegenüber dem Verantwortlichen. Diese Ausnahme betrifft nicht öffentliche Stellen, deren Tätigkeiten Auswirkungen auf Sachverhalte mit staatlichem Geheimhaltungsbedürfnis haben, wie bspw. im Bereich der Waffenproduktion.[55] Die Einschränkung der Informationspflicht soll u. a. der Landesverteidigung, der nationalen Sicherheit und der Verhütung von Straftaten dienen.[56] Dient die Datenverarbeitung Zwecken der Strafverfolgung, so bedarf es keiner vorherigen Feststellung durch die Aufsichtsbehörde für die Einschränkung der Informationspflicht. Diese Ausnahme soll zur Effektivität der Strafverfolgung beitragen.

Daneben entfällt die Informationspflicht für öffentliche Stellen, wenn die Erteilung der Information:

- die ordnunsgemäße Erfüllung der in der Zuständigkeit des Verantwortlichen liegenden Aufgaben im Sinne des Art. 23 Abs. 1 lit. a bis e DSGVO gefährden würde; oder
- die öffentliche Sicherheit oder Ordnung gefährden oder sonst dem Wohl des Bundes oder eines Landes Nachteile bereiten würde.

Zum Ausgleich der Einschränkung der Informationspflicht sieht § 33 Abs. 2 BDSG in Anwendung der Vorgaben des Art. 23 Abs. 2 DSGVO eine Pflicht des Verantwortlichen zur *Schaffung geeigneter Maßnahmen zum Schutz* der Rechte der betroffenen Personen vor. Inhaltlich entspricht die Vorschrift § 32 Abs. 2 BDSG, auf den hier verwiesen werden kann (siehe oben).[57]

---

[54] Näher zur Ausnahme Schmidt-Wudy, in: Wolff/Brink/v. Ungern-Sternberg, BeckOK Datenschutzrecht, § 33 BDSG (45. Ed. 01.08.2023), Rn. 31 ff.

[55] Dix, in: Simitis, Bundesdatenschutzgesetz, § 33 BDSG (2014), Rn. 94; kritisch dazu Koreng, in: Taeger/Gabel, DSGVO BDSG TTDSG, § 33 BDSG (2022), Rn. 25.

[56] Deutscher Bundestag (2017a), Drucksache 18/11325, S. 104.

[57] Deutscher Bundestag (2017a), Drucksache 18/11325, S. 104.

Einschränkung in besonderen Verarbeitungssituationen
Die Informationspflicht wird im BDSG teilweise auch in besonderen Verarbeitungssituationen eingeschränkt oder modifiziert.

Erfolgt eine *Videoüberwachung öffentlich zugänglicher Räume* und werden die über die Überwachung gewonnenen Daten einer *bestimmten Person zugeordnet*, werden die Informationspflichten der Art. 13, 14 DSGVO ausgelöst, § 4 Abs. 4 BDSG. Der Wortlaut der Vorschrift bezieht sich nicht auch auf „bestimmbare Personen", sodass die Identität der betroffenen Person zum Auslösen der Informationspflichten bekannt sein muss.[58] Im Umkehrschluss entfallen die Pflichten, wenn die Zuordnung der Daten zu einer natürlichen Person erst durch die Einholung weiterer Informationen möglich wäre. Dies beruht auf der Erwägung, dass der Verantwortliche andernfalls zur Erfüllung der Informationspflichten gezwungen wäre, die lediglich bestimmbare Person zu identifizieren und somit ein „Mehr" an Daten zu erheben und zu verarbeiten.[59] Hierin würde ein Verstoß gegen Art. 11 Abs. 1 DSGVO liegen, der Ausdruck des Grundsatzes der Datenminimierung ist (siehe Abschn. 4.1.3) und gemäß dem der Verantwortliche eine Identifizierung natürlicher Personen nicht herbeiführen muss, wenn dies für den Verarbeitungszweck nicht erforderlich ist.[60] Kennt der Verantwortliche die Identität der von der Videoüberwachung betroffenen Person, so besteht grds. eine Informationspflicht, wobei diese nach § 32 BDSG ausgeschlossen sein könnte (siehe die obigen Ausführungen), § 4 Abs. 4 S. 2 BDSG. Die praktische Relevanz des § 4 BDSG dürfte sich allerdings für nicht-öffentliche Stellen gegen null bewegen, denn das Bundesverwaltungsgericht hat festgestellt, dass eine Anwendung des § 4 BDSG auf private Stellen ausscheidet.[61] Eine Videoüberwachung durch sie hat sich danach (insbesondere) an Art. 6 Abs. 1 S. 1 lit. f DSGVO zu orientieren.[62]

§ 29 BDSG beschränkt die Informationsrechte betroffener Personen aus Art. 14 DSGVO *gegenüber Geheimnisträgern*, wenn Daten nicht direkt von den betroffenen Personen erhoben wurden.[63] Gemäß § 29 Abs. 1 S. 1 BDSG entfällt die Informationspflicht des Verantwortlichen, soweit durch deren Erfüllung Informationen offenbart würden, die ihrem Wesen nach, insbesondere wegen der überwiegenden berechtigten Interessen Dritter, geheim gehalten werden müssen (siehe dazu Abschn. 3.8.3). Wie zuvor erwähnt, dürfte die praktische Anwendbarkeit dieser

[58] Starnecker, in: Gola/Heckmann, DSGVO BDSG, § 4 BDSG (2022), Rn. 65; so wohl auch Reuter/Grabenschröer, in: Taeger/Gabel, DSGVO BDSG TTDSG, § 4 BDSG (2022), Rn. 92.

[59] Siehe auch Scholz, in: Simitis, Bundesdatenschutzgesetz, § 6b BDSG (2014), Rn. 134.

[60] Wolff, in: Wolff/Brink/v. Ungern-Sternberg, BeckOK Datenschutzrecht, Art. 11 DSGVO (45. Ed. 01.11.2021), Rn. 19.

[61] BVerwG, Urteil vom 27.3.2019 – 6 C 2.18; dazu auch Reuter/Grabenschröer, in: Taeger/Gabel, DSGVO BDSG TTDSG, § 4 BDSG (2022), Rn. 115 f.; Starnecker, in: Gola/Heckmann, DSGVO BDSG, § 4 BDSG (2022), Rn. 10 ff.; Wilhelm-Robertson, in: Wolff/Brink/v. Ungern-Sternberg, BeckOK Datenschutzrecht, § 4 BDSG (01.11.2021), Rn: 51 ff.

[62] Starnecker, in: Gola/Heckmann, DSGVO BDSG, § 4 BDSG (2022), Rn. 10 ff (m. w. N.); S. a. DSK, Orientierungshilfe Videoüberwachung (2020), S. 7.

[63] Eingehend bspw. Lapp, in: Gola/Heckmann, DSGVO BDSG, § 29 BDSG (2022), Rn. 1 ff.

Regelung stark begrenzt sein, zumal das Wort „soweit" (abhängig von den Umständen des Einzelfalls) eine nur teilweise Beschränkung der Informationsrechte, z. B. in Bezug auf einzelne Angaben, nahelegt. § 29 Abs. 2 BDSG sieht für Berufsgeheimnisträger ein Entfallen der Informationspflicht gegenüber Dritten vor, deren Daten im Zusammenhang mit einem *Mandatsverhältnis* an erstere übermittelt wurden. Diese Regelung dient dem Schutz der ungehinderten Kommunikation zwischen Mandant und Berufsgeheimnisträger, wie z. B. Anwälten und Wirtschaftsprüfern.[64] Um den Rechten der betroffenen Dritten angemessen Rechnung zu tragen, werden deren Informationsrechte nur eingeschränkt, sofern *nicht deren Interesse an der Informationserteilung überwiegt*, § 29 Abs. 2 BDSG. Damit müssen Berufsgeheimnisträger stets auf Einzelfallbasis eine Interessenabwägung vornehmen.

5.2.5 Praxishinweise

Für Informationen, die in elektronischer Form bereitgestellt werden, können sich *mehrschichtige Datenschutzerklärungen* (siehe Abschn. 4.1.2.2) als hilfreich erweisen, um den Balanceakt zwischen der Bereitstellung von Mindestinformationen nach Art. 13, 14 DSGVO und einer Bereitstellung in klarer und leicht verständlicher Form zu meistern. Hierbei können grundlegende Informationen den betroffenen Personen in besonders verständlicher Weise (direkt – also auf der ersten Ebene) mitgeteilt werden. „Zusatzinformationen" – etwa zu besonders komplexen Bearbeitungsvorgängen – können sodann (auf einer zweiten oder tieferen Ebene) beispielsweise über einen weiterführenden Link oder einen Pop-up-Hinweis angezeigt werden.[65] Weitere hilfreiche Hinweise zur Gestaltung von mehrschichtigen Datenschutzerklärungen finden sich in den Leitlinien für Transparenz der Art. 29 Datenschutzgruppe.[66]

5.3 Informationen über infolge eines Antrags ergriffene Maßnahmen

Sofern sich eine natürliche Person nicht der Tatsache bewusst ist, dass und wie ihre personenbezogenen Daten verarbeitet werden, kann sie ihre sich daraus ergebenden Rechte nach der DSGVO, wie ihr Recht auf Löschung oder Berichtigung, nicht ausüben (siehe Abschn. 5.4 bis Abschn. 5.7).[67] Daher besteht ein enger Zusammenhang

[64] Deutscher Bundestag (2017a), Drucksache 18/11325, S. 100 f.; S. a. Uwer, in: Wolff/Brink/v. Ungern-Sternberg, BeckOK Datenschutzrecht, § 29 BDSG (45. Ed. 01.08.2023), Rn. 2; Steinrötter, in: Borges/Hilber, BeckOK IT-REcht, § 29 BDSG (11. Ed. 01.01.2023), Rn. 16.

[65] Vgl. Voigt, in: v. d. Bussche/Voigt, Konzerndatenschutz, Teil 3 Kap. 2. Grundsätze der Verarbeitung nach der DSGVO (2019), Rn. 9.

[66] Art. 29 Datenschutzgruppe, WP 260 (2018a), S. 19 ff.

[67] Quaas, in: Wolff/Brink/v. Ungern-Sternberg, BeckOK Datenschutzrecht, Art. 12 DSGVO (45. Ed. 01.05.2023), Rn. 4.

zwischen den Informationsrechten der Betroffenen nach Art. 13, 14 DSGVO und der Ausübung der weitergehenden Rechte nach Art. 15 bis 22 DSGVO. Um die Effektivität der Ausübung dieser Rechte zu gewährleisten, ist der *Verantwortliche* dazu *verpflichtet*, auf Anträge der betroffenen Personen *zur Ausübung der Betroffenenrechte zu reagieren*. Zu diesem Zweck schafft Art. 12 Abs. 3, 4, 6 DSGVO eine Verpflichtung des Verantwortlichen, der betroffenen Person Informationen über die auf ihren Antrag (nach den Art. 15 bis 22 DSGVO) hin ergriffenen Maßnahmen bzw. den Stand des Antrages sowie die geplanten Maßnahmen zur Verfügung zu stellen.[68] Bei diesem Informationsaustausch müssen zudem die allgemeinen Anforderungen an eine Kommunikation mit betroffenen Personen nach Art. 12 DSGVO erfüllt werden (siehe Abschn. 5.1).

Die Informationsanforderungen hinsichtlich der ergriffenen Maßnahmen durch den Verantwortlichen müssen bei jeglicher Interaktion mit betroffenen Personen, die ihre Rechte unter der DSGVO ausüben, Beachtung finden (siehe Abschn. 5.4 bis Abschn. 5.7).

5.3.1 Art und Weise der Bereitstellung der Informationen

Formelle Anforderungen

Sofern die betroffene Person einen Antrag nach Art. 12 DSGVO elektronisch stellt, ist sie, sofern sie nichts anderes angibt, nach Möglichkeit entsprechend *auf elektronischem Weg* zu unterrichten.[69]

Falls von der *betroffenen Person verlangt*, kann die *Information* außerdem *mündlich erteilt* werden, vorausgesetzt die Identität der betroffenen Person konnte in anderer Form als nur mündlich bestätigt werden, Art. 12 Abs. 1 DSGVO. Ein entsprechender Bedarf ist z. B. vorstellbar in Fällen, in denen eine betroffene Person Rechte unter Art. 15 bis 22 DSGVO ausgeübt hat und eine *schnelle Bestätigung* darüber wünscht, ob und welche Maßnahmen der Verantwortliche auf den Antrag hin bisher ergriffen hat. Sollte eine mündliche Information stattfinden, sollte diese mündliche Information zu Beweiszwecken gründlich und umfassend dokumentiert werden.[70]

Unentgeltlichkeit

Gemäß Art. 12 Abs. 5 DSGVO sind Informationen an die betroffenen Personen *unentgeltlich* zur Verfügung zu stellen. Sind die Anträge einer betroffenen Person allerdings *offenkundig unbegründet oder exzessiv* (insbesondere im Fall von häufiger Wiederholung),[71] kann der Verantwortliche entweder:[72]

---

[68] Steinrötter, in: Borges/Hilber, BeckOK IT-Recht, Art. 12 DSGVO (11. Ed. 01.01.2023), Rn. 31.

[69] Art. 12 Abs. 3 S. 4 DSGVO.

[70] Franck, in: Gola/Heckmann, DSGVO BDSG, Art. 12 DSGVO (2022), Rn. 24.

[71] Mit einigen Beispielen aus der Rechtsprechung Quaas, in: Wolff/Brink/v. Ungern-Sternberg, BeckOK Datenschutzrecht, Art. 12 DSGVO (45. Ed. 01.05.2023), Rn. 44.

[72] Art. 12 Abs. 5 S. 2 DSGVO.

- ein *angemessenes Entgelt* verlangen, bei dem die Verwaltungskosten berücksichtigt werden; oder
- sich weigern, aufgrund des Antrags tätig zu werden.

Der Wortlaut von Art. 12 Abs. 5 DSGVO gibt keine Rangfolge dieser Optionen vor. Somit *liegt die Wahl* der angemessenen Reaktion *beim Verantwortlichen.*[73] Allerdings hat der Verantwortliche den *Nachweis* für den offenkundig unbegründeten oder exzessiven Charakter des Antrags zu erbringen, Art. 12 Abs. 5 S. 3 DSGVO. Daher sollte der Verantwortliche sich häufig wiederholende Anträge dokumentieren, insbesondere die Zahl der Anträge, um seiner Nachweispflicht so gerecht werden zu können.[74]

Offenkundig unbegründete Anträge dürften ein wirklicher Ausnahmefall sein, da sich die Unbegründetheit, also die fehlende Erfüllung der (niedrigen) Anspruchsvoraussetzungen, dem Verantwortlichen bereits auf den ersten Blick bzw. ohne vertiefte Prüfung erschließen muss.[75] Da der Verantwortliche in dieser Hinsicht die Beweislast trägt, sollte diese Ausnahmevorschrift in der Praxis mit äußerster Vorsicht gehandhabt werden.

Beispiel

Eine Person stellt einen Antrag auf Auskunft nach Art. 15 DSGVO (für Einzelheiten siehe Abschn. 5.4), um von einem Verantwortlichen Bestätigung darüber zu erhalten, ob ihre personenbezogenen Daten von ihm verarbeitet werden oder nicht. Eine Verarbeitung der Daten wird vom Verantwortlichen wahrheitsgemäß verneint. Nichtsdestotrotz beantragt die Person die Löschung ihrer personenbezogenen Daten beim Verantwortlichen gemäß Art. 17 DSGVO (für Einzelheiten siehe Abschn. 5.5.2).

In diesem Beispiel beantragt die Person eine Maßnahme beim Verantwortlichen, die dieser offensichtlich nicht vornehmen kann, da er keine personenbezogenen Daten der Person verarbeitet. Die Person ist sich dessen bewusst, weil sie darüber bereits eine Bestätigung erhalten hat. Folglich kann der Verantwortliche sich dafür entscheiden, nach Art. 12 Abs. 5 DSGVO keine Maßnahmen zu ergreifen.[76] ◀

---

[73] Quaas, in: Wolff/Brink/v. Ungern-Sternberg, BeckOK Datenschutzrecht, Art. 12 DSGVO (45. Ed. 01.05.2023), Rn. 46 f.; Paal/Hennemann, in: Paal/Pauly, DSGVO, Art. 12 (2021), Rn. 63 (m. w. N.).

[74] Kamlah, in: Plath, DSGVO BDSG TTDSG, Art. 12 DSGVO (2023), Rn. 20.

[75] Steinrötter, in: Borges/Hilber, BeckOK IT-Recht, Art. 12 DSGVO (11. Ed. 01.01.2023), Rn. 43; Paal/Hennemann, in: Paal/Pauly, DSGVO BDSG, Art. 12 DSGVO (2021) Rn. 65 (m. w. N.).

[76] Beispiel aus Kremer, in: Laue/Kremer, Das neuen Datenschutzrecht in der betrieblichen Praxis, § 4 Rechte der betroffenen Person (2019), Rn. 21.

Beispiel

Ein (ehemaliger) Arbeitnehmer stellt einen Antrag nach Art. 15 DSGVO bei seinem ehemaligen Arbeitgeber, nachdem er eine Kündigungsschutzklage erhoben hat. Der Arbeitnehmer hat über mehrere Jahrzehnte für den Arbeitgeber gearbeitet, sodass viele Daten über ihn beim Arbeitgeber vorliegen.

Hier wird man differenzieren müssen: Sofern der Arbeitnehmer tatsächlich ein Interesse an den über ihn vorliegenden Daten beim Arbeitnehmer hat, wird man, obwohl Daten in hoher Anzahl über ihn vorliegen und die Informationserteilung für den Arbeitgeber entsprechend aufwändig ist, noch nicht von einem schikanösen Antrag ausgehen können. Anders dürfte die Situation zu beurteilen sein, wenn der Arbeitnehmer den Antrag bewusst stellt, um ihn später im Rahmen der Verhandlung zu seiner Kündigungsschutzklage als Druckmittel einzusetzen. Ein Hinweis darauf könnte bestehen, wenn der Arbeitnehmer das Auskunftsersuchen ausdrücklich zur Verhandlungsmasse macht. ◀

Exzessiv ist ein Antrag nicht schon deshalb, weil er einen hohen Bearbeitungsaufwand auslöst.[77] Um einen exzessiven Antrag dürfte es sich jedenfalls dann handeln, wenn er einzig zum Ziel hat, den Verantwortlichen zu schikanieren oder zu schädigen.[78] Es bleibt dennoch weiterhin unklar, wo die Grenzen eines exzessiven Verhaltens verlaufen und ob bereits die Geltendmachung eines Antrages zum Zwecke der Verfolgung von nicht datenschutzrechtlichen (aber dennoch legitimen) Interessen als exzessiv bzw. rechtsmissbräuchlich zu bewerten ist oder nicht.[79]

Ein Antrag gilt insbesondere bei häufig wiederkehrender Antragsstellung als exzessiv. Es dürfte nicht möglich sein, generell einen bestimmten Zeitraum zu bestimmen, in dem die Einreichung eines weiteren Auskunftsersuchens als exzessiv im Sinne von Art. 12 Abs. 2 DSGVO anzusehen ist. Vielmehr ist eine umfassende Gesamtbetrachtung aller Umstände des Einzelfalls vorzunehmen. Angesichts der Bedeutung der Datenverarbeitung für die Lebenswirklichkeit der Betroffenen geht der EDSA davon aus, dass ein Abstand von einem Jahr zwischen den erteilten Auskünften in jedem Fall zu groß sein wird, um ein erneutes Ersuchen bereits als exzessiv anzusehen. Entscheidend sollte sein, ob die betroffene Person Grund zur Annahme hat, dass sich die Informationen oder die Verarbeitung seit ihrer letzten Anfrage geändert haben könnten.[80]

---

[77] Zustimmend Steinrötter, in: Borges/Hilber, BeckOK IT-Recht, Art. 12 DSGVO (11. Ed. 01.01.2023), Rn. 44; vgl. Quaas, in: Wolff/Brink/v. Ungern-Sternberg, BeckOK Datenschutzrecht, Art. 12 DSGVO (45. Ed. 01.05.2023), Rn. 44; Pohle/Spittka, in: Taeger/Gabel, DSGVO BDSG TTDSG, Art. 12 DSGVO (2022), Rn. 23; Paal/Hennemann, in: Paal/Pauly, DSGVO BDSG, Art. 12 DSGVO (2021) Rn. 65 (m. w. N.).

[78] Steinrötter, in: Borges/Hilber, BeckOK IT-Recht, Art. 12 DSGVO (11. Ed. 01.01.2023), Rn. 44; Pohle/Spittka, in: Taeger/Gabel, DSGVO BDSG TTDSG, Art. 12 DSGVO (2022), Rn. 23; vgl. AG Pforzheim, Urteil vom 05.08.2022 – 4 C 1845/21.

[79] BGH, Beschluss vom 29.3.2022 – VI ZR 1352/20.

[80] EDPB, Guidelines 01/2022 on data subject rights – Right of access, Version 2.0 (2023), Rn. 185.

5.3.2 Frist für die Bereitstellung der Informationen

Der Verantwortliche stellt der betroffenen Person die Informationen über eine auf ihren Antrag hin ergriffene Maßnahme *unverzüglich*, in jedem Fall aber *innerhalb eines Monats nach Eingang* des Antrags zur Verfügung, Art. 12 Abs. 3 DSGVO. Eine bloße Eingangsbestätigung wirkt nicht fristwahrend.[81] Demgegenüber normiert Art. 12 Abs. 3 DSGVO keine Frist zur tatsächlichen Erfüllung des Antrages der betroffenen Person hinsichtlich des konkret geltend gemachten Betroffenenrechtes.[82] Die Frist kann um *zwei weitere Monate verlängert werden*, sofern dies unter Berücksichtigung der Komplexität und Anzahl der erhaltenen Anträge erforderlich ist.[83] In einem solchen Fall hat der Verantwortliche die betroffene Person über die Fristverlängerung innerhalb eines Monats nach Eingang des Antrags zu unterrichten, zusammen mit den Gründen für die Verzögerung.[84] Ausreichend dürfte allerdings – im Spannungsverhältnis zum Wortlaut („Komplexität *und* Anzahl") – auch ein einzelner, aber hochkomplexer Antrag sein.[85] Vorgaben zur Fristberechnung macht die DSGVO keine. Aus den Leitlinien des EDSA zu den Auskunftsrechten ergibt sich allerdings, dass sich die Fristenberechnung nach der EU-Fristenverordnung der Europäischen Wirtschaftsgemeinschaft (EWG) und Europäischen Atomgemeinschaft (Euratom)[86] richten sollte.[87]

Ebenso nicht klargestellt wird durch die DSGVO, welche Fälle als hinreichend „komplex" anzusehen sind, um eine Fristverlängerung zu rechtfertigen. Die *Komplexität* ergibt sich erst aus den Umständen des Einzelfalls, wobei nicht die Komplexität des Antrags an sich, sondern die des dahinterstehenden Sachverhaltes und dessen rechtliche Einordnung maßgeblich ist.[88] Die bestehende Rechtsunsicherheit ist im Hinblick auf die hohen drohenden Bußgelder von bis zu EUR 20.000.000,00 oder bis zu 4 % des weltweiten Jahresumsatzes (Art. 83 Abs. 5 lit. b DSGVO) problematisch. Eine Sanktionierung dürfte jedoch grundsätzlich nicht

---

[81] Das legt zum einen der Wortlaut („*ergriffene* Maßnahmen") und zum anderen ein Blick auf Abs. 3 S. 2 und 3 nahe. Eine Verlängerung aufgrund hoher Komplexität eines Antrages wird der Verantwortliche nur begründen können, wenn er sich auch inhaltlich mit dem Antrag beschäftigt hat; so wohl auch Quaas, in: Wolff/Brink/v. Ungern-Sternberg, BeckOK Datenschutzrecht, Art. 12 DSGVO (45. Ed. 01.05.2023), Rn. 35; franck, in: Gola/Heckmann, DSGVO BDSG, Art. 12 DSGVO (2022), Rn. 26; Greve, in: Sydow/Marsch, DSGVO BDSG, Art. 12 DSGVO (2022), Rn. 24.

[82] Paal/Hennemann, in: Paal/Pauly, DSGVO BDSG, Art. 12 DSGVO (2021), Rn. 52 (m. w. N.); a. A. wohl Bäcker, in: Kühling/Buchner, DSGVO BDSG, Art. 12 DSGVO (2020), Rn. 33.

[83] Art. 12 Abs. 3 S. 2 DSGVO. Eine Bereitstellung der Information in elektronischer Form ist möglich, sofern nicht ein entgegenstehendes Verlangen der betroffenen Person vorliegt.

[84] Art. 12 Abs. 3 DSGVO.

[85] Steinrötter, in: Borges/Hilber, BeckOK IT-Recht, Art. 12 DSGVO (11. Ed. 01.01.2023), Rn. 35 (m. w. N.).

[86] Verordnung (EWG, Euroatom) Nr. 1182/71 des Rates vom 3. Juni 1971 zur Festlegung der Regeln für die Fristen, Daten und Termine.

[87] EDPB, Guidelines 01/2022 on data subject rights – Right of access, Version 2.0 (2023), Rn. 160.

[88] Paal/Hennemann, in: Paal/Pauly, DSGVO BDSG, Art. 12 DSGVO (2021), Rn. 54; Steinrötter, in: Borges/Hilber, BeckOK IT-Recht, Art. 12 DSGVO (11. Ed. 01.01.2023), Rn. 34.

stattfinden, wenn die Fristverlängerung das gesetzliche Maximum nicht übersteigt und wenn sie hinreichend begründet wird.[89]

5.3.3 Unterrichtung im Falle des Nicht-Tätigwerdens

Wird der Verantwortliche auf den Antrag der betroffenen Person hin *nicht tätig*, hat er die betroffene Person *unverzüglich*, spätestens aber innerhalb eines Monats nach Eingang des Antrags über diesen Umstand und die Gründe dafür zu unterrichten, Art. 12 Abs. 4 DSGVO. Eine entsprechende Unterrichtung soll die betroffene Person auch über die Möglichkeit informieren, bei einer Aufsichtsbehörde Beschwerde einzulegen oder einen gerichtlichen Rechtsbehelf zu bemühen.[90] Ihrem Wortlaut nach verpflichtet die Vorschrift den Verantwortlichen jedoch nicht dazu, die jeweils zuständige Aufsichtsbehörde oder Gerichtsbarkeit zu bestimmen und entsprechend mitzuteilen.

5.3.4 Bestätigung der Identität der betroffenen Person

Sofern der Verantwortliche begründete Zweifel an der Identität der natürlichen Person hat, die bei ihm einen Antrag stellt, kann er zusätzliche Informationen anfordern, die zur *Bestätigung der Identität der betroffenen Person* erforderlich sind, Art. 12 Abs. 6 DSGVO. Wann solche begründeten Zweifel vorliegen ist anhand einer Prüfung im Einzelfall zu beurteilen.[91] Hinsichtlich der Beurteilung kommt dem Verantwortlichen ein gewisser Ermessensspielraum zu, weil er auch das Risiko von Sanktionen trägt, sofern er Auskünfte an „falsche" Personen erteilt.[92] Eine Identifizierung dürfte regelmäßig nicht erforderlich sein, wenn der Antrag von einer der betroffenen (antragstellenden) Person zugeordneten (E-Mail-)Adresse gestellt wird.[93]

Der Verantwortliche darf zum Zwecke der Identifizierung grundsätzlich alle vertretbaren Mittel nutzen. Im Rahmen der Frage, welcher Nachweis vertretbarer Weise verlangt werden kann, sollte er auch die Sensitivität der jeweiligen Daten beachten.[94] Das Verlangen einer Ausweis- bzw. Passkopie kommt nur als ultima ratio in Betracht.[95] Hierbei sind zudem besondere ausweisrechtliche Anforderungen nach dem PAusweisG zu beachten.[96]

---

[89] Kamlah, in: Plath, DSGVO BDSG TTDSG, Art. 12 DSGVO (2023), Rn. 16.

[90] Art. 12 Abs. 4 S. 2 DSGVO.

[91] Pohle/Spittka, in: Taeger/Gabel, DSGVO BDSG TTDSG, Art. 12 DSGVO (2022), Rn. 19.

[92] Steinrötter, in: Borges/Hilber, BeckOK IT-Recht, Art. 12 DSGVO (11. Ed. 01.01.2023), Rn. 49.

[93] Pohle/Spittka, in: Taeger/Gabel, DSGVO BDSG TTDSG, Art. 12 DSGVO (2022), Rn. 19.

[94] Pohle/Spittka, in: Taeger/Gabel, DSGVO BDSG TTDSG, Art. 12 DSGVO (2022), Rn. 19; LG Bonn, Urt. v. 11.11. 2020 – 29 OWI 1/20, K&R 2021, 133, 135 f.

[95] Dazu und zu üblichen Mitteln Pohle/Spittka, in: Taeger/Gabel, DSGVO BDSG TTDSG, Art. 12 DSGVO (2022), Rn. 20 f.; S. a. Steinrötter, in: Borges/Hilber, BeckOK IT-Recht, Art. 12 DSGVO (11. Ed. 01.01.2023), Rn. 49.

[96] Pohle/Spittka, in: Taeger/Gabel, DSGVO BDSG TTDSG, Art. 12 DSGVO (2022), Rn. 19; LG Bonn, Urt. v. 11.11. 2020 – 29 OWI 1/20, K&R 2021, 133, 135 f.

5.4 Auskunftsrecht

Neben den umfassenden Informationsansprüchen der betroffenen Personen und der korrespondierenden Pflichten der Verantwortlichen besteht ein weiteres Auskunftsrecht der betroffenen Personen. Das Auskunftsrecht soll Fairness und Transparenz der Datenverarbeitung erhöhen und es den Betroffenen ermöglichen, die *Rechtmäßigkeit* der an ihren personenbezogenen Daten vorgenommenen Verarbeitungstätigkeiten *zu überprüfen*. Dies soll letztlich dazu führen, dass die betroffenen Personen *ihre Rechte* unter der DSGVO *effektiv durchsetzen* können.[97]

Im Gegensatz zu den Informationsrechten nach Art. 13 bis 14 DSGVO soll das Auskunftsrecht inhaltlich *über* die Bereitstellung *allgemeiner Informationen* zu den Verarbeitungsvorgängen *hinausgehen*. Das Auskunftsrecht soll der betroffenen Person die Möglichkeit einräumen, auf Antrag detaillierte Informationen über die Datenverarbeitung zu bekommen, um deren *Rechtmäßigkeit überprüfen zu können*. Dies kann auch der Vorbereitung für die Ausübung der Betroffenenrechte nach Art. 16 bis 22 DSGVO dienen. Während die Informationsansprüche der Betroffenen nach Art. 13 bis 14 DSGVO proaktiv vom Verantwortlichen zu erfüllen sind, bedarf es für eine Erfüllung des Auskunftsrechts nach Art. 15 DSGVO eines entsprechenden Antrags der betroffenen Person.

5.4.1 Umfang des Auskunftsrechts

Das Auskunftsrecht gemäß Art. 15 DSGVO ist in zwei Teile gegliedert.[98] In einem ersten Schritt kann die betroffene Person eine *Bestätigung* vom Verantwortlichen darüber *verlangen*, ob dieser ihre[99] personenbezogenen Daten verarbeitet[100] oder nicht, Art. 15 Abs. 1 DSGVO. Sofern eine Verarbeitung stattfindet, hat sie – in einem zweiten Schritt – ein Recht auf Auskunft über diese personenbezogenen Daten und auf *folgende Informationen:*

- die Verarbeitungszwecke, wobei die die Datenverarbeitung legitimierende Rechtsgrundlage dem Wortlaut nach nicht zwingend zu nennen ist. Verantwortliche sollten allerdings – gerade im Hinblick auf das Transparenzgebot – auch die Rechtsgrundlage angeben;[101]

[97] ErwGr. 63 DSGVO; Paal, in: Paal/Pauly, DSGVO BDSG, Art. 15 DSGVO (2021), Rn. 3; Kremer, in: Laue/Kremer, Das neue Datenschutzrecht in der betrieblichen Praxis, § 4 Rechte der betroffenen Person (2019), Rn. 22.

[98] Mit einem anderen Verständnis („three aspects"), allerdings ohne inhaltliche Abweichung EDPB, Guidelines 01/2022 on data subject rights – Right of access, Version. 2.0 (2023), Rn. 17.

[99] Eingehend dazu, wann personenbezogene Daten als „personal data concerning him or her" anzusehen sind EDPB, Guidelines 01/2022 on data subject rights – Right of access, Version 2.0 (2023), Rn. 104 f.

[100] Näher dazu EDPB, Guidelines 01/2022 on data subject rights – Right of access, Version 2.0 (2023), Rn. 109.

[101] EDPB, Guidelines 01/2022 on data subject rights – Right of access, Version 2.0 (2023), Rn. 114; so auch Mester, in: Taeger/Gabel, DSGVO BDSG TTDSG, Art. 15 DSGVO (2022), Rn. 3; Dix, in:

- die Kategorien personenbezogener Daten, die verarbeitet werden. Ausreichend dürfte hier das Nennen von allgemein gehaltenen Informationen in Form von Oberbegriffen sein. Die Angaben sollten dennoch so detailliert sein, dass sie der betroffenen Person ermöglichen, weitergehende Schritte einzuleiten;[102]
- die *Empfänger oder Kategorien von Empfängern*, gegenüber denen die personenbezogenen Daten offengelegt wurden oder noch offengelegt werden, insbesondere bei Empfängern in Drittländern/bei internationalen Organisationen. Die Vorschrift deckt sich überwiegend mit Art. 13 Abs. 1 lit. e DSGVO bzw. Art. 14 Abs. 1 lit. e DSGVO (Abschn. 5.2.2).[103] Ausführlicher ist die Vorschrift dahingehend, dass auch über zukünftige Übermittlungen Auskunft zu erteilen ist („noch offengelegt werden"). Die bloße Möglichkeit einer zukünftigen Übermittlung dürfte aber noch nicht ausreichen.[104] Der EuGH hat jüngst entschieden, dass die Vorschrift so auszulegen ist, dass der Verantwortliche grundsätzlich verpflichtet ist, die konkreten Empfänger zu benennen. Anderes gilt nur, wenn es nicht möglich ist, die konkreten Empfänger zu identifizieren. Dann kann der Verantwortliche sich darauf beschränken, nur die Kategorien der betreffenden Empfänger mitzuteilen;[105]
- falls dies möglich ist, die geplante Dauer der Speicherung der personenbezogenen Daten oder, falls dies nicht möglich ist, die Kriterien für die Festlegung dieser Dauer. Hier bietet sich das Aufstellen von sog. Data Retention Policies bzw. Löschkonzepten an, welche in einem mehrstufigen Verfahren etwa die gesetzlichen Aufbewahrungspflichten, die „Aufbewahrungsbedürfnisse" und die organisatorische und technische Sicherstellung der vollständigen Löschung berücksichtigen, um dem Auskunftverlangen leichter nachkommen zu können;
- das Bestehen eines *Rechts auf Berichtigung, Löschung, Einschränkung* der Verarbeitung oder des *Widerspruchsrechts* gegen die Verarbeitung. Die Vorschrift sollte allerdings nicht so verstanden werden, dass der Verantwortliche tatsächlich das Bestehen oder Nichtbestehen dieser Rechte zu prüfen hat. Vielmehr dürfte ein genereller Hinweis auf das mögliche Bestehen dieser Rechte genügen.[106] Nicht genannt von der Vorschrift sind das Recht auf Datenportabilität und das

---

Simitis/Hornung/Spiecker gen. Döhmann, Datenschutzrecht, Art. 15 DSGVO (2019), Rn. 18; in diese Richtung auch Franck, in: Gola/Heckmann, DSGO BDSG, Art. 15 DSGVO (2022), Rn. 7 und Steinrötter, in: Borges/Hilber, BeckOK IT-Recht, Art. 15 DSGVO (11. Ed. 01.01.2023), Rn. 21.

[102] Steinrötter, in: Borges/Hilber, BeckOK IT-Recht, Art. 14 DSGVO (11. Ed. 01.01.2023), Rn. 18; Dix, in: Simitis/Hornung/Spiecker gen. Döhmann, Datenschutzrecht, Art. 14 DSGVO (2019), Rn. 5; so wohl auch EDPB, Guidelines 01/2022 on data subject rights – Right of access, Version 2.0 (2023), Rn. 117; etwas strenger wohl Bäcker, in: Kühling/Buchner, DSGVO BDSG, Art. 14 DSGVO (2020), Rn. 17.

[103] Ähnlich auch EDPB, Guidelines 01/2022 on data subject rights – Right of access, Version 2.0 (2023), Rn. 117.

[104] Franck, in: Gola/Heckmann, DSGVO BDSG, Art. 15 DSGVO (2022), Rn. 10.

[105] EuGH, Urteil vom 12. Januar 2023, RW/Österreichische Post AG, C-154/21.

[106] Paal, in: Paal/Pauly, DSGVO BDSG, Art. 15 DSGVO (2021), Rn. 28; a. A. Schmidt-Wudy, in: Wolff/Brink/v. Ungern-Sternberg, BeckOK Datenschutzrecht, Art. 15 DSGVO (45. Ed. 01.08.2023), Rn. 69.

Recht, eine Einwilligung zu widerrufen, sodass hierüber grundsätzlich keine Information zu erteilen ist. Aus Transparenzgründen dürfte es sich allerdings anbieten, auch über diese Rechte zu informieren;[107]
- das Bestehen eines *Beschwerderechts* bei einer Aufsichtsbehörde (Abschn. 5.2.2);
- wenn die personenbezogenen Daten nicht bei der betroffenen Person erhoben werden, alle verfügbaren Informationen über die *Herkunft der Daten*. Der betroffenen Person muss so viel über die Herkunft der Daten mitgeteilt werden, dass diese etwaige Korrektur- oder Löschungsansprüche gegen den ursprünglichen Verantwortlichen geltend machen kann;[108]
- das Bestehen einer *automatisierten Entscheidungsfindung* und aussagekräftige Informationen über die involvierte Logik und die angestrebten Konsequenzen einer derartigen Verarbeitung. Ausreichen sollte es, die Grundannahmen der Algorithmus-Logik, also insbesondere die Datenbasis, den Einsatz bestimmter Faktoren und Parameter sowie die Grundstruktur des Entscheidungsprozesses zu erklären;[109]
- wenn die personenbezogenen *Daten an ein Drittland übermittelt* werden, Informationen über die geeigneten Garantien im Zusammenhang mit der Übermittlung (siehe Abschn. 4.3).[110]

Die *angemessene Reaktion* des Verantwortlichen auf einen Antrag der betroffenen Person nach Art. 15 DSGVO ist *einzelfallabhängig*. Der Antrag könnte sich nicht nur auf eine Bestätigung über die Durchführung von Verarbeitungsvorgängen beschränken, sondern sofort ein Verlangen über die Bereitstellung detaillierter Informationen zur Verarbeitung umfassen.[111] Daher dürfte sich eine Beantwortung derartiger Anträge in zwei Schritten, wie es die Vorschrift vorsieht, in der Praxis als nicht machbar erweisen.[112] Es dürfte meist nicht ausreichen, zunächst eine Verarbeitung zu bestätigen und erst zu einem späteren Zeitpunkt genauere Informationen über die Verarbeitung zur Verfügung zu stellen, da die antragstellende betroffene Person von Beginn an eine weiterreichende Auskunft erhalten möchte.[113]

Beispiel

Eine Arztpraxis speichert Patientendaten. Ein Patient dieser Praxis möchte Auskunft über seine von der Arztpraxis verarbeiteten personenbezogenen Daten erhalten.

[107] Franck, in: Gola/Heckmann, DSGVO BDSG, Art. 15 DSGVO (2022), Rn. 14; Mester, in: Taeger/Gabel, DSGVO BDSG TTDSG, Art. 15 DSGVO (2022), Rn. 10; strenger Dix, in: Simitis/Hornung/Spiecker gen. Döhmann, Datenschutzrecht, Art. 15 DSGVO (2019), Rn. 23.

[108] Dix, in: Simitis/Hornung/Spiecker gen. Döhmann, Datenschutzrecht, Art. 15 DSGVO (2019), Rn. 24.

[109] Paal/Hennemann, in: Paal/Pauly, DSGVO BDSG, Art. 13 DSGVO (2021), Rn. 31 ff (m. w. N.).

[110] Näher auch Franck, in: Gola/Heckmann, DSGVO BDSG, Art. 15 DSGVO (2022), Rn. 20 f.

[111] Walter, DSRITB 2016, 367, 381.

[112] Ähnlich Koreng, in: Koreng/Lachenmann, DatenschutzR-FormHdB, Form. F. II. 1. (2021).

[113] Anders wohl EDPB, Guidelines 01/2022 on data subject rights – Right of access, Version 2.0 (2023), S. 4 f. mit der Empfehlung eines "layered approach".

In diesem Beispiel hat der Patient gegenüber der Arztpraxis ein Auskunftsrecht hinsichtlich seiner personenbezogenen Daten nach Art. 15 DSGVO. Dies umfasst seine Gesundheitsdaten, bspw. die Daten in der Krankenakte über Diagnosen, Untersuchungsergebnisse, Einschätzungen der behandelnden Ärzte sowie Behandlungen oder Maßnahmen, die durchgeführt wurden. Die Arztpraxis muss dem Patienten u. a. Informationen über die Verarbeitungszwecke (hier: die Erbringung von Gesundheitsdienstleistungen), die Speicherdauer und die Empfänger der personenbezogenen Daten zur Verfügung stellen. Allerdings könnte das Recht des betroffenen EU-Mitgliedstaats Ausnahmen hinsichtlich der Auskunft über Gesundheitsdaten von Patienten nach Art. 23 DSGVO vorsehen (siehe Abschn. 5.9). ◀

Gemäß Art. 15 DSGVO sollte die betroffene Person ein Auskunftsrecht hinsichtlich der sie betreffenden und erhobenen personenbezogenen Daten besitzen und dieses Recht *problemlos und in angemessenen Abständen* wahrnehmen können, um die Verarbeitung nachvollziehen und deren Rechtmäßigkeit überprüfen zu können.[114] Zudem müssen Auskünfte in präziser, transparenter, verständlicher und leicht zugänglicher Form in einer klaren und einfachen Sprache erteilt werden (für Einzelheiten siehe Abschn. 5.1) sowie *innerhalb eines Monats nach Eingang* des entsprechenden Antrags erfolgen (für Einzelheiten siehe Abschn. 5.3).

5.4.2 Recht auf Kopie

Um der betroffenen Person Zugriff auf ihre personenbezogenen Daten zu ermöglichen, stellt der Verantwortliche der betroffenen Person auf Antrag eine *Kopie ihrer Daten* zur Verfügung, Art. 15 Abs. 3 DSGVO. Diese Kopie sollte den allgemeinen Anforderungen hinsichtlich Informationen an betroffene Personen nach Art. 12 DSGVO entsprechen (siehe Abschn. 5.1). Dies umfasst u. a., dass die erste Kopie der betroffenen Person *unentgeltlich* zur Verfügung zu stellen ist.[115] Sofern der Verantwortliche eine große Menge von Informationen über die betroffene Person verarbeitet, sollte er verlangen können, dass die betroffene Person präzisiert, auf welche Information oder welche Verarbeitungsvorgänge sich ihr Auskunftsersuchen bezieht.[116] Im Umkehrschluss ergibt sich daraus, dass, sofern die betroffene Person Informationen hinsichtlich aller Verarbeitungsvorgänge verlangt und ein solcher Antrag nicht als exzessiv anzusehen ist, tatsächlich auch umfassende Informationen zur Verfügung zu stellen sind.[117] Das führt in der Praxis insbesondere im Zusammenhang mit Kündigungsschutzklagen häufig zu Problemen. Nicht selten verlangen (gekündigte) Arbeitnehmer pauschal eine Kopie aller ihrer Daten mit dem Ziel, den

[114] ErwGr. 63 DSGVO.

[115] Art. 12 Abs. 5 DSGVO.

[116] ErwGr. 63 DSGVO.

[117] Kremer, in: Laue/Kremer, Das neue Datenschutzrecht in der betrieblichen Praxis, § 4 Rechte der betroffenen Person (2019), Rn. 27.

einen hohen Arbeitsaufwand verursachenden Antrag zur Verhandlungsmasse zu machen (ähnlich schon oben Abschn. 5.3.1).

Viele Einzelfragen zum Recht auf Kopie waren lange Zeit umstritten.[118] Wenigstens der Umfang des Rechts auf Kopie ist inzwischen in Teilen höchstrichterlich geklärt. Der EuGH hat jüngst entschieden, dass das Recht auf Kopie, Art. 15 Abs. 3 S. 1 DSGVO, eine originalgetreue und verständliche Reproduktion aller personenbezogener Daten der betroffenen Person bedeute. Das umfasse auch eine Kopie von Auszügen aus Dokumenten, von ganzen Dokumenten oder aus Datenbanken, die entsprechende Daten enthalten, wenn die Kopie für die wirksame Ausübung der Rechte der betroffenen Person nötig sei. Dabei seien insoweit die Rechte und Freiheiten anderer zu berücksichtigen. Der Begriff der Information in Art. 15 Abs. 3 S. 3 DSGVO sei zudem so auszulegen, dass er sich (nur) auf personenbezogene Daten beziehe, von welchen der Verantwortliche nach Satz 1 eine Kopie zur Verfügung zu stellen habe.[119]

Beantragt die betroffene Person weitere, über die erste Kopie hinausgehende Kopien, so kann der Verantwortliche ein angemessenes Entgelt auf Grundlage der Verwaltungskosten verlangen. Hier kann sich die Frage stellen, ab wann die betroffene Person eine (neue und damit kostenfreie) erste Kopie verlangt und wann es sich um das Verlangen einer weiteren Kopie handelt. Regelmäßig wird dann von einer (weiteren, kostenpflichtigen) Kopie auszugehen sein, wenn in Anbetracht von Zeit und Umfang derselbe Datensatz wie in der vorherigen Anfrage betroffen ist.[120]

Elektronische Anträge

Stellt die betroffene Person den Antrag elektronisch, so sind die Informationen auch in einem *gängigen elektronischen Format* zur Verfügung zu stellen.[121] Eine derartige elektronische Auskunft könnte in Form einer E-Mail erfolgen. Allerdings sollten die E-Mails durch den Verantwortlichen verschlüsselt werden, um die enthaltenen Informationen zu schützen. Die DSGVO stellt nicht klar, welches Format als „gängig" anzusehen ist. Soweit möglich, sollte der Verantwortliche den Fernzugang zu einem sicheren System (*web interfaces*) bereitstellen können, der der betroffenen Person direkten Zugang zu ihren personenbezogenen Daten ermöglichen würde.[122] Nach der Vorschrift ist die Ermöglichung eines solchen Remote-Zugriffs optional.

---

[118] Eingehend Bienemann, in: Sydow/Marsch, DSGVO BDSG, Art. 15 DSGVO (2022), Rn. 46 ff; Schmidt-Wudy, in: Wolff/Brink/v. Ungern-Sternberg, BeckOK Datenschutzrecht, Art. 15 DSGVO (45. Ed. 01.08.2023), Rn. 85 ff. jeweils (m. w. N.).

[119] EuGH, Urteil vom 4 Mai 2023, F. F./Österreichische Datenschutzbehörde, C-487/21, Rn. 18 ff., EuGH, Urteil vom 26 Oktober 2023, FT/DW, C-307/22, Rn. 70 ff., BGH, Urteil vom 05.03.2024 – VI ZR 330/21.

[120] EDPB, Guidelines 01/2022 on data subject rights – Right of access, Version 2.0 (2023), Rn. 27; zum Streitstand Schmidt-Wudy, in: Wolff/Brink/v. Ungern-Sternberg, BeckOK Datenschutzrecht, Art. 15 DSGVO (45. Ed. 01.08.2023), Rn. 92 f.

[121] Art. 15 Abs. 3 S. 3 DSGVO.

[122] ErwGr. 63 DSGVO.

Überprüfung der Identität des Antragsstellers

Besonders in Verbindung mit elektronischen Kommunikationsmitteln ist es wichtig, die *Identität* des Antragsstellers, der Zugriff auf seine personenbezogenen Daten verlangt, *zu überprüfen*, um einen Missbrauch zu verhindern (allgemein dazu schon Abschn. 5.3.4). Daher sollte der Verantwortliche durchaus alle vertretbaren Mittel zur Identitätsüberprüfung nutzen, insbesondere bei an Online-Dienste gerichteten Anfragen und im Fall von Online-Kennungen.[123]

Beispiel

Eine Person stellt einen Online-Antrag auf Auskunft nach Art. 15 DSGVO. Der Verantwortliche möchte die Identität der Person überprüfen. Zu diesem Zweck sendet er die Login-Daten für den Zugriff auf die angeforderten Auskünfte an die E-Mail-Adresse, die er von der betroffenen Person gespeichert hat.

Dieses Vorgehen hilft, sicherzustellen, dass nur die Person, deren Daten verarbeitet werden, Zugriff auf die relevanten Informationen erhält; denn nur die betroffene Person kann die Login-Daten aufgrund des passwortgesicherten E-Mail-Accounts in der E-Mail abrufen.[124] ◀

Keine Beeinträchtigung der Rechte und Freiheiten anderer Personen

Gemäß Art. 15 Abs. 4 DSGVO darf das Auskunftsrecht die Rechte und Freiheiten anderer Personen nicht beeinträchtigen, etwa *Geschäftsgeheimnisse* oder *Rechte des geistigen Eigentums* und insbesondere das Urheberrecht an Software.[125] Dies bezieht sich auf die möglichen Auswirkungen einer zur Verfügung gestellten Kopie – unter anderem – auf personenbezogene Daten anderer Personen. Dies kann relevant werden, sofern Verantwortliche einem Berufsgeheimnis unterliegen, wie bspw. Anwälte, deren Aufzeichnungen zumeist Informationen über die Gegenpartei des Mandanten enthalten.[126] Die festgestellten Beeinträchtigungen anderer Personen dürfen jedoch nicht dazu führen, dass der betroffenen Person jegliche Auskunft verweigert wird.[127] In sehr begrenztem Umfang könnten Verantwortliche entsprechende Daten, die die Rechte und Freiheiten anderer beeinträchtigen, bei der Auskunftserteilung zurückhalten oder verschleiern, bspw. durch die Schwärzung ausgewählter Informationen.[128]

Vom Begriff der „andere(n) Personen" erfasst sind neben Dritten ebenfalls der Verantwortliche und etwaige Auftragsverarbeiter. Einzig die betroffene Person

[123] ErwGr. 64 DSGVO. Allerdings sollte ein Verantwortlicher personenbezogene Daten nicht allein zu dem Zweck speichern, um auf mögliche Auskunftsersuchen reagieren zu können.

[124] Walter, DSRITB 2016, 367, 385.

[125] ErwGr. 63 DSGVO.

[126] Kremer, in: Laue/Kremer, Das neue Datenschutzrecht in der betrieblichen Praxis, § 4 Rechte der betroffenen Person (2019), Rn. 31; Zikesch/Kramer, ZD 2015, 565, 566–567.

[127] ErwGr. 63 DSGVO.

[128] Kremer, in: Laue/Kremer, Das neue Datenschutzrecht in der betrieblichen Praxis, § 4 Rechte der betroffenen Person (2019), Rn. 32.

selbst ist nicht erfasst.[129] Die DSGVO legt nicht klar fest, ab welcher Schwelle von einer Beeinträchtigung auszugehen ist. Maßgeblich dürfte letztlich eine Abwägung mit den Grundrechten und Grundfreiheiten Dritter im Einzelfall sein.[130] Hinweise zur Durchführung dieser Abwägung gibt der EDSA in seinen Leitlinien zu den Auskunftsrechten.[131] Nicht ausreichend ist demnach die bloße Befürchtung der Beeinträchtigung von Interessen anderer Personen. Erforderlich sei, dass durch die Auskunft tatsächlich eine Beeinträchtigung vorliegen wird.[132]

5.4.3 Einschränkungen des Auskunftsrechts nach dem BDSG

Die DSGVO selbst sieht kaum Einschränkungen des Auskunftsrechts der betroffenen Personen vor. Dies dürfte dessen wichtiger Funktion geschuldet sein, den betroffenen Personen eine effektive Durchsetzung ihrer Rechte zu ermöglichen. Der deutsche Gesetzgeber hat jedoch von seinem Regelungsspielraum aus Art. 23 DSGVO Gebrauch gemacht (siehe Abschn. 5.9) und im *BDSG Einschränkungen* des Auskunftsrechts vorgesehen.

Verwirklichung von Forschungs- oder Statistikzwecken
§ 27 Abs. 2 S. 1 BDSG beschränkt das Auskunftsrecht der betroffenen Person unter Bezugnahme auf die Öffnungsklausel in Art. 89 Abs. 2 DSGVO (siehe Abschn. 8.1.2), soweit es voraussichtlich die *Verwirklichung* der wissenschaftlichen oder historischen *Forschungszwecke oder der statistischen Zwecke unmöglich machen oder ernsthaft beeinträchtigen* würde und die *Beschränkung* für die Erfüllung der Forschungs- oder Statistikzwecke *notwendig* ist.[133] Laut Gesetzgeber sollte eine Beschränkung z. B. erforderlich werden, wenn die zuständige Ethikkommission zum Schutz der betroffenen Person eine Durchführung des Projekts andernfalls untersagen würde.[134] Weiterhin besteht das Auskunftsrecht nach § 27 Abs. 2 S. 2 BDSG nicht, wenn die Daten für Zwecke der wissenschaftlichen Forschung erforderlich sind und die Auskunftserteilung einen *unverhältnismäßigen Aufwand* erfordern würde. Ein solcher Aufwand könnte sich zum Beispiel aus der Größe der Daten-

[129] Schmidt-Wudy, in: Wolff/Brink/v. Ungern-Sternberg, BeckOK Datenschutzrecht, Art. 15 DSGVO (45. Ed. 01.08.2023), Rn. 96; so auch EDPB, Guidelines 01/2022 on data subject rights – Right of access, Version 2.0 (2023), Rn. 171.

[130] Schmidt-Wudy, in: Wolff/Brink/v. Ungern-Sternberg, BeckOK Datenschutzrecht, Art. 15 DSGVO (45. Ed. 01.08.2023), Rn. 96.

[131] EDPB, Guidelines 01/2022 on data subject rights – Right of access, Version 2.0 (2023), Rn. 172 f.

[132] Schmidt-Wudy, in: Wolff/Brink/v. Ungern-Sternberg, BeckOK Datenschutzrecht, Art. 15 DSGVO (45. Ed. 01.08.2023), Rn. 96; so auch EDPB, Guidelines 01/2022 on data subject rights – Right of access, Version 2.0 (2023), Rn. 172.

[133] Näher dazu Koch, in: Wolff/Brink/v. Ungern-Sternberg, BeckOK Datenschutzrecht, § 27 BDSG (45. Ed. 01.11.2022), Rn. 42 ff.; Krohm, in: Gola/Heckmann, DSGVO BDSG, § 27 BDSG (2022), Rn. 35 ff; S. a. Kühling, ZD 2021, 74, 76 f.

[134] Deutscher Bundestag (2017a), Drucksache 18/11325, S. 99.

menge oder der Vielzahl der Datensätze ergeben, bei denen betroffene Personen nur unter unverhältnismäßigem Aufwand identifiziert oder benachrichtigt werden könnten.[135]

Verwaltungsaufwand bei einer Datenverarbeitung zu Archivzwecken
Eine Einschränkung des Auskunftsrechts besteht nach § 28 Abs. 2 BDSG auch im Bereich von Datenverarbeitungen zu im öffentlichen Interesse liegenden Archivzwecken (siehe Abschn. 8.1.3). Danach entfällt das Auskunftsrecht, wenn das *Archivgut nicht durch den Namen* der betroffenen Person *erschlossen* ist oder keine Angaben gemacht werden, die das Auffinden des betreffenden Archivguts mit *vertretbarem Verwaltungsaufwand* ermöglichen. Die Vertretbarkeit des erforderlichen Einsatzes an personellen und finanziellen Ressourcen ist auf Grundlage der konkreten Situation des Verantwortlichen zu bestimmen. Entscheidend ist hierbei die Leistungsfähigkeit der Archivverwaltung. Muss der laufende Archivbetrieb nicht zugunsten der Recherche vernachlässigt werden, dürfte regelmäßig von einem (noch) vertretbaren Verwaltungsaufwand auszugehen sein.[136]

Geheimhaltungspflichten
Das Auskunftsrecht der betroffenen Person ist nach § 29 Abs. 1 S. 2 BDSG ausgeschlossen, soweit durch die Auskunft *Informationen* offenbart würden, die nach einer Rechtsvorschrift oder ihrem Wesen nach, insbesondere wegen der überwiegenden berechtigten Interessen eines Dritten, *geheim gehalten werden müssen* (siehe dazu Abschn. 3.8.3). Der Anwendungsbereich dieser Regelung dürfte sehr beschränkt sein, zumal das Wort „soweit" nahelegt, dass unter Umständen lediglich eine teilweise Beschränkung des Auskunftsrechts stattfinden kann.

Ausschluss nach § 34 BDSG
§ 34 BDSG sieht *unabhängig von der Verarbeitungssituation* bestehende Einschränkungen des Auskunftsrechts vor. Für nicht öffentliche Stellen sind dabei drei Ausnahmen von Relevanz:

- die betroffene Person ist nach § 33 Abs. 1 Nr. 1, Nr. 2 lit. b, Abs. 3 BDSG aufgrund einer Feststellung der zuständigen öffentlichen Stelle aus Sicherheitserwägungen heraus nicht zu informieren (siehe Abschn. 5.2.4): die betroffenen Verarbeitungstätigkeiten haben Auswirkungen auf Sachverhalte mit staatlichem Geheimhaltungsbedürfnis, sodass dies auch detaillierten Auskünften an die betroffenen Person bzgl. der Verarbeitung entgegensteht;[137]
- die Daten sind nur deshalb gespeichert, weil sie aufgrund gesetzlicher oder satzungsmäßiger Aufbewahrungsvorschriften nicht gelöscht werden dürfen und

[135] Deutscher Bundestag (2017a), Drucksache 18/11325, S. 99 f.

[136] Borges, in: Borges/Hilber, BeckOK IT-Recht, § 28 BDSG (11. Ed. 01.05.2021), Rn. 15 (m. w. N.).

[137] Näher dazu Schmidt-Wudy, in: Wolff/Brink/v. Ungern-Sternberg, BeckOK Datenschutzrecht, § 34 BDSG (45. Ed. 01.08.2023), Rn. 16 ff.

die Auskunftserteilung einen unverhältnismäßigen Aufwand erfordern würde, und eine Verarbeitung zu anderen Zwecken ist durch geeignete technische und organisatorische Maßnahmen ausgeschlossen: Unternehmen sind aufgrund gesetzlicher Regelungen in großem Umfang dazu verpflichtet, Daten aus zurückliegenden Geschäftsbeziehungen aufzubewahren, wobei es sich vornehmlich um handels- und steuerrechtliche Vorschriften handelt. [138] Auch in Satzungen z. B. eines Vereins oder einer Gemeinde sind solche Pflichten teilweise vorgesehen.[139] In derartigen Fällen entfällt die Auskunftspflicht des Unternehmens, soweit deren Erfüllung einen unverhältnismäßigen Aufwand erfordern würde. Dies erfordert eine Prüfung auf Seiten des Verantwortlichen, bei der er die bestehenden technischen Möglichkeiten zur Auskunftserteilung zu berücksichtigen hat.[140] Zusätzlich hat der Verantwortliche geeignete technische und organisatorische Maßnahmen umzusetzen, welche eine Verarbeitung der aufzubewahrenden Daten zu anderen Zwecken ausschließen. Es gilt zu beachten, dass, sofern die Daten auch zu anderen Zwecken aufbewahrt werden, diese Ausnahmeregelung nicht einschlägig ist (Wortlaut „nur deshalb");
- die Daten dienen ausschließlich Zwecken der Datensicherung/Datenschutzkontrolle und die Auskunftserteilung würde einen unverhältnismäßigen Aufwand erfordern und eine Verarbeitung zu anderen Zwecken ist durch geeignete technische und organisatorische Maßnahmen ausgeschlossen: Die Auskunftspflicht des Verantwortlichen entfällt ebenfalls, sofern Daten ausschließlich der Datensicherung oder Datenschutzkontrolle dienen. Hierbei dürfte es sich meist um „Sicherungskopien", Protokolldateien oder log-files handeln.[141] Auch hier greift die Ausnahme nur, sofern die Auskunftserteilung einen unverhältnismäßigen Aufwand erfordern würde und der Verantwortliche geeignete technische und organisatorische Maßnahmen ergreift.[142]

Wird der Verantwortliche nach § 34 Abs. 1 BDSG von seiner Auskunftspflicht zwar befreit, so treffen ihn nach § 34 Abs. 2 BDSG dafür jedoch *Dokumentations- und Begründungspflichten*: Er hat die Gründe der Auskunftsverweigerung zu dokumentieren und die Verweigerung gegenüber der betroffenen Person zu begründen, soweit die entsprechende Begründung nicht den mit der Auskunftsverweigerung verfolgten Zweck gefährden würde. Letzteres könnte z. B. bei einer Auskunftsver-

[138] Schmidt-Wudy, in: Wolff/Brink/v. Ungern-Sternberg, BeckOK Datenschutzrecht, § 34 BDSG (45. Ed. 01.08.2023), Rn. 26; Steinrötter, in: Borges/Hilber, BeckOK IT-Recht, § 34 BDSG (11. Ed. 01.01.2023), Rn. 10; Werkmeister, in: Gola/Heckmann, DSGVO BDSG, § 34 BDSG (2022), Rn. 10.

[139] Schmidt-Wudy, in: Wolff/Brink/v. Ungern-Sternberg, BeckOK Datenschutzrecht, § 34 BDSG (45. Ed. 01.08.2023), Rn. 26; Steinrötter, in: Borges/Hilber, BeckOK IT-Recht, § 34 BDSG (11. Ed. 01.01.2023), Rn. 10; Werkmeister, in: Gola/Heckmann, DSGVO BDSG, § 34 BDSG (2022), Rn. 10.

[140] Deutscher Bundestag (2017a), Drucksache 18/11325, S. 104.

[141] Siehe auch Dix, in: Simitis, Bundesdatenschutzgesetz, § 33 BDSG (2014), Rn. 70.

[142] Eingehend zu beiden Punkten Schmidt-Wudy, in: Wolff/Brink/v. Ungern-Sternberg, BeckOK Datenschutzrecht, § 34 BDSG (45. Ed. 01.08.2023), Rn. 22 ff.

weigerung aus Gründen der öffentlichen Sicherheit der Fall sein. Diese Maßnahmen dienen dem Schutz der betroffenen Personen und sollen diesen ermöglichen, die Ablehnung der Auskunftserteilung nachzuvollziehen und ggf. durch die zuständige Aufsichtsbehörde prüfen zu lassen.

5.4.4 Praxishinweise

Da Verletzungen des Auskunftsrechts für den Verantwortlichen hohe Bußgelder nach Art. 83 Abs. 5 lit. b DSGVO zur Folge haben können (bis zu EUR 20.000.000,00 oder bis zu 4 % des weltweiten Jahresumsatzes), sollten Unternehmen sicherstellen, dass die Anträge der betroffenen Personen sorgfältig aufgenommen und beantwortet werden.

Aus diesem Grund sollten Unternehmen prüfen, welche technischen Lösungen für einen entsprechenden Auskunftsmechanismus angewandt werden könnten.[143] Strukturelle Maßnahmen sollten sicherstellen, dass den betroffenen Personen Kopien ihrer Daten schnellstmöglich zur Verfügung gestellt werden.[144] So könnten zur Beantwortung von Anträgen *standardisierte Formulare* genutzt werden, in die personenbezogene Daten lediglich eingetragen werden müssen.[145] Denkbar sind auch „Button"-Lösungen, die bei Nutzung automatisiert die geforderten Informationen zur Verfügung stellen; hierfür wären bereits bei Erfassung und Aufnahme der personenbezogenen Daten entsprechende technische Vorkehrungen zu treffen.

5.5 Recht auf Berichtung, auf Löschung und auf Einschränkung der Verarbeitung

Da Datenverarbeitungsvorgänge die Rechte und Freiheiten der betroffenen Personen grundsätzlich *negativ beeinträchtigen*, sofern sie unrechtmäßig sind oder *unrichtige oder unvollständige Daten* betreffen, sieht die DSGVO verschiedene Betroffenenrechte vor, die es erlauben, die Verarbeitungstätigkeiten des Verantwortlichen auf Antrag zu beschränken oder zu beeinflussen. Dabei handelt es sich um das Recht auf Berichtigung, das Recht auf Löschung sowie das Recht auf Einschränkung der Verarbeitung. Sie bestehen im Regelfall, soweit die Speicherung unrichtiger oder unvollständiger Daten die DSGVO, anderes EU-Recht oder das jeweilige Recht der EU-Mitgliedstaaten verletzt, dem der Verantwortliche unterliegt.[146] Damit dienen diese Betroffenenrechte vorrangig der *Beseitigung von Rechtsverstößen*.[147]

---

[143] v. d. Bussche/Zeiter, EDPL 2016, 576, 579.

[144] Wybitul, BB 2016, 1077, 1079.

[145] Walter, DSRITB 2016, 367, 386; eine Vorlage für die Antwort auf ein Auskunftsverlangen findet sich bei Kremer/Sander, in: Koreng/Lachemann, DatenschutzR-FormHdB, Form. F. II. 2. (2021).

[146] ErwGr. 65 DSGVO.

[147] Worms, in: Wolff/Brink/v. Ungern-Sternberg, BeckOK Datenschutzrecht, Art. 16 DSGVO (45. Ed. 01.08.2023), Rn. 38.

Der *Betroffene* kann *wählen, welches Recht ausgeübt* werden soll. So kann das Recht auf Berichtigung unvollständiger Daten bspw. genutzt werden, wenn die Verarbeitungsvorgänge zwar rechtmäßig sind, aber an unvollständigen Daten durchgeführt werden, mit der Folge, dass die Ergebnisse der Verarbeitung der Realität nicht entsprechen. Im Falle einer unrechtmäßigen Verarbeitung an unrichtigen Daten dürfte das Recht auf Löschung nach Art. 17 DSGVO eine umfassendere Lösung bieten.

5.5.1 Recht auf Berichtigung

Das Recht auf Berichtigung kann *negative Auswirkungen* auf die Rechte und Freiheiten betroffener Personen *ausgleichen oder verhindern.* Es konkretisiert den *Grundsatz der Richtigkeit* nach Art. 5 Abs. 1 lit. d DSGVO (siehe Abschn. 4.1.4), gemäß dem die personenbezogenen Daten zu jeder Zeit die Realität widerspiegeln müssen. Eine falsche Darstellung der Realität könnte z. B. erfolgen, wenn Daten über die Bonität einer Person falsch gespeichert werden (und der betroffenen Person dadurch ein Kredit verwehrt wird) oder wenn die Ergebnisse einer medizinischen Behandlung falsch dokumentiert werden.[148]

Da das Recht auf Berichtigung eine rechtmäßige Verarbeitungssituation (wieder-)herstellen soll, müssen die betroffenen Personen ihre entsprechenden Anträge nicht begründen.[149] Allerdings tragen sie die *Beweislast* für die Unrichtigkeit oder Unvollständigkeit ihrer personenbezogenen Daten[150] und sollten ihrem Antrag nach Art. 16 DSGVO daher unterstützende Dokumente beifügen.

5.5.1.1 Unrichtige personenbezogene Daten

Gemäß Art. 16 S. 1 DSGVO hat die betroffene Person das Recht, von dem Verantwortlichen unverzüglich die *Berichtigung sie betreffender unrichtiger personenbezogener Daten* zu verlangen. Eine Unrichtigkeit liegt vor, sofern die personenbezogenen Daten die *Realität nicht widerspiegeln*, sodass die durch sie wiedergegebenen Informationen unwahr sind.[151] In diesem Kontext ist unklar, ob *Werturteile* des Verantwortlichen dem Recht auf Berichtigung unterliegen, sofern sie unrichtige personenbezogene Daten enthalten oder sich auf diese beziehen.[152] Auch wenn sich diese Urteile auf Tatsachen beziehen, steht das Recht auf Be-

[148] Kremer, in: Laue/Kremer, Das neue Datenschutzrecht in der betrieblichen Praxis, § 4 Rechte der betroffenen Person (2019), Rn. 34.

[149] Worms, in: Wolff/Brink/v. Ungern-Sternberg, BeckOK Datenschutzrecht, Art. 16 DSGVO (45. Ed. 01.08.2023), Rn. 46.

[150] Paal, in: Paal/Pauly, DSGVO BDSG, Art. 16 DSGVO (2021), Rn. 15 (m. w. N.); S. a. Steinrötter, in: Borges/Hilber, BeckOK IT-Recht, Art. 16 DSGVO (11. Ed. 01.01.2023), Rn. 19; Peuker, in: Sydow/Marsch, DSGVO BDSG, Art. 16 DSGVO (2022), Rn. 24.

[151] Worms, in: Wolff/Brink/v. Ungern-Sternberg, BeckOK Datenschutzrecht, Art. 16 DSGVO (45. Ed. 01.08.2023), Rn. 49; Paal, in: Paal/Pauly, DSGVO BDSG, Art. 16 DSGVO (2021), Rn. 15.

[152] Differenzierend Worms, in: Wolff/Brink/v. Ungern-Sternberg, BeckOK Datenschutzrecht, Art. 16 DSGVO (45. Ed. 01.08.2023), Rn. 53 ff.

richtigung hier im Spannungsfeld zwischen den Interessen und Rechten der betroffenen Person und der Meinungsfreiheit des Verantwortlichen. Daher muss eine Interessenabwägung stattfinden, um zu bestimmen, ob eine Berichtigung durch den Verantwortlichen erforderlich und zumutbar erscheint.[153] Sofern ein Werturteil zu einem unrichtigen Eindruck von einer Person führt, dessen Unrichtigkeit bewiesen werden kann, kann das Interesse der betroffenen Person an einer Berichtigung überwiegen. Dies muss einzelfallbezogen geprüft werden.[154] In der Praxis dürfte der Anspruch aus Art. 16 DSGVO dennoch nur selten das beste Mittel zur Abwehr von Werturteilen sein. Denn auch nach Korrektur der Tatsachen dürften mehrere Werturteile in Betracht kommen.[155] Reine Werturteile, also solche ohne jeglichen Tatsachenbezug, sind dem Berechtigungsanspruch nicht zugänglich.[156]

Eine betroffene Person kann ihr Recht auf Berichtigung nur in Bezug auf die sie betreffenden personenbezogenen Daten ausüben, da Art. 16 DSGVO kein Recht auf Berichtigung von Daten gewährt, die sich auf *Dritte* beziehen. Dies könnte den Anwendungsbereich des Rechts auf Berichtigung in Konstellationen einschränken, in denen sich die personenbezogenen Daten nicht ausschließlich auf die betroffene Person, sondern auch auf andere Personen beziehen, wie bspw. Informationen über die Beziehungen des Betroffenen zu anderen Personen.[157] Fraglich erscheint in diesem Zusammenhang allerdings, ob es überhaupt schützenswerte Drittinteressen an der Aufrechterhaltung eines unrichtigen Datums geben kann, sodass in der Praxis auch unrichtige Daten mit multipersonalem Bezug auf Antrag in aller Regel zu löschen sein werden.[158]

Der Verantwortliche muss Maßnahmen infolge der Anfrage einer betroffenen Person zur Ausübung ihres Rechts nach Art. 16 DSGVO *unverzüglich* – basierend auf den Umständen des Einzelfalls – ergreifen. Zudem sind die generellen Anforderungen an eine Kommunikation mit betroffenen Personen nach Art. 12 DSGVO zu erfüllen (siehe Abschn. 5.1).

Problematisch mögen auf den ersten Blick Fälle erscheinen, in denen sich die Verhältnisse einer Person (nachträglich) ändern. Eine Unrichtigkeit ist hier abzulehnen, denn das Datum bezieht sich auf einen bestimmten Stichtag und dokumentiert die frühere Tatsachenlage.[159] In der Tat als problematisch erweisen sich aber Fälle, in welchen der bestehende Berichtigungsanspruch auf die Blockchain-

[153] Worms, in: Wolff/Brink/v. Ungern-Sternberg, BeckOK Datenschutzrecht, Art. 16 DSGVO (45. Ed. 01.08.2023), Rn. 56.

[154] Worms, in: Wolff/Brink/v. Ungern-Sternberg, BeckOK Datenschutzrecht, Art. 16 DSGVO (45. Ed. 01.08.2023), Rn. 56.

[155] Insgesamt eher kritisch Reif, in: Gola/Heckmann, DSGVO BDSG, Art. 16 DSGVO (2022), Rn. 11.

[156] Meents/Hinzpeter, in: Taeger/Gabel, DSGVO BDSG TTDSG, Art. 16 DSGVO (2022), Rn. 8.

[157] Kamlah, in: Plath, DSGVO BDSG TTDSG, Art. 16 DSGVO (2023), Rn. 7.

[158] Steinrötter, in: Borges/Hilber, BeckOK IT-Recht, Art. 16 DSGVO (11. Ed. 01.01.2023), Rn. 9; S. a. Reif, in: Gola/Heckmann, DSGVO BDSG, Art. 16 DSGVO (2022), Rn. 12.

[159] Peuker, in: Sydow/Marsch, DSGVO BDSG, Art. 16 DSGVO (2022), Rn. 10; eingehend zum Problem der Löschung von online publizierten Daten Dix, in: Simitis/Hornung/Spiecker gen. Döhmann, Datenschutzrecht, Art. 17 DSGVO (2019), Rn. 21 ff.

Technologie trifft. Diese macht durch ihre (grundsätzliche) technische Unveränderbarkeit eine Berichtigung faktisch unmöglich.[160] Ebenfalls problematisch gestaltet sich die Realisierbarkeit von Berichtigungsansprüchen bezogen auf falsche Angaben in eBooks (bspw. falsche Zitate). Ansprüche auf Änderung eines solchen eBooks werden aber zumindest teilweise durch Berufugung auf Forschungs- und/oder Statistikzwecke verhindert werden können, Art. 89 Abs. 2 DSGVO i. V. m. § 27 Abs. 2 S. 1 BDSG.

5.5.1.2 Unvollständige personenbezogene Daten

Gemäß Art. 16 S. 2 DSGVO hat die betroffene Person unter Berücksichtigung der Zwecke der Verarbeitung das Recht, die *Vervollständigung unvollständiger personenbezogener Daten* zu verlangen. In einigen Fällen dürfte es schwerfallen, den Regelungsgehalt dieser Bestimmung von derjenigen in Art. 16 S. 1 DSGVO abzugrenzen, da fehlende Informationen auch nach Art. 16 S. 1 DSGVO ergänzt werden müssen, sofern deren Fehlen zur Unrichtigkeit der Daten führt.[161] Daten können allerdings auch unvollständig sein, wenn sie zwar richtig sind, in ihrer Gesamtheit aber ein unzutreffendes Bild abgeben, lückenhaft oder objektiv missverständlich sind.[162]

Das Hinzufügen von Informationen zur Vervollständigung unvollständiger Daten führt zur Verarbeitung einer erhöhten Datenmenge. Daher sollte eine Vervollständigung nur stattfinden, sofern sie zur Erreichung des *Verarbeitungszwecks erforderlich* ist.[163] Ein Antrag auf Grundlage dieser Norm führt zur Ergänzung sachlich richtiger Daten,[164] die jedoch ohne Vervollständigung die Wirklichkeit im *Datenverarbeitungskontext* nicht wiedergeben. Eine Anfrage der betroffenen Person auf Vervollständigung sollte dahingehend ausgewertet werden, ob die Ergänzung zusätzlicher Daten dem Verarbeitungszweck dient, ob der Aufwand einer Vervollständigung im Hinblick auf die Verarbeitungssituation verhältnismäßig erscheint und ob die Wahrscheinlichkeit eines Risikos für die Rechte und Freiheiten der betroffenen Personen aufgrund der unvollständigen Daten besteht.[165] Maßnahmen durch den Verantwortlichen, die er auf Anfrage der betroffenen Person hin ergreift, müssen den allgemeinen Anforderungen des Art. 12 DSGVO entsprechen (siehe Abschn. 5.1). Die Frist zur Vornahme von Maßnahmen sollte aus Art. 16 S. 1

---

[160] Ausführlich dazu Sydow, in: Sydow/Marsch, DSGVO BDSG, Einleitung (2022), Rn. 177 ff.

[161] Kamlah, in: Plath, DSGVO BDSG TTDSG, Art. 16 DSGVO (2016), Rn. 10.

[162] Meents/Hinzpeter, in: Taeger/Gabel, DSGVO BDSG TTDSG, Art. 16 DSGVO (2022), Rn. 21.

[163] Reif, in: Gola/Heckmann, DSGVO BDSG, Art. 16 DSGVO (2022), Rn. 14 ff.; Paal, in: Paal/Pauly, DSGVO BDSG, Art. 16 DSGVO (2021), Rn. 18; Kremer, in: Laue/Kremer, Das neue Datenschutzrecht in der betrieblichen Praxis, § 4 Rechte der betroffenen Person (2019), Rn. 37; Worms, in: Wolff/Brink/v. Ungern-Sternberg, BeckOK Datenschutzrecht, Art. 16 DSGVO (45. Ed. 01.08.2023), Rn. 58.

[164] Anders nur, sofern die Unvollständigkeit auch zur sachlichen Unrichtigkeit führt.

[165] Worms, in: Wolff/Brink/v. Ungern-Sternberg, BeckOK, Art. 16 DSGVO (45. Ed. 01.08.2023), Rn. 58–60.

DSGVO abgeleitet werden, sodass auf Anfragen der betroffenen Person *unverzüglich* reagiert werden muss.[166]

Eine Vervollständigung personenbezogener Daten auf Grundlage des Art. 16 S. 2 DSGVO könnte mittels einer *ergänzenden Erklärung* erfolgen. Allerdings dürfte der praktische Nutzen einer solchen Erklärung eher begrenzt sein, da die Speicherung ergänzender Daten auf dasjenige Maß beschränkt ist, welches zur Erreichung des Verarbeitungszwecks erforderlich ist und daher nur spezifische und ausgewählte Informationen betrifft.[167]

5.5.2 Recht auf Löschung

Das „*Recht auf Vergessenwerden*" wurde mit der „Google Spain"-Entscheidung des EuGH im Jahr 2014[168] ins Blickfeld der Öffentlichkeit und des Gesetzgebers gerückt und wurde unter der DSGVO verstärkt. Art. 17 DSGVO übertrifft noch den Umfang des „Rechts auf Vergessenwerden", wie es in der „Google Spain"-Entscheidung niedergelegt wurde, da es dem Verantwortlichen Informationspflichten gegenüber Dritten auferlegt, welche von der Löschung betroffene personenbezogene Daten erhalten haben.

5.5.2.1 Löschungsgründe

Die betroffene Person hat das Recht, von dem Verantwortlichen zu verlangen, dass sie betreffende personenbezogene Daten unverzüglich gelöscht werden, sofern einer der folgenden Gründe zutrifft:[169]

- *Die personenbezogenen Daten sind für die Verarbeitungszwecke nicht mehr notwendig.* Diese Bestimmung findet auf Daten Anwendung, die rechtmäßig erhoben und verarbeitet wurden. Eine Löschung solcher Daten soll jedoch erfolgen, wenn sie für die Verarbeitungszwecke nicht mehr erforderlich sind oder wo der Verarbeitungszweck nicht weiter verfolgt wird.[170] Sollten die von der Löschung betroffenen Daten allerdings zur Erreichung eines anderen (im Einklang mit den Bestimmungen der DSGVO stehenden) Verarbeitungszwecks erforderlich sein, der sich teilweise mit dem ursprünglich verfolgten Verarbeitungszweck überschneidet oder mit diesem vereinbar ist, bedarf es einer Löschung nicht.[171]

---

[166] Paal, in: Paal/Pauly, DSGVO, Art. 16 DSGVO (2021), Rn. 20.

[167] Kamlah, in: Plath, DSGVO BDSG TTDSG, Art. 16 DSGVO (2023), Rn. 13.

[168] EuGH, Urteil vom 13. Mai 2014, Google Spain SL/AEDP, C-131/12.

[169] Art. 17 Abs. 1 lit. a-f DSGVO; näher zu den einzelnen Gründen in Bezug auf Suchmaschinen: EDPB, Guidelines 5/2019 on the criteria of the Right to be Forgotten in the search engine cases under the GDPR (part 1), Version 2.0 (2020); vergleichend zum „Right to Know" in Japan: Zufall, EDPL 1/2019, 17.

[170] Worms, in: Wolff/Brink/v. Ungern-Sternberg, BeckOK Datenschutzrecht, Art. 17 DSGVO (45. Ed. 01.08.2023), Rn. 25.

[171] Nolte/Werkmeister, in: Gola/Heckmann, DSGVO BDSG, Art. 17 DSGVO (2022), Rn. 13 (m. w. N.).

Beispiel

Unternehmen X möchte sich vergrößern und sucht daher neue Mitarbeiter. Im Laufe des Auswahlverfahrens scheiden viele Bewerber aus dem Kreis möglicher Kandidaten für die offenen Stellen aus und erhalten von X Ablehnungsschreiben.

In diesem Beispiel verarbeitet X personenbezogene Daten zum Zweck der Einstellung neuer Mitarbeiter. Diese Verarbeitung erfolgt auf der Basis einer gültigen Rechtsgrundlage. Da X die Daten der abgelehnten Bewerber nicht mehr benötigt, um neue Mitarbeiter zu finden, können diese Bewerber die Löschung ihrer personenbezogenen Daten von X verlangen. Zudem ist X zur Löschung dieser Daten aus dem Grundsatz der Datenminimierung nach Art. 5 Abs. 1 lit. c DSGVO verpflichtet (siehe Abschn. 4.1.3), da er diese zur Erreichung des Verarbeitungszwecks nicht mehr benötigt.[172] ◄

- Die betroffene Person widerruft ihre Einwilligung, auf die sich die Verarbeitung stützte (siehe Abschn. 4.2.1) und es fehlt an einer anderweitigen Rechtsgrundlage für die Verarbeitung: Da die betroffene Person das Recht hat, ihre Einwilligung jederzeit zu widerrufen (siehe Abschn. 4.2.1.5 für Einzelheiten), wird die Verarbeitung mangels anderweitiger anwendbarer Rechtsgrundlage nach dem Widerruf rechtswidrig. Durch die Ausübung des Widerrufs entsteht somit das Recht auf Löschung. Anderes gilt freilich dann, wenn der Verantwortliche die Verarbeitung (ausnahmsweise) auf eine andere Rechtsgrundlage stützen kann.[173]
- Die betroffene Person legt gemäß Art. 21 Abs. 1 DSGVO Widerspruch gegen die Verarbeitung ein und es liegen keine vorrangigen berechtigten Gründe für die Verarbeitung vor, oder die betroffene Person legt gemäß Art. 21 Abs. 2 DSGVO Widerspruch ein (siehe Abschn. 5.7): Diese Bestimmung setzt ebenfalls voraus, dass die Datenverarbeitung vor Entstehung des Widerspruchsrechts rechtmäßig erfolgte.[174] Gemäß Art. 21 Abs. 1 DSGVO kann die betroffene Person einer interessenbasierten Verarbeitung ihrer personenbezogenen Daten (öffentliches Interesse/überwiegendes berechtigtes Interesse des Verantwortlichen) auf Grundlage von Umständen im Zusammenhang mit ihrer konkreten Situation widersprechen. Die betroffene Person muss die Umstände, die zu einer Änderung der Interessenlage geführt haben, darlegen.[175] Der Verantwortliche kann die Situation einer erneuten Bewertung unterziehen, da sein eigenes Interesse an der Verarbeitung noch immer überwiegen könnte und eine Löschung der Daten dem-

[172] Beispiel aus Paal, in: Paal/Pauly, DSGVO BDSG, Art. 17 DSGVO (2021), Rn. 23.

[173] Nolte/Werkmeister, in: Gola/Heckmann, DSGVO BDSG, Art. 17 DSGVO (2022), Rn. 15; Worms, in: Wolff/Brink/v. Ungern-Sternberg, BeckOK Datenschutzrecht, Art. 17 DSGVO (45. Ed. 01.08.2023), Rn. 30.

[174] Worms, in: Wolff/Brink/v. Ungern-Sternberg, BeckOK Datenschutzrecht, Art. 17 DSGVO (45. Ed. 01.08.2023), Rn. 38.

[175] Worms, in: Wolff/Brink/v. Ungern-Sternberg, BeckOK Datenschutzrecht, Art. 17 DSGVO (45. Ed. 01.08.2023), Rn. 39 f.

gemäß nicht erfolgen muss.[176] Da diese Bewertung einige Zeit in Anspruch nehmen kann, könnte die betroffene Person zwischenzeitlich ihr Recht auf Einschränkung der Verarbeitung ausüben (siehe Abschn. 5.5.3).[177]

- Gemäß Art. 21 Abs. 2 DSGVO kann die betroffene Person einer Verarbeitung für Zwecke der Direktwerbung widersprechen. In einem solchen Fall entsteht das Recht auf Löschung ohne vorherige Neubewertung der geänderten Umstände der Verarbeitung.[178]
- *Die personenbezogenen Daten wurden unrechtmäßig verarbeitet*: Diese Bestimmung bildet eine Art *Auffangtatbestand*, der ein Recht auf Löschung gewährt, sobald die Verarbeitung unrechtmäßig erfolgt, sei es aufgrund einer fehlenden Rechtsgrundlage für die Verarbeitung oder wegen der Nichteinhaltung anderer Vorschriften der DSGVO, bspw. hinsichtlich der Grundsätze der Verarbeitung.[179] Ebenfalls erfasst sind Verstöße gegen bereichsspezifisches Unionsrecht oder nationale Verarbeitungstatbestände.[180] Entgegen dem Wortlaut („wurden unrechtmäßig verarbeitet") kommt es auf die Rechtmäßigkeit der Datenverarbeitung im Zeitpunkt des Löschungsverlangens an.[181]
- Die Löschung der personenbezogenen Daten ist zur Erfüllung einer rechtlichen Verpflichtung nach dem Recht der EU oder der Mitgliedstaaten erforderlich, dem der Verantwortliche unterliegt: Gemäß dieser Bestimmung ist die Löschung der Daten eine Pflicht des Verantwortlichen, um einer anderen Rechtspflicht nachzukommen, die sich bspw. aus dem Recht eines EU-Mitgliedstaats ergibt.[182] Bis heute umstritten ist, ob die Vorschrift eine Öffnungsklausel enthält, die es den EU-Mitgliedstaaten ermöglicht, nationale Rechtspflichten zur Löschung von Daten einzuführen.[183]

---

[176] Zu im Rahmen der Abwägung zu berücksichtigenden Kriterien EDPB, Guidelines 5/2019 on the criteria of the Right to be Forgotten in the search engine cases under the GDPR (part 1) Version 2.0 (2020), Rn. 32.

[177] Kamlah, in: Plath, DSGVO BDSG TTDSG, Art. 17 DSGVO (2023), Rn. 11.

[178] Worms, in: Wolff/Brink/v. Ungern-Sternberg, BeckOK Datenschutzrecht, Art. 17 DSGVO (45. Ed. 01.08.2023), Rn. 41.

[179] So EDPB, Guidelines 5/2019 on the criteria of the Right to be Forgotten in the search engine cases under the GDPR (part 1), Version 2.0 (2020), Rn. 35; S. a. Dix, in: Simitis/Hornung/Spiecker gen. Döhmann, Datenschutzrecht, Art. 17 DSGVO (2019), Rn. 14.

[180] Worms, in: Wolff/Brink/v. Ungern-Sternberg, BeckOK Datenschutzrecht, Art. 17 DSGVO (45 Ed. 01.08.2023), Rn. 43; so auch EDPB, Guidelines 5/2019 on the criteria of the Right to be Forgotten in the search engine cases under the GDPR (part 1), Version 2.0 (2020), Rn. 36.

[181] Steinrötter; in: Borges/Hilber, BeckOK IT-Recht, Art. 17 DSGVO (11. Ed. 01.01.2023), Rn. 16; Worms, in: Wolff/Brink/v. Ungern-Sternberg, BeckOK Datenschutzrecht, Art. 17 DSGVO (45. Ed. 01.08.2023), Rn. 43.

[182] Kamlah, in: Plath, DSGVO BDSG TTDSG, Art. 17 DSGVO (2023), Rn. 13.

[183] Ausführlich Worms, in: Wolff/Brink/v. Ungern-Sternberg, BeckOK Datenschutzrecht, Art. 17 DSGVO (45. Ed. 01.08.2023), Rn. 44 ff.; dafür Nolte/Werkmeister, in: Gola/Heckmann, DSGVO BDSG, Art. 17 DSGVO (2022), Rn. 26 mit Hinweis auf § 9 Abs. 1 S. 2 TTDSG und § 98 Abs. 1 UrhG; dafür wohl auch Dix, in: Simitis/Hornung/Spiecker gen. Döhmann, Datenschutzrecht, Art. 17 DSGVO (2019), Rn. 16; dagegen Steinrötter, in: Borges/Hilber, BeckOK-IT-Recht, Art. 17

- Die personenbezogenen Daten wurden mit der Einwilligung eines Kindes in Bezug auf angebotene Dienste der Informationsgesellschaft erhoben (siehe Abschn. 4.2.1.6): Diese Bestimmung soll den Schutz der personenbezogenen Daten von Kindern stärken, da sie ein Recht auf Löschung für Verarbeitungstätigkeiten im Zusammenhang mit Diensten der Informationsgesellschaft auf Grundlage der Einwilligung eines Kindes vorsieht (siehe Abschn. 4.2.1.6 für Einzelheiten). Dies berücksichtigt die Tatsache, dass sich Kinder der Risiken im Zusammenhang mit der Verarbeitung ihrer Daten nicht vollständig bewusst sein könnten und daher später eine Löschung ihrer personenbezogenen Daten erreichen möchten, vor allem im Internet.[184] Die betroffene Person sollte dieses Recht auch dann ausüben können, wenn sie kein Kind mehr ist.[185] Es ist unklar, ob die Ausübung des Rechts auf Löschung gleichzeitig einen Widerruf der Einwilligung bedeutet.[186] Praktisch relevant dürfte dieser Streit eher nicht sein, sofern dem Verlangen auf Löschung vollumfänglich nachgekommen wird.

5.5.2.2 Löschungspflicht des Verantwortlichen

Art. 17 Abs. 1 DSGVO normiert neben den Löschungsanspruch (siehe Abschn. 5.5.2.3) des Betroffenen auch bereits die Verpflichtung[187] des Verantwortlichen, personenbezogene Daten zu löschen.[188] Diese Pflichten ergeben sich streng genommen bereits aus dem Grundsatz der Datenminimierung (siehe Abschn. 4.1.3) und der Speicherbegrenzung (siehe Abschn. 4.1.5), Art. 5 Abs. 1 lit. c und e DSGVO. Der Verantwortlichen muss daher in regelmäßigen Abständen prüfen, ob die Speicherdauer und die damit verbundenen Löschfristen der verarbeiteten Daten eingehaltet werden. Zum Zwecke der effektiven technischen Umsetzung der sich hieraus ergebenden Verpflichtungen empfiehlt sich zudem die Aufsetzung eines Löschkonzeptes (i. d. R. in Form eines (automatisierten) Systems zum Management der personenbezogenen Daten).[189]

DSGVO (11. Ed. 01.01.2023), Rn. 17 und wohl auch Meents/Hinzpeter, in: Taeger/Gabel, DSGVO BDSG TTDSG, Art. 17 DSGVO (2022) Rn. 63 f.

[184] ErwGr. 65 DSGVO.

[185] ErwGr. 65 DSGVO.

[186] Worms, in: Wolff/Brink/v. Ungern-Sternberg, BeckOK Datenschutzrecht, Art. 17 DSGVO (45. Ed. 01.08.2023), Rn. 50–53; Schantz, NJW 2016, 1841, 1845 sieht die Ausnahme als Löschpflicht des Verantwortlichen an, ohne dass es eines entsprechen Antrags der betroffenen Person bedarf; ablehnend, was eine solche Pflicht betrifft; Paal, in: Paal/Pauly, DSGVO BDSG, Art. 17 DSGVO (2021), Rn. 28.

[187] Wortlaut des Art. 17 Abs. 1 DSGVO, „… und der Verantwortliche ist verpflichtet …“.

[188] a. A.: Kamann/Braun, in: Ehmann/Selmayr, DSGVO, Art. 17 DSGVO (2018) Rn. 67; Herbst, in: Kühling/Buchner, DSGVO BDSG, Art. 17 DSGVO (2020) Rn. 9, welche vertreten, dass eine Löschungspflicht des Verantwortlichen im Widerspruch mit den Interessen des Betroffenen stehe (z. B. bei der Ausübung seines Rechtes auf Einschränkung der Verarbeitung). Daher sei ein vorheriger Antrag des Betroffenen immer notwendig, damit dieser vor einer Löschung hierzu Stellung nehmen kann.

[189] Paal, in: Paul/Paaly, DSGVO BDSG, Art. 17 DSGVO (2021), Rn. 20a.

Die Ermittlung der Löschfristen ist nicht nur im Hinblick auf die Erfüllung der Löschungspflicht und die Entwicklung eines effektiven Löschkonzeptes relevant: An verschiedenen Stellen der DSGVO wird der Verantwortliche im Rahmen seiner Transparenzpflichten (siehe Abschn. 4.1.1) dazu aufgefordert, die Dauer der Datenspeicherung bzw. den Zeitpunkt der Löschung (oder falls nicht möglich, die Kriterien für die Festlegung der Speicherdauer) anzugeben, Art. 30 Abs. 1 S. 2 lit. f, 13 Abs. 2 lit. a, 14 Abs. 2 lit. a DSGVO. Verantwortliche müssen daher bereits bei Erhebung der Daten darauf achten, für welche Dauer sie die personenbezogenen Daten speichern dürfen. Diese Ermittlung kann in der Praxis für den Verantwortlichen kompliziert sein. Die DSGVO sieht keine festen Löschfristen für Daten vor. Gem. Art. 17 Abs. 1 DSGVO sind Daten bloß unverzüglich zu löschen, soweit sein Speicherinteresse für die Verarbeitung entfällt. Zwar bestehen vereinzelt gesetzlich vorgesehene Löschfristen (wie z. B. § 14 Abs. 2 BMG), meistens hängt die konkrete Dauer der Datenspeicherung von den Umständen des Einzelfalles ab. Hierbei können sowohl eine Vielzahl von gesetzlichen vorgesehenen Aufbewahrungspflichten (insbesondere im Rahmen von Arbeitsverhältnissen, Buchhaltungsdaten oder Steuerdaten)[190] eine gesetzliche Mindestdauer der Aufbewahrung vorschreiben als auch Ausnahmen für die Pflicht der Löschung vorliegen (siehe Abschn. 5.5.2.4 und 5.5.2.5).

Um die Löschpflichten effektiv im Unternehmen durchzusetzen, sollten Verantwortliche im Rahmen des Einsatzes von technischen und organisatorischen Maßnahmen ein Löschkonzept etablieren, welche es dem Verantwortlichen erlaubt, sicher und effizient die Löschpflichten der DSGVO umzusetzen. Durch das Löschkonzept kann ein Verantwortlicher den Nachweis für die Einhaltung der Informationspflichten aus Art. 13 Abs. 2 lit, a, Art. 14 Abs. 2 lit. a DSGVO nutzen. Die DSGVO sieht keine konkreten Vorgaben für den Inhalt oder Umfang eines solchen Löschkonzeptes vor. Das Deutsche Institut für Normung e. V. (DIN) hat eine Leitlinie (DIN 66398) zur Entwicklung eines Löschkonzepts veröffentlicht, welches als zuverlässig und rechtmäßig im Lichte der DSGVO angesehen werden könne.[191] Hiernach müssen Verantwortliche bei der Erarbeitung eines Löschkonzeptes folgende Punkte berücksichtigen:

- Ermittlung der Systeme bei dem Verantwortlichen, in denen Daten gespeichert werden;
- Bestimmung der Datenkategorien, welche bei einem bestimmten Verarbeitungszweck verarbeitet werden. Im ersten Schritt muss der Verantwortliche zunächst bestimmen, welche Verarbeitungstätigkeiten vorliegen und welche Art von Daten hierfür vom Verantwortlichen benutzt werden. Hierbei sollten Unternehmen zum Zwecke der Übersichtlichkeit die Datenkategorien so bündeln, dass sie an die organisatorische Struktur des Unternehmens angelehnt sind, sodass sich hieraus bereits die unternehmensinterne Verantwortung für die Einhaltung des Lösch-

[190] Ausführlich zu den verschiedenen üblichen gesetzlichen Aufbewahrungsfristen: Faas/Henseler, BB 2018, 2292.

[191] Scheja/Quae/Conrad/Hausen, in: Forgó/Helfrich/Schneider, Betrieblicher Datenschutz, Kapitel 2. Technische und organisatorische Maßnahmen (2019), Rn. 30.

konzepts für diese Daten ergibt (z. B. könnten u. a. Lebenslauf, Zeugnisse, Bewerbungsgesprächtranskripte, Empfehlungsschreiben und Bewerbungsfoto Datenkategorien sein, welche zum Zwecke der Durchführung eines Bewerbungsverfahrens verarbeitet werden);
- Ermittlung von gesetzlichen Aufbewahrungsfristen und ggf. gesetzlichen Löschfristen für die einzelnen Datenkategorien (siehe oben);
- Bestimmung von Löschklassen für die einzelnen Datenkategorien: Hier sollte anhand der ermittelten Aufbewahrungsfristen ermittelt werden, über welchen Zeitraum eine Datenkategorie aufbewahrt werden muss und ab welchem Ereignis/Zeitpunkt diese Frist zu laufen beginnt (ab Erhebung/ab Ende des Verarbeitungsvorgang/ab Ende der Vertragsbeziehung);
- Festlegung einer Löschregel für die verschiedenen Löschklassen: der Verantwortliche muss eine Löschregel festlegen, wo niedergelegt ist, wer innerhalb der Organisation des Verantwortlichen für die Löschung der Daten verantwortlich ist (z. B. für Bewerbungsdaten die HR-Abteilung) und wie genau die Löschung der Daten zu erfolgen hat (Anonymisierung der Daten, Schreddern von Papierdokumenten, Formatierung von Datenspeicher).

5.5.2.3 Ausübung des Rechts

Gemäß Art. 17 Abs. 1 DSGVO hat die betroffene Person das Recht, vom Verantwortlichen die Löschung ihrer personenbezogenen Daten zu verlangen und der Verantwortliche ist dazu verpflichtet, die personenbezogenen Daten zu löschen; entsprechend korrelieren hier *Recht und Pflicht* miteinander.[192] In diesem Zusammenhang ist anzumerken, dass das Recht der betroffenen Person nur der Durchsetzung der Pflicht des Verantwortlichen zur Löschung der personenbezogenen Daten dient, welche ohnehin besteht, sofern einer der in Art. 17 Abs. 1 DSGVO aufgeführten Gründe vorliegt.

Das Verhältnis zwischen Recht und Pflicht wird im Zusammenhang mit der *Beweislast* hinsichtlich des Vorliegens eines Rechts auf Löschung relevant. Da es sich um ein subjektives Recht handelt, muss die betroffene Person das Bestehen des Rechts auf Löschung nachweisen können.[193] Die *betroffene Person* sollte dazu verpflichtet sein, nachzuweisen, welcher Löschungsgrund nach Art. 17 Abs. 1 lit. b bis f DSGVO *erfüllt ist*, da die aufgezählten Gründe teilweise den Nachweis zusätzlicher Umstände erfordern, wie beispielsweise die Ausübung eines Widerrufs bzgl. der erteilten Einwilligung nach Art. 17 Abs. 1 lit. b DSGVO oder eine Änderung der Umstände nach Art. 17 Abs. 1 lit. b DSGVO.[194] Dennoch ist der Verantwortliche zum Nachweis der für ihn günstigen Umstände verpflichtet, wie bspw. von Um-

[192] Kremer, in: Laue/Kremer, Das neue Datenschutzrecht in der betrieblichen Praxis, § 4 Rechte der betroffenen Person (2019), Rn. 47; Worms, in: Wolff/Brink/v. Ungern-Sternberg, BeckOK Datenschutzrecht, Art. 17 DSGVO (45. Ed. 01.08.2023), Rn. 23.

[193] Kremer, in: Laue/Kremer, Das neue Datenschutzrecht in der betrieblichen Praxis, § 4 Rechte der betroffenen Person (2019), Rn. 56; Kamlah, in: Plath, DSGVO BDSG TTDSG, Art. 17 DSGVO (2023), Rn. 5–6.

[194] Kamlah, in: Plath, DSGVO BDSG TTDSG, Art. 17 DSGVO (2023), Rn. 5.

ständen, die eine etwaig angeführte Rechtswidrigkeit der Verarbeitung nach Art. 17 Abs. 1 lit. d DSGVO widerlegen können. Dies gilt auch für den Nachweis von Einschränkungen des Rechts auf Löschung nach Art. 17 Abs. 3 DSGVO.

Zudem sind die generellen Anforderungen des Art. 12 DSGVO an eine Kommunikation mit betroffenen Personen (siehe Abschn. 5.1) zu erfüllen.

5.5.2.4 Einschränkungen des Rechts auf Löschung in der DSGVO

Art. 17 Abs. 3 lit a bis e DSGVO enthält Ausnahmen vom Recht der betroffenen Person auf Löschung ihrer personenbezogenen Daten, soweit die Verarbeitung erforderlich ist:[195]

- *zur Ausübung des Rechts auf freie Meinungsäußerung und Information*: Diese Ausnahmeregelung ist in der Praxis relevant, da sie nicht nur von der Presse, sondern von jedem Unternehmen angeführt werden kann.[196] Die Vorschrift soll einen Ausgleich zwischen den Belangen der Informations- und Meinungsfreiheit gegenüber dem Allgemeinen Persönlichkeitsrecht der betroffenen Person herstellen. Diese Belange sind im Einzelfall abzuwägen.[197] Nähere Abwägungskriterien gibt die DSGVO dem Rechtsanwender nicht an die Hand – herangezogen werden können allerdings Abwägunsgesichtspunkte, welche sich aus einschlägiger Rechtsprechung ergeben. Dazu zählt etwa die Sensibilität der betreffenden Information, die Rolle der betroffenen Person im öffentlichen Leben, das Interesse der Öffentlichkeit an der Information sowie die Wahrscheinlichkeit eines Schadenseintritts durch die Datenverarbeitung.[198] Zudem gilt: Je älter die personenbezogenen Daten, desto unwahrscheinlicher dürfte deren Erforderlichkeit für die Meinungsbildung bzw. das an ihnen bestehende Informationsinteresse sein.[199] Der EuGH und der EDSA scheinen dem Interesse der betroffenen Person – jedenfalls im Zusammenhang mit Suchmaschinen – einen grundsätzlichen Vorrag einräumen zu wollen;[200]
- zur Erfüllung einer rechtlichen Verpflichtung, die die Verarbeitung nach dem Recht der EU oder der EU-Mitgliedstaaten, dem der Verantwortliche unterliegt,

---

[195] Zu allen Ausnahmefällen im Bereich der Online-Suchmaschinen näher EDPB, Guidelines 5/2019 on the criteria of the Right to be Forgotten in the search engine cases under the GDPR (part 1) (2020).

[196] Dix, in: Simitis/Hornung/Spiecker gen. Döhmann, Datenschutzrecht, Art. 17 DSGVO (2019), Rn. 30; Kamlah, in: Plath, DSGVO BDSG TTDSG, Art. 17 DSGVO (2023), Rn. 17; wohl auch Worms, in: Wolff/Brink/v. Ungern-Sternberg, BeckOK Datenschutzrecht, Art. 17 DSGVO (45. Ed. 01.08.2023), Rn. 81a.

[197] Worms, in: Wolff/Brink/v. Ungern-Sternberg, BeckOK Datenschutzrecht, Art. 17 DSGVO (45. Ed. 01.08.2023), Rn. 81; BVerfG NJW 2020, 314 Rn. 138 ff.

[198] Peuker, in: Sydow/Marsch, DSGVO BDSG, Art. 17 DSGVO (2022), Rn. 60 mit den jeweiligen Nachweisen aus der Rspr.

[199] EuGH, Urteil vom 13. Mai 2014, Google Spain SL/AEDP, C-131/12, Rn. 93; Engel, RDi 2021, 49, 52; Kamlah, in: Plath, DSGVO BDSG TTDSG, Art. 17 DSGVO (2023), Rn. 17.

[200] EuGH, Urteil 24. September 2019, C-136/17 Rn. 53; EDPB, Guidelines 5/2019 on the criteria of the Right to be Forgotten in the search engine cases under the GDPR (part 1) (2020), Rn. 53–54.

erfordert, oder zur Wahrnehmung einer Aufgabe, die im öffentlichen Interesse liegt/in Ausübung öffentlicher Gewalt erfolgt, die dem Verantwortlichen übertragen wurde. Eine solche Rechtspflicht könnte sich u. a. bei Bestehen von Speicherungs- und Übermittlungspflichten im Arbeits-, Sozial-, Steuer- und Gesellschaftsrecht ergeben;[201]

- *aus Gründen des öffentlichen Interesses im Bereich der öffentlichen Gesundheit*: Diese Vorschrift ist im Zusammenhang mit Art. 9 Abs. 2 lit. h, l und Abs. 3 DSGVO auszulegen. Gemäß dieser Regelung können tragfähige Gründe i. S. d. Ausnahme die Gesundheitsvorsorge oder Arbeitsmedizin, die *Beurteilung der Arbeitsfähigkeit* von Beschäftigten, die *medizinische Diagnostik*, die Versorgung/ Behandlung im *Gesundheits- oder Sozialbereich*, die Verwaltung von Systemen/ Diensten im Gesundheits- oder Sozialbereich auf der Grundlage des Rechts der EU, eines EU-Mitgliedstaats oder aufgrund eines Vertrags mit einem Angehörigen eines Gesundheitsberufs sein. Die Verarbeitung auf Grundlage eines solchen Vertrags soll durch Fachpersonal, das dem Berufsgeheimnis unterliegt oder unter dessen Verantwortung erfolgen. Zudem sind tragfähige Gründe nach dieser Bestimmung u. a. der Schutz vor schwerwiegenden grenzüberschreitenden Gesundheitsgefahren oder die Gewährleistung hoher Qualitäts- und Sicherheitsstandards bei der Gesundheitsversorgung oder bei medizinischen Produkten (für Einzelheiten siehe Abschn. 4.2.3);
- für im öffentlichen Interesse liegende Archivzwecke, wissenschaftliche oder historische Forschungszwecke oder für statistische Zwecke, soweit die Löschung der personenbezogenen Daten voraussichtlich die Verwirklichung der Ziele dieser Verarbeitung unmöglich macht oder ernsthaft beeinträchtigt: Die Formulierung „voraussichtlich" zeigt an, dass eine Einzelfallprognose anzustellen ist;[202]
- *zur Geltendmachung, Ausübung oder Verteidigung von Rechtsansprüchen*: Die Ausnahmeregelung soll betroffene Personen daran hindern, eine Löschung personenbezogener Daten zu verlangen, die der Verantwortliche oder auch Dritte zur Geltendmachung (künftiger) *Rechtsansprüche* benötigen könnte und bei denen die Löschung eine *Rechtsausübung* verhindern oder erschweren könnte.[203] Ein Recht auf Löschung sollte ausgeschlossen sein, sofern sich der Verantwortliche und die betroffene Person bereits in einem laufenden Gerichtsverfahren gegenüberstehen.[204] Hinsichtlich (nur) absehbarer Verfahren dürfte es auf eine Interessenabwägung ankommen.[205]

---

[201] Nolte/Werkmeister, in: Gola/Heckmann, DSGVO BDSG, Art. 17 DSGVO (2022), Rn. 46.

[202] Worms, in: Wolff/Brink/v. Ungern-Sternberg, BeckOK Datenschutzrecht, Art. 17 DSGVO (45. Ed. 01.08.2023), Rn. 86.

[203] Worms, in: Wolff/Brink/v. Ungern-Sternberg, BeckOK Datenschutzrecht, Art. 17 DSGVO (45. Ed. 01.08.2023), Rn. 87; Dix, in: Simitis/Hornung/Spiecker gen. Döhmann, Datenschutzrecht, Art. 17 DSGVO (2019), Rn. 37.

[204] Worms, in: Wolff/Brink/v. Ungern-Sternberg, BeckOK Datenschutzrecht, Art. 17 DSGVO (45. Ed. 01.08.2023), Rn. 87; Kamlah, in: Plath, DSGVO BDSG TTDSG, Art. 17 DSGVO (2023), Rn. 20.

[205] So auch Worms, in: Wolff/Brink/v. Ungern-Sternberg, BeckOK Datenschutzrecht, Art. 17 DSGVO (45. Ed. 01.08.2023), Rn. 87.

Da für das Vorliegen jeder dieser Ausnahmeregelungen vorausgesetzt wird, dass die Verarbeitung für einen der aufgeführten Zwecke erforderlich ist, muss stets eine *einzelfallbasierte Interessenabwägung* stattfinden. Der Verantwortliche trägt das Risiko für die Bewertung des Falles sowie die Beweislast hinsichtlich des Vorliegens eines Ausnahmetatbestands. Anders als das Recht auf Auskunft kommt das Recht auf Löschung in der Praxis aufgrund der vergleichsweise hohen Hürden für die Eröffnung seines Anwendungsbereiches eher selten (und zudem nicht anlasslos) zur Anwendung.

5.5.2.5 Einschränkungen des Rechts auf Löschung im BDSG

§ 35 BDSG sieht auf nationaler Ebene zusätzliche Einschränkungen des Rechts auf Löschung vor. Diese bestehen neben den Ausnahmen des Art. 17 Abs. 3 DSGVO (siehe vorheriger Abschnitt). Wird das Recht der betroffenen Person auf Löschung ihrer personenbezogenen Daten nach dieser Vorschrift ausgeschlossen, so *tritt an dessen Stelle das Recht auf Einschränkung der Verarbeitung* nach Art. 18 DSGVO (siehe Abschn. 5.5.3), welches für den an der Datenverarbeitung interessierten Verantwortlichen eine weniger einschneidende Maßnahme darstellt.[206]

§ 35 Abs. 1 bis 3 BDSG enthält drei Ausnahmefälle vom Recht auf Löschung:

- *Löschung im Falle nicht automatisierter Datenverarbeitung erfordert unverhältnismäßigen Aufwand*: Im Falle nicht automatisierter Datenverarbeitungen entfällt die Löschpflicht des Verantwortlichen, wenn diese aufgrund der besonderen Verarbeitungsweise nicht oder nur mit unverhältnismäßig hohem Aufwand möglich ist und das Interesse der betroffenen Person an der Löschung als gering anzusehen ist. Diese Ausnahme erfordert eine *einzelfallbezogene Interessen- und Aufwandsabschätzung* auf Seiten des Verantwortlichen, der somit das Einschätzungsrisiko trägt. Die Praxisrelevanz der Ausnahme ist aufgrund ihrer Beschränkung auf *manuelle Verarbeitungen* (siehe Abschn. 2.1.1) jedoch äußerst begrenzt und dürfte nur kleine Betriebe oder manuelle Datenverarbeitungsmaßnahmen bei größeren Unternehmen erfassen. Die Beschränkung des Anwendungsbereichs beruht auf der Erwägung, dass bei automatisierten Datenverarbeitungen die Möglichkeit zur Löschung von Daten generell dem Stand der Technik entspricht und daher zumutbar sein dürfte.[207] Bei nicht-automatisierten Verarbeitungen hingegen würde die Löschung eine manuelle Durchsicht und entsprechende Löschung der relevanten Teile des Datenbestandes erfordern. Dies ist erheblich aufwändiger. Die Ausnahme kommt nicht zur Anwendung, wenn die Daten unrechtmäßig verarbeitet wurden, § 35 Abs. 1 S. 3 BDSG, sodass eine Löschpflicht in derartigen Fällen grundsätzlich besteht.
- *Wahrung schutzwürdiger Interessen der betroffenen Person*: Aufgrund der umständlichen Verweistechnik ist der Regelungsgehalt dieser Ausnahme nur schwer zu erfassen. Sie sollte so verstanden werden, dass eine aufgrund unrechtmäßig

[206] Deutscher Bundestag (2017a), Drucksache 18/11325, S. 105.

[207] Deutscher Bundestag (2017b), Drucksache 18/11655, S. 39.

verarbeiteter oder nicht mehr benötigter Daten grundsätzlich bestehende Löschpflicht entfällt, sofern für den Verantwortlichen *Grund zu der Annahme* besteht, dass durch eine *Löschung schutzwürdige Interessen des Betroffenen beeinträchtigt würden*.[208] Der Wortlaut der Vorschrift („Grund zu der Annahme“) spricht für eine einzelfallbezogene Bewertung der Umstände durch den Verantwortlichen auf Grundlage der ihm zur Verfügung stehenden Informationen, um zu ermitteln, ob der betroffenen Person durch die Löschung Nachteile entstehen könnten.[209] Über die anstelle der Löschung vorgenommene, zumeist wohl *temporäre Einschränkung der Verarbeitung* ist die betroffene Person zu informieren, § 35 Abs. 2 S. 2 BDSG.[210] Wie diese auf Initiative des Verantwortlichen hin erfolgende Einschränkung mit dem Erfordernis der Rechtsausübung durch die betroffene Person nach Art. 18 Abs. 1 DSGVO vereinbar ist, bleibt unklar (siehe auch Abschn. 5.5.3.2).
- *Aufbewahrungspflichten des Verantwortlichen*: Nach § 35 Abs. 3 BDSG besteht eine Ausnahme von der Löschpflicht, wenn einer Löschung *satzungsmäßige oder vertragliche Aufbewahrungsfristen* entgegenstehen (siehe auch Abschn. 5.5.2.4). Gesetzliche Aufbewahrungsfristen sind ausgenommen, da diese bereits von der Ausnahmeregelung des Art. 17 Abs. 3 lit. b DSGVO erfasst sind (siehe Abschn. 5.5.2.4).[211] In der Praxis sollten Verantwortliche sich nur im besonderen Ausnahmefall auf § 35 Abs. 3 BDSG im Zusammenhang mit einer vertraglichen Aufbewahrungspflicht berufen. Eine Einschränkung des Löschungsrechts aufgrund vertraglicher Vereinbarungen dürfte kaum mit europarechtlichen Vorgaben vereinbar sein. Das muss besonders für Fälle gelten, in denen die betroffene Person nicht Vertragspartner ist – der Vertrag, welcher die Aufbewahrungspflicht enthält, dürfte dann als (unzulässiger) Vertrag zu Lasten Dritter zu qualifizieren sein.[212]

5.5.2.6 Rechtsfolgen

Die Pflicht aus Art. 17 Abs. 1 DSGVO ist die Löschung der personenbezogenen Daten. Der Begriff der „Löschung“ wird gesetzlich nicht definiert. Es handelt sich dabei um die *Unbrauchbarmachung* der personenbezogenen Daten in einer Weise, die den Verantwortlichen, den Auftragsverarbeiter und etwaige Dritte am Zugriff, Auslesen oder Verarbeiten der Daten hindert – unabhängig davon, ob dies durch eine physische Zerstörung oder technische Löschung der Daten geschieht.[213] Es darf nicht mehr möglich sein, die Daten ohne übermäßigen Aufwand wiederherzustellen.

---

[208] Deutscher Bundestag (2017a), Drucksache 18/11325, S. 105.

[209] In diese Richtung auch Koreng, in: Taeger/Gabel, DSGVO BDSG TTDSG, § 35 BDSG (2022), Rn. 23.

[210] Deutscher Bundestag (2017a), Drucksache 18/11325, S. 105.

[211] Deutscher Bundestag (2017a), Drucksache 18/11325, S. 106.

[212] Vgl. Koreng in, Taeger/Gabel, DSGVO BDSG TTDSG, § 35 BDSG (2022), Rn. 27 ff. (m. w. N.).

[213] Worms, in: Wolff/Brink/v. Ungern-Sternberg, BeckOK Datenschutzrecht, Art. 17 DSGVO (45. Ed. 01.08.2023), Rn. 55; Kremer, in: Laue/Kremer, Das neue Datenschutzrecht in der betrieblichen Praxis, § 4 Rechte der betroffenen Person (2019), Rn. 47; Paal, in: Paal/Pauly, DSGVO BDSG, Art. 17 DSGVO (2021), Rn. 30.

So reicht es z. B. nicht aus, die Daten in den Papierkorb des Computers zu verschieben, da sich die Daten dann mit marginalem Aufwand über einen Mausklick wiederherstellen lassen. Andererseits führt eine rein theoretisch existierende Möglichkeit zur Wiederherstellung der Daten (mit z. B. Spezialsoftware) nicht zur Erfolglosigkeit der durchgeführten Löschung.[214] Welche Technik für die Löschung der Daten zur Anwendung gelangt, ist unerheblich, solange sie erfolgreich ist. Welche Maßnahmen vom Verantwortlichen verlangt werden können, hängt von der Form der betroffenen Daten und dem erforderlichen Aufwand ab, der für eine möglichst umfassende Löschung erforderlich wäre.[215]

Die betroffene Person kann vom Verantwortlichen die *unverzügliche* Löschung der personenbezogenen Daten verlangen, die dieser auch vorzunehmen hat. Die Unverzüglichkeit ist unter Berücksichtigung der Art der personenbezogenen Daten und des erforderlichen Aufwands für die Prüfung des Vorliegens eines Löschungsgrunds zu bestimmen. Da der Verantwortliche nicht nur das Vorliegen eines solchen Grundes verifizieren muss, sondern auch, ob eine Ausnahmeregelung des Art. 17 Abs. 3 DSGVO zu seinen Gunsten anwendbar ist, könnte diese Prüfung mehrere Tage in Anspruch nehmen. Dennoch sind Maßnahmen auf die Löschungsanfrage hin aufgrund der generellen Anforderungen des Art. 12 Abs. 3, 4 DSGVO (siehe Abschn. 5.1) spätestens innerhalb eines Monats nach Erhalt der Anfrage zu treffen. Zudem hat der Verantwortliche etwaige Empfänger der von der Löschung betroffenen personenbezogenen Daten von diesem Umstand nach Art. 19 DSGVO zu benachrichtigen (siehe Abschn. 5.5.4).

5.5.2.7 Recht auf Vergessenwerden

Art. 17 Abs. 2 DSGVO regelt das *Recht auf Vergessenwerden* als Rechtsfolge des Rechts auf Löschung nach Art. 17 Abs. 1 DSGVO.[216] Dieses Recht soll den Schutz der Privatsphäre betroffener Personen verbessern, vor allem in Zusammenhang mit Veröffentlichungen ihrer personenbezogenen Daten im Internet.[217] Sofern eine betroffene Person die Löschung ihrer personenbezogenen Daten nach Art. 17 Abs. 1 DSGVO verlangt, muss ihre Anfrage zumindest implizit erkennen lassen, dass sie eine umfassende Löschung ihrer personenbezogenen Daten wünscht. Das weist darauf hin, dass mit der Anfrage alle Verantwortlichen angesprochen werden sollen, die die personenbezogenen Daten verarbeiten.[218] Hat der *Verantwortliche die personenbezogenen Daten öffentlich gemacht* und ist er zu deren Löschung verpflichtet, so trifft er gemäß Art. 17 Abs. 2 DSGVO unter Berücksichtigung der verfügbaren Technologie und der Implementierungskosten angemessene Maßnahmen, auch technischer Art, um für die Datenverarbeitung *Verantwortliche*, die die

[214] Paal, in: Paal/Pauly, DSGVO BDSG, Art. 17 DSGVO (2021), Rn. 30.

[215] Worms, in: Wolff/Brink/v. Ungern-Sternberg, BeckOK Datenschutzrecht, Art. 17 DSGVO (45. Ed. 01.08.2023), Rn. 56.

[216] Zu einem anderen Verständnis Kamann/Braun, in: Ehmann/Selmayr, DSGVO. Art. 17 DSGVO (2018), Rn. 2 f.

[217] ErwGr. 66 DSGVO; Schantz, NJW 2016, 1841, 1845; Gierschmann, ZD 2016, 51, 54.

[218] Kremer, in: Laue/Kremer, Das neue Datenschutzrecht in der betrieblichen Praxis, § 4 Rechte der betroffenen Person (2019), Rn. 50.

personenbezogenen Daten verarbeiten, *darüber zu informieren*, dass eine betroffene Person von ihnen die Löschung aller Links zu diesen personenbezogenen Daten oder von Kopien oder Replikationen dieser personenbezogenen Daten verlangt hat. Eine Veröffentlichung der Daten besteht in der Einräumung eines Zugriffs auf die Daten für eine unbestimmte Anzahl an Personen.[219]

Es ist anzumerken, dass, sofern keine Veröffentlichung der personenbezogenen Daten stattgefunden hat, der Verantwortliche nichtsdestotrotz zur Benachrichtigung von Empfängern der Daten nach Art. 19 DSGVO verpflichtet ist (siehe Abschn. 5.5.4). Somit handelt es sich bei der sich aus dem Recht auf Vergessenwerden ergebenden Benachrichtigungspflicht in gewisser Weise um eine spezielle Ausprägung der allgemeinen Benachrichtigungspflicht gegenüber Datenempfängern.

Beispiel

Betreiber von Suchmaschinen verarbeiten personenbezogene Daten, indem sie Informationen finden, die von Dritten im Internet veröffentlicht wurden, diese automatisch klassifizieren und sortieren, sie temporär speichern und sie dann Internetnutzern in einer bestimmten Reihenfolge als Suchergebnisse präsentieren. Diese Betreiber sind somit Verantwortliche. Unternehmen Z ist ein Verantwortlicher und veröffentlicht personenbezogene Daten über eine betroffene Person auf seiner Website. Diese personenbezogenen Daten können über eine Suche durch die Suchmaschine gefunden werden, indem bspw. der Name der betroffenen Person als Suchbegriff eingegeben wird.

Da Z's Website von einer unbegrenzten Zahl von Personen aufgerufen werden kann, wurden die verarbeiteten Daten veröffentlicht. Verlangt die betroffene Person die Löschung ihrer personenbezogenen Daten von Z, muss letzterer gemäß Art. 17 Abs. 2 DSGVO angemessene Maßnahmen ergreifen, um den Betreiber der Suchmaschine über die Löschungsanfrage zu informieren.[220] ◀

Beispiel

Ein Unternehmen betreibt ein soziales Netzwerk, in welchem die Benutzer ihre personenbezogenen Daten miteinander teilen. Besagtes Unternehmen ist ein Verantwortlicher im Hinblick auf diese personenbezogenen Daten. Gemäß der Privatsphäre-Einstellungen des Netzwerks sind die Nutzer-Profile öffentlich, sofern der jeweilige Nutzer diese Voreinstellungen nicht verändert.[221]

---

[219] Härting, DSGVO (2016), Rn. 723; Paal, in: Paal/Pauly, DSGVO BDSG, Art. 17 DSGVO (2021), Rn. 33.

[220] Für Einzelheiten siehe EuGH, Urteil vom 13. Mai 2014, Google Spain SL/AEDP, C-131/12, Rn. 21, 89–99; Worms, in: Wolff/Brink/v. Ungern-Sternberg, BeckOK Datenschutzrecht, Art. 17 DSGVO (45. Ed. 01.08.2023), Rn. 70–71; Paal, in: Paal/Pauly, DSGVO BDSG, Art. 17 DSGVO (2021), Rn. 35 ff.

[221] Nach der DSGVO müssen die Konzepte Datenschutz durch Technikgestaltung und durch datenschutzfreundliche Voreinstellungen Berücksichtigung finden. Für Einzelheiten siehe Abschn. 3.5.

Wann soziale Netzwerke als der Öffentlichkeit zugänglich anzusehen sind, hängt von den Privatsphäre-Einstellungen des jeweiligen sozialen Netzwerks ab.[222] Oftmals generieren diese Netzwerke eine Plattform, die Dritten eine unbeschränkte Veröffentlichung ihrer Informationen im Netzwerk ermöglicht, wie bspw. Betreibern von Cafés, Bars oder sogar Unternehmen, um zukünftige Kunden oder Mitarbeiter anzuwerben. Sofern Unternehmen, die ein soziales Netzwerk betreiben, eine öffentlichkeitswirksame Nutzung ihres Netzwerks ausdrücklich zulassen oder offensichtlich keine Gegenmaßnahmen im Hinblick auf eine solche Nutzung ergreifen, könnten sie für die Veröffentlichung der betroffenen personenbezogenen Daten verantwortlich sein. Demnach wäre der Betreiber des sozialen Netzwerkes derjenige, der die jeweiligen Daten *„öffentlich gemacht"* hat und damit Gegner des Anspruchs des Betroffenen ist.

In diesem Beispiel führen die Privatsphäre-Einstellungen des sozialen Netzwerks zu einer uneingeschränkten Veröffentlichung des Nutzerprofils. Damit würde der Betreiber dem Anwendungsbereich des Art. 17 Abs. 2 DSGVO unterfallen. Dies führt dazu, dass, sofern eine betroffene Person die Löschung ihrer personenbezogenen Daten aus dem sozialen Netzwerk gemäß Art. 17 Abs. 2 DSGVO verlangt, der Betreiber zum Ergreifen angemessener Maßnahmen verpflichtet ist, um andere Verantwortliche im Hinblick auf die Löschung dieser Daten zu informieren, wie z. B. Suchmaschinen.[223] ◀

Da sich der Umfang des Rechts auf Vergessenwerden auf *angemessene Maßnahmen* des Verantwortlichen beschränkt, ergibt sich daraus keine Pflicht zur umfassenden Kontaktaufnahme mit anderen Verantwortlichen. Allerdings ist unklar, ob sich die Angemessenheit bestimmter Maßnahmen anhand der *subjektiven Situation des betroffenen Verantwortlichen* bestimmt oder ob objektive Kriterien zur Bewertung heranzuziehen sind.[224] Es sollte ersteres der Fall sein, da die Verpflichtung sonst eine zu große Belastung für Kleinst-, kleine und mittlere Unternehmen darstellt, deren Interessen in der DSGVO besondere Berücksichtigung gefunden haben.[225] Zudem können die nach der Vorschrift zu berücksichtigenden Implementierungskosten nur dann in die Bewertung einbezogen werden, wenn sie anhand der spezifischen Lage des Verantwortlichen bestimmt werden, z. B. wie

[222] Worms, in: Wolff/Brink/v. Ungern-Sternberg, BeckOK Datenschutzrecht, Art. 17 DSGVO (45. Ed. 01.08.2023), Rn. 71; zur Problematik auch Meents/Hinzpeter, in: Taeger/Gabel, DSGVO BDSG TTDSG, Art. 17 DSGVO (2022), Rn. 105 ff.; S. a. auch Paal, in: Paal/Pauly, DSGVO BDSG, Art. 17 DSGVO (2021), Rn. 33 (m. w. N.).

[223] Für Einzelheiten siehe Worms, in: Wolff/Brink/v. Ungern-Sternberg, BeckOK Datenschutzrecht, Art. 17 DSGVO (45. Ed. 01.08.2023), Rn. 71; Japsers, DuD 2012, 571, 572–573.

[224] Für die Verwendung objektiver Kriterien argumentiert Kamlah, in: Plath, DSGVO BDSG TTDSG, Art. 17 DSGVO (2023), Rn. 15; und für die Verwendung subjektiver Kriterien argumentieren Paal, in: Paal/Pauly, DSGVO BDSG, Art 17 DSGVO (2021), Rn. 36; Steinrötter, in: Borges/Hilber, BeckOK IT-Recht, Art. 17 DSGVO (11. Ed. 01.01.2023), Rn. 28; Kremer, in: Laue/Kremer, Das neue Datenschutzrecht in der betrieblichen Praxis, § 4 Rechte der betroffenen Person (2019), Rn. 51.

[225] Siehe ErwGr. 13, 98, 132, 167 DSGVO.

viele Verantwortliche involviert sind und zu kontaktieren wären.[226] Eine subjektive Bewertung wird auch durch die Tatsache impliziert, dass die betroffene Person nicht völlig schutzlos gestellt wird, wenn der Verantwortliche aufgrund eines übermäßigen Aufwands im Einzelfall nicht zur Information anderer Verantwortlicher verpflichtet ist: gemäß Art. 15 DSGVO hat die betroffene Person einen Anspruch darauf, über alle Empfänger personenbezogenen Daten informiert zu werden (siehe Abschn. 5.4), sodass sie auf Grundlage dieser Information ihr Recht auf Löschung nach Art. 17 Abs. 1 DSGVO gegenüber jedem Empfänger gesondert ausüben könnte.[227] Welche Maßnahmen letztlich zu treffen sind, ist im jeweiligen Einzelfall separat zu entscheiden.[228] In der Praxis wird sich der Anspruchsgegner wohl regelmäßig auf eine Überschreitung der Grenze der Angemessenheit berufen, sodass der Vorschrift rein praktisch kein großer Anwendungsbereich zukommt.[229]

Um zur Erfüllung des Rechts der betroffenen Personen auf Vergessenwerden in der Lage zu sein, sollten Verantwortliche, soweit angemessen, technische und organisatorische Maßnahmen treffen, die ihnen eine Erfassung der Empfänger der personenbezogenen Daten ermöglichen. Andernfalls ist es Unternehmen unter Umständen im Nachhinein nicht mehr möglich, die Empfänger zu identifizieren. In diesem Zusammenhang dürften sich die Verzeichnisse über Verarbeitungstätigkeiten (siehe Abschn. 3.6) als hilfreich erweisen.

Geografische Reichweite des Rechts auf Vergessenwerden

Es geht aus dem Gesetzestext nicht hervor, wie umfangreich die Verpflichtung des Verantwortlichen zur Löschung nach Art. 17 Abs. 1 DSGVO und zur Information nach Art. 17 Abs. 2 DSGVO im Hinblick auf die *geografische Reichweite der zu ergreifenden Maßnahmen* ist. Während der EuGH sich im Hinblick auf die Löschpflicht von Suchmaschinenbetreibern für eine europaweite Begrenzung ausgesprochen hat[230] – Suchmaschinenbetreiber müssen danach eine De-Indexierung nur in den mitgliedstaatlichen Versionen der Suchmaschine vornehmen ist die geografische Reichweite der Informationspflicht nach Abs. 2 noch ungeklärt.[231]

Beispiel

Suchmaschinen können grundsätzlich von einem unbegrenzten Nutzerkreis verwendet werden, sodass die personenbezogenen Daten betroffener Personen über die Suchmaschine der Öffentlichkeit zugänglich sind.

---

[226] Kremer, in: Laue/Kremer, Das neue Datenschutzrecht in der betrieblichen Praxis, § 4 Rechte der betroffenen Person (2019), Rn. 51.

[227] Kremer, in: Laue/Kremer, Das neue Datenschutzrecht in der betrieblichen Praxis, § 4 Rechte der betroffenen Person (2019), Rn. 51.

[228] Meents/Hinzpeter, in: Taeger/Gabel, DSGVO BDSG TTDSG, Art. 17 DSGVO (2022), Rn. 115.

[229] Meents/Hinzpeter, in: Taeger/Gabel, DSGVO BDSG TTDSG, Art. 17 DSGVO (2022), Rn. 116.

[230] EuGH NJW 2019, 3499 (Google/CNIL).

[231] Näher Paal, in: Paal/Pauly, DSGVO BDSG, Art. 17 DSGVO (2021), Rn. 20b.

Sollte der Betreiber einer Suchmaschine von einer Löschpflicht im Hinblick auf personenbezogene Daten nach Art. 17 DSGVO betroffen sein, so hat er im Hinblick auf die Löschpflicht nach Art. 17 Abs. 1 DSGVO eine De-Indexierung nur in allen mitgliedstaatlichen Versionen der Suchmaschine vorzunehmen. Unklar ist hingegen die Reichweite der Pflicht zur Information anderer Verantwortlicher nach Art. 17 Abs. 2 DSGVO. Hier scheint die wohl herrschende Ansicht davon auszugehen, dass der Anspruchsgegner des Anspruchs nach Art. 17 Abs. 1 DSGVO – unbeschadet entgegenstehender Verhältnismäßigkeitserwägungen – zu einer globalen Information nach Abs. 2 verpflichtet ist.[232] ◀

Praxishinweise
Art. 17 Abs. 2 DSGVO enthält zahlreiche *unbestimmte Rechtsbegriffe* wie, „angemessene Maßnahmen", „verfügbare Technologie" und „öffentlich", deren praktische Interpretation in Teilen unklar bleibt. Im Hinblick auf diese vielen unbestimmten Rechtsbegriffe und die drohenden Bußgelder für eine Verletzung des Art. 17 DSGVO von bis zu EUR 20.000.000,00 oder bis zu 4% des weltweiten Jahresumsatzes (Art. 83 Abs. 5 lit. b DSGVO) sollten Verantwortliche auf eine möglichst umfassende Löschung der Daten hinwirken und die unternommenen Anstrengungen entsprechend dokumentieren.

5.5.3 Recht auf Einschränkung der Verarbeitung

Das Recht auf Einschränkung der Verarbeitung nach Art. 18 DSGVO soll einen Interessenausgleich zwischen dem Interesse der betroffenen Person an einer Berichtigung oder Löschung ihrer personenbezogenen Daten einerseits und dem Interesse des Verantwortlichen an der Fortführung der Verarbeitung der personenbezogenen Daten andererseits herstellen.[233] Das Recht auf Einschränkung der Verarbeitung bildet den Mittelweg zwischen diesen divergierenden Interessen, sofern das Vorliegen von Gründen für die Löschung oder Berichtigung von Daten einer weitergehenden Prüfung bedarf oder zwischen dem Verantwortlichen und der betroffenen Person umstritten ist.[234]

5.5.3.1 Gründe für eine Einschränkung der Verarbeitung

Art. 18 Abs. 1 lit. a bis d DSGVO enthält *vier Gründe*, die jeweils zu einer Einschränkung der Verarbeitung führen können:

- Die Richtigkeit der personenbezogenen Daten wird von der betroffenen Person bestritten und eine Einschränkung der Verarbeitung soll für eine Dauer statt-

---

[232] Paal, in: Paal/Pauly, DSGVO BDSG, Art. 17 DSGVO (2021), Rn. 36 (m. w. N.).

[233] Paal, in: Paal Pauly, DSGVO BDSG, Art. 18 DSGVO (2021), Rn. 3; Worms, in: Wolff/Brink/v. Ungern-Sternberg, BeckOK Datenschutzrecht, Art. 18 DSGVO (45. Ed. 01.11.2021), Rn. 1–2.

[234] Paal, in: Paal/Pauly, DSGVO BDSG, Art. 18 DSGVO (2021), Rn. 3; Worms, in: Wolff/Brink/v. Ungern-Sternberg, BeckOK Datenschutzrecht, Art. 18 DSGVO (45. Ed. 01.11.2021), Rn. 1–2.

finden, die es dem Verantwortlichen ermöglicht, die Richtigkeit der personenbezogenen Daten zu überprüfen: Ausreichend ist ein einfaches Bestreiten des Betroffenen.[235] Er muss jedoch spezifizieren, auf welche Daten er sich bezieht.[236] Die Dauer der Einschränkung der Verarbeitung ist auf dasjenige Maß beschränkt, das für eine Überprüfung erforderlich ist.[237] Sofern sich die Überprüfung der Richtigkeit der Daten als unmöglich erweist, sollte die Einschränkung der Verarbeitung aufrechterhalten werden.[238] Ausgehend vom Wortlaut des Art. 18 Abs. 1 lit. a DSGVO kann sich eine (auch nur zeitweise) Einschränkung der Verarbeitung nicht aus einem Bestreiten der Rechtmäßigkeit der Verarbeitung selbst ergeben, da eine unrechtmäßige Verarbeitung zu einer Löschung der betroffenen Daten nach Art. 17 DSGVO führt (siehe Abschn. 5.5.2) und die unrechtmäßige Verarbeitung bereits vom Einschränkungsgrund in Art. 18 Abs. 1 lit. b DSGVO erfasst wird.[239]

- Die Verarbeitung ist (tatsächlich) unrechtmäßig und die betroffene Person lehnt die Löschung der personenbezogenen Daten ab und verlangt stattdessen die Einschränkung der Nutzung dieser Daten: Trotz der Unrechtmäßigkeit der Verarbeitung kann die betroffene Person an der Verhinderung der Löschung der betroffenen Daten nach Art. 17 DSGVO (siehe Abschn. 5.5.2) interessiert sein, sofern sie die Zugriffsmöglichkeit des Verantwortlichen auf die Daten (zu einem späteren Zeitpunkt) beweisen möchte.[240] Eine solche Situation sollte auch von der nachfolgenden Regelung erfasst werden.
- Der Verantwortliche benötigt die personenbezogenen Daten für die Zwecke der Verarbeitung nicht länger, aber die betroffene Person benötigt sie zur Geltendmachung, Ausübung oder Verteidigung von Rechtsansprüchen: Diese Regelung soll die Ausübung von Rechtsansprüchen oder die Verteidigung gegen Ansprüche ermöglichen oder erleichtern. Nach dieser Vorschrift werden die personenbezogenen Daten also zu Beweiszwecken gespeichert. Dies entspricht auch der von Art. 18 Abs. 1 lit. b DSGVO erfassten Situation, weshalb das Bestehen eines eigenständigen Anwendungsbereichs dieser Regelung infrage zu stellen ist.[241]
- Die betroffene Person hat Widerspruch gegen die Verarbeitung gemäß Art. 21 Abs. 1 DSGVO eingelegt und es steht noch nicht fest, ob die berechtigten Gründe

---

[235] So auch Meents/Hinzpeter, in: Taeger/Gabel, DSGVO BDSG TTDSG, Art. 18 DSGVO (2022), Rn. 12; Peuker, in: Sydow/Marsch, DSGVO BDSG, Art. 18 DSGVO (2022), Rn. 10; a. A. Paal, in Paal/Pauly, DSGVO BDSG, Art. 18 DSGVO (2021), Rn. 16; VG Stade, Beschl. v. 9. 10. 2018 – 1 B 1918/18, BeckRS 2018, 29327 Rn. 31.

[236] Peuker, in: Sydow/Marsch, DSGVO BDSG, Art. 18 DSGVO (2022), Rn. 10.

[237] Peuker, in: Sydow/Marsch, DSGVO BDSG, Art. 18 DSGVO (2022), Rn. 11.

[238] Meents/Hinzpeter, in: Taeger/Gabel, DSGVO BDSG TTDSG, Art. 18 DSGVO (2022), Rn. 15; Peuker, in: Sydow/Marsch, DSGVO BDSG, Art. 18 DSGVO (2022), Rn. 12; a. A. Paal, in: Paal/Pauly, DSGVO BDSG, Art. 18 DSGVO (2021), Rn. 16 f.

[239] Meents/Hinzpeter, in: Taeger/Gabel, DSGVO BDSG TTDSG, Art. 18 DSGVO (2022), Rn. 13.

[240] Worms, in: Wolff/Brink/v. Ungern-Sternberg, BeckOK Datenschutzrecht, Art. 18 DSGVO (45. Ed. 01.11.2021), Rn. 39.

[241] Zum Verhältnis beider Vorschriften Steinrötter, in: Borges/Hilber, BeckOK IT-Recht. Art. 18 DSGVO (11. Ed. 01.01.2023), Rn. 10.

des Verantwortlichen gegenüber denen der betroffenen Person überwiegen: Sofern eine betroffene Person der Verarbeitung nach Art. 21 Abs. 1 DSGVO widersprochen hat (siehe Abschn. 5.7), muss der Verantwortliche prüfen, ob seine berechtigten Interessen gegenüber denjenigen der betroffenen Person überwiegen, sodass der Verantwortliche künftig weiterhin die Daten verarbeiten könnte. Für die Dauer dieser Überprüfung wird die Verarbeitung durch diese Bestimmung eingeschränkt.
- Das Vorliegen einer der vorgenannten Voraussetzungen für eine Einschränkung der Verarbeitung nach Art. 18 Abs. 1 DSGVO ist anhand des *Einzelfalls* zu bestimmen. Während die Gründe in Art. 18 Abs. 1 lit. a, d DSGVO eine *zeitweilige Einschränkung* der Verarbeitung zur Durchführung von Überprüfungen herbeiführen, sehen die Gründe in Art. 18 Abs. 1 lit. b, c DSGVO die Einschränkung der Verarbeitung als weniger einschneidende *Alternative zur Löschung* der personenbezogenen Daten vor.

5.5.3.2 Ausübung des Rechts

Die betroffene Person muss eine Einschränkung der Verarbeitung nach Art. 18 Abs. 1 DSGVO vom Verantwortlichen verlangen. Ein solches *Verlangen* unterliegt keinen formalen Voraussetzungen, muss aber das Anliegen der betroffenen Person hinreichend klar zum Ausdruck bringen. Daneben müssen die generellen Anforderungen des *Art. 12 DSGVO* im Hinblick auf eine Ausübung von Betroffenenrechten Berücksichtigung finden (siehe Abschn. 5.1).

5.5.3.3 Rechtsfolgen

Eine Einschränkung der Verarbeitung erfordert, dass die betroffenen personenbezogenen Daten nicht mehr in Verarbeitungsvorgänge integriert sind und zusätzlich dahingehend markiert werden, dass ihre weitere „aktive" Verarbeitung nicht mehr möglich ist.[242] Die Einschränkung der Verarbeitung betrifft *nicht* die *Speicherung* der betroffenen Daten, Art. 18 Abs. 2 DSGVO. Mögliche *Methoden* sind unter anderem:

- ausgewählte personenbezogenen Daten vorübergehend auf ein anderes Verarbeitungssystem zu übertragen;
- ausgewählte personenbezogene Daten für Nutzer zu sperren; oder
- veröffentliche Daten vorübergehend von einer Website zu entfernen.[243]

Was *automatisierte Dateisysteme* betrifft, so sollte auf die Einschränkung der Verarbeitung durch das System ausdrücklich hingewiesen und durch technische Mittel sichergestellt werden, dass die personenbezogenen Daten in keiner Weise weiterverarbeitet werden.[244]

[242] Paal, in: Paal/Pauly, DSGVO BDSG, Art. 18 DSGVO (2021), Rn. 14; Worms, in: Wolff/Brink/v. Ungern-Sternberg, BeckOK Datenschutzrecht, Art. 18 DSGVO (45. Ed. 01.11.2021), Rn. 47.

[243] ErwGr. 67 DSGVO.

[244] ErwGr. 67 DSGVO.

Sofern die Verarbeitung eingeschränkt wurde, können die betroffenen personenbezogenen Daten *nur verarbeitet werden, wenn*:

- *die betroffene Person in die Verarbeitung eingewilligt hat*: Das kommt beispielsweise in Betracht, wenn die betroffene Person eine auf ihr Verlangen erfolgte Einschränkung der Verarbeitung im Nachhinein wieder aufheben möchte.[245] Ebenso könnte die Regelung in Situationen Anwendung finden, in denen die *betroffene Person* in eine Offenlegung ihrer Daten gegenüber Dritten *einwilligt* (zu den Voraussetzungen für eine wirksame Einwilligung siehe Abschn. 4.2.1), bspw. gegenüber gesetzlichen Vertretern;[246] oder
- *die Verarbeitung zur Geltendmachung, Ausübung oder Verteidigung von Rechtsansprüchen erfolgt*: Diese Ausnahmeregelung berücksichtigt Situationen, in denen eine Verarbeitung die Geltendmachung, Ausübung oder Abwehr von *Rechtsansprüchen* ermöglichen oder vereinfachen soll. Dies kann relevant werden, sofern der Verantwortliche Ansprüche gegen die betroffene Person geltend machen möchte und dafür auf eine Verarbeitung der personenbezogenen Daten angewiesen ist, was nicht durch ein Verlangen der betroffenen Person nach Einschränkung der Verarbeitung der dafür erforderlichen Daten verhindert werden soll;[247] oder
- die Verarbeitung zum Schutz der Rechte einer anderen natürlichen oder juristischen Person erfolgt;[248] oder
- die Verarbeitung aus Gründen eines wichtigen öffentlichen Interesses der EU/ eines EU-Mitgliedstaats erfolgt.[249]

Gemäß Art. 18 Abs. 3 DSGVO wird eine betroffene Person, die eine Einschränkung der Verarbeitung erwirkt hat, vom Verantwortlichen *unterrichtet, bevor die Einschränkung aufgehoben wird.*

5.5.3.4 Regelung im BDSG

Auch das BDSG trifft Regelungen zum Recht der betroffenen Personen auf Einschränkung der Verarbeitung. Das Gesetz erweitert einerseits den Anwendungsbereich des Rechts auf Einschränkung der Verarbeitung, sieht aber andererseits auch Einschränkungen dieses Betroffenenrechts vor.

---

[245] So auch Meents/Hinzpeter, in: Taeger/Gabel, DSGVO BDSG TTDSG, Art. 18 DSGVO (2022), Rn. 30.

[246] Kamlah, in: Plath, DSGVO BDSG TTDSG, Art. 18 DSGVO (2023), Rn. 16.

[247] Worms, in: Wolff/Brink/v. Ungern-Sternberg, BeckOK Datenschutzrecht, Art. 18 DSGVO (45. Ed. 01.11.2021), Rn. 50.

[248] Dazu Meents/Hinzpeter, in: Taeger/Gabel, DSGVO BDSG TTDSG, Art. 18 DSGVO (2022), Rn. 33.

[249] Meents/Hinzpeter, in: Taeger/Gabel, DSGVO BDSG TTDSG, Art. 18 DSGVO (2022), Rn. 34.

§ 35 BDSG als Rechtsfolgenverweis
Entfällt die *Pflicht des Verantwortlichen zur Löschung* personenbezogener Daten nach § 35 BDSG (siehe für Einzelheiten Abschn. 5.5.2.5), so tritt an die Stelle der Löschpflicht die Pflicht des Verantwortlichen zur Einschränkung der Verarbeitung nach Art. 18 DSGVO, § 35 Abs. 1 S. 2 BDSG. Diese bildet im Vergleich zur Löschung der Daten ein weniger einschneidendes Mittel. Der Gesetzgeber lässt offen, ob es sich bei dieser Regelung um einen *Rechtsgrund- oder einen Rechtsfolgenverweis* handelt. Richtigerweise ist § 35 Abs. 1 S. 1 BDSG als Rechtsfolgenverweis zu verstehen.[250] Liegen also die Voraussetzungen der Vorschrift vor (und greift kein Ausschlussgrund), tritt an die Stelle der Pflicht zur Löschung die Pflicht des Verantwortlichen zur Einschränkung der Verarbeitung nach Art. 18 DSGVO. Die Voraussetzungen des Art. 18 DSGO müssen nicht (zusätzlich) vorliegen.

Beschränkungen des Rechts auf Einschränkung der Verarbeitung
Das deutsche Recht beschränkt das Recht der betroffenen Person auf Einschränkung der Verarbeitung in besonderen Verarbeitungssituationen. Bei der Datenverarbeitung zu *wissenschaftlichen oder historischen Forschungszwecken und Statistikzwecken* (siehe Abschn. 8.1.2) wird das Recht auf Einschränkung der Verarbeitung insoweit beschränkt, als dass es voraussichtlich die Verwirklichung der genannten Verarbeitungszwecke unmöglich machen oder ernsthaft beeinträchtigen würde und die Einschränkung des Rechts zur Erfüllung der Zwecke notwendig ist, § 27 Abs. 2 S. 1 BDSG.

5.5.4 Mitteilungspflicht gegenüber Dritten im Zusammenhang mit der Berichtigung oder Löschung personenbezogener Daten oder der Einschränkung der Verarbeitung

Die Mitteilungspflicht ergänzt die Rechte der betroffenen Person auf Löschung, Berichtigung und Einschränkung der Verarbeitung gemäß Art. 16 bis 18 DSGVO, da sie der *effektiven Durchsetzung* dieser Rechte dient.[251] Gemäß Art. 19 S. 1 DSGVO *teilt* der Verantwortliche *allen Empfängern*, denen personenbezogenen Daten offengelegt wurden, jede Berichtigung oder Löschung der personenbezogenen Daten oder eine Einschränkung der Verarbeitung nach Art. 16, 17 Abs. 1 und 18 DSGVO (siehe Abschn. 5.5.1, 5.5.2 und 5.5.3) *mit*, es sei denn, dies erweist sich als *unmöglich* oder ist mit einem *unverhältnismäßigen Aufwand* verbunden. Ein solcher Aufwand bestimmt sich anhand der spezifischen Situation des Verantwortlichen. Wäh-

---

[250] Worms, in: Wolff/Brink/v. Ungern Sternberg, BeckOK Datenschutzrecht, § 35 BDSG (45. Ed. 01.08.2023), Rn. 26 (§ 35 BDSG Abs. 1 S. 2 als „weitere Fallkonstellation" des Katalogs des Art. 18 Abs. 1 DSGVO); ausdrücklich („Rechtsfolgenverweis") Peuker, in: Sydow/Marsch, DSGVO BDSG, § 35 BDSG (2022), Rn. 17 und Steinrötter, in: Borges/Hilber, BeckOK, § 35 BDSG (11. Ed. 01.01.2023), Rn. 9.

[251] Worms, in: Wolff/Brink/v. Ungern-Sternberg, BeckOK, Art. 19 DSGVO (45. Ed. 01.08.2023), Rn. 1, 6; Paal, in: Paal/Pauly, DSGVO BDSG, Art. 19 DSGVO (2021), Rn. 3.

rend sich eine Unmöglichkeit der Mitteilung aus rechtlichen oder tatsächlichen Umständen herleitet[252] (z. B. wenn die Identität der Empfänger dem Verantwortlichen nicht mehr bekannt ist), kann sich ein unverhältnismäßiger Aufwand u. a. aus der großen Anzahl von Empfängern und somit einer großen Anzahl erforderlicher Mitteilungen ergeben.[253] Obwohl dieser Ausnahmetatbestand eng auszulegen ist[254] und der Verantwortliche hinsichtlich der Voraussetzungen des Ausnahmetatbetsandes die Beweislast trägt („es sei denn"), spielt das Betroffenenrecht des Art. 19 DSGVO in der Praxis faktisch nur eine untergeordnete Rolle.

Unterrichtung der betroffenen Person über die Empfänger
Gemäß Art. 19 S. 2 DSGVO unterrichtet der Verantwortliche die betroffene Person über die Empfänger der personenbezogenen Daten, wenn die betroffene Person dies verlangt. Dies soll der betroffenen Person ermöglichen, Kontakt zu den Empfängern aufzunehmen und möglicherweise ihre Rechte gegenüber diesen Empfängern auszuüben.

Ausübung von Rechten gegenüber den Empfängern
Die Mitteilungspflicht macht deutlich, dass Empfänger personenbezogener Daten grundsätzlich nicht eigenständig zur Umsetzung von Betroffenenrechten verpflichtet sind. Allerdings ist es Aufgabe der Empfänger zu überprüfen, ob die Voraussetzungen eines Betroffenenrechts bei ihnen vorliegen, sobald sie vom Verantwortlichen über die Ausübung des Rechts durch die betroffene Person informiert wurden.[255] Als Empfänger im Sinne der Vorschrift sind insbesondere auch Auftragsverarbeiter i. S. d. Art. 28 DSGVO zu qualifizieren.[256]

Recht auf Vergessenwerden
Art. 19 DSGVO *umfasst* ausdrücklich *nicht das Recht auf Vergessenwerden* nach Art. 17 Abs. 2 DSGVO. Dieses Recht sieht eine speziellere Mitteilungspflicht des Verantwortlichen vor, die auf Fälle beschränkt ist, in denen der Verantwortliche die personenbezogenen Daten, deren Löschung verlangt wird, veröffentlicht hat und andere Verantwortliche über ein solches Löschungsverlangen informieren muss (siehe Abschn. 5.5.2.7). Somit stellt das Recht auf Vergessenwerden gewissermaßen eine spezielle Ausprägung der Mitteilungspflicht des Art. 19 DSGVO dar.

[252] So auch Pohle/Spittka, in: Taeger/Gabel, DSGVO BDSG TTDSG, Art. 19 DSGVO (2022), Rn. 15.

[253] Kamlah, in: Plath, DSGVO BDSG TTDSG, Art. 19 DSGVO (2023), Rn. 6; Peuker, in: Sydow/Marsch, DSGVO BDSG, Art. 19 DSGVO (2022), Rn. 11 mit weiteren Beispielen.

[254] Pohle/Spittka, in: Taeger/Gabel, DSGVO BDSG TTDSG, Art. 19 DSGVO (2022), Rn. 14.

[255] Worms, in: Wolff/Brink/v. Ungern-Sternberg, BeckOK Datenschutzrecht, Art. 19 DSGVO (45. Ed. 01.08.2023), Rn. 6.

[256] Zur Definition des Empfängers in der DSGVO siehe Art. 4 Nr. 9; S. a. Pohle/Spittka, in: Taeger/Gabel, DSGVO BDSG TTDSG, Art. 19 DSGVO (2022), Rn. 19; Steinrötter, in: Borges/Hilber, BeckOK IT-Recht, Art. 19 DSGVO (11. Ed. 01.01.2023), Rn. 5.

5.6 Recht auf Datenübertragbarkeit

Art. 20 DSGVO regelt ein Recht auf Datenübertragbarkeit, welches der betroffenen Person eine bessere Kontrolle über ihre Daten im Fall einer Verarbeitung mit automatischen Mitteln ermöglichen soll, indem ihr die *Möglichkeit zur Übertragung ihrer personenbezogenen Daten* von einem Verantwortlichen an einen anderen eingeräumt wird.[257]

Dieses Recht soll es betroffenen Personen infolge ihres Antrages gestatten, *Dienstleistungsanbieter* so einfach wie möglich *zu wechseln*.[258] Das Recht gewährt den Betroffenen eine größere wirtschaftliche Flexibilität und führt so zu einer Stärkung der Verbraucherrechte, indem es deren Möglichkeit zum Verschieben, Kopieren oder Übertragen personenbezogener Daten aus einer IT-Umgebung in eine andere erleichtert.[259] Bei der Schaffung des Rechts hatte der Gesetzgeber vornehmlich Betreiber *sozialer Netzwerke* im Blick.[260] Nichtsdestotrotz ist das Recht auf Datenübertragbarkeit auf ganz verschiedenartige Verantwortliche anwendbar.

Beispiel

- Die betroffene Person erwirbt ein Auto. Das Auto wird über eine Leasingvereinbarung zwischen dem Verantwortlichen (Leasinggeber) und der betroffenen Person (Leasingnehmer) finanziert. Bei Abschluss der Leasingvereinbarung willigt die betroffene Person in eine Übermittlung von Daten über ihr Fahrverhalten an den Verantwortlichen ein, um die möglicherweise aufkommende Haftungsfrage im Falle eines Autounfalls zu klären. Der Leasingnehmer verlangt dann die Übertragung dieser Daten an einen anderen Leasinggeber, mit dem der Leasingnehmer über eine mögliche neue Leasingvereinbarung verhandeln möchte, die bessere Konditionen vorsieht.[261]
- Der Verantwortliche ist eine Bank, die die personenbezogenen Daten eines ehemaligen Kontoinhabers (welche von diesem bei Eröffnung des Bankkontos zur Verfügung gestellt wurden) an die neue Bank dieser Person übermitteln soll.[262] ◀

Das Recht auf Datenübertragbarkeit soll auch den *Wettbewerb* zwischen Dienstleistungsanbietern *stärken* und auf diese Weise die Entwicklung datenschutz-

---

[257] ErwGr. 68 DSGVO.

[258] Gierschmann, ZD 2016, 51, 54; Paal, in: Paal/Pauly, DSGVO BDSG, Art. 20 DSGVO (2021), Rn. 4.

[259] Schantz, NJW 2016, 1841, 1845; Art. 29 Datenschutzgruppe, WP 242 (2017), S. 4.

[260] Gierschmann, ZD 2016, 51, 54; Kremer, in: Laue/Kremer, Das neue Datenschutzrecht in der betrieblichen Praxis, § 4 Rechte der betroffenen Person (2019), Rn. 66 weisen daneben noch auf Cloud-Computing und mobile Apps hin.

[261] Schätzle, PinG 2016, 71, 72–73.

[262] Jülicher/Röttgen/v. Schönfeld, ZD 2016, 358, 361.

freundlicher Technologien und interoperabler Datenformate stärken.[263] Allerdings verlangt die *Einhaltung des Rechts* auf Datenübertragbarkeit den Verantwortlichen *einigen Aufwand ab.* Die Vorschrift ist stark von Verbraucherschutz-Erwägungen geprägt, ohne die Interessen der Verantwortlichen angemessen zu berücksichtigen.[264] Während das Recht auf Datenübertragbarkeit natürlichen Personen einen selbstbestimmten Umgang mit ihren Daten ermöglicht,[265] kann es gleichzeitig – je nach Auslegung des Anwendungsbereichs dieses Rechts – Geschäftsgeheimnisse und -praktiken der Verantwortlichen gefährden. Trotz des sehr weiten Umfangs des Rechts spielt es in der Praxis lediglich eine untergeordnete Rolle.

5.6.1 Anwendungsbereich & Ausübung des Rechts auf Datenübertragbarkeit

Sofern personenbezogene Daten in den Anwendungsbereich des Art. 20 DSGVO fallen, kann die betroffene Person eine *Übermittlung* ihrer Daten nach dieser Vorschrift *verlangen.* Beim Erfüllen dieses Verlangens sollten Verantwortliche die allgemeinen Anforderungen des Art. 12 DSGVO im Blick haben (siehe Abschn. 5.1). Verarbeitet der Verantwortliche eine *große Menge* an Informationen in Bezug auf die jeweilige betroffene Person, kann er von der Person eine *Präzisierung* dahingehend verlangen, auf welche Informationen und Verarbeitungsvorgänge sich ihr *Ersuchen* bezieht, bevor er Maßnahmen ergreift.[266] Gemäß Art. 20 Abs. 1 DSGVO ist der Anwendungsbereich eröffnet, wenn die folgenden vier Bedingungen kumulativ erfüllt sind:

- *personenbezogene Daten [...]* (siehe Abschn. 2.1.2): Es ist zu beachten, dass pseudonymisierte Daten, die einer betroffenen Person zweifelsfrei zugeordnet werden können (z. B. in Kenntnis des Identifizierungsmerkmals) dem Anwendungsbereich der Regelung unterfallen;[267]
- *welche die betroffene Person einem Verantwortlichen bereitgestellt hat [...]*: Die Bereitstellung ihrer Daten durch die betroffene Person erfordert, zu einem gewissen Grad, eine bewusste Handlung der betroffenen Person, sodass die Daten – direkt oder indirekt – *bei dieser Person erhoben* werden müssen.[268] Dies umfasst jedenfalls Daten, welche *originär* dem Verantwortlichen *zur Verfügung gestellt* wurden (wie Kontodaten, eine E-Mail-Adresse, das Alter einer Person), aber auch Daten, die von der betroffenen Person während der Nutzung eines Dienstes generiert und vom Verantwortlichen *im Laufe ihrer (vertrag-*

[263] Schantz, NJW 2016, 1841, 1845; Albrecht, CR 2016, 88, 93; Paal, in: Paal/Pauly, DSGVO BDSG, Art. 20 DSGVO (2021), Rn. 5; ErwGr. 68 DSGVO.

[264] Jaspers, DuD 2012, 571, 573; Härting, BB 2012, 459, 465.

[265] Kamlah, in: Plath, DSGVO BDSG TTDSG, Art. 20 DSGVO (2023), Rn. 4.

[266] ErwGr. 63 DSGVO.

[267] Art. 29 Datenschutzgruppe, WP 242 (2016), S. 9.

[268] Paal, in: Paal/Pauly, DSGVO BDSG, Art. 20 DSGVO (2021), Rn. 17; Schätzle, PinG 2016, 71, 73; Härting, DSGVO (2016), Rn. 729.

lichen) Beziehung aufgenommen wurden, wie z. B. der Verlauf eines Internetbrowsers oder Verkehrs- und Geolokalisationsdaten eines von der Person getragenen Fitness-Trackers.[269] Mithin ist es ausreichend, dass die betroffene Person für den Verantwortlichen eine *Zugriffsmöglichkeit* auf ihre personenbezogenen Daten einräumt.[270] Allerdings bleibt unklar, ob Daten auch dann durch die betroffene Person „bereitgestellt" worden sind, wenn ein Dritter – wie ein Arbeitgeber oder eine Bank – die Daten dem Verantwortlichen mit Einwilligung der betroffenen Person übermittelt.[271] Daten werden zudem auch häufig weiterverarbeitet, bspw. indem sie geändert oder anhand bestimmter Kriterien klassifiziert werden, etwa durch einen Personalisierungs- oder Empfehlungsprozess, durch Nutzerkategorisierungen oder Profiling.[272] Diese modifizierten Daten *könnten die Geschäftspraktiken* oder die zugrunde liegenden Verarbeitungsvorgänge des Verantwortlichen *offenlegen*, wie bei Tracking-Daten oder Profiling-Ergebnissen.[273] Daher sollten solche regelmäßig Geschäftsgeheimnisse der Verantwortlichen offenlegende Daten dem *Recht auf Datenübertragbarkeit* aus Wettbewerbsgründen *nicht unterfallen*. Insofern sollten vom Verantwortlichen erfasste Daten dem Anwendungsbereich der Vorschrift lediglich unterliegen, soweit es sich um nicht-modifizierte oder nicht-klassifizierte „Roh"-Daten handelt;[274]
- auf Grundlage der Einwilligung der betroffenen Person (siehe Abschn. 4.2.1) oder auf Grundlage eines Vertrags zwischen der betroffenen Person und dem Verantwortlichen verarbeitet werden (siehe Abschn. 4.2.2.2) […]; und
- *die Verarbeitung mithilfe automatisierter Verfahren erfolgt*: Dabei handelt es sich um jeglichen Umgang mit personenbezogenen Daten unter Einsatz von *Datenverarbeitungssystemen* (siehe Abschn. 2.1.1).[275]

Es bleibt weiterhin abzuwarten, wie sich das im Recht auf Datenübertragbarkeit angelegte Spannungsverhältnis zwischen Wirtschafts- und Verbraucherinteressen

---

[269] Art. 29 Datenschutzgruppe, WP 242 (2016), S. 9; Jaspers, DuD 2012, 571, 573; Jülicher/Röttgen/v. Schönfeld, ZD 2016, 358, 359; ablehnend Kamlah, in: Plath, DSGVO BDSG TTDSG, Art. 20 DSGVO (2023), Rn. 6.

[270] Jülicher/Röttgen/v. Schönfeld, ZD 2016, 358, 359.

[271] Jülicher/Röttgen/v. Schönfeld, ZD 2016, 358, 359; eine Übersicht zum Meinungsstand hinsichtlich des Begriffs des Bereitstellens findet sich bei Westphal/Wichtermann, ZD 2019, 191 (m. w. N.).

[272] Art. 29 Datenschutzgruppe, WP 242 (2016), S. 10–11; Gierschmann, ZD 2016, 51, 54; v. d. Bussche/Zeiter, EDPL 2016, 576, 579; Kamlah, in: Plath, DSGVO BDSG TTDSG, Art. 20 DSGVO (2023), Rn. 6.

[273] Jaspers, DuD 2012, 571, 573.

[274] Art. 29 Datenschutzgruppe, WP 242 (2016), S. 9–10; in diese Richtung auch Steinrötter, in: Borges/Hilber, BeckOK IT-Recht, Art. 20 DSGVO (11. Ed. 01.01.2023), Rn. 18 ff; ausführlich zum Meinungsstand in der Literatur Munz, in: Taeger/Gabel, DSGVO/BDSG/TTDSG, Art. 20 DSGVO (2022), Rn. 26 ff.

[275] Schild, in: Wolff/Brink/v. Ungern-Sternberg, BeckOK Datenschutzrecht, Art. 4 DSGVO (45. Ed. 01.08.2023), Rn. 34.

auflösen wird. Insbesondere dürften Verbraucher vermehrt wirtschaftliches Interesse an ihren personenbezogenen Daten entwickeln. Auslöser hierfür können beispielsweise Unternehmen sein, die wechselwillige Kunden mit Prämien für die Übertragung ihrer Daten locken. Es ist zu erwarten, dass die bereits stattfindende *Monetarisierung von personenbezogenen Daten* über das Recht auf Datenübertragbarkeit in Zukunft noch stärker in den Fokus gerät. Personenbezogene Daten haben einen – auch für die Betroffenen sichtbaren – Preis bekommen, der Verbraucher wird zum Händler seiner Daten. Auch in der FinTech-Branche ist dies bereits Realität: Verbraucher bekommen schneller und günstiger Kredite vermittelt, indem Kreditvermittler über offene Schnittstellen zur Hausbank des Verbrauchers auf dessen Bankdaten zugreifen können. So kann das Recht auf Datenübertragbarkeit auch als Einfallstor für die Kommerzialisierung von personenbezogenen Daten durch den Einzelnen gesehen werden und dadurch eine ganz besondere Dynamik entfalten, die möglicherweise so vom Gesetzgeber nicht vorgesehen war. Schließlich sei noch erwähnt, dass mit dieser Entwicklung auch die zivilrechtliche Debatte über Daten als wirtschaftlich verwertbares Gut neue Nahrung erhält. So wird das Recht auf Datenübertragbarkeit bereits als Baustein eines im Aufbau befindlichen Datenwirtschaftsrechts bezeichnet.[276] Auch hat der europäische Gesetzgeber mit der Digital-Inhalte-Richtlinie[277] und dem Data Act[278] unlängst die Relevanz eines „Zahlens mit Daten" anerkannt (siehe Abschn. 4.2.1.3 und 9.4.3). [279]

5.6.1.1 Einschränkung: Daten, die andere betreffen

Der *Anwendungsbereich* des Rechts auf Datenübertragbarkeit unterliegt verschiedenen *Beschränkungen*.[280] Eine dieser Einschränkungen ist von hoher praktischer Relevanz, da sie eine Übermittlung von Daten ausschließt, die die Rechte und Freiheiten anderer Personen beeinträchtigt, Art. 20 Abs. 4 DSGVO. Ausgehend vom weiten Anwendungsbereich des Art. 20 DSGVO im Hinblick auf „Daten, die die betroffene Person bereitgestellt hat" (siehe Abschn. 5.6.1), kann eine Datenübermittlung häufig Auswirkungen auf Dritte haben. Aus diesem Grund muss überprüft werden, ob die Datenübermittlung Dritte negativ beeinträchtigt.

[276] Steinrötter, in: Borges/Hilber, BeckOK IT-Recht, Art. 20 DSGVO (11. Ed. 01.01.2023), Rn. 82 f.

[277] Richtlinie (EU) 2019/770 des Europäischen Parlaments und des Rates vom 20. Mai 2019.

[278] Verordnung (EU) 2023/2854 über harmonisierte Vorschriften für einen fairen Datenzugang und eine faire Datennutzung.

[279] Vertiefend: Richter, MMR 2023, 163.

[280] Gemäß Art. 20 Abs. 3 S. 2 DSGVO und ErwGr. 68 DSGVO gilt das Recht auf Datenübertragbarkeit nicht für eine Verarbeitung, die für die Wahrnehmung einer Aufgabe erforderlich ist, die im öffentlichen Interesse liegt oder in Ausübung öffentlicher Gewalt erfolgt, die dem Verantwortlichen übertragen wurde.

Andere betroffene Personen
Das Recht auf Datenübertragbarkeit könnte negative Auswirkungen auf andere betroffene Personen haben.

Beispiel

O, der Betreiber eines sozialen Netzwerks ist, erhält von seinem Nutzer U eine Anfrage zur Übermittlung von dessen Profil zum Betreiber eines anderen sozialen Netzwerks. Bei der Erstellung seines Nutzerprofils musste U seinen Namen, seine E-Mail-Adresse, sein Alter, seinen Wohnort, Interessen, etc. angeben. Auf seinem Profil teilte U Fotos, erhielt Kommentare von seinen Kontakten (andere Nutzer des sozialen Netzwerks) und teilte Gedanken. Zudem betreibt das soziale Netzwerk einen Nachrichten-Service, der es U ermöglichte, mit anderen Nutzern zu chatten.

Wenn O dem Verlangen von U auf Grundlage dieses Beispiels nachkommt, sollte O dazu verpflichtet sein U's personenbezogene Daten zu übermitteln, die dieser bei Erstellung seines Profils angegeben hat. Bei der Übertragung des Profils betreffen einige der Daten jedoch auch Dritte, z. B. Chatverläufe von U mit anderen Nutzern oder Fotos auf U's Profil, die auch andere Personen zeigen. ◄

Auch wenn das Recht auf Datenübertragbarkeit die Rechte anderer betroffener Personen nicht negativ beeinträchtigen darf, sollten Verantwortliche diese Anforderung nach Ansicht der Aufsichtsbehörden dann nicht zu restriktiv interpretieren, wenn Nutzerdaten die *personenbezogenen Daten mehrerer Personen* beinhalten.[281] Folglich sollten sie dazu verpflichtet sein u. a. Nutzerprofile, Anrufprotokolle, Fotos, Zahlungsdaten oder Transaktionsdaten, die, wie in dem vorgenannten Beispielsfall auch *Informationen über Dritte enthalten*, zu übermitteln.[282] Denn andernfalls wäre der praktische Nutzen des Rechts auf Datenübertragbarkeit erheblich reduziert, da bspw. die teilweise Übermittlung eines Profils an einen neuen Anbieter die Möglichkeit zur umfassenden Weiternutzung dieser personenbezogenen Daten stark einschränken würde. Nichtsdestotrotz sollten Unternehmen, soweit möglich, auf Einzelfallbasis entscheiden, ob die Übermittlung von Daten, die auch Dritte betreffen, stattfinden soll, da die Informationen mit Drittbezug ein hohes Risiko für deren Rechte und Freiheiten bergen könnten. Im Ergebnis ist im jeweiligen Einzelfall eine umfassende Abwägung der Grundrechte und Interessen der betroffenen Personen vorzunehmen.[283] Da das Recht auf Datenübertragbarkeit keine selbstständige Rechtsgrundlage für die Datenübertragung von Dritten enthält, läuft die vorbenannte Einzelfallabwägung auf eine Prüfung des Vorliegens eines berechtigten Interesses nach Art. 6 Abs. 1 S. 1 lit. f DSGVO hinaus.

[281] Art. 29 Datenschutzgruppe, WP 242 (2016), S. 9.

[282] Art. 29 Datenschutzgruppe, WP 242 (2016), S. 9; v. d. Bussche/Zeiter, EDPL 2016, 576, 579; Schantz, NJW 2016, 1841, 1845; ablehnend Jülicher/Röttgen/v. Schönfeld, ZD 2016, 358, 359.

[283] Munz, in: Taeger/Gabel, DSGVO BDSG TTDSG, Art. 20 DSGVO (2022), Rn. 53 f.; Paal, in: Paal/Pauly, DSGVO BDSG, Art. 20 DSGVO (2021), Rn. 26; Steinrötter, in: Borges/Hilber, BeckOK IT-Recht, Art. 20 DSGVO (11. Ed. 01.01.2023), Rn. 59.

Eine sorgfältige Prüfung ist auch im Hinblick auf die drohenden Bußgelder für eine Verletzung von Art. 20 DSGVO von bis zu EUR 20.000.000,00 oder bis zu 4 % des weltweiten Jahresumsatzes (Art. 83 Abs. 5 DSGVO) anzuraten.

Um die betroffenen Rechte und Freiheiten anderer zu schützen, sollte der *„neue" Verantwortliche*, der die Daten empfängt, diese *nicht für Zwecke verarbeiten*, die diese *Rechte beeinträchtigen könnten*.[284] Der datenempfangende Verantwortliche bedarf ebenfalls einer Rechtsgrundlage für eine rechtmäßige Verarbeitung der Daten mit Drittbezug, wie bspw. das Vorliegen überwiegender berechtigter Interessen an der Verarbeitung (siehe Abschn. 4.2.2.3).[285]

Sofern die Interessen des neuen Verantwortlichen über eine Bereitstellung von Dienstleistungen an die betroffene Person hinausgehen und stattdessen *Eigeninteressen des Verantwortlichen* dienen (z. B. Werbemaßnahmen, die sich an Dritte richten), kann die Datenverarbeitung nach Ansicht der Aufsichtsbehörden *nicht auf die Rechtsgrundlage* der überwiegenden berechtigten Interessen des Verantwortlichen an der Erbringung einer Dienstleistung an die betroffene Person gestützt werden.[286]

Beispiel

Ein E-Mail-Provider ermöglicht die Erstellung von Nutzerkonten, um E-Mails zu senden und zu empfangen und um eine private Sammlung von (E-Mail-)Adressen anzulegen. X ist Nutzer des E-Mail-Dienstes und benutzt seine E-Mail-Adresse ausschließlich zu privaten Zwecken. X übt sein Recht auf Datenübertragbarkeit aus und bittet den E-Mail-Provider darum, sein Nutzerkonto an einen anderen Anbieter zu übermitteln.

Wenn der Provider auf Grundlage dieses Beispiels dem Verlangen von X nachkommt, ist er zur Übertragung von X's personenbezogenen Daten verpflichtet, wie bspw. empfangene und versandte E-Mails und dessen Sammlung von (E-Mail-)Adressen. Diese Daten beziehen sich auf die Kontakte von X und somit auf Dritte. Da X den E-Mail-Account ausschließlich für private Zwecke nutzt, könnte der neue E-Mail-Provider die Daten möglicherweise auf der Grundlage seines überwiegenden, berechtigten Interesses an der Bereitstellung des E-Mail-Dienstes für X verarbeiten. Allerdings kann der Anbieter die Daten mit Drittbezug nicht für andere Zwecke nutzen, wie bspw. Werbemaßnahmen. Dies würde den Umfang seines berechtigten Interesses an der Bereitstellung des E-Mail-Dienstes übersteigen, da eine solche Nutzung ausschließlich seiner wirtschaftlichen Interessen und nicht X's persönlichen Bedürfnissen dienen würde.[287] ◀

[284] Art. 29 Datenschutzgruppe, WP 242 (2016), S. 12.

[285] Art. 29 Datenschutzgruppe, WP 242 (2016), S. 12.

[286] Art. 29 Datenschutzgruppe, WP 242 (2016), S. 12.

[287] Art. 29 Datenschutzgruppe, WP 242 (2016), S. 12.

Beispiel

Um die Risiken für andere betroffene Personen, deren Daten von einer Übermittlung betroffen sein könnten, zu minimieren, sollten alle Verantwortlichen (sowohl der „Übermittler" als auch der „Empfänger") Mittel nutzen, die es der betroffenen Person, die ihre Daten übertragen möchte, ermöglichen, die von der Anfrage betroffenen personenbezogenen Daten auszuwählen. Gleichzeitig sollten die genutzten Mitttel ermöglichen Daten von der Anfrage auszunehmen, die (sofern relevant) auch Dritte betreffen.[288] ◀

Geschäftsgeheimnisse und geistiges Eigentum

Das Recht auf Datenübertragbarkeit könnte auch den „alten" Verantwortlichen, der zur Übermittlung der Daten verpflichtet ist, oder andere Unternehmen beeinträchtigen. Geschützte Rechtspositionen sind u. a. *Geschäftsgeheimnisse* oder *geistiges Eigentum* und, insbesondere, die *urheberrechtlich geschützte Software*, die der Verantwortliche verwendet.[289] Sofern diese Rechte beeinträchtigt werden, werden die jeweiligen Daten von einer Übermittlung ausgenommen. Allerdings können potenzielle Geschäftsrisiken alleine nicht eine vollständige Ablehnung einer Anfrage auf Datenübertragung rechtfertigen.[290] In einem solchen Fall sollte der Verantwortliche dem anderen Verantwortlichen ggf. eine *reduzierte Datenmenge* zur Verfügung stellen oder die *kritischen Daten vor der Übermittlung anonymisieren*.[291]

5.6.1.2 Beschäftigungskontext

Auch wenn das Recht auf Datenübertragbarkeit geschaffen wurde, um den Wechsel zwischen Diensteanbietern zu erleichtern, beschränkt sich der Anwendungsbereich der Vorschrift dem Wortlaut nach nicht auf bestimmte Verarbeitungstätigkeiten, sodass konsequenterweise auch Verarbeitungsvorgänge im Beschäftigungskontext in den Anwendungsbereich der Vorschrift fallen. Im Rahmen des Beschäftigungsverhältnisses werden die personenbezogenen Daten des Arbeitnehmers für die Durchführung des Arbeitsvertrages verarbeitet. Zusätzliche personenbezogene Daten, die für diese Durchführung nicht erforderlich sind, werden häufig auf Grundlage einer Einwilligung des Arbeitnehmers verarbeitet, bspw. für freiwillige Bonusprogramme oder eine private Nutzung von Geschäftstelefonen.[292] Auf diese personenbezogenen Daten ist Art. 20 DSGVO grundsätzlich anwendbar.

Allerdings sollte festgehalten werden, dass Arbeitgeber eine erhebliche Menge von Arbeitnehmerdaten auf der Grundlage von auf sie anwendbaren, öffentlichrechtlichen Verpflichtungen verarbeiten (wie zu Steuer- oder Sozialversicherungs-

[288] Art. 29 Datenschutzgruppe, WP 242 (2016), S. 12.

[289] ErwGr. 63 DSGVO.

[290] ErwGr. 63 DSGVO.

[291] Paal, in: Paal/Pauly, DSGVO BDSG, Art. 20 DSGVO (2021), Rn. 26–27; Schätzle, PinG 2016, 71, 74; Art. 29 Datenschutzgruppe, WP 242 (2016), S. 10.

[292] Bitkom, Stellungnahme Art. 20 DSGVO (2017), S. 7.

zwecken).[293] In einem solchen Fall würde die Verarbeitung der Daten auf der Basis mehrerer Rechtsgrundlagen stattfinden: auf der Grundlage einer Einwilligung oder des Arbeitsvertrags einerseits und andererseits aufgrund deren Notwendigkeit für die Einhaltung einer Rechtspflicht (siehe Abschn. 4.2.2.4). Das kann ggf. zur Einschränkung des Rechts in Bezug auf diese Daten führen.

5.6.2 Technische Spezifikationen

Hat eine betroffene Person ihr Recht auf Datenübertragbarkeit ausgeübt, sollte sie berechtigt sein, die personenbezogenen Daten in einem *strukturierten, gängigen, maschinenlesbaren und interoperablen Format* zu erhalten.[294] Diese technische Spezifikation soll es ermöglichen, dass die Daten direkt in ein anderes Verarbeitungssystem eingespeist und weitergenutzt werden können.[295] Somit hat der Verantwortliche die Daten in einem *Format* zur Verfügung zu stellen, *das eine Wiederverwendung* durch andere Verantwortliche *begünstigt*.[296] Zugleich soll mit dem Recht der betroffenen Person auf Datenübertragbarkeit *keine Pflicht* für Verantwortliche geschaffen werden, *Verarbeitungssysteme* zu nutzen oder zu implementieren, die *technisch kompatibel* sein müssen.[297]

Der europäische Gesetzgeber hat keine Hinweise zu konkreten Formaten erteilt, da der offene Wortlaut eine Unabhängigkeit der Norm vom technischen Wandel garantieren soll.[298] Allerdings dürfte die Gängigkeit eines bestimmten Formats auf Grundlage des *Stands der Technik* zu bestimmen sein, sodass bspw. PDF- oder Office-Formate als gängig anzusehen sind.[299]

Technisch sollten *Verantwortliche verschiedene Umsetzungsmöglichkeiten* für das Recht auf Datenübertragbarkeit anbieten, wie bspw. eine *Möglichkeit zum unmittelbaren Herunterladen* der personenbezogenen Daten durch die betroffene Person.[300]

---

[293] Bitkom, Stellungnahme Art. 20 DSGVO (2017), S. 7–8.

[294] Art. 20 Abs. 1 DSGVO; ErwGr. 68 DSGVO.

[295] Schätzle, PinG 2016, 71, 74.

[296] Art. 29 Datenschutzgruppe, WP 242 (2016), S. 15.

[297] ErwGr. 68 DSGVO.

[298] Kremer, in: Laue/Kremer, Das neue Datenschutzrecht in der betrieblichen Praxis, § 4 Rechte der betroffenen Person (2019), Rn. 71.

[299] Kamlah, in: Plath, DSGVO BDSG TTDSG, Art. 20 DSGVO (2023), Rn. 8; Kremer, in: Laue/Kremer, Das neue Datenschutzrecht in der betrieblichen Praxis, § 4 Rechte der betroffenen Person (2019), Rn. 71.

[300] Art. 29 Datenschutzgruppe, WP 242 (2016), S. 3.

5.6.3 Übermittlung der Daten

Gemäß Art. 20 Abs. 2 DSGVO hat die betroffene Person das Recht, zu erwirken, dass die personenbezogenen Daten *direkt von einem Verantwortlichen zu einem anderen Verantwortlichen übermittelt werden*, soweit dies technisch machbar ist. Eine Direkt-Übermittlung dürfte sich als vorzugswürdig erweisen, sofern die erneute Bereitstellung der personenbezogenen Daten an den neuen Verantwortlichen auf Seiten der betroffenen Person einen unverhältnismäßigen Aufwand erfordert oder sich gar als unmöglich erweist.[301] Abgesehen von dieser Möglichkeit kann sich die *betroffene Person* auch dafür *entscheiden*, ihre *personenbezogenen Daten selbst* an den neuen Verantwortlichen *zu übermitteln*, nachdem sie sie in einem Format, das den technischen Spezifikationen des Art. 20 Abs. 1 DSGVO entspricht (siehe Abschn. 5.6.2), erhalten hat.

Das Recht auf eine direkte Übermittlung der personenbezogenen Daten zwischen den Verantwortlichen soll den teilweise schwierigen Wechsel zwischen Diensteanbietern erleichtern. Es war Absicht des Gesetzgebers, natürlichen Personen eine Übertragung ihrer Online-Profile von einer Plattform auf eine andere mit nur „einem Klick" zu ermöglichen.[302] Es stellt sich jedoch die Frage, in welchen Fällen sich eine direkte Datenübermittlung als *technisch machbar* erweist, wenn Anbieter mit recht unterschiedlichen Diensten betroffen sind.[303] Art. 20 DSGVO richtet sich primär an konkurrierende Dienstleistungsanbieter, sodass sich eine Direktübermittlung dann als technisch nicht machbar erweisen könnte, wenn Verantwortliche ohne kompatible Schnittstellen betroffen sind.[304] In der Praxis hat sich seit Einführung der DSGVO keine „ein Klick"-Lösung für Datenübertragbarkeit etabliert. Dieser pragmatische Wunsch des Gesetzgebers steht zum einem im Widerspruch zu den von den Aufsichtsbehörden verlangten Abwägungen im Einzellfall. Es besteht zum anderen möglicherweise auch kein konkreter Bedarf für einen – analog anmutenden – Anbieterwechsel nebst umfänglichen Datenpaket. Die Anbieterwechsel finden vielmehr organisch „fließend" statt; Kontodaten werden neu eingetragen und die digitalen „Altdaten" verbleiben schlicht beim alten Dienstleister.

5.6.4 Verhältnis zum Recht auf Löschung

Gemäß Art. 20 Abs. 3 S. 1 DSGVO soll die Ausübung des Rechts auf Datenübertragbarkeit das *Recht auf Löschung* nach Art. 17 DSGVO (siehe Abschn. 5.5.2) *unberührt lassen*. Somit führt die Übertragung eines Datensatzes *nicht automatisch zu dessen Löschung* durch den übermittelnden Verantwortlichen und auch *nicht zur Beendigung einer etwaigen Vertragsbeziehung* zwischen der betroffenen Person

[301] Gierschmann, ZD 2016, 51, 54.

[302] Jülicher/Röttgen/v. Schönfeld, ZD 2016, 358, 360.

[303] Jülicher/Röttgen/v. Schönfeld, ZD 2016, 358, 360.

[304] Schantz, NJW 2016, 1841, 1845; Kamlah, in: Plath, DSGVO BDSG TTDSG, Art. 20 DSGVO (2023), Rn. 10.

und dem übermittelnden Verantwortlichen.[305] Der datenübermittelnde Verantwortliche verliert den Datensatz über die betroffene Person nicht automatisch. Dennoch dürfte der Verantwortliche zur Löschung der Daten wegen des Grundsatzes der *Datenminimierung* nach Art. 5 Abs. 1 lit. c DSGVO (siehe Abschn. 4.1.3) verpflichtet sein, sofern die Daten für die Erreichung des Verarbeitungszwecks nicht mehr erforderlich sind. Zuvorderst ist der Verantwortliche jedoch zur Löschung der Daten aufgrund einer entsprechenden Anfrage der betroffenen Person nach Art. 17 DSGVO verpflichtet (siehe Abschn. 5.5.2).

5.6.5 Vertraglicher Ausschluss des Rechts auf Datenübertragbarkeit

Gemäß Art. 20 Abs. 1 DSGVO soll die *Übermittlung* der Daten an einen anderen Verantwortlichen *„ohne Behinderung" durch den Verantwortlichen*, dem die Daten ursprünglich zur Verfügung gestellt wurden, erfolgen. Damit sind technische Maßnahmen, die eine Übertragung erschweren würden, rechtswidrig.[306] Nichtsdestotrotz bleibt offen, ob „ohne Behinderung" einen *vertraglichen Ausschluss* des Rechts auf Datenübertragbarkeit zwischen dem Verantwortlichen und der betroffenen Person verbietet.[307] Die DSGVO selbst trifft keine Aussagen zu möglichen vertraglichen Beschränkungen oder Ausschlüssen von Betroffenenrechten. Das Recht auf Datenübertragbarkeit ist eine spezielle Ausprägung des Rechts auf den Schutz personenbezogener Daten nach Art. 8 GRCh der Europäischen Union und Art. 16 AEUV, sodass Beschränkungen des Rechts strengen Voraussetzungen unterliegen.[308] Außerdem sollen mit dem Recht auf Datenübertragbarkeit *vorrangig* ein *fairer Wettbewerb* zwischen Dienstleistungsanbietern sichergestellt und *„Lock-In"-Effekte* am Markt *verhindert* werden.[309]

Allerdings sind die von Art. 20 DSGVO umfassten Situationen eingeschränkt, da die Vorschrift *nur in bestimmten Verarbeitungskontexten anwendbar* ist, nämlich wenn die Verarbeitung auf der Grundlage einer Einwilligung der betroffenen Person (siehe Abschn. 4.2.1) oder auf der Grundlage einer vertraglichen Notwendigkeit (siehe Abschn. 4.2.2.2) erfolgt. Sobald andere Rechtsgrundlagen für die Verarbeitung verwendet werden, wie bspw. die überwiegenden berechtigten Interessen des Verantwortlichen (siehe Abschn. 4.2.2.3), gelangt das Recht auf Datenübertragbarkeit nicht zur Anwendung.

---

[305] Jülicher/Röttgen/v. Schönfeld, ZD 2016, 358, 360.

[306] Schätzle, PinG 2016, 71, 73; Kamlah, in: Plath, DSGVO BDSG TTDSG, Art. 20 DSGVO (2023), Rn. 9.

[307] Schätzle, PinG 2016, 71, 73 hält zumindest einen vertraglichen Ausschluss des Rechts auf Datenübertragbarkeit für rechtswidrig, der das Recht auch über die Beendigung des Vertrags zwischen dem Verantwortlichen und der betroffenen Person hinaus ausschließt.

[308] Siehe auch Kingreen, in: Calliess/Ruffert, EUV AEUV, Art. 8 EU-GrCharta. (2022), Rn. 9.

[309] Albrecht/Jotzo, Datenschutzrecht, Teil 4. Individuelle Datenschutzrechte (2017), Rn. 19; Kühling/Martini, EuZW 2016, 448, 450; Schantz, NJW 2016, 1841, 1845.

Eine Einschränkung des Rechts auf Datenübertragbarkeit wäre dem System der DSGVO zumindest nicht fremd, da Art. 23 DSGVO den EU-Mitgliedstaaten eine weitgehende Möglichkeit zur Einschränkung der Betroffenenrechte eröffnet (sogar aus wirtschaftlichen Interessen), sodass die Rechte ohnehin keinen umfassenden Schutz gewährleisten (siehe Abschn. 5.9). Nichtsdestotrotz bleibt ein entsprechender Rechte-Ausschluss mit Risiken belastet.

Ausschluss nach dem BDSG

Der deutsche Gesetzgeber hat von seinem Regelungsspielraum aus Art. 23 DSGVO über die Einführung des § 28 Abs. 4 BDSG Gebrauch gemacht. Danach besteht das Recht auf Datenübertragbarkeit nicht, soweit es voraussichtlich die Verwirklichung von den mit der Verarbeitung verfolgten, *im öffentlichen Interesse liegenden Archivzwecken* unmöglich machen oder ernsthaft beeinträchtigen würde und die Ausnahme für die Erfüllung dieser Zwecke erforderlich ist. Aufgrund der besonderen, vom öffentlichen Interesse geprägten Verarbeitungskonstellation, sollte diese Ausnahme jedenfalls *für Privatunternehmen von untergeordneter* praktischer *Relevanz* sein.

5.7 Widerspruchsrecht

Unter bestimmten Umständen, die in Art. 21 DSGVO geregelt werden, hat die betroffene Person das Recht, einer Verarbeitung ihrer personenbezogenen Daten zu widersprechen, was den Verantwortlichen dann dazu verpflichtet, von weiteren Verarbeitungstätigkeiten Abstand zu nehmen. Wenngleich das Widerspruchsrecht nach dem gesetzgeberischen Willen eine hervorgehobene Stellung einnimmt, findet es in der Praxis eher selten Anwendung. Art. 21 DSGVO richtet sich vorrangig gegen *rechtmäßige Verarbeitungstätigkeiten*, die dem *Willen der betroffenen Person nicht entsprechen.*[310]

5.7.1 Gründe für einen Widerspruch gegen die Verarbeitung

Art. 21 DSGVO sieht *drei Situationen* vor, die Gründe für einen Widerspruch gegen die Verarbeitung bilden können.

5.7.1.1 Besondere Situation der betroffenen Person

Gemäß Art. 21 Abs. 1 DSGVO kann die betroffene Person aus *Gründen*, die sich aus *ihrer besonderen Situation* ergeben, *jederzeit* einer Verarbeitung ihrer personenbezogenen Daten widersprechen, die:

[310] Martini, in: Paal/Pauly, DSGVO BDSG, Art. 21 DSGVO (2021), Rn. 1–2; Kamlah, in: Plath, DSGVO BDSG TTDSG, Art. 21 DSGVO (2023), Rn. 1.

- aufgrund des Vorliegens von überwiegenden berechtigten Interessen des Verantwortlichen/eines Dritten erfolgt (Art. 6 Abs. 1 S. 1 lit. f DSGVO); oder
- für die *Wahrnehmung* einer Aufgabe *erforderlich* ist, die im *öffentlichen Interesse* liegt oder in *Ausübung öffentlicher Gewalt* erfolgt, die dem Verantwortlichen übertragen wurde (siehe Abschn. 4.2.2.4), was auch für auf diese Bestimmungen gestütztes *Profiling* gilt.

Ein Widerspruchsrecht kann sich auch nachträglich aufgrund *neuer Umstände* ergeben, die das *Ergebnis der ursprünglichen Interessenabwägung beeinflussen*.[311] Aus der *besonderen Situation der betroffenen Person* kann sich ergeben, dass ihre Interessen an der Nichtverarbeitung gegenüber denjenigen des Verantwortlichen an der Verarbeitung der Daten der betroffenen Person überwiegen. Diese nachträgliche Neubewertung der bisherigen Rechtsgrundlage berechtigt die betroffene Person zum Widerspruch gegen die Verarbeitung ihrer personenbezogenen Daten.

Die besondere Situation der betroffenen Person kann sich aus ihren Rechten oder Freiheiten, wie bspw. ihrem Persönlichkeitsrecht, ergeben.[312] Eine derartige besondere Situation kann sich z. B. aus den *familiären Umständen oder geschäftlichen Geheimhaltungsinteressen* ergeben.[313] Dieser Widerspruchsgrund sollte *nicht zu weit, sondern eher restriktiv ausgelegt* werden, um eine ständige Neubewertung vormals einschlägiger Rechtsgrundlagen zu vermeiden.[314] In der Praxis dürfte ein Anspruch nach Art. 21 Abs. 1 DSGVO daher nur selten begründet sein.

Art. 21 Abs. 1 DSGVO enthält *zwei Gegenausnahmen* vom Widerspruchsrecht:

- Der Verantwortliche kann zwingende schutzwürdige Gründe für die Verarbeitung nachweisen, die gegenüber den Interessen, Rechten und Freiheiten der betroffenen Person überwiegen. Zwingende Gründe für die Verarbeitung können sich beispielsweise aus Aspekten der Daten- und IT-Sicherheit, der Betrugsprävention oder der Erhaltung der Funktion von Auskunfteien ergeben. Nicht als zwingend sind hingegen wohl (geringe) Umsatzeinbußen und bloße Unannehmlichkeiten seitens des Verantwortlichen einzuordnen;[315] oder
- Die Verarbeitung dient der Geltendmachung, Ausübung oder Verteidigung von Rechtsansprüchen (nicht nur gegenüber der betroffenen Person).[316] In Zusammenschau mit der eher hohen Hürde der ersten Variante („*zwingende*

[311] Kamlah, in: Plath, DSGVO BDSG TTDSG, Art. 21 DSGVO (2023), Rn. 5.

[312] Martini, in: Paal/Pauly, DSGVO BDSG, Art. 21 DSGVO (2021), Rn. 30.

[313] Martini, in: Paal/Pauly, DSGVO BDSG, Art. 21 DSGVO (2021), Rn. 30.

[314] Kamlah, in: Plath, DSGVO BDSG TTDSG, Art. 21 DSGVO (2016), Rn. 6; Martini, in: Paal/Pauly, DSGVO, Art. 21 DSGVO (2021), Rn. 31.

[315] Steinrötter, in: Borges/Hilber, BeckOK IT-Recht, Art. 21 DSGVO (11. Ed, 01.01.2023), Rn. 14 ff. (m. w. N.).

[316] Steinrötter, in: Borges/Hilber, BeckOK IT-Recht, Art. 21 DSGVO (11. Ed, 01.01.2023), Rn. 19.

Gründe“) sollte eine hinreichende Wahrscheinlichkeit für eine drohende Rechtsstreitigkeit gefordert werden.[317] Eine Abwägung ist in diesem Fall allerdings – anders als bei der ersten Variante – nicht vorzunehmen.[318]

Der *Verantwortliche trägt die Beweislast* hinsichtlich des Vorliegens eventueller Gegenausnahmen vom Widerspruchsrecht.[319]

5.7.1.2 Verarbeitung zum Zwecke der Direktwerbung

Gemäß Art. 21 Abs. 2 DSGVO kann die betroffene Person *jederzeit Widerspruch* gegen die Verarbeitung ihrer personenbezogenen Daten einlegen, wenn die Daten verarbeitet werden, um *Direktwerbung* zu betreiben; dies gilt auch für *Profiling*,[320] soweit es *mit entsprechender Direktwerbung in Verbindung* steht. Direktwerbung ist die unmittelbare Ansprache von Personen mittels (insbesondere personalisierten) Werbematerials, wie E-Mails oder Werbebannern auf Websites oder in Apps.[321] Im Gegensatz zum Widerspruchsgrund aus Art. 21 Abs. 1 DSGVO enthält diese Vorschrift *keine weiteren Voraussetzungen*. Ihre Praxisrelevanz ist daher ungleich höher.[322]

5.7.1.3 Verarbeitung zu Forschungszwecken oder zu statistischen Zwecken

Gemäß Art. 21 Abs. 6 DSGVO kann die betroffene Person einer Verarbeitung ihrer personenbezogenen Daten aus Gründen, die sich aus ihrer *besonderen Situation* ergeben, widersprechen, wenn die personenbezogenen Daten zu:

- wissenschaftlichen oder historischen *Forschungszwecken*; oder
- zu *statistischen Zwecken* verarbeitet werden.

---

[317] Steinrötter, in: Borges/Hilber, BeckOK IT-Recht, Art. 21 DSGVO (11. Ed, 01.01.2023), Rn. 17; ähnlich auch Munz, in: Taeger/Gabel, DSGVO BDSG TTDSG, Art. 21 DSGVO (2022), Rn. 31; großzügiger Forgó, in: Wolff/Brink/v. Ungern-Sternberg, BeckOK Datenschutzrecht, Art. 21 DSGVO (45. Ed. 01.11.2021), Rn. 14 f.

[318] Steinrötter, in: Borges/Hilber, BeckOK IT-Recht, Art. 21 DSGVO (11. Ed. 01.01.2023), Rn. 16.

[319] ErwGr. 69 DSGVO.

[320] Gemäß Art. 4 Nr. 4 DSGVO ist „Profiling“ jede Art der automatisierten Verarbeitung personenbezogener Daten, die darin besteht, dass diese personenbezogenen Daten verwendet werden, um bestimmte persönliche Aspekte, die sich auf eine natürliche Person beziehen, zu bewerten, insbesondere um Aspekte bezüglich Arbeitsleistung, wirtschaftliche Lage, Gesundheit, persönliche Vorlieben, Interessen, Zuverlässigkeit, Verhalten, Aufenthaltsort oder Ortswechsel dieser natürlichen Person zu analysieren oder vorherzusagen.

[321] Piltz, K&R 2016, 557, 565; Martini, in: Paal/Pauly, DSGVO BDSG, Art. 21 DSGVO (2021), Rn. 48.

[322] Eingehend zum Zusammenspiel mit dem e-Privacy-Regime Steinrötter, in: Borges/Hilber, BeckOK IT-Recht, Art. 21 DSGVO (11. Ed. 01.01.2023), Rn. 22 ff. In diesem Zusammenhang sollten Verantwortliche insbesondere § 7 Abs. 3 UWG beachten, welcher Regelungen zur (wettbewerbsrechtlich grundsätzlich unzulässigen) unzumutbaren Belästigung bei Werbung unter Verwendung elektronischer Post enthält.

In der DSGVO wird eine Verarbeitung zu solchen Zwecken grundsätzlich privilegiert behandelt, was bspw. die Rechtmäßigkeit derartiger Verarbeitungsvorgänge oder die Reichweite von Informations- und Löschpflichten des Verantwortlichen betrifft.[323] Jedoch bergen die hier regelmäßigen Massendatenverarbeitungen zwar ein großes Wissens-, aber zeitgleich auch ein hohes Risikopotenzial für die Rechte und Freiheiten der betroffenen Personen. Daher sollten betroffene Personen grundsätzlich die Möglichkeit haben, einer derartigen Verarbeitung zu widersprechen.[324]

Das *Widerspruchsrecht* hinsichtlich Datenverarbeitungsvorgängen zu Forschungs- und statistischen Zwecken *ist jedoch dann beschränkt*, wenn die Verarbeitung zur Erfüllung einer im öffentlichen Interesse liegenden Aufgabe erforderlich ist.[325] Der *Verantwortliche* trägt die *Beweislast in Bezug auf* eine derartige *Erforderlichkeit.*

Unter dem Begriff „statistische Zwecke“ i. S. d. DSGVO ist jeder für die Durchführung statistischer Untersuchungen und die Erstellung statistischer Ergebnisse erforderliche Vorgang der Erhebung und Verarbeitung personenbezogener Daten zu verstehen.[326] Die Einführung von Sonderregelungen für statistische Zwecke in der DSGVO wurde im Rahmen des Gesetzgebungsverfahrens kontrovers diskutiert, da „statistische Zwecke“ nicht zwingend einem wissenschaftlichen oder anderem Zweck dienen müssen, der im öffentlichen Interesse liegt, da sie auch der Erstellung von Geschäfts- oder Kundenstatistiken dienen können.[327] Natürliche Personen können einer Datenverarbeitung für „statistische Zwecke“ nach Art. 21 Abs. 6 DSGVO widersprechen und auf diese Weise Profiling-Aktivitäten verhindern oder stoppen. Zudem sollen personenbezogene Daten im Rahmen ihrer Nutzung für statistische Zwecke nicht für Maßnahmen oder Entscheidungen gegenüber einzelnen natürlichen Personen verwendet werden.[328] Aus diesem Grund dienen *automatisierte Entscheidungsfindungen*, Statistiken über Nutzerpräferenzen und jegliche Art des *Profiling* (siehe Abschn. 5.8) *nicht „statistischen Zwecken*“ i. S. d. Verordnung.[329]

5.7.2 Einschränkungen im BDSG

Das BDSG nimmt *in besonderen Verarbeitungssituationen* auf Grundlage entsprechender Öffnungsklauseln Einschränkungen bzgl. des der betroffenen Person zur Verfügung stehenden Widerrufsrechts vor. Die relevanten Regelungen finden

---

[323] Martini, in: Paal/Pauly, DSGVO BDSG, Art. 21 DSGVO (2021), Rn. 55.

[324] Martini, in: Paal/Pauly, DSGVO BDSG, Art. 21 DSGVO (2021), Rn. 54.

[325] Art. 21 Abs. 6 DSGVO.

[326] ErwGr. 162 DSGVO.

[327] Albrecht/Jotzo, Datenschutzrecht, Teil 3. Allgemeine Bestimmungen (2017), Rn. 71–72.

[328] ErwGr. 162 DSGVO.

[329] Laue, in: Laue/Kremer, Das neue Datenschutzrecht in der betrieblichen Praxis, § 1 Einführung (2019), Rn. 121; Grages, in: Plath, DSGVO BDSG TTDSG, Art. 89 DSGVO (2023), Rn. 7.

sich in §§ 27 Abs. 2, 28 Abs. 4 BDSG und dienen dem Schutz folgender besonderer Verarbeitungszwecke:

- wissenschaftliche oder historische Forschungszwecke und statistische Zwecke, und
- im öffentlichen Interesse liegende Archivzwecke.

Nach den Vorschriften besteht für die betroffene Person kein Widerspruchsrecht, wenn es voraussichtlich die *Verwirklichung der besonderen Verarbeitungszwecke unmöglich macht oder ernsthaft beeinträchtigt* und die *Beschränkung* für die Erfüllung dieser Zwecke *erforderlich* ist. Die Einschränkung für Forschungs- und Statistikzwecke dürfte insbesondere für das im Hinblick auf diese Zwecke bestehende Widerrufsrecht nach § 21 Abs. 6 BDSG (siehe Abschn. 5.7.1.3) relevant werden und dessen Anwendungsbereich einschränken. Widerspricht eine betroffene Person aufgrund ihrer besonderen Situation einer Verarbeitung zu diesen Zwecken, sollten Unternehmen prüfen, ob das Forschungsziel dann noch erreicht werden kann und ggf. die Einschränkung nach § 27 Abs. 2 BDSG geltend machen.

5.7.3 Ausübung des Rechts & Rechtsfolgen

Die betroffene Person kann ihr Widerrufsrecht *jederzeit* ausüben, unabhängig davon, ob eine Verarbeitung bereits stattgefunden hat oder nicht. Im Rahmen der Rechtsausübung sind die allgemeinen Anforderungen an eine Kommunikation mit betroffenen Personen nach Art. 12 DSGVO (siehe Abschn. 5.1) zu erfüllen.

Gemäß Art. 21 Abs. 5 DSGVO kann die betroffene Person im Zusammenhang mit der Nutzung von *Diensten der Informationsgesellschaft* (siehe Abschn. 4.2.1.6 für eine Definition) ihr Widerspruchsrecht *mittels automatisierter Verfahren ausüben*, bei denen technische Spezifikationen verwendet werden. Diese Möglichkeit soll Betroffenen die Rechtsausübung erleichtern.

Sofern eine betroffene Person ihr Widerspruchsrecht erfolgreich ausgeübt hat, kann der Verantwortliche die *personenbezogenen Daten nicht mehr verarbeiten*, Art. 21 Abs. 1 DSGVO. Ein Widerspruch hat also stets nur *Auswirkungen auf zukünftige Verarbeitungsvorgänge*. Während das Verarbeitungsverbot infolge eines Widerspruchs auf Grundlage des Art. 21 Abs. 1, 6 DSGVO das Ergebnis einer Interessenabwägung ist, führt ein erfolgreicher Widerspruch gegen eine Verarbeitung für Zwecke der Direktwerbung gem. Art. 21 Abs. 3 DSGVO automatisch zu einem Verarbeitungsverbot. In einem derartigen Fall hat der Verantwortliche keine Möglichkeit zur Neubewertung der Situation im Hinblick auf eine mögliche Gegenausnahme.[330]

Es ist unklar, ob ein erfolgreicher Widerspruch gegen die Verarbeitung zum Entstehen einer Pflicht des Verantwortlichen zur Löschung der betroffenen personen-

[330] Kremer, in: Laue/Kremer, Das neue Datenschutzrecht in der betrieblichen Praxis, § 4 Rechte der betroffenen Person (2019), Rn. 80.

bezogenen Daten nach Art. 17 DSGVO führt (siehe Abschn. 5.5.2).[331] In jedem Fall entsteht durch den erfolgreichen Widerspruch ein Recht der betroffenen Person, die Löschung der personenbezogenen Daten nach Art. 17 Abs. 1 lit. c DSGVO zu verlangen.[332]

5.7.4 Informationspflicht

Spätestens zum Zeitpunkt der ersten Kommunikation mit der betroffenen Person muss diese *ausdrücklich auf ihr Widerspruchsrecht hingewiesen werden*, wobei dieser Hinweis in einer *verständlichen und* von anderen Informationen *getrennten Form* zu erfolgen hat, Art. 21 Abs. 4 DSGVO. Dadurch werden die Kommunikations- und Informationspflichten des Verantwortlichen nach Art. 12 bis 14 DSGVO (für Näheres siehe Abschn. 5.1 und 5.2) konkretisiert. In diesem Zusammenhang sollten datenverarbeitende Unternehmen prüfen, wie sie ihre Informationspflichten bestmöglich erfüllen können. Dies gilt v. a. im Hinblick darauf, wie und wo die erforderlichen Informationen bereitgestellt werden; z. B. könnten derartige Informationen in der Datenschutzerklärung des Unternehmens hervorgehoben werden.[333]

5.8 Automatisierte Entscheidungsfindung

Art. 22 DSGVO soll automatisierte Entscheidungsfindungen einschränken, da diese die Rechte und Freiheiten natürlicher Personen gefährden. Aus diesem Grund sieht Art. 22 Abs. 1 DSGVO ein *grundsätzliches Verbot automatisierter Entscheidungsfindungen*, einschließlich *Profiling*, vor, sofern diese der betroffenen Person gegenüber *rechtliche Wirkung entfalten* oder sie in *ähnlicher Weise erheblich beeinträchtigen*.

Art. 22 DSGVO stellt ein grundsätzliches Verbot von automatisierten Entscheidungen auf; eine ausdrückliche Geltendmachung durch die betroffene Person ist nicht erforderlich.[334]

5.8.1 Anwendungsbereich des Verbots

Automatisierte Entscheidungsfindung
Eine automatisierte Entscheidungsfindung besteht in der Bewertung persönlicher Aspekte einer bestimmten natürlichen Person, welche ausschließlich durch eine automatisierte Verarbeitung erfolgt.[335]

[331] Martini, in: Paal/Pauly, DSGVO BDSG, Art. 21 DSGVO (2021), Rn. 46.

[332] Martini, in: Paal/Pauly, DSGVO BDSG, Art. 21 DSGVO (2021), Rn. 46.

[333] Gierschmann, ZD 2016, 51, 54.

[334] EuGH, Urteil vom 7. Dezember 2023, SCHUFA Holding AG, C-634/21, Rn. 52, 71.

[335] ErwGr. 71 DSGVO.

Beispiel

- Automatische Ablehnung eines Online-Kreditantrags.
- Online-Einstellungsverfahren ohne jegliches menschliche Eingreifen.[336] ◀

Art. 22 DSGVO gelangt zur Anwendung, sofern eine *Entscheidung* über eine betroffene Person mittels einer *automatisierten Verarbeitung getroffen wird, ohne* dass ein *Mensch den Entscheidungsgehalt überprüft* oder in anderer Weise Einfluss auf das Ergebnis nimmt bzw. beteiligt ist.[337] Somit ist der Anwendungsbereich der Vorschrift eröffnet, wenn *kein Mensch Entscheidungsgewalt besitzt*, unabhängig davon, ob ein Mensch anderweitig am Entscheidungsprozess mitwirkt, z. B. durch das Einscannen entscheidungsrelevanter Unterlagen.[338] Diese Auslegung soll verhindern, dass Verantwortliche die Anwendbarkeit von Art. 22 DSGVO umgehen, indem sie eine natürliche Person mehr oder weniger geringfügig am Entscheidungsprozess beteiligen, ohne dass diese Person die Möglichkeit oder den Zugriff auf die notwendigen Daten zum Treffen einer Entscheidung besitzt.[339] Sogar die finale Überprüfung der Computer-Entscheidung durch einen Menschen verhindert die Anwendung von Art. 22 DSGVO nicht, sofern diese Person den *Entscheidungsgehalt nicht beeinflussen kann*, bspw. wenn sich die Rolle des Menschen darin erschöpft, eine bestimmte Bewertung des Computers in eine ablehnende Sachentscheidung zu übersetzen („cut-off").[340] Allerdings ist nicht abschließend geklärt, welcher Grad an menschlicher Beteiligung eine Anwendbarkeit des Art. 22 DSGVO verhindern kann.[341]

Art. 22 Abs. 1 DSGVO erwähnt *Profiling* ausdrücklich als Anwendungsfall, da diese Verarbeitungstätigkeit in der Praxis von zunehmender Relevanz ist. Es handelt sich um jede Art der automatisierten Verarbeitung personenbezogener Daten, die darin besteht, dass diese personenbezogenen Daten verwendet werden, um bestimmte persönliche Aspekte, die sich auf eine natürliche Person beziehen, zu bewerten, insbesondere um Aspekte wie Arbeitsleistung, wirtschaftliche Lage, Gesundheit, persönliche Vorlieben, Interessen, Zuverlässigkeit, Verhalten, Aufenthaltsort oder Ortswechsel dieser natürlichen Person zu analysieren oder vorherzusagen.[342] Die Definition umschreibt lediglich das Ergebnis einer solchen Verarbeitung, aber nicht die Tätigkeit selbst und umfasst daher eine Vielzahl von Ver-

---

[336] ErwGr. 71 DSGVO.

[337] Martini, in: Paal/Pauly, DSGVO BDSG, Art. 22 DSGVO (2021), Rn. 16; so auch Art. 29 Datenschutzgruppe, WP 251 (2018b), S. 20.

[338] Martini, in: Paal/Pauly, DSGVO BDSG, Art. 22 DSGVO (2021), Rn. 16.

[339] Taeger, in: Taeger/Gabel. DSGVO/BDSG/TTDSG, Art. 22 DSGVO (2022), Rn. 29.

[340] v. Lewinski, in: Wolff/Brink/v. Ungern-Sternberg, BeckOK Datenschutzrecht, Art. 22 DSGVO (45. Ed. 01.08.2023), Rn. 25; so wohl auch Art. 29 Datenschutzgruppe, WP 251 (2018b), S. 21.

[341] Siehe auch v. Lewinski, in: Wolff/Brink/v. Ungern-Sternberg, BeckOK Datenschutzrecht, Art. 22 DSGVO (45. Ed. 01.08.2023), Rn. 25.1.

[342] Art. 4 Nr. 4 DSGVO.

arbeitungssituationen.[343] Damit der Anwendungsbereich der Vorschrift eröffnet ist, muss das Profiling allerdings eine *erhebliche Rolle für die Entscheidungsfindung* spielen.[344]

Entfalten einer rechtlichen Wirkung oder Beeinträchtigungen in ähnlicher Weise

Art. 22 DSGVO setzt voraus, dass die automatisierte Entscheidung eine *rechtliche Wirkung entfaltet* oder die betroffene Person in *ähnlicher Weise erheblich beeinträchtigt*. Eine rechtliche Wirkung könnte sich durch hoheitliches Handeln oder rechtsgeschäftliches Handeln Privater entfalten, wie bspw. die Bewilligung oder Ablehnung staatlicher Leistungen oder die Kündigung eines Vertrags.[345] Art. 22 DSGVO sollte unabhängig davon zur Anwendung gelangen, ob die *rechtliche Wirkung* für die betroffene Person *positiv oder negativ* ausfällt.[346]

„*Beeinträchtigungen in ähnlicher Weise*" entstehen durch erhebliche Beeinträchtigungen mit *negativ fühlbaren persönlichen oder wirtschaftlichen Konsequenzen* für die betroffene Person.[347] Eine derartige erhebliche Beeinträchtigung ist anhand des Einzelfalls unter Berücksichtigung der praktischen Auswirkungen, wie bspw. der alternativen Verfügbarkeit von Waren oder Dienstleistungen im Falle des Nicht-Abschlusses eines Vertrages als Folge einer automatisierten Entscheidung oder der Sozialadäquanz der Beeinträchtigung durch die Entscheidung festzustellen.[348]

Lange war umstritten, ob die Berechnung eines Scorewerts[349] durch eine Wirtschaftsauskunftei eine automatisierte Entscheidung gem. Art. 22 DSGVO darstellt. Als Hauptargument gegen eine solche Kategorisierung wurde aufgeführt, dass die Wirtschaftsauskunfteien nur die Scorewerte berechnen. Die tatsächliche Entscheidung auf Grundlage der Scorewerte findet im Anschluss bei ihren Kunden statt (bspw. bei einer Bank im Rahmen der Gewährung oder Versagung eines Kredits).[350] Der EuGH hat entschieden, dass (je nach Einzelfall) die Berechnung des Scorewertes durch eine Wirtschaftsauskunftei eine automatisierte Entscheidung im Einzelfall darstellen kann. Der Begriff der automatisierten Entscheidung sei weit zu verstehen und umfasse eine Vielzahl von beeinträchtigenden Handlungen gegen-

---

343 Martini, in: Paal/Pauly, DSGVO BDSG, Art. 22 DSGVO (2021), Rn. 21 f.

344 ErwGr. 71 DSGVO; Kremer, in: Laue/Kremer, Das neue Datenschutzrecht in der betrieblichen Praxis, § 2 Zulässigkeit der Verarbeitung (2019), Rn. 84.

345 Siehe auch v. Lewinski, in: Wolff/Brink/v. Ungern-Sternberg, BeckOK Datenschutzrecht, Art. 22 DSGVO (45. Ed. 01.08.2023), Rn. 29.

346 v. Lewinski, in: Wolff/Brink, BeckOK Datenschutzrecht, Art. 22 DSGVO (45. Ed. 01.08.2023), Rn. 33 (m. w. N.).

347 Siehe auch v. Lewinski, in: Wolff/Brink/v. Ungern-Sternberg, BeckOK Datenschutzrecht, Art. 22 DSGVO (45. Ed. 01.08.2023), Rn. 38.

348 Siehe auch v. Lewinski, in: Wolff/Brink/v. Ungern-Sternberg, BeckOK Datenschutzrecht, Art. 22 DSGVO (45. Ed. 01.08.2023), Rn. 40.

349 Beim Scorewert handelt es sich um ein mathematisch-statistisches Verfahren, welches die Wahrscheinlichkeit für ein künftiges Verhalten berechnet.

350 EuGH, Urteil vom 7. Dezember 2023, SCHUFA Holding AG, C-634/21.

über einer betroffenen Person (sowohl rechtlicher, wirtschaftlicher als auch sozialer Art).[351] Eine automatisierte Entscheidung durch eine Wirtschaftsauskunftei liege daher vor, wenn eine Bank ihre Entscheidungen maßgeblich von dem Scorewert abhängig mache, sodass in nahezu allen Fällen ein unzureichender Scorewert zu einer Versagung des Kredits führe.[352] Denn in solchen Fällen stehe der Ausgang der Entscheidung bereits zum Zeitpunkt der Berechnung des Scorewert durch die Wirtschaftsauskunftei fest. Andersherum liege keine automatisierte Entscheidung der Wirtschaftsauskunftei vor, wenn der Scorewert kein Ergebnis vorwegnehme und eine eigene Entscheidung durch den Kunden unter Berücksichtigung mehrerer Faktoren stattfinde.

Beispiel

Personalisierte Werbemaßnahmen auf der Grundlage von Profiling dürften nicht in den Anwendungsbereich von Art. 22 Abs. 1 DSGVO fallen. Dies ergibt sich daraus, dass die Werbemaßnahmen weder rechtliche Wirkung entfalten, noch ein vergleichbares Risiko für die Rechte und Freiheiten natürlicher Personen mit sich bringen. Damit dürften sie keine nach Art. 22 DSGVO verbotene Verarbeitungstätigkeit darstellen.[353] ◄

Besondere Kategorien personenbezogener Daten

Automatisierte Entscheidungen dürfen nicht auf *besonderen Kategorien personenbezogener Daten* beruhen, sofern die betroffene Person in die Verarbeitung nicht ausdrücklich eingewilligt hat oder sofern die Verarbeitung nicht aus Gründen eines erheblichen öffentlichen Interesses, welches im Recht der EU oder eines EU-Mitgliedstaats vorgesehen ist, erforderlich ist (siehe Abschn. 4.2.3.2 für Einzelheiten), Art. 22 Abs. 4 DSGVO. In derartigen Fällen muss der Verantwortliche angemessene Maßnahmen zum Schutz der Rechte und Freiheiten sowie der berechtigten Interessen der betroffenen Person treffen. Diese Maßnahmen müssen der hohen Sensibilität der verarbeiteten Daten entsprechen (siehe auch Abschn. 5.8.3).

Werbung auf der Grundlage von Profilbildung

Die DSGVO ist nicht die einzige europäische Verordnung, die sich mit der Verarbeitung personenbezogener Daten und der Profilbildung befasst. Mit der Einführung des Gesetzespakets für digitale Dienste hat die EU zwei neue Verordnungen verabschiedet, die in erster Linie darauf abzielen, einen digitalen Schutzraum zu schaffen, der die Grundrechte der Nutzer digitaler Dienste schützt: den Digital Mar-

[351] EuGH, Urteil vom 7. Dezember 2023, SCHUFA Holding AG, C-634/21, Rn. 45 ff.

[352] EuGH, Urteil vom 7. Dezember 2023, SCHUFA Holding AG, C-634/21, Rn. 48.

[353] Martini, in: Paal/Pauly, DSGVO BDSG, Art. 22 DSGVO (2021), Rn. 23; in diese Richtung wohl auch v. Lewinski, in: Wolff/Brink/v. Ungern-Sternberg, BeckOK Datenschutzrecht, Art. 22 DSGVO (45. Ed. 01.08.2023), Rn. 41; a. A. wohl Art. 29 Datenschutzgruppe, WP 251 (2018b), S. 10.

kets Act (DMA) und den Digital Services Act (DSA). Während sich der DSA auf Fragen der Haftung für digitale Vermittlungsdienste und den Umgang mit illegalen Inhalten konzentriert, befasst sich der DMA mit dem Verbot bestimmter wettbewerbsbeschränkender Praktiken durch so-genannte Gatekeeper[354] (sehr große Unternehmen, die aufgrund ihrer Marktmacht und ihrer Netzwerkeffekte den Marktzugang für andere Teilnehmer kontrollieren können).

Der DSA enthält Bestimmungen zur Profilbildung. Der DSA verbietet insbesondere Online-Plattformen, den Empfängern der Dienste Werbung auf der Grundlage eines Profilings anzuzeigen, wenn dies wie folgt geschieht:

- Unter Verwendung besonderer Kategorien personenbezogener Daten (siehe Abschn. 4.2.3), Art. 26 Abs. 3 DSA.
- Unter Verwendung personenbezogener Daten der Empfänger des Dienstes, wenn diese minderjährig sind, Art. 28 Abs. 2 DSA.

Auch der DMA enthält eine Reihe von Einschränkungen hinsichtlich der Verarbeitung personenbezogener Daten. Gemäß Art. 5 Abs. 2 DMA darf ein Gatekeeper nicht:

- personenbezogene Daten von Endnutzern, die Dienste Dritter nutzen, welche zentrale Plattformdienste[355] des Gatekeepers in Anspruch nehmen, zum Zweck des Betriebs von Online-Werbediensten verarbeiten;
- personenbezogene Daten aus dem betreffenden zentralen Plattformdienst mit personenbezogenen Daten aus weiteren zentralen Plattformdiensten oder aus anderen vom Gatekeeper bereitgestellten Diensten oder mit personenbezogenen Daten aus Diensten Dritter zusammenführen;
- personenbezogene Daten aus dem betreffenden zentralen Plattformdienst in anderen vom Gatekeeper getrennt bereitgestellten Diensten, einschließlich anderer zentraler Plattformdienste, weiterverwenden und;
- Endnutzer in anderen Diensten des Gatekeepers anmelden, um personenbezogene Daten zusammenzuführen.

Die Verbote aus Art. 5 Abs. 2 DMA gelten nicht, wenn der Endbenutzer zu dieser Art der Verarbeitung eingewilligt hat (siehe Abschn. 4.2.1).

Falls der Gatekeeper im Wettbewerb mit einem gewerblichen Nutzer der Plattform steht, ist es dem Gatekeeper gemäß Art. 6 Abs. 2 DMA untersagt, nicht öffentlich zugängliche Daten zu nutzen, die von diesen gewerblichen Nutzern im Rahmen

---

[354] Bislang wurden 6 Gatekeeper benannt: Alphabet, Amazon, Apple, Bytedance, Meta und Microsoft.

[355] Zu zentralen Plattformdiensten gehören Online-Vermittlungsdienste, Online-Suchmaschinen, Online-Dienste sozialer Netzwerke, Video-Sharing-Plattform-Dienste, nummernunabhängige interpersonelle Kommunikationsdienste, Betriebssysteme, Webbrowser, virtuelle Assistenten, Cloud-Computing-Dienste, Online-Werbedienste, einschließlich Werbenetzwerken, Werbebörsen und sonstiger Werbevermittlungsdienste, die von einem Unternehmen erbracht werden, das einen der bereits genannten zentralen Plattformdienste bereitstellt, Art. 2 Abs. 2 DMA.

ihrer Nutzung der relevanten zentralen Plattformdienste oder zu deren Unterstützung erbrachten Dienste generiert oder bereitgestellt werden, einschließlich Daten, die von den Kunden dieser gewerblichen Nutzer generiert oder bereitgestellt wurden.

Zudem verpflichtet der DMA die Gatekeeper, sich einer unabhängigen Prüfung ihrer Techniken zur Erstellung von Verbraucherprofilen zu unterziehen, die die Gatekeeper bei ihren zentralen Plattformdiensten anwenden. Die Ergebnisse dieses Audits müssen dann der Europäischen Kommission vorgelegt werden, die ihrerseits die Ergebnisse dann an den EDSA weiterleitet, Art. 15 Abs. 1 DMA. Ziel dieser Beschreibung ist es, die Transparenz zu erhöhen, einschließlich

- der Frage, ob personenbezogene Daten und aus Nutzeraktivitäten abgeleitete Daten im Einklang mit der DSGVO verwendet werden;
- des Zwecks, für den das Profil erstellt und schließlich verwendet wird;
- der Dauer der Profilerstellung;
- der Auswirkungen einer solchen Profilerstellung auf die Dienste des Gatekeeper und;
- der Maßnahmen, die ergriffen wurden, um die Endnutzer wirksam über die relevante Verwendung einer solchen Profilerstellung aufzuklären; sowie
- Maßnahmen, um ihre Zustimmung einzuholen oder ihnen die Möglichkeit zu geben, ihre Zustimmung zu verweigern oder zu widerrufen.[356]

5.8.2 Ausnahmen vom Verbot nach der DSGVO

Art. 22 Abs. 2 DSGVO regelt *drei Ausnahmen* vom Verbot der automatisierten Entscheidungsfindung. Diese Ausnahmen dürften in der Praxis höchst relevant werden, da sie einen weiten Anwendungsbereich haben. Nach dieser Bestimmung gilt das Verarbeitungsverbot nicht, wenn die Entscheidung:[357]

- für den Abschluss oder die Erfüllung eines Vertrags zwischen der betroffenen Person und dem Verantwortlichen erforderlich ist: Die Erforderlichkeit der Entscheidung ist anhand des zwischen den Parteien vereinbarten Vertragszwecks zu bestimmen.[358] Dies erfordert eine Prüfung auf Einzelfallbasis;

Beispiel

Person A möchte ihr Auto versichern. Vor dem Abschluss einer Versicherungspolice mit A führt Versicherungsunternehmen X ein Scoring durch. Das bedeutet, dass X's Computer-System Daten über A's bisheriges Fahrverhalten (z. B. in der Vergangenheit liegende Unfälle oder Verstöße gegen Straßenverkehrsrecht) ana-

[356] ErwGr. 72 DMA.

[357] Art. 22 Abs. 2 lit. a-c DSGVO.

[358] Martini, in: Paal/Pauly, DSGVO BDSG, Art. 22 DSGVO (2021), Rn. 31.

lysiert und dieses Verhalten anhand vorbestimmter Kriterien bewertet. Ausgehend vom Ergebnis des Scorings wird X die Entscheidung treffen, ob es eine Versicherungspolice mit A abschließen wird und welchen Versicherungstarif sie A aufgrund ihres Fahrverhaltens anbieten kann.

In diesem Beispiel liegt der Zweck des Vertrags zwischen X und A in einer Versicherung von A's Auto. Ohne das Scoring und die durch diese Verarbeitung getroffene automatisierte Entscheidung könnte X der Person A keinen passenden Vertrag anbieten und auch die Höhe der Versicherungsprämie nicht ohne Weiteres berechnen.[359] ◀

- *aufgrund von Rechtsvorschriften der EU oder der EU-Mitgliedstaaten, denen der Verantwortliche unterliegt, zulässig ist*: Diese Ausnahme enthält eine Öffnungsklausel, die es den EU-Mitgliedstaaten erlaubt nationale Regelungen zu erlassen.[360] Dies umfasst auch nationale Vorschriften, welche die Überwachung und Verhinderung von Betrug und Steuerhinterziehungen durch nationale Aufsichtsgremien ermöglichen sollen;[361] oder
- *mit ausdrücklicher Einwilligung der betroffenen Person erfolgt*: Eine solche Einwilligung muss den Anforderungen der Art. 6 bis 8 DSGVO entsprechen (siehe Abschn. 4.2.1) und sich *ausdrücklich auf die automatisierte Entscheidungsfindung beziehen*. Somit muss die betroffene Person im Vorfeld der Einwilligung über diese beabsichtige Verarbeitung informiert werden.

5.8.3 Ausnahme vom Verbot nach dem BDSG

Der deutsche Gesetzgeber hat von der Öffnungsklausel aus Art. 22 Abs. 2 lit. b DSGVO über die Schaffung des § 37 BDSG Gebrauch gemacht.[362] Die Vorschrift soll den spezifischen Belangen der *Versicherungswirtschaft* Rechnung tragen.[363] Die Verbotsausnahme ermöglicht gem. § 37 Abs. 2 BDSG unter Anwendung angemessener Schutzmaßnahmen auch die *Verarbeitung von Gesundheitsdaten*, bei denen es sich um besondere Kategorien personenbezogener Daten handelt (siehe Abschn. 4.2.3.1). § 37 Abs. 1 BDSG sieht eine Ausnahme vom Verbot automatisierter Entscheidungsfindungen vor, wenn:

---

[359] Siehe auch Simitis, in: Simitis, Bundesdatenschutzgesetz, § 28 BDSG (2014), Rn. 61; Scholz, in: Simitis, Bundesdatenschutzgesetz, § 6a BDSG (2014), Rn. 31.

[360] Kamlah, in: Plath, DSGVO BDSG TTDSG, Art. 22 DSGVO (2023), Rn. 19; Martini, in: Paal/Pauly, DSGVO BDSG, Art. 22 DSGVO (2021), Rn. 33.

[361] ErwGr. 71 DSGVO.

[362] Derzeitig besteht Unklarheit darüber, ob es in Deutschland eine Ausnahmeregelung für die automatisierte Verarbeitung seitens der SCHUFA gibt. Womöglich könnte sich eine solche Ausnahme aus § 31 BDSG ergeben, wobei Bedenken bestehen, ob diese Norm den Voraussetzungen aus Art. 22 Abs. 2 lit. b DSGVO entspricht. Hierzu kritisch auch EuGH, Urteil vom 7. Dezember 2023, SCHUFA Holding AG, C-634/21, Rn. 71 und Schlussanträge des Generalanwalts Pikamäe vom 16. März 2023, C-634/21, Rn. 63 ff.; wobei abzuwarten bleibt, wie das VG Wiesbaden in der Sache entscheidet.

[363] Deutscher Bundestag (2017a), Drucksache 18/11325, S. 106.

- *die Entscheidung im Rahmen der Leistungserbringung nach einem Versicherungsvertrag ergeht:* Das Bestehen eines Vertragsverhältnisses zwischen der betroffenen Person und dem Verantwortlichen ist keine zwingende Voraussetzung. So werden auch Fälle erfasst, in denen ein Versicherungsnehmer ein Begehren in Bezug auf mitversicherte Angehörige vorbringt, die dann als von der Verarbeitung betroffene Person anzusehen sind;[364] und
- dem Begehren der betroffenen Person stattgegeben wurde: Dem vorgebrachten Begehren muss vollumfänglich stattgegeben worden sein.[365] Die automatisierte Entscheidungsfindung ist hier zulässig, da eine Beeinträchtigung der Rechte des Betroffenen nicht ersichtlich ist, wenn dessen Begehren entsprochen wird;[366] oder
- *die Entscheidung auf der Anwendung verbindlicher Entgeltregelungen für Heilbehandlungen beruht*: Das Verbot wird auch aufgehoben, wenn dem Begehren der betroffenen Person nicht oder nicht vollumfänglich entsprochen wird, sofern der Verantwortliche die Rechte des Betroffenen mittels geeigneter Maßnahmen wahrt und ihn über seine Rechte informiert. Diese müssen es dem Betroffenen ermöglichen, der Entscheidung entgegen zu wirken.

5.8.4 Angemessene Schutzmaßnahmen

Sofern Verarbeitungstätigkeiten, bei denen eine automatisierte Entscheidungsfindung erfolgt, aufgrund einer der Ausnahmeregelungen in Art. 22 Abs. 2 lit. a, c DSGVO zulässig sind (Notwendigkeit für den Abschluss/die Erfüllung eines Vertrags oder ausdrückliche Einwilligung der betroffenen Person), müssen sie *angemessenen Maßnahmen* unterliegen, um die Rechte und Freiheiten und berechtigten Interessen der betroffenen Person zu schützen. Diese Maßnahmen sollten eine *spezifische Unterrichtung* der betroffenen Person sowie deren Ansprüche auf *direktes Eingreifen einer Person* aufseiten des Verantwortlichen, auf Darlegung des *eigenen Standpunkts*, auf *Erläuterung der* nach einer entsprechenden Bewertung getroffenen *Entscheidung* sowie des Rechts auf *Anfechtung der Entscheidung* umfassen.[367] Hinsichtlich der Ausnahmeregelung des Art. 22 Abs. 2 lit. b DSGVO, nach der die automatisierte Entscheidungsfindung auf der Grundlage von EU-Recht oder des Rechts eines EU-Mitgliedstaats erfolgt, ist bestimmt, dass die entsprechenden Sicherheitsmaßnahmen in der Rechtsgrundlage festgelegt werden.[368]

Zudem sollte der Verantwortliche geeignete mathematische oder statistische Verfahren für das Profiling verwenden, risikobasierte *technische und organisatorische Maßnahmen* treffen und personenbezogene Daten in einer Weise sichern, die den

[364] Deutscher Bundestag (2017a), Drucksache 18/11325, S. 106 f.

[365] Siehe auch Helfrich, in: Sydow/Marsch, DSGVO BDSG, § 37 BDSG (2022), Rn. 17.

[366] Deutscher Bundestag (2017a), Drucksache 18/11325, S. 106.

[367] Art. 22 Abs. 3 DSGVO; ErwGr. 71 DSGVO.

[368] Martini, in: Paal/Pauly, DSGVO BDSG, Art. 22 DSGVO (2021), Rn. 35 ff.

potenziellen Bedrohungen für die Interessen und Rechte der betroffenen Person Rechnung trägt und mit denen verhindert wird, dass es gegenüber natürlichen Personen u. a. zu diskriminierenden Wirkungen kommt.[369]

5.9 Beschränkungen der Betroffenenrechte

Art. 23 DSGVO ermöglicht es der EU und den *EU-Mitgliedstaaten* durch *Rechtsvorschriften* die *Rechte der betroffenen Personen* und die korrespondierenden Pflichten der Verantwortlichen *einzuschränken*, sofern eine solche Beschränkung den Wesensgehalt der Grundrechte und Grundfreiheiten achtet und in einer demokratischen Gesellschaft eine *notwendige und verhältnismäßige Maßnahme* darstellt, um bestimmte in der Vorschrift *aufgezählte Ziele* sicherzustellen. Auf Grundlage dieser Vorschrift kann es zu weitreichenden nationalen Rechtsunterschieden kommen, was die in der DSGVO vorgesehenen Betroffenenrechte betrifft. Art. 23 DSGVO ermöglicht nicht nur die Schaffung *neuer Rechtsvorschriften*, sondern auch die Aufrechterhaltung *bereits bestehender Vorschriften*, die mit den Anforderungen der DSGVO in Einklang stehen.[370] Jede Gesetzgebungsmaßnahme auf Grundlage dieser Vorschrift muss mindestens spezifische Vorschriften zu in Art. 23 Abs. 2 DSGVO aufgezählten Inhalten vorsehen (z. B. die Zwecke der Verarbeitung und den Umfang der Beschränkungen).

Gemäß Art. 23 Abs. 1 lit. a bis j DSGVO können derartige Vorschriften für eines der nachfolgenden Ziele eingeführt oder aufrechterhalten werden:

a. die nationale Sicherheit;
b. die Landesverteidigung;
c. die öffentliche Sicherheit;
d. die Verhütung, Ermittlung, Aufdeckung oder Verfolgung von Straftaten oder die Strafvollstreckung, einschließlich des Schutzes vor und der Abwehr von Gefahren für die öffentliche Sicherheit;
e. den Schutz sonstiger wichtiger Ziele des allgemeinen öffentlichen Interesses der EU oder eines EU-Mitgliedstaats;
f. den Schutz der Unabhängigkeit der Justiz und den Schutz von Gerichtsverfahren;
g. die Verhütung, Aufdeckung, Ermittlung und Verfolgung von Verstößen gegen die berufsständischen Regeln reglementierter Berufe;
h. Kontroll-, Überwachungs- und Ordnungsfunktionen, die dauernd oder zeitweise mit der Ausübung öffentlicher Gewalt für die vorgenannten Zwecke (mit Ausnahme des Schutzes der Unabhängigkeit der Justiz und von Gerichtsverfahren) verbunden sind;

[369] ErwGr. 71 DSGVO.

[370] Grages, in: Plath, DSGVO BDSG TTDSG, Art. 23 DSGVO (2023), Rn. 3; Paal, in: Paal/Pauly, DSGVO BDSG, Art. 23 DSGVO (2021), Rn. 1.

i. den Schutz der betroffenen Person oder der Rechte und Freiheiten anderer Personen; oder
j. die Durchsetzung zivilrechtlicher Ansprüche.

In dieser Aufzählung scheint besonders Art. 23 Abs. 1 lit. e DSGVO problematisch zu sein, welcher nationale Beschränkungen für „sonstige wichtige Ziele des allgemeinen öffentlichen Interesses" ermöglicht und damit einen *weiten Regelungsbereich* erfasst. Derartige Ziele können insbesondere in einem wirtschaftlichen oder finanziellen Interesse der EU oder eines EU-Mitgliedstaats, etwa im Währungs-, Haushalts- und Steuerbereich sowie im Bereich der öffentlichen Gesundheit und der sozialen Sicherheit, liegen. Die aufgezählten Ziele räumen den *EU-Mitgliedstaaten* einen beachtlichen *gesetzgeberischen Spielraum* ein, der die durch die DSGVO angestrebte Harmonisierung einschränkt. Unternehmen sollten daher ein besonderes *Augenmerk auf nationale Besonderheiten* des Datenschutzrechts auf Grundlage dieser Vorschrift *legen* (siehe außerdem Kap. 8 bzgl. Beschränkungen der Betroffenenrechte in besonderen Verarbeitungssituationen). Der deutsche Gesetzgeber hat von diesem Regelungsspielraum bereits Gebrauch gemacht, z. B. in Bezug auf die Informations- und Auskunftsrechte der betroffenen Personen (siehe Abschn. 5.2.4, 5.4.3 und 5.5.2.5).

Referenzen

Albrecht JP (2016) Das neue EU-Datenschutzrecht – von der Richtlinie zur Verordnung. CR 32(2):88–98

Albrecht JP, Jotzo F (2017) Allgemeine Bestimmungen, Individuelle Datenschutzrechte. In: Das neue Datenschutzrecht der EU, 1. Aufl. Nomos, Baden-Baden

Art. 29 Datenschutzgruppe (2016) Leitlinien für die Bestimmung der federführenden Aufsichtsbehörde eines Verantwortlichen oder Auftragverarbeiters, WP 244 (zitiert nach englischem Original)

Art. 29 Datenschutzgruppe (2017) Leitlinien zum Recht auf Datenübertragbarkeit, WP 242 zitiert nach englischem Original)

Art. 29 Datenschutzgruppe (2018a) Leitlinien für Transparenz gemäß der Verordnung 2016/679, WP 260 (zitiert nach englischem Original)

Art. 29 Datenschutzgruppe (2018b) Leitlinien zu automatisierten Entscheidungen im Einzelfall einschließlich Profiling für die Zwecke der Verordnung (EU) 2016/679, WP 251 (zitiert nach englischem Original)

Bäcker M (2020) Art. 12, 13, 14 DSGVO. In: Kühling J, Buchner B (Hrsg) Datenschutz-Grundverordnung BDSG, 3. Aufl. C.H. Beck, München

Bienemann L (2022) Art. 15 DSGVO. In: Sydow G, Marsch N (Hrsg) DSGVO BDSG, 3. Aufl. Nomos, Baden-Baden

Bitkom (2017) Stellungnahme Zum Recht auf Datenübertragbarkeit nach Art. 20 Datenschutz-Grundverordnung, abrufbar unter: https://www.bitkom.org/Bitkom/Publikationen/Bitkom-Stellungnahme-zur-Datenportabilitaet.html, zuletzt aufgerufen am: 23.11.2023

Borges G (01.05.2021) § 28 BDSG. In: Borges G, Hilber M, Beck'scher Online-Kommentar IT-Recht, 11 C.H. Beck München

Çalışkan B (2018) Auswirkungen der DS-GVO auf Kommunikationsprozesse – Hindernisse für die Kontaktaufnahme durch die neuen Infromationspflichten? ZD-Aktuell, 04327

Datenschutzkonferenz (2020) Orientierungshilfe Videoüberwachung durch nicht-öffentliche Stellen

Datenschutzkonferenz (2022) Orientierungshilfe Videoüberwachung durch nicht-öffentliche Stellen
von dem Bussche AF, Zeiter A (2016) Practitioner's corner – implementing the EU general data protection regulation: a business perspective. EDPL 2(4):576–581
Deutscher Bundestag (2017a) Drucksache 18/11325
Deutscher Bundestag (2017b) Drucksache 18/11655
Dix A (2014) § 33 BDSG. In: Simitis S (Hrsg) Bundesdatenschutzgesetz, 8. Aufl. Nomos, Baden-Baden
Dix A (2019) Art. 12, 14, 15, 17 DSGVO. In: Simitis S, Hornung G, Spiecker gen. Döhmann I (Hrsg.), Datenschutzrecht DSGVO mit BDSG, 1. Aufl. Nomos, Baden-Baden
EDPB, Guidelines (5/2019) on the criteria of the Right to be Forgotten in the search engine cases under the GDPR (part 1), Version 2.0 (2020)
EDPB, Guidelines (01/2022) on data subject rights – Right of access, Version 2.0 (2023)
Forgó N (01.11.2021) Art. 21 DSGVO. In: Wolff HA, Brink S, von Ungern-Sternberg A (Hrsg.), Beck'scher Online-Kommentar Datenschutzrecht, 45. Edition, C.H. Beck, München
Franck L (2022) Art. 12, 13, 15 DSGVO. In: Gola P, Heckmann D (Hrsg) Datenschutzgrundverordnung Bundesdatenschutzgesetz Kommentar, 3. Aufl. C.H. Beck, München
Gierschmann S (2016) Was „bringt" deutschen Unternehmen die DSGVO? – Mehr Pflichten, aber die Rechtsunsicherheit bleibt. ZD 6(2):51–55
Grages J-M (2023) Art. 23, 89 DSGVO. In: Plath K-U (Hrsg) DSGVO BDSG TTDSG, 4. Aufl. Dr. Otto Schmidt, Köln
Greve H (2022) Art. 12 DSGVO. In: Sydow G, Marsch N (Hrsg) DSGVO BDSG, 3. Aufl. Nomos, Baden-Baden
Härting N (2012) Starke Behörden, schwaches Recht – Der neue EU-Datenschutzentwurf. BB 67(8):459–466
Härting N (2016) Datenschutz-Grundverordnung, 1. Aufl. Dr. Otto Schmidt, Köln
Helfrich M (2022) § 37 BDSG. In: Sydow G, Marsch N (Hrsg) DSGVO BDSG, 3. Aufl. Nomos, Baden-Baden
Herbst T (2020) Art. 17 DSGVO. In: Kühling J, Buchner B (Hrsg) Datenschutz-Grundverordnung BDSG, 3. Aufl. C.H. Beck, München
Ingold A (2022) Art. 14 DSGVO. In: Sydow G, Marsch N (Hrsg) DSGVO BDSG, 3. Aufl. Nomos, Baden-Baden
Jaspers A (2012) Die EU-Datenschutzgrundverordnung. DuD 36(8):571–575
Jay R (2020) Data protection law and practice. Sweet & Maxwell, London
Jülicher T, Röttgen C, von Schönfeld M (2016) Das Recht auf Datenübertragbarkeit. ZD 6(8):358–362
Kamann H-G, Braun M (2018) Art. 17 DSGVO. In: Ehmann E, Selmayr M (Hrsg) Datenschutz-Grundverordnung, 2. Aufl. C.H. Beck, München
Kamlah W (2016) Art. 16 DSGVO. In: Plath K U, DSGVO BDSG TTDSG, 2. Aufl. Otto Schmidt, Köln
Kamlah W (2023) Art. 12, 16, 17, 18, 19, 20, 21, 22 DSGVO. In: Plath K-U (Hrsg) DSGVO BDSG TTDSG, 4. Aufl. Dr. Otto Schmidt, Köln
Kingreen T (2022) Art. 8 EU-GrCharta. In: Calliess C, Ruffert M (Hrsg) EUV/AEUV, 6. Aufl. C.H. Beck, München
Koch S (01.11.2022) § 27 BDSG. In: Wolff HA, Brink S, von Ungern-Sternberg A (Hrsg.), Beck'scher Online-Kommentar Datenschutzrecht, 45. Edition, C.H. Beck, München
Koreng A (2021) Form. F. II. In: Koreng A, Lachenmann M (Hrsg) Formularhandbuch Datenschutzrecht, 3. Aufl. C.H. Beck, München
Koreng A (2022) §§ 32, 33, 35 BDSG. In: Taeger J, Gabel D (Hrsg) DSGVO BDSG TTDSG, 4. Aufl. Fachmedien Recht und Wirtschaft, Frankfurt am Main
Kremer S (2019) § 2 Zulässigkeit der Verarbeitung, § 3 Informationspflichten, § 4 Rechte der betroffenen Person. In: Laue P, Kremer S (Hrsg) Das neue Datenschutzrecht in der betrieblichen Praxis, 2. Aufl. Nomos, Baden-Baden

Kremer S, Sander S (2021) Form F. In: Koreng A, Lachenmann M (Hrsg) Formularhandbuch Datenschutzrecht, Bd II, 3. Aufl. C.H. Beck, München, S 2
Krohm N (2022) § 27 BDSG. In: Gola P, Heckmann D (Hrsg) Datenschutzgrundverordnung Bundesdatenschutzgesetz Kommentar, 3. Aufl. C.H. Beck, München
Krüger P-L (2016) Datensouveränität und Digitalisierung. ZRP 49(7):190–192
Kühling J (2021) Reichweite der Auskunftspflicht bei Statistikdaten. ZD 11(2):74–79
Kühling J, Martini M (2016) Die Datenschutz-Grundverordnung: Revolution oder Evolution im europäischen und deutschen Datenschutzrecht? EuZW 27(12):448–454
Lapp T (2022) § 29 BDSG. In: Gola P, Heckmann D (Hrsg) Datenschutzgrundverordnung Bundesdatenschutzgesetz Kommentar, 3. Aufl. C.H. Beck, München
Laue P (2019) § 1 Einführung. In: Laue P, Kremer S (Hrsg) Das neue Datenschutzrecht in der betrieblichen Praxis, 2. Aufl. Nomos, Baden-Baden
von Lewinski K (01.08.2023) Art. 22 DSGVO. In: Wolff HA, Brink S, von Ungern-Sternberg A (Hrsg.), Beck'scher Online-Kommentar Datenschutzrecht, 45. Edition, C.H. Beck, München
Martini M (2021) Art. 21, 22 DSGVO. In: Paal BP, Pauly DA (Hrsg) Datenschutz-Grundverordnung Bundesdatenschutzgesetz, 3. Aufl. C.H. Beck, München
Meents J G/Hinzpeter B (2022) Art. 16 DSGVO. in: Taeger J/Gabel D, DSGVO BDSG TTDSG, 4. Aufl. Deutscher Fachverlag GmbH, Frankfurt am Main
Mester BA (2022) Art. 13, 14, 15 DSGVO. In: Taeger J, Gabel D (Hrsg) DSGVO BDSG TTDSG, 4. Aufl. Fachmedien Recht und Wirtschaft, Frankfurt am Main
Munz M (2022) Art. 20, 21 DSGVO. In: Taeger J, Gabel D (Hrsg) DSGVO BDSG TTDSG, 4. Aufl. Fachmedien Recht und Wirtschaft, Frankfurt am Main
Nolte N, Werkmeister C (2022) Art. 17 DSGVO. In: Gola P, Heckmann D (Hrsg) Datenschutzgrundverordnung Bundesdatenschutzgesetz Kommentar, 3. Aufl. C.H. Beck, München
Paal BP (2021) Art. 15, 16, 17, 18, 19, 20, 23 DSGVO. In: Paal BP, Pauly DA (Hrsg) Datenschutz-Grundverordnung Bundesdatenschutzgesetz, 3. Aufl. C.H. Beck, München
Paal BP, Hennemann M (2021) Art. 12, 13 DSGVO. In: Paal BP, Pauly DA (Hrsg) Datenschutz-Grundverordnung Bundesdatenschutzgesetz, 3. Aufl. C.H. Beck, München
Peuker E (2022) Art. 16, 17, 18, 19 DSGVO, § 35 BDSG. In: Sydow G, Marsch N (Hrsg) DSGVO BDSG, 3. Aufl. Nomos, Baden-Baden
Piltz C (2016) Die Datenschutz-Grundverordnung. K&R 9:557–567
Pohle J, Spittka J (2022) Art. 12, 19 DSGVO. In: Taeger J, Gabel D (Hrsg) DSGVO BDSG TTDSG, 4. Aufl. Fachmedien Recht und Wirtschaft, Frankfurt am Main
Polčák R (2020) Art. 12 GDPR. In: Kuner C, Bygrave LA, Docksey C (Hrsg) The EU General Data Protection Regulation (GDPR). Oxford University Press, Oxford
Pötters S (2022) Art. 5 DSGVO. In: Gola P, Heckmann D (Hrsg) Datenschutzgrundverordnung Bundesdatenschutzgesetz Kommentar, 3. Aufl. C.H. Beck, München
Quaas S (01.05.2023) Art. 12 DSGVO. In: Wolff HA, Brink S, von Ungern-Sternberg A (Hrsg.), Beck'scher Online-Kommentar Datenschutzrecht, 45. Edition, C.H. Beck, München
Reif Y (2022) Art. 16 DSGVO. In: Gola P, Heckmann D (Hrsg) Datenschutzgrundverordnung Bundesdatenschutzgesetz Kommentar, 3. Aufl. C.H. Beck, München
Reuter W, Grabenschröer JF (2022) § 4 BDSG. In: Taeger J, Gabel D (Hrsg) DSGVO BDSG TTDSG, 4. Aufl. Fachmedien Recht und Wirtschaft, Frankfurt am Main
Richter S (2023) Vereinbarkeit des Entwurfs zum Data Act und der DS-GVO. MMR 26(3):163–167
Schantz P (2016) Die Datenschutz-Grundverordnung – Beginn einer neuen Zeitrechnung im Datenschutzrecht. NJW 69(26):1841–1847
Schätzle D (2016) Ein Recht auf Fahrzeugdaten. PinG 4(2):71–75
Scheja G, Quae S, Conrad I, Hausen D (2019) Technische und organisatorische Maßnahmen. In: Forgó N, Helfrich M, Schneider J (Hrsg) Betrieblicher Datenschutz Rechtshandbuch, 3. Aufl. C.H. Beck, München
Schild HH (2016) Art. 4 DSGVO. In: Wolff HA, Brink S, von Ungern-Sternberg A (Hrsg.), Beck'scher Online-Kommentar Datenschutzrecht, 45. Aufl. C.H. Beck, München

Schmidt-Wudy F (01.08.2023) Art. 13, 14, 15 DSGVO, §§ 32, 33, 34 BDSG. In: Wolff HA, Brink S, von Ungern-Sternberg A (Hrsg.), Beck'scher Online-Kommentar Datenschutzrecht, 45. Edition, C.H. Beck, München
Scholz P (2014) §§ 6a, 6b BDSG. In: Simitis S (Hrsg) Bundesdatenschutzgesetz, 8. Aufl. Nomos, Baden-Baden
Simitis S (2014) § 28 BDSG. In: Simitis S (Hrsg) Bundesdatenschutzgesetz, 8. Aufl. Nomos, Baden-Baden
Starnecker T (2022) § 4 BDSG. In: Gola P, Heckmann D (Hrsg) Datenschutzgrundverordnung Bundesdatenschutzgesetz Kommentar, 3. Aufl. C.H. Beck, München
Steinrötter B (01.01.2023) Art. 5, 12, 13, 14, 15, 16, 1e7, 18, 19, 20, 21 DSGVO, §§ 29, 32, 34, 35 BDSG. In: Borges G, Hilber M, Beck'scher Online-Kommentar IT-Recht, 11. Edition, C.H. Beck, München
Sydow G (2022) Einleitung. In: Sydow G, Marsch N (Hrsg) DSGVO BDSG, 3. Aufl. Nomos, Baden-Baden
Taeger J (2022) Art. 22 DSGVO. In: Taeger J, Gabel D (Hrsg.), DSGVO BDSG TTDSG, 4. Aufl. Fachmedien Recht und Wirtschaft, Frankfurt am Main
Uwer D (01.08.2023) § 29 BDSG. In: Wolff HA, Brink S, von Ungern-Sternberg A (Hrsg.), Beck'scher Online-Kommentar Datenschutzrecht, 45. Edition, C.H. Beck, München
Voigt P (2019) Grundsätze der Verarbeitung nach der DSGVO, Informations- und Einwirkungsrechte der Betroffenen. In: von dem Bussche AF, Voigt P (Hrsg) Konzerndatenschutz Rechtshandbuch, 2. Aufl. C.H. Beck, München
Voigt P (2022) Art. 5 DSGVO. In: Taeger J, Gabel D (Hrsg) DSGVO BDSG TTDSG, 4. Aufl. Fachmedien Recht und Wirtschaft, Frankfurt am Main
Walter S (2016) Die datenschutzrechtlichen Transparenzpflichten nach der Europäischen Datenschutz-Grundverordnung. DSRITB 7:367–386
Werkmeister C (2022) § 34 BDSG. In: Gola P, Heckmann D (Hrsg) Datenschutzgrundverordnung Bundesdatenschutzgesetz Kommentar, 3. Aufl. C.H. Beck, München
Westphal M, Wichtermann M (2019) Datenportierung nach Art. 20. DS-GVO 9(5):191–194
Wilhelm-Robertson M (01.11.2021) § 4 BDSG. In: Wolff HA, Brink S, von Ungern-Sternberg A (Hrsg.), Beck'scher Online-Kommentar Datenschutzrecht, 45. Edition, C.H. Beck, München
Wolff HA (01.11.2021) Art. 11 DSGVO. In: Wolff HA, Brink S, von Ungern-Sternberg A (Hrsg.), Beck'scher Online-Kommentar Datenschutzrecht, 45. Edition, C.H. Beck, München
Worms C (01.08.2023, 01.11.2021) Art. 16, 17, 18 19 DSGVO, § 35 BDSG. In: Wolff HA, Brink S, von Ungern-Sternberg A (Hrsg.), Beck'scher Online-Kommentar Datenschutzrecht, 45. Aufl. C.H. Beck, München
Wybitul T (2016) EU-Datenschutz-Grundverordnung in der Praxis – Was ändert sich durch das neue Datenschutzrecht? BB 18:1077–1081
Zanfir-Fortuna G (2020) Art. 13, 14 GDPR. In: Kuner C, Bygrave LA, Docksey C (Hrsg) The EU general data protection regulation (GDPR). Oxford University Press, Oxford
Zikesch P, Kramer R (2015) Die DSGVO und das Berufsrecht der Rechtsanwälte, Steuerberater und Wirtschaftsprüfer. ZD 5(12):565–570
Zufall F (2019) Challenging the EU's "Right to Be Forgotten"? Society's "Right to Know" in Japan. EDPL 5(1):17–25

6 Zusammenarbeit mit den Aufsichtsbehörden

Jeder EU-Mitgliedstaat – und in Deutschland jedes Bundesland – hat seine eigene (nationale) Aufsichtsbehörde.[1] Diese ist gemäß Art. 4 Nr. 21 DSGVO i. V. m. Art. 51 Abs. 1 DSGVO definiert als eine von einem EU-Mitgliedstaat eingerichtete *unabhängige staatliche Stelle*, welche für die *Überwachung der Anwendung der DSGVO* zuständig ist, damit die Grundrechte und Grundfreiheiten natürlicher Personen bei der Verarbeitung geschützt werden und der freie Verkehr personenbezogener Daten in der EU erleichtert wird. Verarbeitungsvorgänge finden häufig grenzüberschreitend statt oder beziehen sich auf Personen, die sich nicht alle im selben Mitgliedstaat aufhalten. Dadurch können mehrere nationale Aufsichtsbehörden als zuständige Behörde in Betracht kommen.

6.1 Bestimmung der zuständigen Aufsichtsbehörde

Jede Aufsichtsbehörde ist für die Erfüllung der Aufgaben und die Ausübung der Befugnisse, die ihr mit der DSGVO übertragen wurden, im *Hoheitsgebiet ihres eigenen EU-Mitgliedstaats* zuständig, Art. 55 Abs. 1 DSGVO.

Die Vorschrift lässt jedoch offen, auf Grundlage welcher Kriterien den Aufsichtsbehörden ihre Zuständigkeit zugewiesen werden soll: Sie verwendet vielmehr deren *Aufgaben und Befugnisse selbst als Kriterium.* So *knüpft* die *Zuständigkeit* der Aufsichtsbehörde *an jeden der Normadressaten der DSGVO an,* ggü. welchem die Aufsichtsbehörde Kontrolle ausüben kann, also sowohl an Verantwortliche, Auftragsverarbeiter, betroffene Personen als auch Überwachungs- oder Zertifizierungsstellen.[2]

Beziehen sich die *Aufgaben* der Aufsichtsbehörde *nur auf einen dieser Normadressaten*, wie etwa bei der Beratung eines Verantwortlichen im Zusammenhang

[1] In Deutschland gibt es aufgrund der föderalen Staatsstruktur mehrere Aufsichtsbehörden.

[2] Körffer, in: Paal/Pauly, DSGVO BDSG, Art. 55 DSGVO (2021), Rn. 2.

P. Voigt, A. von dem Bussche, *EU-Datenschutz-Grundverordnung (DSGVO)*,
https://doi.org/10.1007/978-3-662-68820-5_6

mit Datenschutz-Folgenabschätzungen (siehe Abschn. 3.9.2.4 für Einzelheiten), so ist regelmäßig nur *eine einzige nationale Aufsichtsbehörde zuständig*. Das ist – vereinfacht gesagt – der Fall, wenn der Normadressat im jeweiligen EU-Mitgliedstaat niedergelassen ist, er seine Verarbeitungstätigkeiten nur über diese Niederlassung durchführt und sich diese Tätigkeiten lediglich auf Personen im jeweiligen EU-Mitgliedstaat beziehen.[3]

In der Praxis betreffen Verarbeitungsvorgänge jedoch oftmals mehrere EU-Mitgliedstaaten, z. B. wenn unterschiedliche, in verschiedenen EU-Mitgliedstaaten niedergelassene Normadressaten beteiligt sind oder wenn es betroffene Personen in mehreren EU-Mitgliedstaaten gibt. Dadurch könnten *mehrere Aufsichtsbehörden zuständig* sein, weil:

- der Verantwortliche/Auftragsverarbeiter im Hoheitsgebiet des EU-Mitgliedstaats dieser Aufsichtsbehörde niedergelassen ist;
- die Verarbeitung erhebliche Auswirkungen auf *betroffene Personen mit Wohnsitz im EU-Mitgliedstaat* dieser Aufsichtsbehörde hat oder haben kann; oder
- eine *Beschwerde* bei dieser Aufsichtsbehörde *eingereicht wurde*.[4]

Diese Zuständigkeitskriterien rufen mehrere Aufsichtsbehörden auf den Plan. Um eine Mehrfach-Zuständigkeit zu vermeiden hat die DSGVO den sog. *„One-Stop-Shop"* eingeführt, aus dem sich die Zuständigkeit einer einzigen Aufsichtsbehörde ergibt. Multinational tätige Unternehmen haben in diese Neuerung große Hoffnungen gesetzt betreffend der Vereinfachung ihrer Zusammenarbeit mit den Aufsichtsbehörden.[5] Allerdings hat sich der 2012 im ersten Entwurf für die DSGVO zunächst vorgesehene, einfache und klare Zuständigkeitsmechanismus im Laufe des Gesetzgebungsverfahrens bis zum finalen Gesetzestext in einen *komplexen Koordinations- und Kohärenzmechanismus* verwandelt.[6]

6.2 One-Stop-Shop

Jeder EU-Mitgliedstaat hat für sein Hoheitsgebiet seine eigene zuständige nationale Aufsichtsbehörde, Art. 55 Abs. 1 DSGVO.[7] *Vor Inkrafttreten der DSGVO* führte dies im Falle grenzüberschreitender Verarbeitungsvorgänge, wie einleitend bereits aufgezeigt, zur *Zuständigkeit mehrerer Aufsichtsbehörden*. Weltweit agierende

[3] Kremer, in: Laue/Kremer, Das neue Datenschutzrecht in der betrieblichen Praxis, § 10 Zusammenarbeit mit Aufsichtsbehörden (2019), Rn. 28; Körffer, in: Paal/Pauly, DSGVO BDSG, Art. 55 DSGVO (2021), Rn. 2.

[4] Art. 4 Nr. 22 lit. a-c DSGVO.

[5] V. d. Bussche/Zeiter, EDPL 2016, 576, 581.

[6] V. d. Bussche/Zeiter/Brombach, DB 2016, 1359, 1364.

[7] In einigen EU-Mitgliedstaaten, wie Deutschland, gibt es mehrere nationale Aufsichtsbehörden. Gemäß der DSGVO soll nur eine der nationalen Aufsichtsbehörden als zentrale Anlaufstelle im Kohärenzverfahren dienen. Siehe ErwGr. 119 DSGVO.

Unternehmen waren vor die Herausforderung gestellt, mit mehreren Aufsichtsbehörden zusammenzuarbeiten, obschon diese in manchen Fällen die *Pflichten* aus der EG-Datenschutzrichtlinie *unterschiedlich auslegten*. Zudem waren sich Unternehmen bei der Zusammenarbeit mit verschiedenen Aufsichtsbehörden häufig darüber unsicher, welche Zuständigkeitsverteilung zwischen diesen bestand. Die Kommunikation mit mehreren Aufsichtsbehörden erwies sich insgesamt als kompliziert und zeitaufwändig.

Mit der DSGVO hat der europäische Gesetzgeber versucht, eine Parallel-Kompetenz mehrerer nationaler Aufsichtsbehörden zu vermeiden, um zum einen die *Zusammenarbeit zwischen datenverarbeitenden Unternehmen*, betroffenen Personen und den *Aufsichtsbehörden zu erleichtern* und zum anderen Unterschiede in der Durchsetzung des Datenschutzrechts zu verhindern. Zu diesem Zweck wurde der *One-Stop-Shop* eingeführt. Gemäß Art. 56 Abs. 6 DSGVO dient eine *federführende Aufsichtsbehörde* als *einzige Ansprechpartnerin für den Verantwortlichen/Auftragsverarbeiter* zu Fragen hinsichtlich der von diesem durchgeführten grenzüberschreitenden Verarbeitungstätigkeiten. Die federführende Aufsichtsbehörde wird bestimmt (siehe Abschn. 6.2.2 für Einzelheiten), um die *Verantwortung* für die Zusammenarbeit mit dem Verantwortlichen/Auftragsverarbeiter *im Auftrag aller betroffenen Aufsichtsbehörden zu übernehmen*. Der One-Stop-Shop wird durch Regelungen zur Zusammenarbeit zwischen den Behörden und zum Kohärenzverfahren (siehe Abschn. 6.5) vervollständigt, die die Situation für globale Unternehmen weiter vereinfachen sollen.[8]

Der One-Stop-Shop hat naturgemäß einen *Vorteil* für Unternehmen: sie müssen *grundsätzlich nur mit einer einzigen Aufsichtsbehörde zusammenarbeiten*, was den *erforderlichen Aufwand* im Vergleich zu einer Interaktion mit mehreren Aufsichtsbehörden *erheblich verringert*.[9]

Leider wurden die grundsätzlich *positiven Eigenschaften* des One-Stop-Shop durch verschiedene Ausnahmen und parallele Zuständigkeiten *verwässert*.[10] Trotz Bestimmung einer federführenden Aufsichtsbehörde ist es dann durchaus möglich, dass sich die kooperierenden Aufsichtsbehörden nicht auf ein Vorgehen im Hinblick auf ihren finalen Beschluss in einem bestimmten Fall einigen können. In einem solchen Fall sind Unternehmen so lange mit Rechtsunsicherheiten konfrontiert, bis der EDSA dazu einen finalen Beschluss trifft (siehe Abschn. 6.5.2).[11] Überdies gelangt der One-Stop-Shop dann nicht zur Anwendung, wenn gemäß der DSGVO die lokale Kompetenz der Aufsichtsbehörden aufrechterhalten wird (siehe Abschn. 6.5), sodass Unternehmen mit mehreren Akteuren konfrontiert sind.[12] Schließlich hat der One-Stop-Shop sein Ziel auch aus anderen Gründen verfehlt: Die Durchsetzungs-

[8] V. Lewinski/Herrmann, ZD 2016, 467, 471.

[9] Grittmann, in: Taeger/Gabel, DSGVO BDSG TTDSG, Art. 56 DSGVO (2022), Rn. 34; Peuker, in: Sydow/Marsch, DSGVO BDSG, Art. 56 DSGVO (2022), Rn. 35; Körffer, in: Paal/Pauly, DSGVO BDSG, Art. 56 DSGVO (2021), Rn. 8.

[10] Gierschmann, ZD 2016, 51, 51; Schantz 2016, 1841, 1846 ff.

[11] Gierschmann, ZD 2016, 51, 52; Dehmel/Hullen, ZD 2013, 147, 151.

[12] Gierschmann, ZD 2016, 51, 52; Dehmel/Hullen, ZD 2013, 147, 151.

praxis der diversen Aufsichtsbehörden ist unter der DSGVO nach wie vor nicht einheitlich. Dies ermöglicht Unternehmen (in Grenzen, siehe Abschn. 6.2.3) weiter ein „forum shopping", sodass internationale Unternehmensgruppen gewisse datenschutzrechtliche Erwägungen bei der Bestimmung des Sitzes der europäischen Hauptniederlassung miteinfließen lassen.[13]

6.2.1 Grenzüberschreitende Verarbeitungstätigkeit

Unternehmen sollten sich als erstes fragen, ob überhaupt eine grenzüberschreitende Verarbeitungstätigkeit vorliegt. Anderenfalls kommt der One-Stop-Shop nämlich nicht zur Anwendung. Eine grenzüberschreitende Verarbeitung wird in Art. 4 Nr. 23 DSGVO (legal-)definiert als entweder:

- eine Verarbeitung personenbezogener Daten, die im Rahmen der Tätigkeiten von Niederlassungen eines Verantwortlichen oder eines Auftragsverarbeiters in der Union in mehr als einem Mitgliedstaat erfolgt, wenn der Verantwortliche oder Auftragsverarbeiter in mehr als einem Mitgliedstaat niedergelassen ist; oder
- eine Verarbeitung personenbezogener Daten, die im Rahmen der Tätigkeiten einer einzelnen Niederlassung eines Verantwortlichen oder eines Auftragsverarbeiters in der Union erfolgt, die jedoch erhebliche Auswirkungen auf betroffene Personen in mehr als einem Mitgliedstaat hat oder haben kann.

Die DSGVO definiert nicht, wann „erhebliche Auswirkungen" (auf betroffene Personen in mehr als einem Mitgliedstaat) anzunehmen sind. Nach Ansicht des EDSA[14] werden Aufsichtsbehörden im jeweiligen Einzelfall eine Entscheidung treffen müssen. Berücksichtigt werden soll dabei insbesondere der Kontext der Verarbeitung, die Art der verarbeiteten Daten, der Zweck der Verarbeitung und Faktoren wie z. B., ob die Verarbeitung:

- Schäden, Verluste oder Ängste bei Personen verursacht oder verursachen kann;
- eine tatsächliche Auswirkung in Form einer Einschränkung von Rechten oder der Verweigerung einer Chance hat oder haben kann;
- die Gesundheit, das Wohlbefinden oder den Seelenfrieden von Personen beeinträchtigt oder beeinträchtigen kann;
- sich auf den finanziellen oder wirtschaftlichen Status oder die Lebensumstände von Personen auswirkt oder auswirken kann;
- den Einzelnen einer Diskriminierung oder ungerechten Behandlung aussetzt;
- die Analyse von besonderen Kategorien personenbezogener oder sonstiger eingreifender Daten, insbesondere der personenbezogenen Daten von Kindern beinhaltet;

[13] Vgl. auch Peuker, in: Sydow/Marsch, DSGVO BDSG, Art. 56 DSGVO (2022), Rn. 35.

[14] EDPB, Guidelines 08/2022 on identifying a controller or processor's lead supervisory authority, Version 2.1 (2023), Rn. 7 ff.

- dazu führt oder wahrscheinlich dazu führen wird, dass Personen ihr Verhalten in signifikanter Weise ändern;
- unwahrscheinliche, unvorhergesehene oder unerwünschte Folgen für den Einzelnen hat;
- zu Peinlichkeiten oder anderen negativen Folgen, einschließlich Rufschädigung, führt; oder
- die Verarbeitung eines breiten Spektrums personenbezogener Daten beinhaltet.

6.2.2 Bestimmung der federführenden Aufsichtsbehörde

Die *Erfüllung zahlreicher Anforderungen an die Datenschutzorganisation* nach der DSGVO fordert die *(vorherige) Zusammenarbeit mit der zuständigen Aufsichtsbehörde*. Diese muss regelmäßig auch vom Verantwortlichen/Auftragsverarbeiter initiiert werden, wie bspw. bei der Meldepflicht im Falle von Datenschutzverstößen (siehe Abschn. 3.8.2), einer ggf. erforderliche Konsultation der Aufsichtsbehörde im Rahmen der Datenschutz-Folgenabschätzung (siehe Abschn. 3.9.2.4) oder der Mitteilung der Kontaktdaten des Datenschutzbeauftragten (siehe Abschn. 3.10). Unternehmen sollten daher herausarbeiten, welche Aufsichtsbehörde (jeweils) für sie zuständig ist.

Gemäß Art. 56 Abs. 1 DSGVO ist die *Aufsichtsbehörde*:

- der Hauptniederlassung; oder
- der einzigen Niederlassung des Verantwortlichen/Auftragsverarbeiters

die *zuständige federführende Aufsichtsbehörde*. Somit muss im Falle grenzüberschreitender Verarbeitungsvorgänge mit Auswirkungen in mehreren EU-Mitgliedstaaten zunächst die Hauptniederlassung des Unternehmens bestimmt werden.

6.2.3 Bestimmung anhand der Hauptniederlassung des Unternehmens

Um bei *mehreren Niederlassungen in der EU* die federführende Aufsichtsbehörde bestimmen zu können, muss als erster Schritt die *Hauptniederlassung dieses Unternehmens festgestellt werden*. In der Praxis dürfte dies einige Schwierigkeiten bereiten, da – wie bereits dargestellt (siehe Abschn. 2.3.1 für Einzelheiten) – die DSGVO ein *flexibles Konzept des Begriffs der „Niederlassung"* vor Augen hat: Eine Niederlassung i. S. d. DSGVO bedarf der effektiven und tatsächlichen Ausübung einer Tätigkeit mittels einer festen Einrichtung.[15] Das Vorhandensein einer Niederlassung ist dabei anhand der konkreten Umstände des Falles unter Anwendung objektiver Kriterien zu bestimmen.

[15] ErwGr. 22 DSGVO.

Gemäß Art. 4 Nr. 16 DSGVO bedeutet „Hauptniederlassung“:

- im Falle eines Verantwortlichen mit Niederlassungen in mehr als einem EU-Mitgliedstaat den Ort seiner Hauptverwaltung in der EU, es sei denn, die Entscheidungen hinsichtlich der Zwecke und Mittel der Verarbeitung personenbezogener Daten werden in einer anderen Niederlassung des Verantwortlichen in der EU getroffen und diese Niederlassung ist befugt, diese Entscheidungen umsetzen zu lassen: In diesem Fall gilt die Niederlassung, die derartige Entscheidungen trifft, als Hauptniederlassung;
- im Falle eines *Auftragsverarbeiters* mit Niederlassungen in mehr als einem EU-Mitgliedstaat den Ort seiner *Hauptverwaltung in der EU* oder, sofern der Auftragsverarbeiter keine Hauptverwaltung in der EU hat, die *Niederlassung* des Auftragsverarbeiters in der EU, in der die Verarbeitungstätigkeiten im Rahmen der Tätigkeiten einer Niederlassung eines Auftragsverarbeiters hauptsächlich stattfinden, soweit der Auftragsverarbeiter spezifischen Pflichten aus dieser Verordnung unterliegt.

Um die Hauptniederlassung zu bestimmen, sollten sich Unternehmen folgende Fragen stellen:[16]

- Wo werden die Entscheidungen bzgl. Zwecken und Mitteln einer Datenverarbeitung final getroffen?
- Wer hat die Befähigung im Unternehmen, Entscheidungen effektiv durchzusetzen?
- Wo befindet sich der Mitarbeiter, der für die grenzüberschreitende Datenverarbeitung grundsätzlich zuständig ist?
- In welchem Land ist der Verantwortliche/Auftragsverarbeiter im Handelsregister eingetragen?

In den *Fällen*, in denen *Verantwortliche und Auftragsverarbeiter* an der Datenverarbeitung *beteiligt* sind, sollte die Aufsichtsbehörde des EU-Mitgliedstaats, in dem der *Verantwortliche seine Hauptniederlassung* hat, die zuständige *federführende Aufsichtsbehörde* bleiben. Dabei wird die gemäß Art. 4 Nr. 16 DSGVO betroffene Aufsichtsbehörde des Auftragsverarbeiters im Rahmen des Zusammenarbeitsmechanismus am Verfahren beteiligt (siehe Abschn. 6.5).[17]

Beispiel

Unternehmen A hat seine Hauptverwaltung in Deutschland und zwei Zweigniederlassungen in Spanien und in den Niederlanden. Alle Verarbeitungstätigkeiten werden über die deutsche Niederlassung durchgeführt, in der zudem die Zwecke und Mittel der Verarbeitung festgelegt werden.

[16] Art. 29 Datenschutzgruppe, WP 244 (2017), S. 7.

[17] ErwGr. 36 DSGVO.

In diesem Beispiel befindet sich die Hauptniederlassung von A in Deutschland und auch die Entscheidungen hinsichtlich der Verarbeitung werden dort getroffen. Folglich ist die deutsche Aufsichtsbehörde die zuständige federführende Aufsichtsbehörde.[18] ◀

Beispiel

Unternehmen B hat seine Hauptverwaltung in Deutschland, wo es auch im Handelsregister eingetragen ist, und zwei Zweigniederlassungen. Die erste Zweigniederlassung ist in Frankreich, welche die gewerblichen Schutzrechte von B verwaltet. Dies geschieht durch zwei Angestellte, die mit einem Remote-Zugriff auf B's deutschen IT-Systemen arbeiten. Die zweite Zweigniederlassung ist in Irland und ist für B's Marketing verantwortlich. Die irische Zweigniederlassung entwickelt Marketing-Konzepte und legt für alle Niederlassungen von B fest, welche personenbezogenen Daten der Kunden zu welchen Werbezwecken über B's deutsche IT-Systeme verarbeitet werden. Bei den Marketing-Maßnahmen handelt es sich um die Kernaktivität von B. Die irische Zweigniederlassung selbst führt keine Datenverarbeitungstätigkeiten aus, welche ausschließlich in Deutschland vorgenommen werden.

In diesem Beispiel handelt es sich beim deutschen Unternehmen B um einen Verantwortlichen. Allerdings werden die Zwecke und Mittel der Verarbeitung in Irland festgelegt. Daher ist datenschutzrechtlich gemäß Art. 4 Nr. 16 lit. a DSGVO die irische Zweigniederlassung als Hauptniederlassung von B anzusehen. Aus diesem Grund ist die irische Aufsichtsbehörde die zuständige federführende Aufsichtsbehörde.[19] ◀

Beispiel

Ein Lebensmitteleinzelhändler hat seinen Hauptsitz in Rotterdam, Niederlande. Er hat Niederlassungen in verschiedenen anderen EWR-Ländern, die mit den dortigen Personen in Kontakt stehen. Alle Niederlassungen verwenden dieselbe Software, um die personenbezogenen Daten der Verbraucher zu Marketingzwecken zu verarbeiten. Alle Entscheidungen über die Zwecke und Mittel der Verarbeitung personenbezogener Verbraucherdaten zu Marketingzwecken werden in der Zentrale in Rotterdam getroffen. Dies bedeutet, dass die federführende Aufsichtsbehörde des Unternehmens für diese grenzüberschreitende Verarbeitungstätigkeit die niederländische Aufsichtsbehörde ist.[20] ◀

[18] Beispiel aus Kremer, in: Laue/Kremer, Das neue Datenschutzrecht in der betrieblichen Praxis, § 10 Zusammenarbeit mit Aufsichtsbehörden (2019), Rn. 34.

[19] Beispiel aus Kremer, in: Laue/Kremer, Das neue Datenschutzrecht in der betrieblichen Praxis, § 10 Zusammenarbeit mit Aufsichtsbehörden (2019), Rn. 34.

[20] EDPB, Guidelines 08/2022 on identifying a controller or processor's lead supervisory authority, Version 2.1 (2023), Rn. 22.

Unternehmensgruppen
Aufgrund des *fehlenden Konzernprivilegs* für Unternehmensgruppen in der DSGVO (siehe Abschn. 4.4) können im Grundsatz mehrere Aufsichtsbehörden in Bezug auf die rechtlich selbstständigen Gruppenunternehmen zuständig sein. Kontrolliert ein Unternehmen die Verarbeitung personenbezogener Daten in den ihm angeschlossenen Unternehmen, sollte es zusammen mit diesen als eine „Unternehmensgruppe" betrachtet werden.[21] In dieser Konstellation gilt die *Hauptniederlassung des herrschenden Unternehmens* auch als Hauptniederlassung der Unternehmensgruppe im datenschutzrechtlichen Sinne.[22] Folglich ist die Aufsichtsbehörde des EU-Mitgliedstaats, in dem das herrschende Unternehmen seine Hauptniederlassung hat, die federführende Aufsichtsbehörde.[23]

Allerdings legen in der Praxis die beherrschten Gruppenunternehmen oftmals selbst Zwecke und Mittel der Datenverarbeitung fest. So sind die gesellschaftsrechtlich beherrschten Unternehmen u. a. oftmals für Verarbeitungstätigkeiten verantwortlich, die in einem rein lokalen Kontext stattfinden (siehe Abschn. 6.2.4). Dadurch dürften diese Unternehmen in Bezug auf die jeweiligen Verarbeitungstätigkeiten als Hauptniederlassung anzusehen sein, was zur Zuständigkeit der lokalen Aufsichtsbehörden führt. Da die verschiedenen Gruppenunternehmen dann jeweils Hauptniederlassungen i. S. d. DSGVO darstellen, kommt der One-Stop-Shop hier nicht zur Anwendung.[24] Jedes Gruppenunternehmen wird dann mit derjenigen Aufsichtsbehörde zusammenarbeiten müssen, die für die Verarbeitungstätigkeiten des jeweiligen Unternehmens zuständig ist. Internationale Konzerne sollten sich dieses praktischen Defizits des One-Stop-Shop bewusst sein.[25]

Aufgrund komplexer Konzernstrukturen und der Verteilung von Verantwortlichkeiten zwischen mehreren an der Verarbeitung beteiligten Unternehmen erfordert die Bestimmung der zuständigen federführenden Aufsichtsbehörde möglicherweise eine tiefer gehende Analyse, bei der allerdings auch auf die oben genannten Kriterien zurückgegriffen werden kann.[26] Zu diesem Zweck sollte das jeweilige *Unternehmen* nach Art. 58 Abs. 1 lit. a DSGVO *verpflichtet sein, der Aufsichtsbehörde Informationen zur Verfügung zu stellen*, die eine Bestimmung der federführenden Aufsichtsbehörde ermöglichen.

6.2.4 Ausnahme: lokale Zuständigkeit

In *bestimmten lokalen Fällen* kann es zu einer Ausnahme von der Zuständigkeit einer einzelnen federführenden Aufsichtsbehörde kommen. Somit ist die Bündelung der Zuständigkeiten bei der federführenden Aufsichtsbehörde nicht zwingend.

---

[21] ErwGr. 37 DSGVO.

[22] ErwGr. 36 DSGVO.

[23] Art. 29 Datenschutzgruppe, WP 244 (2017), S. 5 ff.

[24] Kremer, in: Laue/Kremer, Das neue Datenschutzrecht in der betrieblichen Praxis, § 10 Zusammenarbeit mit Aufsichtsbehörden (2019), Rn. 38.

[25] BayLDA, One Stop Shop (2016).

[26] EDPB, Guidelines 08/2022 on identifying a controller or processor's lead supervisory authority, Version 2.1 (2023), Rn. 28.

Gemäß Art. 55 Abs. 2 DSGVO ist die Aufsichtsbehörde des betroffenen EU-Mitgliedstaats zuständig und eine federführende Aufsichtsbehörde wird nicht bestimmt, wenn:

- die Verarbeitung zur *Erfüllung einer rechtlichen Verpflichtung* erforderlich ist, der der Verantwortliche unterliegt; oder
- die Verarbeitung für die *Wahrnehmung einer im öffentlichen Interesse liegenden Aufgabe* erforderlich ist oder in *Ausübung öffentlicher Gewalt* erfolgt, die dem Verantwortlichen übertragen wurde (siehe Abschn. 4.2.2.4 für Einzelheiten).[27]

Diese Ausnahmen beruhen auf der Erwägung, dass derartige Verarbeitungstätigkeiten im Zusammenhang mit nationalen Rechtsvorschriften oder Interessen stehen.

Gemäß Art. 56 Abs. 2 DSGVO ist außerdem jeweils die *nationale Aufsichtsbehörde* zuständig, wenn der Gegenstand der Verarbeitung nur mit einer Niederlassung in ihrem EU-Mitgliedstaat zusammenhängt oder betroffene Personen[28] nur ihres EU-Mitgliedstaats erheblich beeinträchtigt sind. Diese Ausnahme ermöglicht eine *unkomplizierte und effiziente Behandlung* lokaler Fälle und erhöht die Nähe der zuständigen Aufsichtsbehörde zu den jeweiligen Fällen.[29] In solchen Fällen könnten die ansonsten „nicht-federführenden" Aufsichtsbehörden zuständig sein.

Beispiel

- Ein dänisches Unternehmen, welches sich im Grenzgebiet an Kunden in Dänemark und Deutschland richtet, setzt Videoüberwachung auf dem Geschäftsgelände in Dänemark ein. Da die Verarbeitungstätigkeiten des Unternehmens Personen in Deutschland und Dänemark betreffen, sind die Aufsichtsbehörden beider EU-Mitgliedstaaten gem. Art. 51 DSGVO betroffen, sodass grundsätzlich eine federführende Aufsichtsbehörde bestimmt werden müsste. Allerdings findet die Überwachung ausschließlich auf dem dänischen Betriebsgelände statt und betrifft daher vorrangig Personen dort, sodass die dänische Aufsichtsbehörde zuständig ist.[30]
- Die Verarbeitung bezieht sich auf Mitarbeiterdaten im nationalen Beschäftigungskontext.[31] Auch wenn Unternehmen Teil einer Unternehmensgruppe mit Gruppenunternehmen in verschiedenen Ländern sind, sind die lokalen Unternehmen jeweils meist für den Abschluss eigener Arbeitsverträge mit ihren lokalen Mitarbeitern verantwortlich, sodass sie selbst die Zwecke und Mittel der Datenverarbeitung im Zusammenhang mit den Arbeits-

[27] Diese Bestimmung gilt auch für Datenverarbeitungen durch Behörden.

[28] Erfasst sind damit nicht nur Staatsbürger und Personen mit Wohnsitz im betreffenden Staat, sondern auch potenzielle Beschwerdeführer ohne Wohnsitz, Dix, in: Kühling/Buchner, DSGVO BDSG, Art. 56 DSGVO (2020), Rn. 10; m. V. a. Art. 4 Nr. 22 lit. c und ErwG 124 DSGVO.

[29] Nguyen, ZD 2015, 265, 267; Nguyen/Stroh, in: Gola/Heckmann, DSGVO BDSG, Art. 55 DSGO (2022), Rn. 7 ff.; ähnlich auch Polenz, in: Simitis/Hornung/Spiecker gen. Döhmann, Datenschutzrecht, Art. 55 DSGVO (2019), Rn. 18.

[30] Vgl. Schantz, NJW 2016 1841 (1847); s.a. Nguyen, in: Gola/Heckmann, DSGVO/BDSG, Art. 56 DSGVO (2022), Rn. 20.

[31] Vgl. ErwGr 127 DSGVO.

verträgen festlegen. In diesem Fall ist jeweils die Aufsichtsbehörde des betroffenen EU-Mitgliedstaats zuständig.
- Ein italienisches Unternehmen, welches Teil eines großen weltweiten Konzerns ist, schließt mit den italienischen Kunden des Konzerns selbstständig Verträge ab und führt diese aus, was auch die Datenverarbeitungen im Zusammenhang mit diesen Verträgen umfasst. In dieser Konstellation ist das italienische Unternehmen allein für die Verträge in Bezug auf italienische Kunden verantwortlich. Somit könnte die italienische Aufsichtsbehörde für diesen lokalen Fall zuständig sein. Bestimmt allerdings das beherrschende Unternehmen die Zwecke und Mittel der Datenverarbeitung, wäre dessen lokale Aufsichtsbehörde zuständig.[32] ◀

Unabhängig von der örtlichen Begrenzung eines Falls *unterrichtet* die jeweilige nationale Aufsichtsbehörde die *federführende Aufsichtsbehörde*, soweit vorhanden, über jede auch die federführende Aufsichtsbehörde betreffende Angelegenheit.[33] Letztere kann eingreifen, indem sie sich dafür entscheidet, die Zuständigkeit für den Fall über den One-Stop-Shop-Mechanismus an sich zu ziehen (siehe Abschn. 6.2).[34]

Unternehmen kann es daher mitunter schwerfallen festzustellen, welche nationale Aufsichtsbehörde für ihre Verarbeitungstätigkeiten zuständig ist, denn die beiden Voraussetzungen der jeweiligen *Ausnahmen* des Art. 56 Abs. 2 DSGVO von der Zuständigkeit der federführenden Aufsichtsbehörde sind vergleichsweise unbestimmt.

6.3 One-Stop-Shop auf nationaler Ebene nach dem BDSG

Der in der DSGVO vorgesehene und in den vorangegangenen Abschnitten beschriebene One-Stop-Shop begründet ausschließlich auf EU-Ebene und für grenzüberschreitende Datenverarbeitungen eine Zuständigkeitskonzentration der Aufsichtsbehörden.[35] Der deutsche Gesetzgeber hat aufgrund der *Mehrzahl vorhandener Aufsichtsbehörden in Deutschland* ebenfalls eine Notwendigkeit zur Übertragung des One-Stop-Shop-Prinzips auf die rein nationale Ebene erkannt und dies in § 40 Abs. 2 BDSG umgesetzt.[36]

Hat ein Verantwortlicher oder Auftragsverarbeiter mehrere Niederlassungen in Deutschland, so gilt gem. § 40 Abs. 2 BDSG für die Bestimmung der zuständigen Landesaufsichtsbehörde Art. 4 Nr. 16 DSGVO entsprechend (siehe Abschn. 6.2.3). Damit ist die zuständige Landesaufsichtsbehörde diejenige, in deren Zuständigkeitsbereich sich der *Sitz der inländischen Hauptniederlassung* eines Unternehmens be-

[32] ErwGr. 127 DSGVO; Gierschmann, ZD 2016, 51, 52; Nguyen, ZD 2015, 265, 267.

[33] ErwGr. 127 DSGVO.

[34] ErwGr. 127 DSGVO.

[35] Deutscher Bundestag (2017), Drucksache 18/12144, S. 6.

[36] Deutscher Bundestag (2017), Drucksache 18/12144, S. 6.

findet, es sei denn, die Entscheidungen bzgl. der Zwecke und Mittel der Verarbeitung werden in einer anderen, dann die Zuständigkeit der Aufsichtsbehörde begründenden Niederlassung getroffen. Auch das Fehlen einer Zuständigkeitsregelung in der DSGVO für Fälle, in denen keine Niederlassung eines Unternehmens in der EU bzw. in Deutschland vorhanden ist, hat der deutsche Gesetzgeber gelöst (siehe Abschn. 6.4). In derartigen Fällen ist diejenige Landesaufsichtsbehörde zuständig, in deren Zuständigkeitsgebiet die *Verarbeitungstätigkeiten des Unternehmens hauptsächlich stattfinden.*[37]

Mit dem nationalen One-Stop-Shop möchte der deutsche Gesetzgeber auf nationaler Ebene Mehrfachzuständigkeiten vermeiden und den Unternehmen auf diese Weise die Kommunikation mit den Aufsichtsbehörden erleichtern.[38] Sollten sich mehrere Behörden für zuständig oder unzuständig erklären oder anderweitige Unklarheiten hinsichtlich der Zuständigkeit bestehen, entscheiden die Aufsichtsbehörden gemeinsam über die Zuständigkeit, § 40 Abs. 2 S. 2 BDSG.[39]

6.4 Bestimmung der zuständigen Aufsichtsbehörde bei Fehlen einer Niederlassung des Unternehmens in der EU

Die DSGVO enthält *keine Bestimmungen* darüber, wie die zuständige Aufsichtsbehörde zu bestimmen ist, wenn ein *Unternehmen keine Niederlassung in der EU* hat, aber über das *Marktortprinzip* des Art. 3 Abs. 2 DSGVO *in den Anwendungsbereich der DSGVO* fällt (siehe Abschn. 2.3.2 für Einzelheiten).[40] Ein mit der Hauptniederlassung eines Unternehmens vergleichbarer Anknüpfungspunkt für die Feststellung der Zuständigkeit einer nationalen Aufsichtsbehörde ist hier nicht verfügbar. Nach allgemeiner Ansicht bildet auch die Benennung eines lokalen Vertreters nach Art. 27 DSGVO keinen hinreichenden Anhaltspunkt.[41] Allerdings könnten *andere Merkmale* zur Bestimmung herangezogen werden:

- in welchem EU-Mitgliedstaat die Verarbeitungstätigkeiten hauptsächlich stattfinden;
- in welchem EU-Mitgliedstaat Personen von der Verarbeitung betroffen sind; oder
- welche nationale *Aufsichtsbehörde* bereits *Beschwerden* von betroffenen Personen *erhalten hat.*[42]

---

[37] Deutscher Bundestag (2017), Drucksache 18/12144, S. 6.

[38] Deutscher Bundestag (2017), Drucksache 18/12144, S. 6.

[39] Zur Kritik an der Vorschrift Thiel, in: Taeger/Gabel, DSGVO/BDSG/TTDSG, § 40 BDSG (2022), Rn. 16 ff.; Stellungnahme der DSK zur Evaluierung des BDSG (2021), S. 18, 20.

[40] Vgl. EDPB, Guidelines 08/2022 on identifying a controller or processor's lead supervisory authority, Version 2.1 (2023), Rn. 37.

[41] Grittmann, in: Taeger/Gabel, DSGVO/BDSG/TTDSG, Art. 56 DSGVO (2022) Rn. 22 (m. w. N.); vgl. EDPB, Guidelines 08/2022 on identifying a controller or processor's lead supervisory authority Version 2.1 (2023), Rn. 49.

[42] Art. 29 Datenschutzgruppe, WP 191 (2012), S. 19.

Es ist wahrscheinlich, dass diese *Merkmale von mehreren* nationalen *Aufsichtsbehörden erfüllt* werden, die folglich gemäß Art. 55 ff. DSGVO zuständig wären (siehe Abschn. 6.2).[43]

In der Praxis haben die *nationalen Aufsichtsbehörden* dieses Problem zu lösen, indem sie *gemeinsam festlegen, wer* die *Federführung* für das Verfahren *übernehmen* soll oder, sofern keine Einigung erreicht wird, indem der EDSA (siehe Abschn. 6.5.1) eine entsprechende Entscheidung trifft.[44]

6.5 Zusammenarbeit und Kohärenzverfahren

Da die rechtliche Umsetzung des One-Stop-Shop in der DSGVO äußerst komplex geraten ist und verschiedenen Ausnahmen unterliegt, sollen Verfahren zur Zusammenarbeit und zur Kohärenz sicherstellen, dass die datenverarbeitenden Unternehmen *einfacheren Zugang zu den Aufsichtsbehörden* erhalten. Außerdem soll der Austausch zwischen den Aufsichtsbehörden im Rahmen dieser Verfahren ein *Forum-Shopping* durch datenverarbeitende Unternehmen, also die gezielte Auswahl vermeintlich unternehmensfreundlicher Aufsichtsbehörden, vermeiden.[45] Der genaue interne Ablauf dieser Verfahren zwischen den Aufsichtsbehörden und dem EDSA ist für die betroffenen Unternehmen von untergeordneter praktischer Bedeutung. Aus diesem Grund werden in diesem Kapitel nur die für Unternehmen relevanten Grundzüge dargestellt.

6.5.1 Europäischer Datenschutzausschuss

Die DSGVO schafft zur Sicherstellung des Datenschutzes eine *neue, unabhängige Einrichtung der EU mit eigener Rechtspersönlichkeit*: den EDSA. Die Vorschriften über Aufbau und Aufgaben des Ausschusses finden sich in Art. 68 bis 78 DSGVO. Gemäß Art. 68 Abs. 3 DSGVO setzt sich der Ausschuss aus den *Leitern der Aufsichtsbehörden der EU-Mitgliedstaaten* und dem *Europäischen Datenschutzbeauftragten* zusammen.[46] Der Ausschuss wird von seinem Vorsitz vertreten, der unter den Mitgliedern gewählt wird.[47]

---

[43] Körffer, in: Paal/Pauly, DSGVO BDSG, Art. 56 DSGVO (2021), Rn. 3.

[44] So schon Art. 29 Datenschutzgruppe, WP 191 (2012), S. 19; Grittmann, in: Taeger/Gabel, DSGVO BDSG TTDSG, Art. 56 DSGVO (2022) Rn. 22 (m. w. N.); kritisch bzgl. einer solchen Befugnis des EDSA Kugelmann/Römer, in: Schwartmann/Jaspers/Thüsing/Kugelmann, DSGVO BDSG, Art. 56 DSGVO (2020), Rn. 21.

[45] Peuker, in: Sydow/Marsch, DSGVO BDSG, Art. 56 DSGVO (2022), Rn. 35; Kühling/Martini, EuZW 2016, 448, 453.

[46] Da Deutschland mehrere nationale Aufsichtsbehörden hat und nur ein Vertreter pro EU-Mitgliedstaat vorgesehen ist, obliegt die Vertretung im EDSA dem Bundesbeauftragten für den Datenschutz und die Informationsfreiheit als gemeinsamem Vertreter, § 17 BDSG.

[47] Art. 68 Abs. 2, Art. 73 DSGVO.

Der EDSA ist insbesondere für den *Erlass von Leitlinien, Empfehlungen und bewehrten Verfahren* hinsichtlich gewisser Aspekte der Auslegung und Anwendung der DSGVO zuständig. Zudem übernimmt der Ausschuss die Funktion als *Letztentscheidungsinstanz* im Rahmen der Verfahren zur Zusammenarbeit und zur Kohärenz.

6.5.2 Verfahren zur Zusammenarbeit

Gemäß der Art. 60 bis 62 DSGVO *arbeitet* die *federführende Aufsichtsbehörde mit* den anderen *betroffenen Aufsichtsbehörden zusammen*. Das Ziel dieses Verfahrens zur Zusammenarbeit ist der *effektive Informationsaustausch* sowie die *gegenseitige Hilfeleistung* der nationalen Aufsichtsbehörden untereinander, um letztlich einen *Konsens* aller betroffenen Aufsichtsbehörden hinsichtlich des Beschlusses für den jeweiligen Fall zu erreichen.[48]

Um alle betroffenen Aufsichtsbehörden mit einzubeziehen, tauschen die betroffenen Aufsichtsbehörden untereinander *alle zweckdienlichen Informationen* aus, Art. 60 Abs. 1 DSGVO. Bevor die federführende Aufsichtsbehörde ihren Beschluss fasst, legt sie ihren *Beschlussentwurf den anderen betroffenen Aufsichtsbehörden* zur Stellungnahme vor und diese haben die Möglichkeit, maßgebliche und begründete Einsprüche zu erheben. Die *federführende Aufsichtsbehörde* hat deren *Standpunkten gebührend Rechnung* zu *tragen* und passt, im Falle eines *Einspruchs*, ihren Beschlussentwurf gegebenenfalls dahingehend an, Art. 60 Abs. 4 DSGVO. Das Verfahren zur Zusammenarbeit führt letztlich zum Fassen eines *Beschlusses* durch eine einzige Aufsichtsbehörde (die federführende Aufsichtsbehörde), welcher dennoch die *Meinungen aller* betroffenen Aufsichtsbehörden *widerspiegelt*.

Für den Fall, dass die Aufsichtsbehörden keinen Konsens im Falle eines Einspruchs erreichen, weil die federführende Aufsichtsbehörde sich dem *Einspruch nicht anschließen* möchte, wird das *Kohärenzverfahren ausgelöst* und der EDSA erlässt einen verbindlichen Beschluss, Art. 60 Abs. 4 DSGVO. In einem solchen Fall könnte sich die Verfahrensdauer verlängern, sodass die betroffenen Unternehmen bis zum Beschluss einer gewissen Rechtsunsicherheit ausgesetzt sind.

Beispiel

Prominentes Beispiel für das Einspruchsrecht der anderen betroffenen bzw. beteiligten Aufsichtsbehörden ist ein Verfahren der irischen Datenschutzaufsichtsbehörde gegen die Facebook-Gruppe (heute Meta). Gegenüber dem ersten Beschlussentwurf der irischen Datenschutzaufsichtsbehörde wurde von insgesamt zehn europäischen Datenschutzbehörden Einspruch eingelegt, unter anderem aus Deutschland, Frankreich, Italien und Portugal. Dadurch wurde letztlich der EDSA auf den Plan gerufen.[49] ◀

---

[48] Kremer, in: Laue/Kremer, Das neue Datenschutzrecht in der betrieblichen Praxis, § 10 Zusammenarbeit mit Aufsichtsbehörden (2019), Rn. 40.

[49] Näher Schemmel, CB 2023, 109.

Es ist zu beachten, dass sich die betroffenen Aufsichtsbehörden darauf verständigen können, das *gebündelte Verfahren* unter Leitung der federführenden Aufsichtsbehörde *dergestalt aufzuteilen*, dass sowohl die federführende Aufsichtsbehörde als auch die jeweils betroffenen Aufsichtsbehörden für separate Teile der Angelegenheit *eigene Beschlüsse* erlassen, Art. 60 Abs. 9 DSGVO. In einem solchen Fall gelangt der One-Stop-Shop nur bedingt zur Anwendung, da die betroffenen Aufsichtsbehörden teilweise eigene Beschlüsse für den Teil der Angelegenheit, der ihr nationales Hoheitsgebiet betrifft, erlassen.

6.5.3 Kohärenzverfahren

Das *Kohärenzverfahren* unter der Verantwortlichkeit des EDSA gemäß der Art. 63 bis 67 DSGVO stellt die *ultima ratio* des Verfahrens dar. Es soll zur *einheitlichen Anwendung der DSGVO* in der gesamten EU beitragen, Art. 63 DSGVO. Das Kohärenzverfahren wird nur ausgelöst, sofern über eine Zusammenarbeit der betroffenen Aufsichtsbehörden kein Konsens erzielt werden kann.[50] Der EDSA erlässt diesbezüglich *Stellungnahmen und verbindliche Beschlüsse*, um die Meinungsverschiedenheiten zwischen den betroffenen Aufsichtsbehörden beizulegen (Art. 64, 65 DSGVO). Das Kohärenzverfahren sollte insbesondere in Fällen zur Anwendung gelangen, in denen Maßnahmen der betroffenen Aufsichtsbehörden sich auf Verarbeitungsvorgänge beziehen, die für eine bedeutende Zahl betroffener Personen in mehreren EU-Mitgliedstaaten erhebliche Auswirkungen haben.[51]

Referenzen

Art. 29 Datenschutzgruppe (2017) Leitlinien für die Bestimmung der federführenden Aufsichtsbehörde eines Verantwortlichen oder Auftragsverarbeiters. WP 244

Art. 29 Datenschutzgruppe (2012) Stellungnahme 01/2012 zu den Reformvorschlägen im Bereich des Datenschutzes, WP 191 (zitiert nach englischem Original)

Bayrisches Landesamt für Datenschutzaufsicht (2016) One Stop Shop. https://www.lda.bayern.de/media/baylda_ds-gvo_13_one_stop_shop.pdf. Zugegriffen am 23.11.2023

Datenschutzkonferenz (2021) Stellungnahme der DSK zur Evaluierung des BDSG

Dehmel S, Hullen N (2013) Auf dem Weg zu einem zukunftsfähigen Datenschutz in Europa? ZD 3(4):147–153

Deutscher Bundestag (2017) Drucksache 18/12144

Dix A (2020) Art. 56 DSGVO. In: Kühling J, Buchner B (Hrsg) Datenschutz-Grundverordnung BDSG, 3. Aufl. C.H. Beck, München

EDPB, Guidelines (08/2022) on identifying a controller or processor's lead supervisory authority, Version 2.1 (2023)

Gierschmann S (2016) Was „bringt" deutschen Unternehmen die DSGVO? – Mehr Pflichten, aber die Rechtsunsicherheit bleibt. ZD 6(2):51–55

[50] ErwGr. 138 DSGVO; Kremer, in: Laue/Kremer, Das neue Datenschutzrecht in der betrieblichen Praxis, § 10 Zusammenarbeit mit Aufsichtsbehörden (2019), Rn. 42.

[51] ErwGr. 135 DSGVO.

Grittmann J (2022) Art. 56 DSGVO. In: Taeger J, Gabel D (Hrsg) DSGVO BDSG TTDSG, 4. Aufl. Fachmedien Recht und Wirtschaft, Frankfurt am Main
Körffer B (2021) Art. 55, 56 DSGVO. In: Paal BP, Pauly DA (Hrsg) Datenschutz-Grundverordnung Bundesdatenschutzgesetz, 3. Aufl. C.H. Beck, München
Kremer S (2019) § 10 Zusammenarbeit mit Aufsichtsbehörden. In: Laue P, Kremer S (Hrsg) Das neue Datenschutzrecht in der betrieblichen Praxis, 2. Aufl. Nomos, Baden-Baden
Kugelmann D, Römer S (2020) Art. 56 DSGVO. In: Schwartmann R, Jaspers A, Thüsing G, Kugelmann D (Hrsg) Datenschutz-Grundverordnung Bundesdatenschutzgesetz, 2. Aufl. C.F. Müller, Heidelberg
Kühling J, Martini M (2016) Die Datenschutz-Grundverordnung: Revolution oder Evolution im europäischen und deutschen Datenschutzrecht? EuZW 27(12):448–454
Nguyen AM (2015) Die zukünftige Datenschutzaufsicht in Europa. ZD 5(6):265–270
Nguyen AM, Stroh P (2022) Art. 55 DSGVO. In: Gola P, Heckmann D (Hrsg) Datenschutzgrundverordnung Bundesdatenschutzgesetz Kommentar, 3. Aufl. C.H. Beck, München
Peuker E (2022) Art. 56 DSGVO. In: Sydow G, Marsch N (Hrsg) DSGVO BDSG, 3. Aufl. Nomos, Baden-Baden
Polenz S (2019) Art. 55 DSGVO. In: Simitis S/Hornung G/Spiecker gen. Döhmann I Datenschutzrecht, 1. Aufl. Nomos, Baden-Baden
Schantz P (2016) Die Datenschutz-Grundverordnung – Beginn einer neuen Zeitrechnung im Datenschutzrecht. NJW 69(26):1841–1847
Schemmel F (2023) Bußgeldentscheidungen gegen Meta – ein Datenschutzdrama in mehreren Akten. CB 11(4):109–111
Thiel B (2022) § 40 BDSG. In: Taeger J, Gabel D (Hrsg) DSGVO BDSG TTDSG, 4. Aufl. Fachmedien Recht und Wirtschaft, Frankfurt am Main
von dem Bussche AF, Zeiter A (2016) Practitioner's corner – Implementing the EU general data protection regulation: a business perspective. EDPL 2(4):576–581
von dem Bussche AF, Zeiter A, Brombach T (2016) Die Umsetzung der Vorgaben der EU-Datenschutz-Grundverordnung durch Unternehmen. DB 69(23):1359–1365
von Lewinski K, Herrmann C (2016) Cloud vs. Cloud – Datenschutz im Binnenmarkt. ZD 6(10):467–474

7 Rechtsdurchsetzung und Sanktionen nach der DSGVO

7.1 Aufgaben und Untersuchungsbefugnisse der Aufsichtsbehörden

Die Aufgaben der Aufsichtsbehörden unter der DSGVO sind sehr umfangreich. Ausgehend von Art. 57 DSGVO können diese Aufgaben zur Vereinfachung in zwei Kategorien aufgeteilt werden:

- Aufgaben, die dem *unmittelbaren Schutz* der Rechte und Freiheiten der betroffenen Personen dienen, wie die *Überwachung und Durchsetzung der Anwendung der DSGVO* gem. Art. 57 Abs. 1 lit. a DSGVO; und
- Aufgaben, die diesem *Zweck indirekt dienen*, wie die *Sensibilisierung der Öffentlichkeit* für Datenschutz, die Erteilung von *Informationen und Ratschlägen* an die verschiedenen an der Datenverarbeitung Beteiligten oder die *Kooperation mit anderen Aufsichtsbehörden* gemäß den Verfahren zur Zusammenarbeit und zur Kohärenz (siehe Abschn. 6.5).[1]

7.1.1 Größere Konsistenz der Untersuchungsbefugnisse innerhalb der EU

Um es den Aufsichtsbehörden zu ermöglichen, ihre Aufgaben zu erfüllen, wurden ihre Untersuchungsbefugnisse *detailliert* in Art. 58 Abs. 1 DSGVO *geregelt*. Vormals führten der offene Wortlaut und die beispielhafte Aufzählung der Befugnisse

[1] Nguyen, ZD 2015, 265, 269; Hullen, in: Plath, DSGVO BDSG TTDSG, Art. 57 DSGVO (2023), Rn. 4 ff.

P. Voigt, A. von dem Bussche, *EU-Datenschutz-Grundverordnung (DSGVO)*,
https://doi.org/10.1007/978-3-662-68820-5_7

in Art. 28 Abs. 3 EG-Datenschutzrichtlinie[2] dazu, dass in den verschiedenen EU-Mitgliedstaaten unterschiedliche Untersuchungsbefugnisse vorgesehen waren.[3] Da die DSGVO in allen EU-Mitgliedstaaten unmittelbar anzuwenden ist, sind die Untersuchungsbefugnisse *innerhalb der EU nunmehr harmonisiert.*

Allerdings enthält Art. 58 Abs. 6 DSGVO eine *Öffnungsklausel,* die es den EU-Mitgliedstaaten ermöglicht, den Aufsichtsbehörden durch Rechtsvorschriften zusätzliche Befugnisse einzuräumen.

7.1.2 Regelungen zu aufsichtsbehördlichen Befugnissen im BDSG

Deutschland hat von der Öffnungsklausel in Art. 58 Abs. 6 DSGVO Gebrauch gemacht und den Aufsichtsbehörden in § 40 BDSG *zusätzliche Befugnisse eingeräumt,* die sich weitgehend an den bisherigen Regelungen im BDSG orientieren.[4] Im Einzelnen handelt es sich um die folgenden Befugnisse:

- *Auskunftsrecht, § 40 Abs. 4 BDSG*: Die Aufsichtsbehörde kann vom Unternehmen bzw. der Unternehmensleitung die für die Erfüllung ihrer Aufgaben erforderlichen Auskünfte verlangen. Bei der von der *persönlichen Auskunftspflicht betroffenen Unternehmensleitung* kann es sich um den Inhaber, Vorstand, Geschäftsführer oder sonstigen gesetzlich oder aufgrund der Satzung des Unternehmens berufenen Leiter handeln.[5] Der eigenständige Regelungsgehalt dieser Vorschrift ist teilweise unklar, da das Auskunftsrecht bereits im Informationsrecht der Aufsichtsbehörden nach Art. 58 Abs. 1 lit. a DSGVO enthalten ist. Allerdings *präzisiert* die Vorschrift den *Umfang der Auskunftspflicht.* Nach § 40 Abs. 4 S. 2 BDSG kann der Auskunftspflichtige die Auskunft auf solche Fragen verweigern, die ihn oder seine Angehörigen der Gefahr einer Strafverfolgung oder eines Ordnungswidrigkeitenverfahrens aussetzen würde. Da es sich hierbei um ein höchstpersönliches *Auskunftsverweigerungsrecht* der jeweiligen Person handelt, bleibt die generelle Auskunftspflicht der verantwortlichen Stelle davon unberührt;[6]
- *Betretungs- und Zugangsrecht, § 40 Abs. 5 BDSG*: Die von der Aufsichtsbehörde mit Datenschutzprüfungen beauftragten Personen sind befugt, zur Erfüllung die-

[2] Art. 28 Abs. 3 EG-Datenschutzrichtlinie: „Jede Kontrollstelle verfügt insbesondere über […] Untersuchungsbefugnisse, wie das Recht auf Zugang zu Daten, […] wirksame Einwirkungsbefugnisse, wie beispielsweise […]“.

[3] Art. 29 Datenschutzgruppe, WP 168 (2009a), Rn. 87; Körffer, in: Paal/Pauly, DSGVO BDSG, Art. 58 DSGVO (2021), Rn. 1.

[4] Deutscher Bundestag (2017), Drucksache 18/11325, S. 108. § 40 Abs. 3 BDSG enthält zudem auch Regelungen hinsichtlich des Umfangs der aufsichtsbehördlichen Datenverarbeitungsbefugnisse.

[5] Pauly, in: Paal/Pauly, DSGVO BDSG, § 40 BDSG (2021), Rn. 25.

[6] Pauly, in: Paal/Pauly, DSGVO BDSG, § 40 BDSG (2021), Rn. 26. Nach § 40 Abs. 4 S. 3 BDSG hat die Aufsichtsbehörde die auskunftspflichtigen Personen auf dieses Verweigerungsrecht hinzuweisen.

ser Aufgabe die *Grundstücke und Geschäftsräume* des Unternehmens zu *betreten* und *Zugang zu allen Datenverarbeitungsanlagen und -geräten* zu erhalten. Das Unternehmen ist zur Duldung dieser Untersuchungen verpflichtet, § 40 Abs. 5 S. 2 BDSG. Diese Bestimmung präzisiert die Untersuchungsbefugnisse aus Art. 58 Abs. 1 lit. f DSGVO und gewährt den Aufsichtsbehörden ein umfassendes Recht zu Vor-Ort-Überprüfungen. Eine Voranmeldung schreibt das BDSG dabei nicht vor, wobei sie üblich und aufgrund des Erfordernisses zur Beachtung des *Verhältnismäßigkeitsprinzips* häufig angezeigt sein dürfte;[7]
- *Abberufung von Datenschutzbeauftragten, § 40 Abs. 6 BDSG*: Die Aufsichtsbehörden können die Abberufung von Datenschutzbeauftragten verlangen (für Einzelheiten siehe Abschn. 3.10.3.4).

Erhält eine Aufsichtsbehörde im Rahmen eines Informationsverlangens oder einer Vor-Ort-Kontrolle Kenntnis von Informationen, die nach einer Rechtsvorschrift oder ihrem Wesen nach geheimhaltungsbedürftig sind, sieht § 29 Abs. 3 BDSG als Ausgestaltung der Öffnungsklausel des Art. 90 DSGVO eine *Einschränkung der Untersuchungsbefugnisse* vor.[8] Die Aufsichtsbehörde ist danach nicht befugt, auf *geheimhaltungsbedürftige Informationen* zuzugreifen. Erlangt sie dennoch Kenntnis von entsprechenden Daten, trifft die Aufsichtsbehörde selbst die entsprechende Geheimhaltungspflicht.

7.1.3 Umfang der Untersuchungsbefugnisse

Gem. Art. 58 Abs. 1 lit. a bis f DSGVO verfügt jede nationale Aufsichtsbehörde über die folgenden Untersuchungsbefugnisse:

- den Verantwortlichen, Auftragsverarbeiter und ggf. deren Vertreter in der EU anzuweisen, alle Informationen bereitzustellen, die für die Erfüllung der Aufgaben der Aufsichtsbehörde erforderlich sind: Diese Aufgabe ist spiegelbildlich zur allgemeinen Pflicht der datenverarbeitenden Unternehmen zur Zusammenarbeit mit den Aufsichtsbehörden nach Art. 31 DSGVO (siehe Abschn. 3.2.3). Diese Befugnis ermöglicht Untersuchungen hinsichtlich der Verarbeitungstätigkeiten, die in den Anwendungsbereich der DSGVO fallen (siehe Abschn. 2.1), aber umfasst auch Auskunftsverlangen hinsichtlich allgemeiner Informationen zur Datenverarbeitungsorganisation des Unternehmens, womit die technischen und organisatorischen Grundlagen der Verarbeitung gemeint sind.[9] Der Umfang der erforderlichen Informationen wird von der Aufsichtsbehörde im Hinblick auf das Ziel der Untersuchung festgelegt. Die Aufsichtsbehörde muss dem von der Auskunftspflicht betroffenen Unternehmen dieses Untersuchungsziel sowie den Sinn

[7] Pauly, in: Paal/Pauly, DSGVO BDSG, § 40 BDSG (2021), Rn. 31.
[8] ErwGr. 164 DSGVO.
[9] Körffer, in: Paal/Pauly, DSGVO BDSG, Art. 58 DSGVO (2021), Rn. 9.

und Zweck der Maßnahme kommunizieren. Die Vorschrift verpflichtet ausdrücklich Verantwortliche/Auftragsverarbeiter und deren Vertreter in der EU zur Bereitstellung von Informationen. Bei juristischen Personen richtet sich die Pflicht also an dessen Organe und Vertreter.[10] Unternehmen werden durch die DSGVO nicht dazu verpflichtet, die Informationen in einer bestimmten Form bereitzustellen, sodass dies mündlich, schriftlich oder in Form einer digital auszuwertenden Datei erfolgen kann;[11]

- sog. Datenschutzüberprüfungen durchzuführen: Die Aufsichtsbehörden legen Gegenstand und Anlass der Datenschutzüberprüfung fest, da diese gesetzlich nicht vorgeben werden.[12] Eine solche Überprüfung kann in den Geschäftsräumen des Verantwortlichen/Auftragsverarbeiters erfolgen, was über die Untersuchungsbefugnis des Art. 58 Abs. 1 lit. f DSGVO sichergestellt wird, oder durch Zugriff auf die IT-Systeme des betroffenen Unternehmens oder durch umfangreiche Auskunftsverlangen;[13]
- eine *Überprüfung der erteilten Zertifizierungen* durchzuführen (siehe Abschn. 3.12.2);
- *den Verantwortlichen/Auftragsverarbeiter auf einen vermeintlichen Verstoß gegen die DSGVO hinzuweisen*: Die Ausübung anderer Untersuchungsbefugnisse durch die Aufsichtsbehörden wird oftmals dem Vorkommnis eines bestimmten Zwischenfalls geschuldet sein, der als möglicher Verstoß gegen die DSGVO eingestuft wurde. In einem solchen Fall sollte das entsprechende *Unternehmen* im Laufe der Untersuchung *über diesen Umstand informiert* werden;[14]
- vom Verantwortlichen/Auftragsverarbeiter *Zugang* zu allen personenbezogenen Daten und *Informationen* zu erhalten, die *zur Erfüllung der Aufgaben* der Aufsichtsbehörde *notwendig* sind;
- gemäß dem Verfahrensrecht der EU oder des jeweiligen EU-Mitgliedstaats Zugang zu den Geschäftsräumen, einschließlich aller Datenverarbeitungsanlagen und -geräte, des Verantwortlichen/Auftragsverarbeiters zu erhalten (siehe Abschn. 7.1.2 für die Regelung im BDSG): Diese Bestimmung gibt den Aufsichtsbehörden die Befugnis zur Durchführung von (auch unangekündigten) Kontrollen vor Ort.[15] Da Untersuchungsmaßnahmen geeignet, erforderlich und verhältnismäßig sein müssen, wird die Vorabankündigung der Vor-Ort-Kontrolle in den meisten Fällen jedoch erforderlich sein und somit zum Regelfall.[16] Die Vorschrift setzt nicht voraus,

---

[10] Körffer, in: Paal/Pauly, DSGVO BDSG, Art. 58 DSGVO (2021), Rn. 7. Zum Teil wird vertreten, dass sich die Aufsichtsbehörde bei Bedarf auch Informationen bei Dritten beschaffen darf; vgl. Ziehbart, in: Sydow/Marsch, DSGVO BDSG, Art. 58 DSGVO (2022), Rn. 18.

[11] Hullen, in: Plath, DSGVO BDSG TTDSG, Art. 58 DSGVO (2023), Rn. 9.

[12] Körffer, in: Paal/Pauly, DSGVO BDSG, Art. 58 DSGVO (2021), Rn. 10.

[13] Hullen, in: Plath, DSGVO BDSG TTDSG, Art. 58 DSGVO (2023), Rn. 10.

[14] Körffer, in: Paal/Pauly, DSGVO BDSG, Art. 58 DSGVO (2021), Rn. 12.

[15] Nguyen, ZD 2015, 265, 269; Körffer, in: Paal/Pauly, DSGVO BDSG, Art. 58 DSGVO (2021), Rn. 15.

[16] ErwGr. 129 DSGVO; Nguyen, ZD 2015, 265, 269; Körffer, in: Paal/Pauly, DSGVO BDSG, Art. 58 DSGVO (2021), Rn. 15.

dass der Vor-Ort-Kontrolle ein bestimmter Verstoß vorausgehen muss. Dadurch wird den Aufsichtsbehörden Flexibilität hinsichtlich ihrer Untersuchungen eingeräumt, um jederzeit sicherstellen zu können, dass die Verarbeitung im Einklang mit den Vorgaben der DSGVO erfolgt.[17] In Betracht kommen hier beispielsweise die Befragung von Mitarbeitern, die Beobachtung der Bearbeitung eines Auskunftsverlangens, eine Kontrolle der Videoüberwachungsmaßnahmen oder der Serverräume. Da die Aufsichtsbehörden etwaige Besonderheiten im Verfahrensrecht der EU-Mitgliedstaaten einhalten müssen, wird es für Untersuchungen teilweise der Einholung einer richterlichen Genehmigung bedürfen.[18]

Ein konkreter Anlass ist zur Ausübung der genannten Befugnisse nicht erforderlich. Vielmehr kann die Aufsichtsbehörde auch anlasslos nach Abs. 1 tätig werden.[19] Hierbei hat sie allerdings in besonderem Maße den Grundsatz der Verhältnismäßigkeit zu achten. Eine anlasslose Prüfung dürfte – insbesondere angesichts der regelmäßig überschaubaren Ressourcen der Aufsichtsbehörden – nur im besonderen Ausnahmefall vorkommen.

Untersuchungsbefugnisse durch andere behördliche Stellen

Prinzipiell sind die nationalen Datenschutzbehörden für die Überwachung und Durchsetzung der DSGVO und deren einheitliche Anwendung in der EU verantwortlich.[20] Die Feststellung von datenschutzrechtlichen Verstößen kann aber auch von Relevanz für die Untersuchung von weiteren Verstößen sein. Insbesondere im Rahmen des Wettbewerbsrechts (z. B. wenn sich ein Marktteilnehmer gegenüber seinen Mitbewerbern einen unlauteren Vorteil schafft, indem er bspw. nicht seine Informationspflichten gegenüber den Betroffenen erfüllt;[21] oder eine Apotheke, die ohne Einholung einer wirksamen Einwilligung für die Verarbeitung von Gesundheitsdaten diese Daten im Vertrieb von Medikamenten über einen Online-Marktplatz verarbeitet)[22] oder der Kartellrechts (z. B. ob ein Missbrauch einer marktbeherrschenden Stellung vorliegt, wenn eine Online-Plattform auf Grundlage der Einwilligung (zu der Problematik hinsichtlich der Freiwilligkeit siehe Abschn. 4.2.1.3) Daten von betroffenen Personen zu Werbezwecken verarbeitet)[23]

---

[17] Nguyen, ZD 2015, 265, 269; Körffer, in: Paal/Pauly, DSGVO BDSG, Art. 58 DSVO (2021), Rn. 15.

[18] ErwGr. 129 DSGVO.

[19] Eichler/Matzke, in: Wolff/Brink/v. Ungern-Sternberg, BeckOK Datenschutzrecht, Art. 58 DSGVO (45. Ed. 01.08.2023), Rn. 2; Grittmann, in: Taeger/Gabel, DSGVO BDSG TTDSG, Art. 58 DSGVO (2022), Rn. 9; Körffer, in: Paal/Pauly, DSGVO/BDSG, Art. 58 DSGVO (2021), Rn. 5.

[20] EuGH, Urteil vom 15. Juni 2021, Facebook Irland u. a./Gegevensbeschermingsautoriteit, C-645/19, Rn. 47 ff.

[21] BGH, Vorlagebeschluss vom 10. November 2022, I ZR 186/17 (App Zentrum II).

[22] BGH, Vorlagebeschluss vom 12. Januar 2023, I ZR 222/19; BGH, Vorlagebeschluss vom 12. Januar 2023, I ZR 223/19.

[23] EuGH, Urteil vom 4. Juli 2023, Meta Platforms Inc./Bundeskartellamt, C-252/21.

sind Konstellationen denkbar, wo zum Zwecke der Feststellung anderweitiger Verstöße datenschutzrechtliche Erwägungen von den jeweils hierfür zuständigen Stellen getätigt werden müssen.

Zu beachten ist hierbei, dass die DSGVO zwar die jeweiligen Datenschutzbehörden mit konkreten Befugnissen ausstattet, welche ausdrücklich nur den Datenschutzbehörden vorbehalten sind, sie trifft aber keine Aussage darüber, dass die Datenschutzbehörden für die der Feststellung eines datenschutzrechtlichen Verstoßes ausschließlich zuständig sein müssen.[24] Demnach dürfen grundsätzlich auch andere Behörden im Rahmen der Erfüllung ihrer Aufgaben datenschutzrechtliche Verstöße feststellen.[25] Aus dem Grundsatz der loyalen Zusammenarbeit und dem Effektivitätsgebot (sog. *effet-utile*) aus Art. 4 Abs. 3 EUV darf die andere Behörde aber nicht von bereits ergangene Entscheidungen der zuständigen Aufsichtsbehörde, der federführenden Aufsichtsbehörde oder eines Gerichts abweichen.[26] Ferner muss die Behörde bei Zweifeln hinsichtlich der Anwendung der DSGVO die Aufsichtsbehörden zunächst konsultieren und fragen, ob bei Zweifeln hinsichtlich der Anwendung der DSGVO eine Entscheidung der Aufsichtsbehörde abzuwarten ist, wobei die eigene Untersuchung dann fortgeführt werden kann, wenn die Aufsichtsbehörde nicht innerhalb einer angemessenen Frist einen Einwand gegen ein solches Vorgehen erhebt.[27]

7.1.4 Ausübung der Befugnisse

Während der Umfang der Untersuchungsbefugnisse durch das Europarecht vorgegeben wird, enthält dieses keine Regelungen zum Ablauf des Verwaltungsverfahrens.[28] Damit wird die Ausübung der Untersuchungsbefugnisse über das *jeweilige Verfahrensrecht des EU-Mitgliedstaats* geregelt, dem die betroffene Aufsichtsbehörde angehört, Art. 58 Abs. 4 DSGVO. Unternehmen sollten sich daher der *Möglichkeit nationaler Unterschiede im Verfahrensablauf* bewusst sein, sofern mehrere Aufsichtsbehörden zuständig sind.

Als generelle Voraussetzung muss jede Untersuchungsmaßnahme im Hinblick auf die Gewährleistung der Einhaltung der DSGVO durch das jeweilige Unternehmen *geeignet, erforderlich und verhältnismäßig* sein, unter Berücksichtigung der Umstände des konkreten Einzelfalls.[29] Sofern eine Aufsichtsbehörde *rechtsverbindliche Maßnahmen* trifft, sollten diese *schriftlich erlassen* werden, klar und eindeutig sein, die Aufsichtsbehörde, die die Maßnahme erlassen hat, und das Datum,

[24] EuGH, Urteil vom 4. Juli 2023, Meta Platforms Inc./Bundeskartellamt, C-252/21, Rn. 43, 49.

[25] EuGH, Urteil vom 4. Juli 2023, Meta Platforms Inc./Bundeskartellamt, C-252/21, Rn. 62.

[26] EuGH, Urteil vom 4. Juli 2023, Meta Platforms Inc./Bundeskartellamt, C-252/21, Rn. 63.

[27] EuGH, Urteil vom 4. Juli 2023, Meta Platforms Inc./Bundeskartellamt, C-252/21, Rn. 63.

[28] Im Hinblick darauf bildet Art. 31 DSGVO eine Neuerung und teilweise Ausnahme von diesem Grundsatz, siehe Abschn. 3.2.3.

[29] ErwGr. 129 DSGVO.

an dem die Maßnahme erlassen wurde, erkennen lassen, vom Leiter/einem von ihm bevollmächtigen Mitglied der Aufsichtsbehörde unterschrieben sein und eine Begründung für die Maßnahme sowie einen Hinweis auf das Recht auf einen wirksamen Rechtsbehelf enthalten.[30] Ein derartiges Vorgehen ist bereits gängige Praxis der nationalen Aufsichtsbehörden. Das *Recht der EU-Mitgliedstaaten kann darüber hinaus zusätzliche formelle Anforderungen* aufstellen.[31]

Im deutschen Recht richtet sich die Anwendbarkeit des jeweiligen Verfahrensrechts nach der Funktion, in der die Aufsichtsbehörde tätig wird.[32] Bei einem Tätigwerden der Aufsichtsbehörde als Sonderordnungsbehörde findet das Verwaltungsverfahrensrecht sowie das Verwaltungsvollstreckungsrecht Anwendung. Die allermeisten der genannten Befugnisse werden durch die Aufsichtsbehörde also in Form von Verwaltungsakten mit (ggf.) anschließender Vollstreckung wahrgenommen werden.[33] In Bußgeldverfahren gilt hingegen das OWiG und ergänzend die StPO.[34]

7.2 Zivilrechtliche Haftung

Die DSGVO enthält ausdrückliche Regelungen zu Schadensersatzansprüchen gegenüber Verantwortlichen und Auftragsverarbeitern. Es können grundsätzlich alle an einer Datenverarbeitung beteiligten Unternehmen haften.

7.2.1 Recht auf Schadensersatz

Art. 82 DSGVO gewährt ein umfassendes Recht auf Schadensersatz für jeglichen – materiellen oder immateriellen – Schaden, der wegen eines Verstoßes gegen die DSGVO entstanden ist.[35] Der Schadensersatzanspruch ist nicht auf bestimmte Phasen der Datenverarbeitung oder auf bestimmte Verarbeitungstätigkeiten beschränkt.[36] Zudem ist das Tatbestandsmerkmal „*Verstoßes gegen diese Verordnung*“ ausweislich des ErwGr. 146 DSGVO *weit auszulegen* und umfasst daher

[30] ErwGr. 129 DSGVO.

[31] Kremer, in: Laue/Kremer, Das neue Datenschutzrecht in der betrieblichen Praxis, § 10 Zusammenarbeit mit Aufsichtsbehörden (2019), Rn. 20; ErwGr. 129 DSGVO.

[32] Körffer, in: Paal/Pauly, DSGVO BDSG, Art. 58 DSGVO (2021), Rn. 31.

[33] Körffer, in: Paal/Pauly, DSGVO BDSG, Art. 58 DSGVO (2021), Rn. 31.

[34] Körffer, in: Paal/Pauly, DSGVO BDSG, Art. 58 DSGVO (2021), Rn. 31.

[35] Quaas, in: Wolff/Brink/v. Ungern-Sternberg, BeckOK Datenschutzrecht, Art. 82 DSGVO (45. Ed. 01.05.2023), Rn. 14; a. A. (Verstoß muss auf konkreter Verarbeitung beruhen) Gola/Piltz, in: Gola/Heckmann, DSGVO BDSG, Art. 82 DSGVO (2022), Rn. 1; Moos/Schefzig, in: Taeger/Gabel, DSGVO BDSG TTDSG, Art. 82 DSGVO (2022), Rn. 22, die allerdings anmerken, dass es sich hier wohl um einen bloß akademischen Streit handeln wird, da Verstöße, die sich nicht auf eine konkrete Verarbeitung beziehen in der Regel auch nicht kausal für einen Schaden sein dürften.

[36] Quaas, in: Wolff/Brink/v. Ungern-Sternberg BeckOK Datenschutzrecht, Art. 82 DSGVO (45. Ed. 01.05.2023), Rn. 14 (m. w. N.) auch zu a. A.; Laue/Kremer, Das neue Datenschutzrecht in der betrieblichen Praxis, § 11, Haftung, Sanktionen und Rechtsbehelfe (2019), Rn. 4.

auch Verarbeitungen, die nicht mit den nach Maßgabe der DSGVO erlassenen delegierten Rechtsakten und Durchführungsrechtsakten und Rechtsvorschriften der EU-Mitgliedstaaten zur Präzisierung von Bestimmungen der DSGVO im Einklang stehen.[37] Der Schadensersatz aus der DSGVO erfüllt nur eine reine Ausgleichsfunktion für die geschädigte Partei zum Ersatz von entstandenen Schäden, hat aber keinen Strafcharakter (anders als die in der DSGVO vorgesehenen Bußgelder, siehe hierzu Abschn. 7.3).[38] Aufgrund dessen sollten Unternehmen hinsichtlich des Vorhandenseins *nationaler Besonderheiten* besonders aufmerksam sein (siehe Kap. 8).

Schaden
Ein „Schaden" i. S. d. Art. 82 Abs. 1 DSGVO umfasst sowohl *materielle als auch immaterielle Schäden*, da die Folgen von Datenschutzverstößen ganz unterschiedlicher und häufig immaterieller Natur sein können, wie bspw. soziale Diskriminierung, psychische Belastungen oder Beeinträchtigungen der freien Entfaltung der Persönlichkeit.[39] Die betroffenen Personen sollten einen *vollständigen und wirksamen Schadensersatz* für den erlittenen Schaden erhalten.[40] Zudem ist der Schadensbegriff *im Lichte der Rechtsprechung des Europäischen Gerichtshofs weit auszulegen.*[41] Vor diesem Hintergrund kann bereits die bloße Befürchtung eines Missbrauchs personenbezogener Daten einen immateriellen Schaden darstellen.[42]

Damit ein Anspruch begründet wird, bedarf es einer *kausalen Verbindung zwischen* dem *Verstoß* gegen die DSGVO *und dem Schaden* („wegen").[43]

Unklarheit herrschte – trotz des eigentlich klaren Wortlauts – hinsichtlich der Frage, ob bereits die bloße Verletzung der Vorschriften der DSGVO – ohne Darlegung eines konkreten Schadens – ausreiche, um einen Anspruch nach Art. 82 DSGVO auszulösen.[44] Diese Frage ist nun höchstrichterlich geklärt. Der EuGH hat klargestellt, dass Art. 82 Abs. 1 DSGVO dahingehend auszulegen ist, dass der bloße Verstoß gegen Bestimmungen der DSGVO (allein) nicht ausreicht, um einen Schadensersatzanspruch zu begründen.[45] Dies gilt unabhängig davon, ob die verletzte Bestimmung dem Betroffenen unmittelbar Rechte verleiht und un-

---

[37] ErwGr. 146 DSGVO.

[38] EuGH, Urteil vom 21. Dezember 2023, ZQ/Medizinischer Dienst der Krankenversicherung Nordrhein, Körperschaft des öffentlichen Rechts, C-667/21, Rn. 80 ff.

[39] Vgl. auch Quaas, in: Wolff/Brink/v. Ungern Sternberg, BeckOK Datenschutzrecht, Art. 82 DSGVO (45. Ed. 01.05.2023), Rn. 24; Laue, in: Laue/Kremer, Das neue Datenschutzrecht in der betrieblichen Praxis, § 11 Haftung, Sanktionen und Rechtsbehelfe (2019), Rn. 6.

[40] ErwGr. 146 DSGVO.

[41] ErwGr. 146 DSGVO.

[42] EuGH, Urteil vom 14. Dezember 2023, VB/Natsionalna agentsia za prihodite, C-340/21, Rn. 75 ff.

[43] EuGH, Urteil vom 14. Dezember 2023, VX, AT/Gemeinde Ummendorf, C-456/22, Rn. 14; Frenzel, in: Paal/Pauly, DSGVO BDSG, Art. 82 DSGVO (2021), Rn. 11.

[44] Zum (alten) Streitstand Quaas, in: Wolff/Brink/v. Ungern-Sternberg, BeckOK Datenschutzrecht, Art. 82 DSGVO (45. Ed. 01.05.2023), Rn. 23 f.

[45] EuGH, Urteil vom 4. Mai 2023, UI/Österreichische Post AG, C-300/21.

abhängig von der Schwere des erlittenen Schadens.[46] Vielmehr muss der Betroffene nachweisen, dass gerade durch den Verstoß gegen die DSGVO beim Betroffenen eine Folge eingetreten ist, welche einen Schaden darstellt.[47]

Ebenso umstritten war, ob (immaterielle) Schäden, welche eine bestimmte „*Bagatellgrenze*“ nicht übersteigen auch ersatzfähig sein können. Zum Teil wurde vertreten, dass bloße Unannehmlichkeiten oder Bagatellschäden nicht erfasst seien, da der Schaden „erlitten“, also „spürbar“ sein müsse.[48] Auch zu dieser Frage hat der EuGH nun allerdings Stellung genommen. Nach Ansicht des Gerichts ist der Schadensersatzanspruch des Art. 82 Abs. 1 DSGVO nicht auf immaterielle Schäden beschränkt, die eine gewisse Erheblichkeit erreichen.[49]

Nach wie vor bestehen dennoch kaum klare Linien, wonach die Höhe des immateriellen Schadensersatzes zu bemessen ist.[50] Der EuGH hat hinsichtlich der Festsetzung der Höhe des Schadensersatzes festgestellt, dass die nationalen Gerichte bei der Festsetzung der Höhe des Schadenersatzes die innerstaatlichen Vorschriften der einzelnen Mitgliedstaaten über den Umfang der finanziellen Entschädigung anzuwenden haben, sofern die unionsrechtlichen Grundsätze der Äquivalenz und der Effektivität beachtet werden.[51] Es ist aber zu beachten, dass die DSGVO nur einen Schadensersatz bis zu einem Umfang gewährt, in dem der erlittene Schaden der Partei vollständig ausgeglichen wird. Die Höhe des Anspruches darf deshalb nicht eine Summe übersteigen, welche für den vollständigen Ersatz des Schadens notwendig wäre. Es ist unerheblich, ob mehrere Verstöße aus einem einzigen Verarbeitungsvorgang resultieren oder nicht, da nur der tatsächlich erlittene Schaden für die Schadensberechnung zu berücksichtigen ist.[52] Für die Sanktionierung von Verstößen sieht die DSGVO in den Art. 83, 84 DSGVO abschließende Regelungen vor, sodass es nicht notwendig ist, dem Schadenersatzanspruch im Rahmen des Art. 82 DSGVO über dessen Ausgleichsfunktion hinaus auch eine Straffunktion zuzugestehen (es gibt unter der DSGVO demnach keine „*punitive damages*“).[53]

---

[46] EuGH, Urteil vom 11. April 2024, GP/juris GmbH, C-741/21, Rn. 17 ff.

[47] EuGH, Urteil vom 14. Dezember 2023, VX, AT/Gemeinde Ummendorf, C-456/22, Rn. 21; siehe auch EuGH Urteil vom 14. Dezember 2023, VB/Natsionalna agentsia za prihodite, C-340/21, Rn. 85, wo der EuGH klargestellt hat, dass bereits die bloße Befürchtung eines Datenmissbrauches seitens des Betroffenen einen ersatzfähigen Schaden darstellen kann, ein Schaden aber nicht bereits durch die bloße Behauptung einer solchen Befürchtung vorliegt. Die betroffene Person muss vielmehr konkret darlegen, dass wegen der Besonderheiten des Einzelfalls und im Hinblick auf die betroffene Person eine solche Befürchtung als tatsächlich begründet angesehen werden kann.

[48] Frenzel, in: Paal/Pauly, DSGVO BDSG, Art. 82 DSGVO (2021), Rn. 10.

[49] EuGH, Urteil vom 4. Mai 2023, UI/Österreichische Post AG, C-300/21; EuGH, Urteil vom 14. Dezember 2023, VX, AT/Gemeinde Ummendorf, C-456/22, Rn. 18 ff.

[50] Paal, NJW 2022, 3673; eine Übersicht über die Höhe des (zugesprochenen) Schadensersatzes nach Art. 82 DSGVO findet sich bei Leibold, ZD-Aktuell 2023, 01426.

[51] EuGH, Urteil vom 4. Mai 2023, UI/Österreichische Post AG, C-300/21.

[52] EuGH, Urteil vom 11. April 2024, GP/juris GmbH, C-741/21, Rn. 63 ff.

[53] Siehe hierzu EuGH, Urteil vom 21. Dezember 2023, ZQ/Medizinischer Dienst der Krankenversicherung Nordrhein, Körperschaft des öffentlichen Rechts, C-667/21, Rn. 80 ff.

Anspruchsberechtigte

Gem. Art. 82 Abs. 1 DSGVO ist „*jede Person*", die einen Schaden erlitten hat, zur Geltendmachung von Schadensersatz berechtigt. Das Recht auf Schadensersatz soll vorrangig der *betroffenen (natürlichen) Person* einen Anspruch gewähren.

Allerdings ist es denkbar, dass die Norm auch *andere Personen*, die einen Schaden erlitten haben, zu einem Anspruch berechtigen soll, wobei in diesem Fall ein besonderes Augenmerk auf das Vorhandensein einer ausreichenden Kausalverbindung zwischen dem Schaden des Dritten und der Verletzung des Datenschutzrechts gelegt werden muss.[54]

Beispiel

Infolge der Verarbeitung unrichtiger Daten durch einen Verantwortlichen, welche die DSGVO verletzt, verliert eine Person, die zur Zahlung von Unterhalt verpflichtet ist, ihre Anstellung. Dadurch kann die Person den Unterhalt an den Unterhaltsberechtigten nicht mehr zahlen.

In diesem Beispiel könnte der Unterhaltsberechtigte möglicherweise einen direkten Schadensersatzanspruch bzgl. seines materiellen Schadens (Nichtzahlung des Unterhalts) gegen den Verantwortlichen haben. Dies steht unter der Bedingung, dass zwischen der Verletzung der DSGVO durch den Verantwortlichen und dem Schaden des Unterhaltsberechtigten eine kausale Verbindung besteht. Im vorliegenden Fall könnte eine solche Kausalverbindung zwischen unrechtmäßiger Datenverarbeitung und Verlust der Anstellung und dem daraus resultierenden Unvermögen zur Unterhaltszahlung bestehen.[55] ◀

Recht der EU-Mitgliedstaaten

Datenverarbeitenden Unternehmen sollte bewusst sein, dass der Schadensersatzanspruch nach Art. 82 DSGVO *unbeschadet* von *Schadenersatzforderungen* aufgrund von *Verstößen gegen* andere Vorschriften des Europarechts oder des *Rechts der EU-Mitgliedstaaten* besteht.[56] Somit könnten gegen sie weitergehende Ansprüche nach dem nationalen Zivilrecht der EU-Mitgliedstaaten, z. B. vertraglicher, deliktischer oder anderer Natur, geltend gemacht werden.[57]

---

[54] Laue, in: Laue/Kremer, Das neue Datenschutzrecht in der betrieblichen Praxis, § 11 Haftung, Sanktionen und Rechtsbehelfe (2019), Rn. 7; so auch Moos/Schefzig, in: Taeger/Gabel, DSGVO BDSG TTDSG, Art. 82 DSGVO (2022), Rn. 14 ff.; Quaas, in: Wolff/Brink/v. Ungern-Sternberg, BeckOK Datenschutzrecht, Art. 82 DSGVO (45. Ed. 01.05.2023), Rn. 37; a. A. Becker, in: Plath, DSGVO BDSG TTDSG, Art. 82 DSGVO (2023), Rn. 2; Gola/Piltz, in: Gola/Heckmann, DSGVO BDSG, Art. 82 DSGVO (2022), Rn. 11.

[55] Laue, in: Laue/Kremer, Das neue Datenschutzrecht in der betrieblichen Praxis, § 11 Haftung, Sanktionen und Rechtsbehelfe (2019), Rn. 7.

[56] ErwGr. 146 DSGVO.

[57] Siehe auch Quaas, in: Wolff/Brink/v. Ungern-Sternberg, BeckOK Datenschutzrecht, Art. 82 DSGVO (45. Ed. 01.05.2023), Rn. 8 ff.; Laue, in: Laue/Kremer, Das neue Datenschutzrecht in der betrieblichen Praxis, § 11 Haftung, Sanktionen und Rechtsbehelfe (2019), Rn. 17.

Datenschutzklagen als Geschäftsmodell
Aktuell lässt sich die strategische Entwicklung einer massenhaften Bündelung von Datenschutzklagen als Geschäftsmodell beobachten.

Hierbei nutzen Unternehmen verschiedene Modelle, um Schadensersatzansprüche im großen Stil geltend zu machen.[58] Wohl am prominentesten dürfte hierbei momentan das Modell sein, bei dem (potenziell) Geschädigte ihre Ansprüche an (spezialisierte) Unternehmen abtreten. Diese machen die „gesammelten" Ansprüche sodann gebündelt im eigenen Namen geltend.[59] Das hat für Betroffene den Vorteil, dass sie sich ohne große Unsicherheit einen Geldbetrag versprechen lassen können und sich dabei nicht näher mit der Durchsetzung ihres eigentlichen Anspruches auseinandersetzen müssen. Für Unternehmen hingegen bietet die Bündelung der Ansprüche den Vorteil, dass sie mit einer Vielzahl von Ansprüchen eine viel bessere „Verhandlungsmasse" haben und so womöglich eher einen Vergleich mit dem verletzenden Unternehmen herbeiführen können. Der Abschluss von Vergleichen ist jedoch nicht der Hauptgeschäftsfaktor. Es geht darum, eine kritische Masse an Forderungen zu sammeln und diese vor Gericht durchzusetzen. Die gerichtliche Durchsetzung löst in vielen Rechtsordnungen (z. B. in Deutschland) bereits gesetzliche Gerichtsgebühren aus, so dass das endgültige Urteil weniger relevant ist. Dennoch ist ein erfolgreiches Gerichtsurteil, das immateriellen Schadenersatz zuspricht, vorteilhaft, da dies einen Anreiz für weitere Betroffene darstellt, ihre Ansprüche an die Anbieter von Massenklagen zu übertragen. In der Praxis tritt dieses vergleichsweise neue Phänomen nach Datenschutzverstößen auf, bei denen personenbezogene Daten von Verbrauchern verloren gehen.

Die Abtretbarkeit solcher Ansprüche dürfte allerdings fraglich sein.[60] Das liegt vor allem daran, dass der Anspruch auf immateriellen Schadensersatz insbesondere eine Genugtuungsfunktion erfüllen soll. Eine solche Genugtuungsfunktion führt aber nach ständiger Rechtsprechung des BGH dazu, dass solche Ansprüche aufgrund ihres höchstpersönlichen Charakters nicht abtretbar sein sollen.[61]

Abzugrenzen ist diese Konstellation von der des Art. 80 Abs. 1 DSGVO. Dort sind gewisse Akteure berechtigt, im Namen der betroffenen Personen, nicht aber im eigenen Namen zu handeln. Betroffene Personen können sich von gemeinnützigen Organisationen, Einrichtungen oder Vereinigungen ohne Gewinnerzielungsabsicht vertreten lassen (siehe Abschn. 7.4.2).

In Deutschland wurde mit dem *Gesetz zur gebündelten Durchsetzung von Verbraucherrechten (Verbraucherrechtdurchsetzungsgesetz – VDuG)* die sog. Verbandsklagerichtlinie[62] umgesetzt. Diese verpflichtet die Mitgliedstaaten zur Einführung

[58] Eingehende Ausführungen finden sich bei Spittka, GRUR-Prax 2023, 31; Paal/Kritzer, NJW 2023, 2433.

[59] Paal/Kritzer, NJW 2023, 2433.

[60] Spittka, GRUR-Prax 2023, 32 f. (m. w. N.) zu bejahenden und ablehnenden Entscheidungen in der Rspr.

[61] Spittka, GRUR-Prax 2023, 32 f.

[62] RL (EU) 2020/1828 des Europäischen Parlaments und des Rates vom 25.11.2020 über Verbandsklagen zum Schutz der Kollektivinteressen der Verbraucher und zur Aufhebung der RL 2009/22/EG.

von Verbandsklagen, welche unter anderem Verstöße von Unternehmern gegen die Vorschriften der DSGVO erfassen, die Kollektivinteressen der Verbraucher beeinträchtigen oder zu beeinträchtigen drohen.[63] Die Richtlinie beschränkt die Klagebefugnis zwar auf Organisationen ohne Gewinnerzielungsabsicht, sie sieht zeitgleich aber auch die Möglichkeit der Finanzierung durch Dritte vor.[64]

7.2.2 Schadensersatzpflichtige

Auch der *Auftragsverarbeiter* kann für Verletzungen seiner Pflichten aus der DSGVO direkt haftbar gemacht werden. Damit können sowohl der Verantwortliche als auch der Auftragsverarbeiter nach Art. 82 DSGVO in Anspruch genommen werden. Sofern an einer Datenverarbeitung sowohl Verantwortliche als auch Auftragsverarbeiter beteiligt sind, regelt Art. 82 Abs. 2 DSGVO ein *abgestuftes Haftungssystem*, welches die verschiedenen Rollen von Auftragsverarbeitern und Verantwortlichen in Rahmen von Datenverarbeitungstätigkeiten berücksichtigt.[65] Die Bestimmung stellt klar, dass der *Verantwortliche* grundsätzlich *für rechtswidrige Verarbeitungsvorgänge haftbar gemacht werden kann* und damit zum Ersatz von Schäden, die durch eine solche Verarbeitung verursacht werden, verantwortlich ist, unabhängig davon, ob er den Schaden direkt verursacht hat oder nicht.[66] Seine *umfassende Haftung* ergibt sich daraus, dass er die Zwecke und Mittel der Verarbeitung festlegt und dem Auftragsverarbeiter Anweisungen hinsichtlich der Durchführung der Verarbeitung erteilt.[67] In Anbetracht der Weisungsgebundenheit des Auftragsverarbeiters gegenüber dem Verantwortlichen ist die Haftung des Auftragsverarbeiters auf Schäden begrenzt, die aus einer *Verletzung der ihm speziell auferlegten Pflichten* aus der DSGVO resultieren (siehe Abschn. 3.4), oder sofern er unter *Nichtbeachtung der rechtmäßig erteilten Anweisungen* des Verantwortlichen oder *gegen diese Anweisungen gehandelt* hat. Insofern ist der *Auftragsverarbeiter privilegiert*, da er nur in begrenzten Fällen haftet.

Der Anspruchsberechtigte trägt die *Beweislast* in Bezug auf die Voraussetzungen der Haftung des Verantwortlichen und des Auftragsverarbeiters. Es gilt in diesem Zusammenhang zwar zu beachten, dass der Betroffene regelmäßig nicht vollen Einblick in die Verarbeitung seiner Daten haben wird. Dieser Einblick wird dem Betroffenen allerdings zumindest in gewisser Weise durch die Informationspflichten der DSGVO sowie die allgemeine Rechenschaftspflicht der DSGVO gewährt. Eine Beweislastumkehr zu Lasten des Anspruchsgegners scheidet damit aus und wäre auch überzogen.[68] Zu beachten ist allerdings, dass die betroffene Person nach Art. 82

[63] Art. 2 Abs. 1 RL (EU) 2020/1828.

[64] Vgl. auch Spittka, GRUR-Prax 2023, 31, 33.

[65] Becker, in: Plath, DSGVO BDSG TTDSG, Art. 82 DSGVO (2023), Rn. 14.

[66] Frenzel, in: Paal/Pauly, DSGVO BDSG, Art. 82 DSGVO (2021), Rn. 13.

[67] Frenzel, in: Paal/Pauly, DSGVO BDSG, Art. 82 DSGVO (2021), Rn. 14; s. a. Becker, in: Plath, DSGVO BDSG TTDSG, Art. 82 DSGVO (2023), Rn. 14.

[68] Gleichlaufend Quaas, in: Wolff/Brink/v. Ungern-Sternberg, BeckOK Datenschutzrecht, Art. 82 DSGVO (45. Ed. 01.05.2023), Rn. 51 ff.; s. a. Wybitul/Haß/Albrecht, NJW 2018, 113, 116.

Abs. 3 DSGVO ausdrücklich nicht die Beweislast für ein Verschulden des Verantwortlichen trägt. Die betroffene Person hat also (nur) den Datenschutzverstoß,[69] den Schaden und die Kausalität[70] zwischen Datenschutzverstoß und Schaden zu beweisen.

Um eine wirksame Entschädigung der betroffenen Person sicherzustellen, *sofern mehrere* Verantwortliche/Auftragsverarbeiter oder sowohl ein Verantwortlicher als auch ein Auftragsverarbeiter für einen Schaden nach Art. 82 Abs. 2 DSGVO *haftbar sind, haftet jeder* von ihnen gem. Art. 82 Abs. 4 DSGVO gegenüber der betroffenen Person *für den gesamten Schaden.* Diese Vorschrift erleichtert betroffenen Personen oder anderen Anspruchsberechtigten die Rechtsausübung, da es ihnen so freisteht, nur eine von mehreren haftbaren Parteien in Anspruch zu nehmen. Dabei wird es sich regelmäßig um die zahlungskräftigste Partei handeln. *Intern* haften die anspruchsberechtigten Parteien *gesamtschuldnerisch.* Gem. Art. 82 Abs. 5 DSGVO ist die haftbare Partei, die vollständigen Schadensersatz für einen erlittenen Schaden geleistet hat, berechtigt, von den übrigen an derselben Verarbeitung beteiligten Verantwortlichen/Auftragsverarbeitern den *Teil des Schadensersatzes zurückzufordern, der ihrem Anteil an der Verantwortung* für den Schaden *entspricht.*

7.2.3 Exkulpationsmöglichkeit

Art. 82 Abs. 3 DSGVO sieht eine Exkulpationsmöglichkeit von der Haftung vor, wenn der jeweilige Verantwortliche/Auftragsverarbeiter nachweist, dass er *in keinerlei Hinsicht für den Umstand*, durch den der Schaden eingetreten ist, *verantwortlich* ist. Mit dem Begriff der Verantwortung meint der europäische Gesetzgeber hier nicht die datenschutzrechtliche Verantwortung. Vielmehr ist das Verschulden gemeint. Es wird für datenverarbeitende Unternehmen insgesamt schwierig sein, sich von einer Haftung zu befreien, da *bereits die geringfügigste Beteiligung* an dem Umstand, durch den der Schaden eingetreten ist, geeignet sein kann eine *Haftung auszulösen.*[71]

Besondere praktische Bedeutung ist im Hinblick auf die stetig zunehmenden *„Hacking"-Angriffe* und Datenlecks festzustellen. Hier wird es in einem ersten Schritt darauf ankommen, ob es den betroffenen Unternehmen gelingt nachzuweisen, dass sie insbesondere alle technischen und organisatorischen Maßnahmen nach Art. 32 DSGVO unter Bezugnahme auf den aktuellen Stand der Technik getroffen haben, um solche Angriffe angemessen abwehren zu können.[72] Eine bloße Verletzung von Vorschriften der DSGVO reicht jedoch nicht aus, um von einer Ungeeignetheit der ergriffenen Maßnahmen auszugehen.[73] Vielmehr muss es für den Verantwortlichen möglich sein, im Rahmen seiner Darlegungs- und Beweislast die Geeignetheit

[69] OLG Brandenburg ZD 2021, 693.

[70] OLG Stuttgart ZD 2021, 375.

[71] Dazu Moos/Schefzig, in: Taeger/Gabel, DSGVO BDSG TTDSG, Art. 82 DSGVO (2022), Rn. 80.

[72] EuGH, Urteil vom 14. Dezember 2023, VB/Natsionalna agentsia za prihodite, C-340/21, Rn. 65 ff.

[73] EuGH, Urteil vom 14. Dezember 2023, VB/Natsionalna agentsia za prihodite, C-340/21, Rn. 22 ff.

seiner Schutzmaßnahmen nachzuweisen.[74] Denn eine automatische Annahme von unzureichenden technischen und organisatorischen Maßnahmen im Falle eines Verstoßes würde dazu führen, dass entgegen dem Wortlaut des Art. 24 DSGVO eine unwiderlegbare Vermutung diesbezüglich vorliegen würde.[75] Die Verpflichtung des Nachweises von geeigneten Maßnahmen unter Berücksichtigung des von der DSGVO verfolgten risikobasierten Ansatzes würde ferner leerlaufen, wenn ein Verantwortlicher bereits dazu verpflichtet wäre, jede Beeinträchtigung der Daten absolut zu verhindern, ohne dass ihm die Möglichkeit zustünde, den Gegenbeweis hinsichtlich der Geeignetheit der ergriffenen Maßnahmen zu erbringen.[76] Im Rahmen der Prüfung der Geeignetheit der Schutzmaßnahmen müssen die konkret durch den Verantwortlichen/Auftragsverarbeiter ergriffenen Sicherheitsmaßnahmen beurteilt werden. Darüber hinaus muss das Unternehmen wohl auch in einem zweiten Schritt darlegen können, warum dennoch – auch bei Erfüllung der Vorgaben des Art. 32 DSGVO – der Angriff stattfinden konnte und das Unternehmen hieran keinerlei Mitverschulden trifft.[77] Das wird Unternehmen in der Regel schon dann nicht gelingen, wenn Dritte bereits erkannte oder erkennbare Angriffswege ausnutzen.[78] Unternehmen ist es dennoch zu empfehlen, ihre Schutzmaßnahmen umfassend zu dokumentieren, um sich im Zweifel auf eine Exkulpation berufen zu können.[79]

Keine Exkulpationsmöglichkeit haben Unternehmen bei Fehlern von Mitarbeitern, die diesen in Wahrnehmung ihrer arbeitsrechtlichen Verpflichtungen unterlaufen.[80] Im Rahmen des Anspruchs nach Art. 82 DSGVO kann sich der Verantwortliche nicht auf § 831 BGB berufen, welcher eine Exkulpation des Geschäftsherrn für Fälle vorsieht, in denen er nachweisen kann, dass er seinen Verrichtungsgehilfen sorgfältig ausgewählt und überwacht hat.[81] Eine Ausnahme gilt nur für Exzesse von Mitarbeitern.[82]

---

[74] EuGH, Urteil vom 14. Dezember 2023, VB/Natsionalna agentsia za prihodite, C-340/21, Rn. 48 ff.

[75] EuGH, Urteil vom 14. Dezember 2023, VB/Natsionalna agentsia za prihodite, C-340/21, Rn. 30, 31.

[76] EuGH, Urteil vom 14. Dezember 2023, VB/Natsionalna agentsia za prihodite, C-340/21, Rn. 22 ff.

[77] Vgl. Quaas, in: Wolff/Brink/v. Ungern-Sternberg, BeckOK Datenschutzrecht, Art. 82 DSGVO (45. Ed. 01.05.2023), Rn. 18.

[78] Frenzel, in: Paal/Pauly, DSGVO BDSG, Art. 82 DSGVO (2021), Rn. 15.

[79] So auch Quaas, in: Wolff/Brink/v. Ungern-Sternberg, BeckOK Datenschutzrecht, Art. 82 DSGVO (45. Ed. 01.05.2023), Rn. 19.

[80] Gola/Piltz, in: Gola/Heckmann, DSGVO BDSG, Art. 82 DSGVO (2022), Rn. 25.

[81] Gola/Piltz, in: Gola/Heckmann, DSGVO BDSG, Art. 82 DSGVO (2022), Rn. 25 (m. w. N.); s. a. Quaas, in: Wolff/Brink/v. Ungern-Sternberg, BeckOK Datenschutzrecht, Art. 82 DSGVO (45. Ed. 01.05.2023), Rn. 20 und Moos/Schefzig, in: Taeger/Gabel, DSGVO BDSG TTDSG, Art. 82 DSGVO (2022), Rn. 82. Das LG Saarbrücken hat dem EuGH allerdings (unter anderem) die Frage vorgelegt, ob eine Haftung dann ausgeschlossen sein kann, wenn der Rechtsverstoß auf menschlichem Versagen einer nach Art. 29 DSGVO unterstellten Person beruht. Die Entscheidung wird beim EuGH unter dem Az. C-741/21 geführt.

[82] Quaas, in: Wolff/Brink/v. Ungern-Sternberg, BeckOK Datenschutzrecht, Art. 82 DSGVO (45. Ed. 01.05.2023), Rn. 20 und Moos/Schefzig, in: Taeger/Gabel, DSGVO BDSG TTDSG, Art. 82 DSGVO (2022), Rn. 82.

Unternehmen können sich nicht für Verstöße exkulpieren, die von Arbeitsnehmern in Ausübung ihrer Tätigkeiten begangen wurden.[83] Es reicht für eine Exkulpation nicht aus, dass der Verantwortliche seine Arbeitsnehmer ordnungsgemäß instruiert hat, da dies die Wirksamkeit des Haftungsmechanismus nach der Datenschutz-Grundverordnung untergraben würde.[84] Ein fehlendes Verschulden des Verantwortlichen kann daher nur angenommen werden, wenn der Schaden auf einen Exzess zurückzuführen ist, der ausschließlich von dem Mitarbeiter begangen wurden und dem Verantwortlichen nicht zurechenbar ist.[85] Ein solches eigenmächtiges Vorgehen eines Arbeitnehmers kann in Fällen angenommen werden, in denen der Schaden eingetreten ist, obwohl der für die Verarbeitung Verantwortliche ordnungsgemäße Anweisungen erteilt und (durch technische und organisatorische Maßnahmen) sichergestellt hat, dass die Anweisungen befolgt werden.[86]

Beispiel

Ein Mitarbeiter leitet im Rahmen eines Bewerbungsverfahrens versehentlich eine Bewerbung an einen falschen Empfänger weiter. Der Bewerber kann Schadensersatz nach Art. 82 Abs. 1 DSGVO verlangen, soweit er hierdurch einen Schaden erleidet. Der Arbeitgeber kann sich nicht dadurch entlasten, dass nur ein Mitarbeiter und nicht er selbst gehandelt hat.[87] ◀

7.3 Sanktionen

Um die Einhaltung der DSGVO durchzusetzen, haben die Aufsichtsbehörden verschiedene Abhilfebefugnisse, die sie im Falle einer (vermuteten) Verletzung der DSGVO gegenüber dem Verantwortlichen/Auftragsverarbeiter ausüben können. Eine dieser Maßnahmen ist die Verhängung von Bußgeldern. Art. 83 DSGVO regelt die allgemeinen Voraussetzungen für die Verhängung und die Höhe von Bußgeldern für Verletzungen der Verordnung. Die Beträge wurden im Vergleich zu den bis zur Einführung der DSGVO gültigen nationalen Bestimmungen in den EU-Mitgliedstaaten *deutlich erhöht*.[88]

Die Bestimmungen in der DSGVO zu Bußgeldern sind nicht abschließend, da die *Ausübung ihrer Befugnisse* zur Verhängung von Bußgeldern durch die Auf-

[83] Gola/Piltz, in: Gola/Heckmann, DSGVO BDSG, Art. 82 DSGVO (2022), Rn. 25; EuGH, Urteil vom 11. April 2024, GP/juris GmbH, C-741/21, Rn. 44 ff.

[84] EuGH, Urteil vom 11. April 2024, GP/juris GmbH, C-741/21, Rn. 44 ff.

[85] Quaas, in: Wolff/Brink/v. Ungern-Sternberg, BeckOK Datenschutzrecht, Art. 82 DSGVO (45. Ed. 01.05.2023), Rn. 20 und Moos/Schefzig, in: Taeger/Gabel, DSGVO BDSG TTDSG, Art. 82 DSGVO (2022), Rn. 82; EuGH, Urteil vom 11. April 2024, GP/juris GmbH, C-741/21, Rn. 44 ff.

[86] EuGH, Urteil vom 11. April 2024, GP/juris GmbH, C-741/21, Rn. 44 ff.

[87] Vgl. LG Darmstadt Urteil vom 26. Mai 2020 – 13 O 244/19, ZD 2020, 642.

[88] Z. B. in Deutschland betrug die maximale Höhe von Bußgeldern für Verletzungen des Datenschutzrechts EUR 300.000,00, § 43 Abs. 3 BDSG a. F. und in Frankreich EUR 3.000.000,00, Art. 47 Loi 78–17 du 6 Janvier 1978 (modifiée).

sichtsbehörden, einschließlich wirksamer gerichtlicher Rechtsbehelfe und ordnungsgemäßer Verfahren, *gemäß* dem *Recht der EU-Mitgliedstaaten* erfolgt, Art. 83 Abs. 8, 9 DSGVO. Zudem steht es den *EU-Mitgliedstaaten* frei, *andere Sanktionen* für Verletzungen der DSGVO in ihrer jeweiligen Rechtsordnung *vorzusehen*, Art. 84 DSGVO (siehe zum BDSG Abschn. 7.3.5).[89]

7.3.1 Abhilfebefugnisse der Aufsichtsbehörden

Gem. Art. 58 Abs. 2 lit. a bis j DSGVO haben die Aufsichtsbehörden verschiedene Abhilfebefugnisse, um auf (vermutete) Verletzungen der DSGVO zu reagieren. Diese Befugnisse umfassen:

- Verantwortliche/Auftragsverarbeiter zu *warnen*, dass ihre beabsichtigten Verarbeitungsvorgänge voraussichtlich gegen die DSGVO verstoßen;
- Verantwortliche/Auftragsverarbeiter zu *verwarnen*, wenn sie mit ihren Verarbeitungsvorgängen gegen die *DSGVO verstoßen* haben.

Diese beiden Mittel sind die am *wenigsten restriktiven Sanktionsmöglichkeiten*, da sie dem Verantwortlichen/Auftragsverarbeiter nicht unmittelbar eine Rechtspflicht auferlegen, ihre Verarbeitungsvorgänge einzustellen oder anzupassen.[90]

Welche Rechtsnatur der Warnung und Verwarnung nach deutschem Recht zuzusprechen ist, ist umstritten. Im Mittelpunkt steht die Frage danach, ob Warnung und Verwarnung eine Regelungswirkung entfalten und damit als Verwaltungsakt im Sinne des deutschen Rechtes zu qualifizieren sind. Jedenfalls wird die Verwarnung (auch von den deutschen Gerichten) überwiegend als feststellender Verwaltungsakt eingeordnet.[91] Aus ihr folgt zwar keine unmittelbare Rechtspflicht, ihrem Ausspruch ist aber notwendigerweise die Feststellung eines Verstoßes gegen die DSGVO vorgelagert. Diese Feststellung hat belastende (Regelungs-)Wirkung. [92] Aus demselben Grund wird man auch bei der Warnung von einem feststellenden Verwaltungsakt mit Regelungswirkung ausgehen können. Denn auch dieser ist die Feststellung vorgelagert, dass die beabsichtigte Datenverarbeitung gegen die DSGVO verstoßen würde. [93] Betroffene können nach deutschem Recht also sowohl gegen die Warnung

[89] ErwGr. 152 DSGVO.

[90] Hullen, in: Plath, DSGVO BDSG TTDSG, Art. 58 DSGVO (2023), Rn. 12; Körffer, in: Paal/Pauly, DSGVO BDSG, Art. 58 DSGVO (2021), Rn. 17–18.

[91] Nguyen, in: Gola/Heckmann, DSGVO/BDSG, Art. 58 DSGVO (2022), Rn. 14; Körffer, in: Paal/Pauly, DSGVO BDSG, Art. 58 DSGVO (2021); Härting/Flisek/Thiess, CR 2018, 296, 298; Martini/Wenzel, PinG 2017, 92, 95; VG Hannover Urt. v. 27.11.2019 – 10 A 820/19, BeckRS 2019, 31874 Rn. 17; VG Mainz Urt. v. 17.12.2020 – 1 K 778/19.MZ, BeckRS 2020, 41220 Rn. 20.

[92] Härting/Flisek/Thiess, CR 2018, 296, 298.

[93] Wie hier Härting/Flisek/Thiess, CR 2018, 296 (298); a. A. Polenz, in: Simitis/Hornung/Spiecker gen. Döhmann, Datenschutzrecht, Art. 58 DSGVO (2019), Rn. 24; Grittmann, in: Taeger/Gabel, DSGVO BDSG TTDSG, Art. 58 DSGVO (2022), Rn. 23.

als auch gegen die Verwarnung mit der Anfechtungsklage nach § 42 Abs. 1 Alt. 1 VwGO vorgehen. Andere Abhilfebefugnisse sind:

- den Verantwortlichen/Auftragsverarbeiter *anzuweisen*, den *Anträgen der betroffenen Person* auf Ausübung der ihr nach der DSGVO zustehenden Rechte *zu entsprechen* (siehe Kap. 4);
- den Verantwortlichen/Auftragsverarbeiter *anzuweisen, Verarbeitungsvorgänge* ggf. auf bestimmte Weise und innerhalb eines bestimmten Zeitraums *in Einklang mit der DSGVO zu bringen*;
- den Verantwortlichen anzuweisen, die von einer *Verletzung des Schutzes personenbezogener Daten betroffenen Person* entsprechend *zu benachrichtigen* (siehe Abschn. 3.8.3);
- eine vorübergehende oder endgültige Beschränkung der Verarbeitung, einschließlich eines Verbots, zu verhängen;
- die *Berichtigung, Löschung*[94] von personenbezogenen Daten oder die *Einschränkung der Verarbeitung* gem. Art. 16 bis 18 DSGVO anzuordnen sowie die Unterrichtung der Empfänger über solche Maßnahmen, denen gegenüber diese personenbezogenen Daten gem. Art. 17 Abs. 2, Art. 19 DSGVO offengelegt wurden (siehe Abschn. 5.5);
- eine *Zertifizierung zu widerrufen* oder die *Zertifizierungsstelle anzuweisen* dies zu tun oder keine Zertifizierung zu erteilen, wenn die Voraussetzungen für die Zertifizierung nicht/nicht mehr erfüllt werden (siehe Abschn. 3.12.2);
- eine *Geldbuße* gemäß Art. 83 DSGVO zu *verhängen, zusätzlich zu oder anstelle der anderen genannten Maßnahmen*, je nach den Umständen des Einzelfalls;
- die Aussetzung von Datenübermittlungen an Empfänger in einem Drittland anzuordnen.

7.3.2 Gründe für Bußgelder und Bußgeldbeträge

Ausgehend von den gesetzlichen Höchstbeträgen für Bußgelder existieren *zwei Kategorien* von Verstößen gegen die DSGVO.

Art. 83 Abs. 4 DSGVO
Gem. Art. 83 Abs. 4 DSGVO werden Geldbußen von *bis zu EUR 10.000.000,00* oder im Fall eines Unternehmens von bis zu *2 % des gesamten weltweit erzielten Jahresumsatzes* des vorangegangenen Geschäftsjahrs, *je nachdem, welcher der Beträge höher ist,* für *Verstöße* gegen die folgenden Bestimmungen verhängt:

---

[94] Die Aufsichtsbehörde ist dazu auch dann befugt, wenn von der betroffenen Person kein Antrag auf Löschung der Daten gemäß Art. 17 Abs. 1 DSGVO gestellt wurde, dies aber für die Ausübung ihrer Befugnisse erforderlich ist, um die wirksame Durchsetzung der in der DSGVO enthaltenen Rechte und Pflichten zu gewährleisten, siehe EuGH, Urteil vom 14. März 2024, Budapest Főváros IV. Kerület Újpest Önkormányzat Polgármesteri Hivatala/Nemzeti Adatvédelmi és Információszabadság Hatóság, C-46/23, Rn. 25 ff.

- die Pflichten der Verantwortlichen und der Auftragsverarbeiter im Zusammenhang mit:
  - den Bedingungen für die wirksame *Einwilligung eines Kindes* gem. Art. 8 DSGVO (siehe Abschn. 4.2.1.6);
  - *Art. 11 DSGVO*, gemäß dem ein Verantwortlicher nicht allein zur Einhaltung der DSGVO verpflichtet wäre, zusätzliche Informationen aufzubewahren, einzuholen oder zu verarbeiten, um die betroffene Person zu identifizieren, wenn die Identifizierung der Person nicht oder nicht mehr für die Verarbeitungszwecke erforderlich ist;[95]
  - den *Anforderungen an die Datenschutzorganisation* gem. Art. 25 bis 39 DSGVO (siehe Kap. 3);
  - Datenschutz-*Zertifizierungen* gem. Art. 42, 43 DSGVO (siehe Abschn. 3.12.2);
- die *Pflichten der Zertifizierungsstelle* gem. Art. 42, 43 DSGVO (siehe Abschn. 3.12.2.3);
- die *Pflichten der Überwachungsstelle für Verhaltensregeln* gem. Art. 41 Abs. 4 DSGVO (siehe Abschn. 3.12.1.3).

Art. 83 Abs. 5 DSGVO

Gem. Art. 83 Abs. 5 DSGVO werden Geldbußen von *bis zu EUR 20.000.000,00* oder im Fall eines Unternehmens von bis zu *4 % des gesamten weltweit erzielten Jahresumsatzes* des vorangegangenen Geschäftsjahrs, *je nachdem, welcher der Beträge höher ist,* für *Verstöße* gegen die folgenden Bestimmungen verhängt:

- die *Verarbeitungsgrundsätze*, einschließlich der Voraussetzungen für eine wirksame *Einwilligung* und für eine Verarbeitung von *besonderen Kategorien personenbezogener Daten* gem. Art. 5, 6, 7, 9 DSGVO (siehe Abschn. 4.1 und 4.2);
- die *Rechte der betroffenen Personen* gem. Art. 12 bis 22 DSGVO (siehe Kap. 4);
- die Vorschriften über *internationale Datenübermittlungen* in Art. 44 bis 49 DSGVO (siehe Abschn. 4.3);
- alle Pflichten gemäß den *Rechtsvorschriften der EU-Mitgliedstaaten*, die im Rahmen der *Öffnungsklauseln* in Kap. IX der DSGVO erlassen wurden (siehe Kap. 8);
- Nichtbefolgung einer *Anweisung/vorübergehenden oder endgültigen Beschränkung* oder Aussetzung der Datenübermittlung durch die *Aufsichtsbehörde* gem. Artikel 58 Abs. 2 DSGVO oder *Nichtgewährung des Zugangs zu Informationen* für die Aufsichtsbehörde unter Verstoß gegen Artikel 58 Abs. 1 DSGVO (siehe Abschn. 7.3.1).

Bußgeldhöhe im Falle mehrfacher Verstöße

Sofern ein Verantwortlicher/Auftragsverarbeiter bei gleichen oder miteinander verbundenen Verarbeitungsvorgängen vorsätzlich oder fahrlässig gegen *mehrere Bestimmungen der DSGVO verstößt*, so *übersteigt* gem. Art. 83 Abs. 3 DSGVO der

[95] Steinrötter, in: Borges/Hilber, BeckOK IT-Recht, Art. 11 DSGVO (11. Ed. 01.01.2023), Rn. 6 ff. mit einigen Anwendungsbeispielen.

Gesamtbetrag der *Geldbuße nicht den Betrag für den schwerwiegendsten Verstoß*. Somit sollten Bußgelder niemals den Betrag von EUR 20.000.000,00 oder 4 % des weltweiten Jahresumsatzes übersteigen. Diese Begrenzung des Höchstbetrages findet auch auf Verarbeitungsvorgänge, einschließlich automatisierter Verarbeitungen, Anwendung, die eine Vielzahl von Personen betreffen, da die etwaige Unrechtmäßigkeit der Verarbeitung eine Verletzung der DSGVO gegenüber jeder der betroffenen Personen mit sich bringt.[96]

Art. 83 Abs. 7 DSGVO
Es gilt zu beachten, dass es den Mitgliedstaaten nach Art. 83 Abs. 7 DSGVO möglich ist, Vorschriften dafür festzulegen, ob und in welchem Umfang gegen Behörden und öffentliche Stellen, die im Mitgliedstaat niedergelassen sind, Geldbußen verhängt werden können.

Nach § 43 Abs. 3 BDSG können gegen Behörden und sonstige öffentliche Stellen des Bundes keine Geldbußen verhängt werden. Vergleichbare Regelungen gibt es für die öffentlichen Stellen der Länder in den diversen Landesdatenschutzgesetzen. Die Vorschrift ist insoweit rein deklaratorischer Natur. Ausgenommen sind allerdings Behörden und öffentliche Stellen, soweit sie als öffentlich-rechtliche Unternehmen am Wettbewerb teilnehmen. Dann können gegen sie Geldbußen verhängt werden.[97] Dahinter steckt der Gedanke, dass öffentliche Stellen nicht besser behandelt werden sollen als nicht-öffentliche Stellen, wenn sie am Wettbewerb teilnehmen[98] – ihnen soll so also kein unberechtigter Wettbewerbsvorteil zukommen. Am Wettbewerb nehmen öffentliche Stellen teil, *soweit* sie in Konkurrenz zu privaten Leistungen treten und vergleichbare Leistungen und Waren anbieten.[99] Als Beispiele lassen sich öffentlich-rechtliche Kreditunternehmen, Versicherungen, Verkehrsunternehmen, Bausparkassen, Verkehrs- und Versorgungsunternehmen und Krankenhäuser nennen.[100]

7.3.3 Verhängung von Bußgeldern

Bußgelder können für die in Art. 83 Abs. 4, 5 DSGVO *aufgezählten Fälle* verhängt werden (siehe Abschn. 7.3.2). Die *genaue Höhe* des Bußgeldes wird *von der Aufsichtsbehörde* auf Grundlage des konkreten Falles *festgelegt*.[101] Gem. Art. 83

[96] Frenzel, in: Paal/Pauly, DSGVO BDSG, Art. 83 DSGVO (2021), Rn. 16.

[97] Näher Brodowski/Nowak, in: Wolff/Brink/v. Ungern-Sternberg, BeckOK Datenschutzrecht, § 43 BDSG (45. Ed. 01.08.2023), Rn. 19 ff.

[98] Deutscher Bundestag (2018), Drucksache 18/11325, S. 109.

[99] Ernst, in: Paal/Pauly, DSGVO BDSG, § 2 BDSG (2021), Rn. 13; siehe näher auch Arning/Rothkegel, in: Taeger/Gabel, DSGVO BDSG TTDSG, § 2 BDSG (2022), Rn. 98 ff.

[100] Ernst, in: Paal/Pauly, DSGVO BDSG, § 2 BDSG (2021), Rn. 13; Arning/Rothkegel, in: Taeger/Gabel, DSGVO BDSG TTDSG, § 2 BDSG (2022), Rn. 99.

[101] Es ist zu beachten, dass die Rechtsordnungen Dänemarks und Estlands eine Verhängung von Geldbußen durch Aufsichtsbehörden nicht vorsehen, sodass diese Regelung in beiden Mitgliedstaaten unzulässig ist. Daher obliegt die Verhängung von Geldbußen in diesen beiden Mitgliedstaaten anderen staatlichen Stellen, für Näheres siehe ErwGr. 151 DSGVO.

Abs. 1 DSGVO hat jede Aufsichtsbehörde sicherzustellen, dass die Verhängung von Bußgeldern *in jedem Einzelfall wirksam, verhältnismäßig und abschreckend* ist. Sofern Geldbußen Personen auferlegt werden, bei denen es sich nicht um Unternehmen handelt, sollte die Aufsichtsbehörde bei der Festsetzung des Bußgelds das *allgemeine Einkommensniveau* in dem betreffenden EU-Mitgliedstaat und die *wirtschaftliche Lage der Personen* gebührend berücksichtigen.[102]

Bei der Festsetzung der Bußgeldhöhe werden Aufsichtsbehörden sich regelmäßig an den aktuellen Empfehlungen des EDSA orientieren.[103] Diese sehen einen Fünfschritt zur Bußgeldberechnung vor. Nach **(1)** Erfassung des sanktionswürdigen Verhaltens ist **(2)** zunächst ein Ausgangsbetrag, abgeleitet von der maximalen in Betracht kommenden Geldbuße nach der DSGVO, anzusetzen. **(3)** Den Schwerpunkt der Berechnung wird in der Praxis regelmäßig der dritte Punkt, die Berücksichtigung der erschwerenden oder *mildernden Umstände,* bilden. Aufsichtsbehörden können Umstände berücksichtigen wie z. B.:

- die Art, Schwere und Dauer des Verstoßes. Hinsichtlich der Art des Verstoßes kann die Aufsichtsbehörde insbesondere das Interesse, das durch die verletzte Bestimmung geschützt werden soll, berücksichtigen. Hinsichtlich der Schwere des Verstoßes sind Art, Umfang und Zweck der Verarbeitung sowie die Anzahl der konkret und potenziell betroffenen Personen und der erlittene Schaden zu berücksichtigen. Für die Dauer des Verstoßes gilt im Grundsatz: Je länger die Dauer des Verstoßes, desto mehr Gewicht kann die Aufsichtsbehörde diesem Faktor beimessen;[104]
- den vorsätzlichen oder fahrlässigen Charakter des Verstoßes. Die Aufsichtsbehörde kann insbesondere auch den Grad der Fahrlässigkeit berücksichtigen. Vorsätzliche Verstöße werden regelmäßig schwerer wiegen als fahrlässige.[105] Eine verschuldensunabhängige Verhängung von Bußgeldern ist ausgeschlossen.[106] Eine Zurechnung von fremdem Verschulden ist hierbei möglich.

---

[102] ErwGr. 150 DSGVO.

[103] EDPB, Guidelines 04/2022 on the calculation of administrative fines under the GDPR, Version 2.1 (2023), Rn. 46 ff.

[104] EDPB, Guidelines 04/2022 on the calculation of administrative fines under the GDPR, Version 2.1 (2022), Rn. 53 ff.

[105] EDPB, Guidelines 04/2022 on the calculation of administrative fines under the GDPR, Version 2.1 (2022), Rn. 55 ff.; EuGH, Urteil vom 5. Dezember 2023, Deutsche Wohnen SE/Staatsanwaltschaft Berlin, C-807/21, Rn. 78.

[106] EuGH, Urteil vom 5. Dezember 2023, Deutsche Wohnen SE/Staatsanwaltschaft Berlin, C-807/21, Rn. 64 ff.; die Aufsichtsbehörden folgten der Ansicht, dass Art. 83 DSGVO den Mitgliedstaaten einen gewissen Ermessensspielraum lassen wollte, welche es ihnen ermöglichen sollte, ohne den Nachweis eines Verschuldens Bußgelder zu erlassen. Dies wurde damit begründet, dass Art. 83 Abs. 4–6 DSGVO keine Klarstellung enthalten würde, dass die genannten Verstöße nur bei vorsätzlich oder zumindest fahrlässig begangen Handlungen geahndet werden können. Hierbei verkannten die Aufsichtsbehörden die Systematik und den Zweck der DSGVO. Denn bereits aus Art. 83 Abs. 2 lit. b DSGVO ergibt sich, dass einer der zwingend zu berücksichtigenden Kriterien bei der Verhängung von Bußgeldern unter der DSGVO der Verschuldungsgrad des Verantwortlichen/Auftragsverarbeiters ist. Der Unionsgesetzgeber hat es gerade nicht für erforderlich gehalten, eine verschuldensunabhängige Haftung zur Gewährleistung eines hohen Schutzniveaus zu kodifizieren.

Eine Geldbuße kann daher auch gegen einen Verantwortlichen für Verarbeitungsvorgänge verhängt werden, die von einem Auftragsverarbeiter durchgeführt wurden.[107] Bei der Haftung von juristischen Personen ist zu beachten, dass nicht nur Verstöße durch ein Leitungsorgan oder dessen Kenntnis von einem Verstoß zu einem zurechenbaren Verstoß führen: Vielmehr ist es ausreichend, wenn der Verstoß von einer Person begangen wurde, welche im Rahmen ihres Handelns für die juristische Person agierte (wobei es nicht notwendig ist festzustellen, dass der Verstoß durch eine identifizierbare natürliche Person begangen wurde);[108]

- die Maßnahmen zur Minderung des entstandenen Schadens. Hierbei ist zu beachten, dass der Verantwortliche ohnehin verpflichtet ist, technische und organisatorische Maßnahmen zu ergreifen, um ein dem Risiko angemessenes Schutzniveau zu gewährleisten, Datenschutzfolgeabschätzungen durchzuführen und die sich aus der Verarbeitung ergebenden Risiken für die Rechte und Freiheiten natürlicher Personen zu mindern.[109] Auch ist zu berücksichtigen, ob entsprechende Maßnahmen bereits vor Kenntnis von Untersuchungen der Untersuchungsbehörde eingeleitet wurden. Das könnte positiver zu beurteilen sein als das Ergreifen von Maßnahmen als Reaktion auf die Kenntnis von Untersuchungen;[110]
- der Grad der Verantwortlichkeit. Hierbei dürfte der Grad der Verantwortlichkeit regelmäßig als erschwerender oder maximal neutraler Faktor wirken. In Ausnahmefällen – etwa, wenn der Verantwortliche bzw. der Auftragsverarbeiter über die ihm auferlegten Pflichten nach den Art. 25 bis 32 DSGVO hinausgegangen ist – kann der Grad der Verantwortlichkeit allerdings auch ein bußgeldminderndes Element darstellen;[111]
- etwaige einschlägige frühere Verstöße des Unternehmens. Es gilt im Grundsatz: Je länger ein früherer Verstoß zurückliegt, desto unbedeutender ist er. Dennoch ist eine Betrachtung im konkreten Einzelfall vorzunehmen.[112] Betrachtung finden sollte außerdem der Gegenstand und die Art und Weise früherer Verstöße. Frühere Verstöße, die auf die gleiche Art und Weise entstanden sind oder den gleichen Gegenstand betreffen, sollten als relevanter angesehen werden als an-

---

[107] EuGH, Urteil vom 5. Dezember 2023, Nacionalinis visuomenės sveikatos centras prie Sveikatos apsaugos ministerijos/Valstybinė duomenų apsaugos inspekcija, C-807/21, Rn. 86.

[108] EuGH, Urteil vom 5. Dezember 2023, Deutsche Wohnen SE/Staatsanwaltschaft Berlin, C-807/21, Rn. 60. Die DSGVO sieht gerade nicht vor, dass der Verstoß einer juristischen Person auf einen Verstoß einer bestimmten natürlichen Person zurückzuführen sein muss. Eine solche Regelung seitens der Mitgliedstaaten würde dem Zwecke der DSGVO zuwiderlaufen, für eine einheitliche Rechtsanwendung zu sorgen und würde die Effektivität der Sanktionierung von juristischen Personen schwächen.

[109] EDPB, Guidelines 04/2022 on the calculation of administrative fines under the GDPR, Version 2.1 (2022), Rn. 70 ff.

[110] EDPB, Guidelines 04/2022 on the calculation of administrative fines under the GDPR, Version 2.1 (2022), Rn. 73 ff.

[111] EDPB, Guidelines 04/2022 on the calculation of administrative fines under the GDPR, Version 2.1 (2022), Rn. 77 ff.

[112] EDPB, Guidelines 04/2022 on the calculation of administrative fines under the GDPR, Version 2.1 (2022), Rn. 82 ff.

dere Verstöße.[113] Nach Ansicht des EDSA soll zudem das fehlende Vorliegen von früheren Verstößen nicht als mildernder Umstand zu berücksichtigen sein. Das begründet der EDSA damit, dass die Einhaltung der DSGVO die Regel zu sein habe;[114]

- die Art und Weise, wie der Verstoß der Aufsichtsbehörde bekannt wurde. Abgestellt werden kann hierbei vor allem darauf, ob der Verantwortliche bzw. der Auftragsverarbeiter den Verstoß von sich aus gemeldet hat oder ob die Behörde auf andere Weise vom Verstoß Kenntnis erlangt hat – etwa durch eine Beschwerde;[115]
- die Einhaltung der gegen den Verantwortlichen/Auftragsverarbeiter angeordneten Maßnahmen. Die bloße Einhaltung soll allerdings nicht als mildernd anzusehen sein, da sie ohnehin verbindlich ist. Als mildernder Umstand berücksichtigt werden kann hingegen, wenn der Verantwortliche oder Auftragsverarbeiter in der Folge ein verstärktes Engagement gezeigt hat, etwa indem er angeordnete Maßnahmen übererfüllt;[116]
- die Einhaltung von Verhaltensregeln (siehe Abschn. 3.12.1.4).[117] Um eine Reduzierung der Bußgeldhöhe zu erreichen oder Bußgelder gänzlich zu vermeiden, könnten datenverarbeitende Unternehmen, soweit verfügbar und umsetzbar, *genehmigte Verhaltensregeln* einhalten. Dies wird nicht nur als mildernder Umstand bei der Festsetzung des Bußgelds berücksichtigt, sondern ist allgemein hilfreich, um die organisatorischen und materiellen Pflichten aus der DSGVO zu erfüllen, da die Verhaltensregeln sektor- oder produktspezifische Leitlinien für die Umsetzung dieser Pflichten sind (siehe Abschn. 3.12.1 für Einzelheiten).

Beispiel

Umstände, die auf vorsätzliche Verstöße hindeuten, könnten eine unrechtmäßige Verarbeitung sein, die ausdrücklich von der obersten Führungsebene des für die Verarbeitung Verantwortlichen genehmigt wurde, oder trotz des Rates des Datenschutzbeauftragten oder unter Missachtung bestehender Richtlinien, z. B. die Beschaffung und Verarbeitung von Daten über Mitarbeiter eines Wettbewerbers mit der Absicht, diesen Wettbewerber auf dem Markt zu diskreditieren. Andere Beispiele hierfür könnten sein:

---

[113] EDPB, Guidelines 04/2022 on the calculation of administrative fines under the GDPR, Version 2.1 (2022), Rn. 84 ff.

[114] EDPB, Guidelines 04/2022 on the calculation of administrative fines under the GDPR, Version 2.1 (2022), Rn. 94.

[115] EDPB, Guidelines 04/2022 on the calculation of administrative fines under the GDPR, Version 2.1 (2022), Rn. 98 ff.

[116] EDPB, Guidelines 04/2022 on the calculation of administrative fines under the GDPR, Version 2.1 (2022), Rn. 100 ff.

[117] Art. 83 Abs. 2 S. 2 lit. a-k DSGVO; ErwGr. 148 DSGVO.

- die Änderung personenbezogener Daten, um einen irreführenden (positiven) Eindruck darüber zu erwecken, das Zielvorgaben erreicht wurden; oder
- der Handel mit personenbezogenen Daten zu Marketingzwecken, d. h. der Verkauf von Daten als „Opt-in“, ohne die Meinung der Betroffenen über die Verwendung ihrer Daten zu prüfen/zu berücksichtigen.

Andere Umstände, wie das Versäumnis, bestehende Richtlinien zu lesen und zu befolgen, menschliches Versagen, das Versäumnis, die veröffentlichten Informationen auf personenbezogene Daten zu überprüfen, das Versäumnis, technische Aktualisierungen rechtzeitig anzuwenden, oder das Versäumnis, Richtlinien anzunehmen (und nicht nur das Versäumnis, sie anzuwenden), können auf Fahrlässigkeit hindeuten.[118] ◀

(4) In einem vierten Schritt ist sicherzustellen, dass die so ermittelte Geldbuße innerhalb des durch die Maximal-Geldbuße gesteckten Rahmens (also z. B. max. 20 Mio. €/4 % des weltweiten Jahresumsatzes) bleibt. **(5)** Im letzten Schritt kann das Bußgeld noch aus Verhältnismäßigkeits- oder Abschreckungsgründen (innerhalb des zulässigen Rahmens) erhöht bzw. abgesenkt werden.

7.3.4 Sanktionierung von Unternehmensgruppen

Da die Bußgelder eine abschreckende Wirkung haben sollen, werden die *Bußgeldbeträge auf Grundlage des gesamten weltweiten Jahresumsatzes des „Unternehmens“ festgelegt.*

Gem. ErwGr. 150 DSGVO sollte der Begriff „Unternehmen“ *im Sinne der Art. 101, 102 AEUV verstanden* werden. Diese Bestimmungen sehen eine weite Auslegung des Begriffes vor, wie sie auch im Wettbewerbsrecht zur Anwendung kommt.[119] Der Unternehmensbegriff knüpft dabei nicht an die etwaige juristische Person an, sondern meint jede wirtschaftliche Tätigkeiten ausübende Einheit, unabhängig von ihrer Rechtsform und der Art ihrer Finanzierung.[120] Ausgehend von dieser Auslegung *könnten Unternehmensgruppen als einzelnes „Unternehmen“* i. S. d. Art. 83 DSGVO *gelten*, sofern das herrschende Unternehmen einen be-

[118] EuGH, Urteil vom 5. Dezember 2023, Deutsche Wohnen SE/Staatsanwaltschaft Berlin, C-807/21, Rn. 57, 58, Art. 29 Datenschutzgruppe, WP 253 (2009b), S. 6; Entschließung der 97. Konferenz der unabhängigen Datenschutzaufsichtsbehörden des Bundes und der Länder (2019); EDPB, Guidelines 04/2022 on the calculation of administrative fines under the GDPR, Version 2.1 (2022), Rn. 55.

[119] Moos/Schefzig, in: Taeger/Gabel, DSGVO BDSG TTDSG, Art. 83 DSGVO (2022), Rn. 44; Becker, in: Plath, DSGVO BDSG TTDSG, Art. 83 DSGVO (2023), Rn. 27; EuGH, Urteil vom 5. Dezember 2023, Deutsche Wohnen SE/Staatsanwaltschaft Berlin, C-807/21, Rn. 57, 58.

[120] EuGH, Urteil vom 23. April 1991, Höfner and Elser/Macrotron, C-41/90, Rn. 21; dazu auch Faust/Spittka/Wybitul, ZD 2016, 120, 120–121.

stimmenden Einfluss in Bezug auf die (Datenverarbeitungs-)Tätigkeiten der Konzernunternehmen ausübt.[121]

7.3.5 Sanktionen und Verfahrensvorschriften des BDSG und des OWiG

Die Schaffung zusätzlicher Sanktionen sowie die Regelung des Verfahrens bzgl. Datenschutzverstößen liegen in der Kompetenz der EU-Mitgliedstaaten (siehe Abschn. 7.3). Das BDSG trifft entsprechende Regelungen zu Sanktionen in Deutschland.

Verfahrensablauf

Für das in der Zuständigkeit der Aufsichtsbehörden liegende Verfahren bzgl. Verstößen gegen Art. 83 Abs. 4 bis 6 DSGVO (siehe Abschn. 7.3.2) gelten das *Gesetz über Ordnungswidrigkeiten* (kurz: OWiG), die *Strafprozessordnung* (kurz: StPO) und das *Gerichtsverfassungsgesetz* (kurz: GVG) entsprechend, § 41 Abs. 2 BDSG. Dies gilt auch für die auf Grundlage von Öffnungsklauseln geschaffenen nationalen Sanktionstatbestände.[122] Bestimmte Vorschriften des OWiG gelangen aufgrund der abschließenden Regelung der Materien in der DSGVO, z.B. § 17 OWiG für Bußgeldhöhen, nicht zur Anwendung.[123] An den bisherigen Grundsätzen des datenschutzrechtlichen *Bußgeld- und Strafverfahrens* nach deutschem Recht wird damit festgehalten.[124] Von besonderer Bedeutung für deutsche Unternehmen war hierbei die Frage, ob ein Unternehmen bei Verstößen gegen die DSGVO im Rahmen einer Verbandsklage herangezogen werden kann oder ob dafür ein unmittelbarer Tatbeitrag und Täter nach den Regeln der §§ 30, 130 OWiG zu ermitteln ist.[125] Der EuGH entschied hierauf, dass eine direkte Sanktionierung des Unternehmens gem.

[121] Zu der nunmehr aufgrund des EuGH-Urteils in der Sache *Deutsche Wohnen SE/Staatsanwaltschaft Berlin, C-807/21* wohl überholten Gegenansicht, welche wegen der fehlenden Gesetzeskraft des ErwGr. 150 DSGVO und dem Wortlaut des Art. 4 Nr. 19 DSGVO argumentiert, dass die verschiedenen Gruppenunternehmen als jeweils unabhängige „Unternehmen" zu bewerten sind: Gola, in: Gola/Heckmann, DSGVO BDSG, Art. 83 DSGVO (2022), Rn. 24; gegen ein weites Verständnis auch Moos/Schefzig, in: Taeger/Gabel, DSGVO BDSG TTDSG, Art. 83 DSGVO (2022), Rn. 47 und Voigt, Die räumliche Anwendbarkeit der EU Datenschutz-Grundverordnung auf Auftragsverarbeiter im Drittland (2020), S. 59 f.; Faust/Spittka/Wybitul, ZD 2016, 120, 124; ablehnend Holländer, in: Wolff/Brink/v. Ungern-Sternberg, BeckOK Datenschutzrecht, Art. 83 DSGVO (45. Ed. 01.11.2021), Rn. 12–15; Becker, in: Plath, DSGVO BDSG TTDSG, Art. 83 DSGVO (2023), Rn. 27.

[122] Deutscher Bundestag (2017), Drucksache 18/11325, S. 108.

[123] Siehe insoweit die Aufzählungen in § 41 Abs. 1 S. 2, 3, Abs. 2 S. 2, 3 BDSG.

[124] Deutscher Bundestag (2017), Drucksache 18/11325, S. 108.

[125] Kammergericht, Vorlagebeschluss vom 6. Dezember 2021, 3 Ws 250/21. Der Generalanwalt kam in seinen Schlussanträgen zum Ergebnis, dass eine direkte Sanktionierung eines Unternehmens gem. der DSGVO möglich ist, dies aber ein Verschulden eines Mitarbeiters (nicht notwendigerweise der Unternehmensleitung) vor, vgl. § 30 OWiG; siehe Schlussanträge des Generalanwalts Manuel Campos Sánchez-Bordona vom 27. April 2023, (Deutsche Wohnen SE/Staatsanwaltschaft Berlin) C-807/21; siehe zum Hintergrund Urteilsanmerkungen v. d. Bussche, ZD 2021, 154, 159 ff.; Urteilsanmerkungen v. d. Bussche, ZD 2021, 270, 273 ff.

der DSGVO zwar möglich ist, ohne dass ein unmittelbarer Täter nach den Regeln der §§ 30, 130 OWiG ermittelt wird, für die Sanktionierung aber dennoch ein Verschulden eines Mitarbeiters (nicht notwendigerweise der Unternehmensleitung) vorliegen muss (siehe auch Abschn. 7.3.3).[126]

Zusätzliche Sanktionen
Die §§ 42, 43 BDSG sehen zusätzliche Sanktionstatbestände vor. Diese bestehen neben denjenigen, die in der DSGVO vorgesehen sind.

§ 42 BDSG führt in Ergänzung zu den Bußgeldtatbeständen der DSGVO *strafrechtliche Sanktionen* ein. Diese sind – im Gegensatz zu den Bußgeldvorschriften – in ihrem persönlichen Anwendungsbereich nicht begrenzt („wer"). Es handelt sich bei § 42 BDSG nach wohl herrschender Ansicht um ein sog. Jedermannsdelikt.[127] Der Täterkreis der Vorschrift ist demnach nicht – wie die Gegenansicht vertritt – auf Verantwortliche und Auftragsverarbeiter im datenschutzrechtlichen Sinne beschränkt.[128] Der Zweck der Vorschrift liegt insbesondere im präventiven Bereich in Bezug auf individuelles Fehlverhalten.[129]

Nach § 42 Abs. 1 BDSG wird mit Freiheitsstrafe bis zu drei Jahren oder mit Geldstrafe bestraft, wer wissentlich *nicht allgemein zugängliche personenbezogene Daten* einer großen Zahl von Personen einem *Dritten übermittelt* oder auf andere Art und Weise zugänglich macht, ohne dazu berechtigt zu sein, und dabei gewerbsmäßig handelt. Bestraft werden also Fälle der Offenlegung nicht allgemein zugänglicher Daten in der Absicht, sich durch wiederholte Tatbegehung eine *fortlaufende Einnahmequelle* von einiger Dauer und einigem Umfang zu verschaffen.[130] Unklar bleibt, wie viele betroffene Personen von der Offenlegung betroffen sein müssen, um als *„große Zahl"* zu gelten.

Nach § 42 Abs. 2 BDSG wird mit Freiheitsstrafe bis zu zwei Jahren oder mit Geldstrafe bestraft, wer nicht allgemein zugängliche Daten ohne Berechtigung verarbeitet oder sich *Zugang* zu diesen *erschleicht* und dabei gegen Entgelt oder mit Bereicherungs- bzw. Schädigungsabsicht handelt. Das Strafmaß ist hier geringer, da eine Offenlegung der Daten an andere Personen nicht erfolgt.

Bei den Taten handelt es sich gem. § 42 Abs. 3 BDSG um *Antragsdelikte*, wobei die betroffene Person, der Verantwortliche, der Bundesdatenschutzbeauftragte und die Aufsichtsbehörden der Länder antragsbefugt sind. Aufgrund des verfassungs-

---

[126] EuGH, Urteil vom 5. Dezember 2023, Deutsche Wohnen SE/Staatsanwaltschaft Berlin, C-807/21.

[127] Gola, in: Gola/Heckmann, DSGVO BDSG, Art. 84 DSGVO (2022), Rn. 13; Bergt, in: Kühling/Buchner, DSGVO BDSG, § 42 BDSG (2020), Rn. 3; m.V.a BGH Urt. v. 4.6.2013 – 1 StR 32/13; zu § 44 BDSG a. F.; Nolde, in: Taeger/Gabel, DSGVO/BDSG, § 42 BDSG (2019), Rn. 1.

[128] Brodowski/Nowak, in: Wolff/Brink/v. Ungern-Sternberg, BeckOK Datenschutzrecht, § 42 BDSG (45. Ed. 01.08.2023), Rn. 15; Kubiciel/Großmann NJW 2019, 1050, 1053 f.

[129] Brodowski/Nowak, in: Wolff/Brink/v. Ungern-Sternberg, BeckOK Datenschutzrecht, § 42 BDSG (45. Ed. 01.08.2023), Rn. 8.

[130] Brodowski/Nowak, in: Wolff/Brink/v. Ungern-Sternberg, BeckOK Datenschutzrecht, § 42 BDSG (45. Ed. 01.08.2023), Rn. 41 (m. w. N.); näher zum Merkmal Brodowski, wistra 2018, 97.

rechtlichen „*nemo tenetur*"-Grundsatzes[131] und des daraus folgenden Aussageverweigerungsrechts können Meldungen oder Benachrichtigungen durch den Verantwortlichen über Datenschutzverletzungen (siehe Abschn. 3.8.3.) in einem Strafverfahren nur mit dessen ausdrücklicher und eindeutiger[132] Zustimmung verwendet werden, § 42 Abs. 4 BDSG.[133] Ebenso dürfen Benachrichtigungen und Meldungen auch nicht als Grundlage für strafrechtliche Ermittlungen, also als Spurenansatz herangezogen werden. Das ergibt sich daraus, dass § 42 Abs. 4 BDSG nicht nur ein (bloßes) Verwertungs-, sondern ein Verwendungsverbot anordnet.[134] Das Beweisverwendungsverbot entfaltet Wirkung für den Meldepflichtigen bzw. Benachrichtigenden selbst sowie seine Angehörigen, vgl. § 52 Abs. 2 StPO.[135]

§ 43 BDSG schafft *ergänzende Bußgeldtatbestände* für die vorsätzliche oder fahrlässige Verletzung von Pflichten aus § 30 BDSG (siehe Abschn. 8.1.3) im Zusammenhang mit *Verbraucherkrediten*. Auch hier stellt sich, wie schon bei § 42 BDSG, die Frage, wer Adressat der Vorschrift sein kann. Während der Wortlaut („wer") dafür spricht, gleichfalls von einem Jedermannsdelikt auszugehen, lässt der Verweis des § 43 BDSG auf § 30 Abs. 1 BDSG eher eine Qualifikation als Sonderdelikt vermuten. Jedenfalls dürften in der Praxis nur datenschutz- und verbraucherkreditrechtlich Verantwortliche als Adressaten der Regelungen in Betracht kommen.[136] Etwaige Verletzungen können mit Bußgeldern von bis zu EUR 50.000,00 belegt werden, § 43 Abs. 2 BDSG. Da sich die Verfolgung der Ordnungswidrigkeit nach dem OWiG richtet,[137] können u.U. die §§ 9 und 30 OWiG Anwendung finden – auch, wenn eine juristische Person also grundsätzlich nicht Täter im bußgeldrechtlichen Sinne sein kann, besteht die Möglichkeit, die jeweilige juristische Person nach § 30 OWiG bußgeldrechtlich zur Verantwortung zu ziehen.[138] Auch im Zusammenhang mit § 43 BDSG gilt in Bezug auf Mitteilungen über Datenschutzverletzungen der „*nemo tenetur*"-Grundsatz gem. § 43 Abs. 4 BDSG.

---

[131] Aus dem lateinischen *nemo tenetur se ipsum accusare* (niemand ist dazu verpflichtet, sich selber anzuklagen).

[132] Brodowski/Nowak, in: Wolff/Brink/v. Ungern-Sternberg, BeckOK Datenschutzrecht, § 42 BDSG (45. Ed. 01.08.2023), Rn. 78.

[133] Deutscher Bundestag (2017), Drucksache 18/11325, S. 109.

[134] Brodowski/Nowak, in: Wolff/Brink/v. Ungern-Sternberg, BeckOK Datenschutzrecht, § 42 BDSG (45. Ed. 01.08.2023), Rn. 76.

[135] Brodowski/Nowak, in: Wolff/Brink/v. Ungern-Sternberg, BeckOK Datenschutzrecht, § 42 BDSG (45. Ed. 01.08.2023), Rn. 77.

[136] Eingehend Brodowski/Nowak, in: Wolff/Brink/v. Ungern-Sternberg, BeckOK Datenschutzrecht, § 43 BDSG (45. Ed. 01.08.2023), Rn. 8 ff.

[137] Brodowski/Nowak, in: Wolff/Brink/v. Ungern-Sternberg, BeckOK Datenschutzrecht, § 43 BDSG (45. Ed. 01.08.2023), Rn. 18.

[138] Näher Brodowski/Nowak, in: Wolff/Brink/v. Ungern-Sternberg, BeckOK Datenschutzrecht, § 43 BDSG (45. Ed. 01.08.2023), Rn. 11.

7.3.6 Praxishinweise

Sofern Unternehmen Anfragen oder Instruktionen von Aufsichtsbehörden erhalten, sollten sie ihre *Antwort* an besagte Aufsichtsbehörde *sorgfältig danach vorbereiten* und überprüfen, welche Ziele die Aufsichtsbehörde mit ihrem Antrag/ihrer Instruktion offenbar verfolgt. Grundsätzlich sollten Unternehmen versuchen eine Zusammenarbeit mit den Aufsichtsbehörden anzustreben, insbesondere wenn sie den Behörden *Informationen* für deren Überprüfungen *zur Verfügung stellen* müssen (siehe Abschn. 7.1).

Um eine gütliche Lösung zu erreichen, wird folgende Herangehensweise bei der Verhandlung und Interaktion mit den Aufsichtsbehörden empfohlen:

- Bevor Unternehmen einer Aufsichtsbehörde antworten, sollten sie alle relevanten Fakten für ihre Antwort zusammentragen sowie eine kurze rechtliche Einschätzung vornehmen und in die Antwort einbeziehen, einschließlich eines Handlungsvorschlags, um dem jeweiligen Datenschutzproblem zu begegnen. Eine lückenlose Sachverhaltsaufklärung unter Einbeziehung der Fachabteilung ist maßgebliche Voraussetzung für ein Gelingen der Auseinandersetzung, selbst wenn sie bislang sehr zeitaufwendig erscheint. Die Aufsichtsbehörden könnten einen solchen Vorschlag akzeptieren, wenn er ihnen eine schnelle Lösung des Problems ermöglicht. Erste relevante Fakten lassen sich im Rahmen einer Akteneinsicht sammeln, welche bei der zuständigen Aufsichtsbehörde zu beantragen ist. In der Verfahrensakte können sich interne Vermerke der Behörde befinden, die für das Verständnis des Verfahrenshintergrunds hilfreich sind.
- Soweit möglich und in Anbetracht der Komplexität der Angelegenheit angezeigt, sollten Unternehmen ein persönliches Treffen bzw. einen Termin zum direkten Austausch mit der Aufsichtsbehörde vereinbaren, um weitere Einzelheiten zu besprechen und Missverständnisse in der Kommunikation zu vermeiden oder aufzulösen. Es ist häufig zu empfehlen, mit der Aufsichtsbehörde zu kooperieren und die angeforderte Auskunft zu erteilen. Anderenfalls kann die Behörde selbstständig tätig werden und beispielsweise Überprüfungen vor Ort im Unternehmen durchführen.
- Unternehmen sollten beim Austausch mit der Aufsichtsbehörde allerdings beachten, dass jeglicher Vortrag von der Aufsichtsbehörde im Regelfall auch im Verfahren verwendet werden kann. Deswegen sollte der (vorgeworfene) Datenschutzverstoß vor dem Austausch mit der Aufsichtsbehörde intern vollständig aufgeklärt werden. In Bußgeldverfahren bietet sich zudem an, auf Grundlage der internen Einordnung eine Verteidigungsstrategie zu wählen. Diese kann von einem umfassenden Geständnis bis zu einer Auskunftsverweigerung reichen. Unternehmen sollten hierbei insbesondere die mögliche (negative) Berichterstattung und die rechtlichen Erfolgschancen gegeneinander abwägen.

- Soweit eine gütliche Einigung nicht erreicht werden konnte und in der Folge ein Bußgeldbescheid gegen das Unternehmen ergeht, gilt es zu beachten, dass ein etwaiger Einspruch grundsätzlich nicht durch den Adressaten des Bußgeldbescheides zu begründen, eine Begründung jedoch regelmäßig zu empfehlen ist. Möglich ist es auch, einen Einspruch zur Wahrung der Frist ohne Begründung einzulegen und anschließend eine Begründung nachzureichen.[139] Unternehmen sollten dabei beachten, dass im Bußgeldverfahren gegen sie kein Verschlechterungsverbot gilt. Das bedeutet, dass ein Einspruch auch dazu führen kann, dass im Ergebnis ein höheres Bußgeld festgesetzt wird. Der Umfang des Einspruchs sollte daher gründlichst geprüft werden.[140] Auch ist der Abschluss eines Vergleichs mit der Aufsichtsbehörde auszuloten, dem gegenüber einige deutsche Aufsichtsbehörden durchaus aufgeschlossen sind.

Auch sollte der *Datenschutzbeauftragte* (soweit vorhanden, siehe Abschn. 3.10) in die Kommunikation mit den Aufsichtsbehörden einbezogen werden, da seine Expertise in Bezug auf die Datenverarbeitungsvorgänge des Unternehmens und die gesetzlichen Datenschutzanforderungen unerlässlich sein wird.

7.4 Rechtsbehelfe

Die DSGVO sieht Rechtsbehelfe für die verschiedenen Akteure vor, die an der Datenverarbeitung beteiligt sind. Allerdings sieht sie keine Regelungen dazu vor, welches Gericht im Einzelfall zuständig ist. Entsprechende Vorschriften werden vom Recht der EU-Mitgliedstaaten vorgesehen.

7.4.1 Rechtsbehelfe von daten verarbeitenden Unternehmen

Gem. Art. 78 Abs. 1 DSGVO hat jede natürliche oder juristische Person unbeschadet eines anderweitigen verwaltungsrechtlichen oder außergerichtlichen Rechtsbehelfs das Recht auf einen wirksamen gerichtlichen Rechtsbehelf gegen einen sie betreffenden *rechtsverbindlichen Beschluss einer Aufsichtsbehörde.* Rechtsverbindliche Beschlüsse betreffen die Ausübung der Abhilfe- und Untersuchungsbefugnisse der Aufsichtsbehörden (siehe Abschn. 7.1 und 7.3.1) sowie die Ablehnung oder Abweisung von Beschwerden.[141] Diese Vorschrift eröffnet *Verantwortlichen/Auftragsverarbeitern die Möglichkeit, Entscheidungen der Aufsichtsbehörden* gerichtlich *anzugreifen.* Verfahren gegen eine Aufsichtsbehörde sollten bei den *Gerichten des EU-Mitgliedstaats* angestrebt werden, in dem die Aufsichtsbehörde

---

[139] Dazu und insgesamt ausführlich Wybitul/Klaas, BB 2022, 2883, 2887.

[140] Wybitul/Klaas, BB 2022, 2883, 2887.

[141] Körffer, in: Paal/Pauly, DSGVO BDSG, Art. 78 DSGVO (2021), Rn. 3; ErwGr. 143 DSGVO.

ihren Sitz hat, Art. 78 Abs. 3 DSGVO, und im Einklang mit dem *Verfahrensrecht dieses EU-Mitgliedstaats* durchgeführt werden.[142]

Die Vorschrift offenbart eine Lücke hinsichtlich der Rechtsbehelfe in Bezug auf *begehrte Leistungen* von der Aufsichtsbehörde, wie bspw. die Genehmigung von Verhaltensregeln oder die Erteilung von Zertifizierungen (siehe Abschn. 3.12.2).[143] Lehnt eine Aufsichtsbehörde eine derartige Anfrage ab, ist der negative Beschluss rechtlich bindend und kann nach Art. 78 Abs. 1 DSGVO angegriffen werden.[144] Bleibt die *Aufsichtsbehörde* allerdings *untätig*, fehlt es an einem rechtsverbindlichen Beschluss, den der Verantwortliche/Auftragsverarbeiter angreifen könnte, sodass *kein Rechtsbehelf unter der DSGVO* zur Verfügung steht.[145] In solchen Fällen sollte das *nationale Prozessrecht* der EU-Mitgliedstaaten diese Gesetzeslücke schließen.

Eröffnung des Verwaltungsrechtswegs nach dem BDSG
Für Streitigkeiten zwischen datenverarbeitenden Unternehmen und den Aufsichtsbehörden erklärt § 20 Abs. 1 BDSG den *Verwaltungsrechtsweg* für eröffnet. Davon ausgenommen ist das Bußgeldverfahren, da dafür der Rechtsweg vor den ordentlichen Gerichten eröffnet ist.[146] Auf die entsprechenden Streitigkeiten ist die *Verwaltungsgerichtsordnung* (kurz: VwGO) anzuwenden, § 20 Abs. 2 BDSG. Örtlich zuständig ist jeweils das Verwaltungsgericht, in dessen Bezirk die Aufsichtsbehörde ihren Sitz hat.[147] Beteiligte eines entsprechenden Verfahrens sind das datenverarbeitende Unternehmen als Klägerin bzw. Antragstellerin und die Aufsichtsbehörde als Beklagte bzw. Antragsgegnerin.

Durch die Anwendbarkeit der VwGO hat der deutsche Gesetzgeber auch die Verfahrenslücke der DSGVO in Bezug auf ein *Untätigbleiben der Aufsichtsbehörden* geschlossen. In derartigen Fällen können datenverarbeitende Unternehmen eine *Verpflichtungsklage in Form der Untätigkeitsklage* gem. § 42 Abs. 1 Var. 2 VwGO erheben.

7.4.2 Rechtsbehelfe von betroffenen Personen

Um den Schutz der betroffenen Personen zu stärken, sieht die DSGVO verschiedene gerichtliche und außergerichtliche Rechtsbehelfe für diese Personen vor.

---

142 ErwGr. 143 DSGVO.

143 Körffer, in: Paal/Pauly, DSGVO BDSG, Art. 78 DSGVO (2021), Rn. 4.

144 Körffer, in: Paal/Pauly, DSGVO BDSG, Art. 78 DSGVO (2021), Rn. 4; Mundil, in: Wolff/Brink/v. Ungern-Sternberg, BeckOK Datenschutzrecht, Art. 78 DSGVO (45. Ed. 01.11.2021), Rn. 6.

145 Mundil, in: Wolff/Brink/v. Ungern-Sternberg, BeckOK Datenschutzrecht, Art. 78 DSGVO (45. Ed. 01.11.2021), Rn. 6; Körffer, in: Paal/Pauly, DSGVO BDSG, Art. 78 DSGVO (2021), Rn. 4; Laue, in: Laue/Kremer, Das neue Datenschutzrecht in der betrieblichen Praxis, § 11 Haftung, Sanktionen und Rechtsbehelfe (2019), Rn. 42.

146 § 20 Abs. 1 S. 2 BDSG; Deutscher Bundestag (2017), Drucksache 18/11325, S. 93.

147 § 20 Abs. 3 BDSG.

Außergerichtliche Rechtsbehelfe

Als außergerichtlichen Rechtsbehelf gewährt Art. 77 Abs. 1 DSGVO betroffenen Personen das Recht zum *Einreichen einer Beschwerde bei den Aufsichtsbehörden*, insbesondere in dem EU-Mitgliedstaat ihres Aufenthaltsorts, ihres Arbeitsplatzes oder des Orts des mutmaßlichen Verstoßes, wenn die betroffene Person der *Ansicht ist*, dass die *Verarbeitung* der sie betreffenden personenbezogenen Daten *gegen die DSGVO verstößt*. Die betroffene Person hat somit die Wahl, bei welcher Aufsichtsbehörde sie Beschwerde einreichen möchte. Dies soll den betroffenen Personen den Zugang zu den Aufsichtsbehörden vereinfachen, da sie sich an diejenige Behörde wenden können, bei der sie mit keinen sprachlichen Hürden konfrontiert sind. Die Aufsichtsbehörde, die die Beschwerde behandelt, hat den *betroffenen Verantwortlichen/Auftragsverarbeiter* über den Ausgang der Beschwerde und die zur Verfügung stehenden Rechtsbehelfe zu *informieren* (siehe Abschn. 7.4.1). Sofern sich die betroffene Person an eine Aufsichtsbehörde wendet, die keine Zuständigkeit hinsichtlich des von der Beschwerde betroffenen Verantwortlichen/Auftragsverarbeiters hat, wird diese Aufsichtsbehörde *mit der zuständigen Aufsichtsbehörde* (siehe Kap. 6) *zusammenarbeiten* müssen, um den Fall erfolgreich zu lösen.[148] In der Praxis vor Einführung der DSGVO war es bisher üblich, dass Aufsichtsbehörden die Beschwerde an diejenige Aufsichtsbehörde weitergaben, die in Bezug auf den jeweiligen Verantwortlichen/Auftragsverarbeiter zuständig war. In Anbetracht der klaren Regelung zugunsten der betroffenen Person hinsichtlich der Auswahl zwischen den Aufsichtsbehörden dürfte dies nun jedenfalls in grenzübergreifenden, wohl auch in rein nationalen Sachverhalten nicht mehr möglich sein. Die angerufene Aufsichtsbehörde bleibt für den Beschwerdeführer alleiniger Ansprechpartner.[149]

Aufsichtsbehördliche Zuständigkeit für Beschwerden nach dem BDSG

Die DSGVO sieht keine Ausnahme von der *Freiheit der betroffenen Person zur Auswahl einer Aufsichtsbehörde für ihre Beschwerde* vor, sofern auf nationaler Ebene mehrere Aufsichtsbehörden zuständig sind. Daher sollte auch in rein nationalen Sachverhalten ein Wahlrecht bestehen.[150]

Dennoch sieht der deutsche Gesetzgeber in § 19 Abs. 2 BDSG eine *feste Zuständigkeitszuweisung* für Beschwerden der betroffenen Personen vor. Danach gibt die Aufsichtsbehörde, bei der eine Beschwerde eingereicht wurde, diese ab an:

- die federführende Landesaufsichtsbehörde (siehe Abschn. 6.3); oder in Ermangelung einer solchen
- die Landesaufsichtsbehörde, in der der Verantwortliche/Auftragsverarbeiter seine Niederlassung hat.

[148] Mundil, in: Wolff/Brink/v. Ungern-Sternberg, BeckOK Datenschutzrecht, Art. 77 DSGVO (45. Ed. 01.11.2021), Rn. 10.

[149] Körffer, in: Paal/Pauly, DSGVO BDSG, Art. 77 (2021), Rn. 7; Mundil, in: Wolff/Brink/v. Ungern-Sternberg, BeckOK Datenschutzrecht, Art. 77 DSGVO (45. Ed. 01.11.2021), Rn. 11.

[150] So auch Mundil, in: Wolff/Brink/v. Ungern-Sternberg, BeckOK Datenschutzrecht, Art. 77 DSGVO (45. Ed. 01.11.2021)) Rn. 11, allerdings ohne ausdrücklich § 19 BDSG anzusprechen; a. A. wohl Moos/Schefzig, in: Taeger/Gabel, DSGVO BDSG TTDSG, Art. 77 DSGVO (2022), Rn. 13.

Sofern der von der Beschwerde betroffene Verantwortliche/Auftragsverarbeiter keine Niederlassung in Deutschland hat, wird die Beschwerde an die Aufsichtsbehörde am Wohnsitz der Beschwerde führenden betroffenen Person abgegeben, sofern nicht die Beschwerde bei einer sachlich zuständigen Aufsichtsbehörde eingereicht wurde.[151]

Rechtsbehelfe gegen die Aufsichtsbehörden

Gem. Art. 78 DSGVO hat jede betroffene Person das Recht auf einen wirksamen *gerichtlichen Rechtsbehelf gegen* die Aufsichtsbehörden. Genau wie Verantwortliche/Auftragsverarbeiter können betroffene Personen gegen sie betreffende rechtsverbindliche Beschlüsse der Aufsichtsbehörden nach Art. 78 Abs. 1 DSGVO vorgehen (siehe Abschn. 7.4.1). Zudem hat jede betroffene Person das Recht auf einen wirksamen gerichtlichen Rechtsbehelf, wenn die zuständige Aufsichtsbehörde sich nicht mit ihrer Beschwerde befasst oder die betroffene Person nicht innerhalb von drei Monaten über den Stand oder das Ergebnis der nach Art. 77 DSGVO erhobenen Beschwerde in Kenntnis gesetzt hat.

Eröffnung des Verwaltungsrechtswegs

Für entsprechende gerichtliche Rechtsbehelfe der betroffenen Person gegen Aufsichtsbehörden ist nach § 20 Abs. 1 BDSG der *Verwaltungsrechtsweg* eröffnet, sodass nach § 20 Abs. 2 BDSG die VwGO anzuwenden ist. Örtlich zuständig ist jeweils das Verwaltungsgericht, in dessen Bezirk die Aufsichtsbehörde ihren Sitz hat. Verfahrensbeteiligte sind die betroffene Person als Klägerin bzw. Antragstellerin und die Aufsichtsbehörde als Beklagte bzw. Antragsgegnerin.

Rechtsbehelfe gegen Verantwortliche/Auftragsverarbeiter

In Bezug auf Verantwortliche/Auftragsverarbeiter hat jede betroffene Person das Recht auf einen wirksamen gerichtlichen Rechtsbehelf, wenn sie der Ansicht ist, dass die ihr aufgrund der DSGVO zustehenden Rechte infolge einer nicht im Einklang mit der Verordnung stehenden Verarbeitung ihrer personenbezogenen Daten verletzt wurden, Art. 79 Abs. 1 DSGVO. Dies gilt unbeschadet von verfügbaren verwaltungsrechtlichen oder außergerichtlichen Rechtsbehelfen im Recht der EU-Mitgliedstaaten. Derartige Klagen sind vor den *Gerichten desjenigen EU-Mitgliedstaats* zu erheben, in dem der *Verantwortliche/Auftragsverarbeiter eine Niederlassung,* oder, wahlweise, in dem die *betroffene Person ihren Aufenthaltsort* hat, Art. 79 Abs. 2 DSGVO.[152]

---

[151] Deutscher Bundestag (2017), Drucksache 18/11325, S. 93; kritisch zur Vorschrift Wolff (2017) Stellungnahme zu Drucksache 18/11325, S. 13; Wolff, in: Schantz/Wolff, Das neue Datenschutzrecht, F. I. Staatliche Rechtsdurchsetzung, Rn. 1071; dagegen Kisker, in: Wolff/Brink/v. Ungern-Sternberg, BeckOK Datenschutzrecht, § 19 BDSG (45. Ed. 01.11.2021), Rn. 4 (m. w. N.).

[152] Für letzteren Fall steht dies unter der Bedingung, dass es sich bei dem Verantwortlichen oder dem Auftragsverarbeiter nicht um eine Behörde eines EU-Mitgliedstaats handelt, die in Ausübung ihrer hoheitlichen Befugnisse tätig geworden ist.

Im ersten Fall verlangt der Wortlaut der Vorschrift nicht, dass es sich bei der Niederlassung um die Hauptniederlassung des Unternehmens handeln muss.[153] Sofern ein Unternehmen also mehrere Niederlassungen in verschiedenen EU-Mitgliedstaaten hat, kann die betroffene Person auswählen, welcher EU-Mitgliedstaat bzw. wessen Gericht für den Fall zuständig sein soll. Diese Auswahl möglicher Gerichtsbarkeiten wird durch das *Recht der betroffenen Person* auf Klage vor den Gerichten in dem EU-Mitgliedstaat, der ihr gewöhnlicher Aufenthaltsort ist, noch einmal erweitert. Dies sorgt insoweit für Rechtsunsicherheit, als der Begriff *„gewöhnlicher Aufenthaltsort"* in der DSGVO *nicht definiert* wird. Letzterer muss nicht zwingend mit dem Wohnort einer Person übereinstimmen, obschon ein *gewisses Maß an Dauerhaftigkeit* erforderlich sein sollte.[154] Die gerichtliche Zuständigkeit sollte daher unter Zugrundelegung einer wertenden Betrachtung der Dauer des Aufenthalts sowie der konkreten Beziehung der betroffenen Person zum Aufenthaltsort festgestellt werden.[155]

Es sollte Beachtung finden, dass die betroffene Person ihre Rechte nicht nur selbst ausüben, sondern gleichermaßen eine *Non-Profit-Einrichtung*, *-Organisation* oder *-Vereinigung* mit der *Wahrnehmung ihrer Rechte mittels gerichtlichen und außergerichtlichen Rechtsbehelfen* beauftragen kann, Art. 80 DSGVO (zu Datenschutzklagen als Geschäftsmodell oben Abschn. 7.2.1).[156] In der Praxis könnte dies zu einer verstärkten Beteiligung von *Verbraucherschutzverbänden* führen, was den Druck auf Verantwortliche/Auftragsverarbeiter zur Einhaltung der DSGVO weiter erhöht.

Abseits von einer Beauftragung regelt Art. 80 Abs. 2 DSGVO, dass die Mitgliedstaaten vorsehen können, dass jeder der in Abs. 1 genannten Adressaten auch ohne eben einen solchen Auftrag im betreffenden Mitgliedstaat das Recht hat, bei der gem. Art. 77 DSGVO zuständigen Aufsichtsbehörde eine Beschwerde einzulegen und die in den Art. 78 und 79 DSGVO aufgeführten Rechte in Anspruch zu nehmen, wenn seines Erachtens die Rechte einer betroffenen Person gemäß der DSGVO infolge einer Verarbeitung verletzt worden sind.

---

[153] Laue, in: Laue/Kremer, Das neue Datenschutzrecht in der betrieblichen Praxis, § 11 Haftung, Sanktionen und Rechtsbehelfe (2019), Rn. 39; Martini, in: Paal/Pauly, DSGVO BDSG, Art. 79 DSGVO (2021), Rn. 24–25; Mundil, in: Wolff/Brink/v. Ungern-Sternberg, BeckOK Datenschutzrecht, Art. 79 DSGVO (45. Ed. 01.11.2021), Rn. 16.

[154] Martini, in: Paal/Pauly, DSGVO BDSG, Art. 79 DSGVO (2021), Rn. 26–28; Mundil, in: Wolff/Brink/v. Ungern-Sternberg, BeckOK Datenschutzrecht, Art. 79 DSGVO (45. Ed. 01.11.2021), Rn. 18.

[155] Mundil, in: Wolff/Brink/v. Ungern-Sternberg, BeckOK Datenschutzrecht, Art. 79 DSGVO (45. Ed. 01.11.2021), Rn. 18; Martini, in: Paal/Pauly, DSGVO BDSG, Art. 79 DSGVO (2021), Rn. 26–28.

[156] Gem. Art. 80 Abs. 1 DSGVO muss eine solche Einrichtung ohne Gewinnerzielungsabsicht ordnungsgemäß nach dem Recht eines EU-Mitgliedstaats gegründet sein, ihre satzungsmäßige Ziele müssen im öffentlichem Interesse liegen und ihre Tätigkeit muss im Bereich des Schutzes der Rechte und Freiheiten von betroffenen Personen in Bezug auf den Schutz ihrer personenbezogenen Daten liegen.

Auf Vorlage des BGH[157] hat der EuGH inzwischen entschieden, dass Art. 80 Abs. 2 DSGVO einer nationalen Verbandsklage nicht entgegensteht, die unabhängig von der Geltendmachung der Verletzung konkreter Rechte von Personen und ohne deren Auftrag erhoben werden kann, wenn die beanstandete Datenverarbeitung die Rechte identifizierter oder identifizierbarer Personen beeinträchtigen kann.[158] Das war bis dahin umstritten. In gleicher Sache hat der BGH dem EuGH allerdings erneut Teilfragen zur Entscheidung vorgelegt.[159]

Eröffnung des Zivilrechtswegs

Für Klagen der betroffenen Person gegen den Verantwortlichen/Auftragsverarbeiter ist nach § 44 Abs. 1 BDSG der *Zivilrechtsweg* eröffnet. Dabei steht der Klägerin (also der *betroffenen Person*) *die Wahl unter mehreren örtlichen Gerichtsständen* offen: Die Klage kann entweder bei dem Gericht des Ortes der Niederlassung des Verantwortlichen/Auftragsverarbeiters oder bei dem Gericht des gewöhnlichen Aufenthaltsorts der betroffenen Person erhoben werden. Insoweit sieht § 44 BDSG Sonderregelungen in Bezug auf die §§ 12 ff. ZPO vor.[160] Hat ein Unternehmen mehrere Niederlassungen in Deutschland, ermöglicht die Vorschrift mangels ausdrücklicher Begrenzung eine Auswahlmöglichkeit für die Klageerhebung zwischen den Gerichten an allen Orten der Niederlassungen.

Hat ein Verantwortlicher/Auftragsverarbeiter keine Niederlassung in der EU und daher einen *Vertreter in der EU* benannt, so gilt dieser als bevollmächtigt, Zustellungen in zivilgerichtlichen Verfahren entgegenzunehmen, § 44 Abs. 3 BDSG.

Verhältnis der Rechtsbehelfe zueinander

Der EuGH hat jüngst entschieden, dass die verwaltungs- und zivilrechtlichen Rechtsbehelfe nach der DSGVO nebeneinander und unabhängig voneinander eingelegt werden können.[161] Die Entscheidung erging auf Vorlage eines ungarischen Verwaltungsgerichts. Dieses äußerte Bedenken, da es denselben Sachverhalt und dieselbe behauptete Verletzung der DSGVO prüfen müsste, über welche schon ein ungarisches Zivilgericht entschieden hätte. Das könne zum Erlass einander widersprechender Entscheidungen in Bezug auf denselben Sachverhalt führen und für

[157] BGH, Beschl. v. 28.5.2020 – I ZR 186/17 (KG).

[158] EuGH, Urteil vom 28. April 2022, Meta Platforms Ireland Limited/Bundesverband der Verbraucherzentralen und Verbraucherverbände – Verbraucherzentrale Bundesverband e.V., C-319/20.

[159] Dieses Mal fragt der BGH, ob eine Rechtsverletzung „infolge einer Verarbeitung" im Sinne der Vorschrift vorliegt, wenn eine der Berechtigten des Art. 80 Abs. 2 ihre Klage darauf stützt, die Rechte einer betroffenen Person seien infolge einer Informationspflichtverletzung nach Art. 12 Abs. 1 S. 1 i. V. m. Art. 13 Abs. 1 lit. c und e DSGVO verletzt, BGH Aussetzungs- und Vorlagebeschluss v. 10.11.2022 – I ZR 186/17.

[160] Vgl. auch die Begründung des Gesetzgebers in Deutscher Bundestag (2017), Drucksache 18/11325, S. 109 f.

[161] EuGH, Urteil vom 12. Januar 2023, C-132/21.

Rechtsunsicherheit sorgen. Der EuGH hat festgestellt, dass eine parallele Einlegung der (verwaltungs- und zivilrechtlichen) Rechtsbehelfe möglich ist. Es sei aber Sache der Mitgliedstaaten, die Modalitäten des Zusammenspiels der Rechtsbehelfe zu regeln.

Referenzen

Arning MA, Rothkegel T (2022) § 2 BDSG. In: Taeger J, Gabel D (Hrsg) DSGVO BDSG TTDSG, 4. Aufl. Fachmedien Recht und Wirtschaft, Frankfurt am Main

Art. 29 Datenschutzgruppe (2009a) Die Zukunft des Datenschutzes: Gemeinsamer Beitrag zu der Konsultation der Europäischen Kommission zu dem Rechtsrahmen für das Grundrecht auf den Schutz der personenbezogenen Daten, WP 168 (zitiert nach englischem Original)

Art. 29 Datenschutzgruppe (2009b) Leitlinien für die Anwendung und Festsetzung von Geldbußen im Sinne der Verordnung (EU) 2016/679, WP 253 (zitiert nach englischem Original)

Becker T (2023) Art. 82, 83 DSGVO. In: Plath K-U (Hrsg), DSGVO BDSG TTDSG, 4. Aufl. Dr. Otto Schmidt, Köln

Bergt M (2020) § 42 BDSG. In: Kühling J, Buchner B (Hrsg), Datenschutz-Grundverordnung BDSG, 3. Aufl. C.H. Beck, München

Brodowski D (2018) Die Gewerbsmäßigkeit im deutschen Strafrecht. wistra 37(1):97–102

Brodowski D, Nowak D (01.08.2023) §§ 42, 43 BDSG. In: Wolff HA, Brink S, von Ungern-Sternberg A (Hrsg), Beck'scher Online-Kommentar Datenschutzrecht, 45. Aufl. C.H. Beck, München

Deutscher Bundestag (2017) Drucksache 18/11325

Eichler C, Matzke J (01.08.2023) Art. 58 DSGVO. In: Wolff HA, Brink S, von Ungern-Sternberg A (Hrsg), Beck'scher Online-Kommentar Datenschutzrecht, 45. Aufl. C.H. Beck, München

Ernst S (2021) § 2 BDSG. In: Paal BP, Pauly DA (Hrsg), Datenschutz-Grundverordnung Bundesdatenschutzgesetz, 3. Aufl. C.H. Beck, München

Europäischer Datenschutzausschuss (2023) Leitlinien 04/2022 zur Berechnung von Bußgeldern nach der Datenschutz-Grundverordnung, Version 2.1 (zitiert nach englischem Original)

Faust S, Spittka J, Wybitul T (2016) Milliardenbußgelder nach der DSGVO? ZD 6(3):120–125

Frenzel EM (2021) Art. 82, 83 DSGVO. In: Paal BP, Pauly DA (Hrsg), Datenschutz-Grundverordnung Bundesdatenschutzgesetz, 3. Aufl. C.H. Beck, München

Gola P (2022) Art. 83, 84 DSGVO. In: Gola P, Heckmann D (Hrsg), Datenschutzgrundverordnung Bundesdatenschutzgesetz Kommentar, 3. Aufl. C.H. Beck, München

Gola P, Piltz C (2022) Art. 82 DSGVO. In: Gola P, Heckmann D (Hrsg), Datenschutzgrundverordnung Bundesdatenschutzgesetz Kommentar, 3. Aufl. C.H. Beck, München

Grittmann J (2022) Art. 58 DSGVO. In: Taeger J, Gabel D (Hrsg) DSGVO BDSG TTDSG, 4. Aufl. Fachmedien Recht und Wirtschaft. Frankfurt am Main

Härting N, Flisek C, Thiess L (2018) Das neue Beschwerderecht des Bürgers. CR 34(5):296–300

Holländer C (01.11.2021) Art. 83 DSGVO. In: Wolff HA, Brink S, von Ungern-Sternberg A (Hrsg), Beck'scher Online-Kommentar Datenschutzrecht, 45. Aufl. C.H. Beck, München

Hullen N (2023) Art. 57, 58 DSGVO. In: Plath K-U (Hrsg), DSGVO BDSG TTDSG, 4. Aufl. Dr. Otto Schmidt, Köln

Kisker O (01.11.2021) § 19 BDSG. In: Wolff HA, Brink S, von Ungern-Sternberg A (Hrsg), Beck'-scher Online-Kommentar Datenschutzrecht, 45. Aufl. C.H. Beck, München

Körffer B (2021) Art. 58, 78 DSGVO. In: Paal BP, Pauly DA (Hrsg), Datenschutz-Grundverordnung Bundesdatenschutzgesetz, 3. Aufl. C.H. Beck, München

Kremer S (2019) § 10 Zusammenarbeit mit Aufsichtsbehörden. In: Laue P, Kremer S (Hrsg) Das neue Datenschutzrecht in der betrieblichen Praxis, 2. Aufl. Nomos, Baden-Baden

Kubiciel M, Großmann S (2019) Doxing als Testfall für das Datenschutzstrafrecht. NJW 72(15):1050–1055

Laue P (2019) § 11 Haftung, Sanktionen und Rechtsbehelfe. In: Laue P, Kremer S (Hrsg) Das neue Datenschutzrecht in der betrieblichen Praxis, 2. Aufl. Nomos, Baden-Baden
Leibold K (2023) Übersicht über die Höhe des (zugesprochenen) Schadensersatzes nach Art. 82 DS-GVO. ZD-Aktuell 13(19):01426
Martini M (2021) Art. 79 DSGVO. In: Paal BP, Pauly DA (Hrsg) Datenschutz-Grundverordnung Bundesdatenschutzgesetz, 3. Aufl. C.H. Beck, München
Martini M, Wenzel M (2017) „Gelbe Karte" von der Aufsichtsbehörde: die Verwarnung als datenschutzrechtliches Sanktionenhybrid. PinG 3(3):92–96
Moos F, Schefzig J (2022) Art. 77, 82, 83 DSGVO. In: Taeger J, Gabel D (Hrsg) DSGVO BDSG TTDSG, 4. Aufl. Fachmedien Recht und Wirtschaft, Frankfurt am Main
Mundil D (01.11.2021) Art. 77, 78, 79 DSGVO. In: Wolff HA, Brink S, von Ungern-Sternberg A (Hrsg), Beck'scher Online-Kommentar Datenschutzrecht, 45. Aufl. C.H. Beck, München
Nguyen AM (2015) Die zukünftige Datenschutzaufsicht in Europa. ZD 5(6):265–270
Nguyen AM (2022) Art. 58 DSGVO. In: Gola P, Heckmann D (Hrsg) Datenschutzgrundverordnung Bundesdatenschutzgesetz Kommentar, 3. Aufl. C.H. Beck, München
Nolde M (2019) § 42 BDSG. In: Taeger J, Gabel D (Hrsg) DSGVO BDSG, 3. Aufl. Fachmedien Recht und Wirtschaft, Frankfurt am Main
Paal BP (2022) Höhe des Ersatzes immaterieller Schäden nach Art. 82 DS-GVO. NJW 75(51):3673–3679
Paal BP, Kritzer I (2023) Geltendmachung von DS-GVO-Ansprüchen als Geschäftsmodell. 75(34):2433–2439
Pauly DA (2021) § 40 BDSG. In: Paal BP, Pauly DA (Hrsg), Datenschutz-Grundverordnung Bundesdatenschutzgesetz, 3. Aufl. C.H. Beck, München
Polenz S (2019) Art. 58 DSGVO. In: Simitis S, Hornung G, Spiecker gen. Döhmann I (Hrsg), Datenschutzrecht DSGVO mit BDSG, 1. Aufl. Nomos, Baden-Baden
Quaas S (01.05.2023) Art. 82 DSGVO. In: Wolff HA, Brink S, von Ungern-Sternberg A (Hrsg), Beck'scher Online-Kommentar Datenschutzrecht, 45. Aufl. C.H. Beck, München
Spittka J (2023) Datenschutzklagen als Geschäftsmodell? GRUR-Prax 15(2):31–33
Steinrötter B (01.01.2023) Art. 11 DSGVO. In: Borges G, Hilber M, Beck'scher Online-Kommentar IT-Recht, 11. Aufl. C.H. Beck, München
Voigt, P (2020) Die räumliche Anwendbarkeit der EU Datenschutz-Grundverordnung auf Auftragsverarbeiter im Drittland. Oldenburger Verlag für Wirtschaft, Informatik und Recht, Edewecht
Wybitul T, Klaas A (2022) Erfahrungsbericht: Verteidigung gegen DSGVO-Bußgelder. BB 77(50):2883–2888
Wybitul T, Detlef H, Albrecht JP (2018) Abwehr von Schadensersatzansprüchen nach der Datenschutz-Grundverordnung. NJW 71(3):113–118
Ziehbarth (2022) Art. 58 DSGVO. In: Sydow G, Marsch N (Hrsg) DSGVO BDSG, 3. Aufl. Nomos, Baden-Baden

8 Nationale Besonderheiten

Wie bereits in der Einleitung zu diesem Handbuch kurz erklärt (siehe Kap. 1), bedarf es für die Anwendbarkeit der DSGVO aufgrund ihrer direkten Rechtswirkung *keiner Umsetzungsrechtsakte* in den nationalen Rechtsordnungen der EU-Mitgliedstaaten. Allerdings entsteht durch die zahlreichen enthaltenen Öffnungsklauseln, die den EU-Mitgliedstaaten die Einführung *nationaler Vorschriften für bestimmte Bereiche des Datenschutzes* ermöglichen, der Eindruck einer „hybriden" Verordnung mit teilweisem Regelungscharakter (nur) einer Richtlinie. Einige dieser Bereiche sind von hoher praktischer Relevanz, wie bspw. der Beschäftigten- oder Telemediendatenschutz.

8.1 Vielzahl von Öffnungsklauseln

Die DSGVO sieht *zwei Arten* von Öffnungsklauseln vor.

8.1.1 Öffnungsklauseln innerhalb der allgemeinen Bestimmungen der DSGVO

Die *Öffnungsklauseln* ermöglichen den EU-Mitgliedstaaten eine weitere Spezifizierung der Vorschriften durch nationale Rechtsvorschriften.

Wie durch Tab. 8.1 beispielhaft verdeutlicht, ist *in nahezu jedem Regelungsbereich* der DSGVO zumindest eine Öffnungsklausel vorgesehen. Dies ist dem ambitionierten Zeitplan der am Gesetzgebungsverfahren zur DSGVO beteiligten Or-

P. Voigt, A. von dem Bussche, *EU-Datenschutz-Grundverordnung (DSGVO)*, https://doi.org/10.1007/978-3-662-68820-5_8

Tab. 8.1 Wichtige Öffnungsklauseln in der DSGVO

Vorschrift der DSGVO	Gegenstand	Inhalt der Öffnungsklausel
Art. 4 Nr. 7	Definition des „Verantwortlichen"	Sind die Zwecke und Mittel bestimmter Verarbeitungsvorgänge durch das Recht der EU-Mitgliedstaaten vorgegeben, so kann der Verantwortliche beziehungsweise können die bestimmten Kriterien seiner Benennung nach dem Recht der EU-Mitgliedstaaten vorgesehen werden.
Art. 6 Abs. 2	Rechtmäßigkeit der Verarbeitung	Die EU-Mitgliedstaaten können spezifischere Bestimmungen in Bezug auf (i) die Verarbeitung zur Erfüllung eine Rechtspflicht des Verantwortlichen oder (ii) die Verarbeitung im öffentlichen Interesse beibehalten oder einführen, indem sie spezifische Anforderungen für die Verarbeitung sowie sonstige Maßnahmen präziser bestimmen, um eine rechtmäßige Verarbeitung zu gewährleisten (Abschn. 4.2.2.4).
Art. 8 Abs. 1	Bedingungen für die Einwilligung eines Kindes in Bezug auf Dienste der Informationsgesellschaft	Die EU-Mitgliedstaaten können eine *niedrigere Altersgrenze für die wirksame Einwilligung von Kindern* vorsehen, die jedoch nicht unter dem vollendeten dreizehnten Lebensjahr liegen darf (Abschn. 4.2.1.6).
Art. 9 Abs. 2	Verarbeitung besonderer Kategorien personenbezogener Daten	Das Recht der EU-Mitgliedstaaten kann in diesem Zusammenhang verschiedene abweichende Bestimmungen vorsehen, wie bspw. in Bezug auf einen *Ausschluss der Verarbeitung besonderer Kategorien personenbezogener Daten auf der Grundlage einer Einwilligung* der betroffenen Person oder durch Regelungen zur Datenverarbeitung im Beschäftigungskontext, etc. (Abschn. 4.2.3).
Art. 9 Abs. 4	Verarbeitung besonderer Kategorien personenbezogener Daten	Die EU-Mitgliedstaaten können zusätzliche Bedingungen, einschließlich Beschränkungen, einführen oder aufrechterhalten, soweit die Verarbeitung von genetischen, biometrischen oder Gesundheitsdaten betroffen ist. (Abschn. 4.2.3).
Art. 10	Verarbeitung von personenbezogenen Daten über strafrechtliche Verurteilungen und Straftaten	Eine Verarbeitung von personenbezogenen Daten über strafrechtliche Verurteilungen und Straftaten ist zulässig, sofern sie im Recht der EU-Mitgliedstaaten vorgesehen ist (Abschn. 4.2.3.4).

(Fortsetzung)

Tab. 8.1 (Fortsetzung)

Vorschrift der DSGVO	Gegenstand	Inhalt der Öffnungsklausel
Art. 14 Abs. 5 lit. c-d	Informationspflicht, wenn die personenbezogenen Daten nicht bei der betroffenen Person erhoben wurden	Die *Informationspflicht* wird *nicht ausgelöst*, wenn die Erlangung oder Offenlegung der personenbezogenen Daten durch Rechtsvorschriften der EU-Mitgliedstaaten ausdrücklich geregelt ist oder wenn die Daten gemäß dem Recht der EU-Mitgliedstaaten dem Berufsgeheimnis unterliegen (Abschn. 5.2.3).
Art. 17 Abs. 1 lit. e, Abs. 3 lit. b	Recht auf Löschung	Der Verantwortliche unterliegt einer *rechtlichen Verpflichtung zur Löschung* der personenbezogenen Daten nach dem Recht der EU-Mitgliedstaaten. Als Gegenstück dafür besteht ein Recht auf Löschung nicht, sofern die *Verarbeitung zur Erfüllung einer rechtlichen Verpflichtung* nach dem Recht der EU-Mitgliedstaaten erforderlich ist (Abschn. 5.5.2).
Art. 22 Abs. 2 lit. b	Automatisierte Entscheidungen im Einzelfall einschließlich Profiling	Das *generelle Verbot* automatisierter Entscheidungen kommt nicht zur Anwendung, wenn diese *Entscheidungsfindung* aufgrund von Rechtsvorschriften der EU-Mitgliedstaaten, denen der Verantwortliche unterliegt, *zulässig ist* (Abschn. 5.8).
Art. 23	Beschränkungen	Das Recht der EU-Mitgliedstaaten kann die *Rechte der betroffenen Personen* und korrespondierenden Verpflichtungen der datenverarbeitenden Unternehmen aus verschiedensten mit dem öffentlichen Interesse zusammenhängenden Gründen *beschränken* (Abschn. 5.9).
Art. 26	Gemeinsam für die Verarbeitung Verantwortliche	Das Recht der EU-Mitgliedstaaten kann die jeweiligen Datenschutzverpflichtungen der gemeinsam für die Verarbeitung Verantwortlichen festlegen.
Art. 28 Abs. 3 lit. a, g, Abs. 4	Auftragsverarbeiter	Das Recht der EU-Mitgliedstaaten kann: • Auftragsverarbeiter zur Datenverarbeitung ohne entsprechende Weisung des Verantwortlichen verpflichten; • Auftragsverarbeiter zur Speicherung der personenbezogenen Daten nach Abschluss der Erbringung der Verarbeitungsleistungen für den Verantwortlichen verpflichten; • Regelungen zur Einbeziehung eines weiteren Auftragsverarbeiters durch den Auftragsverarbeiter vorsehen.

(Fortsetzung)

Tab. 8.1 (Fortsetzung)

Vorschrift der DSGVO	Gegenstand	Inhalt der Öffnungsklausel
Art. 32 Abs. 4	Sicherheit der Verarbeitung	Das Recht der EU-Mitgliedstaaten kann natürliche Personen, die dem Verantwortlichen oder Auftragsverarbeiter unterstellt sind, zur Verarbeitung von personenbezogenen Daten verpflichten, ohne dass eine entsprechende Anweisung des Verantwortlichen erfolgt ist.
Art. 35 Abs. 10	Datenschutz-Folgenabschätzung	Eine Datenschutz-Folgenabschätzung ist nicht erforderlich, sofern die Verarbeitung auf einer nach Art. 6 Abs. 2 DSGVO erlassenen Rechtsgrundlage im Recht der EU-Mitgliedstaaten erfolgt und eine allgemeine Folgenabschätzung bereits im Zusammenhang mit dem Erlass dieser Rechtsgrundlage erfolgte (Abschn. 3.9).
Art. 36 Abs. 5	Vorherige Konsultation	Das Recht der EU-Mitgliedstaaten kann Verantwortliche zur vorherigen Konsultation und zur vorherigen Einholung einer Genehmigung der Aufsichtsbehörden verpflichten, sofern die Verarbeitung zur Erfüllung einer im öffentlichen Interesse liegenden Aufgabe erfolgt.
Art. 37 Abs. 4	Benennung eines Datenschutzbeauftragten	Das Recht der EU-Mitgliedstaaten kann *zusätzliche Fälle*, die die *Benennung eines Datenschutzbeauftragten* durch den Verantwortlichen oder den Auftragsverarbeiter *erfordern*, vorsehen (Abschn. 3.10).
Art. 49 Abs. 1 lit. d, g, Abs. 4, 5	Ausnahmen für bestimmte Fälle	Eine Datenübermittlung in ein Drittland kann zulässig sein, sofern sie aus Gründen des öffentlichen Interesses erfolgt, die vom Recht der EU-Mitgliedstaaten anerkannt werden, oder aus einem Register erfolgt, das gemäß dem Recht der EU-Mitgliedstaaten zur Information der Öffentlichkeit bestimmt ist. Das Recht der EU-Mitgliedstaaten kann Datenübermittlungen in Drittländer in Bezug auf sensible Daten aus Gründen des öffentlichen Interesses einschränken (Abschn. 4.3.5).
Art. 58 Abs. 1 lit. f, Abs. 6	Befugnisse	Vor-Ort-Kontrollen durch die Aufsichtsbehörden haben gemäß dem Verfahrensrecht der EU-Mitgliedstaaten zu erfolgen. Jeder EU-Mitgliedstaat hat das Recht, seiner nationalen Aufsichtsbehörde zusätzliche Befugnisse durch Rechtsvorschriften einzuräumen (Abschn. 7.1).

(Fortsetzung)

Tab. 8.1 (Fortsetzung)

Vorschrift der DSGVO	Gegenstand	Inhalt der Öffnungsklausel
Art. 84 Abs. 1	Sanktionen	Die EU-Mitgliedstaaten legen Vorschriften über *andere Sanktionen für Verstöße* gegen die DSGVO fest, insbesondere für Verstöße, die keiner Geldbuße unterliegen (Abschn. 7.3).

gane der EU geschuldet.[1] Die Klauseln ermöglichen es den EU-Mitgliedstaaten, je nach Vorgabe der jeweiligen Bestimmung, die Vorschriften der DSGVO zu *ersetzen, zu vervollständigen oder weiter zu spezifizieren.*[2] Zur Darstellung des Ineinandergreifens von DSGVO und Spezifizierung durch damit korrespondierende Vorschriften des BDSG siehe Annex I.

Die Öffnungsklauseln führen zu nationalen Unterschieden hinsichtlich der Einzelheiten der verschiedenen Datenschutzpflichten. Daher kann durch die DSGVO ein einheitliches Datenschutzniveau innerhalb der EU nicht vollständig erreicht werden. Unternehmen sollten ein besonderes Augenmerk auf das Vorhandensein nationaler Besonderheiten legen und bei der Realisierung ihrer Verarbeitungsvorgänge auf *Einzelfallbasis prüfen, ob das nationale Recht der EU-Mitgliedstaaten* einzelne Bestimmungen der DSGVO ausschließt oder spezifiziert. Die Öffnungsklauseln mit der *höchsten praktischen Relevanz* dürften den Datenschutzbeauftragten, die *Rechte der betroffenen Personen*, die Verarbeitung *besonderer Kategorien personenbezogener Daten*, Ausnahmen vom Verbot *automatisierter Entscheidungsfindung* sowie die spezifischen Anforderungen an die Rechtmäßigkeit einer Datenverarbeitung auf Grundlage einer Rechtspflicht des Verantwortlichen oder einer Verarbeitung im öffentlichen Interesse betreffen.

Rechtsunsicherheiten dürften vor allem solche *Unternehmen vor eine Herausforderung stellen*, die Verarbeitungstätigkeiten in *verschiedenen EU-Mitgliedstaaten* durchführen oder deren Verarbeitungstätigkeiten Auswirkungen hinsichtlich betroffenen Personen in verschiedenen EU-Mitgliedstaaten haben.[3]

8.1.2 Gesetzgebungskompetenz der EU-Mitgliedstaaten in besonderen Verarbeitungssituationen

Die Art. 85 bis 91 DSGVO weisen den *EU-Mitgliedstaaten* die *Gesetzgebungskompetenz für besondere Verarbeitungssituationen* zu.

[1] Laue, ZD 2016, 463, 464; Laue, in: Das neue Datenschutzrecht in der betrieblichen Praxis, § 1 Einführung (2019), Rn. 114.

[2] Laue, ZD 2016, 463, 464.

[3] Laue, in: Laue/Kremer, Das neue Datenschutzrecht in der betrieblichen Praxis, § 1 Einführung (2019), Rn. 114.

Gemäß Art. 85 DSGVO sind die EU-Mitgliedstaaten dazu verpflichtet, *das Recht auf den Schutz personenbezogener Daten* gemäß der DSGVO mit dem *Recht auf freie Meinungsäußerung und Informationsfreiheit*, einschließlich der Verarbeitung zu journalistischen Zwecken und zu wissenschaftlichen, künstlerischen oder literarischen Zwecken, in *Einklang zu bringen*. Diese Vorschrift soll ein Ausbalancieren der verschiedenen Rechtspositionen ermöglichen. Zugunsten journalistischer Zwecke oder wissenschaftlicher, künstlerischer oder literarischer Zwecke ermöglicht es Art. 85 Abs. 2 DSGVO den EU-Mitgliedstaaten, *Ausnahmen oder Abweichungen bezüglich* aller *wichtigen Regelungsbereiche* der DSGVO *einzuführen*, wie z. B. bzgl. der Verarbeitungsgrundsätze oder der Rechte der betroffenen Personen.[4]

Art. 90 DSGVO ermöglicht es den EU-Mitgliedstaaten, Rechtsvorschriften zu Verantwortlichen/Auftragsverarbeitern, welche einem *Berufsgeheimnis unterliegen* (wie bspw. Anwälte, Ärzte), zu schaffen; diese können u.U. von der *Pflicht befreit oder entlastet* werden, den *Aufsichtsbehörden Informationen* über die Verarbeitung zur Verfügung zu stellen oder ihnen den Zugriff auf personenbezogene Daten zu ermöglichen.

Art. 88 DSGVO enthält eine *umfassende Öffnungsklausel* in Bezug auf *Datenverarbeitungen im Beschäftigungskontext*. Dies trägt der Tatsache Rechnung, dass das Arbeitsrecht stark von den nationalen Rechtstraditionen der verschiedenen EU-Mitgliedstaaten geprägt ist und somit beachtliche Rechtsunterschiede zwischen deren Rechtsordnungen bestehen (für Einzelheiten siehe den nachfolgenden Abschn. 8.2).

Art. 89 DSGVO regelt die Mindest-Datenschutzanforderungen in Bezug auf Verarbeitungsvorgänge zu *im öffentlichen Interesse liegenden Archivzwecken, zu wissenschaftlichen oder historischen Forschungszwecken und zu statistischen Zwecken*.[5] In diesem Zusammenhang enthält Art. 89 Abs. 2, 3 DSGVO *Öffnungsklauseln*, die es den EU-Mitgliedstaaten ermöglichen, Rechtsvorschriften zu schaffen, welche *Ausnahmen von den Rechten der betroffenen Personen* (siehe Kap. 5) vorsehen. Dafür ist es allerdings erforderlich, dass die von der Regelung betroffenen Rechte voraussichtlich die Verwirklichung dieser spezifischen Verarbeitungszwecke unmöglich machen oder ernsthaft beeinträchtigen und solche Ausnahmen für die Erfüllung dieser Zwecke notwendig sind. Im Hinblick auf diese Sonderregelungen wurde insbesondere die Einführung von Vorschriften zu *statistischen Zwecken* im Rahmen des Gesetzgebungsverfahrens kontrovers diskutiert, da „statistische Zwecke“ nicht zwingend der Wissenschaft dienen, sondern auch in der Erstellung von

[4] Grages, in: Plath, /DSGVO BDSG TTDSG, Art. 85 DSGVO (2016), Rn. 6; s. a. Lauber-Rönsberg, in: Wolff/Brink/v. Ungern-Sternberg, BeckOK Datenschutzrecht, Art. 85 DSGVO (45. Ed. 01.11.2022), Rn. 16; Westphal/Keller, in: Taeger/Gabel, DSGVO BDSG TTDSG, Art. 85 DSGVO (2022), Rn. 19 ff.

[5] Gemäß Art. 89 Abs. 1 DSGVO muss eine Verarbeitung zu diesen Zwecken geeigneten Garantien unterliegen. Diese spezifischen Datenschutz-Mindestanforderungen sollen die anderweitig privilegierte Behandlung dieser Verarbeitungszwecke in der DSGVO ausgleichen, bspw. was die Begrenzung der Speicherdauer oder die Informationspflichten des Verantwortlichen betrifft.

Geschäfts- oder Kundenstatistiken bestehen können.[6] Allerdings fallen letztere nicht in den Anwendungsbereich von Art. 89 DSGVO, sofern die Daten oder Ergebnisse für Entscheidungen gegenüber einzelnen natürlichen Personen verwendet werden (für weitere Einzelheiten siehe Abschn. 5.7.1.3).[7]

8.1.3 Regelungen im BDSG zu besonderen Verarbeitungssituationen

Der deutsche Gesetzgeber hat von seiner Regelungskompetenz aus Art. 85 bis 91 DSGVO für besondere Verarbeitungssituation teilweise Gebrauch gemacht. Die entsprechenden Regelungen finden sich in den *§§ 26 bis 31 BDSG*. Einzelheiten zur praktisch höchst relevanten Regelung zum Beschäftigtendatenschutz in § 26 BDSG sind in Abschn. 8.2.2 ausführlich dargestellt. Zu der Regelung des BDSG im Zusammenhang mit der Verarbeitung besonderer Kategorien personenbezogener Daten siehe Abschn. 4.2.3.3. Die anderen Sonderregelungen wurden für folgende Verarbeitungssituationen geschaffen:

- § 27 BDSG, Datenverarbeitung zu wissenschaftlichen oder historischen Forschungszwecken und statistischen Zwecken: In diesen Verarbeitungssituationen besteht eine Ausnahme vom generellen Verarbeitungsverbot in Bezug auf besondere Kategorien personenbezogener Daten auch ohne Einwilligung des Betroffenen, sofern die Verarbeitung zur Zweckerreichung erforderlich ist und das Verarbeitungsinteresse des Verantwortlichen gegenüber den Interessen des Betroffenen überwiegt. Ein angemessenes Datenschutzniveau wird über die Pflicht zur schnellstmöglichen Anonymisierung (siehe Abschn. 2.1.2.2) der Daten sichergestellt. Die Vorschrift sieht zudem Einschränkungen der Betroffenenrechte vor (siehe Abschn. 5.4.3, 5.5.3.4 und 5.7.2).
- *§ 28 BDSG, Datenverarbeitung zu im öffentlichen Interesse liegenden Archivzwecken*: Diese Verarbeitungssituation bildet eine weitere *Ausnahme vom Verarbeitungsverbot* bzgl. besonderer Kategorien personenbezogener Daten (siehe Abschn. 4.2.3). Weiterhin sind Einschränkungen der *Betroffenenrechte* vorgesehen (siehe Abschn. 5.4.3, 5.5.3.4 und 5.6.5).
- *§ 29 BSDG, Geheimhaltungspflichten*: In Bezug auf geheimhaltungsbedürftige Daten werden insbesondere die *Informations- und Auskunftsrechte* der betroffenen Personen *eingeschränkt* (siehe Abschn. 3.8.3, 5.2.4 und 5.4.3). Gleich-

[6] Albrecht/Jotzo, Datenschutzrecht, Teil 3. Allgemeine Bestimmungen (2017), Rn. 71–72; näher zum Begriff der statistischen Zwecke auch Pötters, in: Gola/Heckmann, DSGVO BSDG, Art. 89 DSGVO (2022), Rn. 24; zur Reichweite der Auskunftspflicht bei Statistikdaten Kühling, ZD 2021, 74.

[7] ErwGr. 162 DSGVO; Louven, in: Taeger/Gabel, DSGVO BDSG TTDSG, Art. 89 DSGVO (2022), Rn. 9; Laue, in: Laue/Kremer, Das neue Datenschutzrecht in der betrieblichen Praxis, § 1 Einführung (2019), Rn. 121; Grages, in Plath, DSGVO BDSG TTDSG, Art. 89 DSGVO (2016), Rn. 7.

laufend kommt es auch zu einer Einschränkung der Untersuchungsbefugnisse der Aufsichtsbehörden (siehe Abschn. 7.1.2).

- *§ 31 BDSG, Scoring und Bonitätsauskünfte*: Die Vorschrift stellt *Voraussetzungen für die Zulässigkeit des Einsatzes von Scoring-Werten* zur Vorbereitung von Entscheidungen über Vertragsverhältnisse auf, die sich nicht rein auf die Einhaltung datenschutzrechtlicher Vorgaben, sondern auch auf bestimmte technische und inhaltliche Vorgaben beziehen (sog. Negativ-Merkmale). Auch für die *Zulässigkeit der Einholung von Bonitätsauskünften* stellt die Vorschrift Voraussetzungen auf, die u. a. die Einbeziehung bestimmter Informationen zur Ermittlung von Bonitätswerten ausschließen. Die Vorschrift ist aus wirtschafts- und teilweise verbraucherschützenden Erwägungen entstanden.[8] Woraus sich eine Regelungskompetenz des deutschen Gesetzgebers ergeben soll, bleibt mangels einschlägiger Öffnungsklausel in der DSGVO unklar. Insoweit sollten künftige Rechtsentwicklungen beobachtet werden.

8.2 Beschäftigtendatenschutz

In der DSGVO bedarf es keiner Sondervorschriften zum Beschäftigtendatenschutz, da alle Regelungen der Verordnung entsprechend im Beschäftigungskontext Anwendung finden. Allerdings ermöglicht die DSGVO den EU-Mitgliedstaaten die Bestimmung von spezifischen Regelungen in diesem Bereich.[9] Wie bereits erwähnt, wird dadurch den *erheblichen rechtlichen Unterschieden* zwischen den Rechtsordnungen und -traditionen der EU-Mitgliedstaaten im Arbeitsrecht Rechnung getragen. Damit ist eines der zentralen Themen für Unternehmen im Datenschutzbereich, nämlich der Beschäftigtendatenschutz, auch nach Einführung der DSGVO weiterhin stark vom jeweils nationalen Recht der EU-Mitgliedstaaten beeinflusst.

In der Praxis werden innerhalb multinationaler Konzerne die *Arbeitsverträge mit lokalen Mitarbeitern* regelmäßig von den *nationalen Konzernunternehmen selbstständig* abgeschlossen. Dadurch unterliegen die Arbeitsverträge verschiedenen nationalen Rechtsordnungen und ihren Besonderheiten. Zugleich zentralisieren Konzerne zunehmend die Personalverwaltung für alle Gruppenunternehmen aus Effizienzgründen.[10] Auch dabei müssen nationale Besonderheiten identifiziert und berücksichtigt werden. In diesem Zusammenhang sollte beachtet werden, dass *einige EU-Mitgliedstaaten* die *zwingende Beteiligung von Arbeit-*

---

[8] Deutscher Bundestag (2017), Drucksache 18/11325, S. 101 f.

[9] Die einzig spezifische Regelung findet sich in Art. 9 Abs. 2 lit. b DSGVO, der eine Ausnahme vom grundsätzlichen Verbot der Verarbeitung besonderer Kategorien personenbezogener Daten für den Fall vorsieht, dass eine solche Verarbeitung erforderlich ist, damit der Verantwortliche/die betroffene Person die ihm bzw. ihr aus dem Arbeitsrecht und dem Recht der sozialen Sicherheit und des Sozialschutzes erwachsenden Rechte ausüben und seinen bzw. ihren diesbezüglichen Pflichten nachkommen kann.

[10] Wedde, in: v. d. Bussche/Voigt, Konzerndatenschutz, Teil. 3. Kap. 6. Beschäftigtendatenschutz (2019), Rn. 1–2.

nehmervertretungen vorsehen. Derartige nationale Besonderheiten können die Anforderungen an den Datenschutz erhöhen aber bestenfalls auch einen flexiblen Umgang ermöglichen.[11]

8.2.1 Öffnungsklausel

Gemäß Art. 88 Abs. 1 DSGVO können die *EU-Mitgliedstaaten* umfassende, bereichsspezifische *Datenschutzvorschriften* schaffen, um den Schutz der Rechte und Freiheiten hinsichtlich der Verarbeitung personenbezogener Beschäftigtendaten im *Beschäftigungskontext* zu gewährleisten. Im Wege dieser *Öffnungsklausel* ermöglicht der europäische Gesetzgeber den EU-Mitgliedstaaten die Spezifizierung der Datenschutzanforderungen nach der DSGVO entsprechend ihres jeweiligen nationalen Arbeitsrechts.[12] Derartige Rechtsvorschriften können insbesondere für Verarbeitungsvorgänge zu folgenden Zwecken geschaffen werden:

- Einstellung;
- *Erfüllung des Arbeitsvertrags* einschließlich der Erfüllung von durch Rechtsvorschriften oder durch Kollektivvereinbarungen festgelegten Pflichten;
- Management, Planung und Organisation der Arbeit;
- Gleichheit und Diversität am Arbeitsplatz;
- Gesundheit und Sicherheit am Arbeitsplatz;
- Schutz des Eigentums der Arbeitgeber oder der Kunden;
- Inanspruchnahme der mit der Beschäftigung zusammenhängenden individuellen oder kollektiven Rechte und Leistungen;
- *Beendigung* des Beschäftigungsverhältnisses.

Die *Aufzählung* ist hinsichtlich des vom „Beschäftigungskontext" nach Art. 88 DSGVO umfassten Bereichs *nicht abschließend* („insbesondere"). Unter anderem können die auf Grundlage der Öffnungsklausel geschaffenen nationalen Regelungen die Bedingungen für eine Verarbeitung personenbezogener Daten im Beschäftigungskontext auf der Grundlage einer *Einwilligung des Arbeitnehmers* festlegen.[13] Dies ist von hoher praktischer Relevanz, da Arbeitnehmer zum Arbeitgeber in einem Verhältnis sozialer Abhängigkeit stehen, sodass in der Vergangenheit vertreten worden ist, dass eine Einwilligung im Beschäftigungskontext grundsätzlich als unfreiwillig abgegeben und damit unwirksam gewertet werden müsse (siehe Abschn. 4.2.1.3).[14]

---

[11] Wedde, in: v. d. Bussche/Voigt, Konzerndatenschutz, Teil. 3. Kap. 6. Beschäftigtendatenschutz (2019), Rn. 4.

[12] Pauly, in: Paal/Pauly, DSGVO BDSG, Art. 88 DSGVO (2021), Rn. 1.

[13] ErwGr. 155 DSGVO.

[14] Kort, DB 2016, 711, 715; Pauly, in: Paal/Pauly, DSGVO BDSG, Art. 88 DSGVO (2021), Rn. 9. Diese Ansicht ist aber, wie § 26 Abs. 2 BDSG zeigt, überholt, vgl. Riesenhuber, in: Wolff/Brink/v. Ungern-Sternberg, BeckOK Datenschutzrecht, § 26 BDSG (45. Ed. 01.08.2023), Rn. 46 (m. w. N.).

Spezifische Regelungen zum Datenschutz im Beschäftigungskontext können durch *Rechtsvorschriften* oder durch *Kollektivvereinbarungen* geschaffen werden. Letzteres bezieht sich u.a. auf:[15]

- *Tarifvereinbarungen*: Vereinbarungen zwischen einem Arbeitgeber/Arbeitgeberverband und einer Gewerkschaft, die die Arbeitsbedingungen für Arbeitnehmer, die Mitglied der jeweiligen Gewerkschaft sind, kollektiv regeln, wie bspw. Arbeitszeiten, Vergütung, Anzahl der Urlaubstage, etc.;[16] und
- *Betriebsvereinbarungen*: Vereinbarungen zwischen einem Arbeitgeber und, sofern (wie in Deutschland) im nationalen Recht vorgesehen, dem Betriebsrat, der die Arbeitnehmer des besagten Arbeitgebers vertritt (siehe Abschn. 8.2.2), welche die Arbeitsbedingungen für die Arbeitnehmer des Betriebs kollektiv regeln.[17]

Art. 88 Abs. 2 DSGVO regelt die inhaltlichen Mindestanforderungen an die Datenschutzvorschriften der EU-Mitgliedstaaten im Beschäftigungskontext. Diese müssen angemessene und besondere *Maßnahmen zur Wahrung* der menschlichen Würde, der berechtigten Interessen und der Grund*rechte der betroffenen Person*, insbesondere im Hinblick auf die *Transparenz der Verarbeitung* (siehe Abschn. 4.1.1), die *Übermittlung personenbezogener Daten* innerhalb einer *Unternehmensgruppe*/einer Gruppe von Unternehmen, die eine gemeinsame Wirtschaftstätigkeit ausüben (siehe Abschn. 4.4) und die *Überwachungssysteme am Arbeitsplatz*, umfassen.

8.2.2 Regelungen des § 26 BDSG

Deutschland hat von der umfassenden Öffnungsklausel des Art. 88 DSGVO mit der Schaffung des § 26 BDSG Gebrauch gemacht. Dabei hat sich der Gesetzgeber maßgeblich *an den bisherigen Regelungen* aus § 32 BDSG a.F. *orientiert*. Von einer umfassenden Neuregelung ist die neue Vorschrift insofern weit entfernt, was in Bezug auf bisherige *Bestrebungen zur Schaffung von Sondervorschriften* im Bereich des Arbeitnehmerdatenschutzes zunächst überrascht.[18] Der Gesetzgeber hat jedoch explizit die Möglichkeit zur künftigen Schaffung eines Sondergesetzes

---

[15] Stamer/Kuhnke, in: Plath, DSGVO BDSG TTDSG, Art. 88 DSGVO (2023), Rn. 8-9; Pauly, in: Paal/Pauly, DSGVO BDSG, Art. 88 DSGVO (2021), Rn. 5.

[16] Lingemann/v. Steinau-Steinrück/Mengel, Employment & Labor Law, Fundamentals (2012), S. 5.

[17] Lingemann/v. Steinau-Steinrück/Mengel, Employment & Labor Law, Fundamentals (2012), S. 4; die bis dahin umstrittene Frage, wer datenschutzrechtlicher Verantwortlicher bei der Verarbeitung personenbezogener Daten durch einen Betriebsrat ist hat der Gesetzgeber inzwischen in § 79a BetrVG geklärt. Danach ist der Arbeitgeber der für die Verarbeitung Verantwortliche im datenschutzrechtlichen Sinne. Kritisch dazu bspw. Riesenhuber, in: Wolff/Brink/v. Ungern-Sternberg, BeckOK Datenschutzrecht, § 26 BDSG (45. Ed. 01.08.2023) Rn. 195 ff.

[18] Vgl. Riesenhuber, in: Wolff/Brink/v. Ungern-Sternberg, BeckOK Datenschutzrecht, § 26 BDSG, Rn. 5; Kühling, NJW 2017, 1985, 1988 und Thüsing, BB 2016, 2165.

offengelassen.[19] Derzeit ist zu erwarten, dass in Zukunft ein neuer Rechtsrahmen für die Datenverarbeitung im Beschäftigungsverhältnis erlassen wird. Im aktuellen Koalitionsvertrag hat sich die Regierung darauf geeinigt, Regelungen zum Beschäftigtendatenschutz zu erschaffen, welche für mehr Klarheit für die beteiligten Parteien sorgen soll.[20]

§ 26 BDSG findet nicht nur im Falle automatisierter Datenverarbeitungen Anwendung, sondern auch auf Verarbeitungen von Beschäftigtendaten, die nicht in einem Dateisystem gespeichert werden, wie z. B. *in Papierform geführte Personalakten.* Die Regelung umfasst damit *alle Verarbeitungstechniken.* Ob es sich dabei um eine zulässige Konkretisierung oder eine unzulässige Erweiterung des sachlichen Anwendungsbereichs der DSGVO handelt, der manuelle Verarbeitungen nur teilweise erfasst (siehe auch Abschn. 2.1.1), ist unklar.

8.2.2.1 Geschützte Personen

Das Beschäftigungsverhältnis wirft in besonderem Maße datenschutzrechtliche Probleme auf. Es ist naturgemäß von einer strukturellen *Abhängigkeit des Beschäftigten* vom Arbeitgeber gekennzeichnet, die ihm einen Schutz seiner personenbezogenen Daten mit den Mitteln der privatautonomen Gestaltungsfreiheit nicht im gleichen Maß erlaubt.[21] Zudem wird im Beschäftigungskontext eine *besonders große Zahl personenbezogener Daten* des Arbeitnehmers *erhoben und verarbeitet,* sei es aufgrund gesetzlicher Verpflichtungen des Arbeitgebers,[22] oder weil mittlerweile eine große Anzahl EDV-gestützter Systeme den Arbeitsalltag kennzeichnen, die regelmäßig auch personenbezogene Daten der Mitarbeiter erheben und verarbeiten. Im Beschäftigungskontext besteht somit ein gesteigertes Bedürfnis nach dem Schutz der personenbezogenen Daten von Beschäftigten.

Aus diesem Grund wurde auch der Kreis der geschützten Personen im BDSG über eine *Erweiterung des persönlichen Anwendungsbereichs* der Regelungen zum Beschäftigtendatenschutz ausgedehnt. Wie nach bisheriger Rechtslage sind nach § 26 Abs. 8 BDSG Arbeitnehmer, zur Berufsbildung Beschäftigte, Teilnehmer an Rehabilitationsmaßnahmen, in Werkstätten für behinderte Menschen Beschäftigte, nach dem Jugend- oder Bundesfreiwilligengesetz Beschäftigte, arbeitnehmerähnliche Personen einschließlich in Heimarbeit Beschäftigte und ihnen Gleichgestellte sowie Beamte, Richter, Soldaten und Zivildienstleistende erfasst. Zusätzlich nimmt § 26 Abs. 2 Nr. 1 BDSG *Leiharbeitnehmer* im Verhältnis zum Entleiher in den Kreis der geschützten Beschäftigten auf. Diese Regelung macht zudem deutlich, dass der Arbeitgeberbegriff vom BDSG nicht definiert wird, sondern spiegelbildlich zum Beschäftigtenbegriff zu bestimmen ist.[23]

---

[19] Deutscher Bundestag (2017), Drucksache 18/11325, S. 97; Zu den Bemühungen um ein eigenständiges Beschäftigtendatenschutzgesetz in Deutschland Riesenhuber, in: Wolff/Brink, BeckOK, § 26 BDSG, Rn. 8 ff.

[20] SPD/Bündnis 90/Die Grünen/FDP (2021) Koalitionsvertrag 2021-2025, S. 14.

[21] Gräber/Nolden, in: Paal/Pauly, DSGVO BDSG, § 26 BDSG (2021), Rn. 4.

[22] Gräber/Nolden, in: Paal/Pauly, DSGVO BDSG, § 26 BDSG (2021), Rn. 4.

[23] Siehe auch Stamer/Kuhnke, in: Plath, DSGVO BDSG TTDSG, § 26 BDSG (2023), Rn. 12.

Auch Bewerber für ein Beschäftigungsverhältnis und Personen, deren Beschäftigungsverhältnis beendet ist, unterfallen dem Schutz des § 26 BDSG.[24] In *zeitlicher Hinsicht* ist der Datenschutz im Beschäftigungskontext damit großzügig angelegt, zumal im BDSG auch keine zeitlich begrenzte Schutzfrist nach Beendigung des Beschäftigungsverhältnisses vorgesehen ist.

8.2.2.2 Zulässige Verarbeitungszwecke

§ 26 Abs. 1 S. 1 BDSG enthält einen *Erlaubnistatbestand*, der die Zulässigkeit und die Voraussetzungen für die *Verarbeitung personenbezogener Daten für Zwecke des Beschäftigungsverhältnisses* regelt.

Vereinbarkeit mit den Vorgaben der DSGVO

§ 26 Abs. 1 S. 1 BDSG muss allerdings mittlerweile als europarechtswidrig angesehen werden. Das ergibt sich aus einer Entscheidung des EuGH aus dem Jahr 2023 zu dem mit § 26 Abs. 1 S. 1 BDSG fast wortgleichen § 23 Abs. 1 S. 1 HDSIG.[25]

Der EuGH entschied, dass eine Regelung keine „spezifische Vorschrift" im Sinne von Art. 88 Abs. 1 DSGVO sei, wenn sie nicht die Vorgaben des Art. 88 Abs. 2 DSGVO erfülle. Dieser stellt bestimmte Voraussetzungen an die aufgrund der Öffnungsklausel des Art. 88 Abs. 1 DSGVO erlassenen Vorschriften. Es sei nicht hinreichend, wenn eine Regelung keinen zum Regelungsbereich passenden Regelungsgehalt aufweise und sich nicht von den allgemeinen Regelungen der DSGVO unterscheide. Die von Art. 88 Abs. 2 DSGVO geforderten „spezifischen" Vorschriften müssten überdies auf den Schutz der Rechte und Freiheiten der Beschäftigten hinsichtlich der Verarbeitung ihrer personenbezogenen Daten im Beschäftigungskontext abzielen und geeignete und besondere Maßnahmen zur Wahrung der menschlichen Würde, der berechtigten Interessen und der Grundrechte der betroffenen Personen umfassen. Damit dürfte der EuGH adressieren, dass § 23 Abs. 1 S. 1 HDSIG lediglich – genau wie Art. 6 Abs. 1 S.1 lit. b DSGVO – eine Erforderlichkeit der Verarbeitung verlangt. Mit seiner Entscheidung hat der EuGH § 23 Abs. 1 HDSIG zwar nicht ausdrücklich für europarechtswidrig erklärt – diese Entscheidung obliegt letztlich dem Verwaltungsgericht Wiesbaden. Der EuGH hat allerdings relativ klar aufgezeigt, dass er § 23 Abs. 1 HDSIG als nicht mit den maßgeblichen Vorgaben des Art. 88 DSGVO vereinbar ansieht.

Praktische Folgen

Aus der Feststellung, dass § 23 Abs. 1 S. 1 HDSIG bzw. § 26 Abs. 1 S. 1 BDSG sich (wohl) vom Regelungsgehalt nicht von den allgemeinen Regelungen der DSGVO unterscheiden, folgt, dass die Außerachtlassung des § 26 Abs. 1 S. 1 BDSG für die Praxis kaum Folgen haben wird.[26] Datenverarbeitungen, die bisher auf der Grund-

[24] § 26 Abs. 8 S. 2 BDSG.

[25] EuGH, Urteil vom 30. März 2023, Hauptpersonalrat der Lehrerinnen und Lehrer beim Hessischen Kultusministerium/Minister des Hessischen Kulturministeriums, C-34/21.

[26] So auch Urteilsanmerkungen Meinecke, NZA 2023, 487, 493.

lage von § 26 Abs. 1 S. 1 BDSG gerechtfertigt wurden werden sich in Zukunft regelmäßig auf den fast wortgleichen Art. 6 Abs. 1 S. 1 lit. b DSGVO stützen können. Die bestehende Datenschutzdokumentation (z. B. Verarbeitungsverzeichnis, Datenschutzhinweise, Datenschutzfolgenabschätzung, etc.) sind jedoch auf die neue Rechtsgrundlage hin anzupassen.

Orientierung an der Rechtsprechung des BAG

Auch, wenn mit der Entscheidung des EuGH die Datenverarbeitung durch den Arbeitgeber wohl nicht mehr auf § 26 Abs. 1 S. 1 BDSG gestützt werden kann, dürfte sich wohl dennoch eine Orientierung an Entscheidungen des BAG zu § 26 Abs. 1 S. 1 BDSG bzw. § 32 BDSG a.F. anbieten. Danach sollte eine Verarbeitung zulässig sein, wenn diese erforderlich ist:

- *für die Entscheidung über die Begründung eines Beschäftigungsverhältnisses*: Dabei handelt es sich um die Phase der Vertragsanbahnung, die in der Regel aus einem *Bewerbungsprozess* bestehen dürfte. Davon umfasst ist unter anderem ein *Fragerecht*[27] des Arbeitgebers nach personenbezogenen Daten, die für den Vertragsabschluss unerlässlich sind, wie z. B. allgemeine Kontaktdaten, die fachliche Eignung und der berufliche Werdegang.[28] Auch die Erhebung weitergehender Informationen kann für die Besetzung bestimmter Stellen erforderlich sein. Nicht erforderlich wird regelmäßig das Verlangen nach einem Foto sein. Zur Prüfung der Eignung und Qualifikation des Bewerbers wird der Arbeitgeber aber Zeugnisse und einen Lebenslauf verlangen können.[29] Sofern es um eine Beschäftigung im öffentlichen Dienst geht, ist der Grundsatz der Bestenauslese nach Art. 33 Abs. 2 GG zu beachten;[30] oder
- *für die Durchführung oder Beendigung eines Arbeitsverhältnisses*: Für die Durchführung des Arbeitsverhältnisses ist die Verarbeitung solcher Daten erforderlich, die der Arbeitgeber zur *Erfüllung seiner Pflichten* oder zur *Wahrnehmung seiner Rechte* gegenüber dem Arbeitnehmer vernünftigerweise benötigt, wovon auch *Kontrollmaßnahmen* zur Überprüfung der Pflichtenerfüllung durch die Beschäftigten oder zur Betriebsorganisation benötigte Informationen umfasst sind. Nennen lässt sich hier beispielsweise die Erfassung der Arbeitszeit.[31] Unter Umständen kann der Arbeitgeber dem Arbeitnehmer auch die Weisung erteilen, im Rahmen von Videokonferenzen die Kamera des mobilen Endgerätes

---

[27] Gegen ein allgemeines Fragerecht des Arbeitgebers Riesenhuber, in: Wolff/Brink/v. Ungern-Sternberg, BeckOK Datenschutzrecht, § 26 BDSG (45. Ed. 01.08.2023), Rn. 72.

[28] Tiedemann, in: Sydow/Marsch, DSGVO BDSG, § 26 BDSG (2022), Rn. 27.

[29] Tiedemann, in: Sydow/Marsch, DSGVO BDSG, § 26 BDSG (2022), Rn. 27; s. a. Riesenhuber, in: Wolff/Brink/v. Ungern-Sternberg, BeckOK Datenschutzrecht, § 26 BDSG (45. Ed. 01.08.2023), Rn. 76.

[30] Näher Riesenhuber, in: Wolff/Brink/v. Ungern-Sternberg, BeckOK Datenschutzrecht, § 26 BDSG (45. Ed. 01.08.2023), Rn. 78.

[31] Riesenhuber, in: Wolff/Brink/v. Ungern-Sternberg, BeckOK Datenschutzrecht, § 26 BDSG (45. Ed. 01.08.2023), Rn. 115.5.

einzuschalten, sofern eine einfache (dienstliche) Telefonkonferenz nicht ausreichend ist.[32] Die „Beendigung“ des Arbeitsverhältnisses ist weiter zu verstehen und erfasst die Phasen der Vorbereitung, der Durchführung und der Abwicklung des Verhältnisses.[33] Für die Beendigung eines Arbeitsverhältnisses bedarf es häufig lediglich einer Nutzung bereits vorhandener Daten für den dann geänderten Zweck einer Vertragsbeendigung.[34] Teilweise müssen jedoch auch neue Daten erhoben werden, z. B. wenn für eine wirksame Kündigung eine Sozialauswahl zu treffen ist, müssen u.a. das Lebensalter und etwaige Unterhaltsverpflichtungen des Beschäftigten berücksichtigt werden;[35] oder
- zur Ausübung oder Erfüllung der sich aus einem Gesetz oder einer Kollektivvereinbarung ergebenden Rechte und Pflichten der Interessenvertretung der Beschäftigten: Danach können auch bspw. Tarifverträge oder Betriebsvereinbarungen die Verarbeitung bestimmter Beschäftigtendaten erforderlich machen (siehe Abschn. 8.2.1).

Background Checks

Gerade internationale Arbeitgeber führen vor Einstellungen gerne sog. Background Checks durch. Bei der Durchführung eines solchen Background Checks muss zwischen der Durchführung eines „echten“ Background Checks oder eines „unechten“ Background Checks differenziert werden.

Bei einem „unechten“ Background Check nutzen Arbeitgeber das Internet – insbesondere soziale Netzwerke und Suchmaschinen –, um Informationen über Bewerber zu erhalten, die möglicherweise nicht von diesen in ihrer Bewerbung bzw. im Bewerbungsgespräch offengelegt wurden.[36] Bei diesen Background Checks werden damit regelmäßig personenbezogene Daten der Bewerber bei Dritten erhoben und damit verarbeitet, sodass datenschutzrechtliche Vorgaben zu beachten sind. Mangels (freiwilliger) Einwilligung (siehe Abschn. 8.2.2.3) des Betroffenen wird sich die Rechtmäßigkeit der Verarbeitung im Rahmen von Background Checks nach dem jüngsten Urteil des EuGH zu § 23 Abs. 1 S. 1 HDSIG regelmäßig nach Art. 6 Abs. 1 S. 1 lit. b DSGVO beurteilen. Es ist also eine Interessenabwägung durchzuführen. Aspekte, die im Rahmen dieser Abwägung zu berücksichtigen sind, sind folgende:

- Der Arbeitgeber hat grundsätzlich das Recht, sich aus allgemein zugänglichen Quellen zu unterrichten, Art. 5 Abs. 1 GG. Dementgegen ist allerdings auch das

[32] Tiedemann, in: Sydow/Marsch, DSGVO BDSG, § 26 BDSG (2022), Rn. 27.

[33] Deutscher Bundestag (2009), Drucksache 16/13657, S: 21; vgl. auch Riesenhuber, in: Wolff/Brink/v. Ungern-Sternberg, BeckOK Datenschutzrecht, § 26 BDSG (45. Ed. 01.08.2023), Rn. 189.

[34] Riesenhuber, in: Wolff/Brink/v. Ungern-Sternberg, BeckOK Datenschutzrecht, § 26 BDSG (45. Ed. 01.08.2023), Rn. 189 (m. w. N.).

[35] Riesenhuber, in: Wolff/Brink/v. Ungern-Sternberg, BeckOK Datenschutzrecht, § 26 BDSG (45. Ed. 01.08.2023), Rn. 189.

[36] Vgl. auch Byers/Fischer, ArbRAktuell 2022, 90.

Recht des Bewerbers auf informationelle Selbstbestimmungen bei der Interessenabwägung zu berücksichtigen.[37]

- Zu unterscheiden ist wohl zwischen beruflichen Netzwerken, welche Bewerber hauptsächlich zur beruflichen Selbstdarstellung nutzen und Netzwerken zur sozialen Kommunikation.[38] Ebenso dürfte zu berücksichtigen sein, ob die Informationen frei zugänglich sind oder ob sich der Arbeitgeber zunächst Zugriff verschaffen muss – etwa durch Anlegen eines Accounts. Bei „freizeitorientierten" Netzwerken wird zudem in der Regel ein Verstoß gegen die AGB des Netzwerks vorliegen können, welche gewerbliche Datenerfassungen regelmäßig untersagen.[39]
- Für die Zulässigkeit eines Background Checks dürfte es zudem sprechen, wenn Unstimmigkeiten im Werdegang des Bewerbers auftreten.[40]

Hingegen werden bei einem „echten" Background Check Daten erhoben, welche nicht aus allgemein zugänglichen Quellen stammen. Hierbei handelt es sich bspw. um Auskünfte von einem vorherigen Arbeitgeber, Schufa-Auskünfte oder die Beantragung von Führungszeugnissen. Im Grundsatz sollen Daten direkt bei den Betroffenen erhoben werden.[41] Es sind aber Situationen denkbar, wo der Arbeitsgeber ein schützwürdiges Interesse an der Informationsgewinnung vor Begründung eines Beschäftigungsverhältnisses hat.

Als Ermächtigungsgrundlage für eine solche Verarbeitung wäre zwar die Einholung einer Einwilligung seitens des Bewerbers denkbar, wegen des ungleichen Machtverhältnisses im Rahmen eines Bewerbungsverfahrens bestehen aber Zweifel, ob in solchen Situationen von der Freiwilligkeit der Erklärung ausgegangen werden kann (siehe Abschn. 8.2.2.3). Demnach müsste sich eine solche Verarbeitung auch nach den Maßstäben aus Art. 6 Abs. 1 S. 1 lit. b DSGVO richten. Entscheidend ist hierbei, ob die Erhebung der Daten für die Feststellung der persönlichen Eignung des Bewerbers für die auszuübende Tätigkeit von Bedeutung ist.[42] Ein besonderes Problem stellt hierbei die Abfrage von Führungszeugnissen durch den Arbeitnehmer dar. Im Rahmen eines Führungszeugnisses werden nämlich nicht nur Straftaten angezeigt, welche einen Rückschluss auf die Geeignetheit eines Bewerbers erlauben, sondern alle Straftaten (unbeachtet ihrer Relevanz für das konkret gegenständliche Berufsverhältnis). Solche Daten dürfen grundsätzlich wegen der fehlenden Erforderlichkeit für die Begründung eines Arbeitsverhält-

---

[37] Riesenhuber, in: Wolff/Brink/v. Ungern-Sternberg, BeckOK Datenschutzrecht, § 26 BDSG (45. Ed. 01.08.2023), Rn. 99.

[38] Gola, NZA 2019, 654, 656.

[39] Forst, NZA 2010, 427, 428 f.

[40] LAG Baden-Württemberg, ZD 2020, 50, Rn. 53; zustimmend Fuhlrott, NZA-RR 2020, 167 und Riesenhuber, in: Wolff/Brink/v. Ungern-Sternberg, BeckOK Datenschutzrecht, § 26 BDSG, (2023), Rn. 100.

[41] Maschmann, in: Kühling/Buchner, DSGVO BDSG, § 26 BDSG (2020), Rn. 34 (m. w. N.).

[42] Vgl. Riesenhuber, in: Wolff/Brink/v. Ungern-Sternberg, § 26 BDSG (45. Ed. 01.08.2023), Rn. 82.

nisses nicht verarbeitet werden.[43] Nur in Ausnahmefällen kann es erforderlich sein, dass ein Arbeitgeber Zugang zu einem Führungszeugnis hat. Dies ist der Fall, wenn von einem Bewerber im Rahmen seiner Beschäftigung eine generelle Gesetzestreue erwartet wird (bspw. beim Compliance-Beauftragten).[44] Eine solche Pflicht kann sich auch unmittelbar aus dem Gesetz ergeben (z. B. für Beschäftigte der Luftsicherheit, § 7 Abs. 3 Nr. 3 LuftSiG, Beschäftigte der Kinder- und Jugendhilfe, § 72a Abs. 1 S. 1 SBG VIII, oder Bewachungsunternehmen, §34a Abs. 1 S. 5 Nr. 2 GewO).

Verarbeitung zur Aufdeckung von Straftaten
§ 26 Abs. 1 S. 2 BDSG, dessen Europarechtskonformität von der oben genannten Entscheidung des EuGH nicht in Frage gestellt wird, beschränkt die Zulässigkeit der *Verarbeitung von Beschäftigtendaten zur Aufdeckung von Straftaten* auf solche Fälle, in denen *zu dokumentierende tatsächliche Anhaltspunkte* den Verdacht begründen, dass die betroffene Person im Beschäftigungsverhältnis eine Straftat begangen hat, die Verarbeitung zur Aufdeckung erforderlich ist und das *schutzwürdige Interesse* des Beschäftigten am Ausschluss der Verarbeitung nicht überwiegt. Nicht ausreichend ist der Verdacht (bloß) einer Ordnungswidrigkeit oder einer anderen Pflichtverletzung.[45] Ebenso ist die Verarbeitung nur zur Aufdeckung, nicht aber zur Verhinderung von Straftaten (oder sonstigen Ordnungswidrigkeiten oder Pflichtverletzungen) zulässig.[46] Der Kreis der Verdächtigten ist möglichst einzuschränken – er kann sich allerdings auch beispielsweise auf einen Kreis von Mitarbeitern richten, die Zugang zu einem bestimmten Raum haben bzw. hatten.[47]

Die Anforderungen an den Tatverdacht sind hoch, da dieser konkret sein muss und entsprechend zu dokumentieren ist, wobei selbst in derartigen Fällen noch eine Interessenabwägung stattfinden muss. Die zahlreichen Voraussetzungen dieses Erlaubnistatbestands verdeutlichen, dass die Datenverarbeitung zu einem solchen Zweck *nur in äußersten Ausnahmefällen zulässig sein* wird. Für Verfehlungen, die nicht die Schwelle zur Straftat überschreiten, dürfte sich die Rechtmäßigkeit der Verarbeitung nach Art. 6 Abs. 1 S. 1 lit. c und f DSGVO (dazu Abschn. 4.2.2) richten.[48]

---

[43] Maschmann, in: Kühling/Buchner, DSGVO BDSG, § 26 BDSG (2020), Rn. 35; Seifert, in: Simitis/Hornung/Spiecker gen. Döhmann, Datenschutzrecht, Art. 88 DSGVO (2019), Rn. 102.

[44] Seifert, in: Simitis/Hornung/Spiecker gen. Döhmann, Datenschutzrecht, Art. 88 DSGVO (2019), Rn. 102.

[45] Riesenhuber, in: Wolff/Brink/v. Ungern-Sternberg, BeckOK Datenschutzrecht, § 26 BDSG (45. Ed. 01.08.2023), Rn. 133.

[46] Riesenhuber, in: Wolff/Brink/v. Ungern-Sternberg, BeckOK Datenschutzrecht, § 26 BDSG (45. Ed. 01.08.2023), Rn. 138. Die Zulässigkeit der Verarbeitung richtet sich dann nach § 26 Abs. 1 S. 1 BDSG bzw. nach dessen faktischer Unanwendbarkeit nach Art. 6 Abs. 1 S. 1 lit. f DSGVO.

[47] Riesenhuber, in: Wolff/Brink/v. Ungern-Sternberg, BeckOK Datenschutzrecht, § 26 BDSG (45. Ed. 01.08.2023), Rn. 134.

[48] Gräber/Nolden, in: Paal/Pauly, DSGVO BDSG, § 26 BDSG (2021), Rn. 24.

8.2.2.3 Einwilligung im Beschäftigungskontext

Sollen Beschäftigtendaten auf Grundlage einer Einwilligung der Beschäftigten verarbeitet werden, *konkretisiert* § 26 Abs. 2 BDSG die *Voraussetzungen hinsichtlich der Wirksamkeit* einer solchen Einwilligung. Dabei handelt es sich sowohl um materielle als auch formelle Voraussetzungen.

Beurteilung der Freiwilligkeit

So sind nach § 26 Abs. 2 S. 1 BDSG bei der *Beurteilung der Freiwilligkeit* der betroffenen Person die im Beschäftigungsverhältnis bestehende *Abhängigkeit* sowie die *konkreten Umstände* der Einwilligungserteilung zu berücksichtigen. Der *Gesetzgeber gibt* hier *Kriterien vor*, um das Vorliegen eines klaren Ungleichgewichts zwischen betroffener Person und Verantwortlichem festzustellen, welches der Freiwilligkeit der Einwilligung entgegensteht (siehe auch Abschn. 4.2.1.3).[49] Das Arbeitsverhältnis ist zwar in gewisser Weise von einer wirtschaftlichen Abhängigkeit des Arbeitnehmers geprägt. Dennoch kann die Einwilligung im Beschäftigungskontext durchaus auch freiwillig erteilt werden, insbesondere wenn durch die Datenverarbeitung *für den Beschäftigten ein rechtlicher oder wirtschaftlicher Vorteil* erreicht wird oder Arbeitgeber und Beschäftigter *gleich gelagerte Interessen* verfolgen.[50] Zu denken ist dabei an die Einführung eines betrieblichen Gesundheitsmanagements zur Gesundheitsförderung, die Erlaubnis zur Privatnutzung von betrieblichen IT-Systemen oder die Aufnahme von Name und Geburtsdatum in eine Geburtstagsliste.[51]

Formelle Voraussetzungen

Die Einwilligung des Beschäftigten hat grundsätzlich schriftlich oder elektronisch zu erfolgen, § 26 Abs. 2 S. 3 BDSG.[52] Gemeint ist mit „elektronisch" allerdings nicht die elektronische Form im Sinne des § 126a BGB – ein dauerhaft gespeicherter Nachweis der Zustimmung ist ausreichend.[53] Ausreichend ist damit nun beispielsweise eine Einwilligung per E-Mail, SMS, WhatsApp-Nachricht oder Computerfax.[54] Nach der Vorschrift kann *wegen besonderer Umstände eine andere Form* der Einwilligung *angemessen* sein. Wann derartige „besondere Umstände" vorliegen, bleibt allerdings klarstellungsbedürftig, sodass zukünftige Stellungnahmen der Aufsichtsbehörden beachtet werden sollten. In Betracht kommt beispielsweise eine

---

[49] ErwGr. 43 DSGVO; v. d. Bussche/Zeiter/Brombach, DB (2016), 1359, 1363; Gierschmann, ZD (2016), 51, 54; Kremer, in: Laue/Kremer, Das neue Datenschutzrecht in der betrieblichen Praxis, § 2 Zulässigkeit der Verarbeitung (2019), Rn. 19.

[50] § 26 Abs. 2 S. 2 BDSG.

[51] Deutscher Bundestag (2017), Drucksache 18/11325, S. 97.

[52] Zu den formellen Anforderungen der DSGVO an Einwilligungen im Allgemeinen siehe Abschn. 4.2.1.2.

[53] Riesenhuber, in: Wolff/Brink/v. Ungern-Sternberg, BeckOK Datenschutzrecht, § 26 BDSG (45. Ed. 01.08.2023), Rn. 45; Thüsing/Rombey, NZA 2019, 1399, 1401.

[54] Tiedemann, in: Sydow/Marsch, DSGVO BDSG, § 26 BDSG (2022), Rn. 41.

(mündliche) Einwilligung im Hinblick auf eine Datenverarbeitung bei einem Callcenter. In jedem Fall hat der Arbeitgeber den Beschäftigten über den Verarbeitungszweck und das Widerrufsrecht hinsichtlich der Einwilligung (siehe Abschn. 4.2.1.5) in Textform aufzuklären, § 26 Abs. 2 S. 4 BDSG.

8.2.2.4 Verarbeitung besonderer Kategorien personenbezogener Daten

§ 26 Abs. 3 BDSG konkretisiert die Verbotsausnahme bezüglich der Verarbeitung besonderer Kategorien personenbezogener Daten aus Art. 9 Abs. 2 lit. b DSGVO (siehe Abschn. 4.2.3.2 und 4.2.3.3).[55] Danach ist eine Verarbeitung dieser Daten zu Beschäftigungszwecken zulässig, wenn sie zur Ausübung von Rechten oder zur *Erfüllung rechtlicher Pflichten aus dem Arbeitsrecht, dem Recht der sozialen Sicherheit und des Sozialschutzes erforderlich* ist und kein Grund zu der Annahme besteht, dass das schutzwürdige Interesse der betroffenen Person an dem Ausschluss der Verarbeitung überwiegt. Diese Verbotsausnahme kann auch zur Rechtfertigung der Verarbeitung von Daten zur Beurteilung der Arbeitsfähigkeit dienen.[56] Neben einer Erforderlichkeitsprüfung ist hier also zusätzlich eine Interessenabwägung vorzunehmen.[57] Es darf kein Grund zu der Annahme bestehen, dass die schutzwürdigen Interessen des Betroffenen die Interessen des Verantwortlichen an der Verarbeitung überwiegen.[58]

Soll die Verarbeitung sensibler Daten *auf der Grundlage einer Einwilligung* des Beschäftigten erfolgen, so gelten die materiellen und formellen Voraussetzungen des § 26 Abs. 2 BDSG, § 26 Abs. 3 S. 2 BDSG – die Datenverarbeitung kann nur aufgrund einer qualifizierten Einwilligung gestattet werden.[59] Neben der Tatsache, dass es sich bei dem Verhältnis zwischen Arbeitgeber und Arbeitnehmer grundsätzlich um ein besonderes Abhängigkeitsverhältnis handelt, ist also zu beachten, dass die verarbeiteten Daten besonders sensibel sind. Demnach werden an die Freiwilligkeit der Einwilligung sehr strenge Anforderungen gestellt,[60] die zusätzlich zu den Voraussetzungen der Art. 6 Abs. 1 S. 1 lit. a, 7, 9 Abs. 2 lit. a DSGVO erfüllt werden müssen (siehe auch Abschn. 4.2.1 und 4.2.3.2). Die Einwilligung muss sich nach § 26 Abs. 3 S. 2 BDSG ausdrücklich auf die Verarbeitung besonderer Kategorien personenbezogener Daten beziehen.

---

[55] Deutscher Bundestag (2017), Drucksache 18/11325, S. 98.

[56] Deutscher Bundestag (2017), Drucksache 18/11325, S. 98.

[57] Riesenhuber, in: Wolff/Brink/v. Ungern-Sternberg, BeckOK Datenschutzrecht, § 26 BDSG (45. Ed. 01.08.2023), Rn. 35; Tiedemann, in: Sydow/Marsch, DSGVO BDSG (2022), Rn. 50; dazu auch BAG NZA 2019, 1055, Rn. 39 ff.

[58] Deutscher Bundestag (2017), Drucksache 18/11325, S. 98; Tiedemann, in: Sydow/Marsch, DSGVO BDSG (2022), Rn. 50.

[59] Dazu auch Riesenhuber, in: Wolff/Brink/v. Ungern-Sternberg, BeckOK Datenschutzrecht, § 26 BDSG (45. Ed. 01.08.2023), Rn. 33 ff.

[60] Deutscher Bundestag (2017), Drucksache 18/11325, S. 98.

8.2.3 Kollektivvereinbarungen als Rechtsgrundlage

Als *Rechtsgrundlage* für die Verarbeitung von Daten im Beschäftigungskontext, einschließlich *besonderer Kategorien personenbezogener Daten*, können auch Kollektivvereinbarungen dienen, § 26 Abs. 4 BDSG (siehe Abschn. 8.2.1). Besonders Betriebs- und Dienstvereinbarungen stellten nach bisheriger Rechtslage in diesem Zusammenhang wichtige Regelungsinstrumente dar und ermöglichen auch zukünftig auf Grundlage dieser Bestimmung die *Ausgestaltung eines auf die betrieblichen Bedürfnisse zugeschnittenen Beschäftigtendatenschutzes.*[61] Dabei sind von den Verhandlungspartnern bei der Ausgestaltung der Vereinbarungen die *inhaltlichen Mindestanforderungen* des Art. 88 Abs. 2 DSGVO zu *berücksichtigen,* § 26 Abs. 4 S. 2 BDSG.

Das kollektive Arbeitsrecht einiger EU-Mitgliedstaaten sieht Arbeitnehmervertretungsorgane – häufig in Gestalt von *Betriebsräten* – vor, deren Beteiligungs- und Mitbestimmungsrechte in Angelegenheiten des Beschäftigtendatenschutzes eine Rolle spielen. Die *Rollen* dieser Arbeitnehmervertretungsorgane *weichen zwischen* den verschiedenen *EU-Mitgliedstaaten erheblich* voneinander *ab.*

Auch das deutsche Recht sieht die Bildung von Betriebsräten als Arbeitnehmervertretungsorgane vor.[62] Dabei handelt es sich um gewählte Arbeitnehmervertretungsorgane, welche *auf Initiative der Arbeitnehmer hin eingerichtet* werden. Die Wahl eines Betriebsrats ist möglich, sofern ein *Betrieb* (der Begriff bezieht sich nicht auf das Unternehmen selbst, sondern auf dessen „organisatorische(n) Einheit(en)") *mindestens fünf* ständig wahlberechtigte *Arbeitnehmer* beschäftigt. Der deutsche Betriebsrat spielt im Beschäftigtendatenschutz eine *Schlüsselrolle.* Er ist, gemeinsam mit dem Arbeitgeber, für den Schutz der personenbezogenen Daten der Arbeitnehmer gegen eine rechtswidrige Erhebung, Verwendung und anderweitige Verarbeitung und damit auch für die Durchsetzung der DSGVO gegenüber dem Arbeitgeber verantwortlich. Um diese Aufgaben erfüllen zu können, hat der Betriebsrat verschiedene Mitwirkungs- und Mitbestimmungsrechte. Diese werden auch von den Regelungen zum Beschäftigtendatenschutz in § 26 BDSG nicht berührt, § 26 Abs. 6 BDSG.

Mitwirkungsrechte

Der Betriebsrat hat umfassende *Mitwirkungsrechte*, die ihm einen *Zugriff auf Informationen* ermöglichen. Eine seiner allgemeinen Pflichten besteht darin, darüber zu *wachen*, dass die zugunsten der Arbeitnehmer geltenden Gesetze, Verordnungen, Unfallverhütungsvorschriften, Tarifverträge und Betriebsvereinbarungen *durchgeführt werden*, § 80 Abs. 1 Nr. 1 BetrVG. Dies umfasst auch die ordnungsgemäße Umsetzung der DSGVO, sofern deren Vorschriften auf Arbeitnehmer als betroffene Personen Anwendung finden.[63] Dadurch hat der Betriebsrat umfassende

---

[61] Deutscher Bundestag (2017), Drucksache 18/11325, S. 98.

[62] Bzw. bei öffentlichen Stellen Personalräte sowie weitere Interessensvertretungen.

[63] Kort, ZD 2017, 3, 5; siehe auch Wedde, in: v. d. Bussche/Voigt, Konzerndatenschutz, Teil. 3 Kap. 6. Beschäftigtendatenschutz (2019), Rn. 103.

Informationsrechte und der Arbeitgeber muss ihm Informationen zu, unter anderem, der Planung oder Anpassung von IT-Systemen, der Einbeziehung eines Auftragsverarbeiters in die Durchführung von Verarbeitungstätigkeiten über personenbezogene Daten der Arbeitnehmer oder der geplanten Einführung einer zentralisierten Personalplanung innerhalb einer Konzernstruktur (§ 92 BetrVG) geben.[64] Allerdings führen die (durchsetzbaren) Mitwirkungsrechte *nicht automatisch zu einem Mitbestimmungsrecht* in den betroffenen Datenschutzangelegenheiten.[65] Der Betriebsrat kann Vorschläge bzgl. der verschiedenen Angelegenheiten machen, aber der Arbeitgeber ist nicht dazu verpflichtet, diese auch anzunehmen. Damit haben die Mitwirkungsrechte formal keinen Einfluss auf die Entscheidungen des Arbeitgebers bzgl. der Datenverarbeitung.

Mitbestimmungsrechte

Allerdings sind *zahlreiche Verarbeitungsvorgänge* betreffend der personenbezogenen Daten der Mitarbeiter geeignet, ein *Mitbestimmungsrecht* des Betriebsrats nach § 87 Abs. 1 Nr. 6 BetrVG *auszulösen.* Dieses Mitbestimmungsrecht betrifft die Einführung und Anwendung von *technischen Einrichtungen*, die *dazu bestimmt sind, das Verhalten oder die Leistung der Arbeitnehmer zu überwachen.* IT-Systeme bilden zunehmend die Grundlage aller internen Datenverarbeitungsvorgänge, insbesondere bei der Erhebung von Beschäftigtendaten sowie deren Verarbeitung und Übermittlung innerhalb internationaler Konzerne mit zentralisierter Personalverwaltung. Aber auch darüber hinaus sind eine Vielzahl von EDV-gestützten Anwendungen betroffen, bei deren Nutzung personenbezogene Daten der Mitarbeiter anfallen, wie z.B.: Gehaltsabrechnung, Social Intranet, Reisebuchungssoftware, E-Learning-Anwendungen, Sicherheitssoftware gegen Angriffe von innen und außen, Key Cards, die Erfassung von „High Potentials", die Liste lässt sich weiter fortführen. Der Anwendungsbereich der Vorschrift ist dabei bereits eröffnet, soweit die maßgebliche *IT-gestützte Anwendung lediglich auch dazu geeignet* ist, *personenbezogene Daten* von Mitarbeitern *zu erheben oder zu speichern* und somit deren Verhalten am Arbeitsplatz zu beobachten, selbst wenn dies durch die IT-Anwendung überhaupt nicht bezweckt ist.[66] Somit muss ein Unternehmen die *Zustimmung des Betriebsrates* grundsätzlich immer dann einholen, sobald es neue *IT-Systeme oder -Software einführen oder* bestehende IT *umgestalten* möchte, die – theoretisch – auch zu einer mitbestimmungspflichten Leistungs- oder Verhaltenskontrolle führen könnte. Der Anwendungsbereich des die Mitbestimmungspflichtigkeit auslösenden § 87 Abs. 1 Nr. 6 BetrVG ist folglich sehr weit; ein Umstand, der insbesondere den Verantwortlichen von im Ausland befindlichen Konzernzentralen oftmals nur sehr schwer zu vermitteln ist.

---

[64] Siehe auch Wedde, in: v. d. Bussche/Voigt, Konzerndatenschutz, Teil. 3 Kap. 6. Beschäftigtendatenschutz (2019), Rn. 110 ff.

[65] Siehe auch BAG, Urteil vom 16. Juli 1985, DB 1986, 231, 231; Wedde, in: v. d. Bussche/Voigt, Konzerndatenschutz, Teil. 3 Kap. 6. Beschäftigtendatenschutz (2019), Rn. 106.

[66] Siehe auch Wedde, in: v. d. Bussche/Voigt, Konzerndatenschutz, Teil. 3 Kap. 6. Beschäftigtendatenschutz (2019), Rn. 128; BAG, Beschluss vom 6. Dezember 1983, NJW 1984, 1476, 1476.

Beispiel

- Office Word-Software erlaubt es dem Arbeitgeber, nachzuvollziehen, an welchen Dokumenten und für wie lang ein Arbeitnehmer gearbeitet hat;
- E-Mail-Anwendungen ermöglichen es, die Kommunikation von Mitarbeitern mit anderen zu überwachen;
- Internetbrowser speichern den Suchverlauf des Arbeitnehmers, der den Browser nutzt;
- Stechuhren registrieren die Arbeitszeit der Arbeitnehmer;
- Überwachungsanlagen.[67] ◄

Das Mitbestimmungsrecht bezieht sich nicht auf die Rechtsgrundlage für die Verarbeitung oder den Umfang der Verarbeitungstätigkeiten, sondern auf die IT-Anwendung selbst, die zur Durchführung der Verarbeitung verwendet wird. Folglich wird eine – überraschende – Vielzahl von Verarbeitungstätigkeiten das Mitbestimmungsrecht des Betriebsrats nach § 87 Abs. 1 Nr. 6 BetrVG auslösen. Unternehmen sollten darauf achten, den Betriebsrat entsprechend *frühzeitig einzubeziehen*, um seine *Zustimmung zu bewirken.* Im Falle einer *Verletzung des Mitbestimmungsrechts* hat der Betriebsrat einen einklagbaren *Unterlassungsanspruch* in Bezug auf die Maßnahme des Arbeitgebers, die der Mitbestimmung durch den Betriebsrat unterliegt. Gelingt eine Einigung nicht wenigstens nachträglich und führt auch die Konsultation einer Einigungsstelle nicht weiter, sind *Arbeitgeber* dazu verpflichtet, die vom Unterlassungsanspruch betroffenen *Maßnahmen rückgängig zu machen und zu beseitigen.* Sofern der Betriebsrat ordnungsgemäß beteiligt wurde, aber seine Zustimmung verweigert, kann der Arbeitgeber eine *Einigungsstelle* anrufen, die einen verbindlichen Beschluss in der Angelegenheit fassen wird.

8.3 Telemedien- und Telekommunikationsdatenschutz

Der Telemedien- und Telekommunikationsdatenschutz soll die *Vertraulichkeit der Kommunikation* garantieren, insbesondere im Einklang mit den Art. 7, 8 GRCh.[68] Natürlichen Personen soll es möglich sein, *frei von unerwünschter und unbemerkter Überwachung* insbesondere durch Anbieter von Kommunikationsdiensten, Betreibern öffentlicher Kommunikationsnetze und Betreibern von Telekommunikationsanlagen zu kommunizieren.[69] Ohne eine Einwilligung ihrer Nutzer sollen die Anbieter deren Kommunikationsdaten nicht nutzen oder speichern.[70]

---

[67] Werner, in: Rolfs/Giesen/Meßling/Udsching, BeckOK Arbeitsrecht, § 87 BetrVG (69. Ed. 01.09.2023), Rn. 95; Lingemann/v. Steinau-Steinrück/Mengel, Employment & Labor Law, Labor Law (2012), S. 65.

[68] ErwGr. 3 ePrivacy-Richtlinie.

[69] Vgl. § 3 Abs. 2 TTDSG.

[70] Art. 5 Abs. 1 ePrivacy-Richtlinie.

Gemäß Art. 95 DSGVO soll die Verordnung natürlichen oder juristischen Personen in Bezug auf deren Verarbeitungsvorgänge *keine zusätzlichen Pflichten* auferlegen, soweit diese *bereits den* besonderen in der Richtlinie 2002/58/EG[71] (*ePrivacy-Richtlinie,* kurz: ePrivacy-RL) *festgelegten Pflichten unterliegen*. Normadressaten sind Unternehmen, welche personenbezogene Daten in Verbindung mit der Bereitstellung elektronischer Kommunikationsdienste verarbeiten. In derartigen Fällen ist die ePrivacy-RL *lex specialis* zur DSGVO. Dienen die sektorspezifischen Regelungen der ePrivacy-RL jedoch anderen Zielen als dem Schutz personenbezogener Daten, kommen die hierfür einschlägigen Regelungen der DSGVO zur Anwendung, unabhängig von der Art der personenbezogenen Daten oder der betroffenen Diensteanbieter.[72]

Der *Anwendungsbereich der ePrivacy-RL* erstreckt sich gemäß Art. 3 Abs. 1 ePrivacy-RL auf alle Verarbeitungen personenbezogener Daten in Verbindung mit der Bereitstellung öffentlich zugänglicher elektronischer Kommunikationsdienste in öffentlichen Kommunikationsnetzen in der EU. Die letztgenannten Tatbestandsmerkmale sind wie folgt auszulegen:

- *Öffentlich zugängliche elektronische Kommunikationsdienste*: Die ePrivacy-RL findet nur auf Dienste Anwendung, die *ganz oder überwiegend in der Übertragung von Signalen bestehen*, wie z. B. Telefon- oder E-Mail-Dienste.[73] Obwohl letztere gleichzeitig eine Arbeitsoberfläche zum Erstellen und Speicherplatz zum Hinterlegen von Nachrichten anbieten, steht der Kommunikationsaspekt im Vordergrund.[74] Im Umkehrschluss dazu fallen Dienste, bei denen der *Kommunikationsdienst nur zweitrangig* ist, *nicht in den Anwendungsbereich*, wie bspw. soziale Netzwerke, Suchmaschinen, Nachrichtendienste oder das Online-Angebot von Waren/Dienstleistungen mit unmittelbarer Bestellmöglichkeit.[75]
- *Öffentliche Kommunikationsnetze* in der EU: Die Netzwerke müssen öffentlich sein, was bedeutet, dass sie einer *unbegrenzten Zahl an Personen* zugänglich sind, wie z. B. das Festnetz oder das Internet (einschließlich Voice-over-IP-

---

[71] Richtlinie 2002/58/EG des Europäischen Parlaments und des Rates vom 12. Juli 2002 über die Verarbeitung personenbezogener Daten und den Schutz der Privatsphäre in der elektronischen Kommunikation (Datenschutzrichtlinie für elektronische Kommunikation/ePrivacy RL).

[72] EDPB, Opinion 5/2019 on the interplay between the ePrivacy Directive and the GDPR, in particular regarding the competence, tasks and powers of data protection authorities (2019), Rn. 38 ff.; Art. 29 Datenschutzgruppe, WP 240 (2016), S. 4; eingehend zum Umfang der Anwendung der ePrivacy-Richtlinie Golland, in: Taeger/Gabel, DSGVO BDSG TTDSG, Art. 95 DSGVO (2022), Rn. 7 ff.; vgl. auch Gierschmann, MMR 2023, 22.

[73] Nebel/Richter, ZD 2012, 407, 408; Keppeler, MMR 2015, 779.

[74] Nebel/Richter, ZD 2012, 407, 408; vgl. Körber, in: Säcker/Körber, TKG TTDSG, § 3 TKG (2023), Rn. 89.

[75] Siehe auch Oster, in: Hoeren/Sieber/Holznagel, Handbuch Multimedia-Recht, Teil. 4 Telekommunikationsrechtliche Vorfragen (2016), Rn. 23; Roßnagel, in: Roßnagel, Telemediendienste, TMG Einleitung (2013), Rn. 32.

Services).[76] Andererseits fallen *Netzwerke mit geschlossenen Nutzergruppen nicht in den Anwendungsbereich* der ePrivacy-RL. Dies bezieht sich auf Netzwerke, die nur einem bestimmten Personenkreis zugänglich sind, wie bspw. das WiFi in Hotels, Geschäften, Zügen; Universitätsnetzwerke; WiFi-Zugänge, die Unternehmen ihren Gästen oder Besuchern anbieten oder von Einzelpersonen erstellte Hotspots.[77]

In Anbetracht der Komplexität der Online-Dienste und der Vielzahl an Akteuren, die Telemedien-Dienste anbieten, kann es *Schwierigkeiten bereiten, zu bestimmen*, ob ein bestimmter Dienst in den *Anwendungsbereich* der ePrivacy-RL oder der DSGVO fällt. Diese Problematik hat der europäische Gesetzgeber erkannt und *strebt seit geraumer Zeit eine Überarbeitung der ePrivacy-RL an*. Am Ende des Gesetzgebungsverfahrens soll eine ePrivacy-Verordnung stehen, sodass es zu deren direkter Anwendbarkeit in den EU-Mitgliedstaaten käme.[78] Eine solche ePrivacy-Verordnung böte für datenverarbeitende Unternehmen den Vorteil, dass die derzeitige *Fragmentierung des nationalen Telemedien-Datenschutzrechts innerhalb der EU* ein Ende fände. Die Europäische Kommission hat Anfang 2017 einen ersten Entwurf für eine solche Verordnung vorgelegt, der derzeit das Gesetzgebungsverfahren durchläuft.[79] Der Europäische Rat konnte sich am 10.02.2021 auf einen Entwurf einigen.[80] Die Trilog-Verhandlungen zur ePrivacy-Verordnung dauern unterdessen an. Wann der Rechtsakt in Kraft treten wird, ist zum jetzigen Zeitpunkt nicht absehbar.

Praktische Schwierigkeiten im Zusammenhang mit den nationalen Umsetzungsrechtsakten

Bisher wurde die ePrivacy-RL in den EU-Mitgliedstaaten mittels unterschiedlicher Transformationsrechtsakte umgesetzt. In *Deutschland* wurde die Richtlinie zunächst mittels *zweier Rechtsakte* umgesetzt: Einige Regelungen Telekommunikationsdienste betreffend unterfielen dem TKG, andere Regelungen Telemediendienste betreffend dem TMG, welches im Übrigen auch Website- oder Internetdienstanbieter umfasste. Die Abgrenzung ihrer jeweiligen Anwendungsbereiche bereitete angesichts der rasanten technologischen Entwicklungen in der Praxis bis

[76] Nebel/Richter, ZD 2012, 407, 408; siehe auch Ricke, in: Spindler/Schuster, Recht der elektronischen Medien, § 3 TKG (2019), Rn. 33; Körber, in: Säcker/Körber, TKG TTDSG, § 3 TKG (2023), Rn. 89.

[77] Vgl. Holländer, in: Wolff/Brink/v. Ungern-Sternberg, BeckOK Datenschutzrecht, Art. 95 DSGVO (45. Ed. 01.02.2023), Rn. 4; Art. 29 Datenschutzgruppe, WP 240 (2016), S. 8.

[78] ErwGr. 173 DSGVO; Albrecht/Jotzo, Datenschutzrecht, Teil 10. Schlussbestimmungen (2017), Rn. 7.

[79] Weitere Informationen unter https://ec.europa.eu/digital-single-market/en/proposal-eprivacy-regulation, zuletzt aufgerufen am 23.11.2023.

[80] Abrufbar unter https://data.consilium.europa.eu/doc/document/ST-6087-2021-INIT/en/pdf., zuletzt aufgerufen am 23.11.2023. Eine ausführliche Kommentierung der einzelnen Artikel des Vorschlags von Voigt/v. d. Bussche findet sich unter https://eprivacy-regulation.org, zuletzt aufgerufen am 23.11.2023.

heute Schwierigkeiten.[81] Zur Beseitigung dieser Unklarheiten hat der deutsche Gesetzgeber inzwischen das TTDSG (Telekommunikations-Telemedien-Datenschutz-Gesetz, bzw. seit Mai 2024 Telekommunikation-Digitale-Dienste-Datenschutz-Gesetz, TDDDG) erlassen. Dieses führt einige Regelungen des TMG und des TKG, einschließlich der Bestimmungen zum Schutz des Fernmeldegeheimnisses, zusammen und passt bestehende Vorschriften an die DSGVO und die ePrivacy-RL an.[82]

Cookies

Mit dem TTDSG hat der deutsche Gesetzgeber nun auch die Thematik der Cookies ausdrücklich adressiert. Bei Cookies handelt es sich um Textdateien, die auf dem Endgerät des Nutzers gespeichert werden[83] – beispielsweise bei dem Besuch einer Website. Besucht der Nutzer diese Website nun erneut, so werden bestimmte Informationen an den Server zurückübermittelt. So wird es möglich, einem Nutzer auch mehrere Aufrufe derselben Website zuzuordnen. Hatte der Nutzer sich also beispielsweise gegenüber einer Online-Bank authentifiziert, so kann er mit Hilfe von Cookies „wiedererkannt" werden. Er muss sich also nicht erneut authentifizieren.[84] Die Informationen, welche in den Cookies gespeichert sind, müssen allerdings nicht zwangsläufig personenbezogen sein.[85] Nachdem nach alter deutscher Rechtslage höchst umstritten war, ob die frühere „opt-out"-Regelung des § 15 Abs. 3 TMG die Vorgaben des Art. 5 Abs. 3 ePrivacy-RL, welche für die in Rede stehenden Fälle eine Einwilligung des Nutzers („opt-in") vorsah, ausreichend umsetzt, dürfte mit § 25 TTDSG nun eine ausreichende Umsetzung vorliegen. Die Regelung ist – wie auch Art. 5 Abs. 3 ePrivacy-RL – technologieneutral und regelt nicht nur das Setzen und Auslesen von Cookies, sondern auch die Verwendung von vergleichbaren Technologien.[86] Nach § 25 TTDSG ist die Speicherung von Informationen in den Endeinrichtungen des Nutzers oder der Zugriff auf Informationen, die bereits in der Endeinrichtung gespeichert sind, nur zulässig, wenn der Endnutzer auf der Grundlage von klaren und umfassenden Informationen einwilligt („opt-in"). Die Informationen und die Einwilligung haben den Vorgaben der DSGVO zu folgen. § 25 Abs. 2 TTDSG sieht zwei (eng umgrenzte) Ausnahmefälle vom Einwilligungserfordernis vor. Die Einwilligung nach Abs. 1 ist danach nicht erforderlich:

- wenn der alleinige Zweck der Speicherung von Informationen in der Endeinrichtung des Endnutzers oder der alleinige Zweck des Zugriffs auf bereits in der Endeinrichtung des Endnutzers gespeicherte Informationen die Durchführung der Übertragung einer Nachricht über ein öffentliches Telekommunikationsnetz ist; oder

[81] Keppeler, MMR 2015, 779, 779–780.

[82] Dazu auch Voigt, IT-Sicherheitsrecht (2021), Rn. 169; näher auch Herrmann, in: Assion, TTDSG, § 1 TTDSG (2022), Rn. 24 ff.

[83] Vgl. auch Schneider, in: Assion, TTDSG, § 25 TTDSG (2022), Rn. 2.

[84] Schneider, in: Assion, TTDSG, § 25 TTDSG (2022), Rn. 3.

[85] Schneider, in: Assion, TTDSG, § 25 TTDSG (2022), Rn. 4.

[86] Dazu Alich/Voigt, CR 2012, 344.

- wenn die Speicherung von Informationen in der Endeinrichtung des Endnutzers oder der Zugriff auf bereits in der Endeinrichtung des Endnutzers gespeicherte Informationen unbedingt erforderlich ist, damit der Anbieter eines Telemediendienstes einen vom Nutzer ausdrücklich gewünschten Telemediendienst zur Verfügung stellen kann.

Die praktische Umsetzung der Anforderungen gerade an die einzuholende Einwilligung für die Verwendung von Cookies bereitet teilweise Probleme. Folgendes ist bei der Ausgestaltung des Cookie-Banners zu beachten:

- Das Ablehnen der nicht erforderlichen Cookies sollte so einfach sein, wie das Annehmen;
- Bereits auf erster Ebene des Cookie-Banners sollten alle für die Einholung der Einwilligung erforderlichen Informationen wenigstens knapp erteilt werden; Detailinformationen können dann auf einer zweiten Ebene dargestellt werden;
- Es sollte die Möglichkeit bestehen, in einzelne Cookies/Datenverarbeitungsvorgänge einzuwilligen bzw. diese abzulehnen. Ein bloßes „alles oder nichts" dürfte nicht ausreichen;
- Soweit eine Einwilligung nicht nur nach der ePrivacy-RL bzw. dem TTDSG, sondern daneben auch der DSGVO eingeholt werden soll, kann dies grundsätzlich in einer Erklärung erfolgen;
- Die Einwilligung sollte nach Möglichkeit Informationen enthalten zu:
  - Name und Adresse des Cookieproviders/Datenempfängers;
  - verarbeiteten Datenkategorien;
  - Zweck der Cookiesetzung/Datenverarbeitung;
  - Cookiespeicherdauer/Aufbewahrungszeitraum für etwaig erhobene personenbezogene Daten;
  - Verhältnis des Webseitenbetreibers zum Datenempfänger (z. B. Auftragsverarbeitung);
  - Etwaige Drittlandübermittlungen und Rechtfertigung hierfür.

Referenzen

Albrecht JP, Jotzo F (2017) Allgemeine Bestimmungen, Schlussbestimmungen. In: Das neue Datenschutzrecht der EU, 1. Aufl. Nomos, Baden-Baden

Alich S, Voigt P (2012) Mitteilsame Browser – Datenschutzrechtliche Bewertung des Trackings mittels Browser-Fingerprints. CR 28(5):334–348

Art. 29 Datenschutzgruppe (2016) Stellungsnahme 3/2016 zur Evaluierung und Überprüfung der Datenschutzrichtlinie für elektronische Kommunikation (2022/58/EG), WP 240 (zitiert nach englischem Original)

Byers P, Fischer C (2022) Rechtliche Vorgaben bei der Durchführung von sog. „Background-checks". ArbRAktuell 14(4):90–93

Deutscher Bundestag (2009) Drucksache 16/13657

Deutscher Bundestag (2017) Drucksache 18/11325

Europäischer Datenschutzausschuss (2019) Stellungnahme 5/2019 zum Zusammenspiel zwischen der e-Datenschutz-Richtlinie und der DSGVO, insbesondere in Bezug auf die Zuständigkeiten, Aufgaben und Befugnisse von Datenschutzbehörden (zitiert nach englischem Original)
Forst G (2010) Bewerberauswahl über soziale Netzwerke im Internet? NZA 27(8):427–433
Fuhlrott M (2020) Zulässiger Background-Check über Mitarbeiter bei Verdachtsmomenten. NZA-RR 25(3):167
Gierschmann S (2023) Telekommunikations-Telemedien-Datenschutz-Gesetz und die DSGVO. MMR 26(1):22–27
Gierschmann S (2016) Was „bringt" deutschen Unternehmen die DS-GVO? – Mehr Pflichten, aber die Rechtsunsicherheit bleibt. ZD 6(2):51–55
Gola P (2019) Das Internet als Quelle von Bewerberdaten. NZA 36(10):654–658
Golland A (2022) Art. 95 DSGVO. In: Taeger J, Gabel D (Hrsg) DSGVO BDSG TTDSG, 4. Aufl. Fachmedien Recht und Wirtschaft, Frankfurt am Main
Gräber T, Nolden C (2021) § 26 BDSG. In: Paal BP, Pauly DA (Hrsg) Datenschutz-Grundverordnung Bundesdatenschutzgesetz, 3. Aufl. C.H. Beck, München
Grages J-M (2016) Art. 85, 89 DSGVO. In: Plath K-U (Hrsg) DSGVO BDSG TTDSG, 4. Aufl. Otto Schmidt, Köln
Herrmann D (2022) § 1 TTDSG. In: Assion S (Hrsg) TTDSG, 1. Aufl. Nomos, Baden-Baden
Holländer C (01.02.2023) Art. 95 DSGVO. In: Wolff HA, Brink S, von Ungern-Sternberg A (Hrsg) Beck'scher Online-Kommentar Datenschutzrecht, 45. Aufl. C.H. Beck, München
Keppeler LM (2015) Was bleibt vom TMG-Datenschutz nach der DSGVO? – Lösung und Schaffung von Abgrenzungsproblemen im Multimedia-Datenschutz. MMR 18(12):779–783
Körber T (2023) § 3 TKG. In: Säcker J, Körber T (Hrsg.). TKG TTDSG, 4. Aufl. Fachmedien Recht und Wirtschaft, Frankfurt am Main
Kort M (2016) Arbeitnehmerdatenschutz gemäß der EU-Datenschutz-Grundverordnung. DB 69(12):711–716
Kort M (2017) Was ändert sich für Datenschutzbeauftragte, Aufsichtsbehörden und Betriebsrat mit der DSGVO? ZD 7(1):3–7
Kremer S (2019) § 2 Zulässigkeit der Verarbeitung. In: Laue P, Kremer S (Hrsg) Das neue Datenschutzrecht in der betrieblichen Praxis, 2. Aufl. Nomos, Baden-Baden
Kühling J (2017) Neues Bundesdatenschutzgesetz – Anpassungsbedarf bei Unternehmen. NJW 70(28):1985–1990
Kühling J (2021) Reichweite der Auskunftspflicht bei Statistikdaten. ZD 11(2):74–79
Lauber-Rönsberg A (01.11.2022) Art. 85 DSGVO. In: Wolff HA, Brink S, von Ungern-Sternberg A (Hrsg) Beck'scher Online-Kommentar Datenschutzrecht, 45. Aufl. C.H. Beck, München
Laue P (2019) § 1 Einführung. In: Laue P, Kremer S (Hrsg) Das neue Datenschutzrecht in der betrieblichen Praxis, 2. Aufl. Nomos, Baden-Baden
Laue P (2016) Öffnungsklauseln in der DSGVO – Öffnung wohin? ZD 16(10):463–467
Lingemann S, von Steinau-Steinrück R, Mengel A (2012) Fundamentals; Labor Law. In: Employment & Labor Law in Germany, 4. Aufl. C.H. Beck, München
Louven S (2022) Art. 89 DSGVO. In: Taeger J, Gabel D (Hrsg) DSGVO BDSG TTDSG, 4. Aufl. Fachmedien Recht und Wirtschaft, Frankfurt am Main
Maschmann F (2020) § 26 BDSG. In: Kühling J, Buchner B (Hrsg) Datenschutz-Grundverordnung BDSG, 3. Aufl. C.H. Beck, München
Meinecke D (2023) Anmerkung zu EuGH, Urt. v. 30.3.2023 – C-34/21. NZA 2023: 492–493
Nebel M, Richter P (2012) Datenschutz bei Internetdiensten nach der DSGVO. ZD 2(9):407–413
Oster J (2016) Telekommunikationsrechtliche Vorfragen. In: Hoeren T, Sieber U, Holznagel B (Hrsg) Handbuch Multimedia-Recht, 59. EL. Juni 2023. C.H. Beck, München
Pauly DA (2021) Art. 88 DSGVO. In: Paal BP, Pauly DA (Hrsg) Datenschutz-Grundverordnung Bundesdatenschutzgesetz, 3. Aufl. C.H. Beck, München
Pötters S (2022) Art. 89 DSGVO. In: Gola P, Heckmann D (Hrsg) Datenschutzgrundverordnung Bundesdatenschutzgesetz Kommentar, 3. Aufl. C.H. Beck, München
Ricke T (2019) § 3 TKG. In: Spindler G, Schuster F (Hrsg) Recht der elektronischen Medien Kommentar, 4. Aufl. C.H. Beck, München

Riesenhuber K (01.08.2023) § 26 BDSG. In: Wolff HA, Brink S, von Ungern-Sternberg A (Hrsg) Beck'scher Online-Kommentar Datenschutzrecht, 45. Aufl. C.H. Beck, München
Roßnagel A (2013) TMG Einleitung. In: Rothnagel A (Hrsg) Beck'scher Kommentar zum Recht der Telemediendienste, 1. Aufl. C.H. Beck, München
Schneider A (2022) § 25 TTDSG. In: Assion S (Hrsg) TTDSG, 1. Aufl. Nomos, Baden-Baden
Seifert A (2019) Art. 88 DSGVO. In: Simitis S, Hornung G, Spiecker gen. Döhmann I (Hrsg) Datenschutzrecht DSGVO mit BDSG, 1. Aufl. Nomos, Baden-Baden
SPD, Bündnis 90/Die Grünen/FDP (2021) Koalitionsvertrag 2021–2025
Stamer K, Kuhnke M (2023) Art. 88 DSGVO, § 26 BDSG. In: Plath K-U (Hrsg) DSGVO BDSG TTDSG, 4. Aufl. Otto Schmidt, Köln
Thüsing G (2016) Umsetzung der Datenschutz-Grundverordnung im Beschäftigungsverhältnis: Mehr Mut zur Rechtssicherheit! BB 71(36):2165–2166
Thüsing G, Rombey S (2019) Die „schriftlich oder elektronisch" erteilte Einwilligung des Beschäftigten nach dem neuen Forerfordernis in § 26 II 3 BDSG. NZA 36(20):1399–1403
Tiedemann J (2022) § 26 BDSG. In: Sydow G, Marsch N (Hrsg) DSGVO BDSG, 3. Aufl. Nomos, Baden-Baden
Voigt P (2021) IT-Sicherheitsrecht, 2. Aufl. Dr, Otto Schmidt, Köln
von dem Bussche AF, Zeiter A, Brombach T (2016) Die Umsetzung der Vorgaben der EU-Datenschutz-Grundverordnung durch Unternehmen. DB 69(23):1359–1365
Wedde P (2019) Beschäftigtendatenschutz und Mitbestimmungsrechte des Betriebsrats. In: von dem Bussche AF, Voigt P (Hrsg) Konzerndatenschutz Rechtshandbuch, 2. Aufl. C.H. Beck, München
Werner M (01.09.2023) Art. 87 BetrVG. In: Rolfs C, Giesen R, Meßling M, Udsching P (Hrsg) Beck'scher Online-Kommentar Arbeitsrecht, 80. Aufl. C.H. Beck, München
Westphal D, Keller A (2022) Art. 85 DSGVO. In: Taeger J, Gabel D (Hrsg) DSGVO BDSG TTDSG, 4. Aufl. Fachmedien Recht und Wirtschaft, Frankfurt am Main

9 Besondere Verarbeitungssituationen

Der technische Wandel führt zu immer neuen Wegen und Möglichkeiten der Datenverarbeitung. *Große Datenmengen* können *einfacher, schneller und kosteneffizienter* verarbeitet werden. Dadurch eröffnen sich neue Geschäftsfelder. Gleichzeitig ist dadurch häufig das Recht natürlicher Personen auf informationelle Selbstbestimmung betroffen. Um auch langfristig unabhängig von der technologischen Entwicklung einen effektiven Rechtsschutz entfalten zu können sind die Bestimmungen der DSGVO generell-abstrakt formuliert.[1] *Klare und spezifische Bestimmungen für Online-Verarbeitungstätigkeiten fehlen in der DSGVO.*[2] Tätigkeiten mit hoher Praxisrelevanz, wie bspw. Cloud Computing, Social Media, verhaltensbasierte Werbung usw. werden in der DSGVO daher häufig nicht ausdrücklich thematisiert.[3]

Unternehmen müssen daher selbständig *überprüfen*, auf welche der verarbeiteten Daten die DSGVO Anwendung findet und *wie* sie die *Vorgaben der DSGVO erfüllen* können. Diese Kapitel stellt die wichtigsten datenschutzrechtlichen Aspekte für bestimmte praxisrelevante Verarbeitungstätigkeiten dar, namentlich Big Data, Künstliche Intelligenz, Cloud Computing und das Internet of Things.

9.1 Big Data

Zahlreiche Unternehmen bauen ihr Geschäft auf der Grundlage verschiedenster Technologien auf, die es ermöglichen, *umfangreiche (Big Data) Datensätze* zu erheben, zu verarbeiten, zu kategorisieren und zu analysieren, um auf diese Weise die

[1] Sydow/Kring, ZD 2014, 271, 276.

[2] Roßnagel/Richter/Nebel ZD 2013, 103, 104; Nebel/Richter, ZD 2012, 407, 408.

[3] Keppeler MMR 2015, 779, 779.

P. Voigt, A. von dem Bussche, *EU-Datenschutz-Grundverordnung (DSGVO)*,
https://doi.org/10.1007/978-3-662-68820-5_9

Daten (wirtschaftlich) *verwerten* zu können.[4] Der Begriff „Big Data" bezieht sich eher auf einen speziellen Datenverarbeitungsansatz als auf bestimmte Verarbeitungstechniken. Darunter versteht man regelmäßig die „Auswertung großer, aus einer Vielzahl unterschiedlicher Quellen stammender unstrukturierter Daten zum Zwecke der Erkennung von Gesetzmäßigkeiten, Korrelationen, Kausalitäten und der Generierung von neuen(!) Informationen und Kontextwissen".[5] Den Anwendungen ist damit regelmäßig auch ein explorativer Charakter zuzuschreiben.[6] Big Data Anwendungen werden zudem regelmäßig über die sog. „vier V" charakterisiert.[7] Diese setzen sich zusammen aus:

- **Volume**: Mit Volume wird die besonders große Menge an Daten beschrieben, die im Zusammenhang mit Big Data verarbeitet werden;[8]
- **Velocity**: Der Begriff Velocity beschreibt die hohe Geschwindigkeit der Datenverarbeitung im Big Data-Kontext. Regelmäßig ist es möglich, Ergebnisse von Datenverarbeitungen in Echtzeit zur Verfügung zu stellen;[9]
- **Variety**: Variety beschreibt die Vielfalt der verarbeiteten Daten. Angesprochen sind die verschiedensten Arten der Vielfalt: So können Daten in verschiedenen Arten, aus verschiedenen Quellen und in verschiedenen Strukturen vorliegen;[10]
- **Value**: Hiermit ist der immer größere Wert gemeint, der großen Datenmengen zugemessen wird.[11]

Derartige Big Data-Anwendungen verarbeiten häufig lediglich sachbezogene Daten, wie über das Wetter oder zu Maschinenabläufen, aber zunehmend auch große Mengen personenbezogener Nutzerinformationen, um menschliches Verhalten zu verstehen, vorauszusagen und zu lenken.[12] Big Data spielt z.B. im Zusammenhang mit dem *Tracking von natürlichen Personen* zur Vermeidung von Streuverlusten bei Werbemaßnahmen sowie bei Analysen und Vorhersagen zu Nutzerverhalten eine große Rolle.[13] Solche Tätigkeiten lassen sich in zwei Kategorien einteilen: Verhaltensanalysen auf einem „Makro-Level" in Bezug auf Personengruppen und Verhaltensanalysen in Bezug auf Einzelpersonen, also so-

[4] Härting, ITRB 2016, 209, 209.

[5] Schulz, in: Gola/Heckmann, DSGVO BDSG, Art. 6 DSGVO (2022), Rn. 151.

[6] Richter, DuD 2016, 581, 582.

[7] Schulz, in: Gola/Heckmann, DSGVO/BDSG, Art. 6 DSGVO (2022), Rn. 151; Richter, DuD 2016, 581, 581; das Merkmal des „value" nicht ausdrücklich anführend Meyerdierks, in: Moos/Schefzig/Arning, Praxishandbuch DSGVO, Big Data (2021), Rn. 214 ff.

[8] Meyerdierks, in: Moos/Schefzig/Arning, Praxishandbuch DSGVO, Big Data (2021), Rn. 215.

[9] Meyerdierks, in: Moos/Schefzig/Arning, Praxishandbuch DSGVO, Big Data (2021), Rn. 215.

[10] Meyerdierks, in: Moos/Schefzig/Arning, Praxishandbuch DSGVO, Big Data (2021), Rn. 215.

[11] Richter, DuD 2016, 581, 581.

[12] Schulz, in: Gola/Heckmann, DSGVO BDSG, Art. 6 DSGVO (2022), Rn. 154; s. a. EDPS, Opinion 8/2016 (2016), S. 6.

[13] EDPS, Opinion 8/2016 (2016), S. 6–7; Härting, ITRB 2016, 209, 209.

zusagen auf „Mikro-Level".[14] Vor allem *Profiling* wurde vom europäischen Gesetzgeber als besonders kritische Verarbeitungstätigkeit eingestuft und ist deswegen Gegenstand einer Sondervorschrift – Art. 22 DSGVO (siehe Abschn. 5.8).[15]

9.1.1 Anwendbarkeit der DSGVO

Sobald *große Datensätze personenbezogene Daten enthalten*, also Daten, die einer identifizierten oder identifizierbaren natürlichen Person zugeordnet werden können (siehe Abschn. 2.1.2), ist der Anwendungsbereich der DSGVO eröffnet. In Anbetracht der großen Zahl und inhaltlichen Vielfalt an Daten in großen Datensätzen besteht eine hohe Wahrscheinlichkeit, dass personenbezogene Daten darunter sind, selbst wenn die Personenbeziehbarkeit sich nur durch Kombination diverser vorhandener Informationen im Big Data Datensatz ergibt. Sollte dies der Fall sein, fallen der Datensatz bzw. die entsprechenden personenbeziehbaren Bestandteile in den Anwendungsbereich der DSGVO.[16]

Beispiel

Ein Unternehmen erhebt und analysiert Daten bzgl. seines Produktionsvolumens. Der Datensatz enthält Informationen darüber, wie viele Produkte von den verschiedenen Maschinen des Unternehmens innerhalb einer Stunde produziert werden. Zudem enthält der Datensatz Informationen über den Standort jeder Maschine, sowie die Produktionszeit. Diese Daten können es dem Unternehmen in Kombination mit zusätzlichen Informationen, wie bspw. den Schichtplänen der Mitarbeiter, erlauben, festzustellen, welche Person die jeweilige Maschine zu welchem Zeitpunkt bedient hat, um auf diese Weise die Arbeitsleistung der Mitarbeiter zu überwachen.

Hier könnte das Unternehmen folglich die Analyseergebnisse des generierten Datensatzes nutzen, um Informationen über die Produktivität der Angestellten zu erhalten. Weil die Daten identifizierbaren natürlichen Personen zugeordnet werden können (= den Mitarbeitern des Unternehmens), fallen sie in den Anwendungsbereich der DSGVO.[17] ◀

Um die Anwendbarkeit der DSGVO zu vermeiden, sollten Unternehmen eine *Anonymisierung* ihrer Datensätze erwägen (siehe Abschn. 2.1.2.2).[18] In diesem Zusammenhang ist allerdings zu beachten, dass der große Umfang an Informationen in

---

[14] Dazu und zur damit einhergehenden Forderung nach sog. „group privacy" für Personengruppen Ebers, in: Ebers/Heinze/Krügel/Steinrötter, Künstliche Intelligenz und Robotik, § 3 Regulierung von KI und Robotik (2020), Rn. 88; Roßnagel, ZD 2013, 562, 562; Liedke, K&R 2014, 709, 709.

[15] Härting, ITRB 2016, 209, 210.

[16] Dammann, ZD 2016, 307, 313; Ringeling, CRi 2015, 7, 7–11.

[17] Werkmeister/Brandt, CR 2016, 233, 234.

[18] Schulz, in: Gola/Heckmann, DSGVO BDSG, Art. 6 DSGVO (2022), Rn. 153; Meyerdierks, in: Moos/Schefzig/Arning, Praxishandbuch DSGVO, Big Data (2021), Rn. 223.

den jeweiligen Datensätzen dazu führen kann, dass es einfacher ist, die Daten über eine Kombination von Informationen bestimmten natürlichen Personen zuzuordnen. Auf diese Weise steigt das Risiko einer möglichen, eventuell nicht einmal intendierten,[19] Re-Identifikation von Personen, sodass angewandte Anonymisierungstechniken regelmäßig entsprechend kritisch überprüft werden müssen.[20] Alternativ können sich Unternehmen für eine *Pseudonymisierung* der Daten entscheiden.[21] Letztere kann zwar eine Anwendbarkeit der DSGVO nicht verhindern, aber einen Weg aufzeigen, die Anforderungen an die Datenschutzorganisation nach der DSGVO zu erfüllen.

9.1.2 Rechenschaftspflicht

Nach der DSGVO sind die Verantwortlichen und, zu einem gewissen Grad, auch die Auftragsverarbeiter für die Umsetzung der organisatorischen und materiellen Datenschutzpflichten aus der Verordnung verantwortlich (siehe Abschn. 3.1). In Anbetracht komplexer Big Data-Anwendungen, die mit *Daten aus verschiedenen Quellen und Unternehmen* arbeiten, bereitet es Schwierigkeiten zu bestimmen, wer für die Einhaltung der Datenschutzanforderungen und die Erfüllung von Datenschutzrechten betroffener Personen im Ergebnis verantwortlich ist.[22]

Sofern Unternehmen ein anderes auf Big Data-Services spezialisiertes Unternehmen mit der Durchführung einer Datenanalyse beauftragen, legt häufig der Auftraggeber die Zwecke und Mittel der Verarbeitung fest und wäre damit Verantwortlicher, wohingegen der Big Data-Anbieter, wenn er auf Grundlage der Weisungen dieses Kunden tätig wird, sich regelmäßig (lediglich) als *Auftragsverarbeiter* qualifiziert.[23] Folglich haben die Verantwortlichen die entsprechenden *Big Data-Anbieter* anhand ihrer jeweiligen Befähigung zur Umsetzung eines angemessenen Datenschutzstandards auszuwählen (siehe Abschn. 3.4.2). Allerdings muss die datenschutzrechtliche Rollenverteilung in Bezug auf die beteiligten Unternehmen auf Grundlage des konkreten Falles bestimmt werden, da ggf. mehrere Unternehmen als (ggf. gemeinsam) Verantwortliche gelten können, sollten sie (gemeinsam) die Zwecke und Mittel der Verarbeitung festlegen.

9.1.3 Besondere Herausforderungen für Verantwortliche

Big Data-Techniken basieren auf einer Verarbeitung großer Datenmengen. Dadurch stehen Unternehmen hinsichtlich der Einhaltung der Anforderungen der DSGVO

[19] Schefzig, DSRITB 2014, 103, 110; s. a. Meyerdierks, in: Moos/Schefzig/Arning, Praxishandbuch DSGVO, Big Data (2021), Rn. 222.

[20] Koch, ITRB 2015, 13, 18; in diese Richtung auch Ebers, in: Ebers/Heinze/Krügel/Steinrötter, Künstliche Intelligenz und Robotik, § 3 Regulierung von KI und Robotik (2020), Rn. 90.

[21] Koch, ITRB 2015, 13, 18; Dammann, ZD 2016, 307, 314.

[22] Werkmeister/Brandt, CR 2016, 233, 235.

[23] Werkmeister/Brandt, CR 2016, 233, 235.

vor besonderen Herausforderungen. Die DSGVO adressiert als technologieneutrale Regulierung Big Data-Anwendungen zwar nicht direkt.[24] Es ergeben sich bei näherer Betrachtung einiger Regelungen der DSGVO allerdings Friktionen zwischen den Charakteristika von Big Data-Anwendungen und den Anforderungen der DSGVO:

- **Zweckbindungsgrundsatz**: Nach dem Zweckbindungsgrundsatz (Abschn. 4.1.2) darf der Verantwortliche personenbezogene Daten nur für festgelegte, eindeutige und legitime Zwecke erheben. Zudem dürfen diese Daten grundsätzlich nicht in einer mit eben diesen Zwecken nicht zu vereinbarenden Weise weiterverarbeitet werden. Das sorgt im Big Data-Kontext für Konfliktpotenzial, da Geschäftsmodelle, die auf Big Data-Anwendungen fußen, häufig große Datenmengen verarbeiten, um zunächst bewerten zu können, ob und wie diese Daten nutzbar sind.[25] Der verfolgte Zweck ergibt sich dadurch häufig erst durch das (offene) Ergebnis der Verarbeitung, und es wird kein bereits vorher feststehender bestimmter Zweck verfolgt. Anders gesagt: Der Zweck der Big Data-Analyse liegt gerade darin, neue Zwecke zu erforschen.[26] Verantwortliche sollten sich demnach bemühen, den Verarbeitungszweck so weit wie nur möglich zu konkretisieren. Der mögliche Detaillierungsgrad des Verarbeitungszwecks dürfte bei Big Data-Technologien einzelfallabhängig variieren.[27]
  Sofern die Daten nicht unmittelbar für eine Big Data-Analyse, sondern ursprünglich zu anderen Zwecken erhoben wurden, wird außerdem eine Zweckänderung vorliegen. Die Zulässigkeit der Verarbeitung zu diesem neuen Zweck wird sich dann regelmäßig nach Art. 6 Abs. 4 DSGVO richten (Abschn. 4.2.2.6), wenn eine Einwilligung der Betroffenen nicht vorliegt.[28] Ausnahmsweise kann eine privilegierte Weiterverarbeitung zu statistischen Zwecken vorliegen, vgl. Art. 5 Abs. 1 lit. b DSGVO.[29]
- **Grundsatz der Datenminimierung:** Nach dem Grundsatz der Datenminimierung (Abschn. 4.1.3) müssen personenbezogene Daten dem Zweck angemessen und erheblich sowie auf das für die Zwecke der Verarbeitung notwendige Maß beschränkt sein. Das erscheint schon auf den ersten Blick dem Gedanken hinter Big Data (Volume) diametral entgegenzustehen. Bei Big Data-Analysen geht es gerade darum, aus möglichst vielen Daten schöpfen zu können.[30] Der Grundsatz der Datenminimierung verbietet aber keinesfalls

[24] S. a. Schulz, in: Gola/Heckmann, DSGVO BDSG, Art. 6 DSGVO (2022), Rn. 152; Meyerdierks, in: Moos/Schefzig/Arning, Praxishandbuch DSGVO, Big Data (2021), Rn. 223.

[25] Koch, ITRB 2015, 13, 16; Weichert, ZD 2013, 251, 256.

[26] Meyerdierks, in: Moos/Schefzig/Arning, Praxishandbuch DSGVO, Big Data (2021), Rn. 228.

[27] Siehe auch Art. 29 Datenschutzgruppe, WP 203 (2013), S. 51; Weichert, ZD 2013, 251, 256.

[28] S. a. Schulz, in: Gola/Heckmann, DSGVO BDSG, Art. 6 DSGVO (2022), Rn. 152; Meyerdierks, in: Moos/Schefzig/Arning, Praxishandbuch DSGVO, Big Data (2021), Rn. 225 ff.

[29] Richter, DuD 2016, 581 ff.

[30] Meyerdierks, in: Moos/Schefzig/Arning, Praxishandbuch DSGVO, Big Data (2021), Rn. 229 ff.

(immer) die Verarbeitung von Daten in hoher Quantität. Vielmehr muss die Menge der erhobenen Daten im Verhältnis zum Verarbeitungszweck angemessen sein.[31] Verantwortliche können also auch unter Beachtung des Grundsatzes der Datenminimierung Big Data-Analysen durchführen – sie sollten dabei aber besonders darauf achten, dass sie die Notwendigkeit der Verarbeitung einer großen Menge von Daten plausibel darlegen können. Zudem können neben Verringerung der Speicherdauer und Eingrenzung der Menge der verarbeiteten Daten auch technische und organisatorische Maßnahmen (bspw. Pseudonymisierung) eingesetzt werden, um dem Grundsatz der Datenminimierung gerecht zu werden, Art. 25 Abs. 1 DSGVO.[32]

- **Sensible Daten:** Die DSGVO hält besondere Regelungen betreffend sensibler Daten bereit, die nach den Wertungen der DSGVO besonderen Schutz verdienen (Abschn. 4.2.3). Probleme kann es Verantwortlichen bereiten, im Rahmen von Big Data-Analysen zwischen sensiblen und nicht-sensiblen personenbezogenen Daten zu unterscheiden.[33] Zu denken ist beispielsweise an eine Big Data-Analyse von Daten über die örtliche Bewegung von Betroffenen (nicht sensibel), welche zusammen mit zusätzlichen Informationen (Stattfinden einer politischen Demonstration) Rückschlüsse auf die politische Meinung (sensibel) zulassen.[34] Verantwortliche sollten vorher also sorgfältig prüfen, ob Rückschlüsse auf sensible Daten durch ihre Big Data-Analysen möglich sein werden. Angesichts der hohen Menge an verarbeiteten Daten wird es aber wohl häufig dazu kommen, dass (ungewollt) sensible Daten verarbeitet werden. Für eine solche eher „zufällige" Verarbeitung sensibler Daten scheint eine einschränkende Auslegung des Art. 9 DSGVO im Grundsatz angezeigt.[35] Dem dürfte allerdings eine Entscheidung des EuGH aus dem Jahre 2022 einen Riegel vorgeschoben haben.[36] In dieser legt das Gericht den Begriff der sensiblen Daten denkbar weit aus: Sofern personenbezogene Daten mittels gedanklicher Kombination oder Ableitung auf die sexuelle Orientierung einer Person schließen lassen, sind sie als sensible Daten einzustufen. Gleiches wird auch für die anderen Kategorien personenbezogener Daten gelten müssen.[37] Der BGH hat dem EuGH jüngst die Frage vorgelegt, ob der Begriff der sensiblen Daten nicht sogar noch weiter auszulegen sei. Das Gericht fragt, ob es sich auch dann um sensible Daten handelt,

---

[31] Ebers, in: Ebers/Heinze/Krügel/Steinrötter, Künstliche Intelligenz und Robotik, § 3 Regulierung von KI und Robotik (2020), Rn. 89.

[32] Meyerdierks, in: Moos/Schefzig/Arning, Praxishandbuch DSGVO, Big Data (2021), Rn. 229 ff.

[33] Ebers, in: Ebers/Heinze/Krügel/Steinrötter, Künstliche Intelligenz und Robotik, § 3 Regulierung von KI und Robotik (2020), Rn. 89.

[34] Eingehend und mit weiteren Beispielen Schneider, ZD 2017, 303, 306 ff.

[35] Britz/Indenhuck/Langerhans, ZD 2021, 559 ff.

[36] EuGH, Urteil vom 1. August 2022, C-184/20.

[37] S. a. Schild, in: Wolff/Brink/v. Ungern-Sternberg, BeckOK Datenschutzrecht, Art. 4 DSGVO (45. Ed. 01.08.2023), Rn. 186a.

wenn bloß die Wahrscheinlichkeit besteht, mittels Ableitung oder Kombination personenbezogener Daten auf den Gesundheitszustand eines Betroffenen schließen zu können.[38]

- **Betroffenenrechte:** Auch mit Blick auf die Betroffenenrechte (Kap. 5) stellt Big Data Verantwortliche vor Herausforderungen. Nach dem Grundsatz der *Transparenz* müssen betroffene Personen über Verarbeitungstätigkeiten, die deren personenbezogene Daten betreffen, informiert werden (siehe Abschn. 4.1.1). Aus diesem Grund sind Verantwortliche gem. Art. 13, 14 DSGVO dazu verpflichtet, den betroffenen Personen im Vorfeld der Verarbeitung *Informationen* zur Verfügung zu stellen, die bspw. die Zwecke und Rechtsgrundlagen der Verarbeitung, die Herkunft der Daten und die Identität des Verantwortlichen umfassen (siehe Abschn. 5.2). Das bereitet im Hinblick auf die Unsicherheiten hinsichtlich des Verarbeitungszwecks Schwierigkeiten. Auch das Auskunftsrecht der betroffenen Personen dürfte für Verantwortliche nur sehr mühsam umsetzbar sein, da die Daten häufig aus den verschiedensten Quellen stammen und in unterschiedlichen Strukturen verwendet werden (Variety).[39]

  Zur Umgehung dieser Problematik könnten Unternehmen ihre Big-Data Analysen entweder auf Grundlage von anonymisierten Daten durchführen (häufig nicht praktikabel) oder bei Analyse die Datenverarbeitung so gestalten, dass die Identifizierung der betroffenen Personen für den Verarbeiter unmöglich ist (sog. faktische Pseudonymisierung). Bei der Anonymisierung würde es bereits am notwendigen Personenbezug für die Anwendbarkeit der DSGVO fehlen. In der zweiten Variante müsste der Verantwortliche den Betroffenen nur darüber informieren, dass eine Identifikation des Betroffenen anhand der vorliegenden Daten für den Verantwortlichen nicht möglich ist, Art. 11 Abs. 2 S. 1 DSGVO.[40] Die Geltendmachung von Betroffenenrechten ist dann weitgehend ausgeschlossen (wobei es für den Betroffenen möglich ist, weitere Informationen bereitzustellen, um eine Identifikation zu ermöglichen), Art. 11 Abs. 2 S. 2 DSGVO. Für diese Privilegierung müssten die Analysen auf Grundlage von pseudonymisierten Daten erfolgen. Die Pseudonymisierung sollte dabei so erfolgen, dass der Verantwortliche nicht über die notwendigen Informationen verfügt, um die betroffene Person zu identifizieren. Dies kann dadurch erfolgen, dass der Ver-

[38] BGH, Beschluss vom 12.01.2023, GRUR-RS 2023, 320; näher dazu Urteilsanmerkungen Kienle, LTZ 2023, 50.

[39] Meyerdierks, in: Moos/Schefzig/Arning, Praxishandbuch DSGVO, Big Data (2021), Rn. 236.

[40] Zwar mag es widersprüchlich erscheinen, dass der Verantwortliche trotz fehlender Identifizierbarkeit den Betroffenen informieren muss. Dies kann aber so verstanden werden, dass eine Benachrichtigung nur dann stattfinden muss, wenn der Verantwortliche im Rahmen eines Datenpools zwar weiß, wer die möglichen Betroffenen sind, nur keine individuelle Zuordnung mehr erfolgen kann, oder ein Betroffener bei dem Verantwortlichen ein Betroffenenrecht geltend macht, dieser aber zum Ergebnis kommt, dass eine Identifizierung des Betroffenen mit den vorhandenen Daten nicht möglich ist.

antwortliche nicht über den entsprechenden Schlüssel verfügt,[41] sondern bspw. nur der Betroffene selber über die Informationen verfügt, welche zu seiner Identifizierung führen können.[42]

Im Ergebnis sind im Big Data-Kontext erhöhte Datenschutzmaßnahmen zu treffen.[43] Um das Datenschutzniveau ihrer Anwendungen zu verbessern, sollten sich Big Data-Unternehmen im besonderen Maße mit den Konzepten „Datenschutz durch Technikgestaltung" und „Datenschutz durch datenschutzfreundliche Voreinstellungen" auseinandersetzen (siehe Abschn. 3.5). Ebenfalls dürfte sich in vielen Fällen eine *Datenschutz-Folgenabschätzung* anbieten (oder sogar erforderlich sein),[44] weil Big Data-Anwendungen regelmäßig zu systematischen und umfassenden Verarbeitungen personenbezogener Daten führen (siehe Abschn. 3.9.1 für Einzelheiten). Die Folgenabschätzung wird dabei helfen, die Auswirkungen und Risiken der komplexen Verarbeitungsvorgänge einzuschätzen. Sie ermöglicht es festzustellen, welche Maßnahmen u. a. zur Wahrung der Grundsätze einer rechtmäßigen Verarbeitung erforderlich sind.

9.2 Künstliche Intelligenz

Gerade im Kontext von Big Data ist zu beobachten, dass Unternehmen vermehrt KI einsetzen, um die großen Mengen an Daten zu analysieren (bzw. die Big Data Datensätze als Grundlage zur Entwicklung von KI-Anwendungen dienen). Wird KI genutzt, um eine Big-Data-Analyse durchzuführen, gilt hinsichtlich der Herausforderungen für Verantwortliche das oben schon im Abschn. 9.1 Gesagte.[45]

Auch im Übrigen steht der Einsatz von KI in einem gewissen Konflikt mit dem Datenschutzrecht. Bereits bei der Entwicklung von KI-Systemen werden diese mit großen Mengen von (personenbezogenen) Daten „trainiert", um möglichst genaue Ergebnisse zu erzielen. Diese extensive Datenverarbeitung steht im Konflikt mit dem Grundsatz der Datenminimierung. Auch bei der Nutzung solcher Systeme bestehen weitere Konfliktpotenziale mit den verschiedenen Verarbeitungsgrundsätzen der DSGVO, insbesondere hinsichtlich Rechtmäßigkeit, Transparenz, Fairness und Genauigkeit der Verarbeitung und den daraus folgenden Rechenschaftspflichten des Verantwortlichen.

[41] Wolff, in: Wolff/Brink/v. Ungern-Sternberg, Art. 11 DSGVO (45. Ed. 01.11.2021), Rn. 5.

[42] Hansen, in: Simitis/Hornung/Spiecker gen. Döhmann, Datenschutzrecht, Art. 11 DSGVO (2019), Rn. 20.

[43] Weichert, ZD 2013, 251, 256.

[44] Schefzig, DSRITB 2018, 491, 496.

[45] Schefzig, DSRITB 2018, 491, 497.

Unternehmen müssen somit sowohl im Rahmen der Entwicklung als auch während des Einsatzes von KI darauf achten, ihre datenschutzrechtlichen Verpflichtungen einzuhalten. Im Wesentlichen werden folgende Pflichten virulent:

- **Rechenschaftspflicht und Auswirkung des Einsatzes von KI:** Der Verantwortliche ist für die Einhaltung der DSGVO, insbesondere der in Art. 5 Abs. 1 DSGVO genannten Grundätze verantwortlich und gem. Art. 5 Abs. 2 DSGVO darüber rechenschaftspflichtig. Beim Einsatz von KI-Anwendungen kann es erforderlich werden zu beurteilen, ob eine Datenschutzfolgenabschätzung zu erfolgen hat und welche Besonderheiten hierbei bestehen. Verantwortliche sollen hierbei zunächst überprüfen und dokumentieren, ob weniger riskante Alternativen zum Einsatz von KI-Systemen für die geplante Verarbeitung bestehen. Zudem müssen auch negative Folgen des Einsatzes der KI (z. B. diskriminierende Ergebnisse, welche einen negativen Einfluss auf die Rechte und Freiheiten einer betroffenen Person haben können) und mögliche Gegenmaßnahmen für solche Risiken vor dem Einsatz der KI-Systeme berücksichtigt werden.
- **Transparenz:** Zudem treffen den Verantwortlichen Transparenzverpflichtungen beim Einsatz von KI-Systemen. Beispielsweise müssen Betroffene im Voraus darüber informiert werden, ob ihre Daten zum Trainieren eines KI-Modells eingesetzt werden. Auch im Falle der Erhebung von Daten bei Dritten müssen die betroffenen Personen hierüber innerhalb eines angemessenen Zeitraumes und spätestens nach einem Monat informiert werden. Ausnahmen sind nach Art. 14 Abs. 5 DSGVO nur in sehr eingeschränktem Maße möglich.
- **Rechtmäßigkeit:** Entscheidend für Verantwortliche ist es, die richtige Rechtsgrundlage für die Datenverarbeitung im Rahmen von KI-Systemen zu bestimmen.[46] Wegen der unterschiedlichen Risiken und Anforderungen sollten Unternehmen im Vorwege ermitteln, ob sie Daten im Rahmen der Nutzung eines KI-Systems (z. B. zu Analysezwecken) oder bei dessen Entwicklung (Training oder Dateneinspeisung in das Modell als Referenzwert) nutzen.[47] Beispielsweise kann der Einsatz von KI zum Zwecke der Vertragserfüllung grundsätzlich auf Art. 6 Abs. 1 S. 1 lit. b DSGVO gestützt werden; dieser Rechtsgrund kann aber nicht die Datensammlung beim Vertragspartner zum Zwecke der (Weiter-) Entwicklung der KI rechtfertigen.

---

[46] Siehe ausführlich zu möglichen Rechtsgrundlagen für die Nutzung von KI: Der Landesbeauftragte für Datenschutz und Informationsfreiheit Baden-Württemberg, Rechtsgrundlagen im Datenschutz beim Einsatz von Künstlicher Intelligenz, 07.11.2023, https://www.baden-wuerttemberg.datenschutz.de/rechtsgrundlagen-datenschutz-ki/ (zuletzt abgerufen am 24.05.2024).

[47] Vgl. EDSA, Report of the work undertaken by the ChatGPT Taskforce, 24.05.2024, S. 6, https://www.edpb.europa.eu/system/files/2024-05/edpb_20240523_report_chatgpt_taskforce_en.pdf (zuletzt abgerufen am 24.05.2024).

- **Fairness:** KI-Systeme müssen im Einklang mit dem Gebot von Treu und Glauben (*fairness in AI*) gem. Art. 5 Abs. 1 lit. a DSGVO entwickelt und verwendet werden. Hierbei ist zwischen den unterschiedlichen Fairnesskonzepten i. S. d. DSGVO, der algorithmischen Fairness,[48] der Voreingenommenheit und der Diskriminierung zu unterscheiden. Gerade im Hinblick auf die „Privacy by Design"-Vorgaben aus Art. 25 DSGVO sollten KI-Anwendungen so konzipiert werden, dass sie bereits beim Training und durch technische Gestaltung weniger anfällig für voreingenommene und diskriminierende Ergebnisse sind.
- **Rechte und Freiheiten der betroffenen Personen:** Verantwortliche sind des Weiteren dazu verpflichtet, beim Einsatz von KI-Systemen die Betroffenenrechte sicherzustellen (siehe hierzu Kap. 5). Auch hier ist zwischen den verschiedenen Phasen des Lebenszyklus eines KI-Systems zu differenzieren, in denen personenbezogene Daten verarbeitet werden können (z. B. beim Trainieren und beim Verwenden des Modells). Insbesondere die Umsetzung von Betroffenenrechten beim Training von KI stellt Verantwortliche vor große Herausforderungen. Dadurch, dass für das Training massenhaft Daten aus unterschiedlichen Quellen zusammengeführt werden, ist es teilweise kaum möglich, zu bestimmen, welche Daten welchen Personen zuzuordnen sind. Dies gilt umso mehr, wenn Kennungen wie die User ID für das Training gelöscht werden. Eine Lösung kann es darstellen, mindestens pseudonymisierte Daten zu verarbeiten und den de-pseudonymisierenden Schlüssel zu löschen, da bei fehlender Zuordenbarkeit der personenbezogen Daten auch die Betroffenenrechte nur eingeschränkt zu gewährleisten sind, vgl. Art. 11 Abs. 2 DSGVO.[49]

Verantwortliche werden in Zukunft beim Einsatz von KI (auch unabhängig von Big-Data Analysen) zusätzlich die Regelungen der KI-Verordnung[50] zu beachten haben.[51] Mit der KI-Verordnung hat es sich der europäische Gesetzgeber zum Ziel gesetzt, Europa zum globalen Zentrum für vertrauenswürdige KI zumachen.[52] Dafür verfolgt die Verordnung einen horizontalen risikobasierten Ansatz, welcher von (bloßen) Transparenzverpflichtungen bis hin zu Verboten für zu risikoreiche KI-Systeme reicht. Die folgenden Aspekte der KI-Verordnung sind aus datenschutzrechtlicher Perspektive besonders zu beachten:[53]

---

[48] Pessach/Shmueli, Algorithmic Fairness, 21.01.2020, https://arxiv.org/pdf/2001.09784 (zuletzt abgerufen am 24.05.2024).

[49] Niemann/Kevekordes, CR 2020, 179 (182 f.).

[50] COM (2021)0106(COD).

[51] Zur Datenschutzfolgenabschätzung beim Einsatz von KI: Schürmann, ZD 2022, 316.

[52] Näher Bomhard/Merkle, RDi 2021, 276.

[53] Näher zum Verhältnis von DSGVO und KI-Verordnung Bastians, in: Steinrötter, Europäische Plattformregulierung, § 20 Plattformspezifische Vorgaben des AI Act (2023), S. 544 ff.

- **Verhältnis:** Die KI-Verordnung lässt die DSGVO grundsätzlich unberührt und ergänzt sie an einigen Stellen;[54]
- **Auflockerung des Zweckbindungsgrundsatzes:** Die KI-Verordnung enthält gewisse Auflockerungen des Zweckbindungsgrundsatzes (Abschn. 4.1.2) zum Zwecke des Trainings von KI und für sog. regulatory sandboxes,[55] also KI-Reallabore;
- **Verarbeitung sensibler Daten:** Nach Art. 10 Abs. 5 KI-Verordnung dürfen Anbieter von KI-Systemen unter gewissen Voraussetzungen sensible Daten verarbeiten (Abschn. 4.2.3), soweit die Verarbeitung der Daten für die Beobachtung, Erkennung und Korrektur von Verzerrungen im Zusammenhang mit Hochrisiko-KI[56] unbedingt erforderlich ist. Art. 10 Abs. 5 KI-Verordnung ist iVm Art. 9 Abs. 2 lit. g DSGVO als Rechtsgrundlage zur Verarbeitung sensibler Daten zu verstehen;[57]
- **Transparenzpflichten:** Die KI-Verordnung enthält Transparenzpflichten für einige KI-Systeme, die besondere Manipulationsrisiken aufweisen oder in der Lage sind, künstliche Inhalte zu generieren, die von menschengemachten Inhalten nicht mehr zu unterscheiden sind, Art. 50 KI-Verordnung. Gerade für Unternehmen dürfte der Anwendungsfall der Chatbots von besonderer Relevanz sein. Die Transparenzpflichten, zu denen beispielsweise die Kenntlichmachung der Kommunikation mit einer KI gehört, sind dann neben denen der DSGVO (Abschn. 4.1.1) zu beachten;
- **Datenqualität:** Werden Daten zum Training von Hochrisiko-KI-Systemen genutzt, müssen diese gewisse Qualitätsanforderungen erfüllen. Insbesondere müssen sie relevant, repräsentativ, fehlerfrei und vollständig sein, Art. 10 Abs. 3 S. 1 KI-Verordnung;
- **Datenschutzfolgenabschätzung:** Art. 26 Abs. 9 KI-Verordnung schreibt vor, dass Betreiber von Hochrisiko-KI-Systemen bestimmte nach Art. 13 KI-Verordnung für solche Systeme bereitzustellende Informationen im Rahmen gegebenenfalls durchzuführender Datenschutzfolgenabschätzungen zu beachten haben;
- **Art. 22 DSGVO:** Regelmäßig wird auch Art. 22 DSGVO (Abschn. 5.8) von Verantwortlichen beim Einsatz von KI zu beachten sein, welcher Regelungen zur automatisierten Entscheidungsfindung enthält. Gem. Art. 22 Abs. 1 DSGVO ist eine ausschließlich auf einer automatisierten Verarbeitung beruhende Entscheidungsfindung grundsätzlich verboten, wenn die Entscheidung gegenüber dem Betroffenen rechtliche Wirkung entfaltet oder ihn in anderer Weise erheblich beeinträchtigt. Ausnahmen dieses Verbots enthält Art.

---

[54] Art. 2 Abs. 7 KI-VO.

[55] Art. 59 KI-VO; siehe dazu auch Spindler, CR 2021, 361, 364, 371.

[56] Welche Systeme Künstlicher Intelligenz als Hochrisiko-KI einzustufen sind ergibt sich aus Art. 6 Abs. 1 und Abs. 2 i. V. m Anhang III KI-Verordnung.

[57] So auch Pfeiffer/Helmke, ZD-Aktuell 2023, 01162; näher dazu Bastians, in: Steinrötter, Europäische Plattformregulierung (2023), § 20 Plattformspezifische Vorgaben des AI Act, S. 544 ff.

22 Abs. 2 DSGVO. Auch diese sehen allerdings vor, dass Betroffene die Möglichkeit haben, eine Nachprüfung durch einen Menschen zu verlangen, anstatt ausschließlich einer maschinellen Entscheidung ausgesetzt zu sein.

9.3 Cloud Computing

Cloud Computing bezeichnet in der Praxis eine Reihe von *Techniken und Dienstleistungsmodellen*, die aus einer internet-basierten Bereitstellung und Lieferung von *IT-Anwendungen*, Verarbeitungskapazitäten und/oder Speicherplatz bestehen.[58] Es existiert eine *große Bandbreite* an Cloud-Services, die von virtuellen Verarbeitungssystemen (über einen Remote-Zugriff nutzbare IT-Infrastruktur) bis hin zu webbasierten Softwarelösungen, wie Kalendern, E-Mail- oder Textverarbeitungslösungen reicht.[59] Unterschieden wird regelmäßig zwischen privaten Clouds, Public Clouds (freies Angebot am Markt für beliebig viele Nutzer) und Community Clouds (Zusammenschluss mehrerer Cloud-Anbieter, um einem abgegrenzten Kreis von Anwendern ihre Dienste anzubieten). Auch Mischformen sind denkbar.[60] Abstufungen lassen sich auch noch anhand des Umfangs der Bereitstellung durch den Anbieter vornehmen. Hier reicht das Spektrum vom bloßen Infrastructure-as-a-Service (IaaS), bei der bloß technische Infrastruktur bereitgestellt wird, über die Bereitstellen einer Plattform mit technischen Voreinstellungen (Platform-as-a-Service – PaaS) bis zum Bereitstellen von Software-Anwendungen (Software-as-a-Service – SaaS).[61]

Der europäische Gesetzgeber definiert den „Cloud-Computing-Dienst" in der NIS2-Richtlinie[62] als „einen digitalen Dienst, der auf Abruf die Verwaltung und den umfassenden Fernzugang zu einem skalierbaren und elastischen Pool gemeinsam nutzbarer Rechenressourcen ermöglicht, auch wenn diese Ressourcen auf mehrere Standorte verteilt sind."

Cloud Computing bietet für Unternehmen technische und wirtschaftliche Vorteile, da es ihnen die Nutzung skalierbarer, qualitativ hochwertiger IT ermöglicht, die ihnen anderweitig aufgrund ihres Budgets und/oder der technischen Umsetzbar-

---

[58] Art. 29 Datenschutzgruppe, WP 196 (2012), S. 4.

[59] Ausführlich zu den verschiedenen Formen von Cloud-Diensten Spies, in: v. d. Bussche/Voigt, Konzerndatenschutz, Teil 7. Cloud Computing (2019), Rn. 6 f.; Meyerdierks, in: Moos/Schefzig/Arning, Praxishandbuch DSGVO, Cloud Computing (2021), Rn. 201 ff; Art. 29 Datenschutzgruppe, WP 196 (2012), S. 4.

[60] Spies, in: v. d. Bussche/Voigt, Konzerndatenschutz, Teil 7. Cloud Computing (2019), Rn. 6 f.

[61] Spies, in: v. d. Bussche/Voigt, Konzerndatenschutz, Teil 7. Cloud Computing (2019), Rn. 6 f.

[62] Richtlinie (EU) 2022/2555 des Europäischen Parlaments und des Rates vom 14. Dezember 2022 über Maßnahmen für ein hohes gemeinsames Cybersicherheitsniveau in der Union, zur Änderung der Verordnung (EU) Nr. 910/2014 und der Richtlinie (EU) 2018/1972 sowie zur Aufhebung der Richtlinie (EU) 2016/1148 (NIS-2-Richtlinie); eingehend zur Richtlinie: Voigt/Bastians, CR 2022, 768.

keit nicht zur Verfügung stünde.[63] Cloud-Services werden *häufig genutzt, um personenbezogene Daten* zu *verarbeiten*, wie z. B. Personaldaten, sodass sie in den Anwendungsbereich der DSGVO fallen (siehe Abschn. 2.1.2).

9.3.1 Verteilung der Verantwortlichkeiten

Bei einer Verarbeitung personenbezogener Daten mittels Systemen, die von Cloud-Anbietern betrieben werden, bestimmen Unternehmen zwar die Zwecke und Mittel der Verarbeitung, aber die Verarbeitung selbst wird von den Diensteanbietern ausgeführt. Dadurch gelten die *Nutzer* von Cloud-Services in vielen Fällen *als Verantwortliche* (siehe Abschn. 2.2.1) und die *Cloud-Anbieter als Auftragsverarbeiter* (siehe Abschn. 2.2.2) i. S. d. DSGVO.[64] Allerdings ist eine verallgemeinernde Klassifizierung zu vermeiden und die Verteilung der Verantwortlichkeiten zwischen den beteiligten Unternehmen muss auf Grundlage des konkreten Einzelfalles bestimmt werden.[65] Je mehr Einfluss die Cloud-Anbieter auf die Zwecke und Mittel der Verarbeitung haben, desto eher sind sie als Verantwortliche i. S. d. DSGVO anzusehen (zu den Kriterien siehe Abschn. 2.2.1).[66] Verarbeitet ein Cloud-Anbieter personenbezogene Daten zu eigenen Zwecken, dürfte er als für die Verarbeitung Verantwortlicher gelten.[67] Als problematisch erweist sich in diesem Zusammenhang aber, dass viele Cloud-Anbieter personenbezogene Daten (auch) zu eigenen Zwecken verarbeiten. So kann eine Abgrenzung zwischen der Verarbeitung von Daten durch den Cloud-Anbieter in eigener Verantwortung und der Verarbeitung als Auftragsverarbeiter schwierig sein.[68]

Cloud-Anbieter und Kunde müssen, sofern sie beide als gemeinsam Verantwortliche gelten sollten, die Verteilung der datenschutzrechtlichen Verantwortlichkeiten

---

[63] Dazu und zu den Risiken von Cloud Computing Spies, in: v. d. Bussche/Voigt, Konzerndatenschutz, Teil 7. Cloud Computing (2019), Rn. 1–2; Art. 29 Datenschutzgruppe, WP 196 (2012), S. 4.

[64] EDPB, Guidelines 07/2020 on the concepts of controller and processor in the GDPR, Version 2.1 (2021), Rn. 30; s. a. Spoerr, in: Wolff/Brink/v. Ungern-Sternberg, BeckOK Datenschutzrech, Art. 28 DSGVO (45. Ed. 01.05.2022), Rn. 24c; Heidrich/Wegener, in: Forgó/Helfrich/Schneider, Betr. Datenschutz, Teil VII. Kap. 4. Cloud Computing (2019), Rn. 29; Schmid/Kahl, ZD 2017, 54, 55; Art. 29 Datenschutzgruppe, WP 196 (2012), S. 7–8.

[65] Spies, in: v. d. Bussche/Voigt, Konzerndatenschutz, Teil 7. Cloud Computing (2019), Rn. 13; Hofmann, ZD-Aktuell 2017, 05488.

[66] Hofmann, ZD-Aktuell 2017, 05488.

[67] EDPB, Guidelines 07/2020 on the concepts of controller and processor in the GDPR (2021), Rn. 30; Art. 29 Datenschutzgruppe, WP 196 (2012), S. 8; s. a. Spoerr, in: Wolff/Brink/v. Ungern-Sternberg, BeckOK Datenschutzrecht, Art. 28 DSGVO (45. Ed. 01.05.2022), Rn. 24c.

[68] Zu welchen großen Problemen das führen kann zeigt die jüngste Diskussion um den Einsatz von Microsoft 365. Hierbei wurde insbesondere kritisiert, dass Microsoft in seinen vertraglichen Regelungen nicht hinreichend transparent darlegt, wann Daten als Auftragsverarbeiter und wann in eigener Verantwortlichkeit verarbeitet werden, vgl. dazu Stoklas, ZD-Aktuell 2023, 01026 und ausführlich die Stellungnahme der Datenschutzkonferenz „Microsoft-Onlinedienste".

für die Erfüllung der bestehenden Pflichten zwischen ihnen klar festlegen (siehe Abschn. 3.3.2). In diesem Zusammenhang sollte Beachtung finden, dass, selbst wenn die Nutzer von Cloud Computing Services allgemeine Geschäftsbedingungen des Cloud-Anbieters akzeptieren und dabei keinen Spielraum zur Verhandlung eines Vertrags haben, sie die freie Auswahl zwischen verschiedenen Cloud-Services treffen können und damit auf diese Weise über die ganze oder teilweise Auslagerung der Verarbeitungsvorgänge an einen bestimmten Cloud-Service entscheiden.[69] Ausgehend von dieser Entscheidungsgewalt sind sie, also die Kunden, grundsätzlich als Verantwortliche anzusehen.

9.3.2 Auswahl eines geeigneten Cloud-Anbieters

Sofern der Cloud-Kunde als Verantwortlicher und der Cloud-Anbieter als Auftragsverarbeiter gilt, ist der Verantwortliche durch die DSGVO zur sorgfältigen Auswahl des Cloud-Anbieters verpflichtet (siehe Abschn. 3.4.2). Entscheidet sich der Verantwortliche dazu, die Datenverarbeitung nicht selbst auszuführen, sondern zu diesem Zweck einen Cloud-Anbieter zu beauftragen, verliert er seine alleinige Kontrolle über die personenbezogenen Daten und kann dadurch die organisatorischen Schutzmaßnahmen zur Sicherstellung der Verfügbarkeit, Integrität, Vertraulichkeit und Transparenz der Daten nicht mehr alleine gewährleisten.[70] Deshalb muss der ausgewählte *Cloud-Anbieter angemessene Schutzmaßnahmen* für die Verarbeitung sicherstellen. Obwohl Auftragsverarbeiter nach der DSGVO eigene Datenschutzpflichten treffen, ist der Verantwortliche noch immer vorrangig für die Datenverarbeitung verantwortlich. Bei der Auswahl zwischen verschiedenen Cloud-Anbietern sollte er daher die einschlägigen *Referenzen* und *Datenschutzstandards der Anbieter vergleichen.* Diese können Cloud-Diensteanbieter insbesondere anhand von Zertifizierungen und selbstauferlegten Verhaltensregeln nachweisen (siehe Abschn. 3.12).[71] Die Datenschutzpflichten werden im Vertrag zwischen dem Kunden und dem Cloud-Anbieter festgelegt (siehe Abschn. 3.4).[72]

Cloud Computing-Dienste werden häufig unter der Beteiligung weiterer *Unter-Auftragsverarbeiter* ausgeführt (siehe Abschn. 3.4.4). Sollte dies der Fall sein, müssen die dem Cloud-Anbieter auferlegten Datenschutzverpflichtungen auch

---

[69] Art. 29 Datenschutzgruppe, WP 196 (2012), S. 8.

[70] Art. 29 Datenschutzgruppe, WP 196 (2012), S. 5; dazu auch Spies, in: v. d. Bussche/Voigt, Konzerndatenschutz, Teil. 7. Cloud Computing (2019), Rn. 15 ff. und Meyerdierks, in: Moos/Schefzig/Arning, Praxishandbuch DSGVO, Cloud Computing (2021), Rn. 209.

[71] Näher dazu Spies, in: v. d. Bussche/Voigt, Konzerndatenschutz, Teil 7. Cloud Computing (2019), Rn. 37; vgl. auch Conrad/Licht/Redeker/Strittmatter, in: Auer-Reinsdorff/Conrad, Handbuch IT, Cloud Computing (2019), Rn. 198 ff.; eingehend zu Zertifizierungen und Best Practice James, in: Leupold/Wiebe/Glossner, IT-Recht, Teil 11.3 Cloud Computing – Zertifizierung und Best Practice (2021), Rn. 1 ff.

[72] Eingehend zu besonders zu berücksichtigenden Aspekten des Auftragsverarbeitungsvertrages Meyerdierks, in: Moos/Schefzig/Arning, Praxishandbuch DSGVO, Cloud Computing (2021), Rn. 211.

an die weiteren Auftragsverarbeiter weitergeben und aus diesem Grund in die Verträge zwischen den Cloud-Anbietern und den weiteren Auftragsverarbeitern aufgenommen werden. In der Praxis dürften Auftragsverarbeiter den Unterauftragsarbeiter jedoch regelmäßig nur verpflichten können, „im Wesentlichen dieselben" Datenschutzpflichten zu erfüllen, zu denen sie sich selbst verpflichtet haben. Das liegt daran, dass sich der Auftragsverarbeiter im Spannungsverhältnis zwischen dem Interesse des Verantwortlichen an maximaler Datenschutzkonformität und der unternehmerischen Freiheit des Unterauftragsverarbeiters wiederfindet.[73]

9.3.3 Cloud-Serviceanbieter in Drittländern

Cloud Computing wird häufig zu Übermittlungen personenbezogener Daten an Anbieter in Drittländern führen. Gemäß der DSGVO bedarf es für die Einbeziehung eines *Auftragsverarbeiters außerhalb der EU* keiner eigenen Rechtsgrundlage, da eine solche Einbeziehung von der Rechtsgrundlage, die dem Verantwortlichen die Datenverarbeitung ermöglicht, gedeckt wird (siehe Abschn. 3.4.1).[74] Allerdings unterliegen Datenübermittlungen in Drittländer *zusätzlichen Datenschutzvorgaben* (siehe Abschn. 4.3). Diese könnten bspw. durch Nutzung von *Standardvertragsklauseln* oder *Binding Corporate Rules* erfüllt werden. Durch diese Garantien wird sichergestellt, dass der Auftragsverarbeiter im Drittland ein Datenschutzniveau einhält, das mit demjenigen in der EU vergleichbar ist.[75]

9.4 Internet of Things

Das Internet of Things (kurz: IoT) bezeichnet eine Infrastruktur, über die Milliarden von Sensoren in gewöhnliche Alltagsgegenstände eingebunden werden und diese dadurch in „smarte Gegenstände" verwandeln, welche kontinuierlich Daten erfassen, verarbeiten und übermitteln.[76] Auf Grundlage der über die Gegenstände erhobenen Daten bieten IoT-Unternehmen Anwendungen und Dienstleistungen an, die durch Kombination und Analyse der Daten auf die Interessen und Gewohnheiten des Nutzers zugeschnitten sind, wie bspw. Fitness-Tracking. Das *IoT beruht auf* dem Prinzip *umfangreicher Datenverarbeitung*, mit deren Hilfe die *Umgebung*

[73] Ausführlich Voigt, in: Gierschmann/Schlender/Stentzel/Veil, DSGVO, Art. 28 DSGVO (2024), Rn. 40.

[74] Schmid/Kahl, ZD 2017, 54, 56.

[75] Näher dazu Spies, in: v. d. Bussche/Voigt, Konzerndatenschutz, Teil 7. Cloud Computing (2019), Rn. 10 ff.

[76] Art. 29 Datenschutzgruppe, WP 223 (2014), S. 4; das European Research Cluster on the Internet of Things definiert das IoT als „A dynamic global network infrastructure with self-configuring capabilities based on standard and interoperable communication protocols where physical and virtual "things" have identities, physical attributes, and virtual personalities and use intelligent interfaces, and are seamlessly integrated into the information network".

und das Verhalten der Nutzer gemessen werden.[77] Solche Verarbeitungen beziehen sich regelmäßig auf identifizierbare Personen und eröffnen so die Anwendbarkeit der DSGVO.

9.4.1 Rechtsgrundlage für Datenverarbeitungen im IoT

Da die Datenverarbeitung die Basis von IoT-Geschäftsmodellen bildet, ist deren Rechtmäßigkeit eine der Schlüsselfragen für IoT-Unternehmen.

Vertragliche Erforderlichkeit
Die Datenverarbeitung könnte wegen ihrer *Erforderlichkeit für den Vertrag* zwischen dem *Nutzer und dem IoT-Unternehmen* rechtmäßig sein (siehe Abschn. 4.2.2.2). Allerdings kann diese Rechtsgrundlage nur für Verarbeitungstätigkeiten Anwendung finden, die in direkter Verbindung zum Zweck der Verarbeitung stehen. Da die meisten IoT-Devices eine extensive Datenverarbeitung erfordern und nicht alle dieser Vorgänge zur Erfüllung des Vertragszwecks unbedingt notwendig sein werden, dürfte diese Rechtsgrundlage nur *in begrenzten Fällen einschlägig* sein; z. B. wenn eine IoT-Anwendung auf Grundlage eines Dienstleistungsvertrages zwischen den Beteiligten ausgeführt wird und Daten von Haushaltsgeräten zu dem einzigen Zweck erfasst werden, um deren Funktionsfähigkeit zu Wartungszwecken sicherzustellen.[78]

Überwiegende berechtige Interessen des Verantwortlichen
Die Verarbeitung könnte auch zur Wahrung der *überwiegenden berechtigten Interessen* des IoT-Unternehmens erforderlich sein. Allerdings ist diese Rechtsgrundlage *teilweise mit Unsicherheiten verbunden*, da sie eine vorherige sorgfältige Interessenabwägung mit den Betroffeneninteressen erfordert für deren Ergebnis der Verantwortliche auch rechenschaftspflichtig ist (siehe Abschn. 4.2.2.3). In Anbetracht der immer stärkeren und allgegenwärtigen Verarbeitung von Daten über Alltagsgegenstände im IoT wird es in Anbetracht des von den Aufsichtsbehörden angelegten strengem Maßstabs zu Gunsten der Betroffeneninteressen häufig der Fall sein, das die *Interessen der betroffenen Person* gegenüber denjenigen des Verantwortlichen überwiegen.[79] Dies gilt insbesondere in den bei IoT-Diensten recht häufigen Fällen, in denen sich die Daten auf den Gesundheitszustand (hier sind die besonderen Anforderungen des Art. 9 DSGVO (siehe Abschn. 4.2.3.) zu beachten),

---

[77] Art. 29 Datenschutzgruppe, WP 223 (2014), S. 4.

[78] Dienst/Falke, in: Bräutigam/Rücker, E-Commerce, 14. Teil. C. Datenschutzrechtliche Herausforderungen im Internet der Dinge (2017), Rn. 33–34; s. a. Schwartmann/Hermann, in: Leupold/Wiebe/Glossner, IT-Recht, Teil 10.5 Datenschutz und Datensicherheit im (I)IoT (2021), Rn. 51 f.

[79] Dienst/Falke, in: Bräutigam/Rücker, E-Commerce, 14. Teil. C. Datenschutzrechtliche Herausforderungen im Internet der Dinge (2017), Rn. 37; Art. 29 Datenschutzgruppe, WP 223 (2014), S. 15.

die Wohnung oder Intimsphäre, den Aufenthaltsort oder andere Aspekte des Privatlebens der betroffenen Person beziehen.[80]

Einwilligung
Gerade bei der Nutzung von Smart Devices sind sich die Benutzer des Ausmaßes der stattfindenden Datenverarbeitung unter Umständen nicht bewusst. Dieses Informationsdefizit stellt ein Hindernis für IoT-Unternehmen dar, die – insbesondere aufgrund der skizzierten nur beschränkt brauchbaren anderen Rechtfertigungstatbestände – eine wirksame Einwilligung der betroffenen Person nach den Vorgaben der DSGVO einholen möchten.[81] Die *Einwilligung* betroffener Personen spielt im IoT-Bereich eine wichtige Rolle als Erlaubnistatbestand.[82] Daher ist IoT-Unternehmen zu empfehlen, einem Informationsdefizit gezielt entgegenzuwirken, indem Nutzern *Informationen* über die geplanten Verarbeitungstätigkeiten *zur Verfügung gestellt werden.* Diesbezüglich könnten Unternehmen die Entwicklung *neuer Möglichkeiten zur Einholung von Einwilligungen* in Betracht ziehen, beispielsweise durch Implementierung von Einwilligungsmechanismen in die Smart Devices selbst.[83]

9.4.2 Datenschutz durch Technikgestaltung und durch datenschutzfreundliche Voreinstellungen

Der europäische Gesetzgeber hat in der DSGVO einen besonderen Schwerpunkt auf *präventiven Datenschutz* gelegt. Im IoT können insbesondere die Konzepte Datenschutz „durch Technikgestaltung“ und „durch datenschutzfreundliche Voreinstellungen“ praktisch relevant werden.[84] Diese Schutzkonzepte sollen befördern, dass *neue Technologien* unter Berücksichtigung des *Datenschutzes* und der *Datenminimierung* entwickelt werden (siehe Abschn. 3.5). Dies umfasst zwar auch *Anonymisierung*stechniken (siehe Abschn. 2.1.2.2). Allerdings ermöglichen v. a. Wearables, die sich meist in unmittelbarer Nähe zur betroffenen Person befinden, den Zugriff auf eine Reihe von Identifikationsmerkmalen, wie Standortdaten oder die Analyse von Bewegungsmustern von Gruppen oder Einzelpersonen, die eine Re-Identifizierung der betroffenen Person ermöglichen, insbesondere sobald sie mit anderen Daten kombiniert werden.[85] Daher könnte die volle Entfaltung des IoT-

[80] Art. 29 Datenschutzgruppe, WP 223 (2014), S. 15.

[81] Art. 29 Datenschutzgruppe, WP 223 (2014), S. 7; kritisch auch Schwartmann/Hermann, in: Leupold/Wiebe/Glossner, IT-Recht, Teil 10.5 Datenschutz und Datensicherheit im (I)IoT (2021), Rn. 50.

[82] Dienst/Falke, in: Bräutigam/Rücker, E-Commerce, 14. Teil. C. Datenschutzrechtliche Herausforderungen im Internet der Dinge (2017), Rn. 38.

[83] Art. 29 Datenschutzgruppe, WP 223 (2014), S. 7.

[84] So auch Schwartmann/Hermann, in: Leupold/Wiebe/Glossner, IT-Recht, Teil 10.5 Datenschutz und Datensicherheit im (I)IoT (2021), Rn. 65.

[85] Art. 29 Datenschutzgruppe, WP 223 (2014), S. 8.

Potenzials die Möglichkeit zur anonymen Nutzung von Diensten einschränken und damit natürliche Personen daran hindern, anonym zu bleiben.[86] Hier wird auch ein gewisses Dilemma sichtbar: während vorbenannte Konzepte den Verantwortlichen aufgeben, die Produkte so zu entwickeln, dass diese möglichst datensparsam eingesetzt werden, bezwecken IoT-Anwendungen das Gegenteil, werden sie doch extra so „designt", dass sie möglichst umfänglich Daten erfassen. Durch die steigende Vielfalt smarter Alltagsgegenstände könnte praktisch jeder Lebensbereich künftig zum Gegenstand von Datenerhebungen und -analysen werden. Diese technologische Entwicklung kann und sollte nicht durch unausgewogene Durchsetzung der vorbenannten Schutzkonzepte schlicht „verboten" werden. Vielmehr sind Ansätze zu verfolgen und zu entwickeln, wie die technologisch bedingte Zunahme von Datenerhebungen, insbesondere bei IoT, mit dem Gebot der Datenminimierung in Einklang zu bringen ist. Letzteres sollte im Lichte der technologischen Weiterentwicklung dort eine Modifizierung erfahren, wo sich Betroffene klar und deutlich sowie entsprechend informiert für diese Datenerhebungen aussprechen. Das heißt, eine entsprechende Einwilligung ist auch als individuelle Aufgabe des Gebotes zur Datenminimierung zu verstehen.

Entsprechend der präventiven Datenschutzkonzepte sollten Smart Devices aber in jedem Fall mit *datenschutzfreundlichen Voreinstellungen* ausgestattet werden, die v. a. diejenigen Nutzer schützen, die nicht über das technische Wissen verfügen, um ihre Privatsphäre durch eine Änderung der Geräteeinstellungen selbst effektiv zu schützen.[87]

9.4.3 Der EU Data Act

Im Januar 2024 trat der Data Act in Kraft,[88] welcher harmonisierte Vorschriften für einen fairen Datenzugang und eine faire Datennutzung enthält.[89] Ziel des Gesetzes ist es, die bei IoT Hersteller vermuteten „Datenschätze" zu heben, indem den Nutzern der Geräte ein Herausgabeanspruch bezüglich „ihrer" Gerätedaten (personenbezogen und nicht personenbezogen) gewährt wird. Damit adressiert das Gesetz (auch und insbesondere) Daten, welche im Zusammenhang mit smarten, vernetzten Geräten im IoT generiert werden. Die Vorschriften des Data Act enthalten Regelungen zu:[90]

- der Bereitstellung von Daten, die bei der Nutzung eines Produktes oder eines verbundenen Dienstes erzeugt werden für den Nutzer;

---

[86] Art. 29 Datenschutzgruppe, WP 223 (2014), S. 8.

[87] Dienst/Falke, in: Bräutigam/Rücker, E-Commerce, 14. Teil. C. Datenschutzrechtliche Herausforderungen im Internet der Dinge (2017), Rn. 60.

[88] Verordnung (EU) 2023/2854 vom 13. Dezmber 2023 über harmonisierte Vorschriften für einen fairen Datenzugang und eine faire Datennutzung.

[89] Steinrötter, GRUR 2023, 216, 216 m. w. N.

[90] Eingehend Specht-Riemenschneider, MMR 2022, 809, 812 ff.

- der Bereitstellung dieser Daten durch den Dateninhaber für Datenempfänger; und
- der Bereitstellung dieser Daten durch den Dateninhaber insbesondere für öffentliche Stellen.

Außerdem werden bestimmte Regeln für den Wechsel von Cloud-Anbietern festgelegt, um „Lock-in-Effekte“ zu vermeiden.

Obwohl der Data Act ausweislich seines Art. 1 Abs. 3 S. 2 die DSGVO unberührt lassen soll, ergeben sich einige Friktionen mit der DSGVO, die datenverarbeitende Unternehmen vor Probleme stellen werden.[91] Die bloße pauschale Feststellung, dass die DSGVO vom Data Act nicht berührt wird, dürfte dem komplexen Verhältnis und den teilweise gegensätzlichen Stoßrichtungen beider Gesetze im Ergebnis nicht gerecht werden.[92]

Referenzen

Art. 29 Datenschutzgruppe (2012) Stellungnahme 05/2012 zum Cloud Computing. WP 196. (zitiert nach englischem Original)

Art. 29 Datenschutzgruppe (2013) Stellungnahme 3/2013 zur Zweckbindung, WP 203 (zitiert nach englischem Original)

Art. 29 Datenschutzgruppe (2014) Stellungnahme 8/2014 zu den jüngsten Entwicklungen im Internet der Dinge, WP 223 (zitiert nach englischem Original)

Bastians H (2023) Plattformspezifische Vorgaben des Data Acts. In: Steinrötter B (Hrsg), Europäische Plattformregulierung. Nomos, Baden-Baden

Bomhard D, Merkle M (2021) Europäische KI-Verordnung. RDi 1(6):276–283

Britz T, Indenhuck M, Langerhans T (2021) Die Verarbeitung „zufällig“ sensibler Daten. ZD 11(10):559–564

Conrad I, Licht S, Redeker H, Strittmatter M (2019) Cloud Computing. In: Auer-Reinsdorff A, Conrad I (Hrsg), Handbuch IT- und Datenschutzrecht, 3. Aufl. C.H. Beck, München

Dammann U (2016) Erfolge und Defizite der EU-Datenschutzgrundverordnung. ZD 6(7):307–314

Dienst S, Falke M (2017) Datenschutzrechtliche Herausforderungen im Internet der Dinge. In: Bräutigam P, Rücker D (Hrsg), E-Commerce Rechtshandbuch, 1. Aufl. C.H. Beck, München

Ebers M (2020) § 3 Regulierung von KI und Robotik. In: Ebers M, Heinze C, Krügel T, Steinrötter B (Hrsg), Künstliche Intelligenz und Robotik, 1. Aufl. C. H. Beck, München

Europäischer Datenschutzausschuss (2021) Leitlinien 07/2020 zu den Begriffen „Verantwortlicher“ und „Auftragsverarbeiter“ in der DSGVO, Version 2.1 (zitiert nach englischem Original)

Europäischer Datenschutzbeauftragter (2016) Stellungnahme 8/2016 – Stellungnahme des EDSB zur kohärenten Durchsetzung von Grundrechten im Zeitalter von Big Data (zitiert nach englischem Original)

Hansen M (2019) Art. 11 DSGVO. In: Simitis S, Hornung G, Spiecker gen. Döhmann I (Hrsg), Datenschutzrecht DSGVO mit BDSG, 1. Aufl. Nomos, Baden-Baden

Härting N (2016) Big Data und Profiling nach der DSGVO. ITRB 16(9):209–211

Heidrich J, Wegener C (2019) Cloud Computing. In: Forgó N, Helfrich M, Schneider J (Hrsg), Betrieblicher Datenschutz Rechtshandbuch, 3. Aufl. C.H. Beck, München

Hofmann J (2017) Anforderungen aus DSGVO und NIS-RL an das Cloud Computing. ZD-Aktuell 7(3):05488

[91] Eingehend Steinrötter, GRUR 2023, 216 und Richter, MMR 2023, 163.

[92] Richter, MMR 2023, 163, 168.

James V (2021) Cloud Computing – Zertifizierung und Best Practice. In: Leupold A, Wiebe A, Glossner S (Hrsg), IT-Recht, 4. Aufl. C.H. Beck, München
Keppeler LM (2015) Was bleibt vom TMG-Datenschutz nach der DSGVO? MMR 18(12):779–783
Koch FA (2015) Big Data und der Schutz der Daten. ITRB 15(1):13–20
Liedke B (2014) BIG DATA – small information: muss der datenschutzrechtliche Auskunftsanspruch reformiert werden? K&R 17(11):709–714
Meyerdierks P (2021) Cloud Computing. In: Moos F, Schefzig J, Arning M (Hrsg), Praxishandbuch DSGVO, 2. Aufl. dfv Mediengruppe, Frankfurt am Main
Nebel M, Richter P (2012) Datenschutz bei Internetdiensten nach der DSGVO. ZD 2(9):407–413
Pfeiffer L, Helmke JT (2023) Die Digitalrechtsakte der EU (DGA, DSA, DMA, KI-VO-E und DA-E) – Teil II. ZD-Aktuell 13(7):01162
Richter P (2016) Big Data, Statistik und die Datenschutz-Grundverordnung. DuD 40(9):581–591
Richter S (2023) Vereinbarkeit des Entwurfs zum Data Act und der DS-GVO. MMR 26(3):163–168
Ringeling C (2015) A Practical Approach to Business Analytics Software. CRi 16(1):7–11
Roßnagel A (2013) Big Data – Small Privacy? ZD 3(11):562–567
Roßnagel A, Richter P, Nebel M (2013) Besserer Internetdatenschutz für Europa. ZD 3(3):103–108
Schefzig J (2014) Big Data = Personal Data? Der Personenbezug von Daten bei Big Data-Analysen. DSRITB 5:103–119
Schefzig J (2018) Asimov 2.0 – Datenschutzrechtliche KI-Grundregeln. DSRITB 9:491–505
Schild HH (01.08.2023) Art. 4 DSGVO. In: Wolff HA, Brink S, von Ungern-Sternberg A (Hrsg), Beck'scher Online-Kommentar Datenschutzrecht, 45. Aufl. C.H. Beck, München
Schmid G, Kahl T (2017) Verarbeitung „sensibler" Daten durch Cloud-Anbieter in Drittstaaten. ZD 7(2):54–57
Schneider J (2017) Schließt Art. 9 DS-GVO die Zulässigkeit der Verarbeitung bei Big Data aus? ZD 7(7):303–308
Schulz S (2022) Art. 6 DSGVO. In: Gola P, Heckmann D (Hrsg), Datenschutzgrundverordnung Bundesdatenschutzgesetz Kommentar, 3. Aufl. C.H. Beck, München
Schürmann K (2022) Datenschutz-Folgenabschätzung beim Einsatz Künstlicher Intelligenz. ZD 12(6):316–321
Schwartmann R, Hermann M (2021) Datenschutz und Datensicherheit im (I)IoT. In: Leupold A, Wiebe A, Glossner S (Hrsg), IT-Recht, 4. Aufl. C.H. Beck, München
Specht-Riemenschneider L (2022) Der Entwurf des Data Act. MMR 25(MMR-Beilage):809–826
Spies A (2019) Cloud Computing. In: von dem Bussche AF, Voigt P (Hrsg), Konzerndatenschutz Rechtshandbuch, 2. Aufl. C.H. Beck, München
Spindler G (2021) Der Vorschlag der EU-Kommission für eine Verordnung zur Regulierung der Künstlichen Intelligenz (KI-VO-E). CR 37(6):361–374
Spoerr W (01.05.2022) Art. 28 DSGVO. In: Wolff HA, Brink S, von Ungern-Sternberg A (Hrsg), Beck'scher Online-Kommentar Datenschutzrecht, 45. Aufl. C.H. Beck, München
Steinrötter B (2023) Verhältnis von Data Act zu DS-GVO. GRUR 125(4):216–226
Stoklas J (2023) DSK: Einsatz von Microsoft 365 datenschutzrechtswidrig. ZD-Aktuell 13(1):01026
Sydow G, Kring M (2014) Die Datenschutzgrundverordnung zwischen Technikneutralität und Technikbezug. ZD 4(6):271–276
Voigt P (2024) Art. 28 DSGVO. In: Gierschmann S, Schlender K, Stentzel R, Veil W (Hrsg.), Kommentar Datenschutz-Grundverordnung, 2. Aufl. Reguvis, Köln
Voigt P, Bastians H (2022) Daten und Sicherheit: Neue europarechtliche Anforderungen an die IT-Sicherheit. CR 38(12):768–775
Weichert T (2013) Big Data und Datenschutz. ZD 3(6):251–259
Werkmeister C, Brandt E (2016) Datenschutzrechtliche Herausforderungen für Big Data. CR 32(4):233–238
Wolff HA (01.11.2021) Art. 11 DSGVO. In: Wolff HA, Brink S, von Ungern-Sternberg A (Hrsg), Beck'scher Online-Kommentar Datenschutzrecht, 45. Aufl. C.H. Beck, München

Audits als Mittel zur Selbstkontrolle 10

Unternehmen sollten sicherstellen, dass die geschaffenen Datenschutzstandards im Unternehmen auch tatsächlich gelebt und deren Anwendung regelmäßig überprüft wird. Hierfür bietet sich die Durchführung von regelmäßigen Datenschutzaudits an.

10.1 Vorteile eines Datenschutzaudits

Eine explizite Pflicht zur Durchführung von Audits kennt die DSGVO nicht. Lediglich im Hinblick auf technische und organisatorische Datenschutzmaßnahmen verpflichtet die DSGVO datenverarbeitende Unternehmen ausdrücklich zu regelmäßiger Überprüfung, Bewertung und Evaluierung der Wirksamkeit der technischen und organisatorischen Maßnahmen zur Gewährleistung der Sicherheit der Verarbeitung, Art. 32 Abs. 1 lit. d DSGVO (siehe Abschn. 3.7.2). Umfassende Audits zur Rechtskonformität können Unternehmen jedoch den Nachweis der Einhaltung der datenschutzrechtlichen Verpflichtungen erleichtern. Dadurch können sie ihrer gesetzlichen Rechenschaftspflicht gerecht werden.

Zum einen wird mit dem Audit die interne Umsetzung der DSGVO bewertet und dies entsprechend dokumentiert. Dies kann im besten Fall zum Nachweis der DSGVO-Konformität gegenüber der Aufsichtsbehörde genutzt werden. Selbst wenn ein vollumfänglicher Nachweis über die Einhaltung der Vorgaben der DSGVO mit Hilfe des Audits nicht gelingen sollte, dokumentiert das Audit entsprechende Bemühungen und ist daher bei der Berechnung von Bußgeldern zugunsten des Unternehmens zu berücksichtigen (siehe Abschn. 7.3.3).

Zum anderen kann ein Audit interne Fehler und Unzulänglichkeiten bei der Einhaltung der DSGVO aufdecken und dabei Unternehmen ihren Anpassungsbedarf für umfassende Rechtskonformität aufzeigen.

P. Voigt, A. von dem Bussche, *EU-Datenschutz-Grundverordnung (DSGVO)*,
https://doi.org/10.1007/978-3-662-68820-5_10

10.2 Internes oder externes Audit?

Es ist grundsätzlich möglich, ein Datenschutzaudit intern oder extern durchzuführen.[1] Entscheidend für die Wahl des richtigen Verfahrens ist, welches Ziel mit der Überprüfung verfolgt wird.

- Ein externes Audit wird von einer unabhängigen Stelle durchgeführt und bietet sich daher insbesondere zur Erlangung eines objektiven Nachweises über die eigene DSGVO-Konformität an.
- Ein internes Audit ist dahingegen vor allem als Mittel der Selbstkontrolle geeignet, um die eigene Einhaltung der DSGVO zu überprüfen, Datenschutzlücken zu erkennen und gegebenenfalls zu beseitigen. Ein hinreichend unabhängiger und objektiver Nachweis über die interne Einhaltung der DSGVO-Vorgaben kann durch eigene Mitarbeiter u. U. schwieriger erbracht werden. Allerdings lässt sich mit einem internen Audit herausfinden, ob die ergriffenen Datenschutzmaßnahmen wirken.

10.3 Ablauf eines Datenschutzaudits

Der typische Ablauf eines Datenschutzaudits lässt sich wie folgt beschreiben:

- **Festlegung des Audit-Ziels:** In einem ersten Schritt sollten Unternehmen ihr Audit-Ziel festlegen. Soll eine vollumfängliche Überprüfung der DSGVO-Konformität stattfinden oder soll diese auf einzelne, kritische Unternehmensbereiche mit besonders hohem Datenschutzrisiko beschränkt werden? Soll anstelle einer umfänglichen Prüfung lediglich ein Audit der ergriffenen technischen und organisatorischen Maßnahmen (siehe Abschn. 3.7) durchgeführt werden?
- **Auditplanung:** Ausgehend vom Auditziel lässt sich festlegen, ob dieses mit einem internen oder externen Audit bestmöglich erreicht werden kann. In Vorbereitung des Audits sollte zunächst ein Ablaufplan erstellt werden, der neben dem zeitlichen Rahmen auch die internen Verantwortlichkeiten für das DSGVO-Audit festlegt (z. B. wer Ansprechpartner für den (ggf.) externen Prüfer ist, wer intern für die Sammlung der entsprechenden Prüfdokumente zuständig ist etc.). Das Kernstück der Auditplanung stellt sodann regelmäßig die Erstellung des Fragenkatalogs dar, anhand dessen die Auditierung durchgeführt wird. Dabei sollten v. a. Besonderheiten im Unternehmen berücksichtigt werden (z. B. Verarbeitung besonderer Datenkategorien). Folgende Datenschutzaspekte sind im Rahmen zu erstellender Fragenkataloge regelmäßig abzubilden:[2]

---

[1] Näher dazu Haag, in: Forgó/Helfrich/Schneider, Betr. Datenschutz, Teil. 2 Kap. 2. Datenschutzmanagement und Datenschutzprozesse (2019), Rn. 5 ff.

[2] Ein ausführlicher Fragenkatalog findet sich bei Bertermann, in: Koreng/Lachemann, DatenschutzR-FormHdB, Form. C. I. (2021). Ebenfalls können Unternehmen die vom BayLDA

- Einzelheiten zum Unternehmen (aktuelles Organigramm, Standorte in Drittländern, wichtigste Produkte und Dienstleistungen, Bestehen eines Betriebsrates);
- Abfrage der Datenschutzdokumentation (siehe Abschn. 3.6);
- Fragen zur Datenschutzorganisation (bspw. zur Benennung eines Datenschutzbeauftragten, dessen Meldung, zum Datenschutzkonzept des Unternehmens);
- Informationen zu eingesetzten IT-Systemen (bspw. Informationen zur Nutzung von Cloud-Services, zum Vorliegen eines IT-Sicherheitskonzeptes, zu zentraler Unternehmenssoftware).

Die Fragen sollten schriftlich und/oder durch Vorlage entsprechender Dokumente beantwortet werden. Es kommt aber auch eine mündliche Beantwortung der Fragen in Betracht, soweit die Antworten hinreichend dokumentiert werden. Es bietet sich auch an, zunächst die Fragebögen zu übersenden und dann anschließend die Antworten per Interview zu vervollständigen.

- **Durchführung des Audits:** Die Durchführung des Audits erfolgt durch eine Überprüfung der beantworteten Fragen und vorgelegten Dokumenten anhand der Vorgaben der DSGVO. Zur Überprüfung der internen Umsetzung der DSGVO-Pflichten findet darüber hinaus ggf. eine Untersuchung im Unternehmen vor Ort statt. Der Ist-Zustand der internen Datenschutzprozesse steht dabei auf dem Prüfstand. Es ist zu untersuchen, ob die internen Datenschutzstandards tatsächlich „gelebt" werden. Hierfür bieten sich (stichprobenartige) Mitarbeiterüberprüfungen und -befragungen an.
- **Prüfbericht und Dokumentation:** Die Ergebnisse des DSGVO-Audits werden in einem Prüfbericht zusammengefasst. Dieser dient zum einen der internen Dokumentation des durchgeführten Audits (Auditziel, Prüfgegenstand, Vorgehensweise, Übersicht der geprüften Dokumente, Prüfergebnis) und ermöglicht Unternehmen andererseits die Erfüllung ihrer Rechenschaftspflicht.
- **Umsetzung der Audit-Empfehlungen:** Wurde im Rahmen der Überprüfung eine Abweichung zwischen Ist- und Soll-Zustand im Hinblick auf die DSGVO-Konformität festgestellt, sollte der Prüfbericht Empfehlungen zu möglichen Maßnahmen enthalten, um die gefundene(n) Lücke(n) zu beheben. So können möglicherweise Maßnahmen auf rechtlicher Ebene (z. B. Überarbeitung der Einwilligungserklärungen, siehe Abschn. 4.2.1) oder auf technisch-organisatorischer Ebene erforderlich sein. Die Umsetzung der Empfehlungen obliegt dann dem geprüften Unternehmen, um DSGVO-Compliance zu erreichen.

---

veröffentlichten Fragenkataloge verwenden, abrufbar unter www.lda.bayern.de/media/pruefungen/201811_kmu_fragebogen.pdf und unter www.lda.bayern.de/media/pruefungen/201810_rechenschaftspflicht_fragebogen.pdf, zuletzt aufgerufen am 23.11.2023.

10.4 Ausblick: Zertifizierungsverfahren

Ein externes DSGVO-Audit ließe sich auch mit dem Ziel durchführen, eine Zertifizierung nach Art. 42 DSGVO zu erlangen. Nach dem Willen des Gesetzgebers können entsprechende Zertifikate zum Nachweis der Erfüllung der Rechenschaftspflicht insbesondere gegenüber Aufsichtsbehörden verwendet werden. Darüber hinaus können sie einen Vorteil gegenüber Wettbewerbern bieten, indem sie Unternehmen am Markt als besonders datenschutzkonform ausweisen (siehe Abschn. 3.12.2).

Referenzen

Bertermann N, Form CI (2021) In: Koreng A, Lachenmann M (Hrsg) Formularhandbuch Datenschutzrecht, 3. Aufl. C.H. Beck, München

Haag NC (2019) Datenschutzmanagement und Datenschutzprozesse. In: Forgó N, Helfrich M, Schneider J (Hrsg) Betrieblicher Datenschutz Rechtshandbuch, 3. Aufl. C.H. Beck, München

Stichwortverzeichnis

P. Voigt, A. von dem Bussche, *EU-Datenschutz-Grundverordnung (DSGVO)*,
https://doi.org/10.1007/978-3-662-68820-5

GPSR Compliance
The European Union's (EU) General Product Safety Regulation (GPSR) is a set of rules that requires consumer products to be safe and our obligations to ensure this.

If you have any concerns about our products, you can contact us on

ProductSafety@springernature.com

In case Publisher is established outside the EU, the EU authorized representative is:

Springer Nature Customer Service Center GmbH
Europaplatz 3
69115 Heidelberg, Germany

www.ingramcontent.com/pod-product-compliance
Lightning Source LLC
Chambersburg PA
CBHW071729120826
49747CB00004B/671

* 9 7 8 3 6 6 2 6 8 8 1 9 9 *